HELSINKI

KOPENHAGEN

NORDEUROPA

MOSKAU

BERLIN

MITTELEUROPA

KIEW

ROM

SÜDEUROPA

ATHEN

The New York Times

# 36
# HOURS

HERAUSGEGEBEN VON BARBARA IRELAND

# The New York Times

# 36

# HOURS
# EUROPA

## 130 REISEZIELE
## VON AIX-EN-PROVENCE BIS ZYPERN

TASCHEN

# Inhalt

## NORDWEST-/ WESTEUROPA

## SÜDWESTEUROPA

# MITTELEUROPA

# SÜDEUROPA

# NORDEUROPA

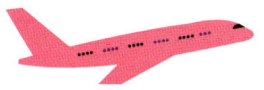

# Vorwort

Europa ist so reich an Geschichte, Kunst, Kultur und traumhaften Naturlandschaften, dass es kaum vorstellbar ist, alles auf einer einzigen Reise zu entdecken und zu erleben. Wenn man den Kontinent aber in Wochenendreisen erkundet, wird er überschaubarer. Natürlich kann man in 36 Stunden Dublin oder Krakau nicht in all seinen Facetten kennenlernen, geschweige denn Paris oder Rom, aber mit einem gut durchdachten Reiseplan kommt man diesem Ziel schon viel näher.

36 Hours ist der Titel einer beliebten Kolumne der New York Times, die 2006 den Sprung über den Atlantik wagte und den Lesern sorgfältig recherchierte und detailliert ausgearbeitete Wochenendprogramme vorschlug, um Europa von Reykjavik bis Istanbul zu entdecken. Das Buch New York Times 36 Hours: Europa umfasst die besten Wochenendtrips für Europa. Für die dritte Auflage des Titels wurden mehrere Städteprogramme komplett überarbeitet, um den Veränderungen vor Ort gerecht zu werden. Außerdem wurden elf neue Reiseziele aufgenommen und alle 130 Artikel aktualisiert.

Seit jeher werden in dieser Kolumne realistische Reiseprogramme ausgearbeitet, die es erlauben, in einem begrenzten Zeitrahmen das Wesentliche vor Ort zu finden. Sie können die Empfehlungen während der Tour als Reiseführer nutzen oder aber zur Vorbereitung des nächsten Kurztrips. Denn die Autoren beschreiben ihre Touren sehr anschaulich und machen neugierig auf die Ziele.

Hunderte von Autoren, Fotografen, Grafikern, Designern und Redakteuren haben im Lauf der Jahre zu dieser Kolumne beigetragen, und Europa hat ihnen eine Fülle von Stoff geliefert.

Die Reisevorschläge auf den folgenden Seiten führen Sie in Metropolen wie London, Berlin und Moskau, aber auch in kleine Länder mit viel Charme, etwa Georgien und Slowenien, und in atemberaubende Landschaften wie die Alpen oder auf die Isle of Skye. Folgen Sie den Spuren Bachs und der Beatles, staunen Sie über den eindrucksvollen Parthenon und den Unterschlupf von KGB-Spionen.

Es gibt eine Menge zu sehen und zu tun: Kaffee trinken in Wien, radeln in Amsterdam, die Nacht durchtanzen auf Ibiza oder einkaufen in aller Herrgottsfrühe auf einem Markt in der Provence. Oder möchten Sie lieber im Londoner Themse-Schlick auf Schatzsuche gehen? Oder ohne Schnee auf Madeira rodeln? Kajak paddeln in Danzig? Den Ort am Genfer See suchen, an dem Mary Shelley Frankenstein erfand?

Ihre Begleiter sind erfahrene Journalisten der New York Times und reiseerfahrene Autoren. Elaine Sciolino, die lange als Auslandskorrespondentin tätig war, präsentiert drei verschiedene Touren durch Paris und einen Ausflug nach Südfrankreich. Frank Bruni, Kommentator und Food-Kolumnist, kennt sich mit Pizza und unbezahlbarer Kunst in Rom aus. Seth Sherwood, der zu Amerikas bedeutendsten Reiseautoren gehört, präsentiert gleich ein Dutzend Reiseziele von Kopenhagen bis Bodrum, wo der türkische Jetset sich trifft. Stuart Emmrich, der als ehemaliger Reiseredakteur der New York Times die Kolumne 36 Hours aus der Taufe hob, zeigt neue Wege durch London, Oslo, Barcelona und Baden-Baden.

36 Hours hatte nie das Ziel, konventionelle Touren zu entwerfen, und so ist auch dieses Buch kein traditioneller Reiseführer, sondern eine Sammlung persönlicher Empfehlungen. Wer mehr als 36 Stunden Zeit hat, kann die Vorschläge als Ausgangsbasis für eigene Exkursionen verwenden. Natürlich steht jedem frei, von der vorgeschlagenen Reihenfolge abzuweichen.

Es gibt keine starren Regeln. Das Wochenende gehört Ihnen, und Europa wartet schon.

—BARBARA IRELAND, HERAUSGEBERIN

**SEITE 2** Roms hektischer Verkehr ist vor dem antiken Kolosseum nur als farbiges Lichtband zu erkennen.

**GEGENÜBER** Das Matterhorn ragt an der Grenze zwischen der Schweiz und Italien in den Alpenhimmel.

# Hinweise zum Buch

**Reiseroute:** Wer reist, steuert seine Ziele nicht in alphabetischer Reihenfolge an, und so ist auch dieses Buch nicht alphabetisch sortiert. Es ist in fünf Hauptkapitel gegliedert – Nordwest-/Westeuropa, Südwest-, Mittel-, Süd- und Nordeuropa. Jedes Kapitel wird mit einer Karte eröffnet, dann folgt eine prominente Stadt oder Gegend, und von dort geht es von Ort zu Ort. Ein Ortsregister finden Sie am Ende des Buches.

**Vor Ort:** Jede vorgeschlagene Tour folgt einer durchnummerierten Route. Die Nummern, die im Text fett hervorgehoben sind, finden sich auch in einer detaillierten Karte. Die Routen sind so gewählt, dass man bequem und ohne Zeitdruck von Station zu Station gelangen kann. Wer will, kann aber ein eigenes Tempo oder eine etwas andere Tour wählen.

**Weitere Aspekte:** Die Routen folgen nicht alle dem gleichen Schema. Einige empfehlen ein Restaurant für das Mittagessen, andere nicht. Auch das Nachtleben wird nicht immer behandelt. Hier spielen das Reiseziel und natürlich die Persönlichkeit des jeweiligen Autors eine Rolle. Für einige große Städte, die man unmöglich an einem Wochenende erkunden kann, gibt es in diesem Buch mehrere Routenvorschläge. Wie auf allen Reisen ist es ratsam, in beliebten Restaurants einen Tisch für das Abendessen zu reservieren, und in manchen Touristenorten können außerhalb der Saison einige Geschäfte geschlossen sein.

**Reisedokumente:** Bürger der EU können frei zwischen den EU-Mitgliedsstaaten reisen. Touristen aus anderen Ländern benötigen einen Reisepass. Für Reisen in Gebiete außerhalb der EU brauchen auch EU-Bürger oft einen Pass und manchmal ein Visum. In manchen EU-Ländern gelten spezielle Visaregelungen für Bürger aus bestimmten Staaten. Es ist ratsam, sich vor Reiseantritt über die jeweiligen Bestimmungen in den einzelnen Ländern zu informieren.

**Orientierungshilfen:** Für die empfohlenen Lokalitäten werden – wenn verfügbar – Adresse und Telefonnummer oder Internetadresse (oft beides) aufgeführt. Viele Geschäfte präsentieren sich heute aber lieber auf Facebook als auf einer eigenen Website. Manche Restaurants nehmen keine telefonischen Reservierungen mehr an, sondern erwarten eine Online-Reservierung oder eine Buchung über die Hotelrezeption. Viele Reisende nutzen heute das Smartphone zur Orientierung, und oft bieten Touristenorte inzwischen entsprechende Apps an. Bei manchen Internetbrowsern sind einige Websites nur unter Voranstellung von „www" erreichbar.

**Updates:** Alle Angaben in diesem Buch wurden vor der Veröffentlichung 2019 überprüft, trotzdem können inzwischen einige Informationen überholt sein. Sollten Sie auf Unstimmigkeiten stoßen, teilen Sie uns diese bitte per E-Mail (36hours@taschen.com) mit. Der Hinweis „36 Hours Correction" in der Betreffzeile stellt sicher, dass Ihre Nachricht an den zuständigen Mitarbeiter weitergeleitet wird.

**GEGENÜBER** Die Basilius-Kathedrale in Moskau.

---

### PREISKATEGORIEN FÜR HOTELS UND RESTAURANTS

Am Ende eines jeden Artikels finden Sie die Infobox „Basics" mit Informationen zu den besten Verkehrsmitteln vor Ort. Sie erfahren, ob es z. B. sinnvoll ist, ein Auto zu mieten. Außerdem werden zwei, drei Hotels empfohlen. Weil Preise oft schwanken, nennt das Buch Preiskategorien und keine spezifischen Preise.

**Hotelzimmer, Doppelzimmer:**
Günstig, unter 115 € pro Nacht: €
Moderat, 116 € bis 225 €: €€
Teuer, 226 € bis 340 €: €€€
Luxusklasse, ab 341 €: €€€€

**Abendessen (Hauptgericht) ohne Getränke:**
Günstig, unter 14 €: €
Moderat, 15 € bis 27 €: €€

Teuer, 28 € bis 40 €: €€€
Sehr teuer, ab 41 €: €€€€

**Frühstück oder Tellergericht:**
Günstig, unter 9 €: €
Moderat, 10 € bis 19 €: €€
Teuer, 20 € bis 27 €: €€€
Sehr teuer, ab 28 €: €€€€

Highlands & Isle of Skye 78

Glasgow 74

EDINBURGH 68

Galway 92

GUINNESS

DUBLIN 82

Literarisches Dublin 86

Liverpool 58

Birmingham 54

Oxford 44

Südliches Wales 62

Brighton 40

# NORDWEST-/ WESTEUROPA

Literarisches London
24

London
12

East London
18

London mit Kindern
28

Cambridge 50

AMSTERDAM
110

LONDON

Brügge 106

Antwerpen
102

Canterbury
34

BRÜSSEL
96

# London

*London ist keine Stadt, die auf den ersten Blick verzaubert. Sie hat weder majestätische Boulevards wie Paris noch turmhohe Wolkenkratzer wie Hongkong oder ein so berühmtes Hafenpanorama wie Sydney. Aber gehen Sie mal an einem klaren Abend auf die Waterloo Bridge in der Nähe des Strand, bleiben Sie in der Mitte stehen und schauen Sie sich um. Vor Ihnen liegen der Gebäudekomplex des National Theatre und das Riesenrad London Eye, rechts, in goldenes Abendlicht getaucht, die Houses of Parliament und Big Ben. Linker Hand erhebt sich die angestrahlte Kuppel der St. Paul's Cathedral über die Schatten der angrenzenden Häuser – fast wie im Zweiten Weltkrieg, als sie stehen blieb, während das restliche East End in Schutt und Asche versank. Unter Ihnen erinnern ein paar langsam tuckernde Boote daran, dass die Themse einmal Europas wichtigste Handelsstraße zu Wasser war. Wenn einem diese altehrwürdige Stadt so magisch schimmernd zu Füßen liegt, kann man ihr nicht widerstehen.* – STUART EMMRICH

### FREITAG

**1** *Geschüttelt oder gerührt?* 17 Uhr

Seit über 80 Jahren befindet sich im **Dorchester Hotel** (+44 20 7629 8888; thedorchester.com) in der Park Lane eine von Londons besten Cocktailbars. Die elegant eingerichtete Society-Location mit lackierten Mahagoniwänden und Glasinstallationen im Stil von Dale Chihuly ist vor allem für ihre Martinis bekannt. Einer davon ist die Spezialität des Hauses, der Martinez mit Old-Tom-Gin, der ein Rezept aus dem frühen 18. Jahrhundert aufgreift. Abends treffen sich hier Geschäftsleute und Hotelgäste auf einen Drink, bevor sie entweder ihre Wohnungen im umliegenden Stadtteil Mayfair ansteuern oder sich ins Nachtleben stürzen. Traditionsbewusste Gäste schätzen den perfekt zubereiteten Gin Tonic, zu dem verschiedene im Haus aromatisierte Bitter angeboten werden (probieren Sie Ingwer oder Kardamom). Der Genuss versöhnt mit dem Schrecken, den die Rechnung auslöst.

**2** *Tate am Abend* 20 Uhr

Der Abend ist die beste Zeit für einen Besuch in der **Tate Modern** (Bankside; +44 20 7887 8888; tate.org.uk/modern), die freitags und samstags bis 22 Uhr geöffnet ist. Die Galerien sind angenehm leer, und man kann ganz in Ruhe Werke wie Gerhard Richters *Cage*-Bilder betrachten. Filme, Vorträge und andere Veranstaltungen finden ganzjährig auch in den Abendstunden statt. Letzter Einlass in die Galerien ist um 21.15 Uhr.

**3** *Dinner im East End* 21.30 Uhr

London ist ein Schmelztiegel der Nationalitäten und bietet Spitzenküche aus aller Welt in beeindruckender Auswahl. Im angesagten Bezirk Clerkenwell treffen sich im spanisch-maurischen Restaurant **Moro** (34–36 Exmouth Market; +44 20 7833 8336; moro.co.uk; €€€) modisch gekleidete Trendsetter aus der ganzen Stadt zu einer Portion Rote-Bete-Suppe mit Mandeln oder Brasse vom Holzkohlegrill mit Taboulé und Pistaziensauce.

**4** *Letzter Stopp am Leicester Square* 22.30 Uhr

Wer den New Yorker Times Square hässlich findet und am liebsten zügig überquert, um ein anderes Ziel anzusteuern, wird über den nächtlichen Charme des **Leicester Square** mitten im West End staunen. Obwohl die ansässigen Lokale unspektakulär sind – Burger King und Pizza Hut, ein paar Kinos und mehrere Nachtklubs –, bildet der Platz den quirligen Treffpunkt für Scharen junger Londoner, die gegen 23 Uhr aus den Pubs strömen und für die die Nacht

**GEGENÜBER** Das Herz Londons: Big Ben und die Houses of Parliament.

**UNTEN** Am Spazierweg an der Themse liegen Pubs und Shakespeare's Globe Theatre.

offensichtlich noch nicht zu Ende ist. Die lebhafte, manchmal chaotische Partystimmung dauert bis in die frühen Morgenstunden. Dann machen sich die Nachtschwärmer allmählich auf den Weg zu den ersten Bussen, die vom Zentrum in alle Stadtteile fahren.

### SAMSTAG

**5** *Ausflug auf den Markt* 11 Uhr

Am Samstagmorgen scheint sich ganz London auf den Weg zum **Borough Market** (8 Southwark Street; +44 20 7407 1002; boroughmarket.org.uk) zu machen, Londons ältester Markthalle (nächste U-Bahn-Station: London Bridge auf der Jubilee und der Northern Line). Wer Lust auf ein spätes Frühstück oder frühes

Mittagessen hat, ist hier genau richtig. An einem Stand gibt es Fish and Chips, selbstverständlich top-frisch, am nächsten gegrillte Würstchen, woanders importierte türkische Oliven, handgemachte Pralinen und herben Apfel-Cider. Sie können sich auch am Stand von **Hobbs** in die Schlange derer einreihen, die saftiges Roastbeef im Wrap oder auf frischem Baguette kaufen möchten. Ganz in der Nähe liegt die **Globe Tavern** (8 Bedale Street) – die richtige Adresse für alle, die schon mittags ein schönes kaltes Bier genießen wollen.

**6** *Spaziergang am Fluss* 12.30 Uhr

Laufen Sie sich die Kalorien von Cumberland-Würstchen (oder Bier) auf dem **Thames Path** am Flussufer wieder ab. Er führt vorbei an Shakespeare's Globe Theatre und dem National Theatre, an einladenden Restaurants und Pubs. In den überdachten Bereichen mit erstaunlich guter Akustik sind oft junge Musiker anzutreffen. Bei einem meiner Samstagsspaziergänge reichte die Bandbreite von Mozart und Jazz über Reggae bis „If I were a rich man", gespielt auf einem Xylofon (gar nicht so übel).

**7** *Westminster unplugged* 15 Uhr

Ganz andere Musik präsentiert in der **Westminster Abbey** (westminster-abbey.org) der ausgezeichnete Knabenchor beim *Evensong* (Abendgebet). Zu den Konzerten, die nachmittags stattfinden, kom-

TATE TRIENNIAL 2006 AT TATE BRITAIN TAKE THE TATE BOAT

men immer ein paar Hundert Zuhörer. Da die Kirche etwa eine Stunde vor Beginn der Veranstaltung für normale Besichtigungen geschlossen wird, ist dies eine hervorragende Gelegenheit, sie ohne Gedränge zu bestaunen. (Versuchen Sie, gegen 14.45 Uhr da zu sein, und gehen Sie durch das westliche Portal.)

**8** *Vorhang auf* 19.30 Uhr

Man hört zwar gelegentlich Beschwerden, dass die Londoner Theaterszene zunehmend dem Broadway ähnelt und immer mehr aufgeblasene Musicals und alberne Revivals präsentiert, doch im **West End** gibt es noch eine Reihe kleiner, origineller Theater, in denen in den letzten Jahren Stücke wie *Billy Elliott*, *Frost/Nixon* und *Jerusalem* (allesamt mit dem Tony-Award ausgezeichnet) zu sehen waren. Die Preise sind moderat. (Günstigere Tickets gibt es am TKTS-Ticketstand am Leicester Square. Öffnungszeiten: täglich 10–19 Uhr, sonntags 11–16.30 Uhr.) Eine gute Planungshilfe ist der London Theatre Guide Online (londontheatre.co.uk) mit aktuellen Informationen über laufende Theaterproduktionen sowie Links zu Kritiken und Online-Ticketverkaufsstellen.

**9** *Ein Hauch Paris in Mayfair* 22.30 Uhr

Früher war Shepherd Market vor allem als Ziel wohlhabender Geschäftsmänner bekannt, die hier die diskreten Dienste gehobener Prostituierter in Anspruch nahmen. Das einst anrüchige Gebiet liegt

heute im Trend, und eine Reihe intimer, angesagter Restaurants hat sich in dieser kleinen Enklave von Mayfair angesiedelt. Eins der besonders einladenden ist **Le Boudin Blanc** (5 Trebeck Street; +44 20 7499 3292; boudinblanc.co.uk; €€€), ein gut besuchtes, zweigeschossiges französisches Bistro mit vielen traditionellen Gerichten – Rindfleisch mit Sauce bordelaise, Seezunge mit Zitrone, Entenconfit – und einigen interessanten Überraschungen, wie gebratene Seeteufelbäckchen mit Butterbohnen, Muscheln, Porree und Chorizo. Versuchen Sie bei gutem Wetter, einen Tisch im Freien zu reservieren.

### SONNTAG

**10** *Cello und Sherry* 11.30 Uhr

Kultur zum kleinen Preis bieten die einstündigen Konzerte mit klassischer Musik in der **Wigmore Hall** (36 Wigmore Street; +44 20 7935 2141; wigmore-hall.org.uk). Jeden Sonntagmorgen kann man hier für wenig Geld in gemütlichem Ambiente aufstrebenden Kammermusikensembles lauschen. Ein Glas Sherry

**GEGENÜBER OBEN** Kunstausstellung am Thames Path.

**GEGENÜBER UNTEN** Käsestand auf dem Borough Market, einem lohnenden Ziel für Feinschmecker.

**OBEN** Innenraum der Tate Modern.

nach dem Konzert ist im Preis inbegriffen. Häufig ausverkauft, aber wer gegen 11 Uhr da ist, hat gute Chancen, zurückgegebene Tickets zu ergattern.

**11** *Bildschöner Lunch* 13 Uhr

Nach einem Rundgang durch die **National Portrait Gallery** (St. Martin's Place; +44 20 7306 0055; npg.org.uk) sollten Sie schon wegen des großartigen Blicks auf die Londoner Skyline das Restaurant **Portrait** in der dritten Etage besuchen (+44 20 7312 2490;

€€€). Lunch wird bis 15 Uhr serviert – mit Köstlichkeiten wie schottischem Roastbeef mit Kartoffeln in Entenschmalz und Yorkshire Pudding. Unbedingt reservieren. Danach könnten Sie gleich um die Ecke in der **National Gallery** (Trafalgar Square; +44 20 7747 2885; nationalgallery.org.uk) in der eindrucksvollen Sammlung alter Meister Rembrandts *Selbstporträt* von 1640 und Caravaggios *Abendmahl in Emmaus* bewundern.

**OBEN** Lunch in der National Portrait Gallery.

**GEGENÜBER** Wer die Westminster Abbey ohne Touristenmassen sehen möchte, sollte zum *Evensong* gehen.

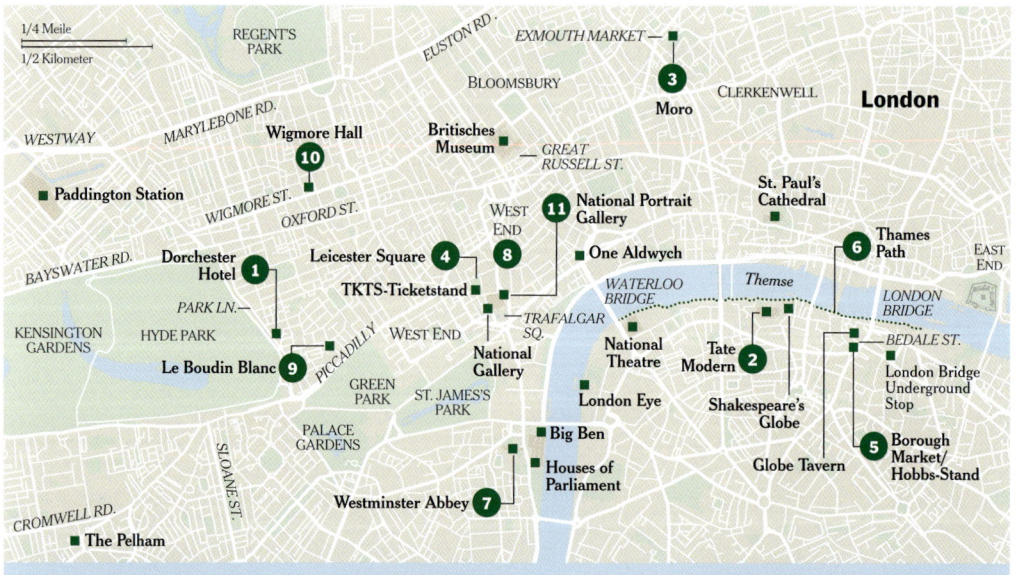

## BASICS

Von allen Londoner Flughäfen gibt es schnelle Zugverbindungen zu großen Underground-Knotenpunkten, an denen auch Taxis für den Weg ins Hotel bereitstehen.

**The Pelham**
15 Cromwell Place
+44 20 7589 8288
pelhamhotel.co.uk
€€€€
*Edles Hotel in einem Stadthaus in South Kensington mit zwei einladenden Salons und luxuriösen (aber relativ kleinen) Zimmern.*

**One Aldwych**
1 Aldwych
+44 20 7300 1000
onealdwych.com
€€€€
*Nobles Ambiente mit hoher Promi-Rate (vor allem während der London Fashion Week) und hinreißendem Innenpool.*

# East London

*Londons Osten mit seinen trendigen Bars, originellen Galerien und Multikulti-Restaurants ist zurzeit der angesagteste Teil der Stadt (Promis wie Ralph Fiennes und Keira Knightley). Tagsüber ist es ein Shoppingparadies, nachts lebt die Klubszene auf. Ziehen Sie bequeme Lauf- (und Tanz-)Schuhe an, um die Viertel Shoreditch, Bethnal Green, Hackney Wick und Dalston zu erkunden. Hier gibt es ausgezeichnete Läden für Mode, Kunsthandwerk und Design, viele davon in renovierten, historischen Häusern oder Lagerhäusern, die an baumbestandenen Plätzen und in kleinen Seitenstraßen liegen. Obwohl die Geschäfte an die Vergangenheit dieser Gegend erinnern, die im 18. Jahrhundert ein Zentrum der Seidenweberei und Möbeltischlerei war, sind die Künstler des heutigen East End fest in der Gegenwart verankert.*
– JENNIFER CONLIN

## FREITAG

### 1 *Galerieszene* 16 Uhr

Zwar sind einige Edelgalerien nach Central London abgewandert, doch die mutige, zeitgenössische Kunstszene floriert hier nach wie vor. Einen guten Überblick verschaffen Sie sich im **Cell Project Space** (258 Cambridge Heath Road; +44 20 7241 3600; cellprojects.org), einer im Jahr 1999 gegründeten Nonprofit-Galerie. In einem ehemaligen Lagerhaus präsentieren Einzelausstellungen aufstrebende und bereits etablierte Künstler wie Ryan Mosley, Alistair Frost und Ruth Ewan. Gezeigt werden Installationen, Videos, Gemälde, Fotografien und Skulpturen. Neben der Galerie vermietet das Cell auch über East und Southeast London verstreute bezahlbare Ateliers an Künstler.

### 2 *Cocktails und Kunst* 18 Uhr

In den Straßen um den Hoxton Square gibt es viele Bars, Klubs und Galerien, aber **Queen of Hoxton** (1 Curtain Road, Shoreditch; +44 20 7422 0958; queenofhoxton.com; €) bringt alles unter einem Dach zusammen: Livebands und DJs, Kunstinstallationen, Fotoausstellungen, Theater und Filme. Vertrödeln Sie die Happy Hour bei einem Cocktail im *Games Room* oder genießen Sie bei Ukulele-Musik den Sonnenuntergang auf der Dachterrasse. Wenn Sie später Lust haben, sich das Abendessen abzutanzen, schauen Sie im Nightclub vorbei.

### 3 *Foie gras im Souterrain* 20 Uhr

Terence Conran, Designaltmeister und im späten 20. Jahrhundert einer der führenden Restaurateure in London, baute 2008 in Shoreditch ein viktorianisches Lagerhaus um. Das Projekt trägt den Namen **Boundary** (2–4 Boundary Street; +44 20 7729 1051; boundary.london). Im Erdgeschoss befindet sich das im Briten-Look eingerichtete Café **Albion** (€), in den oberen Etagen ist ein Hotel untergebracht, ganz oben thront eine Grill-Bar im mediterranen Stil mit Dachterrasse. Die Hauptattraktion ist aber das Bar-Restaurant **TraTra** (€) in einem ehemaligen Keller mit hoher Ziegelgewölbedecke, das auf französische Gerichte spezialisiert ist, die man sich zu mehreren teilt.

## SAMSTAG

### 4 *Frühstück mal anders* 9 Uhr

In der Brick Lane, in der viele Migranten leben, dringen aus mehr als 50 bengalischen Restaurants Aromen von Kreuzkümmel, Kardamom und Kurkuma. Doch der Duft von frischem Brot und die lange Schlange verraten, dass es sich auch lohnt, die **Brick Lane Beigel Bake** (159 Brick Lane; +44 20 7729 0616) anzusteuern. Der Laden ist eins der letzten Relikte der jüdischen Gemeinschaft, die im 19. Jahrhundert hier lebte. Probieren Sie den Bagel mit Pökelfleisch, Senf und Gürkchen und trinken Sie danach in den umliegenden nordafrikanischen Cafés Minztee.

**GEGENÜBER** Sommerlaune am Hoxton Square.

**UNTEN** Mützenstand auf dem Spitalfields Market.

### 5 *Shopping-Runde* 10 Uhr

In der Nähe der Brick Lane, an der charmanten Cheshire Street, befinden sich viele interessante Läden. Vintageklamotten – Karoschals, Tweedsakkos, Barbour-Jacken und Arbeitskleidung aus den 1940er- und 1950er-Jahren – gibt es bei **Levisons** (1 Cheshire Street; +44 20 3609 2224; levisons.co.uk). Wenn Sie dringend ein Cocktailkleid aus den 1950er-Jahren brauchen, sind Sie bei **Beyond Retro** (110–112 Cheshire Street; +44 20 7729 9001; beyondretro.com) richtig. Dort gibt es alles – von Armeejacken bis zu Designerhandtaschen. Achten Sie auf umgearbeitete Stücke mit der Eigenmarke des Ladens.

### 6 *Französischer Akzent* 12 Uhr

Ohne Reservierung geht im Bistro **Brawn** (49 Columbia Road; +44 20 7729 5692; brawn.co; €€€) nichts. Der Ableger der bekannten Londoner Weinbar Terroirs steht bei den Szenegängern des Viertels hoch im Kurs. Auf der Karte der ehemaligen Charcuterie stehen Prosciutto, Terrinen und Rillettes, serviert mit Sauerteigbrot und Rotwein. Heben Sie Ihr Glas Merlot auf die französischen Hugenotten, die im 18. Jahrhundert in dieser Gegend lebten. Für Vegetarier gibt es Gerichte wie Kürbissuppe mit weißen Bohnen. Man kommt nicht nur wegen des Essens, sondern auch wegen der Szene hierher.

### 7 *Wohnen anno dazumal* 14 Uhr

1979 kaufte der Amerikaner Dennis Severs in Spitalfields ein Haus aus dem frühen 18. Jahrhundert und verwandelte es in das **Dennis Severs' House** (18 Folgate Street; +44 20 7247 4013; dennissevershouse.co.uk). In den Räumen dieses originellen Museums bekommen Besucher nicht nur visuelle Eindrücke von vergangenen Zeiten, sondern auch akustische – und sogar olfaktorische: im Ofen glühende Kohle, Zitronenschalen neben einer dampfenden Tasse Tee,

**OBEN** Der Blumenmarkt an der Columbia Road.

**UNTEN** Indische Küche in der Brick Lane.

**GEGENÜBER** Samstagnachmittag auf der Green Street.

ein frisch aufgeschlagenes Ei in einer Schüssel Mehl. Sogar der Inhalt der Nachttöpfe ist echt … Einziger Anachronismus: die Yankees-Baseballkappe des 1999 verstorbenen Sievers auf einem Tisch im Flur.

**8** *Spaziergang am Wasser* 16 Uhr

Gehen Sie die Shoreditch High Street Richtung Norden, bis Sie an den 1820 vollendeten **Regent's Canal** kommen, der früher für den Warentransport benutzt wurde. Spazieren Sie auf dem belebten Fußgänger- und Radweg unter niedrigen Brücken entlang und bestaunen Sie kleine Schleusen, neue Wohngebäude, leer stehende Lagerhäuser und Hausboote mit Gärten. Gönnen Sie sich zwischendurch ein Glas Wein im Bohemeflair des **Towpath Café** (42 De Beauvoir Crescent; +44 20 7254 7606).

**9** *Ein Hauch von Orient* 20 Uhr

**Strut & Cluck** (151–153 Commercial Street; +44 20 7078 0770; strutandcluck.com; €€) fing als Pop-up mit Schwerpunkt auf Pute und Vegetarischem an, hat sich aber inzwischen zu einem spannenden und gleichzeitig gemütlichen Restaurant für ostmediterrane Küche gemausert. Zu den Highlights gehören Amuse-Gueule wie gegrillter Blumenkohl und die Vorspeisen, darunter z. B. Lamm-Köfte mit Auberginen und Rote Bete oder knuspriger Kabeljau mit Kurkuma-Tapioka.

### SONNTAG

**10** *Grüne Eier mit Schinken* 9 Uhr

**Leila's Shop** (17 Calvert Avenue; +44 20 7729 9789) ist berühmt für perfekten Latte und Cappuccino, ansonsten bekommt man hier ein leckeres Frühstück, bestehend z. B. aus Köstlichkeiten wie Salbei-Rührei, Sauerteig-Toast, Pfefferwürstchen und Schinken. Wer mag, kann im angeschlossenen Laden Wurzelgemüse, Käse vom Laib und diverse britische Delikatessen kaufen.

**11** *Marktspaziergänge* 11 Uhr

Wer einen richtig schönen Markttag im Osten Londons erleben will, sollte den **Columbia Road Flower Market** (columbiaroad.info/flowermarket) ansteuern, ein kunterbuntes Spektakel mit Schnittblumen und Pflanzen. Unter den 60 Geschäften findet man – neben Läden für Gartenbedarf – Galerien, Bäckereien und Antiquitätengeschäfte. Lohnend ist auch der seit dem 17. Jahrhundert bestehende Markt **Spitalfields** (spitalfields.co.uk) mit 110 Ständen, die allerlei Schnäppchen für kostenbewusste Fashionistas anbieten.

**12** *Portugiesisch inspiriert* 13 Uhr

Küchenchef Nuno Mendes, der in Lissabon geboren und vor allem in den Staaten ausgebildet wurde, hat mit seinen Londoner Restaurants große Aufmerksamkeit erregt. **Taberna do Mercado** (Old Spitalfields Market, 107b Commercial Street; +44 207 375 0649; tabernamercado.co.uk; €€€) sieht aus wie ein gestriegeltes portugiesisches Lokal und bietet portugiesisch inspirierte Gerichte. Auf der Speisekarte stehen Garnelentaschen sowie Fleisch- und Fischspeisen wie Bacalhau in Brühe.

**OBEN** Häuser im georgianischen Stil wie diese in Stratford, Newham, sind heute begehrter Wohnraum.

**GEGENÜBER** Rings um den Hoxton Square gibt es viele ruhige Seitenstraßen.

**BASICS**

Das East End erkundet man am besten zu Fuß oder mit dem Fahrrad, für größere Strecken ist die U-Bahn praktisch.

**Boundary Hotel**
2–4 Boundary Street
+44 20 7729 1051
boundary.london
€€€–€€€€
*Zwölf Zimmer und fünf Suiten, alle von verschiedenen Designern oder Designrichtungen inspiriert, in Terence Conrans Boundary-Projekt.*

**Town Hall Hotel**
Patriot Square, Bethnal Green
+44 20 7871 0460
townhallhotel.com
€€€
*Individuell eingerichtete Zimmer in einem edwardianischen Stadthaus mit Art-déco-Einschlägen.*

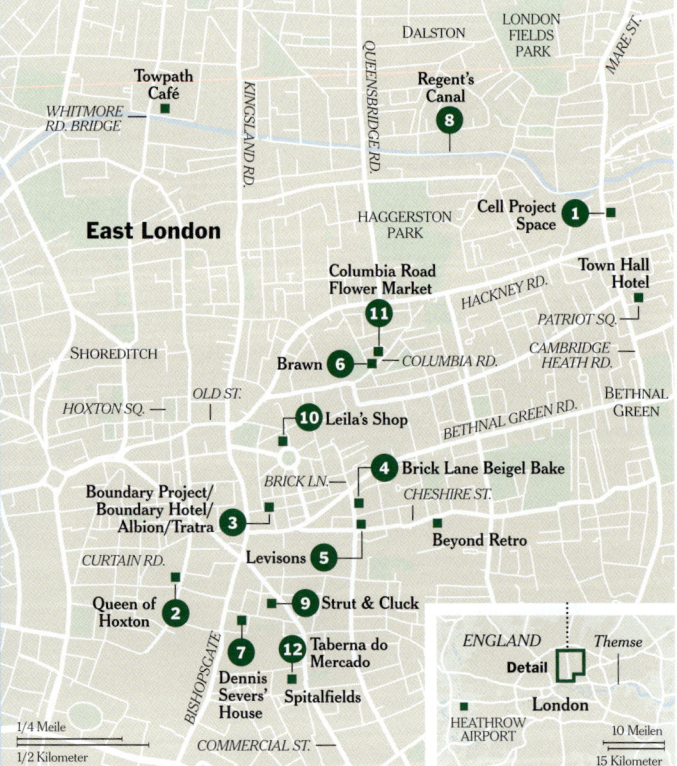

# Literarisches London

*London hat viele Facetten, die Menschen mit ganz unterschiedlichen Interessen ansprechen: Museumfans, Theatergänger, Opernkenner, Geschichtsinteressierte, Fans des Königshauses und Leute, die gern im Regen spazieren gehen. Einen ganz besonderen Reiz übt London auf Leseratten aus. Weil so viele Geschichten in dieser Stadt spielen, gewinnt man leicht den Eindruck, sie bestens zu kennen, ohne dafür jemals aus dem Lesesessel aufstehen zu müssen. Trotzdem lohnt sich ein Besuch, und sei es nur, um die Bilder der eigenen Fantasie lebendig werden zu lassen.* – SARAH LYALL

## FREITAG

**1** *Wilde(r) Nachmittag* 14 Uhr

Schlendern Sie über die Sloane Street und werfen Sie einen Blick auf No. 75, das **Cadogan Hotel**, wo Oscar Wilde am 6. April 1895 wegen des Vorwurfs „grober Sittlichkeitsvergehen mit anderen männlichen Personen" in Form seiner Beziehung zum jungen Lord Alfred Douglas verhaftet wurde. Nehmen Sie Platz, um das Gedicht „Arrest of Oscar Wilde at the Cadogan Hotel" von John Betjeman und die ergreifende „Ballade vom Zuchthaus zu Reading" von Wilde selbst zu lesen.

**2** *Einkaufen* 15 Uhr

Wer seinen Bücherbestand aufstocken möchte, sollte Richtung Süden gehen, um in kleinen Läden wie **John Sandoe Books** (10–12 Blacklands Terrace; +44 20 7589 9473; johnsandoe.com), dem **TASCHEN-Store** (12 Duke of York Square; +44 20 7881 0795; taschen.com) und dem Buchladen des **Royal Court Theatre** (vor Aufführungen freitags ab 16 Uhr; 50–51 Sloane Square; +44 20 7565 5024; royalcourttheatre. com) zu stöbern. Wer das viktorianische Zeitalter mag, in dem bedeutende Werke entstanden, findet sicherlich die Spazierstöcke interessant, die es in Kensington bei **Michael German Antiques** (38B Kensington Church Street; +44 20 7937 1776; antiquecanes.com) gibt. Vielleicht finden Sie einen

**GEGENÜBER** Das Sherlock Holmes Pub in der Northumberland Street. Dort können Besucher einen Blick in Holmes' nachgebautes Arbeitszimmer werfen.

**RECHTS** Spazierstöcke bei Michael German Antiques.

mit einem Griff in Schwanenform oder einem eingebauten Fernrohr. Ganz in der Nähe der Kensington Gardens liegt auch das nicht näher bezeichnete Haus, aus dem Peter Pan die Darling-Kinder entführte.

**3** *Speisen unter Literaten* 20 Uhr

Gönnen Sie sich ein Abendessen im **Wolseley** (160 Piccadilly; +44 207 499 6996; thewolseley.com; €€€€), dem noblen Restaurant in der Nähe des Ritz, das die geselligeren Mitglieder der Londoner Literaturszene lieben. Der große Raum mit hoher Decke, der im früheren Leben eine Bank und der Ausstellungsraum eines Autohauses war, wurde sorgsam restauriert und im Stil eines Wiener Cafés eingerichtet. Er wirkt intim, bietet aber gleichzeitig viele Möglichkeiten, Menschen zu beobachten. Das Essen ist hervorragend. Lassen Sie unbedingt Platz für die üppigen Desserts.

## SAMSTAG

**4** *Ruhestätte* 9.30 Uhr

Besuchen Sie morgens die **Westminster Abbey** (westminster-abbey.org), ehe die Touristenströme kommen, und steuern Sie gleich die **Poets' Corner** an, in der die bedeutendsten Autoren des Landes begraben liegen. Die Grabstätten der wichtigsten, darunter Chaucer, Spenser, Samuel Johnson, Robert Browning und Rudyard Kipling, sind leicht zu erkennen. Für weitere Literaten wie T. S. Eliot, W. H. Auden und Dylan Thomas, die andernorts begraben sind, und einige nachträglich anerkannte Autorinnen wie George Eliot und Jane Austen wurden Gedenksteine

aufgestellt. Sie sind in guter Gesellschaft, denn auch für Shakespeare gibt es hier nur einen Gedenkstein.

## 5 *Literaturspaziergang* 10.30 Uhr

Runde, blaue Schilder kennzeichnen in London Häuser, in denen Autoren gelebt haben. Gleich mehrere davon gibt es in Bloomsbury mit seinen schönen, georgianischen Häusern zu entdecken. Virginia Woolf verbrachte fast ihr ganzes Leben hier, unter anderem in einem Haus am **Fitzroy Square**, in dem zu anderen Zeiten auch George Bernard Shaw, Roger Fry, Duncan Grant und John Maynard Keynes wohnten. Auch Ian McEwan lebte lange Zeit in dem Viertel. Nach dem Mittagessen in einem der internationalen Restaurants an der Charlotte Street könnten Sie das **Charles Dickens Museum** (+44 20 7405 2127; dickensmuseum. com) besichtigen, das im Wohnhaus des Autors in der Doughty Street 48 eingerichtet wurde.

## 6 *Krakel und Schnörkel* 14 Uhr

Die Literaten waren entsetzt, als die geschichtsträchtige **British Library** in einen modernen Backsteinbau umzog (96 Euston Road NW1; +44 33 0333 1144; bl.uk). Der berühmte **Lesesaal**, den Generationen von Studenten und Autoren nutzten (Mohandas Gandhi, George Orwell und Karl Marx, um nur drei zu nennen), blieb jedoch am alten Platz im Britischen Museum an der Great Russell Street. Kein Bücherfreund sollte sich dieses Ziel entgehen lassen. Der Mangel an Atmosphäre in der neuen Bibliothek wird durch die dortige Sir John Ritblat Gallery mehr als ausgeglichen. Die Sammlung umfasst Handschriften und Werkentwürfe von Autoren wie James Joyce, ein kostbares, etwa 600 Jahre altes Manuskript von *Sir Gawain und der Grüne Ritter* sowie John Lennons ersten Textentwurf für „Help!".

## 7 *Das Haus des Lexikografen* 16 Uhr

Das zauberhafte **Haus des Dr. Johnson** (17 Gough Square; +44 20 7353 3745; drjohnsonshouse.org) liegt in einer ruhigen Straße, in der man die Nähe zur quirligen Fleet Street nicht spürt. Hier arbeitete Samuel Johnson um die Mitte des 18. Jahrhunderts an seinem berühmten Wörterbuch, das als zuverlässiges Nachschlagewerk zur damals in Aussprache und Rechtschreibung sehr uneinheitlichen englischen Sprache bis ins späte 19. Jahrhundert richtungsweisend war. Die Ausstellung, die sich mit seinem Wirken befasst, nimmt mehrere Räume ein, darunter einen Dachboden, auf dem seine Gehilfen potenzielle Einträge für das Wörterbuch sichteten und sortierten.

## 8 *Historisches Pub* 17.30 Uhr

Das **George Inn** (77 Borough High Street; +44 20 7407 2056; €€€), eine Kutscherkneipe aus dem 17. Jahrhundert, ist das letzte Pub Londons, das balkonartige Galerien hat. Das Speisenangebot ist modern. In der Bar im unteren Stockwerk geht es recht laut zu, im darüberliegenden Speiseraum ist es ruhiger. Dickens besuchte das George gern und erwähnt es in *Klein Dorrit*.

## 9 *Die Welt ist eine Bühne* 19 Uhr

Wenn Sie eine Shakespeare-Inszenierung sehen möchten (ja natürlich!), lässt sich immer etwas finden. Eine gute Adresse ist das Rose-Theater in einem modernen Bau am Standort des ursprünglichen Rose, in dem Shakespeares Stücke zu seiner Zeit aufgeführt wurden. Auch das Royal National Theatre zeigt oft Klassiker. In der wärmeren Jahreszeit liegt allerdings ein Besuch in **Shakespeare's Globe** (21 New Globe Walk; +44 20 7902 1400; shakespearesglobe.com) nahe. Das liebevoll restaurierte elisabethanische Theater zeigt während der ganzen Saison Stücke von Shakespeare und beherbergt eine ständige Ausstellung über Leben und Werk des Dichters.

### SONNTAG

## 10 *So sahen sie aus* 10 Uhr

Gestern haben Sie respektvoll an ihren Gräbern gestanden, heute können Sie ihre Gesichter betrachten. In der **National Portrait Gallery** (St. Martin's Place; +44 20 7306 0055; npg.org.uk) hängen zahlreiche Porträts berühmter britischer Literaten. Die Ausstellung ist chronologisch aufgebaut, Sie finden z. B. Chaucer in Raum 3, Shakespeare in Raum 4,

Austen in Raum 14, Dickens in Raum 24 und Dylan Thomas in Raum 31. Die Mitarbeiter sagen Ihnen gern, wo Sie Ihre Lieblingsautoren suchen müssen.

**11** *Elementar, mein lieber Holmes!* 12 Uhr

Das Pub **Sherlock Holmes** (10 Northumberland Street; +44 20 7930 2644; sherlockholmespub.com; €€) mag etwas kitschig wirken, hat aber eine authentisch düstere (nicht schmuddelige) Atmosphäre. Es bietet üppige Portionen traditioneller Pubküche und guten Service. Probieren Sie im oberen Stockwerk unter Bildern des genialen Meisterdetektivs Gerichte, die auch seinem Schöpfer, Sir Arthur Conan Doyle, geschmeckt hätten: Rindfleisch mit Yorkshire Pudding oder Toad in the Hole (Bratwürste in Teig). Absolut sehenswert ist das liebevoll nachgebaute Arbeitszim-

mer im Holmes-Stil. Wenn da nicht die etwas steife Puppe stünde, könnte man meinen, Holmes habe nur kurz Teetasse und Violine aus der Hand gelegt, um Luft zu schnappen.

**GEGENÜBER** Das Haus, in dem sich Samuel Johnson mit seinem Wörterbuch der Systematisierung der ungezähmten englischen Sprache widmete.

**OBEN** Shakespeare (hier in der National Portrait Gallery) ist noch immer der Star der Londoner Theater.

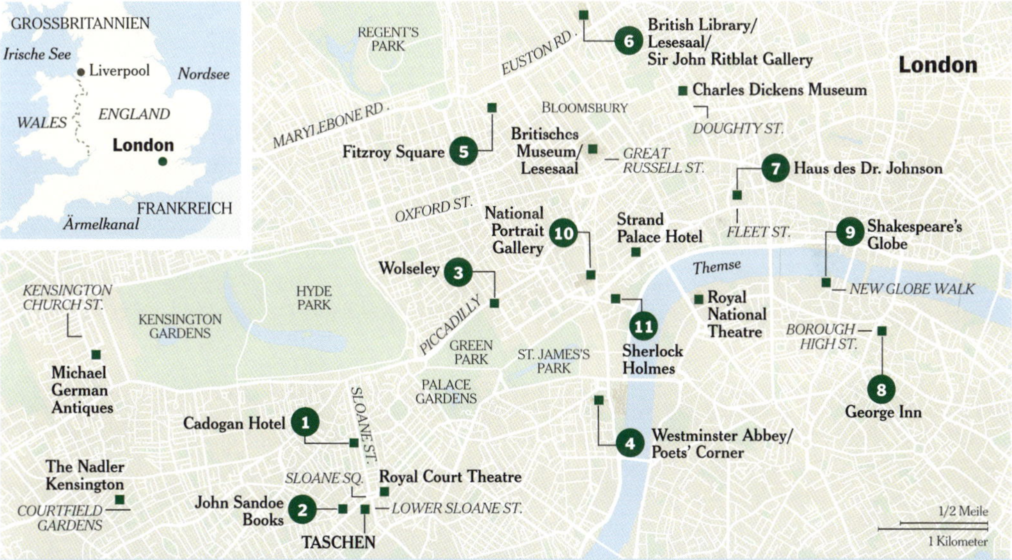

GROSSBRITANNIEN
Irische See · Liverpool  Nordsee
WALES  ENGLAND
London
Ärmelkanal  FRANKREICH

REGENT'S PARK
EUSTON RD ·  **6** British Library/ Lesesaal/ Sir John Ritblat Gallery  London
BLOOMSBURY  Charles Dickens Museum
MARYLEBONE RD ·  DOUGHTY ST.
Fitzroy Square **5**  Britisches Museum/ Lesesaal  GREAT RUSSELL ST.  **7** Haus des Dr. Johnson
OXFORD ST.  National Portrait Gallery **10**  Strand Palace Hotel  FLEET ST.  **9** Shakespeare's Globe
Wolseley **3**  Themse  — NEW GLOBE WALK
KENSINGTON CHURCH ST.  HYDE PARK  Royal National Theatre  BOROUGH — HIGH ST.
KENSINGTON GARDENS  PICCADILLY  GREEN PARK  ST. JAMES'S PARK  **11** Sherlock Holmes
Michael German Antiques  PALACE GARDENS  **8** George Inn
The Nadler Kensington  Cadogan Hotel **1**  SLOANE ST.  **4** Westminster Abbey/ Poets' Corner
COURTFIELD GARDENS  SLOANE SQ.  Royal Court Theatre
John Sandoe Books **2**  — LOWER SLOANE ST.
TASCHEN
1/2 Meile
1 Kilometer

**BASICS**

Gehen Sie bei trockenem Wetter möglichst viel zu Fuß, ausgestattet mit bequemen Schuhen und einem guten Stadtplan. Für längere Strecken nehmen Sie die U-Bahn. Oft lohnt sich ein Mehrtagesticket.

**Strand Palace Hotel**
372 Strand
+44 20 7379 4737
strandpalacehotel.co.uk
€€€
*Elegantes, jahrhundertealtes Hotel in angenehmer Umgebung.*

**The Nadler Kensington**
25 Courtfield Gardens
+44 207 244 2255
nadlerhotels.com/ the-nadler-kensington
€€
*Zentral gelegen und schick, aber mit Preisen für arme Poeten.*

# London mit Kindern

*London ist über 2000 Jahre alt. Auch dank dieses historischen Alters kann es Kinder durchaus beeindrucken und mit dem neuesten Gameboy oder Justin Bieber mithalten. Auf Schritt und Tritt begegnen Kinder hier Geschichte – von Überresten der Befestigungsanlagen aus römischer Zeit über Big Ben und den Houses of Parliament bis zu den Grabstätten bedeutender Personen, von denen sie vielleicht in der Schule gehört haben. Sie können an einem Wochenende Geschichte hautnah erleben und darüber hinaus in den Parks und familienfreundlichen Vierteln viel Spaß haben. Eine Stadt, in der Oliver Twist, Peter Pan und der Bär Paddington zur Welt kamen, hat für Kinder viel zu bieten.* – SAMANTHA STOREY

### FREITAG

**1** *Schatzsuche* 13 Uhr

Im Schlick am **Themseufer** kann man bei Ebbe auf Schatzsuche gehen. Manchmal findet man lange, weiße Pfeifen aus elisabethanischer Zeit, Scherben von antikem Geschirr und mit besonders viel Glück sogar Dachziegel aus römischer Zeit. Durch den Matsch stapft man am besten mit Gummistiefeln. Denken Sie an Tücher zum Abputzen und Plastiktüten für die Fundstücke. Die Website der Hafenbehörden (pla.co.uk) informiert Sie unter dem Stichwort „Tide Tables" über die Hoch- und Niedrigwasserzeiten. Das Ufer ist an mehreren Stellen zu erreichen, z.B. an der Treppe am Nordufer bei der Millennium Bridge. London Walks bietet auch organisierte Schatzsuchen mit einem Führer an (walks.com).

**2** *Ich höre dich!* 15 Uhr

Die **St. Paul's Cathedral** (St. Paul's Churchyard; +44 20 7246 8350; stpauls.co.uk) ist für die Londoner Skyline, was das Empire State Building für New York ist – und aus der Nähe ebenso beeindruckend. Durch das Portal gelangt man ins lange, atemberaubend schöne Hauptschiff, an dessen Ende die eindrucksvolle, von Sir Christopher Wren gebaute Kuppel sich wölbt. Steigen Sie die 257 Stufen zur Flüstergalerie hoch, die Kinder jeden Alters begeistert. Ihre Besonderheit besteht darin, dass alles, was man in Richtung Wand flüstert, 30 m weiter klar zu verstehen ist. Immer noch nicht müde? Dann gibt es noch die Treppe zu den Stone and Gold Galleries, von denen man

einen hinreißenden Blick auf die Themse, die Tate Modern und Shakespeares Globe Theatre hat.

**3** *Hütet euch vor den Todesessern* 17 Uhr

Hüpfen und rennen Sie (wie die meisten Kinder auf diesem Fußweg) bis zur Mitte der 335 m langen **Millennium Bridge**. Nehmen Sie ein Exemplar von *Harry Potter und der Halbblutprinz* mit, blättern Sie zur Szene, in der die Todesesser die Brockdale-Brücke zerstören, und lesen Sie laut vor (wirklich laut, denn hier oben ist es meist windig). In der Verfilmung aus dem Jahr 2009 stellt diese Hängebrücke die Brockdale-Brücke dar. Sie sind also an einem echten Harry-Potter-Schauplatz.

**4** *Mochte Hamlet Eiscreme?* 18 Uhr

Nach diesem Ausflug in die Bücherwelt geht es mit einem literarischen Schwergewicht weiter. Schlendern Sie zu **Shakespeare's Globe**, das 1997 eröffnet wurde und ein ungefährer Nachbau des ursprünglichen Theaters ist, das im frühen 17. Jahrhundert nur wenige hundert Meter entfernt stand. So viel Kultur macht hungrig. Grund genug für einen Besuch im **Swan** (21 New Globe Walk; +44 20 7928 9444; swanlondon.co.uk; €€), wo englische Klassiker wie Wildbret oder Rotbarsch im Backteig auf der Karte stehen. Kinder freuen sich über Fish and Chips – ganz zu schweigen von Schokokuchen und Eis.

**GEGENÜBER** Platz zum Austoben im Hyde Park.

**UNTEN** Ein Barockengel mit Tuba in der St. Paul's Cathedral.

**SAMSTAG**

**5** *Gruselgeschichten* 9 Uhr

Verrat, Folter, Hinrichtungen: All das gab es im **Tower of London** (+44 20 3166 6000; hrp.org.uk/toweroflondon), und obendrein 1000 Jahre königliche Geschichte, angefangen von Wilhelm dem Eroberer, der im 11. Jahrhundert den berühmten weißen Turm

**GANZ OBEN** Aus einer Gondel des London Eye kann man alle Sehenswürdigkeiten von oben bewundern.

**OBEN** Der Beefeater hat im Tower of London spannende Geschichten über Verrat, Hinrichtungen und andere aufregende Ereignisse aus dem Leben der Könige zu berichten.

bauen ließ, bis zu der Hinrichtungsstätte, an der die drei Königinnen Anne Boleyn, Lady Jane Grey und Catherine Howard enthauptet wurden. Machen Sie einen Rundgang mit einem der *Yeoman Warders* (besser bekannt als Beefeater), die an ihren leuchtend rot-blauen Uniformen und Hüten mit riesiger Krempe zu erkennen sind. Die Touren sind vor allem für Kinder sehr unterhaltsam, weil diese „Wächter" spannende Geschichten über die Kerker und ihre Insassen erzählen können (nur auf Englisch). Zu sehen gibt es dabei u. a. Rüstungen (auch für Pferde), Statuen von wilden Tieren, die einst im königlichen Zoo gehalten wurden, und die Tower-Raben, die für die Kameras der Touristen posieren.

**6** *Straßenshow* 13 Uhr

Jetzt wird es Zeit für modernere Vergnügungen, allerdings wieder in historischer Kulisse. Der **Covent Garden** (coventgardenlondonuk.com) ist seit dem 17. Jahrhundert ein Marktplatz und bis heute ein Shoppingparadies mit Hunderten von Ständen und Geschäften. Spielzeug? Auf zu **Benjamin Pollock's Toyshop** (44 The Market; +44 20 7379 7866; pollocks-coventgarden.co.uk), wo seit etwa 1880 traditionelle Modelle und Spielwaren verkauft werden. Schnappen Sie sich in einem Café oder an einem Stand ein Sandwich und marschieren Sie damit entweder zur westlichen Seite der Piazza vor der St. Paul's Church oder zur nördlichen Markthalle. An beiden Orten können Sie beim

Picknick Jongleuren, Trick-Bikern und anderen Straßenkünstlern zuschauen.

### 7 *Parkrunde* 15 Uhr

Im mitten in der Stadt gelegenen **Hyde Park** (royalparks.org.uk/parks/hyde-park) gibt es Spielplätze, einen hübschen See und sogar eine Statue des Jungen, der nie erwachsen wurde – Peter Pan. Bei gutem Wetter macht eine Tretbootfahrt auf dem Serpentine-See viel Spaß. Vielleicht hat auch jemand Lust auf ein Bad im Lido oder dem zugehörigen Planschbecken. Schlendern Sie zum friedlichen Diana-Gedenkbrunnen mit einem Spielplatz gleich nebenan, auf dessen riesigem Piratenschiff Sie die Kinder über die Planke schicken können. Im benachbarten Kensington Palace (hrp.org.uk/kensington-palace) wohnen echte Prinzen und Prinzessinnen.

### 8 *Abendessen* 17 Uhr

So viel Spiel und frische Luft machen hungrig. Steuern Sie für eine Pause das **Lido Café** an der Serpentine an (+44 20 7706 7098; €€). Es liegt am Südufer des Sees und hat viele Plätze im Freien. Auf der Karte gibt es – von Burgern bis Pizzas – auch für Kinder etwas, und die Getränkekarte ist sehr umfangreich. Unbedingt das hausgemachte Eis probieren.

### 9 *Hoch hinaus* 19 Uhr

Das **London Eye** (Westminster Bridge Road; londoneye.com) ist eins der größten Riesenräder der Welt und der Ausblick aus den Gondeln wirklich atemberaubend. An klaren Tagen sieht man das 40 km entfernte Windsor Castle. Wer nicht Schlange stehen will, sollte Tickets vorbestellen. Veranstalten Sie einen Wettbewerb: Wer entdeckt als Erster den Buckingham Palace? Die Fahrt dauert etwa 30 Minuten und ist bei Dunkelheit, wenn die Stadt in künstlichem Licht erstrahlt, ebenso interessant wie am Tag.

**OBEN** Ein Straßenkünstler im Covent Garden, wo man auch bestens einkaufen kann – z. B. englische Süßigkeiten.

**RECHTS** Rundgang durch den Kensington Palace am Hyde Park, in dem heutige Prinzen und Prinzessinnen wohnen.

**10** *Wo der Tag anfängt* 10 Uhr

Fahren Sie mit dem Zug nach Greenwich zum **Royal Observatory** in der Blackheath Avenue und dem **National Maritime Museum** in der Park Row

(gemeinsame Website: rmg.co.uk). Wenn Sie sich auf dem Gelände des Observatoriums über den Nullmeridian stellen, stehen Sie mit einem Fuß auf der westlichen Hemisphäre und mit dem anderen auf der östlichen! Schlendern Sie durch die Ausstellung zur Geschichte der Uhr und berühren Sie einen 4,5 Milliarden Jahre alten Meteoriten. Im Schifffahrtsmuseum bekommt man einen guten Eindruck der Seemacht, die England einmal war. Danach entern Sie die Cutty Sark, einen 85 m langen Klipper, der 1869 vom Stapel lief. Er hat 32 Segel, fast 18 km Takelwerk und einen 46 m hohen Großmast.

**OBEN** Blick durchs Teleskop vom königlichen Observatorium in Greenwich.

**GEGENÜBER** Unter der Kuppel der St. Paul's Cathedral.

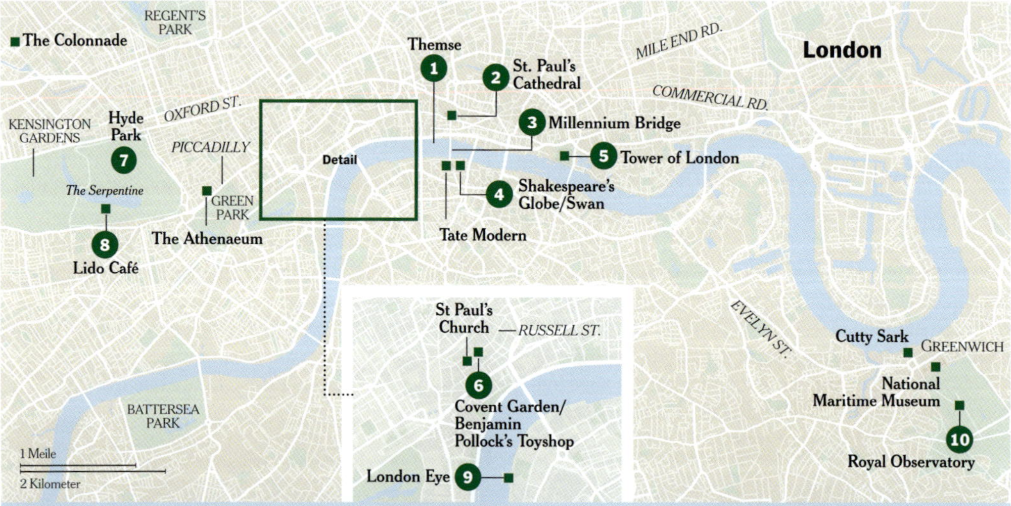

## Karte

The Colonnade · REGENT'S PARK · Themse · MILE END RD. · **London**
1 · St. Paul's Cathedral · 2
COMMERCIAL RD.
KENSINGTON GARDENS · Hyde Park · OXFORD ST. · Detail · 3 Millennium Bridge
PICCADILLY · 7 · The Serpentine · GREEN PARK · 5 Tower of London
4 Shakespeare's Globe/Swan
The Athenaeum · Tate Modern
8 · Lido Café
St Paul's Church — RUSSELL ST. · EVELYN ST. · Cutty Sark · GREENWICH
6 · National Maritime Museum
BATTERSEA PARK · Covent Garden/ Benjamin Pollock's Toyshop · Royal Observatory · 10
1 Meile
2 Kilometer · London Eye 9

### BASICS

Für Familien ist die Travelcard (londontravelpass.com) eine gute Alternative. Mit ihr können Sie für einen bestimmten Zeitraum alle öffentlichen Verkehrsmittel genutzt werden.

### The Colonnade

2 Warrington Crescent
+44 20 7286 1052
colonnadehotel.co.uk
€€€
*Ruhig, attraktiv und familienfreundlich.*

### The Athenaeum

116 Piccadilly
+44 20 7499 3464
athenaeumhotel.com
€€€€
*In der Nähe der Parks und des Buckingham Palace. Kekse und Milch als Service des Hauses.*

# Canterbury

*In alten Zeiten war der Weg nach Canterbury weit und beschwerlich – ganz gleich, ob man ihn zu Fuß oder im gemütlichen Trab (Englisch „to canter") zurücklegte. Manche Zeitgenossen machten sich die Sache noch schwerer. Prominentes Beispiel: Heinrich II. von England, der die Stadt 1174 auf bloßen, blutigen Füßen betrat – nach der Ermordung von Erzbischof Thomas Becket ein Bußgang in bester Game of Thrones-Manier. Besonders devote Pilger steuern Canterbury auch heute noch per pedes an, doch die meisten Besucher legen den Weg von London aus mit dem Zug in einer guten Stunde zurück.* – MARK VANHOENACKER

## FREITAG

**1** *Tor-gefährlich* 15.30 Uhr

Betreten Sie Canterbury durch das imposante **Westgate** (1 Pound Lane; onepoundlane.co.uk) aus dem 14. Jahrhundert, das größte noch erhaltene Stadttor Englands. Zu den Highlights gehören Schießscharten und „Mörderlöcher", durch die heißer Sand, oder siedendes Öl auf Eindringlinge gekippt wurde. Auf der Mauer hat man den besten Blick über Canterbury. Gehen Sie dann runter zum **Pound** im Kerker-Look und genehmigen sich einen Drink – wie wär's mit einem Life Sentence („lebenslänglich") aus Tanqueray, Kamm & Sons, Zitronen- und Apfelsaft, Rosmarin und Eiweiß?

**2** *Drama, Baby!* 19 Uhr

Das Leben von Christopher Marlowe, Dichter, Dramatiker, Shakespeare-Zeitgenosse und Bürger von Canterbury, war kurz und skandalträchtig. 1593 wurde berichtet, dass Marlowe glaubte, genauso viel Recht zum Münzenprägen zu haben wie Königin Elisabeth und dass Religion nur dazu da wäre, die Menschen gefügig zu machen. Er starb mit 29 in einem Wirtshaus durch einen Dolchstich ins Auge, doch sein Geist lebt weiter im **Marlowe Theatre** (The Friars; marlowetheatre.com), eine der renommiertesten regionalen Bühnen Großbritanniens. Orlando Bloom gab hier im zarten Alter von vier sein Debüt und ist heute der Schirmherr des Jugendtheaters.

**3** *Ausgeschlossen* 20.45 Uhr

In *Herr der Ringe* klopfen Frodo und seine Gefährten in einer stürmischen Nacht an die verschlos-

senen Pforten der Ortschaft Bree. Auch Canterbury machte einst nachts die Tore dicht, sodass Pubs, die Spätankömmlingen Unterkunft und Verpflegung boten, vor dem Westgate wie Pilze aus dem Boden schossen. Das **Unicorn Inn** (61 St. Dunstan's Street; unicorninn.com; €€) aus dem 17. Jahrhundert ist besonders nett und bietet Traditionskost wie Würstchen mit Kartoffelbrei.

## SAMSTAG

**4** *Der Garten Englands* 9 Uhr

Der äußerst ansprechende Gourmettempel **Goods Shed** (Station Road West; thegoodsshed.co.uk), ein ehemaliges Eisenbahndepot aus den 1830ern, beherbergt heute ein Restaurant, einen Markt und eine Halle, in der sich bezahlbare regionale Spezialitäten bis zu den Deckenbalken stapeln. Füllen Sie Ihre Einkaufstasche mit Köstlichkeiten aus Murray's General Store und beobachten Sie anschließend bei einem individuell zusammengestellten English Breakfast durch die Bogenfenster das geschäftige Treiben.

**5** *Weltkulturerbe* 10 Uhr

Neben der Kathedrale umfasst das UNESCO-Weltkulturerbe zwei weitere bemerkenswerte (und weit weniger besuchte) Stätten. **St. Augustine's Abbey** (Longport; english-heritage.org.uk/visit/places/

**GEGENÜBER** Eine Kanufahrt auf dem pittoresken Fluss Stour.

**UNTEN** Der Chaucer Bookshop, benannt nach dem Dichter, der seine fiktiven Pilger nach Canterbury schickte.

![Verlockend: Die frischen Backwaren in Goods Shed, einem Gourmettempel in einem alten Eisenbahndepot.]

st-augustines-abbey) wurde Ende des 6. Jahrhunderts vom heiligen Augustinus von Canterbury gegründet, der im Namen des Papstes Südengland rechristianisieren sollte. Schlendern Sie durch die stimmungsvollen Ruinen und gehen Sie dann den Hügel hinauf zur winzigen **St. Martin's Church** (North Holmes Road; martinpaul.org). Auf dem friedlichen Kirchenfriedhof können Sie wieder zu Atem kommen und darüber staunen, dass St. Martin's als älteste noch genutzte Kirche der englischsprachigen Welt gilt.

**OBEN** Verlockend: Die frischen Backwaren in Goods Shed, einem Gourmettempel in einem alten Eisenbahndepot.

**UNTEN** Im Café Kitch sitzt man an sonnigen Tagen draußen.

## 6 *Die alten Römer* 12 Uhr

Erfahren Sie alles über Durovernum Cantiacorum (Canterbury zur Zeit der Römer) und legen Sie im kleinen **Canterbury Roman Museum** (Butchery Lane; canterburymuseums.co.uk/romanmuseum) eine Toga an (steht jedem!). Danach geht's zu **Pret A Manger** (7 Parade), wo Sie ein frisches Sandwich genießen und etwas viel Älteres bestaunen können: einen geheimen Keller, dessen Mauerwerk laut Marion Green vom Canterbury Archaelogical Trust das Überbleibsel eines „Stadthauses für Höhergestellte" gewesen sein könnte. Wenn sie nicht zu beschäftigt sind, geben Ihnen die Mitarbeiter gern eine Führung.

## 7 *Die Shopping Tales* 13 Uhr

Drei der schönsten Geschäfte in dieser alten Stadt verneigen sich vor der Vergangenheit. Sir Robert Sherston-Baker (er ist ein Baronet), Eigentümer des **Chaucer Bookshop** (6–7 Beer Cart Lane; chaucerbookshop.co.uk), steht dem hier fast unumgänglichen Namen seines Ladens mit gemischten Gefühlen gegenüber. „Es ist ziemlich nervig", sagt er, „wir haben nie genug Chaucer vorrätig". Erkundigen Sie sich stattdessen nach seinen Bibeln aus dem 16. Jahrhundert und alten Canterbury-Stadtplänen. Weiter geht's zum Schallplattenladen **Vinylstore Jr** (20 Castle Street; vinylstorejr.co.uk), der von Nick Pygott geführt wird, einem Fan der Band Dinosaur Jr. und ehemaliger kaufmännischer Leiter eines Schlosses.

Danach führt Ihr Weg zum 1998 eröffneten Vintage-Klamottenladen **Revivals** (42 St. Peter's Street; facebook.com/revivalscanterbury) von Debbie Barwick, einer ehemaligen Pferderennen-Kommentatorin, die ihre Ware in herrschaftlichen Anwesen, historischen Sammlungen und Theaterfundus aufstöbert. Dank Downton Abbey wird Barwicks Geschäft von hippen Londonern und auf retro gestylten Studenten aus Canterbury regelrecht überrannt, trotz Barwicks Warnung: „Die Menschen damals waren viel kleiner als heute, auch die Männer."

**8** *Die Stein-Zeit* 15 Uhr

Um die architektonische Pracht von der **Canterbury Catheral** (canterbury-cathedral.org), der Mutterkirche der anglikanischen Gemeinschaft, kümmern sich 24 Steinmetze, von denen einige wohl nie woanders arbeiten werden. Man könnte einen ganzen Tag lang durch das friedliche, an einen Campus erinnernde Kirchenanwesen flanieren. Zur Erkundung des gewaltigen Innenraums lohnt sich eine Führung. Und unbedingt dem Choral Evensong lauschen!

**9** *Sie sind angekommen* 19 Uhr

Wer einen Tisch im Michelin-besternten **Sportsman** (Faversham Road, Seasalter; thesportsmansea salter.co.uk; €€€) im Küstenort Seasalter (etwa 16 km von Canterbury entfernt) reservieren will, sollte sein Magenknurren in Zaun halten: Für ein Dinner am Wochenende muss man bis zu acht Monate im Voraus buchen. Innen sieht es zwar aus wie in einem stinknormalen englischen Strandlokal – maritime Bildmotive, eine Dartscheibe –, aber die ständig wechselnde Speisekarte ist einfach grandios. An einem Abend wurden Whitstable-Austern und kleine Dover-Seezungen in geräucherter Salzbutter serviert, gefolgt

**UNTEN** Whitstable Beach am Ärmelkanal erreicht man über den Wanderweg Crab & Winkle Way.

von einem Schwenk ins Inland zu Schweinebauch mit knuspriger Schwarte.

### SONNTAG

**10** *Frühstückswetter* 9 Uhr

Ist der Morgen kalt und grau, muntert ein Frühstück im gemütlichen **Refectory Kitchen** (16 St. Dunstan's Street; refectorykitchen.com; €) auf, wo die heiße Schokolade genauso wärmt wie der Holzofen mit Glasfront. An sonnigeren Tagen empfiehlt sich **Kitch** (4 St. Peter's Street; kitchcafe.co.uk; €€), ein Café mit frischer weißer Holztäfelung, lokal geräuchertem Lachs und verschiedenen wahnsinnig gesunden Smoothies.

**11** *Auf Dampfspuren* 12 Uhr

Unter den zu Wanderwegen mutierten Bahnstrecken sticht der 11 km lange **Crab & Winkle Way** (crabandwinkle.org) von Canterbury zur Küste besonders hervor: Hier fuhr einst eine der ersten Dampfeisenbahnen. Machen Sie auf dem Rückweg nach Canterbury zu Fuß oder per Rad einen Abstecher nach **Blean Woods** NNR (Rough Common Road; theblean.co.uk), einem Vogelschutzreservat, das zum Blean, einem Waldgebiet, gehört. Beim Wandern auf gut ausgeschilderten Wegen können Sie Chaucers berühmte Hommage an den Blean („Under the Blee, in Caunterbury weye") zitieren oder einfach dem Zwitschern der Nachtigallen lauschen.

**OBEN** Das Marlowe Theatre, benannt nach dem Dramatiker Christopher Marlowe, hat ein bunt gemischtes Programm.

**GEGENÜBER** Das Westgate wurde Anfang des 14. Jahrhunderts erbaut, um ungebetene Gäste fernzuhalten.

**BASICS**

Man kann ein Auto mieten, aber die meisten Besucher reisen in einer knappen Stunde mit dem Javelin, Großbritanniens schnellstem Inlandszug, von London aus an. In der Stadt ist fast alles zu Fuß erreichbar.

**Canterbury Cathedral Lodge**
Canterbury Cathedral, The Precincts
+44 1227 865350
canterburycathedrallodge.org
€€
*Auf dem Gelände der Kathedrale. Einige Zimmer blicken auf die Kathedrale, besonders nach Einbruch der Dunkelheit ein Highlight.*

**Ebury Hotel**
65–67 New Dover Road
+44 1227 768433
ebury-hotel.co.uk
€€
*In zwei umgebauten Häusern aus der Mitte des 18. Jahrhunderts, ein paar Minuten von der Kathedrale entfernt.*

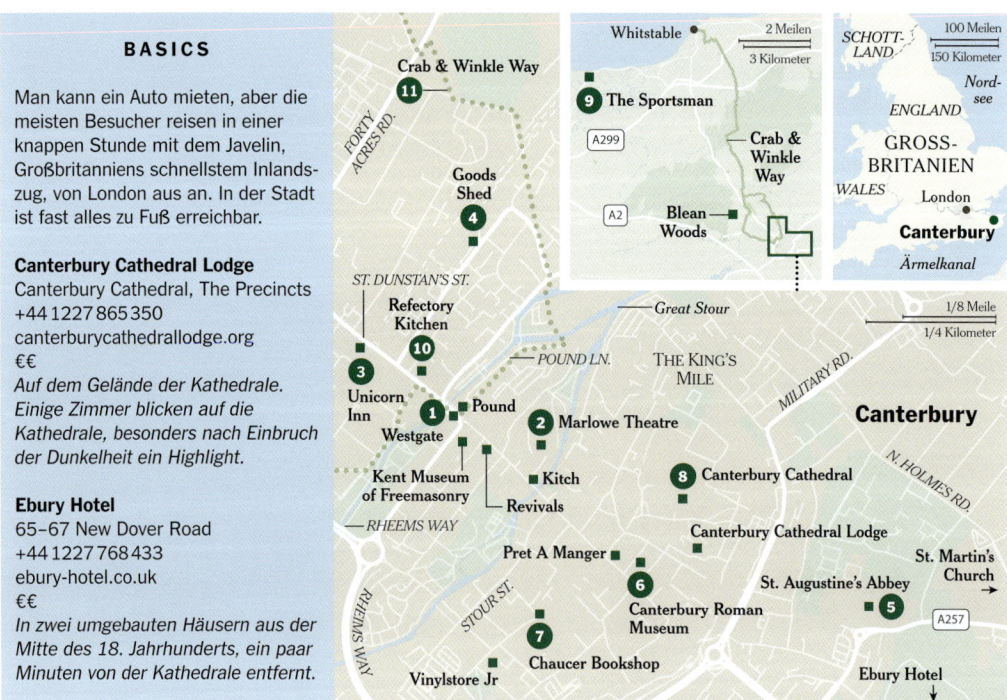

# Brighton

*Bis vor Kurzem galt die englische Hafenstadt Brighton als heruntergekommenes Seebad mit einer morschen Seebrücke und abgetakelten Hotels, in denen man allenfalls für einen Seitensprung abstieg. Da London aber nur eine Stunde entfernt liegt, war es lediglich eine Frage der Zeit, bis sich die Stadt wieder herausputzte. Inzwischen haben schicke Londoner – darunter viele Schwule – die hübschen Straßen und Regency-Bauten neu entdeckt. Freitags nach Feierabend checken sie in Boutiquehotels ein, um dann in den Klubs die Nächte durchzutanzen. Man könnte sich an Miami Beach erinnert fühlen, wenn nicht am Ende des Piers der kalte Ärmelkanal läge.*
– FINN-OLAF JONES

## FREITAG

### 1 *Spaziergang am Pier* 17 Uhr

Ein Abendspaziergang am Pier ist Pflicht. Schwimmen Sie mit der Menge und nehmen Sie einen Drink in einer Bar am Kieselstrand, der seit drei Jahrhunderten ein beliebtes Ausflugsziel der Londoner ist. Der knappe Kilometer zwischen der vom Meer zerfressenen Ruine des Westpiers und dem neuen Brighton Pier ist eine der beliebtesten Flaniermeilen Englands.

### 2 *Pubtour* 18 Uhr

Im Straßengewirr des Lanes District kann man gut essen und Leute beobachten. Nah am Brighton Place liegen drei urige Pubs. Das **Druids Head** (9 Brighton Place; +44 1273 325 490; taylor-walker.co.uk; €€) in einem gemütlichen Haus aus dem 16. Jahrhundert würde mit seiner Einrichtung aus dunklem Holz jedem Druiden gefallen. Fish and Chips sind eine Spezialität des Hauses. Das **Sussex Arms** liegt in einem gelben, georgianischen Haus (33–34 East Street; +44 1273 327 591; €€) und bietet eine herzhafte Pie mit Rindfleisch und Ale, die Sie am besten mit einem Glas Old Speckled Hen herunterspülen. Wenn Sie im Druids Head noch keinen Appetit auf Fish and Chips hatten, bietet sich im **Market Inn** (1 Market Street; +44 1273 329 483; reallondonpubs.com; €€)

**GEGENÜBER** Der Royal Pavilion, Brightons bekannteste Sehenswürdigkeit, entstand als Märchenschloss eines Prinzen.

**RECHTS** Das Musikzimmer im Royal Pavilion.

eine zweite Chance. An den Tischen im Freien flaniert ganz Brighton vorbei.

### 3 *Abba-Andacht* 20 Uhr

Im **Brighton Dome** (Church Street; +44 1273 700 747; brightondome.org) können Sie Rocklegenden Ihren Respekt erweisen. In dem ehemaligen Pferdestall, der zum Konzertsaal umgebaut wurde, traten einst Jimi Hendrix, Led Zeppelin und Pink Floyd auf, und Abba machte 1974 beim Eurovision Song Contest Furore. Im Mai findet hier das innovative Brighton Festival (brightonfestival.org) mit Konzerten und Veranstaltungen statt.

## SAMSTAG

### 4 *Royale Runde* 10 Uhr

Zwei Jahrhunderte konnten der extravaganten Pracht des **Royal Pavilion** (Pavilion Buildings; +44 1273 290 900; brighton-hove-rpml.org.uk) keinen Abbruch tun. Der Prinzregent ließ den Palast im frühen 19. Jahrhundert errichten, bevor er zum König Georg IV. gekrönt wurde. Der Bau im Stil eines indischen Mogulpalastes ist mit vergoldeten Palmen, schlanken Türmen und farbenfrohen Wandmalereien ausgestattet. Der realistische Drachenkronleuchter im Speisesaal soll Gäste in Schrecken versetzt haben, und die Küche war in ihrer Zeit ein Wunder der Technik. Im Obergeschoss liegt der ruhige **Royal Pavilion Tearoom**. Hier können Sie sich mit einem dekadenten Brunch verwöhnen lassen oder englische Klassiker wie Deviled Kidneys (scharfe Lammnierchen) und Welsh Rarebit (Brot in spezieller Käsesauce) bestellen.

**5** *Kunstpause* 13 Uhr

Wer moderne Kunst mag, sollte **Fabrica** (40 Duke Street; +44 1273 778 646; fabrica.org.uk) ansteuern, eine Kirche aus der Regency, die in eine moderne Galerie umgebaut wurde. Das Kirchenschiff mit Gewölbedecke wird in die Kunstinstallationen manchmal einbezogen – ein Künstler säte z. B. im Bereich des Gestühls eine echte Wiese und baute einen dichten Wald aus Pressholzröhren auf.

**6** *Shopping skurril* 15 Uhr

Egal ob Sie alte Bücher, Pistolen oder einen Hightech-Vibrator suchen: In Landes und North Laine werden Sie fündig. **Fidra Jewellers** (47 Meeting House Lane; +44 1273 328 348; fidra.com) ist auf viktorianische, edwardianische und Art-déco-Tannenbaumkugeln spezialisiert. **The Lanes Armoury** (26 Meeting House Lane; +44 1273 321 357; thelanesarmoury.co.uk) hat Samuraischwerter und napoleonische Waffen. Und wer Vinyl liebt, findet bei **The Record Album** (8 Terminus Road; +44 1273 323 853; therecordalbum.com) Unmengen seltener und skurriler Platten. Dort wurde sogar schon die japanische Version des Soundtracks zu *Jäger des verlorenen Schatzes* gesichtet.

**7** *Abendspaziergang* 17 Uhr

Der **Brighton Pier** (brightonpier.co.uk) ist eine von Englands ältesten Seebrücken und heute ein An-

ziehungspunkt für Touristen. Trotz des Kitschfaktors lohnt es sich, einmal zwischen den Fish-and-Chips-Lokalen, viktorianischen Bierhallen, Ständen, Karussells und Achterbahnen umherzuschlendern.

**8** *Göttliche Weine* 20 Uhr

Fish and Chips werden Sie im **Bistro** des **Hotel du Vin** (2–6 Ship Street; +44 1273 855 221; hotelduvin.com; €€€) vergeblich suchen. Hier trifft man stylishe Londoner in Designer-T-Shirts und -Jeans, und auch die Karte ist kontinental und trendig: Darf es eine Brioche mit Parfait aus Hähnchenleber und Foie gras sein? Oder lieber gegrillter Dorsch mit Chorizo?

**9** *Abtanzen* 23 Uhr

In den Klubs entlang der Küste zuckt niemand mit der Wimper, wenn Männer in Paillettenkleidern oder Frauen in Businessanzügen auf der Tanzfläche schmusen. Ein Hotspot ist das **Concorde 2** (Madeira Drive; +44 1273 673 311; concorde2.co.uk), ein ehemaliger viktorianischer Teesalon, in dem aufstrebende Bands spielen. Hartgesottene Nachteulen nehmen gerne ein Mitternachtsbad im nur 30 m entfernten Meer. Im **Brighton Coalition** (171–181 Kings Road Arches; +44 1273 722 385; coalitionbrighton.com) in

**OBEN** Die Uferpromenade am Kieselstrand des Ärmelkanals gehört zu den berühmtesten Flaniermeilen Englands.

Strandnähe endet die Samstagnacht erst gegen 7 Uhr am Sonntagmorgen. Ideal, wenn Sie gern bis zum Morgengrauen tanzen.

### SONNTAG

**10** *Koffeinschub* 12 Uhr

Steuern Sie nach der kurzen Nacht das **Redroaster Coffee House** (1D St. James's Street; +44 1273 686 668; redroaster.co.uk) an, einen Koffeintempel, in dem die Croissants frisch gebacken und die Kaffeebohnen aus Jutesäcken vor Ort geröstet werden. Nun heißt es: in ein Sofa sinken und erst einmal richtig aufwachen.

**11** *Eisenbahn* 13 Uhr

**Volk's Electric Railway** (volkselectricrailway.co.uk), eine der ältesten noch funktionierenden Bahnen der Welt, ist schon seit 1883 in Betrieb und fährt noch immer, von Ostern bis Ende Oktober. Nehmen Sie bei gutem Wetter in einem offenen Wagen Platz und tuckern Sie vorbei an Brightons Strand, dem Künstlerörtchen Kemp Town, dem interessanten Peter-Pan-Spielplatz und einem hinter einem Hügel aus Kieseln versteckten FKK-Gelände. Als ob man in Brighton etwas verbergen müsste …

**OBEN** Gut verdienende Londoner – darunter viele Schwule – haben die kleinen Straßen und die Regency-Bauten für sich entdeckt.

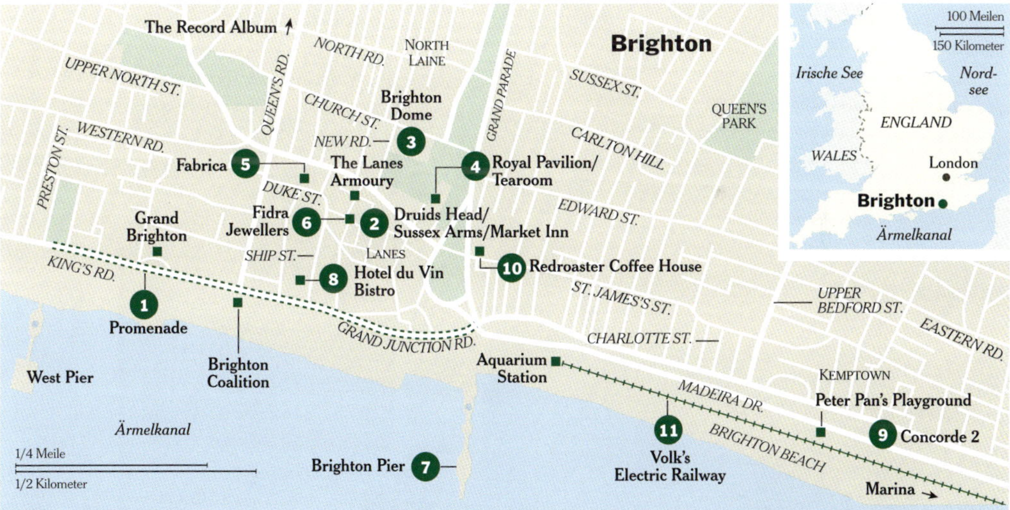

---

*Karte: Brighton*

The Record Album

UPPER NORTH ST.

NORTH RD.

NORTH LAINE

**Brighton**

SUSSEX ST.

QUEEN'S PARK

WESTERN RD.

QUEEN'S RD.

CHURCH ST.

NEW RD.

**Brighton Dome** ③

GRAND PARADE

CARLTON HILL

Fabrica ⑤

DUKE ST.

The Lanes Armoury

④ **Royal Pavilion/ Tearoom**

**Grand Brighton**

PRESTON ST.

Fidra Jewellers ⑥ ② **Druids Head/ Sussex Arms/Market Inn**

EDWARD ST.

KING'S RD.

SHIP ST.

LANES

⑧ **Hotel du Vin Bistro**

⑩ **Redroaster Coffee House**

ST. JAMES'S ST.

① **Promenade**

GRAND JUNCTION RD.

UPPER BEDFORD ST.

EASTERN RD.

**West Pier**

**Brighton Coalition**

Aquarium **Station**

CHARLOTTE ST.

KEMPTOWN

**Peter Pan's Playground**

*Ärmelkanal*

MADEIRA DR.

1/4 Meile

1/2 Kilometer

⑪ BRIGHTON BEACH

⑨ **Concorde 2**

**Brighton Pier** ⑦

**Volk's Electric Railway**

Marina

100 Meilen

150 Kilometer

*Irische See*

*Nordsee*

**ENGLAND**

*WALES*

London

**Brighton**

*Ärmelkanal*

---

### BASICS

Vom nächstliegenden Flughafen Gatwick und von Heathrow gelangen Sie per Bahn oder Leihwagen nach Brighton. Dort laufen Sie am besten zu Fuß herum.

**Hotel du Vin**
2 Ship Street
+44 1273 855 221
hotelduvin.com
€€€
*Beliebt bei Prominenten und gut betuchten Londonern. Bau von 1934 im Tudorstil.*

**Grand Brighton**
97–99 Kings Road
+44 1273 224 300
grandbrighton.co.uk
€€
*Die Königinmutter der Strandhotels.*

# Oxford

*Drei Colleges der Universität Oxford wurden im 13. Jahrhundert gegründet, und bis zur Mitte des 16. Jahrhunderts existierten bereits die meisten der heutigen 38 Institute. Auf etwa 2,5 km² drängt sich hier ein Gewirr aus Gebäuden mit Mauern aus Cotswold-Sandstein, dessen Farbe je nach Licht von Cremeweiß bis Apricot changiert, garniert mit Türmchen und Zinnen, unterbrochen von kleinen Plätzen, Durchgängen, Kapellen, Hallen und Gassen. Innerhalb dieses Labyrinths stößt man auf Gemälde von Botticelli, Uccello und Frans Hals, den Schnabel eines Dodo, frühe Astrolabien aus Arabien und das Zimmer, in dem erstmals in England Kaffee getrunken wurde (1637 im Balliol College). Egal ob während des Semesters oder in den Ferien – hier kann man sich verlieren und wie im 16. Jahrhundert fühlen. Nur gelegentlich muss man kurz auftauchen, um die High Street zu überqueren, die wegen ihrer eleganten Kurve schon als schönste Straße der Welt bezeichnet wurde. Wenn es abends dunkel wird, leuchten die Steinmauern im letzten Licht des Himmels wie Orangen im Kerzenschein.* – HENRY SHUKMAN

## FREITAG

### 1 *Zwischen Steinen* 15 Uhr

Es gibt wenige Orte in Europa, an denen man so herrlich ziellos durch Gassen schlendern und die Zeit vergessen kann. **Christ Church** (St. Aldate's Street; +44 1865 276 150; www.chch.ox.ac.uk) ist eins der ältesten und größten Colleges – und dank regelmäßiger Öffnungszeiten und Führungen auch eins der besucherfreundlichsten. Die Glocke in seinem Tom Tower, erbaut von Christopher Wren, schlägt jede Nacht 101-mal, und die Great Hall stand Pate für Hogwarts in den Harry-Potter-Filmen. Die Eichen von Christ Church Meadow tragen dazu bei, dass die Stadt aus der Luft wie ein Wald aussieht, und gaben dem französischen Dichter Mallarmé Grund, über die „grüne Krankheit" zu klagen. Wer Alice mehr liebt als Harry, findet in den hiesigen Geschäften auch Wunderland-

**GEGENÜBER** Die High Street in Oxford. Die 38 Colleges der Universität bilden einen etwa 2,5 km² großen, verschachtelten Komplex.

**RECHTS** Der elegante Speisesaal des Keble College, das in der vorlesungsfreien Zeit Bed and Breakfast anbietet.

Souvenirs. Alice kam in Christ Church zur Welt, wo Charles Dodgson studierte, lehrte und unter dem Pseudonym Lewis Carroll schrieb.

### 2 *Gut abgeschnitten* 17 Uhr

In den besten englischen Pubs gibt es nicht nur Bier, sondern auch Tratsch und Spaß. Das ist in Oxford nicht anders. **The Bear Inn** (6 Alfred Street; +44 1865 728 164; bearoxford.co.uk) in der Blue Boar Lane hinter Christ Church hat nur zwei kleine Räume mit Holztäfelung – allerdings stammen diese aus dem Jahr 1242. Wände und Decke sind mit Bilderrahmen bedeckt, die kurze Stücke von Krawatten enthalten: Die Farben der Royal Gloucester Hussars, der Imperial Yeomanry, der Punjab Frontier Force oder des Lloyd's of London Croquet Club erzählen vom alten England, von Krocket, Bier, Cricket, dem Empire und P. G. Wodehouse. Wer ein Stück seiner Krawatte opfert, bekommt ein Bier gratis.

### 3 *Waffen nicht erforderlich* 20 Uhr

Unterbrechen Sie das Programm mit einem Dinner im beliebten Bistro **Pierre Victoire** (9 Little Clarendon Street; +44 1865 316 616; pierrevictoire.co.uk; €€). Moules frites und Bouillabaisse sind zwar nicht ortstypisch, aber die Liebe zum Wein ist auch den Oxfordern nicht fremd. Im 20. Jahrhundert verlangte ein Student während einer Prüfung eine Flasche Wein,

weil er in den Statuten eine uralte Regel entdeckt hatte, die diesen Anspruch rechtfertigte. Der Aufsichtsführende lehnte die Forderung ab, denn gemäß einer anderen Regel war der Student nicht angemessen gekleidet: Er hätte einen Säbel tragen müssen.

### SAMSTAG

**4** *Tee und Fasan* 9 Uhr

Gehen Sie von Osten über die Brasenose Lane zur **Markthalle** (oxford-coveredmarket.co.uk), wo im Duft von Delikatessen, Blumen, Kaffee und Tee die Schlachter Wild, Hasen, Fasane oder Schnepfen über ihren Ständen aufhängen. Oxford ist seit dem 9. Jahrhundert ein Marktflecken, und dieser Markt geht auf das Jahr 1774 zurück. Stände, an denen man gut frühstücken kann, erkennen Sie an den Menschentrauben. Treten Sie hinaus auf die Turl oder Cornmarket Street und spazieren Sie die Broad Steet entlang, an der drei Colleges und Geschäfte aus dem 18. Jahrhundert liegen, etwa der verwinkelte Bücherladen **Blackwell's** (48–51 Broad Street; +44 1865 792 792; blackwells.co.uk/bookshop/shops).

**5** *Sehenswürdigkeiten* 11 Uhr

Sie haben Oxfords Herz erreicht, schlendern Sie ein bisschen herum. Überall gibt es Schätze zu entdecken: das rosa Steinbecken vor der Bodleian Library, die steinerne Bridge of Sighs (Seufzerbrücke) über die Queen's Lane, die Radcliffe Camera (eine 30 m hohe Rotunde im Stil der Florentiner Renaissance) und das All Souls College, wo die einzige Pflicht der Amtsträger darin besteht, gelegentlich im College zu essen und beim Portwein kluge Diskussionen zu führen. An der Broad Street liegt das von Wren erbaute **Sheldonian Theatre** (admin.ox.ac.uk/sheldonian) mit seiner weißen Kuppel. Vielleicht möchten Sie ja nach dem Abendessen eine Vorstellung besuchen.

**6** *Stadtwanderung* 12 Uhr

Gehen Sie die High Street nach Osten zum **Magdalen College** (www.magd.ox.ac.uk), das für seine Architektur ebenso bekannt ist wie für seine ehemaligen Studenten, darunter Oscar Wilde, Dudley Moore und diverse Aristokraten und Minister. Suchen Sie The Grove, einen Park, in dem eine Herde Rehe lebt, und The Meadow, eine Wiese, die an den Fluss Cherwell und den Spazierweg Addison's Walk grenzt.

**7** *Am Fluss* 14 Uhr

Bei einem Mittagessen im **Cherwell Boathouse** (52 Bardwell Road; +44 1865 552 746; cherwellboathouse. co.uk; €€) können Sie den Stechkahnfahrern auf dem Fluss zusehen. Wer abenteuerlustig ist, leiht ein Boot aus und versucht es selbst.

**OBEN** Honigfarbener Sandstein ist Oxfords Hintergrundfarbe.

**8** *Gemäldegalerien* 15 Uhr

Das **Ashmolean Museum** (Beaumont Street; +44 1865 278 000; ashmolean.org), hat sich neu definiert mit Ausstellungen, in denen die Gemeinsamkeiten von Kunst unterschiedlicher geografischer Herkunft betont werden. Vergessen Sie darüber aber nicht die Ausstellung italienischer Renaissanceschätze von Mantegna, Bellini und vor allem Uccello, in dessen Gemälde *Jagd bei Nacht* Hunde in die Dunkelheit eines endlos scheinenden Waldes springen.

**9** *Vor dem Kamin* 17 Uhr

Werfen Sie auf dem Weg über die schöne, aber kurze Beaumont Street einen Blick in die St. John

**OBEN** Der Dodo im Oxford University Museum of Natural History.

**UNTEN** Fahrräder und Rucksäcke sind modern, aber einige der Colleges stammen aus dem 13. Jahrhundert.

Street, bestehend aus zwei Häuserreihen aus dem 18. Jahrhundert, deren Sandsteinmauern über die Jahre teefarbene Flecken bekommen haben. Hier lebte J. R. R. Tolkien. Gleich um die Ecke traf er sich im Pub **Eagle and Child** (49 St. Giles; +44 1865 302 925; nicholsonspubs.co.uk) von den 1930ern bis in die 1960er-Jahre wöchentlich mit C. S. Lewis und anderen Freunden. Lewis erinnerte sich später gern an diese Stunden am Kaminfeuer des Pubs. In den von Hefe- und Hopfenduft durchdrungenen Räumen mit alter Eichentäfelung wird einheimisches Old Hooky gezapft.

**10** *Thai-Küche* 20 Uhr

**Chiang Mai Kitchen** (Kemp Hall Passage, 130A High Street; +44 1865 202 233; chiangmaikitchen.co.

uk; €€) ist bei Einheimischen beliebt. Das kleine Thai-Restaurant mit niedriger Balkendecke serviert authentische Gerichte, die mit Blumen garniert werden. Hier kann man den Abend gut ausklingen lassen.

### SONNTAG

**11** *Kurioser und kurioser* 11 Uhr

Oxfords Kuriositätenkabinett vermittelt einen guten Eindruck der Schätze, die im Laufe der Jahre ihren Weg in die Stadt fanden. Das **Pitt Rivers Museum** (Parks Road; +44 1865 270 927; prm.ox.ac.uk) in

einem neugotischen Backsteinbau ist restlos vollgestopft mit Artefakten und Stammeskunst aus aller Welt. Da gibt es Schaukästen mit Schrumpfköpfen, Kanus, Äxte, Pflüge, Pfeile, Schwerter, Pfeifen, Paddel, Gewänder, Schuhe und andere Kleinigkeiten, größtenteils zusammengetragen von britischen Weltreisenden im viktorianischen Zeitalter. In das Pitt Rivers gelangt man durch das angrenzende **Oxford University Museum of Natural History** (oum.ox.ac.uk), wo Sie sich die Nachbildung eines Dodo und einen echten Schädel dieser Vogelart ansehen können, die im 17. Jahrhundert ausgerottet wurde.

**OBEN** Der Turm des Magdalen College.

**GEGENÜBER** Die Bodleian Library beherbergt Bücher aus vielen Jahrhunderten.

### BASICS

Die Bahnfahrt von London nach Oxford dauert etwa eine Stunde.

**Old Bank Hotel**
92–94 High Street
+44 1865 799 599
oldbank-hotel.co.uk
€€€
*Zentral gelegenes, luxuriöses Boutiquehotel in einem georgianischen Steinhaus.*

**Malmaison Oxford**
Oxford Castle, 3 New Road
+44 1865 689 944
malmaison.com
€€€
*Angesagtes Hotel in einem ehemaligen viktorianischen Gefängnis.*

**Keble College Bed & Breakfast**
Parks Road, off Banbury Road
+44 1865 272 727
keble.ox.ac.uk
€€
*Zimmer verschiedener Kategorien, Frühstück im traditionellen Speisesaal. Nur während der vorlesungsfreien Zeit.*

Cherwell Boathouse **7**

Oxford University Museum of Natural History

**3** Pierre Victoire

Keble College Bed & Breakfast

**11** Pitt Rivers Museum

*LITTLE CLARENDON ST.*

*S. PARKS RD.*

*ST. JOHN'S ST.*

**9** Eagle and Child

**Oxford**

**8** Ashmolean Museum

*BEAUMONT ST.*

Blackwell's

**5** Sheldonian Theatre

Bodleian Library

*BROAD ST.*

Markthalle

Radcliffe Camera

All Souls College

Magdalen College

**6**

**4**

Malmaison Oxford

Old Bank Hotel

*HIGH ST.*

*ST. ALDATE'S ST.*

Chiang Mai Kitchen **10**

**2** The Bear Inn

**1** Christ Church

*Themse*

CHRIST CHURCH MEADOW

*Cherwell River*

GROVE

MEADOW

Addison's Walk

*HEADINGTON RD.*

*IFFLEY RD.*

*Cherwell River*

30 Meilen
50 Kilometer

**Oxford**

London

*Themse*

**ENGLAND**

*Ärmelkanal*

# Cambridge

*Cambridge ist zwar geprägt von schmalen, mittelalterlichen Gassen und den 800 Jahre alten Colleges, bietet aber viel mehr als eine reine Universitätsstadt. Viele Studenten bleiben auch nach dem Abschluss hier und eröffnen alternative Kunstgalerien oder Cafékollektive. Das berühmte Kunst- und Antiquitätenmuseum zeigt mittlerweile auch zeitgenössische Kunst, und die neuen Restaurants und Bars können sich mit denen Londons durchaus messen. Selbst die altehrwürdige Universität gibt sich offen und bietet Übernachtungsmöglichkeiten für Normalsterbliche an.*
– RACHEL B. DOYLE

## FREITAG

**1** *Alt trifft abstrakt*  16 Uhr

Das **Fitzwilliam Museum** (Trumpington Street; +44 1223 332900; fitzmuseum.cam.ac.uk) steht mit seinen weltberühmten Kunstwerken, Antiquitäten und seltenen Manuskripten für das alte Cambridge, aber als 2009 der Skulpturengarten mit neun abstrakten Werken aus Bronze, Stahl, Glasfaser und Eisen eröffnet wurde, bekam die 200 Jahre alte Einrichtung eine Frischzellenkur verpasst. Seitdem kommen deutlich mehr Besucher, vor allem junge Leute, in das Museum, was auch andere kulturelle Stätten aufhorchen lässt, die mit einer Modernisierung liebäugeln.

**2** *Neue europäische Küche*  19 Uhr

Früher mussten die Einwohner von Cambridge nach London fahren, um fein zu speisen. Diese Zeiten sind vorbei. **Alimentum** (152–154 Hills Road; +44 1223 413000; restaurantalimentum.co.uk; €€€) serviert europäische Küche in moderner Zubereitung und wurde vom renommierten *Good Food Guide* hochgelobt. In den Art-déco-Räumen trifft man entspannte Herrschaften in Flanellanzügen, die zum Rioja saisonale Gerichte wie Lammbries oder ein gut abgehangenes Hannan-Steak mit Morcheln bestellen.

**3** *Unterirdischer Drink*  21.30 Uhr

Wer abseits von den Studentenkneipen einen Drink genießen will, ist in der Kellerbar des **Hotel Du Vin** (15–19 Trumpington Street; +44 1223 928991; hotelduvin.com/hotels/Cambridge) richtig. Bei Kerzenlicht kann man die saisonale Karte studieren, auf der Cocktails mit Absinth, Feigenlikör und Champagner sowie belgische Biere zu finden sind. Backsteinmauern und braunes Leder bilden den gemütlichen Hintergrund für die trendigen Gäste.

**4** *Starsuche*  23 Uhr

In den Spätvorstellungen des **ADC Theatre** (Park Street; +44 1223 300085; adctheatre.com) zeigen aufstrebende Bühnentalente der Stadt ihr Können. Das Theater mit 228 Plätzen ist Spielort einer gefeierten studentischen Komödiantentruppe namens Cambridge Footlights. Hier kann man Stars der Zukunft entdecken oder auch Ehemalige wie Sir Ian McKellen. Es gibt regelmäßig Aufführungen um 19.45 Uhr, doch spannender sind die experimentelleren Vorstellungen um 23 Uhr, in denen vorwiegend junge Künstler ihr Talent zeigen.

## SAMSTAG

**5** *Eiskalter Morgen*  10 Uhr

Nicht alles hier ist uralt. 2010 wurde das interessante **Polar Museum** (Lensfield Road; +44 1223 336540;

**GEGENÜBER** Stechkahn auf dem Fluss Cam.

**UNTEN** In den mittelalterlichen Gassen entdeckt man abends moderne Restaurants, neue Bars und junges Theater.

spri.cam.ac.uk) zum 100. Jahrestag von Robert Falcon Scotts letzter Antarktis-Expedition neu eröffnet. Hier findet man persönliche Briefe und Tagebücher der Forscher sowie Mitbringsel von ihren mühseligen Reisen. Nach dem Blick auf die Pole können Sie im **Sedgwick Museum of Earth Sciences** (Downing Street; +441223 333456; sedgwickmuseum.org), dem ältesten der Universitätsmuseen, den Rest des Planeten erkunden. Events wie „Dinosaurier bauen" machen es auch für Kinder spannend.

**6** *Gesund satt werden* 12.30 Uhr

Das **Michaelhouse Café** hat im Schiff einer Kirche aus dem 14. Jahrhundert Quartier bezogen (St. Michael's Church; Trinity Street; +441223 309147; michaelhousecafe.co.uk; €). In hellem, freundlichem Ambiente und ruhiger Atmosphäre werden unkomplizierte, gesunde und einfallsreiche Gerichte wie Schinken- und Wurstsandwiches mit Zwiebelkonfitüre serviert. Das Café erinnert an das enorme Alter der Universität, denn die Kirche gehörte zu einem College, das seine Blütezeit in der Zeit von 1323 bis 1546 erlebte.

**7** *Lederszene* 14 Uhr

Ist Ihre Geldbörse schon ziemlich abgenutzt? Bei **Cambridge Leather Bags** (1 Sussex Street; +441223 312971) finden Sie garantiert einen guten Ersatz. In dem altmodischen Geschäft (keine Website, keine E-Mail) würden sich auch Agatha Christies Charaktere wohlfühlen. Schauen Sie neben internationalen Marken auch nach Handtaschen, Akten- und Reisetaschen aus regionaler Produktion, die hier vertreten sind.

**8** *Flussfahrt* 16.30 Uhr

Eine Fahrt im Stechkahn auf der Cam ist die klassische Art, Cambridge zu besichtigen, aber der Umgang mit der langen Holzstange, mit der man das Boot fortbewegt, ist gar nicht so leicht. Wenn Sie es selbst probieren möchten, sollten Sie eine 90-minütige Fahrt bei **Scudamore's Punting Company** (Granta

Place; Mill Lane; +441223 359750; scudamores.com) buchen. Dann fährt ein muskulöser Lehrer mit Ihnen auf das herrliche Stück Flusslauf hinter den Colleges – und drückt Ihnen auf halber Strecke, nachdem er Sie eingewiesen hat, die Stange in die Hand, damit Sie das widerspenstige Gefährt voranbringen. Oder Sie mieten bei Scudamore's ein Kajak und paddeln zum **Orchard Tea Garden** (47 Mill Way, Grantchester; +441223 551125; theorchardteagarden.co.uk), wo vor 100 Jahren schon E. M. Forster, Virginia Woolf und Bertrand Russell einkehrten.

**9** *Jamies Küche* 20 Uhr

**Jamie's Italian** (The Old Library; Wheeler Street; +441223 654094; jamieoliver.com/italian; €€), in einem hübschen Gebäude untergebracht und mit einem langen Tresen ausgestattet, wird von dem Küchenstar Jamie Oliver geleitet. Das Restaurant ist für frisch zubereitete Pasta und zivile Preise bekannt – ein beliebtes Ziel britischer Foodies. Hier genießt das eher junge Publikum vor der offenen Küche, in der die Köche unter Buntglasfenstern Polentachips mit Rosmarin bestreuen, Spezialitäten wie Porchetta mit Linsen.

**SONNTAG**

**10** *Süßer Start* 11 Uhr

Brunchen Sie bei **Fitzbillies** (51–52 Trumpington Street; +441223 352500; fitzbillies.com; €€), einem Traditionshaus, das 2011 kurz geschlossen, renoviert und unter Leitung von Alison Wright und ihrem Mann, dem renommierten Food-Journalisten Tim

Hayward, wieder eröffnet wurde. Die Karte ist umfangreich, doch berühmt sind vor allem die sirupschweren Chelsea Buns, deren 80 Jahre geheim gehaltenes Rezept die neuen Besitzer beim Kauf als Dreingabe bekamen (aber auch die üppigen Torten haben eine große Fangemeinde). Danach können Sie auf dem Kunsthandwerksmarkt auf dem Market Square, wo einst Luthers Schriften verbrannt wurden, Silberschmuck und handgemachte Seife kaufen.

**11** *Kunstpunks* 14 Uhr
Einen Eindruck der modernen Kunstszene können Sie sich im riesigen **Wysing Arts Center** im 15 km westlich von Cambridge gelegenen Ort Bourn (Fox Road; +44 1954 718881; wysingartscentre.org) verschaffen. Performance steht hier hoch im Kurs,

wundern Sie sich also nicht, wenn Sie in ein Konzert mit Punkanklängen unter Leitung eines Turner-Preisträgers stolpern. Auf dem Campus mit zehn Gebäuden sind 24 *Resident Artists* untergebracht. Wie die jährlichen Studienanfänger steuern auch sie immer neue Kreativitätsschübe bei und sorgen dafür, dass die alte Stadt für die nächste Generation interessant bleibt.

**GEGENÜBER OBEN** Nachdem König Heinrich VI. 1441 den Grundstein gelegt hatte, dauerte es ein Jahrhundert, bis die gotische Kapelle des King's College endlich fertig war.

**GEGENÜBER UNTEN** Eine Fußgängerbrücke führt zum King's College, zu dessen Ehemaligen John Maynard Keynes und Salman Rushdie zählen.

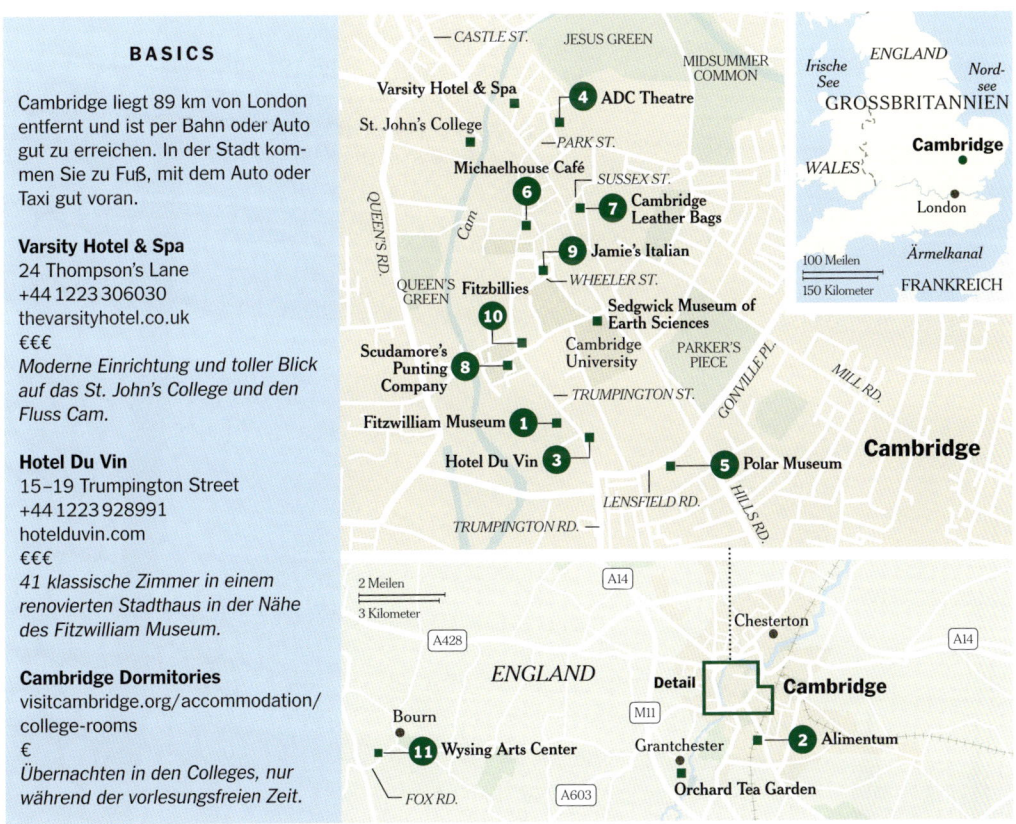

## BASICS

Cambridge liegt 89 km von London entfernt und ist per Bahn oder Auto gut zu erreichen. In der Stadt kommen Sie zu Fuß, mit dem Auto oder Taxi gut voran.

**Varsity Hotel & Spa**
24 Thompson's Lane
+44 1223 306030
thevarsityhotel.co.uk
€€€
*Moderne Einrichtung und toller Blick auf das St. John's College und den Fluss Cam.*

**Hotel Du Vin**
15–19 Trumpington Street
+44 1223 928991
hotelduvin.com
€€€
*41 klassische Zimmer in einem renovierten Stadthaus in der Nähe des Fitzwilliam Museum.*

**Cambridge Dormitories**
visitcambridge.org/accommodation/
college-rooms
€
*Übernachten in den Colleges, nur während der vorlesungsfreien Zeit.*

### Map labels

— CASTLE ST. — JESUS GREEN

MIDSUMMER COMMON

Varsity Hotel & Spa

**4** ADC Theatre

St. John's College

— PARK ST. —

Michaelhouse Café

**6**

— SUSSEX ST.

**7** Cambridge Leather Bags

QUEEN'S RD.

Cam

**9** Jamie's Italian

QUEEN'S GREEN — Fitzbillies

— WHEELER ST. —

**10**

Sedgwick Museum of Earth Sciences

Cambridge University

PARKER'S PIECE

GONVILLE PL.

MILL RD.

Scudamore's Punting Company

**8**

— TRUMPINGTON ST. —

Fitzwilliam Museum **1**

Hotel Du Vin **3**

**5** Polar Museum

**Cambridge**

LENSFIELD RD.

HILLS RD.

TRUMPINGTON RD. —

ENGLAND

Irische See

Nordsee

GROSSBRITANNIEN

WALES

**Cambridge**

London

100 Meilen
150 Kilometer

Ärmelkanal

FRANKREICH

2 Meilen
3 Kilometer

A14

A428

**ENGLAND**

Detail

Chesterton

A14

**Cambridge**

M11

Bourn

**11** Wysing Arts Center

Grantchester

**2** Alimentum

— FOX RD.

A603

Orchard Tea Garden

# Birmingham

*Englands zweitgrößte Stadt war einst Keimzelle der Industriellen Revolution; verdüstert vom Ruß der Hochöfen erschien sie „schwarz bei Tag und rot bei Nacht". Seit die Schwerindustrie aus dem Zentrum verschwunden ist, hat sich die Stadt jedoch neu erfunden und wartet jetzt mit lebendigen, typisch britischen Multikultivierteln, einer interessanten postindustriellen Stadtarchitektur und einer bemerkenswerten Gastronomieszene auf. Die Metropole im Herzen Englands ist breitschultrig, freundlich und lebenslustig.*
– MARK VANHOENACKER

## FREITAG

**1** *Mehr Kanäle als …* 16 Uhr

Das kilometerlange Netzwerk von Kanälen, auf dem früher Kohle transportiert und viel Geld verdient wurde, entwickelt sich allmählich zu einer modernen „Waterfront". (Birmingham soll mehr Wasserwege besitzen als Venedig, mehr Gemeinsamkeiten sind, allerdings nicht zu entdecken.) Beginnen Sie den Erkundungsgang am **Cube** (196 Wharfside Street; thecube.co.uk), einem Lego-artigen Komplex mit Restaurants, Bars, einem Hotel und Wohnungen. Gehen Sie nach Norden durch das Zentrum des neuen Birmingham und dann an der großen Kanalkreuzung rechts, vorbei an alten Schleusen und Zollhäusern. Allmählich wird postindustrieller Chic durch postindustriellen Verfall abgelöst – die Renovierung der alten Industriebauten ist noch in vollem Gange.

**2** *Auf Bills Spuren* 18 Uhr

Wer an einem kühlen Abend einen Drink braucht, sollte das **Malt House** (75 King Edwards Road; +44 121 633 4171) ansteuern, wo sogar schon Bill Clinton beim G8-Gipfel ein Bier zischte.

**3** *Kostprobe aus Kaschmir* 20 Uhr

Nur London hat in England mehr Michelin-besternte Restaurants als Birmingham. Das interessanteste Traditionsgericht jenseits von Haute Cuisine ist aber Balti, ein Currygericht aus Kaschmir, das die südasiatischen Einwanderer mitbrachten. Gehen Sie

**GEGENÜBER** Selfridges, Kaufhaus und architektonisches Paradebeispiel für das neue Birmingham, ist das Highlight im Einkaufszentrum Bullring.

auf der Ladypool Road im sogenannten Balti-Dreieck zwischen Läden, die Korane und Reisen nach Mekka verkaufen, auf die Suche. **Al Frash** (186 Ladypool Road; +44 121 753 3120; alfrash.com; €) ist beliebt, Taxifahrer empfehlen oft das Chicken Karahi (eine Art Hühnereintopf) im **Lahore Village** (202–208 Ladypool Road; +44 121 766 8477; €). Das seit 1978 bestehende Balti-Restaurant **Adil's** (148–150 Stoney Lane; +44 121 449 0335; adilbalti.co.uk) ist nach wie vor gut. Alkohol verkaufen hier nur wenige Restaurants. In manche darf man ihn selbst mitbringen, in andere – darunter das Lahore Village – nicht. Probieren Sie stattdessen einen Lassi aus Joghurt und Gewürzen.

## SAMSTAG

**4** *Kaffee mit Stil* 10 Uhr

Starten Sie im **Urban Coffee** (Warstone Lane; +44 121 233 1599; urbancoffee.co.uk) in den Tag. Der Ableger eines erfolgreichen Geschäfts in der Church Street befindet sich im Big-Peg-Gebäude in den ehemaligen Räumen zweier Juweliere. In den luftigstylishen Räumen können Sie auf Beanbags Platz nehmen. Probieren Sie den köstlichen Flat White (eine Art Latte) oder bestellen Sie Brunch.

**5** *Schmucke Stadt* 11 Uhr

Durch die Fenster des Urban Coffee sieht man einige der Juweliere in Birminghams traditionsreichem Juweliersviertel. Wenn Sie Schmuck aus der Region kaufen wollen, werden Sie hier garantiert fündig. Wer dem **Jewellery Quarter Heritage Trail** (jewelleryquarter.net) folgt, einem beschilderten Spazierweg durch das Viertel, bekommt einen Eindruck davon, wie es aussah, als der Erfinder James Watt hier lebte und Washington Irving während eines Besuchs bei seiner Schwester die Erzählung *Rip Van Winkle* schrieb. Eine Führung durch das **Museum des Juweliersviertels** (75–80 Vyse Street; +44 121 348 8140; birminghammuseums.org.uk/jewellery) sollten Sie sich nicht entgehen lassen. Es ist in einer Schmuckfabrik untergebracht, nach deren Schließung im Jahr 1981 alles an seinem Platz blieb.

**6** *Teepause* 13 Uhr

Wenn Sie sich im **Tearoom** des Museums stärken, lassen Sie Platz für den Victoria Sponge Cake, einen

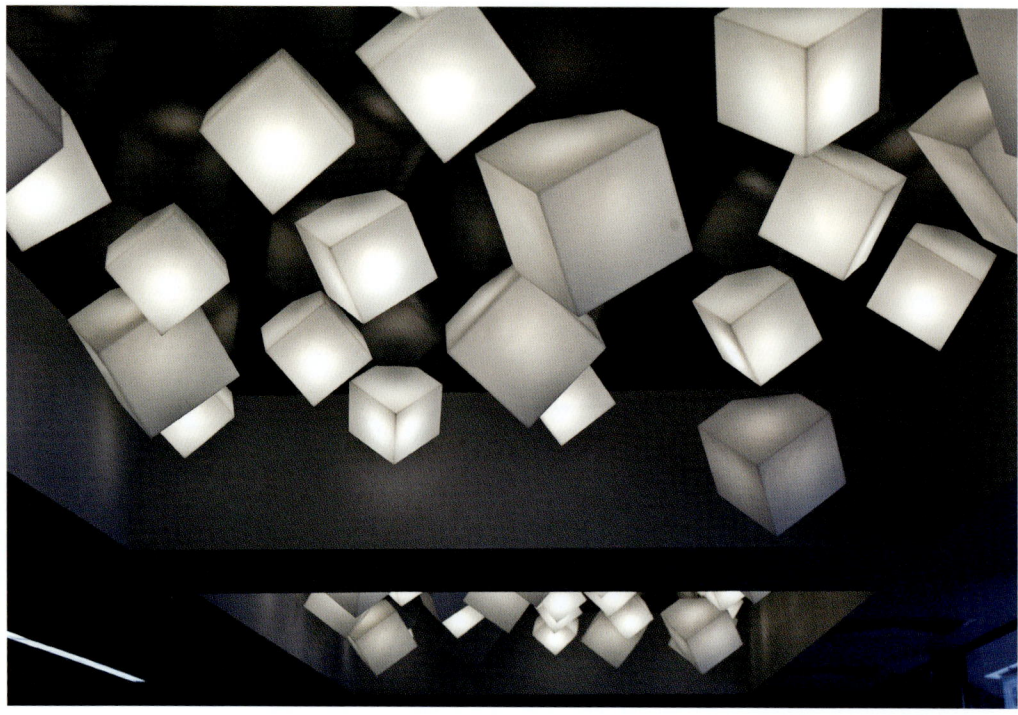

lockeren Kuchen mit Sahne und Himbeerkonfitüre, den Königin Victoria liebte. Bei gutem Wetter kann man im entzückenden Hof sitzen.

**7** *Lieblingsspiel* 14 Uhr

Von Birmingham ist es nicht weit bis Stratford-upon-Avon, wo Shakespeare geboren wurde. Wer Zeit hat, könnte einen Abstecher einplanen. Aber heute geht es um Fußball, Englands derzeit beliebtestem Beitrag zum Glück der Welt. Ehe Sie sich ins Getümmel eines Spiels stürzen, stehen Sie aber vor derselben schweren Entscheidung wie jeder Einheimische: Geht es zu **Aston Villa** (Villa Park, Trinity Road; +44 121 327 2299; avfc.co.uk), zu dessen Fans Prinz William und Tom Hanks zählen, oder zu **Birmingham City** (St. Andrew's Stadium; +44 121 772 0101; bcfc.com)? Die Rivalität, die bis in die 1870er-Jahre zurückreicht, nahm die Dimensionen eines Shakespeare-Dramas an, als Alex McLeish, Manager von Birmingham City, 2011 zu Villa wechselte. Studieren Sie aber vorher den Spielplan, denn nicht alle Spiele finden am Samstag statt.

**8** *Gewonnen?* 17 Uhr

Stoßen Sie im **Fighting Cocks** (1 St. Mary's Row, Moseley; +44 121 449 0811; thefightingcocksmoseley.

co.uk; €) im Vorort Moseley auf den Sieg an – oder ertränken Sie Ihren Frust über die Niederlage. In dem urtümlichen Pub fällt nachmittags das Licht durch Buntglasfenster auf dunkles Holz und gut beschäftigtes Tresenpersonal. Probieren Sie eines der ständig wechselnden Craft-Biere oder regional Gebrautes. Für Hungrige wird moderne Pubküche geboten. Wer etwas edler speisen möchte – und rechtzeitig reserviert hat –, geht in das stylish-elegante **Adam's** (New Oxford House, 16 Waterloo Street; +44 121 643 3745; adamsrestaurant.co.uk; €€€€). Das von Kritikern hochgelobte Restaurant, das einen Michelin-Stern hat, ist eine Topadresse für Gourmets.

**9** *Ozzyland* 21 Uhr

Birmingham ist die Wiege des Heavy Metal. In den späten 1960er-Jahren gründeten Ozzy Osbourne und Konsorten hier Black Sabbath. Und auch Judas Priest sowie Robert Plant und John Bonham von Led Zeppelin haben hier ihre Wurzeln. In den 1980er- und 1990er-Jahren brachte das Sinfonieorchester unter Simon Rattle die Stadt in einem anderen Musikgenre zu Weltruhm. Wer wissen will, was Birmingham musikalisch heutzutage so alles in petto hat, sollte zurück ins Juweliersviertel gehen, wo im **Actress & Bishop** (36 Ludgate Hill; +44 121 236 7426; theactressandbishop.co.uk) häufig lokale Bands auftreten.

**OBEN** Die Beleuchtung im Bloc Hotel, einer Mischung aus trendigem Designhotel und Schlafquartier im japanischen Stil.

SONNTAG

**10** *Leute gucken*  10 Uhr

Machen Sie es sich mit einem Kaffee auf einer Bank am **St. Paul's Square** bequem, einem ruhigen Platz mit Backsteinbauten und einer Steinkirche aus dem 18. Jahrhundert. Hier schlendern Familien, Juweliere und gelegentlich Geistliche vorbei.

**11** *Kaufhaus mit Kurven*  11 Uhr

**Bullring** ist ein lebhaftes Einkaufszentrum, dessen Highlight **Selfridges** (+44 113 369 8040; selfridges.com) nicht nur ein Kaufhaus ist, sondern auch ein architektonisches Paradebeispiel für das neue Birmingham. Vor der kurvigen Fassade mit einer Verkleidung aus Tausenden silbrigen Scheiben bleibt man staunend

stehen. Reißt man sich von dem Anblick los und tritt ein, findet man im Inneren alle wichtigen Namen der internationalen Modeszene. Steuern Sie zum Essen die nahe gelegene **Spiceal Street** an. Dort gibt es zahlreiche Restaurants, darunter auch eine Niederlassung von Jamie Olivers angesagtem **Jamie's Italian** (Middle Mall, Bullring Shopping Center; +44 121 270 3610; jamieoliver.com/italian; €€).

**OBEN**  Bei Adil's gibt es eine reiche Auswahl an Baltis, eine Art Currygericht.

## BASICS

Birmingham hat einen internationalen Flughafen, ist aber auch per Bahn und über Autobahnen gut zu erreichen. Der öffentliche Nahverkehr in der Stadt ist bequem und preiswert.

**Staying Cool**
Rotunda, 150 New Street
+44 121 285 1290
stayingcool.com/birmingham
€€
*Tortenstückförmige Zimmer in einem ehemaligen Bürohochhaus. Tolle Aussicht und 1960er-Jahre-Dekor. Espressomaschine, Orangen und Saftpresse gehören zum Service.*

**The Bloc Hotel**
St. Paul's, 77 Caroline Street
+44 121 212 1223
blochotels.com
€
*Preiswerte Mischung aus trendigem Designhotel und Schlafquartier im japanischen Stil.*

### Karte

1/4 Meile · 1/2 Kilometer

**Birmingham**

Tearoom/Museum of the Jewellery Quarter  **6**

GREAT HAMPTON ST.

ICKNIELD ST. · VYSE ST.

**4** Urban Coffee

WARSTONE LN.

St. Paul's Square  **10**

Bloc Hotel  **JEWELLERY QUARTER**  FREDERICK ST.

**5**

**9** Actress & Bishop

Jewellery Quarter Heritage Trail

SANDPITS

KING EDWARDS RD.

**2** Malt House  Adam's  NEW ST.

GREAT CHARLES ST.  WATERLOO ST.

Staying Cool

Kanalweg

**1** Cube

1 Meile · 2 Kilometer

Villa Park  **7**

ENGLAND

**Birmingham**

St. Andrew's Stadium

**Detail**

Adil's

Al Frash/Lahore Village  **3**

BALTI TRIANGLE

Fighting Cocks  **8**

Selfridges  **11**

Jamie's Italian  Spiceal Street

EDGBASTON ST.

PERSHORE RD.

GROSSBRIT.  Nord-see

ENGLAND

**Birmingham**

London

Ärmelkanal

BATH ROW  BRISTOL ST.

# Liverpool

Beim Stichwort Liverpool denkt man an die Beatles und an Fußball. Beide werden hier verehrt, aber die alte Hafenstadt in Nordwestengland hat noch mehr zu bieten. Avantgardistische Bauten und die Glasfassaden neuer Museen prägen zusammen mit Lagerhäusern aus Ziegeln und nebligen Hafenanlagen das Bild. Liverpool kann auf dem Gebiet der bildenden Kunst mit Turner-Preisträgern aufwarten, und die Musikszene ist immer noch für Überraschungen gut.
– BENJI LANYADO UND AMY ROSE DOBSON

## FREITAG

### 1 Bier und Billard 17 Uhr

Das Cavern Quarter und vor allem der schummrige Cavern Club in der Mathew Street, in dem die Beatles angefangen haben, ist noch immer ein Pilgerziel. Sie gehen auch in diese Richtung, machen aber in der hellen, luftigen **Hatch Bar** (Eingang Mathew Street, gehört aber zum Euro Hostel Liverpool, 54 Stanley Street; + 44 151 908 0098; eurohostels.co.uk/liverpool/the-hatch-bar) halt, wo zahlreiche TV-Bildschirme eher Sportevents präsentieren als Rock'n'Roll-Nostalgie verbreiten. Durch das Hostel im Obergeschoss ist das Publikum touristisch, doch auch Liverpooler kommen wegen der großen Bierauswahl und zum Billardspielen hierher.

### 2 Bierteig 19.30 Uhr

In der Hope Street im Georgian Quarter liegen einige von Liverpools besten Restaurants. Zu den altehrwürdigsten gehört das in einem georgianischen Stadthaus untergebrachte **60 Hope Street** (60 Hope Street; +44 151 707 6060; 60hopestreet.com; €€€), das Fish and Chips von allererster Qualität serviert. Der knusprige Teig wird mit Cains Bitter zubereitet, einem von Liverpools besten Bieren. Auch der Lammbraten oder die gebratene Dorade sind sehr zu empfehlen.

### 3 Neue Klänge 22 Uhr

Liverpools Musikszene hat sich vom Cavern Quarter in den Ropewalks District südlich des Stadtzen-

trums verlagert. In Backsteinlagerhäusern haben sich schummrige Pubs, angesagte Klubs und lebendige Livemusikkneipen angesiedelt. Im **Zanzibar** (43 Seel Street; +44 151 707 0633; thezanzibarclub.com), einem düsteren Klub mitten in dieser Gegend, kann man einheimische Gruppen wie The Coral (Retro-Rock), The Zutons (Soul-Pop) oder das Pop-Punk-Trio The Wombats erleben. Die Soundanlage ist hervorragend, die Tanzfläche immer voll und die intime Bühne kaum 30 cm hoch – die Musiker sind also zum Greifen nah.

### 4 Rocklegenden 24 Uhr

Paul Du Noyer stellt in seinem Buch Liverpool: Wondrous Place die Musikszene der Stadt detailliert dar. Und in der sparsam beleuchteten Lounge **Attic Bar** (33–45 Parr Street; +44 151 708 6345; theatticliverpool.com) im Ropewalks District trifft man mit Sicherheit jemanden, der in dem Buch vorkommt. Die Bar liegt neben den Parr Street Studios, in denen schon Grace Jones, Justin Bieber und Coldplay Aufnahmen gemacht haben, und wird von den Vertretern der Musikbranche gerne als Treffpunkt genutzt. Manchmal entspannen sich hier auch Musiker wie Echo and the Bunnymen oder die 1980er-Legenden Ian McNabb und Pete Wylie bei einem Glas Carlsberg.

## SAMSTAG

### 5 Stadtgeschichte 10 Uhr

Die Stadt hat im **Museum of Liverpool** (Pier Head; +44 151 478 4545; liverpoolmuseums.org.uk/mol), das 2011 am Hafen eröffnet wurde, viel Platz, um von

**GEGENÜBER** Das Cavern Quarter, in dem die Beatles angefangen haben.

**RECHTS** Im Zanzibar treten vielversprechende Bands auf.

ihrer Geschichte und ihren Bewohnern zu erzählen. Eine Audio-Ausstellung lädt zu einem Ausflug in die Anfangszeit der Beatles ein, und im Karaoke-Raum gibt es Stücke, die ursprünglich von Musikern aus Liverpool gesungen wurden. Ein Film macht die Bedeutung des Fußballs verständlich. (Wer ein Spiel sehen will, kann sich im Anfield Stadium unter 45 000 begeisterte Fans mischen.)

**6** *Zukunftsmusik* 12 Uhr

Die kreative Szene der Stadt ist sehr lebendig. Kunst der Zukunft können Sie hinter der Zinkfassade der **Foundation for Art and Creative Technology**, kurz FACT (88 Wood Street; +44 151 707 4444; fact.co.uk) erleben, wo drei Galerien Arbeiten von Aktions- und Konzeptkünstlern wie Mark Wallinger, Barbara

Kruger, Tony Oursler und Isaac Julien zeigen. Im dortigen Kino Picturehouse laufen internationale Filme, und das Café serviert Leckeres für die Mittagspause.

**7** *Shopping in den Docks* 14 Uhr

Vertrödeln Sie den Nachmittag im **Liverpool One** (5 Wall Street; +44 151 232 3100; liverpool-one.com), einem 170 000 m² großen Einkaufszentrum und eines von Europas größten Projekten zur Stadtbelebung. Die Architektur des Komplexes orientiert sich an vorhandenen Bauten und umfasst eine Originalmauer von Liverpools erstem Dock, das als ältestes Trockendock der Welt gilt.

**8** *Die Seele Kubas* 18 Uhr

Kein Appetit auf Blutwurst oder Fish and Chips? Dann reservieren Sie einen Tisch bei **Alma de Cuba** (Seel Street; +44 151 305 3744; alma-de-cuba.com; €€), das in Sachen Menü und Design zu den innovativsten Restaurants der Stadt gehört. Das hohe Schiff und die Marmorsäulen der ehemaligen St. Peter's Church bilden den eindrucksvollen und etwas fremdartigen Rahmen für die karibisch inspirierte Küche. Auf der Karte stehen Speisen wie Salat aus karamellisierten Birnen mit Gorgonzola und Granatapfeldressing oder karibisches Hähnchen mit Kokosreis und Erbsen. Kerzenlicht beleuchtet das trendige Publikum und den schönen Raum, in dem manchmal Salsa getanzt wird.

**9** *Bühne frei* 19.30 Uhr

Das **Liverpool Playhouse** (Williamson Square; +44 151 709 4776; everymanplayhouse.com) aus dem Jahr 1911 ist eins der ältesten Repertoiretheater Englands. Hier standen schon Michael Redgrave, Rachel Kempson, Anthony Hopkins und Patrick Stewart auf der Bühne. Tickets im Voraus kaufen.

### SONNTAG

**10** *Inspirierender Strand* 11 Uhr

In der Küstenstadt Liverpool liefen früher wichtige Seehandelswege zusammen. Für einen etwas anderen Strandspaziergang nehmen Sie ein Taxi zum **Crosby Beach**, einem Teil der Merseyside-Küste, die in einem Atemzug mit Englands vielseitigem, hoch-

gelobtem Künstler Antony Gormley genannt wird. An dem etwa 3 km langen Strand ist Gormleys Installation *Another Place* zu sehen. Sie besteht aus 100 gusseisernen Männern, die zum Horizont starren.

**GEGENÜBER OBEN** Das Liverpool Playhouse.

**GEGENÜBER UNTEN** Eine der 100 gusseisernen Figuren am 3 km langen Crosby Beach.

**OBEN** Das Museum of Liverpool.

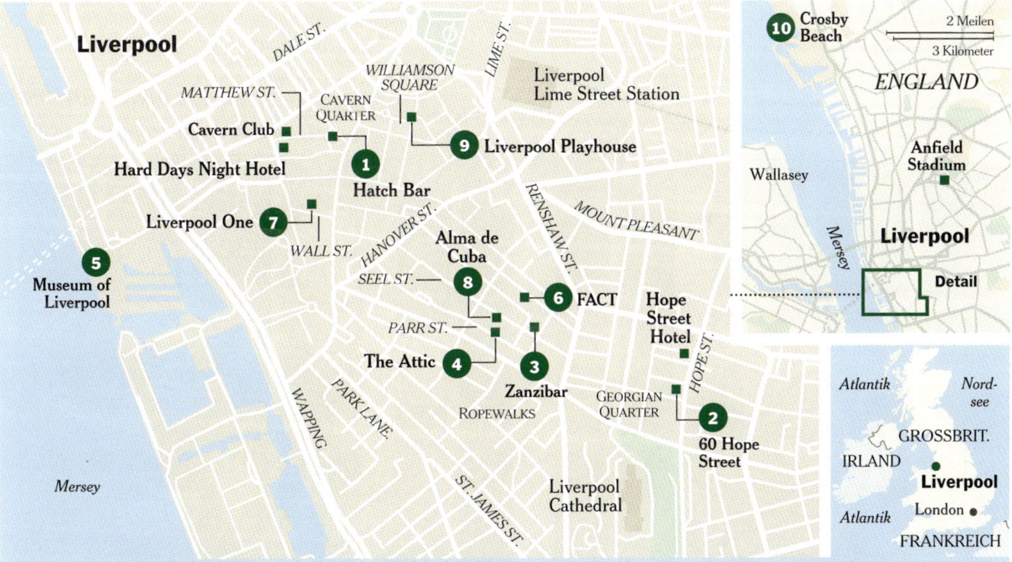

**Liverpool**

DALE ST.
LIME ST.
WILLIAMSON SQUARE
MATTHEW ST.
CAVERN QUARTER
Cavern Club
Liverpool Lime Street Station
Hard Days Night Hotel
**1**
Hatch Bar
**9** Liverpool Playhouse
Liverpool One **7**
WALL ST.
HANOVER ST.
RENSHAW ST.
MOUNT PLEASANT
Alma de Cuba
**5**
Museum of Liverpool
SEEL ST.
**8**
**6** FACT
Hope Street Hotel
PARR ST.
The Attic **4**
**3**
HOPE ST.
Zanzibar
GEORGIAN QUARTER
ROPEWALKS
**2**
60 Hope Street
Mersey
WAPPING
PARK LANE
ST. JAMES ST.
Liverpool Cathedral

**10** Crosby Beach
2 Meilen
3 Kilometer
**ENGLAND**
Wallasey
Anfield Stadium
Mersey
**Liverpool**
Detail

Atlantik Nordsee
GROSSBRIT.
IRLAND
**Liverpool**
Atlantik London •
FRANKREICH

### BASICS

Nehmen Sie ab London einen Inlandsflug oder die Bahn oder fliegen Sie nach Manchester und reisen per Bahn weiter. Die Stadt lässt sich gut zu Fuß erkunden, Taxis sind bezahlbar.

**Hope Street Hotel**
40 Hope Street
+44 151 709 3000
hopestreethotel.co.uk
€€
*Attraktives Boutiquehotel.*

**Hard Days Night Hotel**
Central Buildings, North John Street
+44 151 236 1964
harddaysnighthotel.com
€€€
*Richtig geraten: Hotel im Cavern Quarter mit Beatles-Thematik.*

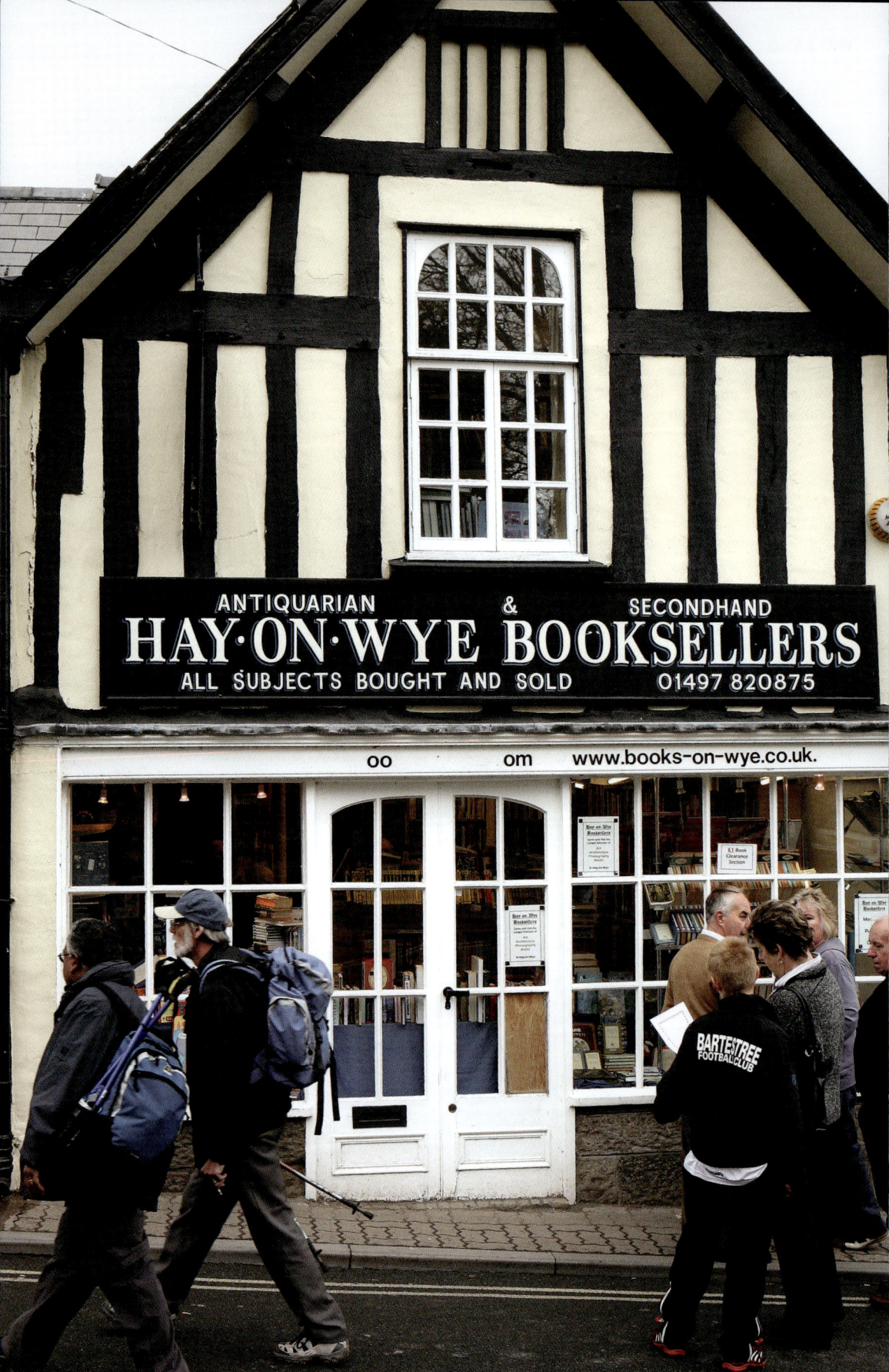

# Südliches Wales

*Wales ist eine neblige, grüne Hügellandschaft mit Burgruinen und einer ausgesprochen konsonantenlastigen Sprache, wie sich auf Schildern und in Ortsnamen eindrucksvoll zeigt. Das südliche Wales ist von London aus leicht zu erreichen. Starten Sie Ihr Wochenende in Cardiff, wo aus den verfallenden Hafenanlagen der Kohle-Ära das moderne, coole Kulturzentrum von Wales entstanden ist. Fahren Sie anschließend weiter durch die Black Mountains nach Hay-on-Wye, in das berühmte Bücherstädtchen mit 1500 Einwohnern, das vielen Autoren und Werken zum Erfolg verholfen hat. Jedes Jahr im Mai kommen zum Bücherfestival 250 000 Gäste und Stars der Literaturszene aus der englischsprachigen Welt hierher. Wer ganz in Ruhe in den vielen Buchläden stöbern will, sollte seinen Kurzbesuch lieber in einen anderen Monat legen.* – SARAH LYALL UND PATRICK E. TYLER

## FREITAG

### 1 *Landleben* 14 Uhr

Wie unterschiedlich restaurierte Dörfer aussehen können, beweist **St. Fagans National Museum of History** (direkt an der A 4232, rund 6,5 km vom Zentrum Cardiffs entfernt; +44 2920 573 500; museum. wales/stfagans) in Cardiff. Das Museumsdorf auf dem Gelände eines Herrenhauses mit dem Namen St. Fagans Castle besteht aus 40 originalgetreu wiederaufgebauten Häusern aus allen Teilen von Wales sowie einigen rekonstruierten keltischen Hütten. Es erzählt von einer Kultur, die sich immer klar abgrenzte. Beim Rundgang durch Cottages und steinerne Ställe, Bergarbeiterhäuschen, Kirche und Mühlen gewinnt man einen guten Eindruck des hiesigen Landlebens im Lauf der Jahrhunderte.

### 2 *Burgleben* 16.30 Uhr

Vom Leben der Reichen erzählt **Cardiff Castle** (Castle Street und High Street; +44 2920 878 100; cardiffcastle.com). Es besteht aus einer Ansammlung von römischen Fundamenten und Mauern, einem normannischen Burgfried auf einem aufgeschütteten Hügel mit Ringgraben und eindrucksvollen Türmen und Sälen, für deren Restaurierung der dritte Marquess of Bute und der Architekt William Burges verantwortlich sind. Der *Winter Smoking Room* im Glockenturm und die grünen Papageien im arabischen Zimmer sind diesen Abstecher wert.

### 3 *Was ein Sperrwerk alles schafft* 18 Uhr

Die Küste bei Cardiff war einmal eine Schlammfläche mit Fahrrinnen und Kränen. Heute bildet sie einen fast durchgehenden Bogen aus Hotels, Wohn- und Geschäftshäusern zwischen Betonkais, Hafenbecken und Stegen mit Blick auf eine 2 km² große Süßwasserbucht. Die Bucht entstand, als in den 1990er-Jahren ein niedriges Sperrwerk gebaut wurde. Es verhindert, dass sich das Mündungsgebiet des Taff durch den Tidenhub, der hier mehr als 10 m beträgt, zweimal täglich in eine Schlammwüste verwandelt. Jetzt ähnelt die Wasserfläche eher dem Genfer See, allerdings ohne Springbrunnen. Das **Wales Millennium Centre**, ein multifunktionales Veranstaltungszentrum, ist nicht zu übersehen. „Wir wollten ein selbstbewusstes Gebäude", erklärte Architekt Jonathan Adams. „Nichts Schüchternes." Das ist gelungen. Über dem Theater wölbt sich eine Fassade aus bronzefarbenem Stahl, die in riesigen Buchstaben mit

**GEGENÜBER** Hay-on-Wye, ein kleiner Ort in Wales, der bei Bücherfreunden bestens bekannt ist.

**RECHTS** Hay-on-Wye hat nur wenige Straßen, aber drei Dutzend Buchläden. Zum Bücherfestival im Frühling reisen etwa 250 000 Gäste an.

Zitaten der Dichterin Gwyneth Lewis in walisischer und englischer Sprache beschriftet ist.

**4** *Orient am Ärmelkanal* 19 Uhr

Das **Pearl of the Orient** (Mermaid Quay, Cardiff Bay; +44 2920 498 080; thepearloftheorient.com; €€) kombiniert seit 2001 diverse fernöstliche Küchen, z. B. aus Kanton, Peking, Szechuan odere Malaysia. Den Blick auf die Bucht gibt es als Augenschmaus dazu.

**SAMSTAG**

**5** *Bitte umblättern* 10 Uhr

Fahren Sie durch die grüne Hügellandschaft über kleine Straßen mit uralten Traktoren nordwärts

nach Hay-on-Wye. Der winzige Ort besteht nur aus wenigen Straßen und liegt im Schatten einer großen Burgruine aus dem 13. Jahrhundert, die viele Plünderungen und Brände überdauert hat. Zum Festival entsteht neben dem Ort eine ganze Stadt aus Zelten, die wie Pilze aus dem feuchten Boden schießen. Literaturgrößen und prominente Bücherfreunde wie Dave Eggers, Kazuo Ishiguro und Alan Alda waren schon auf diesem „Woodstock des Geistes" zu Gast. Autoren scheinen den Charme des Örtchens besonders zu mögen. Auch außerhalb der Festivaltage kann man den einen oder anderen hier herumschlendern sehen.

**OBEN** Hügel und Wiesen prägen das Landschaftsbild bei Cardiff und Hay-on-Wye.

**UNTEN** Das Veranstaltungszentrum Wales Millennium Centre wurde 2009 in Cardiff errichtet. Schriftzüge in Englisch und Walisisch schmücken die Stahlfassade.

**6** *Pubpause* 12 Uhr

Kehren Sie zum Lunch im **Blue Boar** (Castle Street; +44 1497 820 884; €€–€€€) ein, wo Sie die Wahl zwischen herzhafter, traditioneller Küche und leichteren Speisen wie Ratatouille mit Ziegenkäse haben. Das familienbetriebene **Granary** (20 Broad Street; +44 1497 820 790; €€) in einer ehemaligen Lagerhalle ist ein Café im Kantinenstil mit Außentischen. Hier bekommen Sie sättigende Suppen und wechselnde Hauptgerichte, zu denen z. B. Räucherforelle, Steak-and-Kidney-Pie oder ein Nussauflauf gehören.

**7** *Bücher, sonst (fast) nichts* 14 Uhr

Dass es in Hay-on-Wye geradezu absurd viele Buchläden gibt, hat viel mit Richard Booth zu tun. Er eröffnete hier 1961 sein erstes Geschäft und ermutigte andere zur Nachahmung. Welches der beste Laden ist, lässt sich schwer sagen. Einer ist auf Krimis und Thriller spezialisiert, ein anderer auf Lyrik, ein dritter auf seltene Kinderbücher. Es gibt riesige Geschäfte wie den **Hay Cinema Bookshop** (Castle Street; +44 1497 820 071; haycinemabookshop.co.uk) und viele kleine Läden. Vor der Burgruine sind rund um die Uhr Bücher ausgestellt, die nach dem „Ehrlichkeitsprinzip" verkauft werden: Man nimmt, was man möchte, und zahlt nach Gutdünken. Warnung: Die Buchläden laden mit leisen, verführerischen Sirenengesängen zum Stöbern ein. Selbst wenn Sie sich beharrlich sagen, dass Ihre Bücherregale voll sind, das

Reisegepäck zu viel wiegt und ein Stapel noch ungelesener Bücher zu Hause wartet, werden Sie mehr Beute machen als geplant.

**8** *Herrschaftlich speisen* 20 Uhr

Etwa 15 Minuten von Hay entfernt liegt **Llangoed Hall** (Llyswen, Brecon; +44 1874 754 525; llangoedhall.co.uk; €€€€; formelle Kleidung), wo während des Festivals die renommiertesten Autoren untergebracht werden. Der Bau im riesigen Garten war einmal ein herrschaftlicher Landsitz und sieht noch immer so aus. Dinieren Sie im Restaurant des Anwesens. Serviert wird saisonale Küche mit Zutaten aus der Region, z. B. Lammbraten, Risotto mit Waldpilzen und zum Dessert Zitronen-Orangen-Tarte oder Rhabarbermousse.

### SONNTAG

**9** *Die Brecon Beacons* 10 Uhr

Hay-on-Wye liegt im **Brecon Beacons National Park** (breconbeacons.org), der mit seinen Flüssen, Hügeln und den Gipfeln der Brecon Beacons ein beliebtes Wandergebiet ist. Steuern Sie das etwa 8 km südwestlich von Brecon gelegene Besucherzentrum

**OBEN** Hay Castle aus dem 13. Jahrhundert hat viele Plünderungen und Brände überlebt. Die Ruine ragt noch immer über Hay-on-Wye auf.

**Mountain Center** (+44 1874 623 366) an, um sich mit Karten, Broschüren und Wegbeschreibungen des 1350 km² großen Parks einzudecken. Wenn Sie früh aufgebrochen sind, können Sie hier auch herzhaft frühstücken – mit Eiern, Bohnen und Pilzen. Das Besucherzentrum liegt auf einer Anhöhe und bietet einen schönen Blick auf den Pen Y Fan, den höchsten Berg im Süden von Wales. Um ihn zu besuchen, fahren Sie zunächst westwärts zur Ortschaft Brecon, dann nach Süden auf der A470 und biegen Sie von dieser rechts in die Zufahrtstraße ein.

**10** *Wandertour* 11 Uhr

Lassen Sie sich im Mountain Center oder in Hay-on-Wye ein Picknick einpacken und erkunden Sie die Black Mountains. Gut ausgezeichnete Wanderwege führen zu den Gipfeln, an Flüssen entlang und durch die Wiesen. Wenn Sie einen Tag mehr Zeit haben, können Sie auch Wasserfälle und Höhlen erkunden. Für den Rückweg nach Cardiff fahren Sie nach Verlassen des Parks auf der A470 nach Süden.

**OBEN** In Hay gibt es große und kleine, schlichte und noble Buchläden. Viele haben sich spezialisiert, beispielsweise auf Krimis, Kinderbücher oder Übernatürliches.

**GEGENÜBER** Eine Höhle im Brecon Beacons National Park, einem beliebten Wandergebiet bei Cardiff.

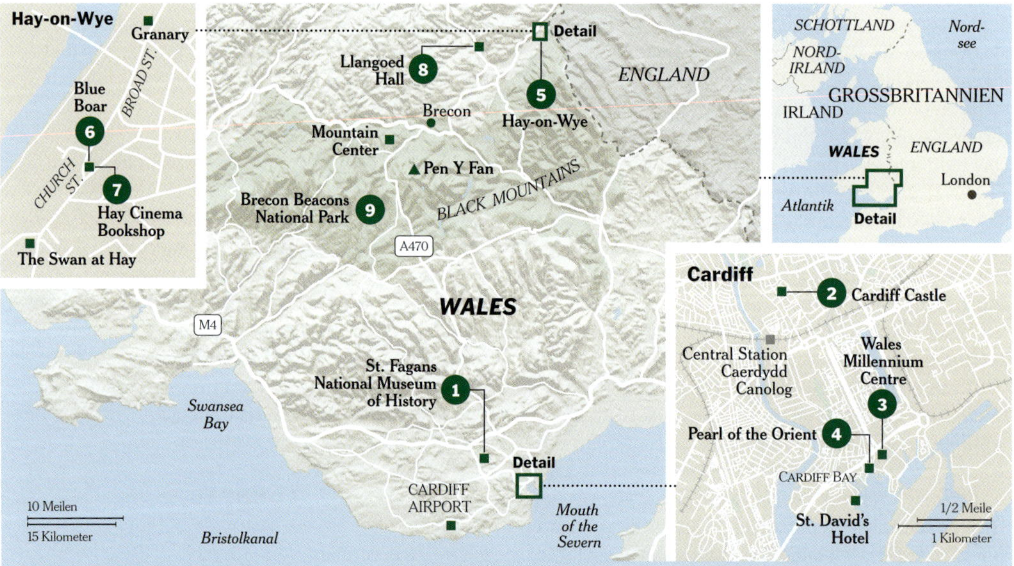

**BASICS**

Am Cardiff Airport (Maes Awyr Caerdydd auf Walisisch) oder Hauptbahnhof (Caerdydd Canolog) mieten Sie sich am besten einen Wagen.

**St. David's Hotel**
Havannah Street, Cardiff
+44 2920 454 045
thestdavidshotel.com
€€€€
*Zimmer und Suiten mit Balkons und Blick auf die Cardiff Bay oder den Stadthafen.*

**The Swan at Hay**
Church Street, Hay-on-Wye
+44 1497 821 188
swanathay.co.uk
€€
*Bequemes, zweckmäßiges kleines Hotel in einer ehemaligen Poststation.*

# Edinburgh

*Edinburgh, eine charismatische Stadt aus Treppen und Hügeln, georgianischen und klassizistischen Gebäuden, ist darin geübt, moderne Elemente in ihren alten Bestand zu integrieren. Ein Zentrum der Künste war die kosmopolitische Hauptstadt schon immer; neuerdings bringt sie mit pulsierender Energie auch eine neue schottische Küche, unzählige Craft-Biere und architektonisch aufregende Gebäude hervor wie das schottische Parlament, das als Symbol des neuen Schottland gilt. Doch auch der alte Charme von „Auld Reekie" ist noch da: in Form von gemütlichen Pubs, mittelalterlichen Gassen und schrullig-bescheidenen Einwohnern.* – NELL MCSHANE WULFHART

## FREITAG

### 1 *Alles über Schottland* 15 Uhr

Das **National Museum of Scotland** (Chambers Street; nms.ac.uk), eines der Kronjuwelen Edinburghs, präsentiert eine detaillierte Geschichte Schottlands, von Dinosauriern bis zu Klonschaf Dolly. Man könnte dort glatt einen ganzen Tag lang Filme über die letzten Leuchtturmwärter des Landes gucken, sich über die schottische Arbeiterbewegung informieren und das luftige viktorianische Atrium bewundern. Wer Stärkung braucht, legt im zwei Minuten entfernten **Brew Lab** (6–8 South College Street; brewlabcoffee. co.uk), eins der besten, zu keiner Kette gehörenden Cafés der Stadt, eine Verschnaufpause ein. Nicht vergessen, eine Tragetasche mit warholeskem Bild von Dolly als Souvenir mitzunehmen.

### 2 *Pub Cuisine* 18 Uhr

Im schicken Viertel Stockbridge ist sogar das Pub-Food exzellent, besonders im leger-stylischen **Scran & Scallie** (1 Comely Bank Road; scranandscallie.com; €€), das die Besitzer des Michelin-besternten Kitchin führen. Es gibt Klassiker wie Würstchen und Kartoffelpüree oder Fish and Chips, aber auch ein Upgrade auf geröstetes Knochenmark, Ochsenzunge und Pfifferlinge auf Toast lohnt sich. Hier bleibt man bei

Drinks und Nachtisch gern länger (probieren Sie den Karamellpudding, wenn er auf der Karte steht).

### 3 *Jetzt wird's bierernst* 20 Uhr

**Stockbridge Tap** (2-6 Raeburn Place; facebook. com/thestockbridgetap) ist eine Bar für ernsthafte Biergenießer. Das internationale Angebot ändert sich häufig, aber die fachkundigen und freundlichen Barleute werden Ihnen anhand Ihrer Präferenzen die perfekte Auswahl kredenzen. Beenden Sie den Abend im **Last Word** (44 St. Stephen Street; lastwordsaloon. com), eine der kreativsten Cocktailbars der Stadt. Im schummrigen Keller wird sogar noch um 4 Uhr ausgeschenkt. Probieren Sie z. B. Flightless Bird, ein Mix aus Luksusowa-Wodka, Cointreau, Kiwi und Zitrone. Im Hinterzimmer befindet sich ein kleines Labor, wo u. a. Chartreuse geklärt wird; als Barsnacks gibt es eine Käseauswahl vom hervorragenden Käsemacher I. J. Mellis um die Ecke.

## SAMSTAG

### 4 *Heiß und fettig* 9.30 Uhr

Das gebratene schottische Frühstück ist legendär (und möglicherweise die weltbeste Katerkur). **Angus Fling** (27 George IV Bridge; €) liegt zentral, hat im Schottenkaro gepolsterte Sitznischen und legt den Schwerpunkt auf regionale Produkte. Zum „Fry" gehören Würstchen, Bacon, Eier, Champignons, gegrillte Tomate, geröstetes Kartoffelbrot und eine Scheibe Haggis. Runtergespült wird das Ganze mit einer schönen Kanne Tee.

**GEGENÜBER** Calton Hill, ein Aussichtspunkt mit Blick über ganz Edinburgh. Der steile Aufstieg lohnt sich.

**RECHTS** Das Brew Lab, eine Cafébar in der Nähe des National Museum.

**5** *Parlament und Poesie* 10.30 Uhr

Verbrennen Sie beim Gang zum **Scottish Parliament** (Holyrood; parliament.scot) ein paar Frühstückskalorien und machen Sie dabei einen Abstecher in die Gasse Crichton's Close zur **Scottish Poetry Library** (5 Crichton's Close; scottishpoetrylibrary. org.uk), einem versteckten Paradies für Literaturfreunde. Im zweiten Stock können Sie sich Kopfhörer aufsetzen und Gedichten lauschen, im Shop gibt es illustrierte Postkarten mit Gedichtzeilen von Robert Burns und Anthologien schottischer Dichtkunst. Weiter geht's zum Parlament, ein vom Katalanen Enric Miralles entworfenes, atemberaubendes modernes Gebäude. Hier werden täglich mehrere thematische Führungen (Geschichte, Design, Architektur) angeboten (im Voraus buchen).

**6** *Welches Schloss darf's sein?* 12 Uhr

Am **Edinburgh Castle** (edinburghcastle.gov.uk) kommt letztlich kein Tourist vorbei, aber wenn die Schlangen gerade zu lang sind, gibt es in südöstlicher Richtung eine deutlich weniger überlaufene Alternative nur 5 km vom Zentrum entfernt und von Feldern umgeben: **Craigmillar Castle** (Craigmillar Castle Road; historicenvironment.scot). Die Schießscharten und Mauern bieten wunderbare Ausblicke auf Edinburgh Castle. Von hier läuft man für einen herzhaften Lunch ca. 1,5 km am Rand vom Holyrood Park entlang zum **Sheep Heid Inn** (43–45 The Causeway;

sheepheid.co.uk; €€), einem Pub mit niedriger Decke, das angeblich schon seit sechs Generationen Gäste sättigt. Eine antiquierte Kegelbahn im hinteren Bereich krönt das Erlebnis.

**7** *Kunst fürs Auge, Gin für die Leber* 16 Uhr

Die Ausstellungs- und Performance-Location **Summerhall** (1 Summerhall; summerhall.co.uk) in einem ehemaligen College für Veterinäre lädt mit ihren verzweigten Gängen zum Herumwandeln ein. Begutachten Sie die ausgestellte Kunst, checken Sie den Aufführungskalender und stöbern Sie im Shop in den käuflich zu erwerbenden Originalen. Hinten wartet eine winzige Brennerei mit riesigen Ginfässern und aufgereihten Bierflaschen. Bestellen Sie an der Bar (einst eine Kleintierklinik) einen Pint hausgebrautes Summerhall Pale Ale.

**8** *Aus der Liste bestellen 2.0* 19 Uhr

**Aizle** (107–109 St. Leonard's Street; aizle.co.uk; €€€; der Name reimt sich auf „Hazel") gehört zur wachsenden Gruppe von Edinburgher Restaurants, deren Speisekarte sich wie eine Zutatenliste liest (z. B. „black vinegar", „chicken skin", „summer berries"). Hinter den prosaischen Namen verbergen sich wunderbar komponierte Gerichte. So sieht die

**OBEN** Pubs, Vintageläden und Cocktailbars haben sich im altem Hafen Leith auf dem Firth of Forth breitgemacht.

Zukunft der schottischen Kulinarik aus: regional, bewusst und entspannt.

**9** *Wasser des Lebens* 21.30 Uhr

Schottlands Produktion von obskuren Whisky-marken in kleinen Mengen boomt, und so haben Sie in einem Pub schon mal die Qual der Wahl zwischen 200 bis 300 Sorten. In den **Whiski Rooms** (4–7 North Bank Street; whiskirooms.co.uk) können Sie jeweils vier nach Region und Stil zusammengestellte Sorten verköstigen.

### SONNTAG

**10** *Das neue Leith* 10 Uhr

Edinburghs historischer Hafen Leith ist ideal für einen Sonntagsspaziergang. Die Gegend hat sich radikal gewandelt und ist nun ein faszinierender Mix aus skurrilen Pubs, Secondhandläden und hippen Cocktailbars. Schlendern Sie die Uferpromenade

Firth of Forth Richtung Süden und halten Sie dabei Ausschau nach Wandbildern, einem öffentlichen Projekt der lokalen Organisation LeithLate. Sie können sich im **Lioness of Leith** (21–25 Duke Street; thelionessofleith.co.uk) zu trendigen Youngstern gesellen, die ihren Kater auskurieren, oder im von

**OBEN** Die winzige Schnapsbrennerei in Summerhall, einer Ausstellungs- und Performance-Location, in der man stundenlang umherwandern kann.

**UNTEN** Flugzeuge im National Museum of Scotland, das schottische Geschichte präsentiert.

Fahrradthematik beherrschten **Tourmalet** (25 Buchanan Street) einen Pint bestellen. Lunch gibt's dann im **King's Wark** (36 Shore; kingswark.co.uk), einem Pub aus dem 15. Jahrhundert mit bunt zusammengewürfelter Einrichtung und regional geprägter Karte.

**11** *Monumentaler Hügel* 13 Uhr
   Der Aufstieg zum **Calton Hill** (edinburghguide.com/parks) ist zwar steil, aber die Panoramablicke

auf Leith, den Firth und den Arthur's Seat (vulkanischen Ursprungs) sind der Anstrengung wert. Der 1724 zum öffentlichen Park ausgebaute Hügel ist mit Baudenkmälern gesprenkelt, darunter das National Monument im Akropolis-Stil, das sich seit dem frühen 19. Jahrhundert „under construction" befindet. Wer noch mehr spektakuläre Ausblicke will, steigt die Wendeltreppe im Nelson Monument hoch.

**OBEN** Arthur's Seat, der höchste Gipfel der Hügelkette, die Edinburghs Holyrood Park bildet, ist ein erloschener Vulkan, auf dem heute gewandert wird.

**GEGENÜBER** Das Gebäude des Scottish Parliament wurde vom spanischen Architekten Enric Miralles entworfen.

## BASICS

Vom Edinburgh Airport kommt man preiswert mit dem Flughafenbus in die Stadt; er hält u. a. an der zentralen Waverley Station. Das Stadtzentrum ist kompakt und lässt sich gut zu Fuß erkunden.

**Glasshouse Hotel**
2 Greenside Place
+44 131 525 8200
theglasshousehotel.co.uk
€€€
*Am Fuße des Calton Hill gelegen. Einige Zimmer mit Terrasse, alle mit Zugang zum fast 1 km² großen Dachgarten.*

**The Balmoral Hotel**
1 Princes Street
+44 131 556 2414
roccofortehotels.com
€€€€
*Was für J. K. Rowling gut genug ist, kann nicht schlecht sein. Die berühmte Autorin schrieb hier das Schlusskapitel des letzten Harry-Potter-Bandes.*

# Glasgow

*Es ist leicht, Glasgows historische Schönheit zu bewundern: von der grandiosen Jugendstilarchitektur und den einmaligen Möbeldesigns von Charles Rennie Mackintosh bis hin zu den fein gemeißelten Wikinger-Grabsteinen aus dem 9. Jahrhundert. Doch auch die moderne Seite von Schottlands größter Stadt verdient Beachtung. In ehemals leer stehenden Gebäuden eröffnen Galerien, Bars, Geschäfte und Restaurants. Die geschäftige Atmosphäre vermischt sich aufs Beste mit dem enthusiastischen Vibe der Universität. Einen Teil des Reizes macht auch die Lage aus: Die Stadt am Fluss Clyde, viereinhalb Zugstunden nördlich von London und eine Stunde westlich von Edinburgh, ist als Städtetrip eine echte Alternative.* – EVAN RAIL

## FREITAG

**1** *Leuchtturm der Moderne* 16 Uhr

   Im **Lighthouse** (11 Mitchell Lane; thelighthouse.co.uk) bekommen Sie einen ersten Eindruck vom modernen Design der Stadt. Die ehemaligen Büroräume des Glasgower Herald wurden 1895 von Mackintosh entworfen und beherbergen heute Scotland's Centre for Design and Architecture, wo in Galerien auf mehreren Ebenen das Schaffen zeitgenössischer Designer präsentiert wird. Auf der dritten Etage geht es auf einer Wendeltreppe hoch zum Mackintosh Tower. Der Instagram-würdige Rundumblick von oben lohnt den Aufstieg.

**2** *Haggis oder nicht?* 18 Uhr

   Man muss nicht zwingend Haggis (Schafsmagen, gefüllt mit Innereien), das schottische Nationalgericht, essen. Das kosmopolitische Glasgow bietet eine Vielzahl an kulinarischen Optionen, darunter die leckeren neapolitanischen Pizzas von **Paesano Pizza** (94 Miller Street; paesanopizza.co.uk; €) im Stadtteil Merchant City. Im **Shilling** (92 West George Street; shillingbrewingcompany.co.uk; €), ein paar Straßen weiter, können Sie im geräumigen ehemaligen Gebäude der Commercial Bank of Scotland hervorragende Craft-Biere (einige lokal gebraut) verkosten. Und falls Sie sich doch an Haggis ranwagen wollen:

**GEGENÜBER** Das Riverside Museum von Zaha Hadid.

**RECHTS** Das Shilling ist eines von Glasgows Craft-Bier-Pubs.

Auf der Speisekarte des Shilling gibt es eine Pizza, die mit Chilimarmelade und Haggis belegt ist!

**3** *Erst Bühne, dann Bar* 19.30 Uhr

   Am liebsten verbringen die Glasgower ihre Abende im Pub. Aber das Theater ist auch beliebt. Warum also nicht beides kombinieren? Nehmen Sie die U-Bahn zur anderen Clyde-Seite und besuchen Sie eine Aufführung im **Citizens Theatre** (119 Gorbals Street; citz.co.uk), wo in einem viktorianischen Bau von 1878 hochaktuelle Stücke inszeniert werden. Danach geht's zur **Laurieston Bar** (58 Bridge Street, facebook.com/thelaurieston), einem freundlichen Nachbarschaftspub, in dem – zumindest in Sachen Dekor – noch alles so ist, wie in den guten alten 1960ern.

## SAMSTAG

**4** *Krypta und Friedhof* 10 Uhr

   Das Gegenstück zum ultramodernen Glasgow bildet die **Glasgow Cathedral** (Castle Street; glasgowcathedral.org.uk), ein ursprünglich 1136 geweihter düsterer gotischer Bau. In der unteren Krypta befindet sich das Grab des heiligen Mungo, des Schutzpatrons der Stadt. Eine der Originaleichentüren ist erhalten, in ihr stecken noch Geschosse aus einem der zahlreichen Konflikte der Vergangenheit. Der nahebei auf einem Hügel gelegene Friedhof **Necropolis** (Castle Street; glasgownecropolis.org), auf dem die Glasgower Elite des 19. Jahrhunderts begraben wurde, wirkt mit seinen hübschen Grabsteinornamenten zumindest an einem sonnigen Morgen erstaunlich fröhlich.

**5** *Kunst und Kulinarik* 13 Uhr

Die meisten zieht es ja wegen der originellen Kunstausstellungen ins **Centre for Contemporary Arts** (350 Sauchiehall Street; cca-glasgow.com). Dabei ist das Essen im dazugehörigen **Saramago Café** (€€) oft genauso ungewöhnlich. Auf der Karte stehen z. B. ein Rote-Bete-Champignon-Bourguignon oder ein Salat mit geröstetem Kürbis, Gurke, Granatapfel und Minze. (Erst hinterher dämmert einem, dass alles hier vegan ist.) Besuchen Sie eine der häufig wechselnden Ausstellungen, schauen Sie im Druckatelier vorbei oder bewundern Sie einfach das luftige Gebäude von 1868, das von Alexander („Greek") Thomson, Glasgows berühmtestem klassizistischem Architekten entworfen wurde. Im Erdgeschoss bei **Aye-Aye Books** können Sie Kunstbücher erstehen.

**6** *Kleine Läden, großer Spaß* 14 Uhr

Laufen Sie von der U-Bahn-Station Kelvinbridge westlich die Great Western Road entlang, um einige der interessantesten Geschäfte zu entdecken. Es geht los mit Whisky, Wein und Craft-Bier bei **Valhalla's Goat** (Nr. 449; valhallasgoat.com) und weiter mit den glamourösen Secondhandklamotten der **Glasgow Vintage Company** (Nr. 453; glasgowvintage.co.uk). Im familiengeführten **Caledonia Books** (Nr. 483; caledoniabooks.co.uk) finden Sie seltene Erstausgaben und Bücher über regionale Themen und im trendigen **Hoos** (Nr. 715; hoosglasgow.co.uk) britische und skandinavische Designer- und Lifestyle-Produkte.

**7** *Die perfekte Welle* 16 Uhr

Nicht nur die klassische Architektur lässt Glasgows glänzen. Zu den Highlights unter seinen modernen Wolkenkratzern gehören das Auditorium SEC Armadillo und die UFO-artige SSE Hydro Arena, beide von Foster + Partners entworfen. Noch bemerkenswerter ist das **Riverside Museum** (100 Pointhouse Place; facebook.com/riverside.glasgowmuseums), eine Konstruktion von Zaha Hadid, dessen Dach die Form von Wellen imitiert. Wenn Sie von den U-Bahn-Stationen Partick oder Kelvinhall kommen, haben Sie sowohl das Wellendach als auch die Masten des dahinterliegenden, in Glasgow gebauten Segelschiffs Glenlee im Blick. Die Museumssammlung mit ihren über 3000 Autos, Straßenbahnen und Motorrädern fühlt sich da fast wie eine Zugabe an.

**8** *Kult-Koreaner* 18.30 Uhr

Bei so vielen großartigen Restaurants brauchen Sie keins zweimal anzusteuern. Mehrere Besuche wert ist aber zweifellos **Kimchi Cult** (14 Chancellor Street; kimchicult.com; €€), ein winziger Koreaner in einer kleinen Straße im West End. Klassiker der koreanischen Küche wie Bibimbap (Reisschüsseln) und Bao (Hefeteigtaschen) konkurrieren hier mit Kimchi-Bacon-Cheeseburgern und Fritten mit Bulgogi (Rindfleisch).

**9** *Kirchengänger* 21 Uhr

Schlendern Sie an den Geschäften, Bars und Restaurants der geschäftigen Byres Road entlang, bis Sie auf die Great Western Road und Ihr nächstes Ziel stoßen: die 1862 erbaute ehemalige Kelvinside Parish Church, die als **Oran Mor** (am Anfang der Byres Road; oran-mor.co.uk) wiedergeboren wurde, einer Kombination aus Pub, Restaurant, Tanzlokal und Konzert-Location. Starten Sie an der Whiskybar, hinter der geduldige Barmänner und -frauen Sie nach

**OBEN** Auf dem Friedhof Necropolis liegt die Glasgower Elite des 19. Jahrhunderts unter ornamentalen Grabsteinen.

Ihren Vorlieben fragen und aus den Hunderten von Flaschen dann das Passende auswählen. Tanzlustige kommen im Club Room, der einstigen Krypta, bis 3 Uhr nachts auf ihre Kosten.

### SONNTAG

**10** *Schlendern in Southside* 11 Uhr

Holen Sie sich Ihren Morgenkick im **Buchta** (72 Victoria Road; buchta.co.uk), einem winzigen, von Tschechen geführten Café mit Bäckerei, das man mit der Vorstadtbahn der Linie Cathcart Circle (Haltestelle: Pollokshields East) erreicht. Sie sind jetzt im bunten Viertel Southside. Spazieren Sie herum und machen Sie bei **Tramway** (25 Albert Drive; tramway. org) halt, einem Avantgarde-Kunstraum in einem alten Straßenbahndepot, das einst für Peter Brooks Theaterstück *Mahabharata* zum Performance-Ort umfunktioniert wurde. Bei **Shandar Sweets & Pan House** (171 Albert Drive) gibt es Mithai, südasiatisches Naschwerk. Eine kleine Box davon versorgt Sie für den Vormittag mit reichlich Zucker.

**11** *La dolce vita* 13 Uhr

Nehmen Sie ein Taxi oder vertreten Sie sich auf einem 45-minütigen Spaziergang die Beine – erst den Albert Drive nach Westen und dann die Nithsdale Road entlang. Dort befindet sich das **House for an Art Lover** (10 Dumbreck Road; houseforanartlover. co.uk), 1996 auf der Basis eines Entwurfs von Mackintosh aus dem Jahre 1901 erbaut. Eine hervorragende Audiotour erläutert die vielen faszinierenden Ausstattungsdetails der Villa. Ihre indischen Süßspeisen können Sie im wunderschönen Bellahouston Walled Garden essen, einem gradlinig bepflanzten Garten mit bequemen Bänken und viel Ruhe.

**OBEN** Das Lighthouse, 1895 entworfen vom Architekten Charles Rennie Mackintosh.

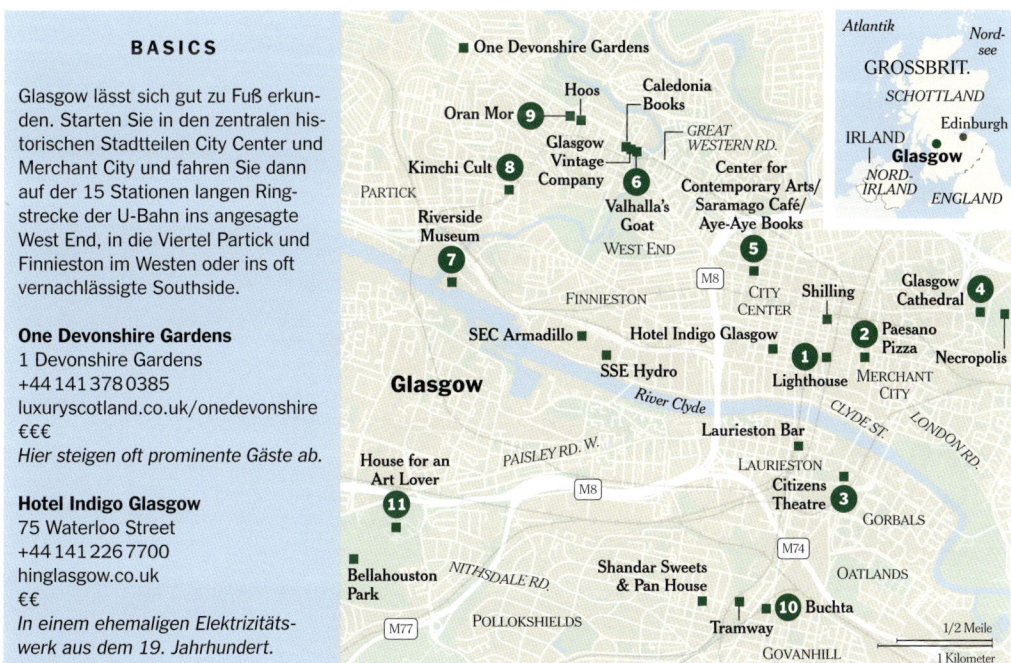

### BASICS

Glasgow lässt sich gut zu Fuß erkunden. Starten Sie in den zentralen historischen Stadtteilen City Center und Merchant City und fahren Sie dann auf der 15 Stationen langen Ringstrecke der U-Bahn ins angesagte West End, in die Viertel Partick und Finnieston im Westen oder ins oft vernachlässigte Southside.

**One Devonshire Gardens**
1 Devonshire Gardens
+44 141 378 0385
luxuryscotland.co.uk/onedevonshire
€€€
*Hier steigen oft prominente Gäste ab.*

**Hotel Indigo Glasgow**
75 Waterloo Street
+44 141 226 7700
hinglasgow.co.uk
€€
*In einem ehemaligen Elektrizitätswerk aus dem 19. Jahrhundert.*

# Highlands &
# Isle of Skye

*Mögen Sie Küsten- und Berglandschaften, Wälder, Burgen und geheimnisvolle Seen? Im schottischen Hochland ist jede x-beliebige Reiseroute landschaftlich reizvoll und bietet atemberaubende Szenarien. Vor der Küste liegt – noch romantischer als das Festland – die windgebeutelte Inselgruppe der Hebriden, wo manche Einwohner noch Gälisch sprechen. Wer an einem Wochenende Highlands und Hebriden erleben will, fährt am besten von Glasgow nordwärts oder von Inverness am Ufer des Loch Ness entlang nach Süden bis Fort William. Von dort nehmen Sie die Straße nach Westen zur Küste – aber lassen Sie sich Zeit, um aus dem Fenster zu schauen. Eine Autofähre bringt Sie zur Insel Skye. Im Spätfrühling oder Frühsommer ist die Sonne hier meist sehr klar und ungewöhnlich sanft. Das milde Licht verschwindet erst nach 22.30 Uhr und dämmert vor 5.30 Uhr am nächsten Morgen wieder herauf.* – FRANK BRUNI UND DAN SALTZSTEIN

### FREITAG

**1** *Fort William* 12 Uhr

Der Weg von Fort William zur Küste ist als malerische Bahnstrecke bekannt, und die sogenannte **Road to the Isles** (Route A830) verläuft ganz in ihrer Nähe. Fort William selbst ist eine nette Stadt am Loch Linnhe, einem langen, schmalen Fjord. Mit etwa 10 000 Einwohnern ist es die größte Stadt der westlichen Highlands. Nicht weit davon ragt Großbritanniens höchster Berg auf, der Ben Nevis. Folgen Sie der A830 durch eine verzauberte Landschaft mit steilen Bergen, Lochs und winzigen Ortschaften.

**2** *Unterwegs nach Hogwarts* 14 Uhr

Halten Sie einige Kilometer hinter dem Loch Eil am Besucherzentrum in **Glenfinnan** (+44 1397 722 250; nts.org.uk/property/glenfinnan-monument) an, das bei einem Steinturm am Loch Shiel unter steilen Berghängen liegt. Der Turm wurde vor 200 Jahren zu Ehren patriotischer Schotten gebaut, die in den letztlich erfolglosen Gefechten aufseiten von Bonnie

**GEGENÜBER** Fans der Harry-Potter-Filme kennen den Glenfinnan-Viadukt als Teil der Strecke des Hogwarts-Express.

**RECHTS** Im Restaurant Kinloch auf Skye speist man unter Porträts von Mitgliedern des Macdonald-Clans.

Prince Charlie gegen die Engländer kämpften. Ganz in der Nähe gibt es noch eine modernere Sehenswürdigkeit: den **Glenfinnan-Viadukt**, eine Eisenbahnbrücke mit eleganten Bögen von 1,6 km Länge und 30 m Höhe. Es galt lange als Wunder der Baukunst und ging als Streckenabschnitt des Hogwarts-Express mit Harry Potter in die Filmgeschichte ein.

**3** *Übers Wasser* 16 Uhr

Fahren Sie rechtzeitig weiter, um bequem die Fähre in **Mallaig** zu erreichen (Fahrpläne und Reservierungen unter +44 800 066 5000 oder calmac.co.uk). Wenn Sie früh ankommen, schauen Sie sich in dem hübschen Ort Mallaig an der Strait of Sleat um. Auf der anderen Seite der schmalen Wasserstraße liegt wie eine Skeletthand die Isle of Skye. In den Fjorden zwischen den fingerartigen Landzungen gibt es reichlich Fisch – ein guter Grund für einen Besuch auf der Insel. Die Fähre bringt Sie nach Armadale im Süden der Insel.

**4** *Dinner bei den Macdonalds* 19 Uhr

Claire Macdonald ist zusammen mit ihrem Mann Godfrey Besitzerin des renommierten Restaurants **Kinloch** (Sleat, Isleornsay; +44 1471 833 333; kinloch-lodge.co.uk; €€€€). Claire hat sich in England einen Namen als Kochbuchautorin gemacht und ist eine waschechte Lady. Im Speiseraum blicken Porträts früherer Macdonalds auf die Gäste herab. Ihr Clan und ein zweiter, die MacLeods, haben auf Skye seit Jahrhunderten eine Vormachtstellung. Das Menü wechselt täglich. Unser Vier-Gänge-Menü begann mit einer würzigen Suppe aus gerösteten

Tomaten mit Oliven, gefolgt von kurz gebratenen Jakobsmuscheln mit warmer Krebsmousse. Danach gab es gedünsteten Biolachs mit Saucen aus Avocado, Roter Bete und roter Paprika und zum Schluss Seehecht in einem Garten aus grünem Gemüse. Lassen Sie sich diesen Meeresschmaus auf keinen Fall entgehen.

### SAMSTAG

**5** *Skye-Rundfahrt* 8 Uhr

Brechen Sie früh mit einer guten Karte aus dem Hotel auf. Fahren Sie nordwärts nach Sligachan, dann nach Westen zu den Cuillin Peaks, den höchsten Bergen von Skye. Im Bogen geht es weiter nach **Glenbrittle**, wo Sie nach einem kurzen Fußweg zu den **Fairy Pools** gelangen, mehreren Becken mit aquamarinblauem, klarem Wasser, verbunden durch kleine Wasserfälle und einen rauschenden Bach (walkhighlands.co.uk/skye/fairypools.shtml). Der Weg führt hinauf in die Berge, aber die erkunden Sie ein andermal und fahren weiter. Nebenstraßen auf Skye sind meist einspurig, aber es gibt Ausweichbuchten, an denen man sich per Handzeichen mit Entgegenkommenden über die Vorfahrt einigt. Es gilt als unhöflich, im Vorbeifahren das Winken zu vergessen. Schafe setzen sich meist in Bewegung, wenn man hupt.

**6** *Whiskypause* 10.30 Uhr

Es wäre eine Schande, sich den Besuch einer ländlichen Whiskybrennerei entgehen zu lassen. In der **Talisker Distillery** (Carbost; +441478614308; scotchwhisky.net/distilleries/talisker.htm) erfahren Sie in einer guten Stunde, wie schottischer Whisky hergestellt wird. Nach der Führung wird meist eine Verkostung angeboten.

**7** *Fischsuppe und Schottenkaro* 13 Uhr

Die Fahrt geht weiter durch die Inselhauptstadt Portree und auf die Halbinsel Trotternish. Hier erheben sich stellenweise skurrile Felsformationen über die Küste (eine von ihnen heißt Old Man of Storr). Ziel der Fahrt ist das Restaurant **Flodigarry Hotel** (Flodigarry, Trotternish; +441470552203; flodigarry.co.uk; €€€€). Mit viel Stein, Holz, Eisen und Glas wurde das stilvolle Dekor des ursprünglichen Gasthauses von 1928 aufgegriffen. Probieren Sie die üppige Fischsuppe, die in Schottland Cullen Skink heißt und mit Heilbutt, Muscheln, Langusten und anderen Zutaten aus heimischen Gewässern zubereitet wird, und blicken Sie dabei auf die Berge des schottischen Festlands.

**8** *Uralte Steine* 15 Uhr

Vielleicht sehen Sie unterwegs Ruinen von Steinhäusern, Scheunen und Kapellen, denn Skye ist seit der Antike bewohnt. Noch interessanter sind die jahrtausendealten Megalithen, die einem Stonehenge im Kleinformat ähneln. Niemand weiß heute, wer sie gebaut hat und warum. Eine interessante Stätte ist z. B. **Uig** an der Westküste von Trotternish.

**9** *Besuch bei den MacLeods* 17 Uhr

**Dunvegan Castle** (+441470521206; dunvegancastle. com) ist seit etwa 1200 der Stammsitz des MacLeod-Clans und heute ein beliebtes Touristenziel. Nehmen Sie an der Führung teil (und gruseln Sie sich ordentlich im Kerker), bevor Sie durch die großen Gartenanlagen schlendern.

**10** *Urschottisch* 19 Uhr

Das **Three Chimneys** (Colbost, Dunvegan; +441470511258; threechimneys.co.uk; €€€€) ist ein Pilgerziel für Feinschmecker von nah und fern und hält die schottische Fahne hoch: Kahle Steinmauern

und niedrige Balkendecken bilden hier den Rahmen für regionale Spitzenküche, darunter saftiger schottischer Lachs, gebeizt mit schottischem Malt-Whisky, pralle Austern aus Beeten vor der Küste, Jakobsmuscheln mit cremigem Rogen und prächtige Langusten, ungeschält und ohne ablenkendes Beiwerk. Aus dem Frühstücksraum des Hotels nebenan und von seinem Rasen aus hat man einen herrlichen Blick aufs Meer und entdeckt vielleicht auch Seehunde auf den Felsen.

**SONNTAG**

**11** *Letzte Station: Vergangenheit* 11 Uhr
Bevor die Fähre nach Mallaig ablegt, sollten Sie im **Museum of the Isles** im Armadale Castle

(Armadale, Sleat; +44 1471 844 305; clandonald.com) vorbeischauen. Hier erfährt man einiges über die Geschichte der Highlands seit der Zeit der Kelten – die Macdonalds kommen dabei natürlich nicht zu kurz.

**GEGENÜBER** Blick vom Festland auf die Cuillin Peaks, die sich über die Isle of Skye aus dem Nebel erheben.

**OBEN** Feinschmecker aus nah und fern pilgern ins Three Chimneys, wo zwischen kahlen Steinwänden feinste regionale Küche serviert wird.

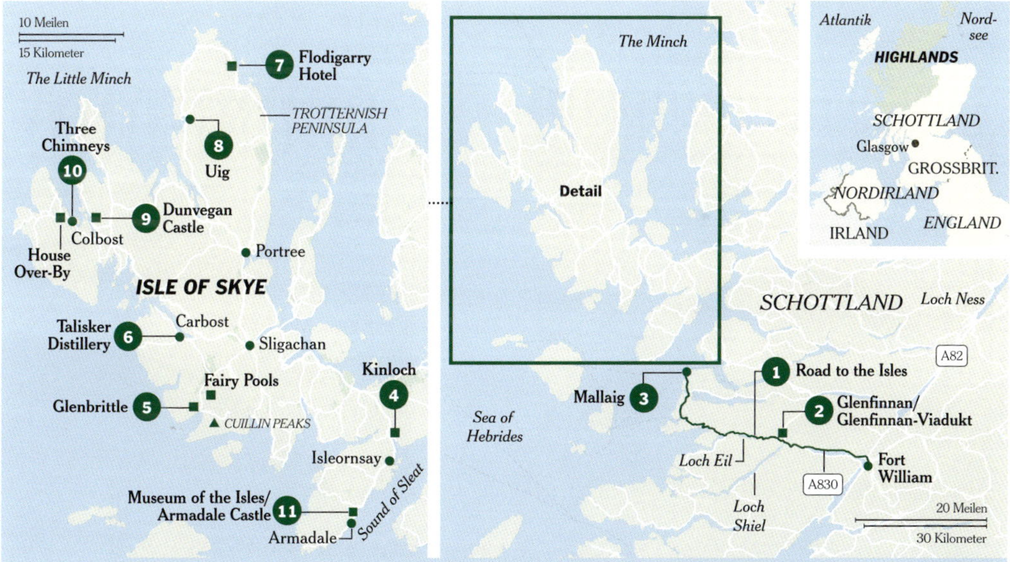

## Karte

10 Meilen
15 Kilometer

*The Little Minch*

**7** Flodigarry Hotel

*TROTTERNISH PENINSULA*

Three Chimneys

**10**

**8**

Uig

**9** Dunvegan Castle

Colbost

House Over-By

Portree

**ISLE OF SKYE**

Talisker Distillery **6** Carbost

Sligachan

Fairy Pools

Kinloch

Glenbrittle **5**

**4**

▲ *CUILLIN PEAKS*

Isleornsay

*Sound of Sleat*

Museum of the Isles/ Armadale Castle **11**

Armadale

*The Minch*

**Detail**

*Sea of Hebrides*

Mallaig **3**

**1** Road to the Isles

**2** Glenfinnan/ Glenfinnan-Viadukt

Loch Eil

A830

Fort William

*Loch Shiel*

*Atlantik*  *Nordsee*

**HIGHLANDS**

*SCHOTTLAND*

Glasgow ●

GROSSBRIT.

*NORDIRLAND*

IRLAND  *ENGLAND*

*SCHOTTLAND*  *Loch Ness*

A82

20 Meilen
30 Kilometer

### BASICS

Fort William liegt etwa 100 km südlich von Inverness und 200 km von Glasgow entfernt. Reisen Sie in den wärmeren Monaten an; im Winter ist vieles geschlossen, und die Tage sind kurz.

**Kinloch Lodge**
Sleat, Isleornsay, Isle of Skye
+44 1471 833 333
kinloch-lodge.co.uk
€€€€
*Individuell eingerichtete Zimmer in einem eleganten Herrenhaus.*

**House Over-By**
Colbost, Dunvegan, Isle of Skye
+44 1470 511 258
threechimneys.co.uk
€€€€
*Geräumige, luxuriöse Herberge direkt neben dem Restaurant Three Chimneys.*

# Dublin

Dublin erlebte seit Anbruch des neuen Jahrtausends gewaltige Veränderungen: von den Jahren als keltischer Tiger, in denen der BMW einfach dazugehörte, in die Depression nach dem Platzen der Immobilienblase, hinein in eine entbehrungsreiche Phase der Erholung. Die Stadt findet eine neue Form des Daseins – weder mit Reichtum protzend noch von der Schuldenlast erdrückt. Ein populäres Leihradsystem hat die BMWs abgelöst, man gibt Craft-Bier den Vorzug vor ausgefallenen Cocktails, und die Dubliner Restaurants erleben eine kreative Renaissance, bei der Fantasie und irische Produkte wichtiger sind als überkandidelte. Bei allem Wandel hat sich die Stadt, angefangen bei den jahrhundertealten Pubs über die georgianische Architektur bis hin zum prächtigen Trinity College im Zentrum, ihren großartigen Sinn für Geschichte bewahrt. – NELL MCSHANE WULFHART

## FREITAG

### 1 Aus dem Moor 15 Uhr

Das **National Museum of Ireland-Archaeology** (Kildare Street; +353 16777444; museum.ie) lohnt den mehrfachen Besuch und liefert eine fundierte Wissensbasis für den Irlandbesuch. Beim Abbau von Torf gefundener Goldschmuck aus der Bronzezeit, Wikingerschwerter und mittelalterliche Werkzeuge werden in diesem 1890 erbauten palladianischen Bau präsentiert. Eine Attraktion sind die Moorleichen von Menschen aus der Eisenzeit, die getötet und im Moor versenkt wurden. Die Leichen sind gut erhalten: Einer der Männer trägt noch sein lockiges Haupthaar.

### 2 Braukunst 17.30 Uhr

In den letzten Jahren ist die Craft-Bier-Szene Dublins explodiert, und irisches Lagerbier, Ale, Stout und Cider sind inzwischen Standard in fast jeder Kneipe. **Against the Grain** (11 Wexford Street; +3531 4705100; galwaybaybrewery.com), ein schlichter Pub, bietet mit die größte Auswahl an Craft-Bieren. Hier finden Sie Hunderte verschiedener Sorten, darunter

O'Hara's, Eight Degrees Brewing und das Bier der Galway Bay Brewery, der die Bar gehört.

### 3 Französisch-irische Küche 20 Uhr

Das Restaurant **Green Hen** (33 Exchequer Street; +353 16707238; greenhen.ie; €€€) hat mit seinem französischen Ambiente und den französisch-irischen Gerichten wie gebratener Entenbrust mit Pastinaken- und Selleriepüree viel Lob eingeheimst. Ordern Sie unbedingt das Hausbrot dazu, eine mit Guinness und Melasse zubereitete Variante des irischen Weißbrots. Anschließend genießen Sie ein Glas in der gemütlichen Weinbar von **Fallon & Byrne** (11–17 Exchequer Street; +3531472 1010; fallonandbyrne.com).

## SAMSTAG

### 4 Mittelalterliche Kathedrale 10.30 Uhr

Die um 1030 erbaute **Christ Church Cathedral** (Christchurch Place; +3531677 8099; christchurch cathedral.ie) dokumentiert die irische Geschichte. Wilhelm III. von Oranien kam nach der Schlacht am Boyne und der Sicherung der protestantischen Herrschaft zum Dank hierher, und Strongbow liegt hier begraben. Die mittelalterliche Krypta birgt viele Schätze, darunter eine mumifizierte Katze und Ratte, die in einer Orgelpfeife eingeklemmt gefunden wurden (James Joyce erwähnte sie in *Finnegans Wake*). Vom Belfried bietet sich ein guter Ausblick auf die Umgebung und das Strebewerk. Und Sie können versuchen, die Glocken zu läuten. Wollen Sie tiefer in die Vergangenheit eintauchen, dann besorgen Sie sich das Kombiticket, das den Besuch des Museums Dub-

**GEGENÜBER** Dublin, die alte Hafenstadt an der Mündung der Liffey, ist auch das kulturelle Zentrum Irlands.

**RECHTS** Georgianische Architektur wie bei diesen Häusern am Merrion Square gehört zum Dubliner Stilmix.

linia einschließt, wo etwas kitschige Exponate über Dublins Anfänge als Wikingersiedlung informieren.

**5** *Räder und Brücken* 13.30 Uhr

Die Popularität von Dublins Fahrradverleihsystem hat zur Schaffung von Fahrradwegen und einer fahrradfreundlichen Einstellung geführt. Nehmen Sie sich ein Rad (dublinbikes.ie) und radeln Sie am Fluss Liffey mit seinen geschichtsträchtigen Brücken entlang. Für das Überqueren der Ha'penny Bridge ist eine Maut von einem halben Penny zu entrichten. Die O'Connell Bridge ist angeblich einzigartig, weil ebenso breit wie lang. Die neueste Brücke, die Rosie Hackett Bridge, ist nach einer Gewerkschafterin benannt, die am Osteraufstand 1916 beteiligt war.

**6** *Auf ein Guinness* 15 Uhr

Bei jedem Besuch Dublins ist ein Pint des „black stuff" obligatorisch. Das Museum **Guinness Storehouse** (St. James's Gate; +353 1 408 4800; guinness-storehouse.com) auf dem Gelände der St. James's Gate Brewery erklärt die Herstellung des berühmten

Biers und seine Geschichte. Gegen Ende der Tour lernen die Besucher, wie man ein Pint Guinness richtig zapft: Das Glas wird im Winkel von 45 Grad gehalten und in exakt 119,5 Sekunden langsam gefüllt.

**7** *Frische Fische* 20 Uhr

Traditionelle Fischgerichte bekommen Sie im **Lobster Pot** (9 Ballsbridge Terrace; +353 1 668 0025; thelobsterpot.ie; €€€), wo Fische und Meeresfrüchte fangfrisch in einer Auslage zu sehen sind und vom Personal fachkundig erläutert werden. Falls vorhanden, bestellen Sie die in Knoblauchbutter geschwenkten Krebsscheren oder die ebenfalls in Knoblauchbutter gebratenen Garnelen, die im Mund zergehen.

**8** *Nicht nur traditionell* 22 Uhr

Livemusik ist in Dublin allgegenwärtig, doch in den Pubs der Innenstadt, die traditionelle Musik ankündigen, hört man nur auf der Bühne oder hinter der Bar einen irischen Akzent. Lassen Sie das für die Touristen intonierte „The Fields of Athenry" hinter sich und gehen Sie in den **Sugar Club** (8 Lower Leeson Street; +353 1 678 7188; thesugarclub.com), der ein gutes Programm mit Livemusik bietet. Hier wird Indie-Folk, Soul, Country oder Hip-Hop gespielt.

**SONNTAG**

**9** *Frühstücksstrategie* 10.20 Uhr

Ganz Dublin scheint im **Elephant & Castle** (18 Temple Bar; +353 1 679 3121; elephantandcastle.ie;

**OBEN** Das Elephant & Castle im Stadtteil Temple Bar.

**LINKS** In Dublins Pubs wird nicht nur Guinness ausgeschenkt.

€€) zu frühstücken. Zwar haben sich in jüngster Zeit auch so trendige Angebote wie Avocado-Toast auf die Karte geschlichen, aber auf Tradition wird trotzdem großen Wert gelegt. Für ein länger anhaltendes Sättigungsgefühl empfehlen wir das Full Irish Breakfast, bestehend aus Eiern, Fleisch, Champignons, Tomaten und mehr.

**10** *Nach Norden* 12 Uhr

Das Dublin nördlich des Liffey River, traditionell eine Arbeitergegend, bietet ähnliche Szenen, wie sie sich vor einem halben Jahrhundert abgespielt haben: Straßenhändler mit Karren, die Obst verkaufen. Schlendern Sie mit den Einkäufern über die Henry Street. In der O'Connell Street bewundern Sie den hoch aufragenden silbrigen Spire of Dublin, den die Iren in ihrer typischen Ironie „stiletto in the ghetto"

nennen. Im Café **Brother Hubbard** (153 Capel Street; +353 1 441 1112; brotherhubbard.ie) stärken Sie sich mit einem Stück hausgemachtem Kuchen.

**OBEN** Die mittelalterliche Christ Church Cathedral.

---

Atlantik

NORD-IRLAND

Irische See

**Dublin**

IRLAND

Brother Hubbard

O'CONNELL BRIDGE

ROSIE HACKETT BRIDGE

**10**

CAPEL ST.

HA'PENNY BRIDGE

*Liffey*

CITY QUAY

The Marker

*Grand Canal*

TEMPLE BAR

PEARSE ST.

Elephant & Castle **9**

Trinity College

Christ Church Cathedral **4**

Fallon & Byrne

**3** Green Hen

EXCHEQUER ST.

KILDARE ST.

CHRISTCHURCH PLACE

National Museum of Ireland-Archaeology **1**

**6**

Guinness Storehouse

Against the Grain **2**

ST. STEPHEN'S SQ.

The Shelbourne

**Dublin**

WEXFORD ST.

LOWER LEESON ST.

**8**

Sugar Club

Lobster Pot **7**

1/2 Meile

1 Kilometer

---

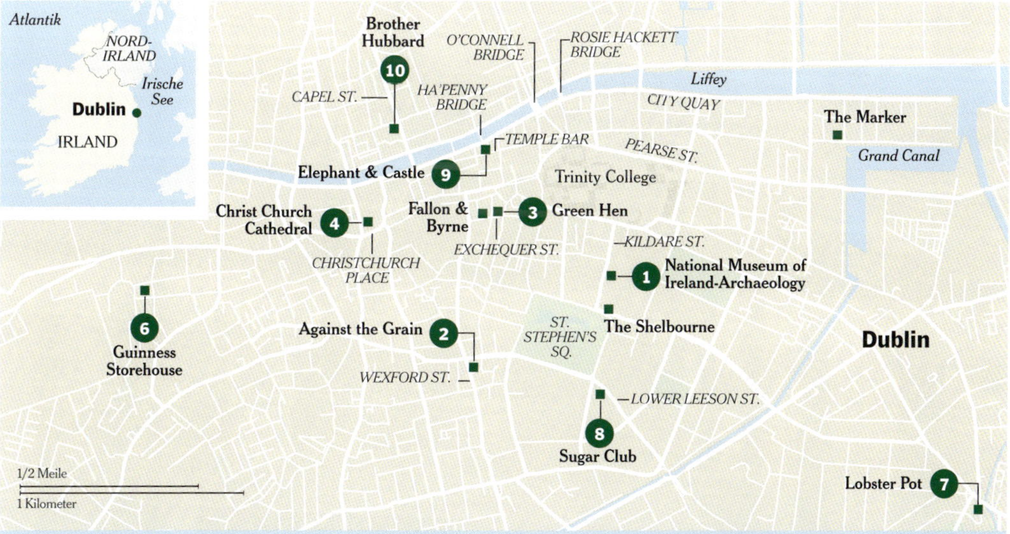

**BASICS**

Vom Dubliner Flughafen gelangt man mit dem Taxi oder in 30 Minuten mit dem Airlink-Bus (+353 1 873 4222; dublinbus.ie) ins Stadtzentrum.

**The Marker**
Grand Canal Square, Docklands
+353 1 687 5100
themarkerhoteldublin.com
€€€
*Teil des von Daniel Libeskind gestalteten neuen Platzes Grand Canal Square.*

**The Shelbourne**
27 St. Stephen's Green
+353 1 663 4500
theshelbourne.ie
€€€€
*Elegantes, 1824 erbautes Hotel. Jeder, der irgendwann in Irland wichtig war, hat hier auf einen Drink vorbeigeschaut.*

# Literarisches Dublin

*Raue Landschaften und verwunschene Ruinen, schwarzer Humor und tragische Helden: Irland ist ein gutes Übungsgelände für Schriftsteller. Mit George Bernard Shaw, William Butler Yeats, Samuel Beckett und Seamus Heaney hat die Grüne Insel vier Literaturnobelpreisträger hervorgebracht, ganz zu schweigen von weiteren berühmten Autoren wie Jonathan Swift, Oscar Wilde, Brendan Behan, Bram Stoker oder C. S. Lewis. In Dublin kommt man besonders um einen Schriftsteller nicht herum: James Joyce. Auch wenn sein Werk zu den schwierigsten überhaupt gehört, hat er seinen festen Platz im Herzen der Dubliner, weil seine Heimatstadt eine so zentrale Stellung in seinem Werk einnimmt. Die Massen, die jedes Jahr am Bloomsday (16. Juni) Joyces Hauptwerk Ulysses feiern, feiern auch Dublin.* – WENDY KNIGHT

## FREITAG

### 1 *Joyces Turm* 14 Uhr

Mit dem Zug gelangt man in 20 Minuten nach Dun Laoghaire, ein Hafenstädtchen mit langen Seebrücken und vielen Jachten, und ins benachbarte Sandycove. Hier steht jener gedrungene Steinturm mit rund 2,50 m dicken Mauern, in dem Joyce seinen Roman *Ulysses* beginnen lässt. Der Turm wurde während der Napoleonischen Kriege zur Befestigung der irischen Küste als Artillerieposten gegen die befürchtete französische Invasion errichtet. Im **James Joyce Museum** (DART-Zug nach Sandycove oder Bus 59 von Dun Laoghaire; +353 1 280 9265; joycetower.ie) sind Briefe, Bücher, Manuskripte, Fotos und andere Erinnerungsstücke ausgestellt. Joyce lebte kurze Zeit sogar selbst in dem Turm, der 1904 zu einem Wohnhaus umgebaut worden war.

### 2 *Literarische Kost* 18.30 Uhr

Wenn man noch ein Buch kaufen möchte, sollte man vor 19 Uhr im **Winding Stair Restaurant & Bookshop** (40 Lower Ormond Quay; +353 1 872 7320; winding-stair.com; €€€) eintreffen. Falls nicht, ist auch das Essen interessant genug. Die Küche legt großen Wert auf irische Zutaten: Black Angus Beef aus Kilkenny, Krabben aus der Dingle Bay, Muscheln aus der Roaring Bay in West Cork. Von einigen Plätzen hat man einen Blick auf den Fluss Liffey. Wer sich durch James Joyces *Finnegans Wake* gearbeitet hat,

weiß, dass der Fluss eine wichtige Rolle in dem komplexen Roman spielt.

### 3 *Inspiration* 22 Uhr

Leopold Bloom, der Protagonist in *Ulysses*, sinnierte, dass es eine knifflige Aufgabe wäre, Dublin zu durchqueren, ohne an einem Pub vorbeizukommen. Schließlich gibt es hier mehr als 1000 davon – und in vielen wird irische Livemusik gespielt. Lassen Sie das trendige Viertel Temple Bar hinter sich und gehen Sie nördlich der Liffey in die **Hughes Bar** (19–20 Chancery Street; +353 1 872 6540), wo Dubliner Musiker und manchmal auch international bekannte Stars der irischen Musikszene auftreten. Die älteren Männer in Strickjacken im Pub beweisen, dass hier nur innere Werte zählen. Weiter geht's ins **O'Donoghue's** (15 Merrion Row; +353 1 660 7194; odonoghues.ie), wo die Musiker vor der Bar stehen, ihr Guinness kippen und mit ihren Geigen und Flöten für Stimmung sorgen, so wie es die Dubliners, eine der bekanntesten irischen Bands, in den 1970er-Jahren taten.

## SAMSTAG

### 4 *Illumination* 9.30 Uhr

Irland ist seit jeher ein Land für Buchliebhaber. In der **Old Library** des Trinity College (College Green, Nassau Street; +353 1 896 2308; tcd.ie./library/old-

**GEGENÜBER** Für alle Bibliophilen hält der Long Room im Trinity College 200 000 Bände bereit.

**UNTEN** Traditionelle irische Flöten- und Geigenklänge.

library) wird das berühmte *Book of Kells* aufbewahrt. Die meisterhaft illuminierte Handschrift der vier Evangelien wurde vermutlich um 800 in Schottland oder Irland geschaffen und in die irische Stadt Kells verbracht, um sie vor den einfallenden Wikingern in Sicherheit zu bringen. Sie erinnert daran, dass in den irischen Klöstern auch im finsteren Mittelalter bedeutende Literaturschätze bewahrt wurden. In einer Glasvitrine sind zwei Bände ausgestellt, deren Seiten regelmäßig umgeblättert werden. Im Obergeschoss

**OBEN** Nördlich der Liffey befindet sich die Hughes Bar.

**UNTEN** Dun Laoghaire nahe Dublin: Der Steinturm beherbergt heute das James Joyce Museum.

befindet sich der prächtige gewölbte Long Room, in dem 200 000 Bände des Colleges in engen, deckenhohen Regalreihen aufbewahrt werden, unter anderem eine Erstausgabe von Dantes *Göttlicher Komödie*.

**5** *Frühstück* 11 Uhr

Frühstücken kann man im **Queen of Tarts** (Cows Lane, Dame Street; +353 1 633 4681; queenoftarts.ie; €), einer beliebten Konditorei in Dublins ruhigem mittelalterlichem Zentrum, bis zum Mittag. Man hat die Wahl zwischen Eiern, Haferbrei oder Früchten. Am besten schmecken aber die süßen Backwaren, und zum Frühstück bedeutet das: Scones.

**6** *Eine andere Seite* 13 Uhr

Nach den Handschriften von Kells dürfen Sie Ihre Aufmerksamkeit nun *Dracula* schenken. Eine Erstausgabe von Bram Stokers Roman ist eines der literarischen Ausstellungsstücke im **Dublin Writers Museum** (18 Parnell Square; +353 1 872 2077; writersmuseum.com). Zu bestaunen gibt es zudem Porträts, Briefe, persönliche Gegenstände wie Becketts Telefon oder George Bernard Shaws signierte Ablehnung einer Autogrammanfrage.

**GEGENÜBER** Auch in den Parks erinnert Irland an seine Schriftsteller. Im St. Stephen's Green gibt es eine James-Joyce-Büste und einen Yeats-Garten.

**7** *Weitere Ausgaben* 15 Uhr

Es sei Ihnen verziehen, wenn Sie jetzt mal für eine Weile keine Bücher mehr sehen möchten. Machen Sie sich also auf zur Grafton Street, der bekanntesten Einkaufsstraße der Stadt, in der das altehrwürdige Kaufhaus **Brown Thomas** (88–95 Grafton Street; +353 1 605 6666; brownthomas.com) residiert. In unmittelbarer Umgebung befinden sich Boutiquen und Läden mit Irland-Souvenirs (nicht alle „Made in Ireland"). Dublin hat natürlich – trotz Einzug des E-Books – auch zahlreiche hervorragende Buchläden, die Gelegenheit ist also günstig, sich eine schöne Sonderausgabe eines der irischen Klassiker zuzulegen. Große Buchhändler gibt es auf der Grafton Street, Antiquariate gleich um die Ecke auf der Duke Street und einige weitere mehr oder weniger spezialisierte Läden auf der Dawson Street. Sparfüchse sollten sich auf dem Markt auf dem Temple Bar Square umschauen.

**8** *Vor dem Theater* 17.30 Uhr

Nicht weit vom Abbey Theatre liegt das **101 Talbot** (100–102 Talbot Street; +353 1 874 5011; 101talbot. ie; €€). Hier geht man hin, um sich vor dem Theaterbesuch zu stärken. Die Gerichte sind herzhaft und saisonal, z. B. Wicklow-Wildbret mit Fondant-Kartoffeln, gebratene Seebrasse mit Roter Bete und Ingwer-Salsa oder irisches Huhn mit Ziegenkäse. Die Einrichtung ist schlicht und schön.

**9** *Irisches Drama* 19.30 Uhr

Die besten Dramen, nicht nur von irischen Autoren, werden immer noch im historischen **Abbey Theatre** (26 Lower Abbey Street; +353 1 878 7222; abbeytheatre.ie) aufgeführt. Yeats und Lady Gregory, die irische Folkloristin, gehörten 1904 zu den Mitbegründern des Hauses, und John Millington Synge war der erste gefeierte Bühnenautor. Bis heute ist man der Tradition, neue irische Produktionen zu fördern und zu etablieren, verpflichtet. Auf dem Programm stehen Erstinszenierungen, Wiederaufnahmen von Abbey-Klassikern wie Sean O'Caseys *The Plough and the Stars* oder ausländische Produktionen berühmter Dramatiker wie Arthur Miller oder Sam Shepard. Das ursprüngliche Theater wurde durch ein Feuer zerstört; der Neubau von 1966 wurde vor einigen Jahren mit Interieurs des französischen Designers Jean Guy LeCat neu gestaltet.

**10** *Hopfen versus Trauben* 22.30 Uhr

Leopold Bloom hebt auf seiner Odyssee durch Dublin viele Pints, sein geistiger Vater Joyce hingegen, der viele Jahre auf dem europäischen Kontinent verbrachte, bevorzugte Wein. Seinem Beispiel folgend kann man in der **Ely Wine Bar** (22 Ely Place; +353 1 676 8986; elywinebar.ie) zwischen Hunderten von Weinen auswählen, entweder im eleganten Speisesaal, im Weinkeller oder in der gemütlichen Lounge mit Onyxbar und Kamin.

**SONNTAG**

**11** *Grünes Dublin* 11 Uhr

Beim Sonntagsspaziergang dürfen Sie die Kamera nicht vergessen. Eines der beliebtesten Motive ist ein Foto mit der 2,5 m großen Bronzestatue von James Joyce an der Ecke North Earl und O'Connell Street. Auf dem Merrion Square lümmelt sich ein gelangweilter Oscar Wilde auf einem Granitblock und möchte ebenfalls fotografiert werden. Infotafeln

auf dem Straßenpflaster markieren interessante Stellen auf der Bloomsday-Route. Der schönste Spaziergang, auch für Literaturfreunde, führt wohl durch **St. Stephen's Green**, den ruhigen Park am Ende der Grafton Street mit Grünanlagen (wie dem Yeats-Garten), Fontänen, einem Teich, einer Henry-Moore-Skulptur und natürlich einer Büste von Joyce.

**OBEN** Morgens dreht sich im Queen of Tarts auf einer der ruhigen mittelalterlichen Straßen alles um Scones. Nachmittags ist die Schokoladencremetorte eine Sünde wert.

**GEGENÜBER** James Joyce, der meistverehrte Schriftsteller Dublins, wartet auf der North Earl Street.

**BASICS**

Busse bleiben oft im dichten Verkehr stecken, und Taxis sind teuer. Am besten ist man zu Fuß unterwegs.

**The Clarence**
6–8 Wellington Quay
+353 1 407 0800
theclarence.ie
€€€
*Denkmalgeschütztes Haus von 1852 an der Liffey. Schöne Zimmer und Blick auf den Fluss.*

**Number 31**
31 Leeson Close
+353 1 676 5011
number31.ie
€€
*Das B&B in einem georgianischen Stadthaus wirkt eher wie ein Boutiquehotel.*

**Camden Court Hotel**
Camden Street
+353 1 475 9666
camdencourthotel.com
€€
*Businesshotel im nicht allzu touristischen Portobello, nur 15 Minuten zu Fuß vom Viertel Temple Bar.*

Dublin Writers Museum **6**

PARNELL SQ. N.

101 Talbot **8** TALBOT ST.

**Dublin**

1/4 Meile
1/2 Kilometer

LOWER ABBEY ST.

**9** Abbey Theatre

Winding Stair Restaurant & Bookshop **2**

Hughes Bar **3**

Liffey

LOWER ORMOND QUAY

TEMPLE BAR SQ.

The Clarence

DAME ST.

GRAFTON ST.

**4** Old Library

Trinity College

Queen of Tarts **5**

DUKE ST.

DAWSON ST.

Brown Thomas **7**

O'Donoghue's

MERRION ROW

**10** Ely Wine Bar

St. Stephen's Green **11**

ELY PL.

Grand Canal

**Dublin** Detail

Dublin Harbour

Number 31

Camden Court Hotel

James Joyce Museum/ Sandycove

**1**

Atlantik

SCHOTTLAND

GROSSBRIT.

NORD-IRLAND

Irische See

**Dublin** ●

IRLAND

WALES

Atlantik

2 Meilen
3 Kilometer

IRLAND

Dun Laoghaire

# Galway

Galway ist vielleicht Irlands charmanteste Stadt: kompakt, gut zu Fuß zu erkunden und voller unabhängiger Geschäfte und Restaurants, die auf dem schmalen Grat zwischen Coolness und Kitsch wandeln. Gemütliche altmodische Pubs servieren eine ständig wachsende Auswahl an Craft-Bieren, Küchenchefs verarbeiten die Produkte Westirlands zu kreativen neuen Gerichten, und fast jedes Gebäude, in dem sich ein modernes Café oder eine Galerie befindet, hat uralte Geschichte. Hier hastet man nicht von Sehenswürdigkeit zu Sehenswürdigkeit, sondern trinkt in Ruhe ein Pint, genießt die hervorragenden Fischgerichte und sieht sich daran satt, wie der Fluss Corrib in die Bucht von Galway strömt. – NELL MCSHANE WULFHART

## FREITAG

**1** *Oliver war hier* 15.30 Uhr

Starten Sie mit einer Stippvisite der anglikanischen **Collegiate Church of St. Nicholas** (Church Yard und Lombard Streets; stnicholas.ie) aus dem Jahr 1320, in der heute immer noch Messen gelesen werden. Auch Christoph Kolumbus soll 1477 hier gebetet haben. Achten Sie auf die von Oliver Cromwells Truppen Mitte des 17. Jahrhunderts in blinder Zerstörungswut beschädigten Gesichter der Steinengel.

**2** *Kaffee mit Konzept* 16.30 Uhr

Zum Komplex **Coffeewerk+Press** (4 Quay Street; facebook.com/coffeewerkandpress) gehören ein Café im Erdgeschoss, das Kaffee der dänischen Marke Coffee Collective serviert, eine Galerie und ein Shop. Die ausgestellte Kunst stammt von 40 internationalen und lokalen Künstlern, Postkarten ihrer Werke können Sie im Café kaufen. Im Shop gibt es alles Mögliche: von bunten Tassen bis hin zu wunderschöner moderner Tweed-Mode, entworfen vom Galway Tweed Project. Letztere schützt vor der steifen Brise von der Bucht und ist auch noch schick.

**3** *Alles Essig* 18 Uhr

Der beste Fish-and-Chips-Imbiss in ganz Irland? Da gehen die Meinungen weit auseinander. Ein hei-

**GEGENÜBER** Kleine Pause an der Mündung des Corrib.

**RECHTS** In den Straßen Galways macht Shopping Spaß.

ßer Kandidat ist auf jeden Fall **McDonagh's** (22 Quay Street; mcdonaghs.net; €–€€), wo seit vier Generationen Fisch und Fritten über den Tresen geschoben und an einfachen Tischen mit Bänken verschlungen werden. Das dazugehörige Restaurant öffnet um 17 Uhr und bietet ein förmlicheres Ambiente sowie eine umfangreichere Fischspeisekarte, aber hier kann man weder den frittierten Kabeljau noch die knusprigen Fritten mit den Fingern essen.

**4** *Im Snug oder im Stehen* 19.30 Uhr

Einige Häuser weiter stößt man auf **Tigh Neachtain's** (17 Cross Street; tighneachtain.com), eine der besten Locations, um eine spontane Livesession mit traditioneller irischer Musik zu erleben. Der über 120 Jahre alte Pub ist mit alten Werbeschildern und Bücherregalen ausgestattet und wird im Winter von Kaminfeuern erwärmt. Da viele Gäste die über 100 Whiskeysorten im Angebot probieren wollen, gibt es oft nur noch einen Stehplatz – umso gemütlicher!

## SAMSTAG

**5** *Erst Brunch, dann Geschichte* 11 Uhr

In der Nähe des Spanish Arch, einem Teil von Galways mittelalterlicher Stadtmauer und lokaler Orientierungspunkt, befindet sich das unprätentiöse, aber hochgelobte Restaurant **Ard Bia at Nimmos** (Spanish Arch, Long Walk; ardbia.com; €€). Versuchen Sie, einen Tisch am Fenster mit Blick auf den Corrib zu bekommen. Auf der Speisekarte stehen herzhafte Frühstücksgerichte und der urirische Lunch schlechthin: ein getoastetes Schinken-Käse-

Sandwich. Besuchen Sie danach das **Galway City Museum** (Spanish Parade; galwaycitymuseum.ie) mit seinen historischen Ausstellungen und einem von der Decke hängenden Galway-Hooker-Fischerboot.

**6** *Grüner Rasen, grüne Kuppel* 12.30 Uhr

Nach einem kurzen Spaziergang entlang der Bridge Street erreichen Sie Nuns Island, wo sich ruhige Grünanlagen sowie die **Galway Cathedral** (galwaycathedral.ie) befinden. Errichtet wurde die Kathedrale auf dem Gelände des städtischen Gefängnisses, das dem Bischof von Galway 1940 für 10 Pfund verkauft wurde. Die 44 m hohe achteckige grüne Kuppel des 1965 eingeweihten Sakralbaus ist ein Kennzeichen der Skyline von Galway. Die romanischen Bögen und Glasfenster verleihen auch dem Innenraum der modernen Kirche einen besonderen Reiz.

**7** *Bier am Nachmittag* 14.30 Uhr

Galways Auswahl an Craft-Bieren ist außergewöhnlich. Machen Sie auf dem Weg zurück ins Zentrum in der **Salthouse Bar** halt (Raven Terrace; galwaybaybrewery.com/salthouse), einem der Pubs im Besitz der Galway Bay Brewery und der perfekte Ort, um sich am Nachmittag ein oder zwei Pints zu gönnen. Probieren Sie die Biere mit maritimem Thema, z. B. das Buried At Sea Chocolate Milk Stout.

**8** *In die Pedale* 15.30 Uhr

Derart gestärkt mieten Sie nun ein Fahrrad und radeln zum Stadtrand und dann die „Prom", die Küstenpromenade in **Salthill**, runter. In dem Ferienort schießen zwischen den heruntergekommenen Kasinos hippe Bars wie Pilze aus dem Boden. Genießen Sie den Anblick von Strand, Leuchtturm und einem grandios weiten Himmel. Halten Sie nach den Aran-Inseln Ausschau, während Sie westlich an der Biegung der Galway-Bay entlangradeln.

**OBEN** Bei Tigh Neachtain's kann man Whiskey probieren.

**RECHTS** Bonbonauswahl in Aunty Nellie's Sweet Shop.

**9** *Den Westen kosten* 19.30 Uhr

Galway hat sich den Ruf als Zentrum einer kreativen Küche erarbeitet, die stark auf lokale Zutaten setzt. Dies ist in nicht geringem Maße **Loam** (Fairgreen Road; loamgalway.com; €€€) zu verdanken. Das Restaurant war gerade mal zehn Monate geöffnet, als es 2015 einen Michelin-Stern bekam. Das sechsgängige Probiermenü umfasst einfach klingende Gerichte und wechselt täglich, besteht aber immer aus westirischen Produkten: vom luftgetrockneten Lammfleisch aus Connemara bis hin zum Käse aus West Cork. Bei einem denkwürdigen Dinner gab es z. B. eine herzhafte Brühe aus Tintenfisch, Shiitake-Pilzen und Strandkräutern sowie Eis mit Heuaroma.

### SONNTAG

**10** *Shoppingcenter* 10 Uhr

Nomen est omen: Zum Einkaufsbummel geht es in die Shop Street, die zusammen mit der angrenzenden High Street auch bei schlechtem Wetter belebt ist. Machen Sie kurz halt vor **Lynch's Castle** (Shop und Upper Abbeygate Street) aus dem 14. Jahrhundert, an dessen Fassade es Wasserspeier, ornamentales Mauerwerk und ein Familienwappen zu bewundern gibt (die Lynchs waren eine von 14 Kaufmannsfamilien aus Galway, die in der frühen Neuzeit in der Stadt das Sagen hatten). Das Gebäude wurde 1930 restauriert und beherbergt heute eine Bank. Die Straße weiter hoch findet man **Aunty Nellie's Sweet Shop** (10 High Street; auntynellies.ie), in dem große Gläser mit altmodischen Bonbons locken. Kaufen Sie sich ein paar mit Brausefüllung oder Rhabarberaroma,

bevor Sie auf der anderen Straßenseite **Cloon Keen Atelier** (21A High Street) betreten. Die Parfümerie verkauft edle handgefertigte Düfte und Kerzen. An der Shop Street Ecke William Street bietet sich zum Verschnaufen eine Bank an, die in eine Statue von Oscar Wilde und seinem baltischen Schriftstellerkollegen Eduard Vilde (auf der Statue steht der Einheitlichkeit halber „Wilde") hineingebaut wurde – ein Geschenk der estnischen Stadt Tartu.

**11** *Austern satt* 13 Uhr

Wenn Sie Austern lieben, machen Sie einen Ausflug zu **Moran's Oyster Cottage** (The Weir, Kilcolgan; moransoystercottage.com; €€€), einer überdimensionalen „Hütte" am Ufer des Flusses Dunellin. Das

25 Autominuten südwestlich von Galway gelegene, familienbetriebene Restaurant serviert irischen Hummer, Seafood Chowder (Fischsuppe) und legendäre Austern aus einem nahe gelegenen Mündungsgebiet auf einem Algenbett. Nehmen Sie vor oder nach dem Essen einen Drink an der winzigen Bar, die seit 100 Jahren scheinbar unverändert ist.

**OBEN** Im Ard Bia legt man Wert auf regionale Zutaten.

## BASICS

Galway wird oft als irischste Stadt Irlands bezeichnet. Hier sind keltische Kultur und Literatur zu Hause, und man pflegt die Landessprache Gälisch. Es finden zahlreiche Festivals statt, und die National University of Ireland gibt der Stadt ein jugendliches Flair.

**House Hotel**
Spanish Parade
+353 91 538 900
thehousehotel.ie
€€
*Jenseits der Lobby in Schockpink warten 40 komfortable, moderne Zimmer. Ausgesprochen freundlicher Service.*

**Park House Hotel**
17 Forster Street
+353 91 564 924
parkhousehotel.ie
€€
*In unmittelbarer Nähe des belebten Eyre Square, mit großen Zimmern, kostenlosem WLAN und einem hochgelobten Restaurant.*

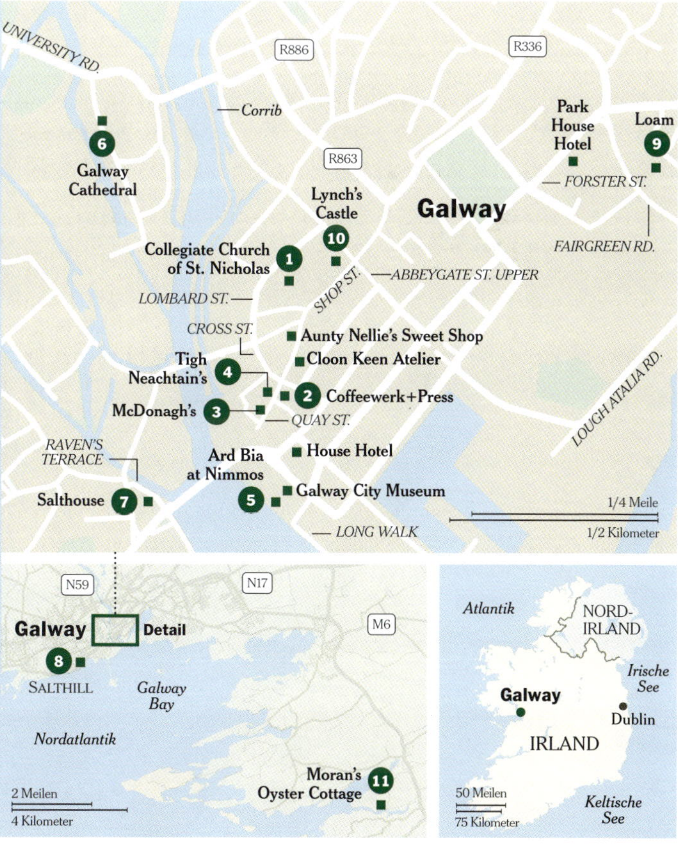

UNIVERSITY RD.
R886
R336
Corrib
Park House Hotel
Loam
**6**
Galway Cathedral
R863
**9**
FORSTER ST.
Lynch's Castle
**Galway**
Collegiate Church of St. Nicholas
**1**
**10**
FAIRGREEN RD.
LOMBARD ST.
SHOP ST.
ABBEYGATE ST. UPPER
CROSS ST.
Aunty Nellie's Sweet Shop
Tigh Neachtain's
Cloon Keen Atelier
**4**
**2** Coffeewerk+Press
McDonagh's
**3**
QUAY ST.
LOUGH ATALIA RD.
RAVEN'S TERRACE
Ard Bia at Nimmos
House Hotel
Salthouse
**7**
**5**
Galway City Museum
1/4 Meile
LONG WALK
1/2 Kilometer

N59
N17
M6
Atlantik
NORD-IRLAND
**Galway** Detail
**8**
SALTHILL
Galway Bay
**Galway**
Irische See
Dublin
Nordatlantik
**IRLAND**
Moran's Oyster Cottage
**11**
2 Meilen
4 Kilometer
50 Meilen
75 Kilometer
Keltische See

# Brüssel

*„Man kann hier echt nichts machen", sagte Oasis-Gitarrist Noel Gallagher mal über Brüssel. Mit dieser Meinung war er nicht der Erste. Die belgische Hauptstadt und Sitz vieler EU-Institutionen ist nicht gerade berühmt für ihren Rock'n'Roll-Spirit. Aber Gallagher – und nicht nur er – sollte sich Brüssel mal genauer ansehen. Offensichtlich hatte er nicht die Möglichkeit, die Graffiti, Avantgarde-Installationen oder Konzeptkunst in den neuen Kunstflächen der Stadt zu bestaunen. Oder Vintage-Schätzchen in den vielen Retro- und Antikläden zu entdecken. Oder die innovativen Gerichte der neuen belgischen und der Fusionküche zu kosten oder die leckeren Cocktails in einer der vielen neuen Bars zu probieren.* – SETH SHERWOOD

## FREITAG

### 1 *Kitschig, aber cool* 16 Uhr

New York hat die Freiheitsstatue, Paris den Eiffelturm und Brüssel glänzt mit einem silbernen Gebilde, das ein Eisenatom in 165-millionenfacher Vergrößerung darstellt: das **Atomium** (Square de l'Atomium; atomium.be). Die 1958 zur Expo errichtete 102 m hohe Konstruktion ist kitschig, aber auch ziemlich cool, insbesondere wenn man vom Café ganz oben auf die Stadt blickt. Noch mehr faszinierende Relikte des 20. Jahrhunderts warten nebenan im **Art and Design Atomium Museum**, kurz ADAM (Place de Belgique; adamuseum.be). Interessant ist vor allem das Plasticarium, zu dessen ständiger Sammlung rund 2000 bunte Möbelstücke, Geräte, Dekoartikel und Kunstwerke – alle aus Plastik – gehören.

### 2 *Sternenkunde* 20 Uhr

Der von dem belgischen Architekten Victor Horta entworfene Palais des Beaux-Arts (kurz Bozar) ist bekannt für seine internationalen Kunstausstellungen, Filme und Konzerte. Jetzt ist er dank der **Bozar Brasserie** (Rue Baron Horta 3; bozarbrasserie.be; €€€€) auch eine gastronomische Topadresse. In gepflegtem Art-déco-Ambiente haben Sie die Wahl zwischen ständig wechselnden Menüs und neuen belgischen À-la-carte-Gerichten. Die Pâtés mit knusprigem Brot können eine Collage aus Ente, Gans und Schwein sein, während aus einem traditionellen Kaninchenragout Involtini-artige Fleischrollen mit einer feinsäuerlichen Sauce mit Kriek (Kirschbier) werden.

### 3 *Kuriositäten* 22 Uhr

Ist Nüchternheit eine Krankheit? Falls ja, verschreibt **La Pharmacie Anglaise** (Coudenberg 66; lapharmacieanglaise.com) beschwingte Gegenmittel in einer Umgebung, die an den Salon eines spinnerten britischen Lords aus dem 19. Jahrhundert erinnert – dunkles Holz, Orientteppiche, Sessel, antiquierte Laborgeräte und … Knochen, Gebisse und Gläser mit konservierten Nagetieren, Reptilien und anderen Kreaturen. Wesentlich schmackhafter sind die Eigenkreationen, die die Jungs hinter der Bar mixen.

## SAMSTAG

### 4 *Natürliche Habitate* 10 Uhr

Victor Horta und seine Zeitgenossen waren Pioniere des Jugendstils, die Farben und Formen der Natur auf Kunst, Design und Architektur übertrugen, was sich an vielen Hausfassaden in den Vierteln St-Gilles und Châtelain ablesen lässt. Bewundern Sie Hortas Ranken- und Blütenornamentik im **Horta Museum** (Rue Américaine 25; hortamuseum.be), bevor Sie weiter in die Rue Africaine 92 gehen, die vor allem durch die runden Fenster auffällt. Die Rue de Florence 13 ist ein eher nüchterner Bau, während es in der Rue Faider 83 eine Fassadenmalerei zu

**GEGENÜBER** Der prächtige Blumenteppich auf der Grand Place wird alle zwei Jahre kunstvoll gepflanzt.

**RECHTS** Die kreativen Cocktails der Pharmacie Anglaise löschen den Durst und kurieren Unpässlichkeit.

bestaunen gilt, in der Frauen in einem Blumen- und Sternenmeer baden. In der Rue Defacqz fallen zwei Gebäude auf: Nr. 48 ist mit goldenen Motiven verziert, Nr. 72 mit pflanzenartigen Schmiedearbeiten.

**5** *Tagesgericht* 12 Uhr

Wenn Sie keine famos kochende belgische Tante haben, gibt es immer noch Magalie Boutemy. Gut versteckt auf der trendigen Rue du Page fühlt man sich in ihrem rustikalen Restaurant **L'épicerie** (Rue du Page 66; €€) wie bei Tantchen zu Besuch. Stammgäste kommen wegen der freundlichen Atmosphäre und dem einfachen, aber leckeren Tagesgericht – es gibt nur eins und keine Karte –, das Schweinefleisch in Misosauce mit Shisoblättern sein kann oder gla-

sierter Kabeljau mit knackigem Gemüse. Gönnen Sie sich danach das Tagesdessert, z. B. ein Kirschbiskuit.

**6** *Auf dem Papierweg* 14 Uhr

Sie wollen sich Schlittschuhe zulegen, mal eine Scorpions-CD hören oder auf einem hochkant stehenden Klavier klimpern? Solche und andere Träume können realisiert werden bei **Les Petits Riens** (Rue Américaine 101; petitsriens.be), einem Secondhand-kaufhaus, in dem man von afrikanischen Trommeln bis Vintage-Koffern alles bekommt. Das Viertel zieht auch Literaturfreunde an dank **Peinture Fraîche** (Rue du Tabellion 10; peinture-fraiche.be), einem Buchladen, in dem es auch Kunst-, Design- und Architekturbände gibt, sowie **Le Typographe** (Rue Américaine 67; typographe.be), der Himmel für alle Papeteriefreunde mit handgemachten Notizheften, Tagebüchern, Briefpapier und anderen schönen Sachen.

**7** *Urbane Studien* 17.30 Uhr

Früher wurde in dem Gebäude des **Millennium Iconoclast Museum of Art**, kurz MIMA (Quai du

**OBEN** Im Palais des Beaux-Arts, der von Victor Horta entworfen wurde, finden Kunstausstellungen, Filmvorführungen und Konzerte statt.

**LINKS** Ein Laden in der Rue Haute, wo es in trendigen Boutiquen belgisches Design und Produkte gibt.

Hainaut 39–41; mimamuseum.eu), Bier gebraut. Heute beherbergen die renovierten Räume mit Industriecharme Gegenwartskunst. Gezeigt werden Street-Art, Graffiti, Grafikdesign und respektlose, schalkhafte Pop-Art, wie die Skulptur des holländischen Künstlers Parra: eine riesige rote Tomate mit Beinen, die hilflos auf dem Boden sitzt.

**8** *Eine kulinarische Reise* 19 Uhr

Startbereit? Auf den Wänden des **San** (Rue de Flandre 19; sanbxl.be; €€€€), ein gemütliches Restaurant, in dem der belgisch-koreanische Besitzer Sang-Hoon Degeimbre am Herd steht, sowie auf der Karte findet man die Namen internationaler Reiseziele. Jeder der fünf Gänge der Abendkarte ist nach dem Ort benannt, durch den er inspiriert ist. Eine kulinarische Reise startete in Murringen, Belgien (Rindertatar mit Schwertmuscheln in einer blumigen Bergamottebrühe), ging weiter nach Guadeloupe (mit Kabeljau gefüllte Beignets in rotem Paprikapesto), dann auf die südkoreanische Insel Jeju (Schweinefleisch mit geröstetem Buchweizen und Kohl) und endete in Dublin (Whiskey-Pannacotta mit Schokoladensorbet und Gruyèrechips).

**9** *Bier und Botanicals* 21 Uhr

„Leave the abbey, join the playground" ist das Motto des **Brussels Beer Project** (Rue Antione Dansaert 188; beerproject.be), eine Mikrobrauerei, deren Mission es ist, die alte Brautradition Belgiens ins 21. Jahrhundert zu führen. Machen Sie es sich auf einem Getreidesack bequem und probieren Sie eines der vielen Hopfengetränke. Ganz in der Nähe liegt das **Life Is Beautiful** (Rue Antione Dansaert 161; libcocktailbar.com), wo die Topfpflanzen von der Decke hängen und Kerzenlicht das kleine Lokal gemütlich macht. Die Cocktails führen Sie mit einem Brussels-Oaxaca (Mezcal, Rum, St-Germain, Fernet-Branca, Walnuss-Bitter) nach Mexiko oder mit einem Bloody Hell (Scotch, Chartreuse, Rote-Bete-Sirup, Limette, Hellfire-Bitter) in die Unterwelt.

### SONNTAG

**10** *Brueghels Brüssel* 10 Uhr

Im Brüsseler Künstler-Ranking steht Magritte ganz oben. Zwei Museen widmen sich dem Meister des Surrealismus. Aber auch Jan Bruegel der Ältere stammte aus Brüssel, und im **Oldmasters Museum** (Rue de la Régence 3; fine-arts-museum.be) klettert sein Kurs dank einer Multimedia-Installation, die sich den Werken des Meisters widmet, nach oben. Rubens, Rembrandt und Bosch sind weitere Schwergewichte der Sammlung.

**OBEN** Das Brussels Beer Project will alte belgische Biertradition ins 21. Jahrhundert führen.

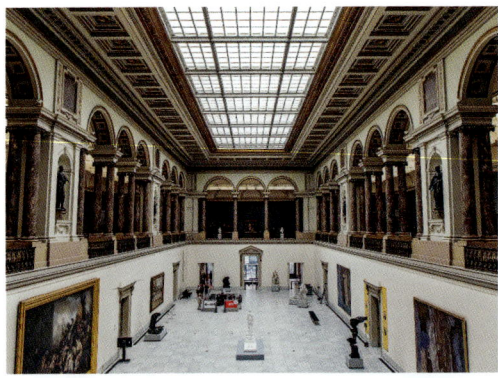

**11** *Belgisch kaufen* 13 Uhr

Belgischer Stolz durchströmt die Rue Haute, wo schicke Boutiquen unter anderem belgisches Design und belgische Produkte verkaufen. Das **Atelier en Ville** (Rue Haute 64; atelierenville.com), ein großes hangarartiges Ladenlokal ist eine Mischung aus Café, Blumenladen und Holzwerkstatt, in dem von Tischen und Regalen bis hin zur Wanddekoration alles aus Holz ist. **Belge Une Fois** (Rue Haute 89; belgeunefois. com) konzentriert sich auf Kleidung, Schmuck, Kunst und Weiteres von belgischen Designern und Marken. Und wenn Sie noch mehr von Brüssel sehen wollen, holen Sie sich in der Buchhandlung **Vanclever** (Rue Haute 157; vanclever.be) *The 500 Hidden Secrets of Brussels*.

**OBEN** Das Oldmasters Museum mit Werken von Bruegel dem Älteren, Rubens, Rembrandt und Bosch.

**GEGENÜBER** Jugendstilhaus in der Rue Africaine.

## BASICS

Zug- und Flugverbindungen gibt es von vielen größeren Städten. Vom Flughafen in die Stadt gelangt man am besten mit dem Zug.

**Zoom Hotel**
Rue de la Concorde 59–61
+32 2 515 0060
zoomhotel.be
€€
*Wenige Schritte von der schicken Avenue Louise. In der Boutique in der Lobby gibt es alles von Pralinen bis hin zu Kamerautensilien.*

**Pantone Hotel**
1 Place Loix
+32 2 541 4898
pantonehotel.com
€
*Im trendigen Viertel Saint-Gilles. Dekoration in leuchtenden Farben.*

**Hotel Amigo**
Rue de l'Amigo 1–3
+32 2 547 4747
hotelamigo.com
roccofortehotels.com
€€€
*Fühlt sich an wie ein eine luxuriöse Zweitwohnung.*

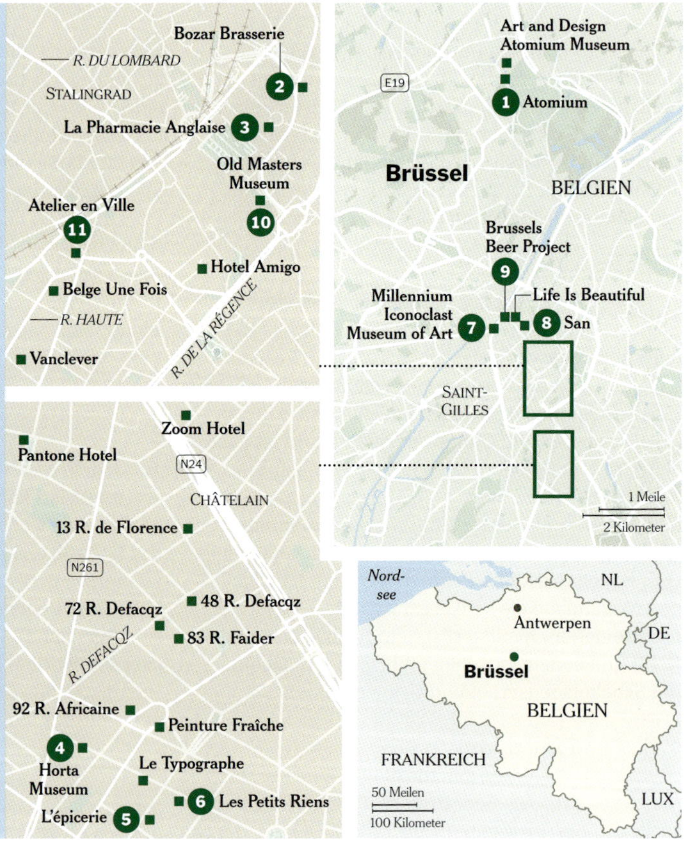

Bozar Brasserie
R. DU LOMBARD
**2**
STALINGRAD
La Pharmacie Anglaise **3**
Old Masters Museum
Atelier en Ville
**11**
**10**
Hotel Amigo
Belge Une Fois
R. HAUTE
R. DE LA RÉGENCE
Vanclever

Zoom Hotel
Pantone Hotel
N24
CHÂTELAIN
13 R. de Florence
N261
72 R. Defacqz
48 R. Defacqz
R. DEFACQZ
83 R. Faider
92 R. Africaine
Peinture Fraîche
**4**
Horta Museum
Le Typographe
L'épicerie **5**
**6** Les Petits Riens

Art and Design
Atomium Museum
E19
**1** Atomium
**Brüssel**
BELGIEN
Brussels Beer Project
**9**
Millennium Iconoclast Museum of Art
Life Is Beautiful
**7**
**8** San
SAINT-GILLES
1 Meile
2 Kilometer

Nord-see
NL
Antwerpen
DE
**Brüssel**
BELGIEN
FRANKREICH
50 Meilen
100 Kilometer
LUX

# Antwerpen

*Wer mit der Bahn anreist, gewinnt schon am Haupt-bahnhof mit dem hohen Glasdach, der eleganten Eingangshalle und der prächtigen Architektur der Jahrhundertwende einen eindrucksvollen ersten Eindruck der größten Stadt von Flandern, der nördli-chen Region Belgiens. Dank der Königlichen Akademie der Schönen Künste mit angeschlossener Modeschule ist Antwerpen seit Jahren ein anerkanntes Zentrum für Kunst und Design, das sich durch Spitzendesigner wie Dries Van Noten oder Ann Demeulemeester interna-tionales Renommee erworben hat. Die Energie und der kreative Unternehmergeist der Antwerpener beziehen sich aber längst nicht nur auf Kunst und Architektur, Mode und Design, sondern auch auf kulinarische Genüsse.* – INGRID K. WILLIAMS

### FREITAG

**1** *Rubens-Revival* 14 Uhr

Weil das Königliche Museum der Schönen Küns-te wegen Renovierung bis voraussichtlich Ende 2020 geschlossen ist, wurde ein Teil der Sammlung in die **Liebfrauenkathedrale** (dekathedraal.be/de/bezoek. htm) ausgelagert. In der stattlichen Kathedrale, die ungewöhnlicherweise nur einen Turm hat, sind auch Gemälde von Peter Paul Rubens, dem berühmten Sohn der Stadt, zu sehen. Besuchen Sie nach einem Rundgang durch die Kathedrale sein ehemaliges Wohnhaus und Atelier im **Rubenshuis** (Wapperplein 9–11; +32 3 201 15 55; rubenshuis.be), in dem zahlreiche Werke des Künstlers und seiner Schüler ausgestellt sind. Auf der Internetseite des Königlichen Museums (kmska.be) können Sie sich über weitere Ausstel-lungsorte in der Stadt informieren.

**2** *Giebel und Kopfsteinpflaster* 16 Uhr

In der gemütlichen Altstadt Antwerpens stehen viele gut erhaltene Häuser aus Mittelalter, Renais-sance und Barock. Die weitgehend autofreie Innen-stadt lädt zum gemächlichen Schlendern ein. Die beiden Hauptplätze sind der **Grote Markt** mit prachtvollen Gildehäusern aus dem 16. und 17. Jahr-hundert sowie der **Groenplaats** zu Füßen der goti-schen Kathedrale. Versäumen Sie nicht das ganz in der Nähe gelegene **Modemuseum** (Nationalestraat 28; +32 3 470 2770; momu.be; letzter Einlass um 17.30 Uhr).

**3** *Kleine Brasserie* 20 Uhr

In der winzigen Brasserie **Invincible** (Haarstraat 9; +32 3 231 32 07; invincible.be; €€€) steht der Wein im Vordergrund, wie die zahlreichen Magnumflaschen auf den Fensterbänken verraten. Suchen Sie sich aus dem ständig wechselnden Sortiment eine interessante Flasche aus und machen Sie es sich am langen Tresen oder im winzigen Speiseraum bequem. Abends gibt es Drei-Gänge-Menüs aus den Küchen Europas – von der französischen Fleischpastete bis zu gegrillten Gambas mit schwarzem Reis und Chorizo.

**4** *Musik zum Dessert* 21.30 Uhr

Wenn Sie nach dem Essen Lust auf Jazz haben, können Sie ihn im gut besuchten **De Muze** (Melk-markt 15; +32 3 226 01 26; jazzcafedemuze.be) live er-leben. Falls es um die Bar herum zu voll ist, gehen Sie nach oben, wo immer noch genug zu hören ist. Wer lieber tanzen will, sollte dem **Café d'Anvers** (Ver-versrui 15; +32 3 226 38 70; cafe-d-anvers.com) einen Besuch abstatten. Der Klub lockt seit 1989 Partygän-ger an und ist noch immer angesagt.

### SAMSTAG

**5** *Morgen am Fluss* 10 Uhr

Der ehemals triste Hafenbezirk Het Eilandje, die traditionelle Hafengegend an der Schelde, hat sich

**GEGENÜBER UND UNTEN** Antwerpen, eine der trendigsten Städte, kombiniert mühelos Alt und Neu. Die gotische Kathedrale wird hier wie das Kopfsteinpflaster hochgehalten, während gleichzeitig junge Künstler und Designer gefördert werden.

zu einem beliebten und attraktiven Viertel mit Museen, Geschäften, Cafés und Festival-Locations gemausert. Im Zentrum des Geschehens und maßgeblich für die Wiederauferstehung des Viertels ist das 2011 eröffnete **Museum aan de Stroom** oder **MAS** (Hanzestedenplaats 1; +32 3 338 4400; mas.be), ein zehngeschossiger Bau aus gewellten Glasflächen und Sandsteinquadern im Lego-Stil, entworfen vom niederländischen Architekturbüro Neutelings Riedijk. Drinnen gibt es Ausstellungen zur Geschichte der Stadt, ein Café und ein Restaurant, und von der Dachterrasse hat man einen atemberaubenden Ausblick.

### 6 *Schokoladengarten* 13 Uhr

In Belgien versteht man wirklich etwas von Schokolade, aber die raffinierten Desserts, die Roger van Damme im Restaurant **Het Gebaar** (Leopoldstraat 24; +32 3 232 3710; hetgebaar.be; nur mittags geöffnet) zaubert, sind noch einmal eine ganz andere Kategorie. In dem Ziegelsteinhaus am Rand des Botanischen Gartens isst man knusprig gebratenes Kalbsbries und staunt über kunstvolle Kreationen wie Botanique, einen essbaren Miniaturgarten mit einem Schokoladenfluss und einem Bäumchen aus Vollmilchschokolade.

### 7 *Shoppingrunde* 14 Uhr

Ob Sie nur Schaufenster bewundern oder Beute machen wollen: Steuern Sie die Kloosterstraat an, in der sich trendige Geschäfte und Antiquitätenläden aneinanderreihen. Bei **Your** (Kloosterstraat 90; +32 3 337 7110; your-antwerp.com) findet man auf zwei riesigen Etagen nahezu alles – von Kopfhörern über Hosen aus Ikat-Stoffen bis zu einem gelben Porsche 914 von 1975. Mitbringsel mit Vergangenheit bietet **Arrangerie 13** (Muntstraat 13; +32 3 231 2161; arrangerie.be), wo Möbel und Wohnaccessoires kreativ aufgearbeitet und auf drei durch steile Holztreppen verbundenen Etagen präsentiert werden. **Marcy Michael** (Sint-Jozefsstraat 78; +32 4 762 28022; marcymichael.com) ist auf Sammlerstühle spezialisiert, die von der Pop-Art inspiriert sind.

### 8 *Erfrischung zum Dinner* 19.30 Uhr

Den belgischen Klassiker Moules-frites dürfen Sie im eleganten Restaurant **De Godevaart** (Sint-Katelijnevest 23; +32 3 231 8994; degodevaart.be; €€€€) nicht erwarten. Hier wurde uns stattdessen zum traditionellen Gravlax als Vorspeise beispielsweise Petersilieneiscreme und ein bei –20 Grad „gegartes" Wachteleidotter serviert, und als Dessert gab es eine köstliche Kreation aus Pfefferkuchen, Mandarinen und weißer Schokolade. Selbst das Ambiente des Lokals mit klassischem Stuck, modernen Bildern und funkelnden Kronleuchtern ist erfrischend.

### 9 *Auf ein Bier oder zwei* 21.30 Uhr

Wer belgisches Bier kennenlernen will, ist im **Kulminator** (Vleminckveld 32; +32 3 232 4538; facebook.com/Kulminator.friends) richtig. Im Eingangsbereich stehen manchmal leere Kisten mit der Aufschrift „Westvleteren" von einer Trappistenabtei, die ein ebenso berühmtes wie seltenes Bier braut. Drinnen haben Sie die Auswahl zwischen Hunderten von Biersorten, darunter vielen Raritäten. Originell ist auch die Deko mit einem Kronleuchter aus Korken und einem Kranz aus Kronkorken. Gegen den späten Hunger hilft eine Portion zweimal frittierter belgischer Pommes mit Mayo von **Frituur No. 1** (Hoogstraat 1).

**10** *Kunst und Natur* 10 Uhr

Knapp 30 ha groß ist der Skulpturenpark des **Middelheimmuseum** (Middelheimlaan 61; +323 2883360; middelheimmuseum.be) südlich des Stadtzentrums. Die über 200 Exponate des Museums reichen von Bronzearbeiten, die Rodin geschaffen hat, bis zu einem sprudelnden Becken des flämischen Künstlers Philippe Van Snick. Schlendern Sie über weite Rasenflächen, vorbei an einer Brücke von Ai Weiwei, durch einen eingefriedeten Garten mit dem modernen Pavillon Het Huis, in dem regelmäßig wechselnde Ausstellungen stattfinden. Oder legen Sie sich einfach ins Gras, vielleicht unter schaukelnden Drähten zwischen hohen Bäumen, einem multisensorischen Werk des belgischen Künstlers Honoré d'O – und lassen Sie all die Kunst und Natur auf sich wirken.

**GEGENÜBER OBEN** Probieren Sie belgisches Bier in einer der Kneipen von Antwerpen.

**GEGENÜBER UNTEN** Die Liebfrauenkathedrale.

**OBEN** Im Middelheimmuseum, einem Skulpturengarten südlich des Stadtzentrums, kann man nicht nur Kunstwerke bestaunen, sondern bei schönem Wetter auch auf der Rasenfläche entspannen.

---

**BASICS**

Direktzüge gibt es von Brüssel und Amsterdam. Innerhalb der Stadt kommt man zu Fuß oder mit der Straßenbahn am besten voran.

**Hotel O Kathedral**
Handschoenmarkt 3
+32 3 500 8950
hotelokathedral.com
€€
*Direkt gegenüber der Kathedrale. Minimalistischer Stil.*

**Matelote Hotel**
Haarstraat 11A
+32 3 201 8800
hotel-matelote.be
€–€€
*Preiswertes kleines Designerhotel in einem Gebäude aus dem 16. Jahrhundert.*

*1/4 Meile*
*1/2 Kilometer*

NASSAUSTRAAT

HANZESTEDENPLAATS

**5** Museum aan de Stroom

VERVERSRUI

*Schelde*

Café d'Anvers

**Antwerpen**

Grote Markt **2**

De Muze

Frituur No. 1 **4**

**8** De Godevaart

Invincible **3**

Matelote Hotel

Hotel O Kathedral

**1** Liebfrauenkathedrale

Groenplaats

Arrangerie 13   Modemuseum   Rubenshuis

Marcy Michael — NATIONALSTRAAT —

**6** Het Gebaar

KLOOSTERSTRAAT —   VLEMINCKVELD —   — LEOPOLDSTRAAT

**7**
Your

**9**
Kulminator

Nord-
see

NL

DE

**Antwerpen**

Brüssel

**BELGIEN**

HET ZUID

KAREL ROGIERSTRAAT

LEOPOLD DE
WAELPLAATS

Middelheimmuseum
**10**

FRANKREICH   LUX.

# Brügge

*Die Hauptstadt Westflanderns verdankt ihren unglaublichen Charme einer Laune der Geschichte: Vor 600 Jahren noch kommerzielles Zentrum, verlor die Stadt später an Bedeutung und fiel in eine Art Dornröschenschlaf. Das Ergebnis ist ein gut erhaltenes mittelalterliches Stadtbild mit prächtigen Giebelhäusern, kleinen gepflasterten Gassen, ruhigen Grachten und Kanälen sowie großer flämischer Kunst. Abseits der unvermeidlichen Cafés und Souvenirläden findet man eine ambitionierte Gastronomie mit kreativen, jungen Köchen und Schokoladengeschäfte mit Pralinen experimentierfreudiger Chocolatiers. Urige Kneipen bieten eine eindrucksvolle Auswahl an seltenen belgischen Bieren aus regionalen Kleinbrauereien.*
– INGRID K. WILIAMS

## FREITAG

### 1 *Wie im Märchen* 15.30 Uhr

Die zauberhafte Innenstadt scheint stellenweise einem Märchen entsprungen mit ihren steinernen Fußgängerbrücken, die sich über die idyllischen Kanäle spannen, und den gepflasterten Straßen, die prachtvolle Patrizierhäuser säumen. Die schönsten Winkel dieser mittelalterlichen Kulisse entdeckt man, wenn man die Grachten, die die Stadt durchziehen, entlanggeht und über den **Markt** schlendert, den zentralen Platz, der von einem Belfried aus dem 13. Jahrhundert beherrscht wird. Wer seinen Puls nach oben treiben will, kann die 366 Stufen des Turms erklimmen und den fantastischen Blick über die Stadt genießen. Machen Sie vorher aber noch ein paar Fotos von dem neugotischen Gerichtsgebäude, dem Belfried und den alten Giebelhäusern auf dem Platz.

### 2 *Schokoladenprobe* 17 Uhr

Wegen der vielen Schokoladengeschäfte scheint es fast, als ob sich in jedem Schaufenster Pralinen und Trüffel türmten. Die innovativsten Läden sind Dominique Persoones **The Chocolate Line** (Simon

Stevinplein 19; +32 50 34 10 90; thechocolateline.be), wo es so aufregende Geschmackskombinationen wie Bitterganache mit Wodka, Passionsfrucht und Limette gibt, oder das **BbyB** (Sint-Amandsstraat 39; +32 50 70 57 60; bbyb.be), ein schmaler, in Weiß gehaltener Laden, in dem feinste belgische Schokolade angeboten wird. Die Sorten sind durchnummeriert: Probieren Sie Nr. 15 aus Milchschokolade, Haselnuss und Babelutte (eine regionale Karamellspezialität).

### 3 *Zu Tisch mit Einheimischen* 20 Uhr

Meiden Sie die Restaurants in der historischen Altstadt, wo Preise und Qualität eher auf Touristen ausgelegt sind. Weit mehr lohnt sich das **Tête Pressée** (Koningin Astridlaan 100; +32 470 21 26 27; tetepressee. be; €€€€) im benachbarten Wohnviertel Sint-Michiels. Die Speisekarte ist auf Flämisch, wenn Sie sich aber an den langen Tresen an der offene Küche setzen, erklärt Ihnen der freundliche Koch Pieter Lonneville, was es zu essen gibt. Doch auch ohne Übersetzungshilfe kann man mit keinem der Drei-Gänge-Menüs etwas falsch machen. So gibt es zum Beispiel Fasaneneintopf mit Chicorée und gegrilltem Kürbis, gefolgt von einem warmen Birnen-Clafoutis mit frischen Feigen.

## SAMSTAG

### 4 *Von Markt zu Markt* 9 Uhr

Beginnen Sie den Tag wie die Einheimischen mit einem Marktbesuch auf dem **'t Zand**-Platz. Schenken Sie dem ganzen Nippes keine Beachtung und gehen Sie ans nördliche Ende des Platzes, um belgischen

**GEGENÜBER** Brügge wirkt mit den schönen Giebelhäusern und dem Glockenturm aus dem 13. Jahrhundert wie eine Märchenkulisse.

**RECHTS** In der beliebten Kneipe 't Brugs Beertje kann man aus Hunderten von Bierspezialitäten auswählen.

Käse, Räucherhering und ofenfrisches Rosinen-Nuss-Brot zu kaufen. Greifen Sie am Stand in der Nähe der Hauwerstraat auch bei den frischen Boterwafels (Butterwaffeln) zu und machen Sie sich dann auf zum Markt am **Beursplein**.

**5** *Flämische Primitive* 10 Uhr

Um diese Zeit sind die Museen noch relativ leer, Sie haben also genug Zeit, die Werke der Flämischen Primitiven, einer Gruppe einflussreicher Künstler des 15. Jahrhunderts, zu bestaunen. Beginnen Sie die Tour im Museum **Sint-Janshospitaal,** einem jahrhundertealten Hospital (Mariastraat 38; +32 50 44 87 71; museabrugge.be); in der Kapelle sind sechs Werke von Hans Memling ausgestellt. Auf der anderen Seite des Dijver-Kanals liegt das **Groeninge Museum** (Dijver 12; +32 50 44 8751; museabrugge.be). Hier kann anhand der *Madonna des Kanonikus Joris van der Paele* der erstaunliche Realismus des Jan van Eyck bewundert werden.

**6** *Die Sterne leuchten* 13 Uhr

Das kleine, elegante **Hertog Jan** (Loppemsestraat 52; +32 50 67 3446; hertog-jan.com; €€€€) wurde vor einigen Jahren als drittes Restaurant in Belgien mit dem dritten Michelin-Stern ausgezeichnet. Falls Sie einen Tisch in dem minimalistisch eingerichteten Lokal ergattern, können Sie sich auf einen Reigen wunderbarer Gerichte des Chefkochs Gert De Mangeleer freuen, darunter z. B. Limousin-Lamm mit kandierten Rüben und Zitronenmyrte, Jakobsmuscheln mit Kalbsmark oder Topinambur und Heringskaviar.

**7** *Flämische Mode* 17 Uhr

Fashionistas, die es nicht in die belgische Modehauptstadt Antwerpen schaffen, kommen in der Boutique **L'Héroïne** auf ihre Kosten (Noordzandstraat 32; +32 50 33 5657; lheroine.be). Der unauffällige Laden bietet eine erstaunliche Auswahl der aktuellsten Designermode des Landes, von etablierten Labels wie Dries Van Noten und Ann Demeule-

meester bis hin zu jungen Talenten wie Christian Wijnants. Hier findet man wunderschön drapierte Seidenkleider, asymmetrische Jacken und voluminöse Wollmäntel, alles ganz *understated*, ohne aufdringliches Logo.

**8** *Heiß und fettig* 19 Uhr

Nach dem üppigen Mittagessen rumpelt es wahrscheinlich ordentlich in Ihrem Magen. Eine gute Gelegenheit, sich zum Abendessen nur einen „leichten" Snack zu gönnen und einer weiteren belgischen Spezialität zu widmen: den Fritten. Die richtig guten werden zweimal frittiert, sind fingerdick und besonders lecker mit einem ordentlichen Klacks Mayonnaise oder Currysauce. Bei **Chez Vincent** (Sint-Salvatorskerkhof 1; +32 50 68 4395; chezvincent.eu) gibt es *frieten* mit frischem Beilagensalat. Der schöne Blick auf die benachbarte Sint-Salvator-Kathedrale durch die Erkerfenster des Restaurantraums im ersten Stock ist im Preis inbegriffen.

**9** *Gib mir ein Tripel* 21 Uhr

Bierkneipen gibt es reichlich in Brügge. Beginnen und/oder beenden sollten Sie Ihre Tour aber auf jeden Fall im **'t Brugs Beertje** (Kemelstraat 5; +32 50 33 9616; brugsbeertje.be). Nicht nur Einheimische finden das Lokal *gezellig*, was die gemütliche Atmosphäre der Kneipe perfekt umschreibt. Neulinge, die ein *dubbel* nicht von einem Duvel unterscheiden können, werden bei der Auswahl aus Hunderten von Bieren vom fachkundigen Personal gern beraten. Kenner freuen sich über ein St. Bernardus Tripel, ein Rulles Estivale oder auch ein Orval-Trappistenbier.

**SONNTAG**

**10** *Wem die Glocken läuten* 10 Uhr

In der **Sound Factory** ('t Zand 34; +32 50 476 999; sound-factory.be), einem neuen interaktiven Museum im modernen Concertgebouw (Konzerthaus), können Sie den Glockenspieler in sich entdecken. Lassen Sie sich vom wundervollen Blick über die Dächer der Stadt inspirieren und komponieren Sie eine Sinfonie – mithilfe eines Touchscreengeräts, mit dem sich die verschiedenen Glockenklänge der Kirchen der Stadt abrufen lassen. Durch das Treppenhaus geht es mit

einer unheimlichen Klanginstallation hinunter in den fünften Stock, wo als Highlight ein buntes Synthesizer-Kunstwerk namens OMNI steht.

### 11 *Vom Winde verweht* 12 Uhr

Wenn sich die Straßen mit Touristen füllen, flüchtet man am besten auf zwei Rädern. Mieten Sie sich am Bahnhof ein Fahrrad und fahren Sie am breiten Kanal entlang Richtung Nordost. Die gemütliche 30-minütige Tour führt Sie auf einem Radweg durch Grünanlagen über eine hölzerne Fußgängerbrücke bis zu den vier erhaltenen Windmühlen der Stadt. Auf dem Rückweg machen Sie einen kurzen Abstecher zum **Begijnhof**. In dem beschaulichen Gehöft mit weiß getünchten Fassaden wohnten einst Brügger Beginen, eine christliche Gemeinschaft verwitweter und lediger Frauen, die bis ins 13. Jahrhundert zurückreicht. Heute leben hier Benediktinerinnen, und auf den beschatteten Wegen ist respektvolles Schweigen geboten.

**GEGENÜBER** Kunstinstallation oder Synthesizer? OMNI ist beides. Besucher können ihn in der Sound Factory, einem interaktiven Museum im Konzerthaus, ausprobieren.

**OBEN** Auf den Belfried am Markt, dem zentralen Platz der Stadt, führen 366 Stufen.

### BASICS

Gutes, kopfsteinpflastergeeignetes Schuhwerk ist angeraten. Für einen Perspektivwechsel empfiehlt sich eine Bootstour auf den Grachten und Kanälen.

**Grand Hotel Casselbergh**
Hoogstraat 6
+32 50 44 65 00
grandhotelcasselbergh.com
€€
*Schick eingerichtete Zimmer hinter einer silberglänzenden Fassade.*

**Hotel de Orangerie**
Kartuizerinnenstraat 10
+32 50 34 16 49
hotelorangerie.be
€€€
*Elegant und romantisch; zwischen einer ruhigen Gasse und dem Dijver-Kanal gelegen.*

**Die Swaene**
Steenhouwersdijk 1
+32 50 34 27 98
dieswaene.be
€€€€
*Kleines, romantisches Hotel am Groenerei-Kanal im Stadtzentrum.*

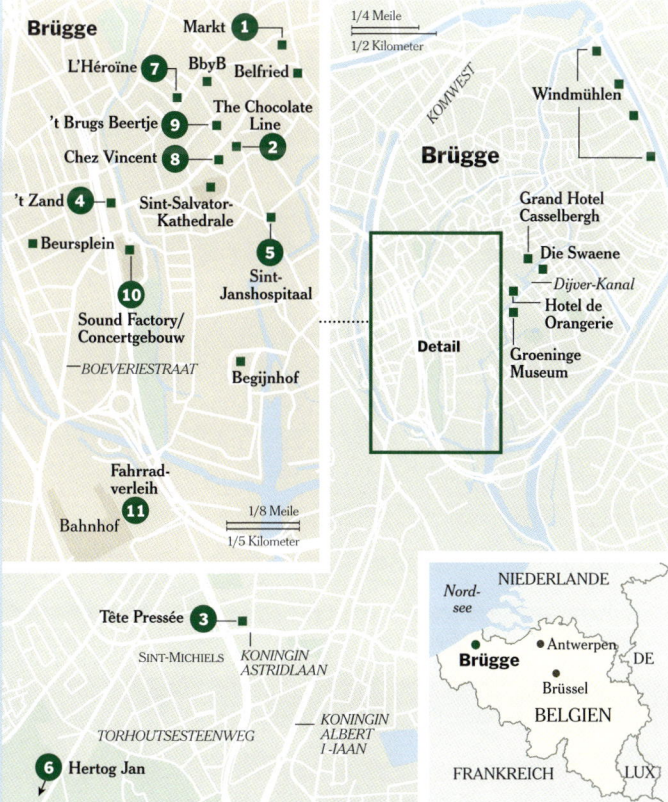

# Amsterdam

*Amsterdam zieht mit seinen Grachten und Brücken, den altersschiefen Giebelhäusern und der reizvollen Innenstadt seit jeher Reisende an. Gleichzeitig ist diese vom 17. Jahrhundert geprägte Stadt durchdrungen von einem kosmopolitischen, modernen und innovativen Geist und den dynamischen Einflüssen seiner Einwohner aus über 150 Nationen. Amsterdam ist reich an Geschichte und Kunst, aber immer offen für Neues. Namhafte Museen, in denen man die alten Meister bestaunen kann, sind hier ebenso zu finden wie kreative Galerien und Ateliers, innovative Gastronomie und spannende Läden, in denen es Avantgardemode und unkonventionelles Home-Design zu kaufen gibt. Im gesamten Hafenbereich und im Viertel Zuidas stehen futuristische Gebäude von Architekten wie Renzo Piano oder Rafael Viñoly, als moderner Gegenentwurf zu den altehrwürdigen Grachtenhäusern. –* GISELA WILLIAMS

### FREITAG

### 1 *Radsuche* 16 Uhr

Das Wichtigste zuerst: ein Fahrrad mieten. So lassen sich teure Taxifahrten vermeiden, und man fühlt sich gleich wie ein echter Amsterdamer. Zweiräder dominieren die Straßen, es gibt überall Radwege, und man kann sich kaum verirren. Dreigang-Fahrräder können Sie z. B. bei **Amsterdam City Tours** (Spuistraat 30; +31 0 530 1098; amsterdamcitytours.com) für drei Stunden oder drei Tage mieten. Es empfiehlt sich, einen oder zwei Tage im Voraus zu reservieren.

### 2 *Kurs aufnehmen* 17 Uhr

Der Turm der **Westerkerk** (Prinsengracht 281; westerkerk.nl) ist mit 85 m der höchste Kirchturm der Stadt. An klaren Tagen lohnt sich der Aufstieg, um einen Blick auf die ganze Stadt zu haben, inklusive der glitzernden modernen Fassaden der südlichen Bezirke und der alten Prinsengracht, wo Anne Frank und ihre Familie sich vor den Nazis versteckten. (Für einen anschließenden Besuch der Gedenkstätte ist auch genug Zeit: **Anne-Frank-Haus**, Prinsengracht 267;

**GEGENÜBER** Bei einer Bootsfahrt auf den Grachten lässt sich Amsterdam angenehm bestaunen.

**RECHTS** Radeln auf der Prinsengracht, eine der längsten Straßen des 65 km umfassenden Grachtennetzes.

+31 20 556 7100; annefrank.org). In der Westerkerk wurde übrigens auch Rembrandt beerdigt und Königin Beatrix mit ihrem Claus vermählt.

### 3 *So ein Gemüse* 19 Uhr

Man nehme einen gemütlichen Laden mit offener Küche im aufkommenden Viertel Westerpark, greife Trends wie „Vom Feld auf den Tisch" oder „Supper Club Dinners" auf und erhalte **Culinaire Werkplaats** (Fannius Scholtenstraat 10; +31 65 464 6576; deculinairewerkplaats.nl; €€€€) – halb Restaurant, halb Atelier. Das Lokal wurde vor einigen Jahren von den Designern Marjolein Wintjes und Eric Meursing eröffnet. Alle paar Wochen wird unter einem neuen Motto wie „Licht oder Blumen" gekocht. Fünf-Gänge-Menüs aus saisonalem Gemüse, Obst und Getreide werden serviert, z. B. Topinambur auf dreierlei Art (geröstet, püriert und frittiert), Kroketten aus schwarzer Quinoa mit Ras-el-Hanout und „dekonstruierter" Apfelkuchen (Apfelsuppe mit gefrorenen Champagnerwürfeln und gezuckerter Mürbeteigstange).

### 4 *Musik am Abend* 22 Uhr

Ganz in der Nähe liegt die Westergasfabriek, ein ehemaliges Fabrikgelände mit Bars, Restaurants, Geschäften, Kulturstätten – und dem **Ton Ton West** (Polonceaukade 27, +31 20 261 8924; tontonclub.nl), das Craft-Bier und alkoholische Milkshakes serviert und spielfreudige Gäste mit japanischen Arcade-Spielen lockt. Noch lebhafter geht es im **Paradiso Amsterdam** zu (Weteringschans 6–8; +31 20 626 4521; paradiso.nl), das in einer ehemaligen Kirche Quartier bezogen hat.

**5** *Rembrandt am Morgen* 9 Uhr

In nahezu jeder Stadt gibt es ein Kunstmuseum, aber nur wenige können es mit Amsterdam aufnehmen. Hier findet man das berühmte **Van Gogh Museum** (vangoghmuseum.nl) mit der weltgrößten Sammlung des vielleicht populärsten Malers überhaupt; das unlängst renovierte **Stedelijk** (stedelijk. nl) mit moderner Kunst und die **Hermitage Amsterdam** (hermitage.nl), in der Schätze aus der St. Petersburger Eremitage zu sehen sind. Doch der Amsterdam beherrschende Künstler ist Rembrandt. Seine Meisterwerke sind im **Rijksmuseum** (Jan Luijkenstraat 1; +31 20 674 7000; rijksmuseum.nl) ausgestellt, das insgesamt eine der besten Kunstsamm-

lungen der Welt beherbergt. Lassen Sie sich nicht von den Menschenmengen abschrecken, selbst wenn Sie schon einmal dort waren.

**6** *Auf nach Norden* 12 Uhr

Nordamsterdam hat sich zu einem trendigen, jungen kulturellen Zentrum gemausert. Hier ließ sich vor ein paar Jahren MTV Niederlande nieder, ein Skaterpark und viele Künstlerateliers zogen in denselben alten Warenlagerkomplex. Das neue, raumschiffartige Gebäude des Eye Film Institute landete 2012 am Amstelufer. Neben dem NDSM-Fähranleger befindet sich die fröhliche **IJ-Kantine** (NDSM-kade 5; +31 20 633 7162; ijkantine.nl), ein Laden, in dem sich Eltern mit Koffein stärken können, während ihre Kinder in der Spielecke des lichtdurchfluteten, hohen Raums toben. Nur fünf Fußminuten weiter liegt das **Noorderlicht** (NDSM wharf, NDSM-Plein 102; +31 20 492 2770; noorderlichtcafe.nl), eine Art transparenter Hangar, wo in einem Café kunstbeflissenes

**OBEN** Die Westergasfabriek, ein altes Kohlegaswerk, beherbergt heute Galerien, Restaurants und Geschäfte.

**LINKS** Im Gartine nehmen die Amsterdamer am Wochenende gern ihren geliebten Nachmittagstee ein.

**GEGENÜBER** Schicke Hausboote reihen sich auf der Prinsengracht aneinander.

Volk auf zusammengewürfelten Stühlen an Treibholztischen sitzt. Im Sommer sind alle draußen und machen aus dem Industriegelände eine riesige Partyzone.

### 7 *Ein Tässchen Tee* 15 Uhr

Am Wochenende pflegen Holländer – sogar die jüngeren – die Tradition der Teestunde am Nachmittag. Ein sehr beliebter Ort dafür ist das **Gartine** (Taksteeg 7; +31 20 320 4132; gartine.nl; €€), ein Café im historischen Zentrum. Eine weitere Empfehlung ist weiter südlich **De Bakkerswinkel** (Roelof Hartstraat 68; +31 20 662 3594; debakkerswinkel.nl; €€), das zu einer Bäckereikette gehört. In dieser gemütlichen Filiale sitzen vornehme Amsterdamer und genießen Scones mit Sahne zum Tee.

### 8 *Neun Straßen* 16 Uhr

Ein Einkaufserlebnis der besonderen Art erwartet Sie in **De Negen Straatjes** (theninestreets.com).

Hier gibt es kleine Läden, Boutiquen und Galerien mit Avantgarde- oder Glamourmode, exklusiven Designerjeans, Accessoires und Einrichtungsgegenständen. Ganz in der Nähe liegt das **Frozen Fountain** (Prinsengracht 645; +31 20 622 9375; frozenfountain. nl), das einen Besuch lohnt. Das Geschäft präsentiert moderne Möbel und Wohnaccessoires. Seit 30 Jahren schon kaufen Fans des holländischen Designs hier Tische von Piet Hein Eek und Vasen von Hella Jongerius.

### 9 *Im Rotlichtmilieu* 20 Uhr

2010 eröffnete der ambitionierte Koch Rogier Van Dam mit seiner Lebensgefährtin, der Sommelière Elise Moeskops, das angesehene **Restaurant Lastage** (Geldersekade 29; +31 20 737 0811; restaurantlastage. nl; €€€€) mitten im Amsterdamer Rotlichtbezirk. Dort überrascht Van Dam seine Gäste nicht nur mit der Lokalität, sondern auch mit einer feinen, elegant interpretierten holländischen Küche.

**SONNTAG**

**10** *In die Pfanne gehauen* 10 Uhr

Holländer lieben Pfannkuchen. Ob mit Käse oder Sushi – es gibt fast nichts, was nicht als Füllung verwendet werden kann. Wie wäre es mit Chicorée, Schinken, Camembert und Himbeersauce? Im **Pancakes!** gibt es eine große Auswahl an verschiedenen Pfannkuchen (Berenstraat 38; +31 20 528 97 97; pancakesamsterdam.com; €€).

**11** *Überdachte Tropen* 13 Uhr

Auch wenn man sich nicht besonders für die ehemaligen niederländischen Kolonien wie Indonesien und Surinam interessiert, ist das **Tropenmuseum** (Linnaeusstraat 2; +31 880 042 800; tropenmuseum.nl) allemal einen Besuch wert. Allein das Gebäude, ein mehrstöckiger Bau aus dem frühen 20. Jahrhundert, ist beeindruckend. Und die vergoldeten Räume, vor allem die Bibliothek, bieten viele romantische Ecken, wo man sich für das nächste Abenteuer einlesen kann.

**OBEN** Junge Künstler bei der Arbeit im Van Gogh Museum.

**GEGENÜBER** Magnetsticker auf einem Straßenmarkt.

---

**BASICS**

Vom Flughafen Schiphol geht es mit dem Zug ins Stadtzentrum. Dort fahren Straßen- und U-Bahnen, aber der Holländer nimmt das Rad.

**Hotel De L'Europe**
Nieuwe Dolenstraat 2–14
+31 20 531 17 77
leurope.nl
€€€€
*Unlängst renoviertes Grandhotel aus dem 19. Jahrhundert, an Amstel und Muntplein gelegen. Ein Suitenflügel ist von den holländischen Meistern inspiriert.*

**Conservatorium**
Van Baerlestraat 27
+31 20 570 00 00
conservatoriumhotel.com
€€€€
*Modernes Grand Hotel in einem geschickt umgebauten Gebäude aus dem 19. Jahrhundert.*

IJ-Kantine **6**
Noorderlicht

*Nordsee*

**Amsterdam**
NIEDERLANDE
DEUTSCH-
LAND
BELGIEN

Ton Ton
West
**4**
Westergasfabriek
*FANNIUS SCHOLTENSTRAAT*
Culinaire
Werkplaats **3**
Amsterdam
City Tours
WESTERPARK   *PRINSENGRACHT* **1**
JORDAAN
Anne-Frank-Haus   Restaurant Lastage **9**
Westerkerk **2**
CENTRUM
Pancakes! **10**  **8** De Negen Straatjes
*BERENSTRAAT*  **7** Gartine
Frozen Fountain   Hotel   Hermitage
De L'Europe   Amsterdam
Paradiso Amsterdam
*Amsterdam*
*JAN LUIJKENSTRAAT*
OVERTOOM   Tropen-
museum **11**
Conservatorium   Rijksmuseum
VONDEL   **5** Van Gogh Museum
PARK   Stedelijk
FLUGHAFEN   De Bakkerswinkel
SCHIPHOL
1/2 Meile
1 Kilometer

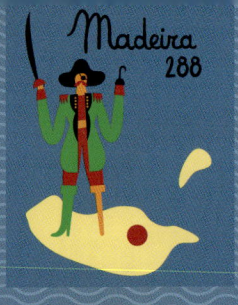

Madeira 288

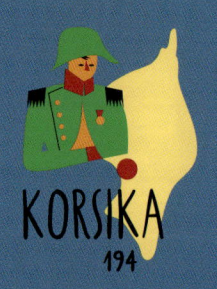

KORSIKA 194

# SÜDWEST-EUROPA

Honfleur & Deauville

Santiago de Compostela 224

San Sebastián 212

Biarritz 158

Porto 284

MADRID 206

Pamplona & Bilbao 218

Tarragona 246

BARCELONA 252

LISSABON 274

Évora 280

Sevilla 228

Valencia 234

Barcelona für Kunstliebhaber

PARIS

Paris bei Nacht 128

METRO

Paris 118

Parks & Gärten 134

Rive gauche 124

Bordeaux 154

Burgund 144

Lyon 150

Aix-en-Provence 170

Römisches Frankreich 164

MARSEILLE 174

Nizza & Côte d'Azur 188

MONACO 200

Costa Brava 264

Saint-Tropez 178

Cannes 182

Mallorca 270

Ibiza 240

# Paris

*„Sie werden sich amüsieren! Jeden Abend auf eine Party gehen, nur Champagner trinken, in Parfüm baden und jede Stunde eine neue Liebesaffäre haben!"* So machte Fred Astaire in *Ein süßer Fratz (1957)* Audrey Hepburn Paris schmackhaft – und dieses romantisch übertriebene Klischee hat sich bis heute gehalten. *Viel kleiner als London, Madrid, Berlin oder Rom, lässt sich diese wunderbare Stadt in wenigen Stunden von einem zum anderen Ende durchwandern. Die raffinierte Stadtgestaltung bietet vielschichtige Erlebnisse mit einem ständigen Wechsel zwischen der eindrucksvollen Erhabenheit großer Bauwerke und den dazwischen eingestreuten intimen Quartiers und kleinen Straßen. Fast hinter jeder Straßenbiegung warten wunderbare Eindrücke auf ihre Entdeckung: sei es die große Liebe, eine Marmorskulptur oder nur ein leckerer Kaffee.*

– ELAINE SCIOLINO

## FREITAG

**1** *Mit dem Rad die Seine entlang* 14 Uhr

Leihen Sie bei Vélib' (velib.fr) ein Fahrrad, um bei einer Radtour entlang der Seine einen ersten Eindruck von Paris zu gewinnen. Die Verleihstationen sind über die Stadt verteilt. Sie starten am besten von der Station in der Nähe von **Notre-Dame de Paris**, wo eine im Vorplatz eingelassene Plakette den Referenzpunkt für alle französischen Entfernungsangaben bildet. In Richtung Île St-Louis entlang des Radwegs Nr. 10 (paris.fr/velo) kommen Sie an der Nationalversammlung und dem Invalidendom vorbei, wo Napoleon begraben liegt. Am Pont de l'Alma lassen Sie das Rad stehen und besuchen das neue **Musée du quai Branly** (37 quai Branly; +33156617000; quaibranly.fr) mit seiner Sammlung afrikanischer, asiatischer, ozeanischer und präkolumbianischer Kunst. Von dort ist es ein kurzer Fußweg zum Eiffelturm.

**2** *Perfektes Foto* 17 Uhr

Über den Pont d'Iéna erreicht man die **Cité de l'Architecture et du Patrimoine** (1 place du Trocadéro

**GEGENÜBER** Ganz entspannt am Ufer der Seine sitzen und den Blick auf die Kathedrale Notre-Dame genießen.

**RECHTS** Radtour gefällig? Mieten Sie einfach ein Rad an einer Station des städtischen Fahrradverleihsystems Vélib'.

et du 11 Novembre; +33158515200; citedelarchitecture. fr), wo zwölf Jahrhunderte französischer Architekturgeschichte präsentiert werden. Von den umgebenden Straßen und kleinen Grünanlagen bieten sich die schönsten Ausblicke auf Paris – geradezu ideal für ein Selfie mit dem Eiffelturm im Hintergrund.

**3** *Bestes Bistro* 20.30 Uhr

Als das ultimative Pariser Bistro gilt das **Paul Bert** (18 rue Paul Bert; +33143722401; €€€). Bertrand Auboyneau, der Besitzer, wird Sie herzlich in dieser ehemaligen Pferdemetzgerei mit einem typischen zinkverkleideten Tresen, Holztischen und rot, gelb und blau gefliesten Böden begrüßen. Geboten wird traditionelle französische Bistroküche nach Saison. Dies ist das Lieblingsbistro von Jean-Claude Ribaut, dem Restaurantkritiker von *Le Monde*.

## SAMSTAG

**4** *Früh zum Orsay* 9.15 Uhr

Egal wie oft man schon im **Musée d'Orsay** (62 rue de Lille; +33140494814; musee-orsay.fr) war, ein Besuch der weltweit größten Sammlung impressionistischer Werke ist ein Muss, gerade wenn man sie nach der Neueröffnung 2011 noch nicht gesehen hat. Die Präsentation in dem ehemaligen Bahnhof im Beaux-Arts-Stil wurde umgestellt, neue Galerien ein-

gebaut und die weißen Wände durch dunkelgraue, nachtblaue, zinnoberrote, violette und grüne Flächen ersetzt. Der Andrang ist bei fast drei Millionen Besuchern pro Jahr groß. Um langes Warten zu vermeiden, sollte man schon vor der Öffnung um 9.30 Uhr dort sein. Am besten reservieren Sie online Tickets.

**OBEN** Eine Skulptur von Auguste Rodin im Musée Rodin. Im Garten kann man lustwandelnd viele Werke des Künstlers bewundern und zwischendurch im Café lunchen.

**UNTEN** Das junge Musée du quai Branly zeigt afrikanische, asiatische, ozeanische und präkolumbianische Kunst.

**GEGENÜBER** Ein beliebtes Fotomotiv: der Eiffelturm jenseits der Seine, aufgenommen von der Place du Trocadéro.

**5** *Rodin für wenige Euro* 11.30 Uhr

Die Museen in Paris sind teuer. Hat man Zeit für mehrere Museen, lohnt sich der Paris Museum Pass, der mehrere Tage gültig ist. Im **Musée Rodin** (177, rue de Varenne; +33 1 44 18 61 10; musee-rodin.fr) kostet der Eintritt für den Garten, in dem einige der bekanntesten Skulpturen von Auguste Rodin stehen, nicht viel, und das Gartencafé bietet ein gutes, schnelles Mittagessen an.

**6** *Preiswerte Reisemitbringsel* 14 Uhr

Geschenke mit Pariser Flair findet man in einer der fünf Filialen von **La Vaissellerie**. Die Website der Porzellan- und Kristallgeschäfte (lavaissellerie.fr) informiert über die Adressen. Das Angebot in den Geschäften reicht von Tabletts mit Pariser Szenen bis hin zu weißen Porzellantellern und -schüsseln aus Limoges zur Hälfte des üblichen Preises. Die besten Schnäppchen liegen in Körben vor den Läden. Und damit nichts zu Bruch geht, wickelt man die Einkäufe

in Tisch- und Handtücher im Bistrostil von Toto (toto.fr) ein, das ebenfalls mehrere Filialen betreibt.

### 7 *Denkwürdiges Dinner* 20.30 Uhr

Sie haben sich beim Shopping zurückgehalten und logieren in einem preiswerten Hotel? Dann ist jetzt Gelegenheit, um einmal im Leben die Küche eines Pariser Meisterkochs zu probieren. Wir empfehlen das Drei-Sterne-Restaurant von **Guy Savoy** (Monnaie de Paris, 11 quai de Conti; +33 1 43 80 40 61; guysavoy.com; €€€€). Der gleichnamige Besitzer mischt sich gern unter seine Gäste und posiert für Fotos. Die Degustationsmenüs kosten mehrere Hundert Euro – ohne Wein. Die Mittagsmenüs unter der Woche sind deutlich preiswerter. Das Paradegericht ist die Artischockensuppe mit schwarzen Trüffeln. Neben dem Hauptrestaurant betreibt Savoy noch sechs weitere, weniger teure Restaurants in Paris.

### 8 *Straße des Jazz* 23 Uhr

Paris begeistert sich seit den 1920er-Jahren für Jazz, und eine der besten Jazz-Adressen der Stadt ist **Le Duc des Lombards** (42 rue des Lombards; +33 1 42 33 22 88; ducdeslombards.com). Um alle Jazzvarianten bieten zu können, hat sich der Klub mit **Sunset/Sunside** (Hausnummer 60; +33 1 40 26 46 60; sunset-sunside.com) und **Le Baiser Salé** (Hausnummer 58; +33 1 42 33 37 71; lebaisersale.com) in der Rue des Lombards zusammengetan.

### 9 *Shopping in der Rue des Martyrs* 10 Uhr

Sonntags ist die gut 800 m lange, zum Montmartre ansteigende **Rue des Martyrs** bis 13 Uhr für den Verkehr gesperrt, damit man ungestört in den Feinkostgeschäften und Boutiquen einkaufen kann. Der untere Teil wurde durch wohlhabende Familien aufgewertet, die es auf der Spur von Künstlern und Schriftstellern dorthin zog. Der obere, noch immer etwas heruntergekommene Teil mit Kabaretts und Klubs hat sich seinen unkonventionellen Charakter bewahrt. Überall bieten sich interessante Entdeckungen: der Blick in einen privaten Hof in der Cité Malsherbes, die von Bäumen umrahmte Place Charles Dullin oder die steilen Treppen am Ende der Rue Chappe. In der Buchhandlung **Librairie des Abbesses** (30 rue Yvonne le Tac; +33 1 46 06 84 30; librairiedesabbesses.fr) reichen die Bücherregale bis zur Decke. In der Boutique **Chinemachine** (100 rue des Martyrs; +33 1 80 50 27 66; chinemachinevintage.com; ab 12 Uhr geöffnet) hat man die Chance, eine Loewe-Handtasche für 35 Euro zu finden.

### 10 *Mittagessen mit Charme* 13 Uhr

Für das Mittagessen bietet sich eines der Bar-Restaurants an der lebhaften **Place des Abbesses** an. Der dortige Eingang zur Métro im Art-nouveau-Stil wurde von Hector Guimard entworfen und durch den

französischen Film *Die fabelhafte Welt der Amélie* (2001) weltberühmt. Eine Möglichkeit ist die gemütliche Brasserie **Le Progrès** (7 rue des Trois Frères; +33 1 4264 0737; €€). Es gibt Bier vom Fass, eine Speisekarte mit diversen Entengerichten, dazu auch Drinks wie Caipirinha und Black Russian. Im nahen Park am Square Jean Rictus kann man die Kachelwand mit 311 Liebeserklärungen fotografieren. Eine weitere Option wäre das **Terra Corsa** (42 rue des Martyrs; +33 1 4878 2070). Bei einem Glas Roten lässt

man sich korsische Charcuterie und Käse schmecken, die so nirgends sonst in Paris zu finden sind.

**OBEN** Paris, überschaubar und kleiner als London, Berlin oder viele andere europäische Hauptstädte, lässt sich gut zu Fuß erkunden.

**GEGENÜBER** Notre-Dame-de-Lorette mit Sacré-Cœur im Hintergrund und der Einkaufsstraße Rue des Martyrs in der Nähe.

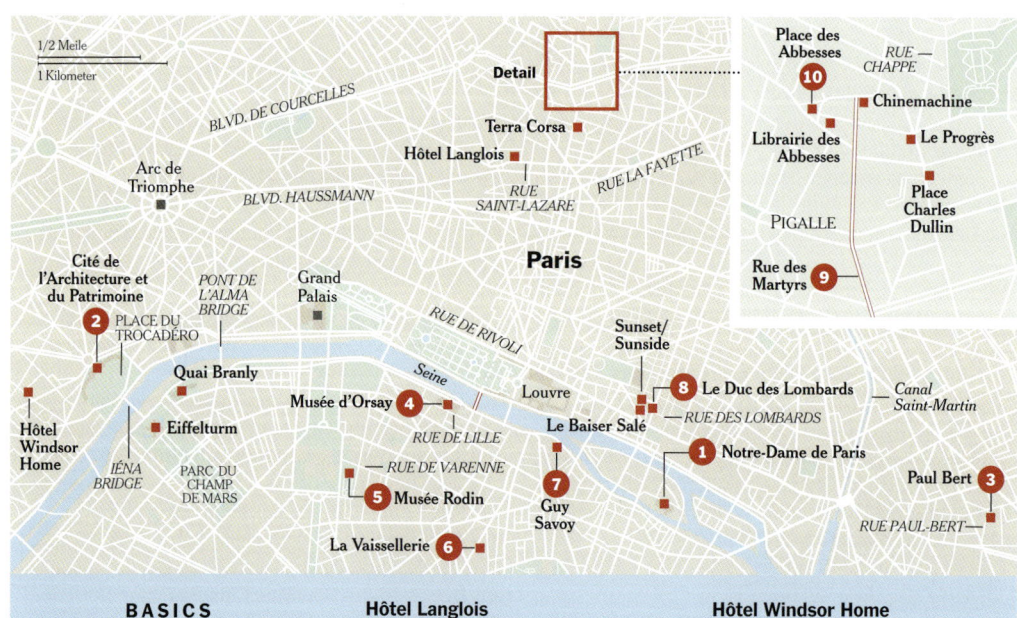

**BASICS**

Am bequemsten kommt man mit dem Taxi vom Flughafen Charles de Gaulle in die Pariser Innenstadt. Eine preiswerte und praktische Alternative ist die S-Bahn RER, die Anschluss zur Métro bietet. Im Stadtgebiet von Paris ist die Métro das schnellste Verkehrsmittel.

**Hôtel Langlois**
63 rue Saint-Lazare
+33 1 4874 7824
hotel-langlois.com
€€
*Das Gebäude wurde 1870 als Bank errichtet. Mit geschnitzten Eichensäulen, Nischen, Gemälden und Skulpturen wirkt das Haus altmodisch-elegant.*

**Hôtel Windsor Home**
3 rue Vital
+33 1 4504 4949
windsorhomeparis.fr
€€
*Früher war dies eine private Villa und ein Nebengebäude von Madame Claudes Bordell.*

# Paris
# Rive gauche

*Während die rechte Uferseite der Seine schon sehr internationalisiert ist und der unaufhaltsame Anstieg der bobos (Hipsters) die Stadtlandschaft verändert hat, konnte die linke Uferseite (Rive gauche) ihre Seele bewahren. Schlendern Sie durch die schmalen Gassen des Quartier Latin oder über die Boulevards von St-Germain-des-Prés, und mehr als einmal werden Sie das Gefühl haben, in einer Schwarz-Weiß-Aufnahme von Robert Doisneau zu sein. Caféterrassen, Kalksteingebäude und stylisch gekleidete Pariser schaffen ein zeitloses Bild. Das heißt nicht, dass die linke Seineseite immun gegen Veränderungen ist, noch aber überwiegt der klassische Charme.* – AMY THOMAS

## FREITAG

**1** *Appetitanreger* 15.30 Uhr

Auf der linken Seineseite sind die Kreativen aus Kultur, Mode und Kunst zu Hause, aber am besten macht man sich auf kulinarische Art mit der Pariser Kultur vertraut. **Paris by Mouth** (parisbymouth.com), eine Foodie-Website, bietet dreistündige Führungen in kleinen Gruppen wie die beliebte Tour „Taste of St-Germain". Stationen sind u. a. die **Boulangerie Poilâne** (8 rue du Cherche-Midi; poilane.com), wo seit 86 Jahren köstliches Sauerteigbrot aus dem Holzofen geholt wird, **Le Marché Couvert** (4–6 rue Lobineau), wo Pariser, die es sich leisten können, Fleisch, Milch und Gemüse kaufen, sowie **Pierre Hermé** (72 rue Bonaparte; pierreherme.com), dessen gleichnamiger Besitzer als Picasso der Patisserie gilt.

**2** *Paris von oben* 19.30 Uhr

Man kann nicht nach Paris, ohne den **Eiffelturm** (toureiffel.paris/de) gesehen zu haben, diese majestätische, 324 m hohe Eisenkonstruktion, die sich über den Champ de Mars an der Seine erhebt. Ein Aufzug bringt Sie schnell nach oben (oder Sie erklimmen die 1665 Stufen). In der *heure bleue* (blauen Stunde), der magischen Zeit am Abend, ist die Stadt in ein ätherisches Licht getaucht. Wenn Sie lange genug bleiben,

werden Sie noch mal belohnt: Jeden Abend bringt eine Lichterkette aus 20 000 Lampen den Turm fünf Minuten zum Funkeln und Tanzen.

**3** *Spätes Diner* 22 Uhr

Genießen Sie die relative Ruhe, wenn Sie durch das 7. Arrondissement zu **Chez L'Ami Jean** (27 rue Malar; lamijean.fr; €€€) spazieren, dem ersten baskischen Restaurant in Paris, das vor über 80 Jahren eröffnete. Denn in diesem vollen, spärlich beleuchteten Restaurant sitzt man dicht an dicht mit Parisern und Touristen, die es sich gut gehen lassen. Halten Sie Ausschau nach Gerichten wie Makrele in Lauchvinaigrette oder Schweinebauch mit Austern und Kaninchen. Lassen Sie aber noch Platz für das legendäre Reisflammeri des Restaurants. Wenn Sie Reisflammeri bisher für langweilig gehalten haben, werden Sie hier Ihre Meinung ändern.

## SAMSTAG

**4** *Avantgarde und Moderne* 11 Uhr

Das Musée d'Orsay ist das bedeutendste Museum am linken Seineufer. Kunst der etwas anderen Art bieten die Pariser Stiftungen mit ihren erstklassigen Ausstellungen: Die **Fondation Cartier** (261 boulevard Raspail, 14. Arr.; fondation.cartier.com) präsentiert in einem lichtdurchfluteten Bau von Jean Nouvel Arbeiten von internationalen Künstlern. Fünf Gehminuten davon entfernt liegt das **Institut Giacometti** (5 rue Victor Schoelcher, 14. Arr.; fondation-giacometti.fr; Tickets online kaufen), das Skulpturen des Bildhauers Alberto Giacometti und sein rekonstruiertes Atelier

**GEGENÜBER** Kaffeekultur an der Sorbonne, der berühmten Pariser Universität im Quartier Latin.

**RECHTS** Buchhändler, die ihre Ware an Ständen am Seineufer anbieten, sind typisch für das Pariser Stadtbild.

zeigt. Das Atelier hatte sich ursprünglich in einem nahe gelegenen Gebäude befunden.

### 5 *Warten lohnt sich* 13.30 Uhr

Pariser stellen sich nicht für Essen an. Eine Ausnahme machen sie nur bei frischem Brot in der Bäckerei und beim **Le Comptoir du Relais** (9 carrefour de l'Odeon; hotelrsg.com; €€) – und Sie sollten es ihnen gleichtun. An einer Straßenecke in St-Germain fällt dieses winzige Restaurant vor allem durch die Schlange hungriger Gäste auf, die am Wochenende nach dem Prinzip „Wer zuerst kommt, isst zuerst" auf die Kreationen von Yves Camdeborde warten, der oft als Erfinder des „Bistronomy"-Trends gilt. Diese Mischung aus lässigem Bistroambiente und gehobener Küche offenbart ihre Magie mit einfachen, aber köstlichen Gerichten wie ein cremig-knackiger Räucherlachs-Croque-Monsieur oder ein saisonaler Salat mit mindestens zehn Gemüsesorten und Röstzwiebeln.

### 6 *Oh, la mode* 15 Uhr

Wenn Sie schon mitten in einem Shoppingviertel sind, können Sie Ihre Kreditkarte auch für ein paar nette französische Schätze nutzen. **Alexandra Sojfer** (218 boulevard St-Germain; alexandrasojfer.com) fertigt kunstvolle Accessoires, Schirme und Gehstöcke mit Schnitzereien oder eingelegten Swarovski-Steinen. **Deyrolle** (46 rue du Bac; deyrolle.com) wirkt wie ein kleiner Laden für Kräutersammler, aber es gibt auch Bücher, Instrumente und Geräte, Insektenkästen, konservierte Käfer und Schmetterlinge sowie ausgestopfte Tiere. In Frankreich haben sogar Kerzen einen Stammbaum, denn **Cire Trudon** (78 rue de Seine; ciretrudon.com), 1643 eröffnet, war der Kerzen-Hoflieferant König Ludwigs XIV. Heute gibt es

**OBEN** Café de Flore, eine Institution des linken Seineufers.

**RECHTS** Alexandra Sojfer verkauft auf dem Boulevard St-Germain ausgefallene Stöcke und Schirme.

**GEGENÜBER** Ein Schwätzchen im Jardin du Luxembourg.

dort u. a. Kerzen mit und ohne Duft oder als Büsten von Marie-Antoinette oder Napoleon zu kaufen.

### 7 *Terrasse mit Ausblick* 18 Uhr

Die Pariser essen spät zu Abend. Deshalb haben auch Sie noch etwas Zeit – für eine Pariser Lieblingsbeschäftigung: vor einem Café sitzen und Leute beobachten. Schnappen Sie sich einen Platz auf der überdachten Terrasse des **Café de Flore** (172 boulevard St-Germain; cafedeflore.fr), wo schon Prominente wie Simone de Beauvoir und Picasso saßen, debattierten und tranken, und beobachten Sie die gestylten Stammgäste, die mit Küsschen rechts und links begrüßt werden, während die Kellner in langen weißen Schürzen mit vollen Tabletts umherwuseln.

### 8 *Neue Küche* 20 Uhr

Das **Semilla** (54 rue de Seine; +33 1 43 54 34 50; €€€) ist weder besonders trendy noch nostalgisch, aber es schafft die perfekte Balance im Stil der neuen Pariser Küche. Die Klientel ist städtisch-modern, und die Karte ist in Kategorien wie „roh", „aus der Pfanne" oder „aus dem Ofen" eingeteilt. Die Côte de Bœuf für zwei wurde erst am Tisch präsentiert, bevor sie in die offene Küche gebracht, tranchiert und mit Kartoffelpüree und Meerrettichsahne wieder an den Tisch kam.

#### SONNTAG

### 9 *Frische Ware* 10 Uhr

Jeden Sonntag von 9 bis 13.30 Uhr ist die Luft auf dem Boulevard Raspail zwischen der Rue Cherche-Midi und der Rue de Rennes erfüllt vom verführeri-

schen Duft nach Zwiebelgalettes, die an einem der Stände des **Marché Biologique Raspail** (boulevard Raspail) brutzeln. Schlendern Sie über den Biomarkt und beäugen Sie die Waren, aber berühren Sie die schönen Arrangements nicht. Wenn Sie sich dann für etwas zwischen den vielen Brotlaiben, Käsebergen, Körben voller frischer Kräuter und Gemüse, Honig, Konfitüren und diverse andere Leckereien entschieden haben, helfen Ihnen die Verkäufer gerne weiter.

**10** *Sonntagsspaziergang* 12 Uhr

**Les Berges**, ein gut 2 km langer Fußgängerabschnitt am Seineufer ist ein Paradies für Familien, Jogger, Radfahrer und Skater. Fangen Sie am Pont de l'Alma im Westen an und schauen Sie sich die Wechselausstellungen, Kletterwände und Stationen für Hüpfspiele und Beachball an. Am östlichen Ende in der Nähe des Musée d'Orsay steigen Sie auf die Tribüne, von der sich ein schöner Blick auf die auf der Seine treibenden Boote bietet.

**11** *Süßes Ende* 14 Uhr

In St-Germain gibt es mindestens ein Dutzend bekannte Chocolatiers. Kehren Sie bei **Un Dimanche à Paris** (4-6-8 cour du Commerce Saint-André; un-dimanche-a-paris.com) von Pierre Cluizel ein. Diese Boutique ist auch Teesalon, Restaurant und Lounge ganz im Zeichen von hochwertiger Schokolade. Die Chocolat chaud, die warm, nicht heiß, in traditionellem Limoges-Porzellan serviert wird, ist ein sehr würdiger, stilvoller Abschiedstrunk.

## BASICS

Ihre Füße und die Metro bringen Sie überall hin.

**L'Hôtel**
13 rue des Beaux-Arts
+33 1 44 41 99 00
l-hotel.com
€€€–€€€€
*Glamouröses, 1827 errichtetes Hotel, berühmt als Oscar Wildes letzte Adresse.*

**Hôtel Recamier**
3 bis place Saint-Sulpice
+33 1 43 26 04 89
hotelrecamier.com
€€€
*Gut versteckt hinter der Kirche St-Sulpice; ruhig, schick und raffiniert.*

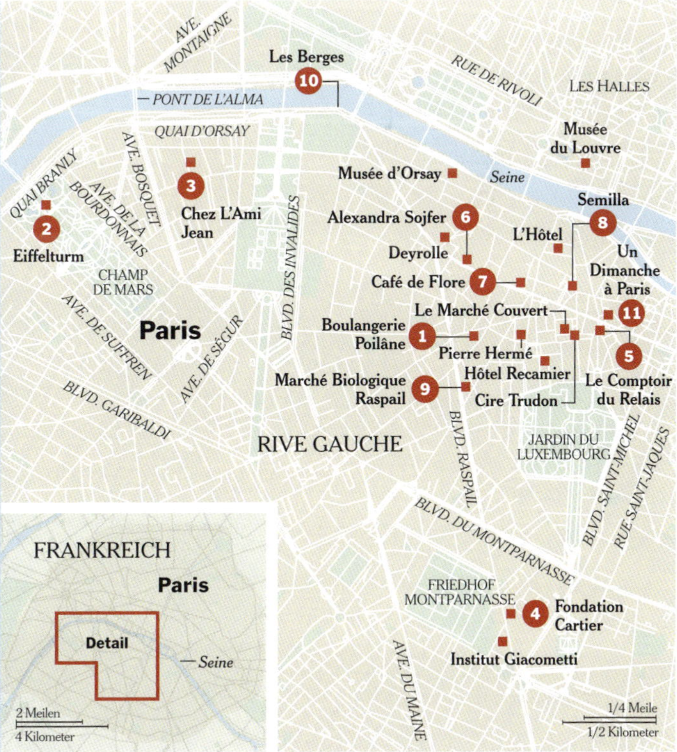

### Map labels

AVE. MONTAIGNE
Les Berges — 10
PONT DE L'ALMA
RUE DE RIVOLI
LES HALLES
QUAI D'ORSAY
QUAI BRANLY
AVE. BOSQUET
AVE. DE LA BOURDONNAIS
3 — Chez L'Ami Jean
Musée d'Orsay
Seine
Musée du Louvre
2 — Eiffelturm
CHAMP DE MARS
BLVD. DES INVALIDES
Alexandra Sojfer — 6
Deyrolle
L'Hôtel
Semilla
8 — Un Dimanche à Paris
**Paris**
AVE. DE SUFFREN
AVE. DE SÉGUR
Café de Flore — 7
Le Marché Couvert
Boulangerie Poilâne — 1
Pierre Hermé
11
BLVD. GARIBALDI
Marché Biologique Raspail — 9
Hôtel Recamier
Cire Trudon
5
Le Comptoir du Relais
**RIVE GAUCHE**
BLVD. RASPAIL
JARDIN DU LUXEMBOURG
BLVD. SAINT-MICHEL
RUE SAINT-JAQUES
BLVD. DU MONTPARNASSE
FRIEDHOF MONTPARNASSE
4 — Fondation Cartier
Institut Giacometti
AVE. DU MAINE

**FRANKREICH**
**Paris**
Detail
Seine
2 Meilen
4 Kilometer
1/4 Meile
1/2 Kilometer

# Paris bei Nacht

*Der späte Abend in Paris gehört dem Flaneur, der ohne konkretes Ziel umherstreift. Es gibt viel Schönes zu entdecken, vielleicht sogar ein Abenteuer oder eine Liebe. Am Tag drängen sich hektische Menschenmassen in den Straßen, an den Kreuzungen staut sich der Verkehr. Die Kauflustigen drängeln unter Einsatz ihrer Ellenbogen zu den Sonderangeboten vor den Kaufhäusern Galeries Lafayette und Printemps. Radfahrer konkurrieren mit Motorradfahrern, und selbst couragierte Fußgänger verzagen. Am Abend sind die Straßen leer, alles läuft gemächlicher, ungezwungener. Wenn sich die Nachtklubs füllen, leeren sich die Restaurants. Spät am Abend erlebt man Paris besonders intensiv.* – ELAINE SCIOLINO

### FREITAG–SAMSTAG

**1** *Brücke der Entdeckungen* 18.30 Uhr

Tagsüber ist der **Pont Royal** eine unscheinbare Steinbrücke, auf der die Autos von der Rive gauche zur Rive droite strömen. Nachts, wenn sich die kunstvoll beleuchteten Monumente vor dem dunklen Hintergrund abheben, wird sie zu einem spektakulären zentralen Aussichtspunkt. Beim Weg nach Norden über die Seine dominiert die mächtige, lange Front des Louvre den Vordergrund. Rechts erscheinen die Türme von Notre-Dame und die Kuppel des Institut de France zwischen den Bäumen. Weiter links schimmern die geschwungenen Glasdächer des Grand Palais. Im Rücken strahlen hell die beiden Uhren des Musée d'Orsay, dahinter ragt die Spitze des Eiffelturms auf. Am Nordende der Brücke sollten Sie auf die kleine Skulptur einer lächelnden Nymphe von Jean-Baptiste Carpeaux am Pavillon de Flore des Louvre achten. Ein magischer Moment: Sie sehen sich um, keiner scheint Sie zu beachten. Paris gehört Ihnen.

**2** *Vergessen Sie die Mona Lisa* 19 Uhr

Freitags hat der **Louvre** (+33 1 40 20 50 50; louvre.fr) bis 21.45 Uhr geöffnet. Sie können dann in Ruhe seine weniger beachteten Schätze bewundern. Wer weiß schon, dass die rechte Hand der *Nike von Samothrake*

**GEGENÜBER** Flanieren Sie durch das nächtliche Paris und entdecken Sie seine Schönheit in einer neuen Dimension.

**RECHTS** Die Kneipenszene im nächtlichen Paris.

in einer Vitrine neben der Statue liegt? Oder dass die beiden unvollendeten Marmorsklaven von Michelangelo das Grab eines Papstes schmücken sollten? Die im Richelieu-Flügel präsentierte Profilansicht von Johann II. aus dem 14. Jahrhundert ist vermutlich die älteste Porträtdarstellung Westeuropas. Bewundern Sie das Pastellgemälde *Frau, dem Bad entsteigend* von Degas, das von den Königen bei ihrer Inthronisation getragene Goldzepter Karls V. und die Fundstücke aus dem Palast in Chorsabad im heutigen Irak. Faszinierend ist die Skulptur des *Schlafenden Hermaphroditen*, eine römische Kopie aus dem 2. Jahrhundert, vermutlich nach einem griechischen Original. Von hinten erscheint die nackte Figur als eine sinnliche Frau, von vorne wird ihr Penis sichtbar.

**3** *Perfekter Innenhof* 21 Uhr

Im Ostteil des Louvre umschließt der Gebäudekomplex einen perfekt proportionierten Innenhof aus dem 16. und 17. Jahrhundert, die **Cour Carrée**. Beim Blick durch die vier Torbögen erkennt man im Westen die hell erleuchtete Pyramide aus Glas, im Osten die Kirche St-Germain l'Auxerrois, im Süden das Institut de France und im Norden die Rue de Rivoli. Setzen Sie sich auf eine Bank. Genießen Sie das Lichterspiel.

**4** *Palast der Nacht* 21.30 Uhr

Das **Palais de Tokyo** (13 avenue du Président Wilson; +33 1 47 23 54 01; palaisdetokyo.com) hat nichts ausgesprochen Japanisches. Da der Ausstellungskomplex für zeitgenössische Kunst bis Mitternacht geöffnet ist, lädt er auch weit nach Einbruch der Dunkelheit zum Schauen, Essen und Treffen ein.

Suchen Sie zuerst das Restaurant Les Grands Verres auf, das früher als der Rest des Komplexes schließt (die Bar hat länger auf). Das zu einer renommierten Pariser Gastro-Gruppe gehörende Lokal interpretiert die Palais-Thematik mit modernstem Design und einer experimentierfreudigen Karte. Die Ausstellungen in den lagerhausartigen Räumen reichen von gewagter Avantgarde bis eher schlichter Geschmacklosigkeit. Der kitschige Laden Black Block verkauft Bücher, aber auch Sexspielzeug und Actionfiguren. Gehen Sie rechtzeitig zum Trocadéro, um von dort die Mitternachtsshow am Eiffelturm jenseits der Seine zu bestaunen: Nach Einbruch der Dunkelheit bis Mitternacht erstrahlt der Turm zu jeder vollen Stunde mit unzähligen, wie Diamanten funkelnden Lichtern.

**5** *Zocken bis zum Morgen* 0.30 Uhr

Lust auf eine Partie Poker? Dann ist das **Cercle Clichy Montmartre** (84 rue de Clichy; +33 1 84 20 03 20; pokerccm.com) die richtige Adresse. Das Haus war im 19. Jahrhundert zunächst eine Spielhölle und diente während der deutschen Okkupation als Pferdestall und Kaserne. Das 1947 wiedereröffnete Etablissement beeindruckt mit hohen Räumen, geschnitzten Simsen und großen Spiegeln. Abgenutzte Stühle und Barhocker, bunt gefliese Böden und vom Nikotin verfärbte Wände vermitteln ein an Zola erinnerndes Flair. Zu den angebotenen Pokerspielen gehören Texas Hold, Em, Omaha und Stud. Zudem kann man Multicolore spielen, eine Mischung aus Roulette und Billard, das eher in Klubs als in Casinos angeboten wird. Etwas abschreckend wirkt der fällige Beitrag für eine Jahresmitgliedschaft (rund 30 Euro), weil auch Glückspiele angeboten werden. Für Frauen ist der Eintritt frei. Geschlossen wird erst um 6 Uhr.

### SAMSTAG–SONNTAG

**6** *Literarischer Einstieg* 17 Uhr

Nehmen Sie einen Imbiss im **Les Éditeurs** (4 carrefour de l'Odéon; +33 1 43 26 67 76; lesediteurs.fr; €€€€),

**OBEN** Ein nächtlicher Blick vom Arc de Triomphe.

**LINKS** Spätabendliches Picknick am Seineufer.

130

einem bei Literaturfreunden beliebten Café in Saint-Germain. Setzen Sie sich auf eine der roten Bänke, bestellen Sie Steak tartare oder einen Cheeseburger. Dann können Sie in einem der Bücher schmökern.

### 7 *Blick von oben* 19 Uhr

Steigen Sie auf den **Arc de Triomphe** (+33155377377; paris-arc-de-triomphe.fr) und genießen Sie von oben den Blick über Paris. Dieser Aussichtspunkt ist weniger bekannt als der Eiffelturm, dafür aber einfacher zugänglich und stadtnah. Blicken Sie hinab auf die endlosen Lichterschlangen der Autos, die die Champs-Élysées hinauf- und hinabrollen.

### 8 *Die Show kann beginnen* 20 Uhr

Besucher sind meist zurückhaltend, was Live-vorstellungen in Paris angeht, dabei gibt es ein großes Angebot. Ganz oben rangiert die **Opéra Garnier**

UNTEN Der Louvre und seine beleuchtete Pyramide.

(place l'Opéra; +33171252423; operadeparis.fr) im goldenen Prunk der Belle Époque, wo man in roten Samtsesseln unter einer von Marc Chagall bemalten Kuppel sitzt. Kühler, dafür akustisch besser sind die Opéra Bastille, die Salle Pleyel oder das Théâtre du Châtelet. Die Website „Music & Nightlife" von *Time Out* hilft bei der Suche nach Konzert- und Opernkarten (timeout.fr/paris/en/music-nightlife).

### 9 *Essen für Nachtschwärmer* 22.30 Uhr

Egal wann die Vorstellung endet, im **La Tour Montlhéry – Chez Denise** (5 rue des Prouvaires; +33142362182; €€€€) nahe Les Halles wird bis 5 Uhr früh exzellente klassische Küche geboten. Probieren Sie sauer eingelegten Porree und Kalbsleber mit den vielleicht besten Fritten von Paris.

### 10 *Die Lichter erlöschen* 1 Uhr

Die Beleuchtung der meisten öffentlichen Gebäude wird gegen 1 Uhr abgeschaltet. In diesem

magischen Moment scheinen alle Monumente plötzlich zu verschwinden. Die Jazzklubs und meisten Bars schließen um 2 Uhr. Die noch beleuchteten Brücken und Ufer der Seine bieten sich nun als beschauliche Orte für nächtliche Betrachtungen an.

**11** *Goldene Illusionen* 2 Uhr

Das **Silencio** (142 rue de Montmartre; silencio-club.com/en), benannt nach dem unheimlichen Theater in *Mulholland Drive* (2001), ist die architektonische Umsetzung von David Lynchs cineastischer Leidenschaft für Schatten, Licht, Texturen und Illusion. Die

Dunkelheit des schwarzen Treppenaufgangs mündet in mehrere golden schimmernde Räume, deren Gewölbe aus rohen Eichenholzquadern konstruiert sind. Andere Wände sind mit zerkleinertem Marmor überzogen. An den Decken ziehen sich goldfarbene Metallstreifen entlang, die wie Zerrspiegel wirken. Es gibt ein Kino mit 24 Plätzen, eine loungeartige Bibliothek und eine Bühne mit einer transparenten und spiegelnden Tanzfläche. Am frühen Abend ist der Klub für Mitglieder reserviert, ab Mitternacht bis 6 Uhr hat dann jeder Zutritt.

**OBEN** Machen Sie auf einer der Seinebrücken halt, um das Spiel der Lichter auf dem dunklen Wasser zu bewundern.

**GEGENÜBER** Die Opéra Garnier aus der Belle Époque ist eine der ersten Adressen für Livevorstellungen.

**BASICS**

Die Métro stellt um 0.30 Uhr den Betrieb ein, und nach Mitternacht sind Taxis nur noch schwer zu finden. Nachtschwärmer müssen zu Fuß gehen und ihre Aktivitäten entsprechend planen.

**Hôtel Amour**
8 rue de Navarin
+33 1 48 78 31 80
hotelamourparis.fr
€€
*Hotel und Künstlertreffpunkt im tagsüber ruhigeren Bereich der Rue des Martyrs.*

**L'Hôtel**
13 rue des Beaux-Arts
+33 1 44 41 99 00
l-hotel.com
€€€€
*Tauchen Sie ein in die Opulenz des 19. Jahrhunderts und das Leben Oscar Wildes, der hier 1900 starb.*

# Paris
# Parks &
# Gärten

*Paris bietet auch über 400 Gärten, kleine Grünanlagen, Wälder und Grünflächen. Am größten sind die berühmten Parks: Bois de Vincennes und Bois de Boulogne an der Peripherie, die Tuileries und der Jardin du Luxembourg im Zentrum der Stadt. Doch etwas verborgen und von den meisten Touristen unbeachtet gibt es noch mehr Grün. Dies ist das Erbe des früheren Bürgermeisters Jacques Chirac, der in seinen 18 Jahren Amtszeit viele versteckte Ecken durch Begrünung aufwertete. Diese oft etwas eigenwilligen, kleinen Pariser Gärten bieten sich für Entdeckungen, zum Relaxen, Sporttreiben und auch für gutes Speisen an.*
– ELAINE SCIOLINO

## FREITAG

### 1 *Künstliche Schönheit* 15 Uhr

Unweit der Champs-Élysées führen am Palais de la Découverte rechts neben der Skulptur eines träumenden Poeten verwitterte Steinstufen in den **Jardin de la Nouvelle France** hinab. Der Ende des 19. Jahrhunderts angelegte Garten ist nach wie vor eine liebenswerte Illusion, in der nichts so ist, wie es auf den ersten Blick erscheint. Die Felsen von Teich und Wasserfall sind aus Zement geformt, ebenso die „hölzerne" Brücke. Mitten in einem der urbansten Viertel findet man 0,7 ha halbwilder Natur. Nehmen Sie auf einer Bank Platz und lassen Sie sich umgarnen von Immergrün, Ahorn, Bambus, Flieder und Efeu. Man findet hier Zitronenbäume, mexikanische Orangenblumen, Becherkätzchen, deren hängende Blüten ein Jugendstilgemälde schmücken könnten, und auch einen Strauch, dessen Blätter im Herbst nach Karamell duften.

### 2 *Pause unter Bananen* 16.30 Uhr

Gönnen Sie sich eine heiße Schokolade oder ein Glas Wein im Gartencafé des **Petit Palais** (avenue Winston Churchill; +33 1 53 43 40 00; petitpalais.paris.fr) mit seinen Palmen, Bananenstauden und den von unten beleuchteten Mosaikböden. Draußen bieten

**GEGENÜBER** Abseits der lebhaften Boulevards bietet Paris in seinen Parks und versteckten Grünanlagen ein anderes Bild.

**RECHTS** Die Fontaine Médicis im Jardin du Luxembourg wurde für Maria de' Medici, die Großmutter Ludwigs XIV., errichtet.

Marmortische mit Metallstühlen die ideale Umgebung, um zuzusehen, wie sich der Farbton der Steinmauern mit der fortschreitenden Sonne verändert. Im Inneren hängt ein Porträt von Jean-Charles Adolphe Alphand, der neben dieser Gartenanlage (früher: Jardin de la Vallée de Suisse) auch den Bois de Boulogne und den Parc Monceau entwarf. Es zeigt ihn mit Zylinder und einem schwarzen Mantel.

### 3 *Dinieren auf der Insel* 20 Uhr

Wie wär's mit einem Abendessen auf einer Insel inmitten eines großen Parks nur wenige Kilometer vom Pariser Zentrum? Dieses Erlebnis bietet **Le Chalet des Îles** (Lac inférieur du Bois de Boulogne, 16. Arrondissement; +33 1 42 88 04 69; chalet-des-iles. com; €€€€). Das Chalet aus dem Zweiten Kaiserreich mit seinen Terrassen liegt in einem See und ist vom Ufer in wenigen Minuten per Boot zu erreichen.

## SAMSTAG

### 4 *Hochbahn* 9 Uhr

Beginnen Sie den Tag mit einem Spaziergang über die **Promenade Plantée** (promenade-plantee.org), einen schmalen Park, der entlang der stillgelegten Bahntrasse nach Vincennes angelegt wurde. Nahe der Métrostation Bastille gelangen Sie über Treppen auf den Viaduc des Arts, dessen Ziegelsteinbögen heute Boutiquen und Galerien beherbergen. Richtung Osten kommen Sie durch die bepflanzten Terrassen des Jardin de Reuilly in eine Landschaft mit Wasserfällen, Eisenbahntunneln, Rosensträuchern und Glyzinien. Ganz in der Nähe gibt es eine mit zwölf

Kopien von Michelangelos *Sterbendem Sklaven* geschmückte Polizeistation und ein Museum über die Immigration (histoire-immigration.fr). Die Promenade war Vorbild für den High Line Park in New York.

**5** *Besuch bei George Sand* 11 Uhr

Das **Musée de la Vie Romantique** (16 rue Chaptal; +33 1 55 31 95 67; museevieromantique.paris.fr) befindet sich im ehmaligen Haus des Malers Ary Scheffer im 9. Arrondissement. Der Garten erinnert an ländliche Szenen und bietet Einblick ins Paris des 19. Jahrhunderts. Im Sommer kann man zwischen Mohn und Fingerhut Tee trinken und sich wie George Sand fühlen. Viele persönliche Gegenstände Sands, etwa eine Haarlocke, werden im Salon ausgestellt.

**6** *Wohnzimmer Montmartre* 14 Uhr

In der weißen **Basilika Sacré-Cœur**, dem höchsten Punkt der Stadt, entzündet man eine Kerze und genießt den Blick. Dann gehen Sie in den benachbarten **Parc de la Turlure** (rue de La Bonne oder rue du Chevalier de la Barre), der eine Art Gartenappartement bildet: ein Wohnzimmer mit Rasen, ein Korridor unter Linden, ein von Bikinischönheiten belegtes Schlafzimmer und ein Hobbyraum für Boulespieler. Um die Ecke (12 rue Cortot) findet man in einer ehemaligen Abtei aus dem 17. Jahrhundert das **Musée de Montmartre** (museedemontmartre.fr), das die 2000-jährige Geschichte des Viertels dokumentiert. Der Garten inspirierte Renoir zu seinem Gemälde *Garten in der Rue Cortot, Montmartre*. Aus dem oberen Stock blickt man auf einen Weinberg (Clos Montmartre, 14–18 rue des Saules), der angeblich den teuersten schlechten Wein der Stadt liefert.

**7** *Die Medici in Paris* 17 Uhr

Der riesige **Jardin du Luxembourg** wird von Joggern, Sonnenbadenden, Musikanten, Zeitungslesern, Reitern, Schachspielern und Tulpenbewunderern

**OBEN** Die Pariser nutzen den Jardin du Luxembourg täglich zum Joggen, Spielen oder Entspannen unter Bäumen.

**LINKS** Für Nichteingeweihte ist mancher Pariser Garten nur schwer zu finden, selbst wenn ein Schild den Weg weist.

bevölkert. Schon Baudelaire, Victor Hugo, Balzac, Hemingway und Sartre liebten die Grünanlage und ihre Skulpturen. Suchen Sie die beschauliche Fontaine Médicis (senat.fr/visite/jardin/fontaine_medicis. html) auf, die Maria de' Medici, die Großmutter Ludwigs XIV., im 17. Jahrhundert errichten ließ.

SONNTAG

**8** *Französische Klassiker* 20 Uhr

Das Restaurant **La Maison de l'Amérique Latine** (217 boulevard St-Germain; +33 1 49 54 75 00; mal217. org/restaurant-bar; €€€€) serviert klassische französische Küche in seinem eleganten *jardin à la française*. Von den 30 Tischen unter Sonnenschirmen blickt man auf eine große gepflegte Rasenfläche.

**OBEN** Die Skulptur des von Liebe träumenden Poeten steht am Eingang zum Jardin de la Nouvelle France.

**UNTEN** Der Zaun des Jardin du Luxembourg dient als Ausstellungsfläche.

**9** *Ort für ein Rendezvous* 11 Uhr

Mit seinen Gewächshäusern, seltenen Pflanzen und Kennzeichnungstafeln macht der **Jardin des Plantes** (bester Zugang: 36 rue Geoffroy-Saint-Hilaire; +33 1 40 79 56 01; jardindesplantes.net) einen höchst wissenschaftlichen Eindruck. Doch es gibt Gärten innerhalb des Gartens, etwa einen spiralförmigen Steinweg zu einer Pergola aus Eisen, Kupfer, Bronze, Blei und Gold – der ältesten dekorativen Metallkonstruktion Frankreichs. Ein Zementtunnel unter dem Hauptgarten führt Sie in den zerklüfteten, blumenreichen **Jardin Alpin**. Tief im Inneren hat sich ein abgeschiedenes Tal mit einem Bach und einem

fast undurchdringlichen Laubdach zum diskreten Treffpunkt entwickelt – Romantik pur.

**10** *Direkt an der Seine* 13 Uhr

Machen Sie es wie Paris-Insider und lassen Sie sich für einen beschaulichen Moment der Erholung auf Rasen und Bänken des **Square du Vert-Galant** (equipement.paris.fr/square-du-vert-galant-2825) nieder, einer an einen Schiffsbug erinnernden Landzunge an der Westspitze der Île de la Cité. Beim mit-

gebrachten Picknick genießen Sie den Louvre zur Rechten, die Kuppel des Institut de France zur Linken und den Fluss zu beiden Seiten und vor sich. Sie gelangen über zwei Treppen an der Reiterstatue Heinrichs IV. am Pont Neuf dorthin. Im Film *Die Liebenden von Pont-Neuf* (1991) versucht Juliette Binoche als erblindende Künstlerin, hier das Porträt ihres Geliebten zu malen.

**OBEN** Der abgeschiedene Jardin Alpin im Jardin des Plantes.

**GEGENÜBER** Das Gartencafé des Petit Palais.

# Honfleur & Deauville

*Die Côte Fleurie, ein zerklüfteter Küstenabschnitt der Normandie in Frankreichs Nordwesten zieht auch heute mit ihrem Licht- und Farbspiel, das schon die Impressionisten faszinierte, Wochenendurlauber aus Paris, britische Touristen, Segler und natürlich Künstler an. Die Besucher tummeln sich in den Küstenstädtchen, speziell in Honfleur, dem alten Hafen an der Seinemündung, und in dem Badeort Deauville, der für sein Filmfestival im September bekannt ist. Sie flanieren durch die gepflasterten Straßen und über die Strandpromenaden, tanzen und vergnügen sich in Bars und den durchgehend geöffneten Kasinos, genießen die lokale Küche mit reichlich Meerestieren und trinken Calvados, den berühmten Apfelschnaps der Normandie. Obwohl die Rothschilds, Gérard Depardieu und Yves Saint Laurent hier Häuser besitzen oder besaßen, herrscht eine eher ungezwungene Atmosphäre.*
– SETH SHERWOOD

## FREITAG

### 1 *Verzaubert von Honfleur* 15 Uhr

Erkunden Sie die Gassen und Geschäfte von Honfleur, einer alten Hafenstadt, deren Gebäude aus dem 17. Jahrhundert der Zerstörung im Zweiten Weltkrieg entgingen. Victor Hugo, der Honfleur als „einen entzückenden Hafen voller Masten und Segel, gekrönt von grünen Hügeln und umgeben von schmalen Häusern" beschrieb, würde sich sofort heimisch fühlen. Französische Touristen schlendern in Scharen durch das Gewirr der gepflasterten Straßen, vorbei an alten Stadthäusern aus rotem Backstein, grauem Bruchstein oder mit Schindelfassaden, die sich auf Holzschildern stolz als Kerzen- oder Seifengeschäfte offenbaren. Fast jede Gasse scheint zu einem romantischen Plätzchen zu führen. Ebenso zahlreich sind Galerien und Ausstellungsräume. Gehen Sie zur schindelverkleideten **Kirche Ste-Catherine**, die von Raoul Dufy auf die Leinwand gebannt wurde. Im Inneren erlebt man ein Gewölbe aus Holz, das an einen umgekehrten Schiffsrumpf erinnert.

**GEGENÜBER** Cafés säumen den alten Hafen von Honfleur.

**RECHTS** Namen von Stars schmücken die Promenade in Deauville. Das alljährliche Festival des amerikanischen Films hat Stars wie Meryl Streep und Clint Eastwood angelockt.

### 2 *Der Minimalist* 17 Uhr

Die **Maisons Satie** (67 boulevard Charles V; +33 2 31 89 11 11), ein fast surrealistisches Hightechmuseum, sind der minimalistischen Musik und dem exzentrischen Werk des Komponisten Erik Satie gewidmet. Satie verbrachte einen Teil seiner Kindheit in Honfleur, bevor er nach Paris ging, wo er mit Ravel und Picasso zur künstlerischen Avantgarde gehörte. Anschließend gehen Sie zum alten Hafen, der von Georges Seurat, dem Begründer des Neoimpressionismus gemalt wurde. Heute wird er von winzigen Bars und ausgedehnten Terrassencafés gesäumt, die belgisches Bier und Croque Monsieur servieren.

### 3 *Asiatische Note* 20 Uhr

An der Place Hamelin haben Sie die Wahl zwischen zwei hervorragenden Restaurants. Im **Entre Terre et Mer** (12–14 place Hamelin; +33 2 31 89 70 60; entreterreetmer-honfleur.com; €€€) mit seiner rustikalen Balkendecke wird Fisch mit leicht asiatischen Zutaten serviert. Auch im dirckt gegenübergelegenen, vom Michelin ausgezeichneten **SaQuaNa** (22 place Hamelin; +33 2 31 89 40 80; alexandre-bourdas. com; €€€€) haben die Speisen fernöstliche Noten, denn der Chefkoch Alexandre Bourdas hat lange in Japan gelebt.

## SAMSTAG

### 4 *Boudin und seine Freunde* 10 Uhr

Die Impressionisten und ihre Vorläufer, die es nach Fertigstellung der neuen, bequemen und

schnellen Eisenbahnlinie von Paris an die Côte Fleurie zog, lösten eine künstlerische Sensation aus. Das **Musée Eugène Boudin** (Place Erik Satie; +33 2 31 89 54 00; musees-honfleur.fr) ist voller Werke des Malers, dem es seinen Namen verdankt, und anderer Meister des Impressionismus. Als Autodidakt war Boudin nicht im Kunstestablishment verfangen und konnte sich von den strengen Regeln und Bildkonventionen der Académie Française lösen. Er hatte großen Einfluss auf Claude Monet, der bald häufig nach Honfleur kam, um Szenen einzufangen, die sich so noch heute an der Côte Fleurie abspielen: Wochenendtouristen am Sandstrand, Segelboote auf schaumgekrönten Wellen vor dem Hafen von Deauville, Menschen, die durch die gepflasterten Straßen schlendern. Die Mode hat sich geändert – die Damen haben ihre weißen Strandkleider und ihre Stühle gegen Bikinis und Handtücher eingetauscht –, doch die Strandrituale sind geblieben.

**5** *Das Flair von Deauville* 12 Uhr

Das Ambiente ändert sich vom Künstlerischen zum Aristokratischen, wenn man in 20 Minuten mit Auto oder Bus über die gewundenen Alleenstraßen von Honfleur nach Deauville fährt. Nach Überquerung der Touques erreicht man das Seebad mit seinen eleganten Anwesen im normannischen Fachwerkstil, mit Holzbalkonen, typisch steilen Dächern und Türmchen. Ein Ort fast wie aus dem Märchen, wären da nicht der Louis-Vuitton-Shop und die Lancel-Boutique mit ihren teuren Handtaschen. Coco Chanel eröffnete ihr erstes Geschäft in Deauville, das sich unter dem Herzog von Morny, einem Halbbruder Kaiser Napoleons III., vom Fischerdorf zu einem Luxusressort entwickelte. Dort gab sich Europas Crème de la Crème ein Stelldichein: König Alfons XIII.

von Spanien, König Faruk von Ägypten, Königin Elisabeth II. und der Aga Khan.

**6** *Bar am Meer* 13 Uhr

Folgen Sie einfach dem schicken Publikum zum Mittagessen ins Terrassenrestaurant **Bar de la Mer** (boulevard de la Mer; +33 2 31 88 27 51) direkt an Les Planches, der berühmten Strandpromenade von Deauville. Drinnen gibt es auch ein Restaurant im Art-déco-Stil, doch die meisten Plätze befinden sich draußen. Dies ist der ideale Ort, um frische Austern und Kaiergranate zu essen und schöne Menschen zu beobachten.

**7** *Beachstars* 14 Uhr

Machen Sie es sich wie die anderen unter den bunten, fest installierten Sonnenschirmen entlang von **Les Planches** bequem. Mutige wagen auch ein Bad im Ärmelkanal. An den Umkleidekabinen an der Promenade stehen die Namen amerikanischer Filmstars: Samuel L. Jackson, Clint Eastwood, Robert Duvall, Kim Novak. Hier zeigt sich die Begeisterung Deauvilles für das Kino: Im September findet jährlich das Festival des amerikanischen Films statt, das Stars wie Harrison Ford und Meryl Streep anzog.

**8** *Oberklasse* 20 Uhr

Deauville ist inzwischen vor allem ein Zufluchtsort für betuchte Pariser, die in ihrem dicken Range Rover und BMW hierherkommen. Sie finden diese Wochenendurlauber in der Brasserie **Chez Miocque** (81 rue Eugène-Colas; +33 2 31 88 09 52; €€€–€€€€), wo sie unter Prominentenfotos ihren Bordeaux trinken. Wählen Sie einen Tisch auf dem Trottoir und bestellen Sie Steak oder Austern.

**9** *Nächtliches Spiel* 22 Uhr

Deauvilles prächtiges, 1912 erbautes **Casino** (2 rue Edmond Blanc; +33 2 31 14 31 14) krönt die Stadt und hat jede Nacht geöffnet. Seine Blütezeit erlebte es in den 1920er-Jahren mit zahlreichen illustren Gästen. Es soll als Vorbild für den Spielsaal in *Casino Royale*, Ian Flemings erstem James-Bond-Roman, gedient haben. Und wer nicht zocken will, kann bis zum Morgengrauen im Untergeschoss des Kasinos abtanzen. Der Nachtklub **Brummel Club** ist ein kitschiger Retrotraum im Stil der 1970er-Jahre.

### SONNTAG

**10** *Frühsport mit Pferden* 8 Uhr

Deauvilles zweite Leidenschaft neben dem Film gilt den Pferden. In diesem Teil der Normandie sind viele der wichtigen französischen Gestüte beheimatet. In der Stadt kann man die jeweilige Saison leicht an der Aufmachung der Reiter oder Händler erkennen. Farbige Seidenkleider und Peitschen signalisieren die Rennsaison (meist im Juli und August). Lange Mäntel und enge Reithosen kündigen die Polowettbewerbe mit internationalen Teams im August an. Anzüge und Krawatten deuten auf die jährlichen Auktionen im Oktober hin. Sollte bei Ihrem Besuch kein Event anstehen, dann begeben Sie sich einfach zum morgendlichen Geschehen im **Hippodrome de la Touques** (45 avenue Hocquart de Turtot), um Trainern und Pferden beim Aufwärmen zuzusehen.

**GEGENÜBER** Les Planches, die berühmte Strandpromenade von Deauville. Die Pariser strömen in die Stadt, um ihre Strände oder die Pferderennen im Hippodrom zu genießen.

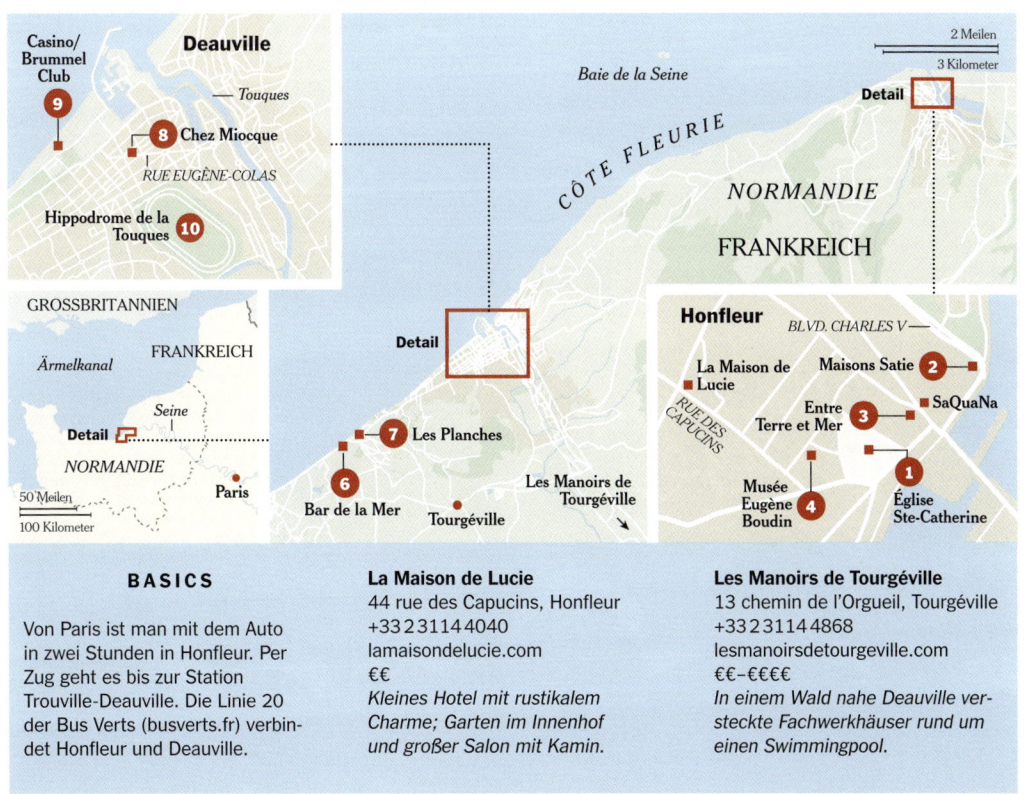

**BASICS**

Von Paris ist man mit dem Auto in zwei Stunden in Honfleur. Per Zug geht es bis zur Station Trouville-Deauville. Die Linie 20 der Bus Verts (busverts.fr) verbindet Honfleur und Deauville.

**La Maison de Lucie**
44 rue des Capucins, Honfleur
+33 2 31 14 40 40
lamaisondelucie.com
€€
*Kleines Hotel mit rustikalem Charme; Garten im Innenhof und großer Salon mit Kamin.*

**Les Manoirs de Tourgéville**
13 chemin de l'Orgueil, Tourgéville
+33 2 31 14 48 68
lesmanoirsdetourgeville.com
€€–€€€€
*In einem Wald nahe Deauville versteckte Fachwerkhäuser rund um einen Swimmingpool.*

Hospices de Beaune
MEURSAULT-CHARMES
1978
ROMANEE-SAINT-VIVANT
1976
Clos-Vougeot
grand Cru
1988
Hospices de Beaune
Volnay Santenots
1er Cru
1988
1992
Ruchottes Chambertin
Grand Cru
1992

# Burgund

*Im Burgund kommt jeder Geschmack auf seine Kosten. Die Küche? In Dijon und dem benachbarten mittelalterlichen Beaune konzentriert sich der kulinarische Reichtum der Region. Im Schatten von prächtigen Gebäuden und Türmen schmecken Spargel und Schnecken, Charolais-Rind mit einem Löffel Dijonsenf – am besten in einem klassischen Bœuf Bourguignon – und zum Abschluss eine Käseplatte mit Brillat-Savarin und Époisses vorzüglich. Und was gibt's zu trinken? Als Aperitif natürlich einen Kir – hiesiger Weißwein mit einem Schuss Cassis, benannt nach dem ehemaligen Bürgermeister von Dijon, Félix Kir –, gefolgt von Wein aus den berühmten Burgunder Lagen. Kunst? Gibt es zuhauf in zahlreichen Galerien für zeitgenössische Kunst und renommierten Museen. Shoppen? Die prächtige Markthalle von Dijon und Läden für Antikes oder modernes Design sollten jeden Geschmack befriedigen.* – SETH SHERWOOD

## FREITAG

**1** *Schwenken, riechen, schlürfen* 15 Uhr

In den Gassen von Beaune kann man kaum einen Schritt machen, ohne über eine Weinhandlung, einen Probierkeller, wie der bekannten Winzerei **Patriarche** (5–7 rue du College, Beaune; patriarche.com), ein Weinlager oder eine Weinbar zu stolpern, ganz zu schweigen von dem Weinmuseum **Musée du Vin de Bourgogne** (Hôtel des Ducs de Bourgogne, rue d'Enfer; musees-bourgogne.org). Für Weinliebhaber, die in die Geschichte der Region und Jahrgangsweine eintauchen wollen, ist der **Marché aux Vins** (7 rue de l'Hôtel-Dieu, Beaune; marcheauxvins.com) ein absolutes Muss. Während man die Weine im Glas schwenkt, riecht und schlürft, erklärt ein Fachmann, warum Kaffee für Weinproben wichtig ist, welcher Burgunder der teuerste ist sowie die Charakteristiken der Burgunderlagen mit ihren Mikroklimata, Anbautechniken und Stilen.

**2** *Mittelalterliche Medizin* 17 Uhr

Gegen Spasmen empfiehlt sich Biberpulver. Gegen Gicht Silbernitrat. Gegen Syphilis helfen nur Quecksilbertropfen, Mandelöl und Hammelfett. So lauten zumindest die „Kuren" in einem Medizinband aus dem 18. Jahrhundert, das in den Hospices de Beaune, dem **Musée de l'Hôtel-Dieu** (rue de l'Hôtel-Dieu, Beaune; hospices-de-beaune.com) entdeckt wurde, ein mittelalterliches gotisches Hospital. Neben der Apotheke sind weitere Highlights des Museums der hallenartige Krankensaal, eine Kunstgalerie mit dem *Jüngsten Gericht*, ein Altarbild mit neun Tafeln aus dem 15. Jahrhundert von Rogier van der Weyden sowie ein Laden, in dem die begehrten Weine aus den Weingärten des Hospice zu kaufen sind.

**3** *Gut kombiniert* 20 Uhr

Was passt gut zu Wein? Im **Ma Cuisine** (Passage Ste-Hélène, Beaune; facebook.com/restaurant. macuisine; €€€), einem hellen, kapellenartigen Restaurant mit regionaler Küche, quasi alles. Und wenn Sie keine 18 900 € für eine Flasche 1959er Romancée-Conti hinlegen wollen – keine Sorge, die Weinkarte ist nach Preisen sortiert und fängt mit einem weißen Aligoté bei 24 € an. Daneben bietet das gemütliche, unprätentiöse Restaurant grandiose Vorspeisen wie Schnecken und Œufs en Meurette, pochierte Eier, die durch eine Weinsauce mit Zwiebeln, Schalotten und Speck violett werden. Weiter geht es mit gegrillter Entenbrust, Steaks oder dem berühmten Bœuf Bourguignon. Hier wie in den meisten anderen Restaurants im Burgund sollten Sie möglichst reservieren.

**GEGENÜBER** Weltweit ist der Name der Region Burgund ein Synonym für Wein. Diese Flaschen lagern im Marché aux Vins in der burgundischen Stadt Beaune.

**UNTEN** Probierkeller des Weinguts Patriarche.

**SAMSTAG**

**4** *Genusstempel* 10 Uhr

Dijons historisches Zentrum ist eine Pracht – mit Architekturschätzen von der Romanik über die Renaissance und den Barock bis ins 19. Jahrhundert. **Les Halles** (10 rue Bannelier) aus den 1870ern ist eine hallenartige Konstruktion aus Glas und Eisen, die noch mehr Prachtvolles beherbergt: den städtischen Markt. Hier findet man alles, was gut schmeckt: von Käse aus dem Burgund über Schinkenspezialitäten bis hin zu Gewürzen aus dem Orient.

**5** *Französisch-asiatische Fusion* 12.30 Uhr

Der Hauscocktail des **Restaurant So** (15 rue Amiral Roussin, Dijon; +33 3 80 30 03 85; €€) aus lokalem Crémant und einem Spritzer Yuzulikör ist ein treffliches Beispiel für den Mikrokosmos dieses sympathischen kleinen Restaurants, wo frische französische Produkte mit japanischem Touch serviert werden. Die kleine Mittagskarte wechselt mehrmals in der Woche, und die umfangreiche Liste mit Burgunder Weinen ist wie ein Gourmet-Graffiti auf eine Tafel geschrieben, die eine ganze Wand einnimmt.

**6** *In Kunst baden* 14 Uhr

Die einstige städtische Badeanstalt in Dijon beherbergt heute das **F.R.A.C. Bourgogne** (16 rue Quentin; frac-bourgogne.org), ein Ausstellungszentrum für Gegenwartskunst. Im Eingangsbereich wird man von einer großen Wespe, einer Skulptur der portugiesischen Künstlerin Joana Vasconcelos, begrüßt. In den sich anschießenden weißen Sälen finden wechselnde Ausstellungen statt. Noch größer ist **Le Consortium** (37 rue de Longvic, Dijon; leconsortium.fr), das in einer ehemaligen Cassis-Fabrik und einem Anbau des Pritzker-Preis-gekrönten Architekten Shigeru Ban untergebracht ist. Werke von Cindy Sherman, Jenny Holzer, César, Donald Judd, Frank Stella und Richard Serra waren hier bereits zu sehen.

**7** *Sammelsurium* 17 Uhr

Wenn Sie sich je gefragt haben, wie Sie in Omas Schnürstiefeln, einem weißen Smoking und Tropenhelm mit einer alten Pistole und einer afrikanischen Holzmaske aussehen würden – die Antwort finden Sie in der **Maison Gossot** (2 rue Chaudonnerie, Dijon; +33 3 80 67 15 82). Das staubige Kuriositätenkabinett ist eines der vielen Trödel- und modernen Einrichtungsgeschäfte in den Straßen nördlich des Herzogspalasts. Wenn Sie moderne, von Cowboyhüten inspirierte Metalllampen (der französischen Marke Petite Friture) und Tabletts mit Tieren in

**OBEN** Die Farbe Grün dominiert im Burgund.

**GEGENÜBER** Le Consortium in Dijon, ein Museum für zeitgenössische Kunst, in dem auch Konzerte stattfinden.

prächtiger Kleidung aus vergangenen Jahrhunderten (des französischen Labels Ibride) bevorzugen, dann auf zu **Une Vie de Rêve** (2 bis rue Verrerie, Dijon; uneviedereve.com), ein Laden für zeitgenössisches Design.

**8** *Renaissanceabend* 20 Uhr

Wären sie nicht aus Stein, würden die Figuren an der reich verzierten Renaissancefassade der **Maison des Cariatides** (28 rue Chaudonnerie, Dijon; +33 3 80 45 59 25; thomascollomb.fr/la-maison-des-cariatides; €€€€) sicherlich herabsteigen und sich zu einem Menü in das in herbstlichen Tönen gehaltene Restaurant mit Holzbalken, Dielenboden und Kerzenlicht begeben. Hier gibt es keine Gerichte à la Carte. Nach zwei Amuse-Bouches folgen Kostbarkeiten wie roher französischer Lachs mit gegrilltem Lauch und Ingwercreme oder saftiges Lamm aus den Pyrenäen in einer köstlichen Reduktion mit Karotten-Orangen-Püree, gefolgt von einer üppigen Käseplatte und einem Dessert wie Quarksorbet mit Zitronensoufflé. Gesättigt und gestärkt können Sie nun noch ein paar Bizepsübungen mit dem ausliegenden dicken Weinbuch machen, in dem einige hervorragende Tropfen gelistet sind.

**9** *Regionale Tropfen* 22.30 Uhr

Wenn Sie noch mehr Wein vertragen (können), gehen Sie über die Straße ins **Bruno** (80 rue Jean-Jacques Rousseau, Dijon; +33 3 80 66 12 33), einer gemütlichen, rustikalen Weinbar, die auch von vielen lokalen Weinliebhabern frequentiert wird. Wenn Sie etwas anderes trinken möchten, folgen Sie dem Jungvolk, das sich im **Alchimia** (13-1 rue Auguste Comte, Dijon; facebook.com/alchimiacafe) trifft, einem Klub ganz in der Nähe, wo die DJs bis in die frühen Morgenstunden einen pulsierenden Rhythmus auflegen. Hier gibt's Mac Malden, einen weichen schottischen Whisky, der in Burgunderweinfässern reift, ebenso wie Elixkir IPA aus einer lokalen Brauerei.

**SONNTAG**

**10** *Heilige und Gebeine* 10 Uhr

Dijon ist am Sonntag recht verschlafen – muss wohl am Wein liegen. Wenn Sie den Schlaf abschütteln können und vielleicht ein paar Pfunde ablaufen wollen, spazieren Sie durch den Palast der Herzöge von Burgund, in dem sich heute u. a. das **Musée des Beaux-Arts** (1 rue Rameau; beaux-arts.dijon.fr) befindet. Der Palast, ein Ensemble aus majestätischen Gebäuden, Kapellen, Türmen und Innenhöfen, wurde vom 14. bis 19. Jahrhundert errichtet, teilweise nach Plänen von Jacques Gabriel, der auch in Versailles arbeitete. Das Museum zeigt eine Mischung aus mittelalterlichen Waffen, Glasmalereien und religiösen Gemälden wie Jesus- und Heiligendarstellungen, darunter eine des heiligen Fridolin, der dem Skelett eines Mannes, dem er erschien, die Hand schüttelt.

**GEGENÜBER** Der Hof des Hôtel Dieu in Beaune.

**BASICS**

Die Weinregion Burgund lässt sich vielleicht am besten bei einer Tasting-Tour erkunden. Dijon und Beaune sind auch international gut mit dem Zug zu erreichen. Mehr Individualität vor Ort bietet ein Mietwagen.

**Grand Hôtel La Cloche**
14 place Darcy, Dijon
+33 3 80 30 12 32
hotel-lacloche.com
€€
*Ein prächtiges Gebäude aus dem 19. Jahrhundert mit moderner Einrichtung vom gepflegten Garten bis hin zum gewächshausartigen Restaurant.*

**Hôtel Athanor**
9–11 avenue de la République, Beaune
+33 3 80 24 09 20
hotelabeaune.com/hotel-athanor.htm
€€
*Auf den Mauern eines Klosters errichtet, vereint auf gelungene Art rustikales und modernes Interieur.*

# Lyon

„*In Lyon kann man nur eines gut machen, nämlich essen*" – so der französische Schriftsteller Stendhal. *Zwei Jahrhunderte später ist das Image von Frankreichs drittgrößter Metropole noch immer von der Gastronomie geprägt. Kein Wunder, der berühmte Paul Bocuse stand hier bereits als Junge in der Küche, und die gemütlichen Restaurants* (bouchons) *mit ihrer traditionellen Küche sind weithin bekannt. Lässt man Blutwurst und Saint-Marcellin-Käse beiseite, findet man auch sehr moderne Kreationen. Lyon ist das Tor zu den Alpen und die Geburtsstätte des Kinos. Die Stadt besitzt römische Ruinen, Renaissancearchitektur, viele Kunststätten, talentierte junge Designer, erst jüngst hergerichtete Uferbereiche und eine Peripherie mit futuristischer Architektur.* – SETH SHERWOOD

## FREITAG

### 1 *Den Fluss entlang* 14 Uhr

Die Uferbereiche von Rhône und Saône werden langfristig umgestaltet. Ein Beispiel ist die bei Spaziergängern, Joggern und Radfahrern beliebte Promenade am rechten Ufer der Rhône. Sie starten an den reflektierenden Bassins am Quai Claude Bernard und gehen nach Norden. Am Quai Victor Augagneur können Sie die Plakate der schwimmenden Nachtklubs studieren. Jenseits des Pont Wilson bietet sich das Caféboot **La Passagère** (21 quai Victor Augagneur; +33 4 7273 3698) als Rast für eine heiße Schokolade oder ein Bier an. Von dort erreichen Sie zu Fuß oder per Bus 171 den **Parc de la Tête d'Or**, eine schöne Grünanlage mit Teichen, Gärten und Wäldchen.

### 2 *Objekte und Schätze* 17 Uhr

Vor dem **Musée d'Art Contemporain** (Cité Internationale, 81 quai Charles de Gaulle; +33 4 7269 1717; mac-lyon.com), das an den Parc de la Tête d'Or angrenzt, stehen überdimensionale Kunstobjekte. *World Markets* von Wang Du symbolisiert eine gewaltige, zerknüllte, silberne Finanzzeitung. Olivier Mosset hat alte Steinplatten, angeblich Überreste der Bastille in Paris, zu Stapeln aufgetürmt. Im Inneren des Museums, einem von Architekt Renzo Piano umge-

**GEGENÜBER** Der Pavillon des Salins in La Confluence, einem neu gestalteten ehemaligen Hafenviertel.

bauten Art-déco-Gebäude, finden ständig aufregende Ausstellungen und Performances statt.

### 3 *Hier parken* 20 Uhr

Genießen Sie Frankreichs kulinarische Hauptstadt im Sommer mit einem leichten Abendessen auf einem Parkplatz. Im **La Bouteillerie** (9 rue de la Martinière; +33 4 7808 6248; €€) sitzt man auf einer Holzterrasse, die ein Parkplatz vor dem Café hätte werden sollen. Allerdings ist La Bouteillerie nicht wirklich ein Café, sondern eher ein Weinladen mit Küche und einem Besitzer, der auch kocht und bedient. In der kühleren Jahreszeit sitzt man im Laden. Wählen Sie am besten mehrere kleine Gerichte oder das *plat du jour* (Tagesgericht) und lassen Sie Ihren Gastgeber den Wein dazu auswählen.

### 4 *Zechen in Lyon* 23 Uhr

Auch Drinks kommen in Lyon zu Ehren. Die Geister von James Brown und Frank Sinatra spuken im düster-dunklen **Soda** (7 rue de la Martinière; soda-bar.fr), das unter anderem mit deren Polizeifotos dekoriert ist. Zum Cocktailangebot gehören der pikante Slumdog Millionaire (Bombay-Gin, Kirschmarmelade, Zitronensaft, roter Vermouth, Kardamom) und der sanfte Globetrotter (Pisco, Holunderblütenlikör, Zitronensaft und Aperol). Alter amerikanischer Jazz wird im benachbarten **L'Antiquaire** (20 rue Hippolyte Flandrin; +33 6 3421 5465) geboten, dazu werden saisonale Cocktails serviert.

## SAMSTAG

### 5 *Leinwandhelden* 10 Uhr

Der Straßenname sagt alles: Rue du Premier Film. Hier setzte Louis Lumière am 19. März 1895 den mit seinem Bruder Auguste konstruierten „Cinématographe" in Gang und filmte die Arbeiter, die aus der Fotoplattenfabrik kamen. Das Kino war geboren. Das **Institut Lumière** (25 rue du Premier Film; +33 4 7878 1895; institut-lumiere.org) ist der frühen Kinogeschichte gewidmet. Die Jugendstilvilla der Brüder ist jetzt ein Museum, das Lumière-Filme zeigt und neben dem berühmten Cinématographe andere Filmgeräte wie Edisons Kinetoscope präsentiert. Die benachbarte Fabrik ist heute ein Kino mit einem großen Angebot internationaler Filmklassiker.

**6** *Franko-japanisch* 12.30 Uhr

Das kleine Restaurant **Au 14 Février** (36 rue du Bœuf; +33 4 78 92 91 39; ly-au14fevrier.com; €€€€) hat verspiegelte Decken – wie die Zimmer in einem Love-hotel. Und wie in einem Lovehotel reflektieren sie die ekstatischen Reaktionen der Gäste darunter. Ausgelöst werden sie durch den aus Japan stammenden Küchenchef Tsuyoshi Arai, der mit seiner „cuisine française made in Japan" einen Michelin-Stern erkochte. Das Menü wechselt täglich. Geboten werden etwa Blutpudding zwischen Bitterschokoladeblättern, Kürbissuppe mit Gewürzbrotcroûtons, warme Foie gras mit Erdbeeressig und gekochten Feigen oder gebratener Fasan mit buntem Gemüse in Bonbonform.

**7** *Wasserspeier und Speck* 15 Uhr

Auf den Pflasterstraßen von Vieux Lyon können Sie einen Verdauungsspaziergang durch die Renaissance machen. Das Viertel entstand, als die Stadt ein reiches Zentrum der Seidenproduktion war. Berühmt ist die **Kathedrale Saint-Jean-Baptiste** (8 place Saint-Jean; +33 6 60 83 53 97; cathedrale-lyon.cef.fr), deren Fassade 25 Wasserspeier, 36 Propheten und Patriarchen, 36 Märtyrer und Heilige und 72 Engel schmücken. Im Inneren findet man eine astronomische Uhr aus dem 16. Jahrhundert mit animierten Menschen- und Engelsfiguren; sie tritt um 12, 14, 15 und 16 Uhr in Aktion. Sollten Sie Hunger verspüren, gönnen Sie sich eine Eiskreation von **Terre Adélice** (1 place de la Baleine; +33 4 78 03 51 84; terre-adelice.eu/glacierlyon.php), z. B. in der Geschmacksrichtung Räucherspeck.

**8** *Zeit für die Kreativen* 17 Uhr

Das Viertel La Croix Rousse erinnert mit seinen steilen Treppen und dem Bohemeflair an Montmarte. Sein kreatives Zentrum ist das **Village des Créateurs** (Passage Thiaffait, 19 rue René Leynaud; +33 4 78 27 37 21; villagedescreateurs.com), eine Allee mit unabhängigen Boutiquen lokaler Designer. Halten Sie Ausschau nach Ohrschmuck, Armbändern und Halsketten aus unterschiedlichen Metallen und anderen Materialien. Männer finden alles von lässig-cooler Streetwear bis

hin zur Schlossherren-würdigen Ausstattung, Frauen ungewöhnliche Prêt-à-Porter-Outfits. Jungvolk wird im **Blue Mustach Shop** (Passage Thiaffait, 19 rue René Laynaud; +33 9 80 91 36 62; Facebook: BlueMustach) fündig, wo es sportlich-elegante Kleidung gibt.

**9** *Picknick* 20 Uhr

Mit der Straßenbahnlinie T1 geht's bis „Hôtel de Région – Montrochet", dann zu Fuß auf der Rue Paul Montrochet nach Westen auf das postmoderne Gebäude zu, das an ein Käsestück erinnert. Hier in **La Confluence**, einem früher tristen Hafenviertel, das heute mit futuristischen Gebäuden glänzt, trinken Sie ein Gläschen in der Weinbar, bevor Sie Ihr Abendessen im **Le Selcius** (Obergeschoss, 43 quai Rambaud; +33 4 78928787; selcius.fr; €€€) einnehmen. Wenn Ihnen nicht gerade Ihr Hausarzt über die Schulter schaut, können Sie hier nach Herzenslust schlemmen, ob Entenleber- und Kaninchenterrine, Rindercarpaccio, feinste Wurstwaren und französischen Käse oder auch Pizza, Tapas oder argentinische Grillspezialitäten. Die Cocktailkarte bietet neben den gängigen Mischungen auch einen raffinierten Lillet-Rosé-Spritz.

**10** *Anlegen im Hafen* 22 Uhr

Folgen Sie dem Duft von Aftershave und D&G-Parfüm bis zum **Docks 40** (40 quai Rambaud;

+33 47840 4040; docks40.com), einem Komplex, der an ein Lagerhaus erinnert. In einer Restaurant-Lounge stehen bis Mitternacht unzählige Barhocker und Esstische. Danach werden die Möbel beiseitegeräumt – es darf getanzt werden. Geboten werden Soul, Disco und House. Wem 1000 Euro für eine Magnumflasche Roederer Cristal zu viel sind, kann mit einem Glas Taittinger in den Abend starten.

SONNTAG

**11** *Marktbegehung* 10 Uhr

Der lebhafte, gut besuchte Markt am Flussufer **Marché Saint-Antoine** (quai Saint-Antoine und quai de Célestins) betört mit intensiven Aromen: reifer

Käse, duftendes Brot, frisch geerntetes Gemüse, heiße Grillhähnchen, fangfrischer Fisch und Austern. **Jouvray** (+33 47401 1685) bietet Saint-Marcellin-Käse und lokale Salamivarianten an, **Côté Desserts** (+33 47845 1945) exzellente Quittentarte. Der Magen ist beruhigt, nun sollte Ihr Kopf bei den Bouquinisten am angrenzenden Quai de la Pêcherie zu seinem Recht kommen. Man findet lokale Autoren wie Racine und Antoine de Saint-Exupéry, alte Landkarten, Postkarten und LPs.

GEGENÜBER OBEN  Die Höfe und Pflasterstraßen von Vieux Lyon laden am Nachmittag zum Schlendern ein.

GEGENÜBER UNTEN  Die Weinbar des Le Selcius.

**BASICS**

Man geht zu Fuß, nimmt die Métro oder mietet ein Vélo'v-Rad.

**Ibis Styles Lyon Part Dieu**
54 rue de la Villette
+33 47268 2540
ibis-styles-lyon.com
€€
*Hotelkette nahe beim Hauptbahnhof mit 99 Zimmern.*

**DockOuest**
39 rue des Docks
+33 47822 3434
dockouest.com
€
*Designhotel, ausgestattet mit Möbeln von Ligne Roset.*

**Cour des Loges**
2–8 rue du Boeuf
+33 47277 4444
courdesloges.com
€€€€
*Luxushotel, Komplex von vier Stadtvillen aus dem 14. bis 17. Jahrhundert.*

# Bordeaux

*Eine Verkostungsnotiz für Bordeaux – für die französische Stadt, nicht ihren berühmten Wein – hätte zu Beginn des 21. Jahrhunderts so lauten können: leb- und farblos, Aromen von Schmutz und Staub. Die einst majestätische Stadt war in die Jahre gekommen. Heute ist Bordeaux einladend und elegant, dank einer Verschönerungskampagne, die den alten Glanz restauriert und der Stadt ein modernes Gesicht verpasst hat. Der Ruß der Jahrhunderte wurde von mittelalterlichen Kirchen, Barockfassaden und Art-nouveau-Stadthäusern entfernt. Der historische Stadtkern genießt seither Schutz als UNESCO-Weltkulturerbe. Einladende Cafés und gehobene Nachtklubs haben das früher schäbige Hafenviertel aufgewertet. In Avantgardekunststätten und neu eröffneten Restaurants zeigt sich eine vitale Lebendigkeit.* – SETH SHERWOOD

## FREITAG

**1** *Erstes Ziel: Hafenviertel* 16 Uhr

Beginnen Sie die Erkundung mit einer Fahrt in der futuristischen Straßenbahn zum Bassins à Flot – früher einem heruntergekommenen Hafenviertel, heute Standort innovativer Galerien. Das Museum **Fonds Régional d'Art Contemporain** (Hangar G2, Bassin à flot No. 1, quai Armand Lalande; +33 5 56 24 71 36; frac-aquitaine.net) wird von der Regionalverwaltung betrieben, die Werke zeitgenössischer Künstler sammelt. **Arrêt sur l'Image Galerie** (+33 5 35 40 11 05; arretsurlimage.com) im selben Gebäude hat sich auf Papierarbeiten und Fotografie spezialisiert. **Le Garage Moderne** (1 rue des Étrangers; +33 5 56 50 91 33; legaragemoderne.org) ist ein Hangar voller Trödel, mit Autowerkstatt, Snackbar und Kunstgalerie unter einem Dach.

**2** *Wasserspiegel* 18 Uhr

Das linke Ufer der Garonne ist ein weiterer Erfolg der jüngsten Stadtplanung. Im flachen *miroir d'eau* (Wasserspiegel), dessen Wasser mehrmals täglich über feine Sprühdüsen erneuert wird, spiegeln sich die palastartigen Gebäude aus dem 18. Jahrhundert

**GEGENÜBER** Auf Château Lascombes begutachten Experten die Qualität der Weintrauben.

**RECHTS** Weine in einer futuristischen Verkaufsmaschine.

an der **Place de la Bourse**. In alten Lagerhäusern residieren nun Outlet-Geschäfte (quai des Marques), Cafés säumen das Ufer. Gönnen Sie sich einen Pastis im **Ibaïa Café** (24 quai des Chartrons; +33 5 56 00 45 35; facebook.com/ibaia.cafe), wo man bei Housemusik den Sonnenuntergang und den Fluss beobachtet.

**3** *Wenn schon, denn schon* 20 Uhr

Bordeaux ist nicht gerade bekannt für leichte Salate oder andere schlanke Kost. Traditionelle und sehr französische Küche gibt es im **L'encoche** (11 rue de la Devise; +33 5 57 34 47 01; €€€). Ziegelsteinwände und Bögen, die von Kerzenlicht erhellt werden, verleihen dem Lokal eine Weinkeller-artige Atmosphäre. Freuen Sie sich auf Klassiker wie Stopfleber, fangfrischen Fisch, Kalbskoteletts in Pilzrahmsauce, Lammbraten oder auch auf ein einfaches Steak mit Fritten. Der Inhaber erklärt Ihnen gerne die Gerichte und spricht Weinempfehlungen aus – ein Erlebnis, das man gerne mit nach Hause nimmt. Wenn Ihnen an einem warmen Sommerabend nicht nach kellerartigem Interieur zumute ist, können Sie auch eines der vielen einladenden Cafés in den Nebenstraßen des belebten Viertels Quartier Saint-Pierre ausprobieren.

**4** *Selbst ist der Gast* 23 Uhr

Man muss kein Weinkenner sein, um Gefallen am **Aux Quatre Coins du Vin** (8 rue de la Devise; +33 5 57 34 37 29; aux4coinsduvin.com), gegenüber dem L'encoche, zu finden. Es ist nicht die erste und auch nicht die letzte Weinbar dieser Art, bedarf aber einer kurzen Erklärung: Zunächst erhält man eine kreditkartenähnliche Karte, die man mit einem selbst

gewählten Euro-Limit laden lässt. Dann steckt man die Karte in einen futuristisch anmutenden Apparat, der den Wein ausgibt. Man kann aus über 30 Weinen auswählen und bestimmten, ob man nur einen kleinen oder größeren Schluck oder ein ganzes Glas davon haben will. Vor dem Gehen wird die Karte ausgelesen und der entsprechende Betrag bezahlt. Technologie im Dienste des Vergnügens!

### SAMSTAG

**5** *Der Zeit angepasst* 11 Uhr

Das **Musée des Arts Décoratifs et du Design** (39 rue Bouffard; +33 5 56 10 14 00; madd-bordeaux.fr) war früher recht konservativ: Chronologisch gestaltete Räume zeigten Cembalos, antike Vasen und andere Relikte aus Bordeaux' Vergangenheit. Dann eröffnete man einen neuen, dem Design des 20. und 21. Jahrhunderts gewidmeten Flügel. Zu den Highlights gehören ein barock-dadaistischer Sessel aus Holz und Aluminium von Philippe Starck, eine bizarre Schaufensterpuppe von Christian Astuguevieille und ein Schachbrettspiegel von Andrée Putman. Internationale Designstars von Ron Arad bis Ettore Sottsass haben Gastauftritte.

**6** *Wein im Wald* 13 Uhr

Die Goldmedaille unter Bordeaux' Weinbars verdient eindeutig **L'Autre Petit Bois** (12 place du Parlement; +33 5 56 48 02 93; €€), das mit seinem kitschig-coolen Design und der ungezwungenen Atmosphäre einer alten Bordelaiser Institution frisches Leben einhauchte. Unter künstlichen Bäumen munden Tomaten mit Mozzarella, Salat mit Ziegenkäse und belegte Brote. Ebenso überraschend ist, dass man hier mitten im französischen Weinland auch Weine aus den USA und Australien offeriert.

**7** *Gotik bis Avantgarde* 15 Uhr

Schlendern Sie durch die schmalen Straßen und erkunden Sie die Plätze und Kirchen im historischen Stadtzentrum. Die **Kathedrale St-André** ist mit ihren gotischen Türmen gut zu lokalisieren. In der Nähe steht das majestätische **Hôtel de Ville** aus dem 18. Jahrhundert. Ebenfalls fotografierenswert ist die **Basilika St-Seurin**, die über einer galloromanischen Krypta aus dem 6. Jahrhundert errichtet wurde. In der von Juni bis September geöffneten Krypta gibt es Sarkophage, Amphoren und Relikte zu sehen. Interessante Shoppingangebote findet man abseits der überlaufenen Rue Ste-Catherine mit den Galeries Lafayette auch in den Avantgardeboutiquen und Designermöbelläden an der Rue du Pas St-Georges oder den Concept Stores rund um die Place Fernand Lafargue.

**8** *Weinprobe* 18 Uhr

Im Weinladen **Max Bordeaux Wine Gallery and Cellar** (14 cours de l'Intendance; +33 5 57 29 23 81; maxbordeaux.com) muss man nicht blind kaufen. Fast alle Weine können probiert werden: Zapfautomaten ähnlich derer im Aux Quatre Coins du Vin machen's möglich. Man kann die Weine von acht regionalen Weingütern verkosten, indem man einfach sein Glas unter das Füllrohr stellt und den Knopf drückt. Ins Glas fließt ein optimal temperierter Spitzenwein. Danach kann man natürlich gern eine Flasche kaufen.

**9** *Stern am Wasser* 20 Uhr

Chefkoch François Adamski hat ein glückliches Händchen. Er gewann zwei der kulinarischen Topauszeichnungen Frankreichs, den Bocuse d'Or und den Titel „Meilleur Ouvrier de France". Sein sehr elegantes, weiß gestaltetes Restaurant **Le Gabriel** (10 place de la Bourse; +33 5 56 30 00 70; bordeaux-gabriel. fr; €€€€) holte schon nach knapp einem Jahr den ersten Michelin-Stern. Probieren Sie sein raffiniertes, mit internationalen Akzenten bereichertes Menü. Mediterranes Frankreich und Baskenland treffen sich in Gerichten wie mit Risotto gefülltem Tintenfisch, kandierten Tomaten und Paprika. Lamm wird manchmal in drei Variationen gleichzeitig (saftige Keule, Karree in Salzkruste und Wurst) mit einem Püree aus Datteln, Nüssen und Kreuzkümmel serviert.

**10** *Beats in Bordeaux* 23 Uhr

Stevie Wonder, Isaac Hayes und The Meters spuken in musikalischer Form durch die **L'Apollo Bar** (19 place Fernand Lafargue; +33 5 56 01 25 05), die nach dem legendären Apollo Theater in Harlem benannt ist. Junge Frauen in Secondhandklamotten und gammelige Typen spielen Billard, quatschen und trinken in dieser trendigen Retrobar aus großen Gläsern Paulaner-Bier. Werfen Sie vorab einen Blick auf den Konzertkalender, dessen Schwerpunkt auf Soul, Jazz und Funk liegt.

**SONNTAG**

**11** *Besuch beim Wein* 8.30 Uhr

Das Weinbaugebiet Bordeaux zu erkunden – es liefert auf knapp 100 000 ha gut 800 Millionen Flaschen Wein jährlich –, ist eine dionysische Aufgabe. Gut, dass das **Fremdenverkehrsbüro Bordeaux** (12 cours du 30 Juillet; +33 5 56 00 66 00; bordeaux-tourisme. com) Empfehlungen für Rundfahrten gibt und Bustouren vermittelt. Wählen Sie die Halbtagestour, so sind Sie um 13 Uhr wieder zurück. Die Appellationen mit Namen wie St-Émilion, Médoc und Margaux gehören zu den berühmtesten Anbaugebieten der Welt.

**GEGENÜBER** Der Wasserspiegel an der Place de la Bourse.

**OBEN** Blick in die Garage Moderne.

**BASICS**

Im Zentrum ist die Straßenbahn ratsam. Zum Besuch der Weinberge mietet man ein Auto oder macht eine Bustour.

**Intercontinental Bordeaux – Le Grand Hôtel**
2–5 place de la Comédie
+33 5 57 30 44 44
bordeaux.intercontinental.com/en
€€€€
*Dominiert herrschaftlich den berühmtesten Platz der Stadt.*

**Seeko'o Hôtel**
54 quai de Bacalan
+33 5 56 39 07 07
seekoo-hotel.com
€€€
*Futuristische weiße Fassade, innen modernstes Design und Elektronik.*

Paris

DE

FRANKREICH CH

Bordeaux

IT

SPANIEN Mittelmeer

Le Garage Moderne

RUE DES ÉTRANGERS

Fonds Régional d'Art Contemporain **1**

Arrêt sur l'Image Galerie

Seeko'o Hôtel

RUE NOTRE DAME

QUAI DE BACALAN

Garonne

QUAI DES QUEYRIES

**Bordeaux**

Ibaïa Café

QUAI DES CHARTRONS

Fremden-verkehrsbüro Bordeaux

**11**

Basilika St-Seurin

Musée des Arts Décoratifs et du Design **5**

Hôtel de Ville

Kathedrale St-André **7**

Detail

1/2 Meile

1 Kilometer

Max Bordeaux Wine **8** Gallery and Cellar

Intercontinental Bordeaux – Le Grand Hôtel

Le Gabriel **9** **2** Place de la Bourse

Galeries Lafayette **3** L'encoche

L'Autre Petit Bois **6**

Aux Quatre **4** Coins du Vin

RUE STE-CATHERINE

**10** L'Apollo Bar

PL. FERNAND LAFARGUE

# Biarritz

*So wie die Gezeiten kommen und gehen, hat Biarritz bessere und schlechtere Zeiten gesehen: Während es 150 Jahre lang mondäner Badeort war, verlor Biarritz im 20. Jahrhundert an Glamour. Als dann die kalifornische Surfer-Welle auch an die europäischen Strände gespült wurde, war Biarritz wieder gefragt. Surfen ist hier immer noch ein großes Thema, wie die vielen neoprengekleideten Surfjünger belegen, die es jedes Jahr hierherzieht. Aber auch an Land hat Biarritz einiges zu bieten, wie hippe Läden, Restaurants und Strandcafés beweisen, die dem heutigen Publikum gerecht werden. Die Schönheit des französischen Baskenlands ist wieder in Mode.* – INGRID K. WILLIAMS

### FREITAG

**1** *Blick von den Klippen* 17 Uhr

Machen Sie einen Spaziergang am Meer, um Biarritz von seiner schönsten Seite zu sehen. Beginnen Sie beim **Rocher de la Vierge**, einem Felsenriff mit Statue, der durch eine schmale Eisenbrücke mit dem Festland verbunden ist. Dann folgen Sie der Straße in nördliche Richtung zum Sandstrand Grand Plage. Dabei passieren Sie in allen Farben blühende Hortensien und das Casino. Gehen Sie weiter bis zum **Phare de Biarritz**, dem weißen Leuchtturm auf der nördlichsten Klippe der Stadt. Hier hat man einen schönen Blick auf den goldgelben Sand der Plage Miramar und das Hôtel du Palais, die ehemalige Sommerresidenz Napoleons III. und heutiges erstes Hotel am Platz.

**2** *Meer genießen* 19 Uhr

Es wäre eine Schande, am Atlantik gewesen zu sein, ohne in den Früchten des Meeres zu schwelgen. Gehen Sie also zu **La Cabane à Huîtres** (62 rue Gambetta; cabane-a-huîtres.com), einer erstklassigen holzvertäfelten Austernbar mit gerade mal einem halben Dutzend Tischen. Hier haben Sie die Wahl zwischen diversen Austernarten, die Sie mit einem

Glas Egiategia genießen können, einem knackigen Weißen, der teilweise unter Wasser in einer nahen Bucht ausgebaut wird. Wenn Sie dann noch Appetit haben, gehen Sie rüber in die **Saline Ceviche Bar** (62 rue Gambetta; facebook.com/salinecevichebar; €€), einem gemütlichen Bistro, wo Fisch und Meeresfrüchte aus der nahen Bucht von St-Jean-de-Luz serviert werden.

**3** *Wenn die Nacht kommt* 21.30 Uhr

Bei warmem Wetter gibt es abends kein schöneres Plätzchen als das **Etxola Bibi** (Square Jean-Baptiste Lassalle; facebook.com/etxolabibi), ein nur in der Saison geöffneter Strandpavillon an dem steilen Hang, der den schönen Strand Côte des Basques begrenzt. Livemusik und Pétanque-Plätze locken die Einheimischen nach Sonnenuntergang hierher. Gesellen Sie sich auf einen leckeren Champagnercocktail einfach dazu. Wenn das Wetter nicht so gut ist, bietet sich das **Ventilo Café** (30 rue Mazagran; facebook.com/ventilocafe) in der Nähe des alten Hafens an, wo es ebenfalls viel Livemusik, von Rock bis akustischer Gitarre, gibt.

### SAMSTAG

**4** *Surferparadies* 10 Uhr

Die europäische Surferszene ist eng mit der Côte de Basques von Biarritz verbunden, aber erfahrene Surfer zieht es oft weiter südlich zur **Plage Marbella** (Cité de l'Océan, 1 avenue de la Plage), einem wil-

**GEGENÜBER** Die mächtigen Atlantikwellen locken Surfer aus der ganzen Welt nach Biarritz. Andere Gäste kommen wegen der Sandstrände und dem fast 100 Jahre alten Casino.

**RECHTS** In der Cabane à Huîtres, einer Austernbar mit dem Charme eines Strandpavillons, werden Austern geprüft.

deren Strandabschnitt, der über eine lange Treppe erreichbar ist. Steigen Sie in den Neoprenanzug, um es den anderen Surfern gleichzutun, oder sehen Sie dem Treiben auf den Wellen einfach zu. Bei schlechtem Wetter ist die nahe gelegene **Cité de l'Océan** (1 avenue de la Plage; la Milady; citedelocean.com) eine tolle Alternative, ein Meeresmuseum, in dem man mit einem VR-Simulator die baskische Brandung lebendig werden lassen kann.

**5** *Bon Burger* 13 Uhr

Der klassische Hamburger wird von einer neuen Gastrowelle aufgemischt, z. B. mit französischem Käse, lokalen Produkten und frisch gebackenen Buns. Der Unterschied lässt sich schmecken, ob im

**Bonheur** (30 avenue Victor Hugo; bonheurhamburger. com; €€), einer stylischen *Maison du Hamburger* mit einer leckeren Auswahl an französisch inspirierten Burgern, oder im **Le Comptoir à Burger** (62 rue Gambetta; +33 5 59 51 07 10; €€), der bei den Einheimischen als Le CAB bekannt ist. Ergattern Sie hier einen Tisch auf der Terrasse und genießen Sie richtig gute Burger mit Comté, Foie gras oder frischen Trüffeln.

**6** *Kaiserlich* 15 Uhr

Als Kaiser Napoleon III. und seine Gattin Kaiserin Eugénie vor über 150 Jahren nach Biarritz kamen, verwandelte sich das Fischerdorf Biarritz in ein elegantes Seebad. Davon zeugen die kaiserliche Sommerresidenz, das **Hôtel du Palais**, aber auch die **Chapelle Impériale** (15 rue des 100 Gardes; +33 5 59 22 37 10), eine Kapelle aus dem 19. Jahrhundert – ein Ziegelbau mit römisch-byzantinischen und maurischen Stilele-

**OBEN** Blick aufs Meer im Casino Barrière Biarritz, wo sich einst der europäische Hochadel an den Spieltischen vergnügte.

**LINKS** Etxola Bibi, ein Straßencafé mit Livemusik, Pétanque-Plätzen und leckeren Cocktails.

**GEGENÜBER OBEN** Die Grand Plage von Biarritz.

**GEGENÜBER UNTEN** Ein Laden auf der Rue Gambetta, der Einkaufsstraße für stilbewusste Shopper.

menten. Weiter geht es zur **Église Ste-Eugénie** (Place Ste-Eugénie; +33 5 59 24 07 43), einer großen neugotischen Kirche, deren höhlenartige Krypta für Ausstellungen mit zeitgenössischer Kunst genutzt wird.

### 7 *Lokale Inspiration* 17 Uhr

In Biarritz finden alle Künstler ausreichend Inspiration. Den Beweis findet man in zwei nebeneinanderliegenden Galerien in der 8 rue Gambetta. Die **Galerie d'Art Anne Broitman** (galeriegaab-biarritz. com) bietet zeitgenössische baskische Kunst, von Pop-Art-inspirierten Gemälden bis zu modernen Skulpturen. Eine Tür weiter zeigt die **Galerie Sylvain Cazenave** (facebook.com/sylvaincazenavegallery) Fotos, die die Entwicklung der Côte des Basques als Surfparadies dokumentieren.

### 8 *Grenzüberschreitendes* 19.30 Uhr

Nach Spanien sind es nur etwa 20 km in südwestlicher Richtung. Das erklärt auch, warum Tapas, die auf Baskisch *pintxos* heißen, hier genauso auf den Speisekarten zu finden sind wie französische Vorspeisen. Zu erleben sind diese kulinarischen Grenzüberschreitungen in den Bars und Cafés rund um die Markthalle Les Halles. Beginnen Sie bei **Les Contrebandiers** (20 avenue Victor Hugo; +33 5 59 24 02 27), einer coolen Weinbar, in der Landpastete mit knusprigem Baguette und Schinken aus dem spanischen Lekunberri serviert werden. Gehen Sie dann die

Straße runter zu **Le Comptoir du Foie Gras** (1 rue du Centre; facebook.com/cfgbiarritz), wo man an kleinen Tischen auf dem Gehweg sitzen und Pintxos mit Foie gras, Chorizo und Ziegenkäse genießen kann.

### 9 *Bar à Vin* 22 Uhr

Um sich zu erinnern, dass Sie in Frankreich sind, empfiehlt sich ein Schlummertrunk in der **L'Artnoa** (56 rue Gambetta; lartnoa.com), einer gut besuchten Weinbar mit grünen Wänden und grauem Marmortresen. Bestellen Sie ein Glas aus der ständig wechselnden Karte mit offenen Weißen, Roten, Rosés und Champagner. Oder wählen Sie einen der vielen Flaschenweine, die in den deckenhohen Regalen lagern.

dian. Bummeln Sie dann zu **Jazz the Glass** (Nr. 44; jazztheglass.fr), einem Laden, in dem es von besticken Kaftanen bis zu Gummibärchenlampen alles gibt.

**SONNTAG**

**10** *Boutique Bonanza* 11 Uhr

Die besten Boutiquen in Biarritz finden Sie alle in einer Straße: in der Rue Gambetta. Beginnen Sie im **EQ Concept Store** (Nr. 21; eq-love.com/en/content/12-concept-store), einem Laden für beauty-bewusste Surfer und Surferinnen, in dem es alles von Bikinis bis zu surfbrettförmigen Räucherstäbchenhaltern gibt. Weiter geht es zu **L'Etiquette** (Nr. 54; facebook.com/etiquettebiarritz) mit T-Shirts und Sweatshirts der baskischen Marke Loreak Men-

**11** *Zuckerhoch* 13 Uhr

In der 1872 eröffneten Patisserie **Miremont** (1 bis place Clémenceau; miremont-biarritz.fr) fällt die Entscheidung schwer. In dem Interieur mit Spiegelwänden und Kronleuchtern findet man unwiderstehliche Köstlichkeiten: Obsttorteletts, Cremetörtchen, Madeleines und Macarons in allen Farben und reihenweise Pralinen und Trüffeln. Im oberen Stock wird im luxuriösen *Salon de Thé* eine weitere Spezialität des Hauses serviert: heiße Schokolade mit Sahne.

**GEGENÜBER UND OBEN** Der Fels Rocher de la Vierge mit der Marienstatue und windumwehte Klippen.

---

**BASICS**

Flüge nach Biarritz gibt es von größeren europäischen Flughäfen. Das Stadtzentrum ist klein und gut zu Fuß zu erkunden. Für Trips außerhalb der Stadt empfiehlt sich ein Mietwagen.

**Hôtel de Silhouette**
30 rue Gambetta
+33 5-59 24 93 82
hotel-silhouette-biarritz.com
€€
*Helles, modernes Boutiquehotel in einem Gebäude aus dem 17. Jahrhundert in der Nähe der Markthalle Les Halles. Das saisonal geöffnete Restaurant hat auch Plätze im Außenbereich.*

**Hôtel du Palais**
1 avenue de l'Impératrice
+33 5 59 41 64 00
hotel-du-palais.com
€€€€
*Ehemalige Sommerresidenz von Kaiser Napoleon III. und Kaiserin Eugénie, heute Luxushotel in unmittelbarer Strandnähe.*

Golf von Biskaya
Phare de Biarritz
AVE. REINE VICTORIA
**1** Rocher de la Vierge
Galerie d'Art Anne Broitman
Grande Plage
**6** Chapelle Impériale
Église Ste-Eugénie
AVE. EDOUARD VII
R. DE FRIAS
Miremont
Ventilo Café
**7**
**11**
Galerie Sylvain Cazenave
AVE. DE VERDUN
Le Comptoir du Foie Gras
Les Halles
Detail
**8** Les Contrebandiers
1/8 Meile
1/4 Kilometer
AVE. VICTOR HUGO
**5** Bonheur
Hôtel de Silhouette
R. D'ESPAGNE
Golf von Biskaya
Phare de Biarritz
EQ Concept Store **10**
R. DE LA FONTAINE
R. GAMBETTA
**Biarritz**
Hôtel du Palais
Detail
**Jazz the Glass**
R. DULER
GROSSBR.
Paris
FRANKREICH
**3** Etxola Bibi
L'Etiquette
**9** L'Artnoa
Golf von Biskaya
Biarritz
**4** Plage Marbella
D810
Le Comptoir à Burger
Saline Ceviche Bar
**2** La Cabane à Huîtres
SPANIEN
Cité de l'Océan
1/4 Meile
1/2 Kilometer
FRANKREICH

# Römisches Frankreich

*Spuren der römischen Zivilisation finden sich über ganz Frankreich verteilt, etwa die Reste eines Bades im Musée de Cluny in Paris oder antike Ruinen in Lyon, das als Lugdunum Provinzhauptstadt von Gallien war. Das römische Kulturerbe erschließt sich heute am besten im Süden. Um 125 v. Chr. besetzten die Römer Frankreichs Mittelmeerregionen. Hier entwickelte sich als Mischung aus römischem und lokalem Lebensstil eine Zivilisation mit eigenem Charakter, die beide Seiten nachhaltig prägte. Vergessen Sie für einen Moment die Lavendelfelder der Provence, die Strände der Riviera und die Bouillabaisse in Marseille. Im Südosten Frankreichs ist das alte Rom fast so präsent wie in Rom selbst, mit Tempeln, Theatern, Amphitheatern, Aquädukten, Monumenten, Mosaiken, Triumphbögen und vielen Alltagsobjekten.* – ELAINE SCIOLINO

### FREITAG

### 1 *Über den Fluss* 14 Uhr

Der **Pont du Gard** (400 route du Pont du Gard in Vers-Pont-du-Gard; +33 4 66 37 50 99; pontdugard.fr) aus dem 1. Jahrhundert ist mit seinen in drei Etagen angeordneten Bögen das prägnanteste römische Bauwerk in Frankreich und mit einer Höhe von 16 Stockwerken das höchste römische Aquädukt. Er gilt wie der Eiffelturm als ein nationales Symbol. Sobald Sie das Besucherzentrum passiert haben, nehmen Sie auf einer Bank am Ufer des Gardon (Gard) Platz und lassen die geniale Architektur und Ingenieurskunst des Aquädukts auf sich wirken. Die Kalksteinblöcke stammen aus einem nahen Steinbruch und wurden weitgehend ohne Mörtel zusammengefügt. Unter Ausnutzung der Schwerkraft transportierte das Aquädukt frisches Wasser von Uzès ins 50 km entfernte Nîmes. Ein Fußweg bringt Sie zu Ruinen in einer typischen Garrigue-Landschaft mit niedrigen Eichen, Lorbeer- und Wacholdersträuchern.

### 2 *Augustus' Stadt* 20 Uhr

**Nîmes** (ot-nimes.fr), Zentrum des römischen Galliens, war damals eine der größten Städte und zählt heute rund 150 000 Einwohner. Kaiser Augustus gründete die Stadt und wies seinen Veteranen dort Land zu. Heute präsentiert sich Nîmes mit einer über die Stadt verteilten Kollektion gut erhaltener römischer

Ruinen, die nicht nur die moderne Stadt, sondern auch die jüngere „Altstadt" mit ihren Gassen in den Hintergrund drängen. Doch erst einmal genießen Sie das Abendessen in **Aux Plaisirs des Halles** (4 rue Littré, Nîmes; +33 4 66 36 01 02; auxplaisirsdeshalles.com; €€€), am besten im Innenhof. Das elegante Bistro bietet ein üppiges regionales Menü, lokale Weine und als Spezialität Bouillabaisse.

### SAMSTAG

### 3 *Zwischen Tempel und Turm* 9 Uhr

Besuchen Sie in einem Schnelldurchgang einige Wahrzeichen von Nîmes. Das Stadtzentrum wird seit 2000 Jahren von der **Maison Carrée** (maisoncarree.eu) dominiert, einem fast perfekt erhaltenen römischen Tempel. Der frisch gereinigte Kalkstein strahlt in der Nachmittagssonne so hell, dass manche Einheimische schon reklamiert haben, das Ganze sehe zu neu aus. Das von Norman Foster entworfene Museum für zeitgenössische Kunst liegt jenseits des Platzes am ehemaligen Forum und greift geschickt Elemente des Tempels auf. Weitere lohnende Stopps bilden die römischen Tore, der in einer Gartenanlage versteckte Dianatempel und die Tour Magne, ein mächtiger Turm der Stadtbefestigung mit gutem Rundblick.

**GEGENÜBER** Der imposante Pont du Gard, das höchste römische Brückenaquädukt, wurde im 1. Jahrhundert n. Chr. erbaut, um Wasser nach Nîmes zu leiten.

**UNTEN** Fries im archäologischen Museum von Arles. Viele der Artefakte wurden von Tauchern in der Rhône entdeckt.

![Frau hält einen großen roten Fächer in einem antiken Tempel in Nîmes]

**4** *Auftritt der Gladiatoren* 11 Uhr

Nehmen Sie sich Zeit für die Hauptattraktion, das **Amphitheater von Nîmes** (arenesnimes.com). Die teilweise restaurierte Arena ist besser erhalten als ihr deutlich größeres Vorbild, das Kolosseum in Rom. Geschützt durch darüber errichtete Gebäude, überstand das Amphitheater die Jahrhunderte, bevor es zu Zeiten Napoleons wieder ans Licht geholt wurde. Einst kämpften hier Gladiatoren, heute werden dem Publikum nachgestellte Gladiatorenspiele, Stierkämpfe und Konzerte geboten. Buchen Sie eine Führung, die erklärt, durch welche Türen die wilden Tiere eingelassen wurden und wie man damals ein riesiges Sonnensegel zum Schutz der Zuschauer aufgezogen hat.

**5** *Blick auf die Arena* 13 Uhr

**Chez Hubert** (2 boulevard des Arènes, Nîmes; +33 4 66 67 68 69; €€) liegt direkt auf der anderen Straßenseite. Ein gut positionierter Tisch auf dem Trottoir bietet eine perfekte Aussicht auf die großartige Arena. Genießen Sie neben dem wunderbaren Blick auch einen Salat oder das dreigängige Mittagsmenü.

**6** *Wand des Augustus* 15 Uhr

Die Fahrt nach Orange, eine ebenfalls von Legionären gegründete Stadt, dauert rund 40 Minuten. Besuchen Sie dort das faszinierende **antike Theater von Orange** (theatre-antique.com) aus dem 1. Jahrhundert. Das Besondere ist die Fassade des Bühnenhauses, eines der schönsten Werke römischer Architektur, das die Jahrhunderte überlebt hat. Auch mit narbig verwitterten Steinen reckt sich die Mauer kühn empor und bestätigt Ludwig XIV., der sie als „die schönste Mauer in meinem Königreich" bezeichnete. In einer Nische steht hoch oben eine Statue von Kaiser Augustus, davor sind Sitzreihen direkt in den Hügel geschlagen. Die Akustik ist hervorragend.

**OBEN** Modernes Leben – in Form einer Performance mit Fächern – in einem antiken Tempel in Nîmes.

**LINKS** Im Amphitheater von Nîmes, wo einst Gladiatoren kämpften, finden heute Stierkämpfe und Aufführungen statt.

### 7 *Teil des Publikums* 19 Uhr

Machen Sie es wie die Gallorömer und besuchen Sie eine Vorstellung in den antiken Spielstätten. Im Theater von Orange werden beim dreiwöchigen Sommerfestival (choregies.fr) Konzerte und Opern dargeboten. Bei einer Aufführung von *Carmen* war das Publikum wie versteinert, als die 30 m hohen Schatten der Sänger über die Bühnenfassade tanzten. Das Theater zeigt auch inszenierte Gladiatorenkämpfe, Prozessionen und antike Olympische Spiele. Im August findet in Arles an antiken Schauplätzen das Theaterfestival (festival-arelate.com) statt. Auch in der Arena in Nîmes gibt es zahlreiche Veranstaltungen.

### SONNTAG

### 8 *Vor Vincent* 9 Uhr

Beginnen Sie den Tag mit einem Spaziergang durch **Arles** (arlestourisme.com). Hier malte Vincent van Gogh einige seiner leidenschaftlichsten Bilder. Außerdem gibt es ein antikes Amphitheater (arenes-arles.com), ein teilweise erhaltenes römisches Theater und eine unterirdische Gewölbegalerie, die einst die Promenade rund ums Forum trug.

### 9 *Schätze aus dem Schlamm* 11 Uhr

Am Ufer der Rhône präsentiert das **Musée Départemental Arles Antique** (avenue 1ère Division de la France Libre, avenue Jean Monnet, Arles; +33413315103; arles-antique.cg13.fr) in einem modernen Gebäude eine Sammlung römischer Artefakte mit Schmuck, Mosaiken und Kunst. Einige der Exponate wurden von Tauchern im Schlamm am Grund der Rhône aufgespürt.

### 10 *Sonntagslunch* 13 Uhr

Für ein Mittagessen empfiehlt sich das **La Chassagnette** (Le Sambuc, Arles; +33490972696; chassagnette.fr; €€€€), wo man u.a. Seehecht mit

**GANZ OBEN** Posieren zwischen Säulen im Theater von Arles.

**OBEN** Ein Café vor dem Amphitheater in Nîmes.

Aioli und Gemüse aus dem eigenen Biogarten serviert. Oder Sie gehen – wie früher van Gogh – ins Bistro **Le Galoubet** (18 rue du Docteur Fanton, Arles; +33 4 90 93 18 11; €€€), um Artischocken mit köstlicher Fleischfüllung zu genießen.

**11** *Bewegung in Stein* 15 Uhr
Fahren Sie die rund 25 km von Arles nach **Saint-Rémy-de-Provence**. Am Stadtrand findet man ein 20 m hohes Mausoleum, eines der besterhaltenen

aus römischer Zeit, sowie einen Triumphbogen (saintremy-de-provence.com/sites-and-museums). Ein Relief an seiner Basis zeigt sehr bewegt ein sich aufbäumendes Pferd, das zu tanzen scheint. Ein gestürzter Kämpfer wird ganz plastisch bei seinem Bemühen gezeigt, wieder auf die Beine zu kommen. In der Nähe liegen die Ruinen der Römerstadt Glanum. Hier kann man unter Olivenbäumen picknicken und entlang imaginärer Straßen durch die Reste von Brunnen, Geschäften, Bädern und Häusern streifen.

**OBEN** Das Amphitheater von Nîmes.

**GEGENÜBER** In der Römerstadt Glanum spaziert man durch die Reste von Brunnen, Geschäften, Bädern und Häusern.

---

**BASICS**

Nehmen Sie den TGV von Paris nach Nîmes und mieten Sie vor Ort ein Auto.

**Hôtel Marquis de la Baume**
21 rue Nationale, Nîmes
+33 4 66 76 28 42
bookinnfrance.com/fr/
hotel-marquis-de-la-baume-nimes
€€
*Stadtvilla mit Hof, Treppenhaus des 17. Jahrhunderts und einem Frühstücksraum mit Gewölbe.*

**Les Cabanes Oxyzen**
80 Impasse du Couchant, Nîmes
+33 4 66 84 99 80
chambres-hotes-nimes.com
€€
*Lauschiger Ort mit drei Bungalows und Pool, nur eine kurze Fahrt vom Maison Carrée entfernt.*

**Hôtel Jules César**
9 boulevard des Lices, Arles
+33 4 90 52 52 52
hotel-julescesar.fr
€€
*Kloster aus dem 17. Jahrhundert; ruhige Zimmer zum Kreuzgang.*

Paris
**FRANKREICH**
Lyon
**Detail**
Marseille

Théâtre Antique d'Orange **6** Orange
Uzès
**RÖMISCHES FRANKREICH**
Vers-Pont-du-Gard
Avignon
**1**
Les Cabanes Oxyzen
Pont du Gard
**11** Saint-Rémy-de-Provence
**2**
*Rhône*
Nîmes
Glanum
**LANGUEDOC**
**8**
Arles
*PROVENCE*
La Chassagnette **10**

10 Meilen
15 Kilometer

Tour Magne
*RUE NATIONALE*
Dianatempel
Aux Plaisirs des Halles
Hôtel Marquis de la Baume
**3** Maison Carrée
Chez Hubert **5**
**Nîmes**
*BLVD. DES ARÈNES*
**4** Amphitheater von Nîmes

*Rhône*
Le Galoubet
Hôtel Jules César
Musée Départemental Arles Antique
**9**
**Arles**

# Aix-en-Provence

*In Aix-en-Provence kommt man gut ohne das Wort vitesse – Tempo – zurecht. In der sonnendurchtränkten, unbeschwerten Stadt von Paul Cézanne und Émile Zola ist Schnelligkeit eher ungewöhnlich. Ganz entspannt schlendern Museumsbesucher und Markteinkäufer durch die Straßen, in denen Springbrunnen ihr Wasser versprühen. In weiße Gewänder gehüllt, entspannen Einheimische in den berühmten Bädern der Stadt, die gespeist werden aus schon von den Römern erschlossenen Thermalquellen. Gegen Abend gönnt man sich einen Pastis oder ein Glas Rosé auf einer Caféterrasse, bevor man das dreigängige Menü mit dem Rinderschmortopf Daube de bœuf provençale genießt. Lenteur – Langsamkeit – ist hier im Süden das wichtigere Wort.* – SETH SHERWOOD

## FREITAG

**1** *Lokales Angebot* 17 Uhr

Abseits des breiten Cours Mirabeau lernen Sie bei einem Bummel durch die kleinen Geschäfte in der Altstadt von Aix-en-Provence die Stadt kennen und finden alles zur Ausstattung Ihres Heims im südfranzösischen Stil. **La Compagnie de Provence** (63 rue des Cordeliers; +33 4 42 27 37 41; compagniedeprovence. com) bietet in minimalistisch-coolen Räumen hochwertige Kosmetikprodukte aus regionalen Rohstoffen, etwa Rasierseife aus Olivenöl, Handcreme aus Kirschen und eine Flüssigseife mit Feigen. In den benachbarten Läden kommen Frankreichliebhaber auf ihre Kosten. Hier findet man alles, was man zur Umsetzung seiner Peter-Mayle-Fantasien braucht: gerahmte Drucke von Lavendelpflanzen, Käsemesser, Holztabletts und vieles mehr. Wenn Sie mit dem Mietwagen angereist sind, markieren Sie Ihren Parkplatz im Stadtplan, sonst kommen Sie vor lauter Autosuchen zu spät zum Abendessen.

**2** *Ein Fest für die Ohren* 20.30 Uhr

Zum Rindfleisch Bossa nova? Zur Ente Jazz? Im **Ô Zen Le Passage** (10 rue Villars; +33 4 42 37 09 00;

le-passage.fr; €€–€€€€), einem der reizvollsten Lokale in Aix, wird Freitagabend Livemusik geboten. Das 2004 in einer ehemaligen Fabrik eröffnete Restaurant mit französisch-mediterraner Küche mischt neuindustrielle (frei liegende Träger und Röhren) mit gemütlichen Elementen (Kerzenlicht und Plüschsofas). Die in der Pfanne gebratene Foie gras wird serviert mit knuspriger Kruste aus Gewürzbrotkrumen und gedünsteten Erdbeeren in Balsamicoessig, die mächtige Scheibe Kalbfleisch kam mit Kartoffelgratin, überbacken mit Beaufort-Käse.

**3** *Ein Bier in der Provence* 22 Uhr

Viele illustre Besucher – unter anderem Édith Piaf, Jean Cocteau, Pablo Picasso, Jean-Paul Sartre – haben im **Les Deux Garçons** (53 cours Mirabeau; +33 4 42 26 00 51; lesdeuxgarcons.fr), dem beliebtesten Terrassencafé von Aix, vorbeigeschaut. Das seit 1792 bestehende Lokal im Schatten von Platanen am prächtigen Cours Mirabeau ist der ideale Ort, um am späten Abend ein kühles Bier oder ein frisches Glas Bandol Rosé zu trinken, während man die beeindruckenden alten Häuser und die abendlichen Spaziergänger betrachtet.

## SAMSTAG

**4** *Wasser, überall Wasser* 11 Uhr

Rund zwei Jahrtausende nachdem die Römer in Aix ihre Thermen erbauten, lassen es sich gesundheitsbewusste Gäste noch immer in den heilenden Wassern gut gehen. Heute verwöhnen die **Thermes Sextius** (55 avenue des Thermes; +33 4 42 23 81 82;

GEGENÜBER Aix-en-Provence, eine sonnige Stadt mit heißen Quellen, schattigen Plätzen und Cézanne.

RECHTS Im 1792 eröffneten Café Les Deux Garçons waren schon Picasso, Édith Piaf, Jean Cocteau und Jean-Paul Sartre.

thermes-sextius.com), ein riesiger moderner Bade-komplex, die Besucher. In der Lobby sind unter Glas-fußböden die Reste der antiken Bäder sichtbar. Das Angebot reicht von Behandlungen mit warmen Steinen bis zu heißen Schlammumschlägen, doch die Hydro-therapie ist der eigentliche Renner. Gönnen Sie Ihrem Rücken eine Behandlung mit Mandelöl und Hydro-massage. Das warme Wasser bewirkt eine tiefe Ent-spannung des Körpers. Im Voraus buchen.

### 5 *Wie bei Großmutter* 13 Uhr

Wer keine französische Großmutter hat, dem bleibt wenigstens das **Chez Féraud** (8 rue du Puits Juif; +33 4 42 63 07 27; €€€€). Im rustikalen Speisesaal des efeubewachsenen Restaurants kann man Soupe au pistou, Daube de bœuf und andere Klassiker der südfranzösischen Hausmannskost verzehren. Zum Abschluss gibt es einen provenzalischen Eisbecher mit gedünsteten warmen Feigen und Karamelleis.

### 6 *Verwirrende Formen* 15 Uhr

Schützen Sie Ihre Augen und holen Sie die Erlaub-nis Ihres Psychiaters ein, bevor Sie die wabenartig ineinanderverschachtelten Galerien der **Fondation Vasarely** (1 avenue Marcel Pagnol; +33 4 42 20 01 09; fondationvasarely.org) betreten. Das futuristische Museum wurde in den 1970er-Jahren von dem aus Un-garn stammenden Anführer der Op-Art-Bewegung, Victor Vasarely, gegründet. Es verwirrt Netzhaut und Gehirn: Stellen Sie sich die irritierenden Ent-würfe von M. C. Escher in der Dimension einer Ka-thedrale vor.

### 7 *Gemütlich speisen* 20 Uhr

Versteckt im Hof eines großen alten Stadthauses liegt auf der anderen Seite des Cours Mirabeau mit den touristengefüllten Cafés und Restaurants ein Lieblings-lokal der Einheimischen: das **Côté Cour** (19 cours Mi-rabeau; +33 4 42 93 12 51; restaurantcotecour.fr; €€€€). Einige Tische sind im Freien, andere in einem Glas-pavillon. Küchenchef Ronan Kernen, der durch die französische Ausgabe des TV-Kochwettbewerbs *Top*

*Chef* bekannt geworden ist, begeistert seine vielen Stammgäste mit Gerichten wie Perlhuhn mit Pinien-kernkruste auf Pilz-Shortbread oder den „Gerichten meiner Großmutter".

### 8 *Highlife* 24 Uhr

Empfehlung an die Ladys: die Fußnägel lackie-ren, dann die schicksten offenen Pumps anziehen und an die Bar im **La Rotonde** (2A place Jeanne d'Arc; +33 4 42 91 61 70; larotonde-aix.com) stolzieren. Hier, im angesagtesten Hotspot der Stadt Aix, drän-gen sich in schwül-sinnlicher Atmosphäre aufgebre-zelte Frauen und Männer in teuren Sakkos, um bei einem Mojito oder Cosmopolitan den langen Abend zu beginnen. Dann geht's die Treppen hinab in die bunkerartigen Räume des **Le Mistral** (3 rue Frédéric Mistral; +33 6 74 63 04 92; mistralclub.fr) mit einer ex-plosiven Mischung aus Champagner und Bässen.

### SONNTAG

### 9 *Hochgenuss* 10 Uhr

Wer auf Diät ist, sollte besser im Bett liegen bleiben. Berge von Auberginen, Stapel von Honig-gläsern, Ziegenkäse in allen Reifegraden – der Markt an der **Place Richelme** ist ein Gourmetparadies und bringt alle Diätvorsätze ins Wanken. Die Südseite des Platzes ist ein provenzalisches Füllhorn. Oliven-öl, Tapenade, Anchovis, Tintenfischsalat und sonnen-getrocknete Tomaten gehören zu den vielen Produk-ten, die man in den kleinen Läden findet, die auch als edle Feinkostgeschäfte durchgehen könnten. Hier können Sie sich ein mehr als passables Frühstück mit

knusprigem Baguette, leckerer Salami und Senf besorgen. Bestimmt kriegen Sie hier auch ein praktisches Messer, um Brot und Wurst zu schneiden. Das Mandelkonfekt Calissons ist eine Spezialität aus Aix. **Calissoun** (9 avenue du Dr. Bertrand; +33 4 42 63 11 51; calissoun.com) stellt sie in hervorragender Qualität mit Lavendel- und anderen Aromen her.

**10** *Suche nach Cézanne* 12 Uhr

Picasso sagte einmal über Cézanne: „Er war zu allen wie ein Vater." Picasso kaufte sich im nahen Vauvenargues ein Schloss. Cézanne, den es immer wieder nach Aix zurückzog, starb in seiner Geburtsstadt. Das **Musée Granet** (Place St-Jean-de-Malte; +33 4 42 52 88 32; museegranet-aixenprovence.fr) präsentiert stolz einige wichtige Bilder Cézannes und Werke von Rembrandt, Rubens, Klee, Léger,

Mondrian und Giacometti. Um noch mehr über Cézanne und seine Verbundenheit mit der Region zu erfahren, buchen Sie über das Fremdenverkehrsbüro (300 avenue Giuseppe Verdi; +33 4 42 16 11 61; aixenprovencetourism.com) einen Besuch in seinem Atelier **Les Lauves** (9 avenue Paul Cézanne; +33 4 42 21 06 53; atelier-cezanne.com) und seinem Elternhaus **Jas de Bouffan** (17 route de Galice; +33 4 42 16 11 61). Oder Sie wandern zum **Steinbruch von Bibémus** (aixenprovencetourism.com/de/sehen/die-statten-cezannes/), um auf den Montagne Sainte-Victoire zu blicken, den der Künstler oft malte.

**GEGENÜBER OBEN** Provenzalische Produkte auf dem Markt.

**GEGENÜBER UNTEN** Die Fondation Vasarely verwirrt die Sinne mit ihren geometrischen Op-Art-Elementen.

## BASICS

Aix-en-Provence ist gut mit dem Hochgeschwindigkeitszug TGV vom Gare de Lyon in Paris zu erreichen.

**Hôtel de France**
63 rue Espariat
+33 4 42 27 90 15
hoteldefrance-aix.com
€–€€
*Ideal für alle, die mitten im Zentrum mit seinen Bars und Cafés logieren wollen.*

**Hôtel du Globe**
74 cours Sextius
+33 4 42 26 03 58
hotelduglobe.com
€
*Einfache, saubere Zimmer, freundliches Personal, gut gelegen.*

**Villa Gallici**
18 avenue de la Violette
+33 4 42 23 29 23
villagallici.com
€€€€
*In exklusiver Hanglage mit der Pracht vergangener Zeiten. Herrlicher Pool.*

Thermes Sextius
— RUE GASTON DE SAPORTA
1/8 Meile
1/5 Kilometer
Hôtel du Globe
AVE. DES THERMES
Chez Féraud
COURS ST-LOUIS
La Compagnie de Provence
RUE DES CORDELIERS
RUE DU PUITS JUIF
Aix-en-Provence
COURS SEXTIUS
Place Richelme
La Rotonde
Côté Cour
PETITE RUE ST-JEAN
Hôtel de France
COURS MIRABEAU
PL. JEANNE D'ARC
Les Deux Garçons
Le Mistral
RUE ESPARIAT
RUE FRÉDÉRIC MISTRAL
Fremdenverkehrsbüro
Ô Zen Le Passage
RUE DU 4 SEPTEMBRE
Musée Granet
AVE. DES BELGES
RUE VILLARS
BLVD. DU ROI RENÉ —

Aix-en-Provence
FRANKREICH
Vauvenargues
1 Meile
2 Kilometer
Calissoun
Les Lauves
Villa Gallici
D10
MONT SAINT-VICTOIRE
Jas de Bouffan
Steinbruch von Bibémus
Detail
D17
Paris
E80
A8
ROUTE DE CÉZANNE
FRANKREICH
Aix-en-Provence
Fondation Vasarely
Mittelmeer

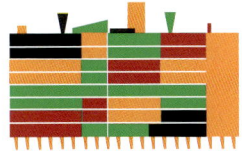

# Marseille

*Marseille ist nicht Paris. Die zweitgrößte Stadt Frankreichs hat keine herausragenden Monumente oder renommierte Küchenchefs zu bieten. Aber dank seiner prädestinierten Lage am Mittelmeer kann sich Marseille einer besonderen Kombination aus viel Sonnenschein, endlosen Stränden und einem ethnischen Mix aus Franzosen, Nordafrikanern, Italienern, Korsen und Armeniern erfreuen, was ein einzigartiges Flair schafft. Das übrige Frankreich spricht zu Recht vom „planète Mars". Und Marseille, das für die bahnbrechende Architektur Le Corbusiers bekannt ist, hat sein Gesicht in den letzten Jahren durch die Umgestaltung der Hafenbereiche mit einladenden Plätzen, neuen Museen und anderen Gebäuden stark verändert.* – SETH SHERWOOD

## FREITAG

**1** *Der neue Alte Hafen* 14 Uhr

Marseille war ein maritimes Zentrum, seit sich die Griechen in der Antike dort ansiedelten. Das neue Gesicht der Stadt zeigt sich mitten im alten Herzen, dem Vieux Port. Durch die Ernennung zur Europäischen Kulturhauptstadt 2013 wurden öffentliche und private Mittel lockergemacht, um die maroden Werften und heruntergekommenen Gebäude durch neue Strukturen zu ersetzen. Schlendern Sie über die neuen Plazas und Esplanaden. Der schicke Pavillon mit dem hochglanzpolierten Stahldach auf acht schlanken Pfeilern nach Plänen von Foster & Partners dient als Sonnenschutz. Die beiden neuen Gebäude, die das einst verlassene J4-Pier dominieren, sind das MuCEM, das **Museum der Zivilisationen Europas und des Mittelmeerraums**, ein grauer Würfel von Rudy Ricciotti, und die weiße **Villa Méditerranée**, ein Konferenzzentrum und Ausstellungsräume über reflektierendem Wasserbassin nach Plänen von Stefano Boeri. Von beiden Gebäude hat man einen tollen Panoramablick auf die Stadt und das Meer.

**2** *Schätze im Würfel* 15 Uhr

Das **MuCEM** (7 promenade Robert Laffont; +33 4 84 35 13 13; mucem.org) sieht mit seiner Fassade aus einem filigranen Netz aus Beton, dem aquamarinblauen Hintergrund des Mittelmeeres und einer Fußgänger-Hängebrücke, die das Museum mit der benachbarten Festung St-Jean aus dem 12. Jahrhundert verbindet, nicht nur spektakulär aus, sondern hat auch innen was zu bieten: Es ist das erste nationale Museum außerhalb von Paris, dessen Sammlung die Geschichte der Zivilisationen Europas und des Mittelmeerraums dokumentiert mit Exponaten von ethnografischen Zeichnungen bis hin zu historischen Gewändern und Schmuck. Besichtigen Sie Kunst und Artefakte auf den drei Etagen und statten Sie unbedingt auch der Dachterrasse einen Besuch ab.

**3** *Ritt auf den Wellen* 17 Uhr

Genießen Sie das Meer und die schroffe Felsenküste bei einer einstündigen Schiffstour der **Croisières Marseille Calanques** (1 La Canebière, Vieux Port; +33 4 91 58 50 58; croisieres-marseille-calanques. com). Man gleitet vorbei an den Festungen St-Jean und St-Nicolas und an der Cathédrale de la Major. Dann wird die Île d'If mit dem Château d'If umrundet. Die Festung aus dem 16. Jahrhundert ist als Gefängnis aus *Der Graf von Monte Christo* berühmt.

**4** *Supersuppe* 20 Uhr

Das bekannteste Gericht aus Marseille dürfte wohl die Bouillabaisse sein. Allerdings erhält man sie in relativ wenigen Restaurants. An der Nordseite des Alten Hafens jedoch, am quai du Port, findet man einige Bouillabaisse-Restaurants, und eines der besten ist das **Restaurant Miramar** (12 quai du Port; +33 4 91 91 10 40; lemiramar.fr; €€€€). Wer eine Bouilla-

**GEGENÜBER** Das Museum der Zivilisationen Europas und des Mittelmeerraums (MuCEM).

**RECHTS** Sprung ins Mittelmeer bei Marseille.

baisse bestellt, braucht keine Vorspeise, denn hier ist die Bouillabaisse eine abendfüllende zweigängige Angelegenheit: Zunächst wird eine große Schüssel mit einer pikanten Meeresfrüchte-Bisque serviert. Wenn man genug gegessen hat, nimmt der Kellner die Schüssel mit und bringt sie wenig später bestückt mit wunderbarem Fisch und Meeresfrüchten und aufgefüllt mit Brühe wieder zurück.

### SAMSTAG

**5** *Strandausflug* 10 Uhr

Marseille bietet an seiner Küste zahlreiche Strände. Der Sandstrand Plage des Catalans und die Plage du Prado mit feinem Kies sind meist überlaufen, doch dazwischen gibt es ein ruhiges Plätzchen auf dem felsigen Vorsprung unterhalb des Restaurants **Le Petit Nice Passédat**. Fahren Sie vom Vieux Port im Bus Nr. 83 bis Anse de la Fausse Monnaie. Von dort gehen Sie über eine Passage von der Straße zum Bootshafen und um die Landspitze weiter nach rechts. Auf den Felsen kann man in Ruhe Wellen betrachten.

**6** *Déjeuner auf Italienisch* 12 Uhr

Man muss schon nach Italien reisen, um ein so authentisches und hervorragendes Restaurant wie **La Cantinetta** (24 cours Julien; +33 4 91 48 10 48; restaurantlacantinetta.fr; €€€) zu finden. Die an der Decke hängenden Schinken werden auf einer von Hand betriebenen Maschine aus Parma hauchdünn aufgeschnitten, der cremige Mozzarella stammt von der Milch einer besonderen Rinderrasse aus Apulien. Am besten im schönen Garten reservieren. Danach

schlendern Sie zum Shoppen durch die Rue Sainte. Der Name **American Vintage** (10 rue Sainte; +33 4 91 33 02 26; american-vintage-store.com) ist irreführend, denn die Marke ist aus Marseille und verkauft neue Ware. **Sessun** (6 rue Sainte; +33 4 91 52 33 61; sessun.com) setzt auf gewagtere Farben und Designs. Accessoires finden Sie bei **Kothai** (53 rue Sainte; +33 4 91 33 55 26; kothai.fr), wo unter anderem Ledertaschen mit aufgedruckten Fotomotiven angeboten werden.

**7** *Césars Palast* 16 Uhr

Der Herrscher über Marseilles Kunstszene war der verstorbene César Baldaccini, kurz „César" genannt. Sein Tempel ist das **Musée d'Art Contemporain** (69 avenue de Haïfa; +33 4 91 25 01 07; culture.marseille.fr/musees/musee-dart-contemporain-mac) mit neckischen neorealistischen Skulpturen wie etwa zerbeulten Autos oder klebrigen Pfützen. Auch die anderen Künstler, darunter Jean-Michel Basquiat und Dieter Roth, sind durchaus eigenwillig.

**8** *Designer-Dinner* 20 Uhr

Im **Le Ventre de l'Architecte** (280 boulevard Michelet; +33 4 91 16 78 23; hotellecorbusier.com; €€€€) machen regelmäßig talentierte Köche einige Jahre Station, um dann ihre Karrieren andernorts fortzusetzen. Das Hotelrestaurant in einem von Le Corbusier entworfenen Gebäude ist modern und minimalistisch eingerichtet, und die Gäste werden mit einem schönen Blick auf das Mittelmeer verwöhnt. Die ausgefallene Speisekarte wechselt täglich.

**9** *Hochprozentig* 22.30 Uhr

Protzig, stilbewusst, raffiniert – so gibt sich das Nachtleben in Marseille. Aber das **Victor Café** in der Lobby des New Hotel of Marseille (71 boulevard Charles Livon; +33 4 88 00 46 00; victorcafemarseille.com) und die Bar **Le Carré** in der Lobby des Sofitel Vieux Port (36 boulevard Charles Livon; +33 4 91 15 59 56; sofitel.com) versuchen es mit einem Schuss zusätzlichen Luxus. Mit pinkfarbener Innenbeleuchtung und

**LINKS** Touristen auf einem Sightseeingboot im alten Hafen von Marseille. Die Stadt ist seit der Besiedelung durch die Griechen der Antike ein maritimes Zentrum.

**GEGENÜBER** Gefrorene Köstlichkeiten bei Le Glacier du Roi.

einem grün schimmernden Pool draußen bietet das Victor Café ein farbenprächtiges Ambiente zum Ricard, dem bekannten Anisschnaps aus Marseille. Lassen Sie sich auf der anderen Straßenseite in eine Couch sinken, ordern Sie einen Margarita Especial und hören Sie den Livesängern zu.

### SONNTAG

**10** *Mumien und Eiscreme* 11 Uhr

Das Quartier du Panier mit seinen gepflasterten Straßen, schattigen Plätzen und pastellfarbenen Häusern lädt zum Bummeln ein. Früher lebten hier Seeleute, im 20. Jahrhundert zogen Einwanderer aus Italien, Korsika und Algerien hierher, und heute ist es bei jungen Berufstätigen und Künstlern beliebt. Schlendern Sie durch die engen Sträßchen und gön-

nen Sie sich ein Eis bei **Le Glacier du Roi** (4 place de Lenche; +33 4 91 91 01 16; leglacierduroi.com).

**11** *Manche mögen's heiß* 13 Uhr

Versteckt in einer Allee am Vieux Port liegt das **Zein Oriental Spa** (16 quai Rive Neuve; +33 4 91 59 11 11; marseille.zeinorientalspa.fr), ein klassischer Hamam mit modernem Spa-Bereich. Fliesen im orientalischen Stil, der Duft von Gewürzen und dezente arabische Electromusik verbreiten eine Atmosphäre von *1001 Nacht*. Studieren Sie das Angebot an Spa-Anwendungen und lassen Sie sich verwöhnen.

### BASICS

Marseille ist per Bahn, Flugzeug oder über die Autobahn gut zu erreichen. Die Stadt bietet ein Netz aus Bus-, Straßenbahn- und U-Bahn-Linien.

**InterContinental Marseille Hôtel Dieu**
1 place Daviel
+33 4 13 42 42 42
marseille.intercontinental.com
€€€
*In einem großen Bau aus dem 12. Jahrhundert.*

**Mama Shelter Marseille**
64 rue de la Loubière
+33 4 84 35 20 00
mamashelter.com/fr/marseille
€€
*Fröhlich, stylisch und angesagt.*

**Hôtel La Résidence du Vieux Port**
18 quai du Port
+33 4 91 91 91 22
hotel-residence-marseille.com
€€–€€€
*Von Le Corbusier inspiriertes Design.*

1/4 Meile
1/2 Kilometer

Cathédrale de la Major

*RUE DE LA RÉPUBLIQUE*

**Marseille**

*LA CANEBIÈRE*

Villa Méditerranée **1**

LE PANIER

InterContinental Marseille Hôtel Dieu

Hôtel La Résidence du Vieux Port

MuCEM **2**

**10** QUAI DU PORT

Restaurant Miramar **4**

LA PLAINE

Festung St-Jean

Le Glacier du Roi

*Vieux Port*

Croisières Marseille Calanques **3**

Le Carré/ Sofitel Vieux Port

Zein Oriental Spa **11**

Kothai

La Cantinetta **6**

Plage des Catalans

Festung St-Nicholas

*RUE SAINTE*

Sessun

American Vintage

Victor Café/ New Hotel of Marseille **9**

Detail

Mama Shelter Marseille

GROSSBRIT.

*Ärmelkanal*

BE.

DE

Château d'If

**5** Le Petit Nice Passédat

Paris

LUX

Le Ventre de l'Architecte **8**

FRANKREICH

CH

Plage du Prado

*Golf von Biskaya*

IT

**Marseille**

ANDORRA

**Marseille**

*Mittelmeer*

2 Meilen

3 Kilometer

Musée d'Art Contemporain **7**

SPANIEN

# Saint-Tropez

*Frankreichs beliebtester sommerlicher Tummelplatz lässt sich mit einem Wort erfassen: Genuss. Sobald die Mittelmeerstrände und die von Bougainvilleen gesäumten Gassen in der Sonne aufheizen, drängen Megajachten in den Hafen, verstopfen Maseratis und Bentleys die Straßen, fliegen Ölmillionäre per Hubschrauber die Beachklubs an, geben in den Nachtklubs mittelöstliche Herrscher und asiatische Industriebarone Zehntausende Dollar für Champagner im Kreise von Berühmtheiten aus. Doch nicht alle Genüsse sind dem Millionärspublikum vorbehalten.* – SETH SHERWOOD

## FREITAG

**1** *Saint-Tropez für Anfänger* 17.30 Uhr

Wie hoch ist die Wochenmiete für eine große Jacht? Wie viele Katzen und Hunde hat Brigitte Bardot in ihrer Villa um sich geschart? Für einen Lifestyle-Crashkurs und reizvolle Aussichten auf die Ufervillen buchen Sie eine einstündige Bootsfahrt mit der **Brigantin II** (Vieux Port, vor dem Café de Paris; +33 6 07 09 21 27; lebrigantin.com). Der Kapitän wird Sie auf Französisch und Englisch mit Anekdoten und Promi-Klatsch und -Tratsch füttern.

**2** *Indisches Intermezzo* 20 Uhr

Der Apéro bei Sonnenuntergang ist in Saint-Tropez ein Ritual. Wie die Stiere vom roten Tuch des Torero angezogen werden, so zieht es die Touristen zur roten Terrasse des Café Sénéquier. Besser ist das Hotel **Pan Dei Palais** (52 rue Gambetta; +33 4 94 17 71 71; pandei.com), dessen geschnitzte Holztäfelungen und Hindugottheiten direkt aus Rajasthan kommen könnten. Die Liegestühle und Baldachinbetten, der koloniale Chic der Poolbar sind der ideale Ort, um an einem Red One (Monkey Shoulder Scotch, Amaretto, Zitrone, Erdbeersaft, Feigensirup) zu nippen und Currynüsse zu naschen.

**3** *Stars und Sterne am Abend* 21 Uhr

Im Restaurant **Colette** des **Hôtel Sezz** (151 route des Salins; +33 4 94 55 31 55; saint-tropez-hotelsezz.com; €€€€) sind Sterne allgegenwärtig. Sie schimmern über dem kleinen Innenhof, und sie krönen das moderne mediterrane Menü, das sich der Sternekoch Pierre Gagnaire ausgedacht hat. Und im Sezz, einem der schicksten Hotels der Stadt, könnten gerade

Stars aus Film oder Vorstandsetagen residieren. Im saisonalen Menü gab es Carpaccio von der Meerbrasse mit Geleewürfelchen aus roter Paprika und orientalischen Gewürzen. Zum Dessert wurde eine saftige Mousse aus Schwarzen Johannisbeeren, gekrönt mit Birnensorbet und karamellisiertem Zucker, gereicht.

**4** *Keller oder Kai?* 24 Uhr

Auch **Les Caves du Roy** (Hôtel Byblos, avenue Paul Signac; +33 4 94 56 68 00; lescavesduroy.com) im Stil eines Las-Vegas-Kasinos der 1970er ist mit seinen dicken Teppichen und elektrischen Palmen ein Tummelplatz für Berühmtheiten, Prinzen und Firmenbosse. Und dort kann man auch – dank des teuren Champagners – in 20 Minuten ein Vermögen verschleudern. Deutlich preiswerter ist das Vergnügen im **Le Quai** (22 quai Jean Jaurès; +33 4 94 97 04 07; lequai-saint-tropez.com) mit schwarzem Teppichboden, schwarzen Bänken, schwarzen Glastischen und einem herausgeputzten Publikum, das Mojitos trinkt und zu Funk-, Soul- und R&B-Klassikern tanzt.

## SAMSTAG

**5** *Samstagseinkäufe* 10 Uhr

Wenn auf Ihrer Einkaufsliste Pferdewurst, Bikinis in Tarnfarben und iranische Teppiche stehen, dann ist der Markt am Samstagmorgen auf der zentralen

**GEGENÜBER** Shopping am Samstagmorgen in Saint-Tropez.

**UNTEN** Die Poolbar des Pan Dei Palais mit kolonialem Chic.

**Place des Lices** ein Muss. Hier treffen sich alle vom Ferrari-Fahrer bis zu betagten Hausfrauen, um Paella, Seifenblöcke und Leinenkleider zu kaufen. Olivenfans sollten zu **La Kemia** (+33 6 63 46 79 61) gehen, wo regionales Olivenöl und Töpfe mit Tapenade verkauft werden. Süßmäuler bevorzugen die mit Anis, Zitrone und Orangenblütenwasser aromatisierten Biskuits von **Chez Cathy** (+33 6 14 30 39 19).

**6** *Nachmittag am Strand* 14 Uhr

Die Auswahl eines Beachklubs ist eine ebenso praktische wie philosophische Frage. Im Club 55 tummelt sich die gestylte Elite, Aqua ist bei Schwulen beliebt und so weiter. Im **Nikki Beach** (Plage de Pampelonne, 1093 route de l'Épi; +33 4 94 79 82 04; nikkibeach.com/sttropez; 40 Euro für eine Sonnenliege) sind Bikinitops nicht zwingend, und ebenso wenig sind es Zurückhaltung und Bescheidenheit. Je weiter der Nachmittag fortschreitet, umso lauter wird die Housemusik. Schick, aber etwas weniger hektisch ist der **New Coco Beach** (Plage de Pampelonne, route de l'Épi; +33 4 94 79 83 25; newcoco.fr) gleich um die Ecke. Hier ist die Musik nicht ganz so laut. Das Restaurant und die Bar mit ihren roten Sesseln ziehen ein eher bourgeoises Publikum an.

**7** *Shopping* 17 Uhr

Saint-Tropez ist gepflastert mit internationalen Luxusboutiquen. Wenn das Ihre Welt ist, dann sind Sie hier genau richtig, um sich dem Kaufrausch hinzugeben. Für preiswertere Angebote suchen Sie nach kleinen Läden, die kommen und gehen und oft nur

einen Sommer bestehen. Die **Rue Gambetta** ist ein guter Ausgangspunkt dafür.

**8** *Ein italienischer Abend* 20 Uhr

Sie wissen, dass Sie italienisches Territorium betreten, wenn Grissini auf dem Tisch stehen und das Personal hingebungsvoll das r rollt: „T-r-r-r-r-è-s bien, monsieur-r-r-r!" **Cristina Saulini** (13 rue des Feniers; +33 4 94 97 46 10; cristinasaulini.com; €€€€), in einer winzigen Passage gelegen, hat sich zu der angesagtesten Lokale der Stadt entwickelt. Hier bekommt man Auberginenscheiben mit pikanter Tomatensauce und Parmesan oder Tortellini in Sauce bolognese mit Käse überbacken. Wer dann noch Kapazitäten hat, gönnt sich die hausgemachten Cannoli.

**9** *Unter dem Sternenhimmel* 22 Uhr

Über der Dachbar des Hotels **Kube** (route de Saint-Tropez, Gassin; +33 4 94 97 20 00; kubehotel-saint-tropez.com) funkelt der Sternenhimmel. Mit tollem Blick auf das nächtlich schwarze Meer können Sie einen Salzburg Ice Tea (Wodka, Rum, Tequila, Cointreau und Red Bull) oder vielleicht auch eine Sangria mit Champagner genießen. Oder lassen Sie die Füße auf dem Boden und genießen Sie Ihren Kube Royal (Erdbeer, Wodka und Champagner) in der Pool-Lounge des Restaurants, deren weiße Sessel die Sonnenbräune der Gäste noch besser zur Geltung bringen.

**SONNTAG**

**10** *Das Dorf von früher* 10 Uhr

Man sollte nicht vergessen, dass sich hinter dem ganzen Touristenrummel ein reizvolles Fischerdorf verbirgt. Steigen Sie hinauf zur Zitadelle aus dem 17. Jahrhundert (+33 4 94 97 59 43; sainttropez.fr) und

**OBEN** Jachten ankern im Hafen von Saint-Tropez.

**GEGENÜBER** Pool und Innenhof des Hôtel Sezz.

blicken Sie von dort auf das blaue Meer, die grünen Hügel jenseits der Bucht, die orangefarbenen Dächer des Ortes und die gelbe Kuppel der Kirche Notre-Dame de l'Assomption. Dann besuchen Sie das **Musée de l'Annonciade** (2 rue de l'Annonciade, Place Georges Grammont; +33 4 94 17 84 10), eine umgebaute Kirche aus dem 16. Jahrhundert mit Ausstellungen von Malern, die sich wie Matisse oder André Derain von der Côte d'Azur inspirieren ließen.

**11** *Lunch am Strand* 12 Uhr

Medientypen, BMW-fahrende Anwälte, coole Eltern mit ihren Kindern und andere versammeln sich zum Sonntagslunch im **La Cabane Bambou** (Plage de Pampelonne, route de Bonne Terrasse; +33 4 94 79 84 13; cabanebambouplage.com/blog), einem entspannten Beachklub. Geboten werden Meeresfrüchte und Süßes wie knackige Crème brûlée. Danach streckt man sich auf einer Strandmatte aus.

---

**BASICS**

Fliegen Sie nach Nizza oder Toulon oder nehmen Sie den Zug bis Saint-Raphaël und von dort den Bus nach Saint-Tropez. Ein Auto kann eher hinderlich sein: Die Straßen sind oft verstopft und Parkplätze knapp.

**Hôtel Ermitage**
14a avenue Paul Signac
+33 4 94 81 08 10
ermitagehotel.fr
€€€
*Unangestrengt cool, mit fantastischen Retromöbeln und einem Restaurant mit Panoramaterrasse.*

**B. Lodge**
12 rue de l'Aioli
+33 4 94 97 06 57
hotel-b-lodge.com
€€
*In Grau- und Weißtönen gestaltet; angenehme Bar und Restaurant.*

**Pan Dei Palais**
52 rue Gambetta,
+33 4 94 17 71 71
pandei.com
€€€€
*Geschnitzte Holztafeln und Götterstatuen erinnern an Rajasthan.*

2 Meilen
3 Kilometer
**Detail**

**Saint-Tropez**
Kube **9**
**FRANKREICH**
**3** Colette/Hôtel Sezz
Nikki Beach **6**
New Coco Beach
La Cabane Bambou **11**

50 Meilen
100 Kilometer
**ITALIEN**
**FRANKREICH**
Nizza
Saint-Raphaël
Toulon
**Saint-Tropez**
*Mittelmeer*

*Mittelmeer*
MÔLE D'ESTIENNE D'ORVES
QUAI JEAN JAURÈS
RUE CAVAILLON
VIEUX PORT
Le Quai
B. Lodge
— RUE DE L'AIOLI
Zitadelle
Brigantin II **1**
**8** Cristina Saulini
Café de Paris
— RUE DES FENIERS
Musée de l'Annonciade **10**
Rue Gambetta **7**
Hôtel Ermitage
AVE. PAUL SIGNAC
Pan Dei Palais **2**
AVE. DU HUIT MAI 1945
RUE GÉNÉRAL ALLARD
BLVD. VASSEROT
AVE. FOCH
**4**
Les Caves du Roy/ Hôtel Byblos
BLVD. LOUIS BLANC
RUE DU TEMPLE
RUE DE LA RESISTANCE
**Saint-Tropez**
**5**
Place des Lices/ La Kemia/Chez Cathy
1/8 Meile
1/5 Kilometer

# Cannes

*Mit all den Megajachten in den Marinas sowie den Ferraris und Mercedes auf den Küstenstraßen wirkt die glitzernde Rivierastadt Cannes kaum fußgänger-freundlich. Man könnte meinen, Fußgänger seien fast schon eine Beleidigung für die Stadt und zeugten von geringem Status. Doch gute Schuhe haben in Cannes durchaus einen hohen Stellenwert, nicht nur für die Promis, die bei den internationalen Filmfestspielen im Mai über den roten Teppich stolzieren. Ob man die berühmte Strandpromenade La Croisette entlang-spaziert, durch die gewundenen Sträßchen der Altstadt Le Suquet schlendert, auf den Pfaden der nahen Inseln wandert oder über eine Tanzfläche schwebt, immer braucht man die passenden Schuhe. Zum Glück säu-men diverse Schuhgeschäfte die schicke Rue d'Antibes, eine der Hauptstraßen in Cannes. – SETH SHERWOOD*

### FREITAG

**1** *Walk of Fame* 17 Uhr

Sie können hier Quentin Tarantino, Angelina Jolie und Catherine Deneuve treffen oder zumin-dest ihre Handabdrücke und Unterschriften auf Platten im Gehweg bestaunen, und zwar entlang des westlichen Teils der Croisette um den **Palais des Festivals et des Congrès** und entlang der Esplanade Georges Pompidou. In östlicher Richtung begegnen Ihnen am Mittelmeer Damen in Chanelkostümen mit Schoßhündchen und andere typische Bewohner von Cannes. Sie kommen an Strandrestaurants mit Musik und goldenen Stränden vorbei. Bewundern Sie die grandiosen Belle-Époque- und Art-déco-Hotels jenseits der von Palmen gesäumten Straße. **La Malmaison** (cannes.com/fr/culture/centre-d-art-la-malmaison.html) präsentiert in wechselnden Ausstellungen bedeutende Künstler der Riviera.

**2** *Ausblick wie vom Hubschrauber* 19.30 Uhr

Wenn Ihr Hubschrauber gerade streikt, können Sie ja von der Bar **Le 360** (2 boulevard Jean Hibert;

+33 4 92 99 73 10; restaurant-le-360.com/en/bar) oben im Hotel Radisson Blu einen Rundblick genießen. Die winzige Lounge ist ideal für eine Verabredung bei Chablis oder einem Cocktail. Die große Terrasse bietet ein lebhafteres Ambiente und einen tollen Blick auf die nächtliche Stadt und das Meer.

**3** *Überraschungsmenü* 21 Uhr

Sie können sich nur schwer entscheiden? Dann überlassen Sie einfach dem Küchenchef die Auswahl, denn in **La Table du Chef** (5 rue Jean Daumas; +33 4 93 68 27 40; €€€€), einem winzigen, bei Einhei-mischen beliebten Lokal, gibt es keine Karte. Kuli-narische Tradition, vor allem die französische, wird hier großgeschrieben, das abendliche Vier-Gänge-Menü wird von dem bestimmt, was morgens auf dem Markt den Chef anlacht. So gab es einmal Thunfisch mit Püree von Süßkartoffeln, ein exzellentes Rinder-filet mit Foie-gras-Sauce und eine Schokoladenter-rine mit Himbeer-Erdbeer-Schaum.

**4** *Feiern wie die Einheimischen* 23 Uhr

Meiden Sie die touristischen Bars an der Croi-sette und gehen Sie stattdessen in die Altstadt Le Suquet, wo auch die Einheimischen feiern. Für ein Glas Wein in entspannter Atmosphäre bei Kerzen-licht ist **L'Endroit** (10 rue du Suquet; +33 4 93 99 09 23) empfehlenswert. Anschließend geht's gegenüber in die **Charly's Bar** (5 rue Suquet; +33 4 97 06 54 78), wo sich ein Publikum von der Jeunesse dorée bis zu intensiv Gebräunten und frisch Geschiedenen bei French Pop, Soul der 1960er und Remixes der 1980er amüsiert.

**GEGENÜBER** Das Hotel Carlton Cannes blickt direkt aufs Mittelmeer. Einige der Suiten tragen die Namen berühmter Filmstars, die das internationale Filmfestival beehrten.

**RECHTS** Verlockendes Angebot der exzellenten Patisserie Intuitions im Five Hotel & Spa.

**5** *Riesenauswahl* 10 Uhr

Der **Marché Forville** (cannes-tourism.com/en/
cannes-open-markets.html) ist ein großer über-
dachter Markt mit einem riesigen Angebot an ver-
schiedensten Lebensmitteln. In der Nordwestecke
findet man Mitbringsel wie Trockenwürste aus
Schweine- oder Entenfleisch, Pflaumen- oder Fei-
genmarmelade, Olivenöl und Tapenade.

**6** *Auf die Festung* 12 Uhr

Der Weg durch die Altstadt Le Suquet führt
über Pflasterstraßen und verwinkelte Treppen, vorbei an laternengeschmückten Häusern mit orangefarbenen Fassaden. Oben auf dem Hügel liegt die
Festung mit dem **Musée de la Castre** (+33 4 89 82 26 26;
cannes.com/fr/culture/musee-de-la-castre.html).
Die Sammlung ethnografischer Kunst (indonesische
Schattenspielpuppen, etruskische Steinsarkophage
usw.) ist beeindruckend, doch die eigentliche Attraktion ist der Turm aus dem 12. Jahrhundert mit seiner
sensationellen Aussicht.

**7** *Kulinarische Köstlichkeiten* 14 Uhr

Spazieren Sie zurück an die Uferpromenade von
Plages du Midi und nehmen Sie am Privatstrand
von **Le Cabanon** (boulevard du Midi; +33 6 21 56 26 09;
lecabanoncannes.com; €€€) ein Sonnenbad, bevor
Sie die paar Stufen zur Terrasse hinaufgehen und im
Schatten der Sonnenschirme einen Lunch einnehmen. Die Karte ist saisonal und kann sowohl leichte
Kost wie einen Meeresfrüchtesalat als auch Herzhaftes wie Lammtajine mit eingelegten Zitronen enthalten. Doch ganz egal, wofür Sie sich entscheiden: Der
Blick über die Bucht ist in jedem Fall köstlich.

**8** *Shopping muss sein* 16 Uhr

Ein Spaziergang entlang der mit Boutiquen
gespickten Rue d'Antibes ist „un must", wie der
Franzose sagt. Vermeiden Sie die Allerweltsmarken
(Zara, Swarovski und Co.) und suchen Sie nach
Indiedesign und -mode. **Bathroom Graffiti** (52 rue
d'Antibes; +33 4 93 39 02 32; bathroomgraffiti.com)
verkauft T-Shirts, Dekokissen und gummibärchen-
förmige Lampen. **Augustin Latour** (8 rue Chabaud;
+33 4 93 99 08 94) bietet Wohnaccessoires wie Girlan-
den aus Papierlaternen von Tsé & Tsé Associées.
Bei **Ahimsa** (148 rue d'Antibes; +33 4 93 43 78 24;
valeriebarkowski.com/boutique-ahimsa) findet
man Mode und Design im Ethno-Chic. Die roten Ke-
ramiklampen aus Marokko machen sich bestimmt
gut über dem Ziegenhaarteppich aus der Türkei.

**OBEN** Von der Bar Le 360 auf der Dachterrasse des Hotels
Radisson Blu kann man entspannt den Sonnenuntergang
genießen.

**9** *Ganz diskret* 20 Uhr

Kamerascheue Berühmtheiten, auf Diskretion bedachte Liaisonen und tageslichtscheue Vampire gehen gern ins **L'Affable** (5 rue Lafontaine; +33 4 9368 0209; restaurant-laffable.fr; €€€€). Der elegant gepolsterte Speisesaal in neutralem Beige hat keine Fenster, durch die neugierige Paparazzi oder eifersüchtige Partner ins Innere blicken könnten. Für Glanz und Farbe sorgt das Menü mit attraktiv präsentierten mediterranen Gerichten und französischen Klassikern. So standen schon cremige Kürbissuppe mit Foie gras, Kalbfleisch mit Senfsauce und Karotten sowie ein köstliches mit Grand Marnier aromatisiertes Orangensoufflé auf der Karte.

**10** *Glamour und Stars* 22 Uhr

Sie müssen zwar kein Festival-Preisträger sein, um im angesagten Nachtklub **Le Bâoli** (Port Pierre Canto, boulevard de la Croisette; +33 4 9343 0343; baolicannes.com) Einlass zu finden, aber schaden kann es nicht. Auf jeden Fall sollten Sie sich in Schale werfen – und mit gepfefferten Preisen rechnen. Zum Clubbing in Cannes gehören Glamour, legere Designerklamotten, flaschenweise teurer Champagner und gelegentlich auch Begegnungen mit internationalen Stars wie Beyoncé, Snoop Dogg und Fürst Albert II.

**OBEN** Samstagabend-Clubbing in Cannes beinhaltet viel Champagner und legeren Glamour. Die Promidichte steigt in den Wochen um das Filmfestival herum.

**UNTEN** Die Fähre braucht 20 Minuten von Cannes zur Île Saint-Honorat. Wandern Sie an der felsigen Küste entlang bis zur Abbaye de Lérins, dem Wahrzeichen der Insel.

von Monaco, die alle schon mal in den angesagten Klubs gesichtet wurden. So richtig laut und wild wird es im Le Bâoli, wenn sich ab 1 Uhr die Tanzfläche füllt.

**SONNTAG**

**11** *Idyllische Inseln* 10 Uhr
Auf der **Île Saint-Honorat** (cannes-ilesdelerins.com), der kleineren der beiden Îles de Lérins direkt vor der Küste, erwartet Sie ein erholsames Naturerlebnis. Die Fähre von der Marina am Vieux Port bringt Sie vorbei am Quai Laubeuf in 20 Minuten zu der felsigen Küste der Insel, auf der die Mönche

der Abbaye de Lérins leben. In etwa zwei bis drei Stunden können Sie die gesamte Insel umrunden und dabei Felsenbuchten, Wildblumen, Weinberge und die Ruinen jahrhundertealter Kapellen entdecken. Höhepunkt ist die gotische Ruine einer mittelalterlichen Abtei. Die heutige Abtei verkauft in einem Laden den von den Mönchen gekelterten Wein. Bei der Anlegestelle der Fähre liegt das Restaurant **La Tonnelle** (+33 4 92 99 54 08; tonnelle-abbayedelerins.fr; €€€), das in gehobenem Rahmen exzellenten Fisch und Meeresfrüchte anbietet.

**OBEN** Ein appetitlich angerichteter Garnelenspieß: Das Restaurant La Tonnelle auf der Île Saint-Honorat hat sich auf mediterrane Fische und Meeresfrüchte spezialisiert.

**GEGENÜBER** Gemäuer eines mittelalterlichen Klosters auf der Île Saint-Honorat, auf der bis heute Mönche leben.

**BASICS**

Von Nizza bringt Sie die SNCF – an der Küste entlang – in 30 Minuten nach Cannes.

**Five Seas Hotel & Spa**
1 rue Notre-Dame
+33 4 63 36 05 05
fiveseashotel.com
€€€€
*Hotel mit Spa, Pool auf dem Dach, Restaurant, exzellentem Café und hoteleigener 27 m langer Jacht.*

**Hôtel La Villa Pruly**
32 boulevard d'Alsace
+33 4 93 38 41 28
hotel-pruly.com
€–€€
*Ein weißes Stadthaus mit Garten und 14 farbenprächtigen Zimmern.*

**Carlton Cannes**
58 boulevard de La Croisette
+33 4 93 06 40 06
carlton-cannes.com
€€€€
*Altes, traditionsreiches Grandhotel mit Zuckergussfassade.*

**Cannes**

Marché Forville
**5**
L'Endroit
**4**
Hôtel La Villa Pruly
BLVD. D'ALSACE
Augustin Latour
Bathroom Graffiti **8**
**3** La Table du Chef
RUE D'ANTIBES
Five Seas Hotel & Spa
**9** L'Affable
RUE DU SUQUET
Charly's Bar
RUE NOTRE DAME
LE SUQUET
Ahimsa
**6** Musée de la Castre
**1**
La Malmaison
Palais des Festivals et des Congrès
BLVD. DE LA CROISETTE
Carlton Cannes
BLVD. JEAN HIBERT
Baie de Cannes
**2**
Le 360

Mittelmeer
1/4 Meile
1/2 Kilometer

Le Cabanon
**7**
BLVD. DU MIDI
Detail
**10** Le Bâoli
1 Meile
2 Kilometer

FRANKREICH
ITALIEN
Nizza
MONACO
**Cannes**
20 Meilen
40 Kilometer

Mittelmeer
ÎLES DE LÉRINS
La Tonnelle
Île Saint-Honorat **11**

# Nizza &
# Côte d'Azur

*Nizza ist inoffizielle Hauptstadt der französischen Riviera und wird geprägt von palmengesäumten Boulevards, pastellfarbenen Backsteinbauten und dem blauen Wasser der Baie des Anges. Die fünftgrößte Stadt Frankreichs ist urbaner und komplexer als andere Städte der Côte d'Azur. Als in den 1800er-Jahren russische Adlige und britische Royals hierherkamen, um die Sonne zu genießen, gehörte Nizza politisch zu Italien. Der italienische Freiheitskämpfer Garibaldi ist hier geboren. Italienische Einflüsse haben sich in Küche, Architektur und lokaler Kultur erhalten. Nach der Blütezeit in der Belle Époque erlebte die Stadt im 20. Jahrhundert einen Niedergang, doch nun wird sie von einer neuen Generation von Sonnenanbetern, Hoteliers, Küchenchefs, Modefans und Rucksacktouristen wiederentdeckt. Bei dieser Lage und dem Charme der Altstadt war das fast unvermeidlich.* – SETH SHERWOOD

## FREITAG

**1** *Kiesstrand* 14 Uhr

Bci einem Bummel über die **Promenade des Anglais** am Ufer entlang, wo einst die Aristokraten Seeluft schnupperten, machen Sie sich mit Nizza vertraut. Heute tummelt sich hier jedermann: Jogger, Radfahrer, Skateboarder und Eltern mit Kinderwagen. Zum Sonnen oder um eine Fußspitze ins Wasser zu strecken, gehen Sie über einen der öffentlichen Strände zum Meer. Es sind Kies- und keine Sandstrände, doch das tut ihrer Popularität keinen Abbruch.

**2** *Maler zur Auswahl* 16 Uhr

Besuchen Sie eine (oder beide) der bekannten Kunstsammlungen. Das **Musée Matisse** (164 avenue des Arènes; +33 4 93 81 08 08; musee-matisse-nice.org) besitzt zahlreiche Werke von Henri Matisse: abstrakte Glasmalereien, Scherenschnitte und Gemälde. Matisse zog 1917 nach Nizza und verbrachte fast sein ganzes Leben dort. Das **Musée National Marc Chagall** (avenue du Docteur Ménard; +33 4 93 53 87 20; musee-chagall.fr) liegt ganz in der Nähe und ist wegen Chagalls Gemäldeserie *Biblische Botschaft* berühmt.

**3** *Cuisine niçoise* 20 Uhr

Halten Sie Ausschau nach der authentischen lokalen Küche, die man meist in kleinen, unscheinbaren Lokalen findet. Genießen Sie im **L'Escalinada** (22 rue Pairolière; +33 4 93 62 11 71; escalinada.fr; €€–€€€) draußen an einem der Tische beim Essen die Umgebung. Auch La Table Alziari gleich daneben ist eine gute Adresse. Hier kann man die Spezialität Pissaladière probieren, eine Art Pizza mit reichlich Zwiebeln, oder Encornets, mit Mangold und Reis gefüllte Kalmare. Als Vorspeise gibt es Secca d'Entrevaux, mit Öl und Knoblauch marinierten getrockneten Rinderschinken aus einem Bergdorf in der Nähe. Nach dem Essen trinken Sie einen Digestif am **Cours Saleya**: Der lange Platz ist tagsüber von Blumenhändlern belegt, abends macht sich hier die Cafészene breit.

## SAMSTAG

**4** *Lokale Farben* 10 Uhr

Die Altstadt von Nizza ist ein Postkartenidyll und lädt zum Bummeln ein. In dem Gewirr aus engen Gassen findet man neben Cafés und Barockkirchen auch unzählige Läden, die Olivenöl, Seife und Gewürze anbieten. Die bunten Gebäude – pfirsichfarben, sonnenblumengelb und pistaziengrün – scheinen die Farben der Riviera aufgesogen zu haben. Sie sollten es nicht versäumen, Tomaten, Avocados und Bier – alles in Form von Eiscreme – im kreativen Eissalon **Fenocchio** (2 place Rossetti; +33 4 93 80 72 52; fenocchio. fr) zu probieren.

**GEGENÜBER** Blick von Èze hinab aufs Mittelmeer.

**UNTEN** L'Escalinada serviert traditionelle Gerichte der echten *cuisine niçoise*.

**5** *Socca gefällig?* 12 Uhr

Lassen Sie sich am Stand **Chez Theresa** (Cours Saleya; +33 4 93 85 00 04; €) nicht durch die Touristen und die Warteschlange abhalten. Hier gibt es Socca, ein heißes, pikantes Fladenbrot, das für Nizza typisch ist. Das authentische Brot wird aus Kichererbsenmehl, Wasser und Olivenöl zubereitet.

**6** *Delikatessen und Kleider* 13 Uhr

Im Concept Store **Espace Harroch** (7 rue Paradis; +33 4 93 82 50 23; espace-harroch.com) finden Sie auf vier Etagen Topmarken für Damen und Herren und dazu noch Wohnaccessoires. Dann streifen Sie durch die provenzalischen Delikatessläden an der Rue St-François de Paule. Bei **Terres de Truffes** (11 rue St-François de Paule; +33 4 93 62 07 68; terresdetruffes.com) gibt es pürierte provenzalische Trüffel, schwarze Périgordtrüffel und Ähnliches. Die **Boutique Nicolas Alziari** (14 rue St-François de Paule; +33 4 93 62 94 03; alziari.com.fr) bietet frische Oliven, Olivenölseifen und natürlich die besten Ölsorten.

**7** *Bilderstürmer* 15 Uhr

Im **Musée d'Art Moderne et d'Art Contemporain** (place Yves Klein; +33 4 97 13 42 01; mamac-nice.org), das Bilderstürmer, Kunstaußenseiter und Avantgardekünstler präsentiert, kann man sich davon überzeugen, dass Kunst auch Spaß sein kann. Ellsworth Kelly, Frank Stella, James Rosenquist, Andy Warhol, Robert Indiana und Keith Haring sind bedeutende Vertreter dieser amerikalastigen Sammlung.

**8** *Zurück ins Wasser* 16.30 Uhr

Die schönsten Strände sind meist privat, aber gegen eine Gebühr zugänglich. Wenn Sie mehr Stranderholung brauchen, probieren Sie den **Lido Beach** vis-à-vis vom Palais de la Méditerranée, wo man gepolsterte Liegestühle mieten kann.

**OBEN** Èze liegt auf einer über dem Meer aufragenden Klippe und hat sich seinen märchenhaften Charme bewahrt.

**LINKS** Das renovierte Palais de la Méditerranée beherbergte einst Jazzstars wie Josephine Baker.

![Mann auf einem Balkon mit Pflanzen vor einem gelben Haus mit grünen Fensterläden]

**9** *Gourmetausflug* 20 Uhr

Gönnen Sie sich die Taxifahrt in die Hügel über der Stadt und speisen Sie im **Parcours Live** (1 place Marcel Eusebi; +33 4 93 84 94 57; restaurant-parcours. com; €€€€) in Falicon. Das Restaurant bietet eine schöne Aussicht und eine wechselnde Karte mit überwiegend regionalen Produkten. Serviert werden etwa Risotto mit Sommertrüffeln und Thunfisch in Sesamkruste auf Soja-Kartoffelpüree. Auf der internationalen Weinkarte tauchen neben Frankreich auch Slowenien, Thailand und weitere Herkunftsländer auf.

**SONNTAG**

**10** *An der Küste entlang* 10 Uhr

Um eine andere Seite der Côte d'Azur zu erleben, fahren Sie mit Auto oder Bus nach **Villefranche-sur-Mer** kurz vor der Grenze zu Italien. Die intensive Sonne und die köstliche provenzalische Küche sind genauso wie in Nizza, Cannes und Monaco, doch kann man hier ohne schiefe Blicke die Mode vom letzten Jahr tragen, und kaum jemand reist per Megajacht an. Schlendern Sie durch die Gässchen und über den samstäglichen Flohmarkt, dann essen Sie in einem der Restaurants im alten Hafen zu Mittag. Jean Cocteau lebte hier und empfing seine Freunde Picasso, Strawinsky und Isadora Duncan. Viel später flüchteten sich die Rolling Stones vor dem britischen

Fiskus hierher und nahmen das Album *Exile on Main Street* auf.

**11** *Ganz oben* 13 Uhr

Über eine steile Straße kommen Sie nach **Èze**, einer mittelalterlichen Stadt auf einer Klippe rund 450 m über dem Mittelmeer. Èze hat sich viele moderne Errungenschaften vom Leibe gehalten. Weder Autos noch Leuchtreklame oder sichtbare

**GANZ OBEN** Villefranche-sur-Mer steht für eine Côte d'Azur ohne Jachten und Designerboutiquen.

**OBEN** Eine Skulptur von Jean Cocteau in Villefranche, wo er in seinem Haus Freunde wie Picasso oder Strawinsky empfing.

Stromleitungen stören dieses märchenhafte Ensemble aus Türmchen und efeubewachsenen gotischen Steinbauten. Ein gewundener Weg führt zu den Resten der Burg am höchsten Punkt des Ortes. Sie kommen an eisenbeschlagenen Holztoren, vergitterten Fenstern, mit feuerroten Blumen bepflanzten Eisenkesseln und der Kapelle Ste-Croix aus dem 14. Jahrhundert vorbei. Die Ruinen der Burg haben sich inzwischen in einen exotischen Garten verwandelt: Pflanzen aus aller Welt – Yucca,

Aloe, Agaven und Kakteen – wachsen inmitten der eingestürzten Gebäude.

**OBEN** Eine Regatta vor der Küste von Nizza in der blauen Baie des Anges – der Bucht der Engel.

**GEGENÜBER** Die orthodoxe Kathedrale St-Nicolas in Nizza ist ein Relikt aus der Zeit, als russische Grafen und Prinzen für lange Erholungsaufenthalte ans Mittelmeer kamen.

## BASICS

Stadtzentrum und Altstadt von Nizza bewältigt man am besten zu Fuß. Das Bussystem ist gut, Taxis sind teuer.

**Palais de la Méditerranée**
13–15 promenade des Anglais
+33 4 93 27 12 34
lepalaisdelamediterranee.com
€€€€
*Art-déco-Palast, einst von Stars wie Josephine Baker frequentiert und nun im zeitgenössischen Stil renoviert.*

**Hôtel Beau Rivage**
24 rue St-François de Paule
+33 4 92 47 82 82
nicebeaurivage.com
€€€
*Modernisiertes Belle-Époque-Hotel mit Privatstrand.*

Map labels:

9 Parcours Live Falicon
Èze
11
Nizza
FRANKREICH
MONACO
1 Meile
2 Kilometer
2 Musée Matisse
Musée National Marc Chagall
Villefranche-sur-Mer
10
Detail
FRANKREICH
ITALIEN
Nizza
Marseille
Cannes
Mittelmeer
↙ Cannes
CÔTE D'AZUR

Musée d'Art Moderne et d'Art Contemporain 7
BLVD. RISSO
PLACE YVES KLEIN
AUTOROUTE URBAINE SUD
Nizza
BLVD. GAMBETTA
Espace Harroch
L'Escalinada 3
AVE. DES FLEURS
RUE DU CONGRÈS
6
4 Fenocchio
RUE ST-FRANÇOIS DE PAULE
ALTSTADT
Promenade des Anglais
Palais de la Méditerranée
Hôtel Beau Rivage
5 Chez Theresa
1
Terres de Truffes
Cours Saleya
8
Boutique Nicolas Alziari
Lido Beach
Baie des Anges
1/4 Meile
1/2 Kilometer

# Korsika

*Als die alten Griechen mit ihren Schiffen in die strahlend türkisfarbenen Buchten Korsikas einliefen, nannten sie die Insel „kalliste" – die Schöne. Klippen und Grotten am Ufer, zerklüftete Berge, tiefe Schluchten und sonnendurchglühte, weiße Strände – die Insel begeistert mit ihren Landschaften jeden Fotografen. Korsika, das zwar zu Frankreich gehört, aber mit einem stolzen Sinn für Unabhängigkeit ausgestattet ist, schien zeitweise etwas isoliert. Doch heute strömen europäische Urlauber und der Jetset in die mittelalterlichen Hafenstädte und modernen Strandbars. Die Reise mit dem Zug, etwa von Ajaccio an der Küste, der größten korsischen Stadt, nach Corte im zerklüfteten Landesinneren, ist höchst eindrucksvoll, doch für einen Kurztrip ist es praktischer, ein Auto zu mieten und die schwindelerregenden Straßen zu nehmen.* – SETH SHERWOOD

## FREITAG

### 1 *Odyssee im Mittelmeer* 14 Uhr

In dem von Klippen gesäumten Hafen von **Bonifacio** an Korsikas Südspitze soll angeblich schon Odysseus mit seinen Männern Schutz gesucht haben. Heute kann man die jahrhundertealte Zitadelle, den eindrucksvollen Hafen und die mit Restaurants gespickten Kais besichtigen. Die einstündige Bootstour mit der *Gina* (+33 4 95 10 97 50; ginacroisiere.com) oder der *Corsaire* (+33 6 23 25 14 60; vedetteslecorsaire.com) bietet einen spektakulären Blick auf die Klippen und Grotten. Tickets gibt's an den Kiosken. Riesige, aufgefächerte Kalkklippen überragen das Boot, während es durch das tiefblaue Wasser gleitet. Dicht über dem Meeresspiegel tauchen Grotten in den weißen Klippen und den vom Wind geformten Felsformationen auf. Dann fahren Sie an der Küste nach Norden, um an den Stränden von **Santa Giulia** und **Palombaggia** haltzumachen, wo sich die Urlauber bräunen.

### 2 *Küsschen, Küsschen* 20 Uhr

**Porto-Vecchio**, eine malerische Hafenstadt aus der Zeit, als Genua über Korsika herrschte, wurde früher vor allem wegen seiner rustikalen Gebäude aus dem 16. Jahrhundert gerühmt. Heute verwandelt sich die Stadt an Sommerabenden in das Nightlife-Mekka Korsikas. Auf den Terrassen der Cafés gönnt man sich einen Rosé der benachbarten Domaine de Torraccia oder ein Maronenbier der Marke Pietra. Die

Luft ist erfüllt mit Tausenden Küsschen und „Ciao!", „Bon soir!" und „Hola!". Wenn noch eine Reservierung möglich ist, essen Sie im gemütlichen, traditionellen **Bistro La Table de Nathalie** (4 rue Jean Jaurès; +33 4 95 71 65 25; €€€€), wo Inhaberin Nathalie gerne auf einen kurzen Plausch zu Ihnen an den Tisch kommt. Dann geht es in eine der Freiluftbars, wo DJs auf den Abend einstimmen.

### 3 *Explosives Nachtleben* 24 Uhr

**B'52** (37 quai Jerome Comparetti, +33 6 32 82 18 69; b52bonifacio.com), ein beliebter Indoor-Outdoor-Nachtklub am pittoresken Hafen von Bonifacio, macht seinem militärischen Namen alle Ehre: Von Stimmung und Cocktails berauschte Partygänger werden von internationalen DJs mit Electro-House-Musik bombardiert, und die Champagnerkübel schießen Pyrotechnik ab. Der Klub versichert, dass hier garantiert niemand vor Morgengrauen schlafen geht – auch nicht die Nachbarn. Eine Spezialität sind die Motto-Partys zu Themen wie dem amerikanischen oder französischen Unabhängigkeitstag, Harry Potter oder „The Apocalypse".

**GEGENÜBER** Das klare Mittelmeerwasser bei Bonifacio.

**UNTEN** Die Zitadelle oberhalb von Corte im Landesinneren, wo manch einer noch von der Unabhängigkeit träumt.

**GANZ OBEN** Blick von Corte auf die Inlandsberge.

**OBEN** Ein Zug von Ajaccio nach Corte.

**SAMSTAG**

**4** *Gebirgsredoute* 10 Uhr

Fahren Sie ins Landesinnere nach **Corte**, wo die Schaufenster mit traditionellen Köstlichkeiten – Wurst, Käse, Honig und Wein – locken. In den Cafés singen alte Männer Lieder in der korsischen Sprache. Corte war während der kurzen Unabhängigkeit von 1755 bis 1769 die Hauptstadt der Insel. Der damalige Anführer Pascal Paoli wird bis heute verehrt. Universität, Hauptstraße und sogar der Süßwarenladen am Hauptplatz und der Platz selbst tragen seinen Namen. Im Zentrum steht eine Statue von ihm: ein gut gekleideter Vertreter der Aufklärung mit festem Blick.

**5** *Korsische Kost* 13 Uhr

Die Bar-Charcuterie **La Vieille Cave** (2 ruelle de la Fontaine; +33 4 95 46 33 79; villedecorte.fr/cave_vin. php) verkauft klassische korsische Weine und Lebensmittel. Ihr Mittagessen nehmen Sie aber im Restaurant **U San Teofalu** (3 place Paoli; +33 4 95 38 15 71; villedecorte.fr/resto; €€) ein. Das dreigängige Menü bietet beispielsweise Charcuterie- und Käseplatte, gegrillte Forelle und ein Dessert.

**6** *Lieder der Insel* 14 Uhr

Im **Musée de la Corse** (La Citadelle; +33 4 95 45 25 45; musee-corse.com) in der alten Zitadelle hoch über der Stadt können Sie sich über Geschichte und Traditionen Korsikas informieren. Das Museum präsentiert die einzigartige korsische Kultur mit ihren Volkstraditionen, ihrem Handwerk und ihrer Geschichte. In schalldichten Kabinen lauschen die Besucher der ungewöhnlichen korsischen Musik mit ihren polyfonen Gruppengesängen. Die Lieder in korsischer Sprache erinnern an eine Mischung aus gregorianischen Gesängen und Folkballaden mit lebhaften Reels und Refrains, wie man sie von Shantys kennt. Hinter dem Museum hat man von einer Aussichtsplattform einen tollen Blick über das Tal.

**7** *Festung und Festivals* 18 Uhr

Mit dem Auto fahren Sie auf einer guten Schnellstraße die rund 80 km bis zur Stadt **Calvi** an der Nordwestküste. Auf einem Hügel erhebt sich eine mittelalterliche Zitadelle über dem Meer und einem Gewirr alter Gassen – ein mediterraner Mont St-Michel. Bei einem Spaziergang vor Einbruch der Dunkelheit machen Sie sich mit der Schönheit des Ortes vertraut. Die Stadt liegt auf einem Hügel am Ende des Golfs von Calvi. Ein halbmondförmiger Sandstrand umarmt das klare, türkisfarbene Meer, und nur wenige Kilometer landeinwärts ragen schneebedeckte Gipfel auf. Die Stadt hat sich zu einem Zentrum für Musikfestivals entwickelt: Im Juli wird bei „Calvi on the Rocks" elektronische Musik und im September polyfone Vokalmusik geboten.

**8** *Muscheln in Muscat* 20 Uhr

Das an eine weiße Villa erinnernde **Octopussy** (Plage de Calvi, Chemin de la Pinède; +33 4 9565 2316; plage-octopussy.com; €€–€€€) am Strand bietet eine kreative Küche aus korsischen Zutaten, wie Melone mit korsischem Schinken und Kabeljau mit Artischocken. Im angeschlossenen Beachklub werden die Sonnenhungrigen oft von DJs mit Musik beschallt.

**OBEN** Bonifacio klebt an einer Felsenklippe.

**RECHTS** Der Hafen von Calvi im Nordwesten.

**SONNTAG**

**9** *Überall Geschichte* 10 Uhr

Erkunden Sie die Zitadelle und Oberstadt Calvis, wo jede Biegung mit bekannten Personen der Geschichte aufzuwarten scheint. Ein altes Haus in der Rue de Fil, heute eine Ruine, soll der Geburtsort von Kolumbus gewesen sein. Bei der Kathedrale St-Jean-Baptiste liegt die Maison Pacciola, ein schmales Gebäude, in dem sich Napoleon während der Französischen Revolution vor korsischen Nationalisten versteckte. In der Rue St-Antoine befindet sich seit 1935 der Nachtklub **Chez Tao** (+33 4 9565 0073; cheztao. com). Er wurde gegründet von dem Exoffizier Tao Kerefoff, der vor der russischen Revolution nach New

York flüchtete und sich dort von Fürst Felix Jussupow, einem der Verschwörer gegen Rasputin, dazu überreden ließ, in Calvi einen Klub zu eröffnen. Auch heute treffen sich dort abends die sommerlichen „Flüchtlinge" aus Paris, London und anderen Hauptstädten.

**10** *Ein Sonntag an der See* 12 Uhr

Verlassen Sie Calvi nicht, ohne das Highlight erkundet zu haben: die Küstenpromenade. Los geht's mit einem Spaziergang am von Cafés gesäumten

**Quai Adolphe Landry**. Der davon eingefasste Jachthafen ist mit Wasserfahrzeugen zugestellt – von winzigen Fischerbooten bis hin zu Megajachten. Von hier aus kann man Bootstouren zu Küstendörfern, Leuchttürmen, Stränden, Höhlen und dem felsigen Scandola Nature Reserve, einem UNESCO-Weltkulturerbe, machen. Oder Sie buchen eine Tauchsession und bestaunen unter Wasser einen im Zweiten Weltkrieg abgeschossenen Kampfflieger. Landratten können die Avenue Christophe Colomb zum **Plage de Calvi** weiterlaufen, Calvis wunderschönem weißen Sandstrand.

**OBEN** Lightshow in einem Nachtklub in Bonifacio.

**GEGENÜBER** Eintauchen ins Meer bei Bonifacio.

**BASICS**

Ajaccio, Bastia, Calvi und Figari werden von Air France angeflogen. An den Flughäfen kann man auch Autos mieten. Von der Küstenstadt Ajaccio, dem Geburtsort Napoleons, führt eine malerische Eisenbahnlinie nach Corte und Calvi. Viele Hotels und Tourismuseinrichtungen haben von November bis März geschlossen.

**Casa del Mar**
Route de Palombaggia,
Porto-Vecchio
+33 4 95 72 34 34
casadelmar.fr
€€€€
Dieses luxuriöse Hotel inmitten von Grün erreichen Sie per Helikopter, Jacht oder Auto. Es bietet ein Spa und ein Sternerestaurant.

**Hôtel Saint Christophe**
Place Bel'Ombra, Calvi
+33 4 95 65 05 74
saintchristophecalvi.com
€€
Mitten in Calvi, nur einen Steinwurf von der Zitadelle und dem quirligen Hafen entfernt.

Kirche
St-Jean-Baptiste
**9**
Hôtel
Saint
Cristophe
**10** Quai Adolphe
Landry
**Calvi**
Golf von Calvi
Octopussy **8**

10 Meilen
15 Kilometer

**5** La Vieille Cave
• Bastia

**7**
Calvi
Corte
**4**
U San Teofalu
**6**
Musée de la Corse

**KORSIKA**
Ajaccio • **FRANKREICH**    Tyrrhenisches
Meer

Mittelmeer

La Table
de Nathalie/
Porto-Vecchio
**2**

Casa del Mar
Palombaggia
Santa Giulia

Figari •
Bonifacio **1**
**3** B'52

ITALIEN
Genua •
**FRANKREICH**
Ligurisches
Meer
• Marseille
**Detail**
Mittelmeer
Tyrrhenisches Meer
ITALIEN
SARDINIEN
100 Meilen
150 Kilometer

# Monaco

*Bei Monaco, dem gerade mal 2 km² großen Fürstentum an der Riviera, denkt man sofort an Glücksspiel, Megajachten, russische Oligarchen, Rennfahrer, James-Bond-Filme, blitzblanke Gehwege und ein Leben ohne Steuerpflicht. Hotelsuiten mit Meerblick kosten am Formel-Eins-Wochenende Tausende, wenn nicht Zehntausende Euro pro Tag. Eine kleine Mahlzeit wie eine Suppe mit Gnocchi in einem Toprestaurant kostet so viel wie ein ganzes Essen in einem einfacheren Restaurant. Hier in Monaco zieren teure weibliche „Begleiterinnen" mit langen Beinen und exotischem Akzent Nachtklubs und Hotellobbys. Besucher können ihre vierbeinigen Lieblinge in kostenlosen Hundepensionen abgeben, und Autobesitzer lassen ihre Schlüssel im Schloss stecken. Fürst Albert II. möchte aus Monaco ein familien- und ökofreundliches Urlaubsgebiet machen. Wer genau hinschaut, findet hier ein gutes Kunstangebot, schöne Natur, gutes Essen und bezahlbare Unterkünfte.*
– ELAINE SCIOLINO

**FREITAG**

**1** *Eine amerikanische Fürstin* 15 Uhr

Die Geschichte von Grace Kelly, der amerikanischen Schauspielerin und Oscar-Preisträgerin, die einen Fürsten heiratete und tragisch starb, ist allgegenwärtig in Monaco. Eine Avenue, ein Rosengarten, eine Stiftung und sogar ein Fisch sind nach ihr benannt. Sie selbst ruht neben ihrem Gatten Fürst Rainier III. in der neuromanischen Kathedrale von Monaco. In der **Princess Grace Irish Library** (9 rue Princesse Marie-de-Lorraine; +377 9350 1225; pgil. mc) kommt man der Person Grace Kelly näher. Hier werden ihre Sammlung irischer Bücher, ihre Notenblätter, ein Album mit eingeklebten Zeitungsartikeln über sie, von ihr für Springmaid entworfene Decken, Stühle aus ihrer Pariser Wohnung und das Nähkästchen ihrer Mutter aufbewahrt.

**2** *Norditalien* 18.30 Uhr

Gehen Sie Richtung Jardin Exotique und machen Sie beim Restaurant **La Chaumière** (60 boulevard du Jardin Exotique; +377 9770 0492) halt, um einen Cocktail und den Bilderbuchblick auf Monaco zu genießen. Dies ist einer der wenigen öffentlichen Plätze, von denen man den Palast von oben sehen

kann. Dann geht's weiter zum **La Piazza** (9 rue du Portier; +377 9350 4700; lapiazza-monaco.com; €€€€), wo Giovanni Orsolini exzellente norditalienische Küche serviert. Das Restaurant ist auf Meeresfrüchte spezialisiert und serviert Gerichte wie gefüllte Zucchiniblüten mit Ricotta und Tomaten oder Cannelloni mit Kürbis oder Kalb gefüllt. Die Wand schmückt ein Gemälde von Orsolinis Heimatstadt Ascoli Piceno.

**3** *Nicht nur für Spieler* 22.30 Uhr

Das **Casino de Monte-Carlo** (Place du Casino; casinomontecarlo.com) ist nicht nur die berühmteste Spielbank der Welt, sondern auch ein Architekturjuwel. Das 1863 eröffnete und 1878 von Charles Garnier neu gestaltete Kasino empfängt die Besucher im Atrium, einer Halle mit Marmorboden und 28 ionischen Onyxsäulen. Die prachtvoll in Rot und Gold dekorierte Oper mit Reliefs und Skulpturen befindet sich in einem Anbau, der Salle Garnier. Jenseits des Atriums liegt das eigentliche Kasino, das man auch ohne zu spielen besichtigen kann. Von dort gelangt man in die **Salle Blanche**, die sich zum Meer öffnet: der eleganteste Ort der Stadt, um einen Cocktail bei Livemusik zu nehmen.

**GEGENÜBER** Das Casino de Monte-Carlo, das berühmteste Kasino der Welt, ist das Wahrzeichen des Fürstentums. Es wurde von Charles Garnier entworfen, dem Architekten der Opéra in Paris.

**UNTEN** Taschen bei Le Dressing, einem Shop, der die kaum getragene Designermode wohlhabender Vorbesitzerinnen verkauft.

**5** *Frisches Fast Food* 12.30 Uhr

**5** *Frisches Fast Food* 12.30 Uhr

Jeden Morgen entfalten sich auf der **Place d'Armes** rote und gelbe Sonnenschirme, und unter dem freien Himmel beginnt der Lebensmittel- und Blumenmarkt **Marché de la Condamine** (mairie.mc/poles/pratique/les-marches). Einige Verkäufer kommen von ihren rund 160 km entfernten, in Italien liegenden Höfen, um selbst gepresstes Olivenöl und eingelegtes Gemüse anzubieten. In einer Halle servieren verschiedene Delikatessenstände Sandwiches, vegetarische Spezialitäten und frisch frittierte Tintenfische.

**6** *Secondhandluxus* 14 Uhr

Wenn Sie sich bei **Le Dressing** (2 rue des Orangers; 1 rue Princesse Florestine; +377 9325 8226; ledressingmonaco.com) die Birkin Bag aus Krokoleder für 28 000 Euro nicht leisten können, wären da noch eine Lederjacke von Stephen Sprouse mit einem Bild von Marilyn Monroe auf dem Rücken für 1590 Euro oder die roten Pumps von Yves Saint Laurent für 195 Euro. Die meiste Ware ist wie neu. Helen Rimsberg, die Inhaberin erklärt: „Als Frau können Sie in Monaco ein Kleid nicht zweimal tragen, die Leute würden denken, Ihr Mann habe finanzielle Probleme."

**SAMSTAG**

**4** *Geheimnisse des Meeres* 10 Uhr

Fürst Albert I. – er war Wissenschaftler, Ozeanograf und Regent – baute 1910 das **Musée Océanographique de Monaco** (Avenue St-Martin; +377 9315 3600; oceano.mc) als einen Tempel des Meeres, der Kunst und Wissenschaft verbindet. Die Fassade des Gebäudes ist als Hommage an das Mittelmeer mit Krebsen, Garnelen, Quallen und anderen Geschöpfen der Meerestiefen verziert. Der Mosaikboden erinnert an Meereswellen. Hier werden Alberts Walfänger und Jacques Cousteaus Taucherglocke gezeigt. In den Aquarien tummeln sich unter anderem Oktopoden, Haie und Schildkröten.

**GANZ OBEN** Das Musée Océanographique ist dem Meer, den Meeresbewohnern und Jacques Cousteau gewidmet.

**OBEN** Frisch gemixt – ein Cocktail Grace im Hôtel Columbus.

**7** *Am Strand* 15.30 Uhr

Die Postkartenstrände des östlichen Stadtteils **Larvotto** sind eine Mischung aus öffentlichen und privaten Grundstücken. Fragen Sie in Ihrem Hotel nach detaillierten Informationen. Im Juli und August mag es zu heiß sein, aber Juni und September sind perfekt, um die Sonne und das warme Wasser zu genießen. Erwarten Sie keine Promis, die meisten Strandgänger sind Touristen wie Sie, und lassen Sie zum Schutz vor dem schmirgelnden Sand die Schuhe an.

**8** *Palastbesichtigung* 16.30 Uhr

Die Besichtigungstour „Grands Appartements" führt Sie durch das **Palais Princier de Monaco** (+377 93 25 18 31; palais.mc), den Fürstenpalast. Sie können dabei einen Blick auf die Oldtimersammlung von Fürst Rainier III. werfen, darunter Modelle der Marken Rolls-Royce, Cadillac und Maserati.

**9** *Auf französischer Seite* 18 Uhr

Es gibt kaum Hinweise darauf, dass man Monaco verlässt und nach Frankreich wechselt. Auf der einen Seite der Avenue du Port liegt das Viertel Fontvieille von Monaco, auf der anderen – französischen – das

**OBEN** Weiße Jachten ankern im Hafen von Fontvieille.

**RECHTS** Das Palais Princier de Monaco, die Residenz der Fürstenfamilie Grimaldi.

Hotel Riviera Marriott. Links davon verläuft ein Fußweg am Wasser. Man sieht Beachvolleyballspieler, Belle-Époque-Villen, Katamarane, Jogger und Fischerboote. Steintreppen führen zu geschützten Buchten. Sie können jederzeit umkehren oder den Weg bis zur Plage Mala, einer ruhigen Bucht am **Cap d'Ail**, fortsetzen (rund drei Stunden).

**10** *Dinner am Meer* 20.30 Uhr

Zurück vom Cap d'Ail sehen Sie in der Nähe des Marriott direkt am Wasser den futuristischen Komplex **A'Trego** (Port de Plaisance de Cap d'Ail; +33 4 93 28 58 22; restaurantatrego.com) mit drei Restaurants. In dem von Philippe Starck gestalteten Restaurant **La Cantine** (€€€€) können Sie das Degus-

tationsmenü mit drei Vorspeisen, drei Hauptgerichten und drei Desserts probieren. Nach dem Essen bringt Sie ein kostenloser Shuttlebus ins Hotel oder ein Boot zu Ihrer Jacht.

**SONNTAG**

**11** *Exotischer Garten* 10 Uhr

Zwischen den steilen Felsen des **Jardin Exotique** (62 boulevard du Jardin Exotique; +377 93 15 29 80; jardin-exotique.mc) wachsen über 1000 verschiedene

Kakteen und andere Sukkulenten. Von den Parkbänken hat man einen schönen Blick aufs Wasser und die kleinen, aus Zement gefertigten „Holz"-Brücken. Unterhalb liegt eine prähistorische Höhle mit Stalagmiten und Stalaktiten. Das **Nouveau Musée National de Monaco** (Villa Paloma, 56 boulevard du Jardin Exotique; +377 98 98 48 60; nmnm.mc) in der Nähe widmet sich moderner und zeitgenössischer Kunst, Architektur und modernem Design. Gezeigt werden Kunstwerke und Exponate aus der Geschichte Monacos.

**OBEN** Büste der Fürstin Gracia Patricia in der Princess Grace Irish Library, die ihre Sammlung irischer Bücher aufbewahrt.

**GEGENÜBER** Ausblick vom Jardin Exotique, einem Felsengarten mit über 1000 verschiedenen Pflanzenarten.

**BASICS**

Das öffentliche Busnetz ist gut ausgebaut, zusätzlich kann man E-Bikes mieten. Wer die Haarnadelkurven der Riviera sportlich erleben will, mietet sich bei Monaco Luxury Rent (monacoluxuryrent.com) einen Ferrari oder Lamborghini.

**Hôtel de Paris**
Place du Casino
+377 98 06 30 00
hoteldeparismontecarlo.com
€€€€
*Luxus pur zu entsprechenden Preisen.*

**Hôtel Columbus**
23 avenue des Papalins
+377 92 05 90 00
columbushotels.com
€€
*Modern eingerichtetes Haus mit Blick auf den Rosengarten Princess Grace.*

**Hôtel Novotel**
16 boulevard Princesse Charlotte
+377 99 99 83 00
novotel.com
€€€
*Ideales Hotel für Familien.*

FRANKREICH
ITALIEN
San Remo
Nizza **MONACO**
Cannes
20 Meilen
40 Kilometer

FRANKREICH
RUE DU PORTIER
**7** Larvotto
La Piazza
Casino de Monte-Carlo/ Salle Blanche **3**
Hôtel Novotel
Hôtel de Paris

**Monaco**
Port Hercule

Nouveau Musée National de Monaco/ Villa Paloma
Place d'Armes/ Marché de la Condamine
**6** Le Dressing
**5**
Princess Grace Irish Library
**2** La Chaumière **1**
**11**
Jardin Exotique
AVENUE ST-MARTIN
**8**
Palais Princier de Monaco
**4**
Musée Océanographique de Monaco
Hôtel Columbus
**9** Cap d'Ail
FONTVIEILLE
Mittelmeer
**10**
A'Trego/La Cantine
1/4 Meile
1/2 Kilometer

# Madrid

*Spaniens goldene Hauptstadt hat auf die wirtschaftlichen Turbulenzen vergangener Jahre mit einer wahren Explosion an Kreativität und Unternehmergeist reagiert. Experimentierfreudige Madrilenen haben dahinsiechenden* mercados *neuen Glanz verliehen, verfallene Fabrikgebäude in Kunsträume verwandelt und* barrios *wie dem modisch-trendigen Conde Duque und dem multikulturellen Lavapiés neues Leben eingehaucht. All dies spielt sich auf atemberaubend schönen Straßen und Plätzen wie Gran Via, Plaza de Oriente oder Plaza Mayor und wunderbaren Parks wie Madrid Río am Fluss Manzanares ab. Nicht vergessen sollte man natürlich auch die Kirchen und tollen Museen mit Werken von Meistern wie Goya, Velázquez und El Greco.* – ELAINE SCIOLINO

## FREITAG

### 1 *Zweimal Bocadillo* 15 Uhr

Wahrscheinlich ist kein Gericht typischer für Madrid als das Bocadillo de Calamares: die einfache Kombination aus einem knusprigen Baguette und in Olivenöl angebratenem Tintenfisch. Stellen Sie sich in eine der Bars unter die Arkaden der grandiosen **Plaza Mayor**, um eine klassische Version dieses Sandwichs zu genießen, und spülen Sie es mit einer Caña (einem kleinen Bier) runter. Eine weitere gelungene Kombi – ein Bocadillo aus iberischem Schinken mit einem Glas kühlen Cava – gibt es bei **Bocadillo de Jamón y Champán** (Calle Fernando VI 21; bocadillodejamon.com) im Viertel Justicia.

### 2 *Cooles Barrio* 17 Uhr

Eines von Madrids derzeit angesagtesten Einkaufsvierteln ist Las Salesas, ein Stadtteil mit viel Baumbestand, der sich von Chueca bis Salamanca erstreckt. Stöbern Sie im Concept-Store **Do Design** (Calle Fernando VI 13; dodesign.es), der Mode sowie Design- und Kunstobjekte führt. Die elegante alte Patisserie **La Duquesita Pastelería** (Calle Fernando VI 2; laduquesita.es) ist ebenfalls einen Besuch wert, genau wie die winzige Boutique **Jápines** (Fernando VI 2; facebook.com/Japinesmadrid). Die Besitzerin María Beltrán Joyas hat sie mit einem geschmack-vollen Sortiment aus Accessoires, Kerzen, Parfüms und Schmuck gefüllt – vieles davon selbst entworfen.

### 3 *Die neuen Tapas* 22 Uhr

**Celso y Manolo** (Calle Libertad 1; celsoymanolo. es; €€€), eine der besten modernen Tapas-Bars, weiß ganz genau, was man aufpeppt und was man besser unverändert lässt. Das spiegelt sich auch im stylischen Interieur mit Bar und Bodenfliesen aus den 1950er-Jahren wider. Auf der Karte stehen modifizierte Klassiker wie kantabrische Biokalbsrippchen vom Grill mit Chimichurri (eine würzige Marinade) oder Chuletón de Tomate, eine Tomatenhälfte belegt mit Avocado, Mango, Papaya und frischen Kräutern.

### 4 *Auf alte Zeiten* 23.30 Uhr

Manche Dinge brauchen kein Update. Dazu gehört **La Venencia** (Calle Echegaray 7), eine muffige Sherrybar in Sepiatönen, in der schon Hemingway verkehrte und die sich in den letzten 70 Jahren kaum verändert hat. Das strenge Trinkgeld- und Fotografierverbot sind noch Überbleibsel aus der Zeit des Spanischen Bürgerkriegs, als die Bar ein Treffpunkt der Republikaner war. Ausgeschenkt wird hier nur Sherry: köstlich, honigfarben, aus Eichenfässern – wie immer eben. Ein weiteres madrilenisches Relikt ist die **Bar Cock** (Calle de la Reina 16), 1921 eröffnet in einem einstigen Bordell, das wie ein britischer Herrenklub ausgestattet ist. In dem gemütlichen, leicht anrüchigen Ambiente werden hervorragende Cocktails serviert. Kein Wunder, dass sich von Frank Sinatra bis Pedro Almodóvar hier schon etliche Promis vergnügten. Der Maler Francis Bacon soll der Legende nach hier seinen letzten Martini getrunken haben.

## SAMSTAG

### 5 *Hip brunchen* 11 Uhr

Nach einer Revitalisierungskampagne zu Anfang dieses Jahrhunderts hat sich der südliche Stadtteil Lavapiés (früher wegen der Wohnblocks als „vertikaler Slum" bezeichnet) zu einem der angesagtesten Viertel der Stadt entwickelt. Das **Pum Pum Café** (Calle del Tribulete 6; pumpumcafe.com; €) in einem kleinen Ziegelsteinbau ist bei künstlerisch angehauchten Einheimischen beliebt, die hier am Wochenende in Scharen brunchen. Auf der Karte stehen Klassiker

**GEGENÜBER** Die Innenstadt an einem ruhigen Abend.

wie Eier Benedikt mit Avocado, Croissants, Biomüsli, Sekt mit O-Saft und Pour-Over-Filterkaffee.

### 6 *Wiedergeburten* 13 Uhr

Aus Alt mach Neu: In **La Casa Encendida** (Ronda Valencia 2, lacasaencendida.es), einem prächtigen Gebäude im Neo-Mudéjar-Stil aus dem frühen 20. Jahrhundert, finden heute Ausstellungen, Konzerte und Vorträge statt. Ein paar Häuser weiter wurde der Mercado de San Fernando, früher eine traditionelle Markthalle, in ein modernes Areal verwandelt, auf dem Händler, Künstler und Köche von andalusischem Wein über Sushi bis zu Tangounterricht alles anbieten, was das Herz begehrt. Schauen Sie später, was in **La Tabacalera de Lavapiés** (Calle de Embajadores 53; latabacalera.net) läuft, einer verfallenen ehemaligen Tabakfabrik, die heute Kulturraum und soziales Zentrum mit Bar, Bibliothek, Küche und Gemeinschaftsgarten ist.

### 7 *Meisterwerke für lau* 17.30 Uhr

Wer Madrid besucht, sollte unbedingt in zwei der wichtigsten Museen Europas gehen. Mit straffem Zeitmanagement können Sie sie sogar kostenlos genießen. Im **Prado** (Paseo del Prado; museodelprado. es) ist der Eintritt samstags von 18 bis 20 Uhr frei. Das Museum hat eine umfangreiche Sammlung an Werken von El Greco, Velázquez, Rubens und vor allem Goya (unbedingt den unterirdischen Raum mit seinen düsteren „schwarzen Gemälden" ansehen). Ins Museum **Reina Sofía** (Calle de Santa Isabel 52; museoreinasofia.es), in dem neben vielen anderen Meisterwerken Picassos *Guernica* hängt, kommen Sie, ebenfalls samstags, von 19 bis 21 Uhr kostenlos.

**OBEN** Ein Gefühl für die Stadt bekommt man am besten, wenn man sie zu Fuß erkundet, hier in La Latina.

**LINKS** Geschäftiges Treiben im Mercado de San Fernando.

**8** *Aperitif bei Sonnenuntergang* 21 Uhr

Vielleicht ist es ja ein Madrid-Klischee, aber das Schlürfen eines Aperitifs auf der Dachterrasse des **Círculo de Bellas Artes** (Calle de Alcalá 42; circulobellasartes.com) mit Blick auf die Stadt bei Sonnenuntergang ist schwer zu toppen. Begeben Sie sich bei Einbruch der Dunkelheit ins schicke Salamanca-Viertel, um im **Amazónico** (Calle Jorge Juan 20; restauranteamazonico.com; €€€€) zu speisen. Eine Urwaldatmosphäre mit Palmen und von der Decke hängenden Lianen – das Werk des katalanischen Innenarchitekten Lázaro Rosa-Violán – sind der passende auffällige Hintergrund für Madrids High Society. Küchenchef Sandro Silva reist derweil kulinarisch von seiner Heimat Brasilien über Argentinien, Indien, China und Peru nach Japan. Das Ergebnis: hawaiianisches Thunfischtatar-Poke mit Sesam, Ananas und gerösteten Cashewkernen neben auf offener Flamme gegrilltem Fleisch und Cocktails mit Drachenfrucht und Holunderblüten.

**SONNTAG**

**9** *Auf der Schokoladenseite* 10.30 Uhr

Der Zuckerschock von Chocolate con Churros (in cremig-heiße Schokolade getunktes Fettgebäck) wird Sie, wie schon Generationen von Madrileños vor Ihnen, wieder zum Leben erwecken. Diese Spezialität wird schon seit 1894 im mit grünem Holz vertäfelten Innenraum der **Chocolatería San Ginés** (Pasadizo de San Gines 5) serviert.

**10** *Auf der Spur der Schnäppchen* 11 Uhr

**El Rastro** (Calle Ribera de Curtidores), der größte Flohmarkt Spaniens, floriert schon seit einem halben Jahrtausend im Viertel Latina. Benannt nach der

UNTEN Ein Besuch im Prado ist ein Muss, ganz gleich, wie oft Sie schon da waren. Zur umfangreichen Sammlung gehören Werke von Goya, El Greco, Velázquez und Rubens.

Blutspur, die das geschlachtete Vieh auf dem Weg zu den Gerbereien hinterließ, bietet der geschäftige Markt so ziemlich alles: von Vintage-Pelzen und Polyester-Flamencokleidern über Kunsthandwerkliches bis hin zu Mid-Century-Klassikern des Möbeldesigns. Genauso spannend wie die Waren sind auch die potenziellen Käufer, eine bunte Mischung aus Einheimischen und Touristen, die an den Ständen herumstöbern und den musizierenden Gitano-Bands und afrikanischen Trommlern lauschen.

**11** *Pressebrunch* 13.30 Uhr

Laufen Sie durch La Latina bis Sie **El Imparcial** (Calle del Duque de Alba 4; elimparcialmadrid.com; €€) erreichen, eine Kombination aus Restaurant, Bar und Concept-Store in einem zweistöckigen Herrenhaus, in dem sich einst die Büroräume der Zeitung *El Imparcial* befanden. Zum Sonntagsbrunch gehören hier ein Hauptgericht, Obst mit Joghurt und Müsli, Wurst und Käse aus der Region, ein Brotkorb mit Tomatenstücken, Marmelade, Butter, Kaffee und Saft.

**OBEN** Nachtleben im Latina-Viertel.

**GEGENÜBER** Auf Spaniens größtem Flohmarkt El Rastro findet man Schnäppchen und Raritäten.

---

**BASICS**

Die Metro ist vom Flughafen in die Innenstadt etwas schneller als ein Taxi und kostet nur ein Zehntel so viel.

**Urso Hotel & Spa**
Mejía Lequerica 8
+34 914 444 458
hotelurso.com
€€€
*Schickes Boutiquehotel in einem restaurierten Palacio aus dem frühen 20. Jahrhundert; im zentralen Viertel Justicia.*

**Tótem**
Hermosilla 23
+34 914 260 035
totem-madrid.com
€€
*Im stylischen Salamanca-Viertel; das Innendekor wurde vom Stil der 1920er, das Restaurant von F. Scott Fitzgeralds Die Schönen und Verdammten inspiriert.*

**Madrid**

- CONDE DUQUE
- ALONSO MARTINEZ
- SALAMANCA
- Urso Hotel & Spa
- JUSTICIA
- C. DE GÉNOVA
- C. DE SERRANO
- Tótem
- La Duquesita Pastelería
- Jápines
- C. DE HERMOSILLA
- Do Design **2**
- LA SALESAS
- MALASAÑA
- Bocadillo de Jamón y Champán
- CHUECA
- Amazónico
- PASEO DE RECOLETOS
- Celso y Manolo
- Bar Cock **3**
- GRAN VIA
- C. DE ALCALÁ
- Círculo de Bellas Artes **8**
- **9** Chocolatería San Ginés
- PARQUE DEL RETIRO
- Plaza Mayor
- **4** La Venencia
- Prado
- **1**
- **Madrid**
- **7**
- PASEO DEL PRADO
- **11** El Imparcial
- CENTRO
- C. DE ATOCHA
- **10**
- Pum Pum Café
- El Rastro
- LAVAPIÉS
- Reina Sofía
- Mercado de San Fernando
- **5**
- La Casa Encendida
- La Tabacalera de Lavapiés
- **6**
- RONDA DE ATOCHA
- ¼ Meile
- ½ Kilometer

- Golf von Biskaya
- FRANKREICH
- ANDORRA
- PORTUGAL
- Barcelona
- **Madrid**
- SPANIEN
- Mittelmeer

# San Sebastián

*San Sebastián an der spanischen Nordküste ist eine Stadt zum Verlieben. Der Anblick der schimmernden Bucht mit ihren goldenen Sandstränden und ihrem türkisfarbenen Wasser ist einfach umwerfend. Nimmt man zu dieser Naturschönheit noch die unvergleichliche Küche hinzu – von Menüs in noblen Sternerestaurants bis zu köstlichen, kleinen Pinchos (die baskische Version der Tapas) – kann einem schwindelig werden. Auch die fein herausgeputzte Uferpromenade, das renovierte Museum und die neue Kochschule tragen zum Reiz der Stadt bei. Anerkennenswert ist auch, dass sich die Stadt in Sachen Kultur beträchtlich ins Zeug gelegt hat.* – INGRID K. WILLIAMS

## FREITAG

### 1 *Phantom Beach* 16 Uhr

Spazieren Sie über die 6 km lange Promenade, die sich an die drei Sandstrände der Stadt schmiegt. Der schönste Abschnitt liegt in der Bucht von La Concha. Um die Küste aus einem anderen Blickwinkel zu sehen, fahren Sie mit einem Boot der **Motoras de la Isla** (Plaza de la Lasta; +34 943 000 450; motorasdelaisla. com) vom Hafen zur Isla Santa Clara in der Mitte der Bucht – es dauert nur 10 Minuten. Bei Ebbe zeigt sich, dass auch die unbewohnte Insel einen Strand hat – den vierten, geheimen Strand von San Sebastián.

### 2 *Museo Paseo* 18.30 Uhr

Am östlichen Ende der Bucht liegt der bewaldete **Berg Urgull** mit einer Christusstatue auf dem Gipfel. Von hier führt ein malerischer Spazierweg zum **San Telmo Museoa** (Zuloaga Plaza 1; +34 943 481 580; santelmomuseoa.com) in der Parte Vieja (Altstadt). Die neue Fassade – eine nüchterne, graue Wand mit Löchern, durch die Pflanzen sprießen – spielt auf die felsige Landschaft an. Sie steht in krassem Kontrast zum Nachbargebäude, einem restaurierten ehemaligen Dominikanerkloster aus dem 16. Jahrhundert, in dem eine ständige Sammlung baskischer Kunst und historischen Kunsthandwerks zu sehen ist.

GEGENÜBER Der schnellste Weg, um sich von San Sebastián verführen zu lassen, ist ein Spaziergang auf der Strandpromenade.

RECHTS Moderne Variante des Schiffsverkehrs im Hafen.

### 3 *Speisen im Spotlight* 21 Uhr

**Ni Neu** (Avenida de la Zurriola 1; +34 943 003 162; restaurantenineu.com; €€€–€€€€), was auf Baskisch „ich selbst" bedeutet, heißt das Restaurant im **Kursaal**, dem Veranstaltungszentrum in einem Paar glänzender Kuben in der Nähe des Strandes von Zurriola. Schwarze Wände und angestrahlte Tische bilden die Bühne für ein stylishes Publikum, das Thunfischtatar mit grüner Zitronencreme oder Lammbraten mit einem Hauch von Kaffee und Kardamom speist. Weniger spektakulär geht es bei **Narru** (Zubieta Kalea 56; +34 943 423 349; narru.es; €€€€) zu. In dem beliebten Restaurant im Souterrain des Hotel Niza werden schnörkellose, aber sehr feine Gerichte serviert, wie etwa herrlich zartes Secreto ibérico mit baskischen Äpfeln.

### 4 *Die lässige Alternative* 23.30 Uhr

Gehen Sie an den glitzernden Discos an der Promenade vorbei. Sympathischer ist das entspannte **Ondarra** (Avenida de la Zurriola 16; +34 943 297 454) in Gros, dem Viertel am Surfstrand Zurriola. Am frühen Abend kann man an den Tischen auf dem Gehweg bei Gin Tonic neue Bekanntschaften schließen und später im Souterrainklub (Club 16 bis) eine Runde tanzen.

## SAMSTAG

### 5 *Hausaufgaben zum Essen* 9.30 Uhr

Verschlafen Sie diesen Kurs nicht: Lehrer mit mehreren Michelin-Sternen trifft man nicht alle Tage. Das **Basque Culinary Center** (Juan A. Barriola Pasea-

lekua 101; +34 943 574 500; grado.bculinary.com/es/grado) ist eine neue Kochschule und ein Forschungsinstitut mit einem Beraterstab, dem kein Geringerer als Ferran Adrià vorsteht. Das nagelneue Institut bietet vierjährige Ausbildungsgänge und Fortbildungen für professionelle Köche sowie Kurse für „Gastronomiebegeisterte" (also uns alle) an, z. B. eine Einführung in Avantgardedesserts oder einen Grillkurs.

**6** *Sternenkeller* 14.30 Uhr

Zwischen den Pincho-Bars der Parte Vieja führt eine einfache Treppe zu den sonnenwarmen Wänden des Restaurants **Bodegón Alejandro** (Fermin Calbeton Kalea 4; +34 943 427 158; bodegonalejandro.com; €€€€), lange Zeit eine Bastion der baskischen Sterne-

küche. Die bunten Fliesen und robusten Holztische wirken traditionell, aber das sechsgängige Probiermenü ist eine moderne Interpretation regionaler Klassiker, beispielsweise Lasagne aus Sardellen und Ratatouille auf Gazpacho-Creme.

**7** *T-Shirt Time* 17 Uhr

Bei **Kukuxumusu** (Nagusia Kalea 15; +34 943 421 184; kukuxumusu.com) werden schräge Cartoons auf alles gedruckt, vom T-Shirt bis zur Thermosflasche. Das Geschäft in der Parte Vieja war die erste Niederlassung des Designunternehmens, doch inzwischen hat das witzige Label ganz Spanien erobert. Wenn Sie eine Jacke mit hohem Neidfaktor suchen, finden Sie im **Six Store** (Zurríola Hiribidea 1; +34 943 321 943)

**OBEN** Vor der zwanglosen Bar Ondarra stehen Tische auf dem Bürgersteig. Später öffnet der Klub im Keller.

**UNTEN** Der Vergnügungspark auf dem Berg Igueldo.

Label wie Rains, Igor und Paez. Der **Bohemian Shop** (Iñigo Kalea 1; +34943424573) hat coole Vintage-Mode für Männer und Frauen.

**8** *Für Kinder jeden Alters* 18.30 Uhr

Am Westrand der Bucht treffen auf dem **Berg Igueldo** (+34943213525; monteigueldo.es) Erhabenes und Absurdes aufeinander. Fahren Sie mit der ratternden Zahnradbahn zum Gipfel hinauf, wo der **Igueldo-Turm** den „schönsten Ausblick der Welt" verspricht (er ist wirklich toll). Der alte Vergnügungspark lässt einen an die Kindheit erinnern. Die rumpelnden Karussells und die traditionellen Spielbuden sind so urkomisch altmodisch (allerdings unbeabsichtigt), dass nicht nur Kinder enormen Spaß an ihnen haben.

**9** *Bar-Hopping zum Sattwerden* 21.30 Uhr

Unternehmen Sie einen *chikiteo* – baskisch für eine Tour durch die Pincho-Bars – in der Parte Vieja, wo traditionelle Pinchos zur Haute Cuisine im Kleinformat stilisiert werden. Starten Sie am Tresen bei **Astelena** (Euskal Herria Kalea 3; +34943441655) mit Kroketten in Pistazienkruste oder knusprigen Crêpes mit einer Füllung aus Lachs und Käse. Dann kosten Sie im engen **La Cuchara de San Telmo** (Abuztuaren 31 Kalea 28; +34943441655; lacucharadesantelmo. com) üppige, gebratene Foie gras mit Apfelkompott oder herbes Risotto mit Orzo und Ziegenkäse. Weiter

geht's zur schwarz-roten Bar **A Fuego Negro** (Abuztuaren 31 Kalea 31; +34650135373; afuegonegro.com), dem Gipfel der Pincho-Kunst. Bestellen Sie Makcobe, einen winzigen Wagyu-Burger auf einem ketchupgetränkten Brötchen mit gebratenen Bananen-„Chips", vielleicht auch drei Eiskugeln aus Seespinne, Avocado und Lakritz (erstaunlich schmackhaft) oder Erdbeerzombie mit Schokolade.

**SONNTAG**

**10** *Krümelspur* 9 Uhr

2011 wurde der 800. Jahrestag der Weihung der Kathedrale von Santiago de Compostela begangen, der letzten Station der Pilgerreise auf dem Jakobsweg. Ein Stück des Jakobswegs führt auch durch San Sebastián. Wer ihn kennenlernen will, geht zur **Zemoriya Kalea** in Gros und folgt dann den gelben Markierungen (gegen die Anzeigerichtung) durch üppige Wälder und vorbei an steilen Felsen mit Postkartenpanorama. Tanken Sie vor dem Aufbruch Kohlenhydrate, etwa mit einer weichen Brioche oder einem knusprigen Baguette von **Galparsoro** (Nagusia Kalea 6; +34943421074), einer fantastischen kleinen Bäckerei, bei der die Spitzenrestaurants der Region einkaufen.

**OBEN** Donostia, wie San Sebastián auf Baskisch heißt, hat sich vom Fischerdorf zum Seebad gemausert.

**11** *Zwei oder drei …* 13.30 Uhr

Im **Mugaritz** (Aldura Aldea 20, Rentería; +34 943 522 455; mugaritz.com; €€€€), einem Zwei-Sterne-Restaurant in den Hügeln vor der Stadt, gelingt es Küchenchef Andoni Luis Aduriz, seine Gäste zu überraschen und zu begeistern. Zu seinen Geniestreichen gehören eine würzige Mörsersuppe (die Gäste zerstoßen Gewürze und Samen selbst, dann fügt der Kellner Brühe und Kräuter hinzu) oder knusprig gebratene Streifen von Rinderzunge (unter dem Namen

„Fleischgeheimnis"). Wollen Sie wissen, was es für den dritten Stern braucht? Buchen Sie einen Tisch mit Meerblick im **Akelarre** (Padre Orkolaga Ibilbidea 56; +34 943 311 209; akelarre.net; €€€€), dem Drei-Sterne-Gourmettempel, in dem Pedro Subijana seit 30 Jahren anspruchsvolle Gäste mit Kreationen wie essbarem Papier, Foie gras mit Zucker oder hauchzarten Schäumchen verwöhnt.

**OBEN** In Schwarz-Rot präsentiert sich die Bar A Fuego Negro. Hier werden Pinchos, das baskische Gegenstück zu spanischen Tapas, zur Kunstform erhoben.

**GEGENÜBER** Die Stadt ist im Sonnenschein hinreißend und verzaubert bei Vollmond.

## BASICS

Von Madrid aus gibt es Inlandsflüge nach San Sebastián. Die Stadt lässt sich hervorragend zu Fuß oder per Fahrrad entdecken.

**Hotel Gran Bahía Bernardo**
Trueba Kalea 1
+34 943 298 049
hotelgranbahiabernardo.com
€–€€
*In der Nähe des Zurriola-Strandes. Zehn schlichte Zimmer mit Hartholzböden, coolen Fotos an den Wänden und kostenlosem Internetzugang.*

**Hotel Astoria 7**
Familia Santua Kalea 1
+34 943 445 000
astoria7hotelsansebastian.com
€–€€
*Hommage an die Kinostars des jährlichen Filmfestivals in San Sebastián. Die Zimmer sind Regisseuren und Schauspielern gewidmet.*

San Telmo Museoa **2**

La Cuchara de San Telmo

PARTE VIEJA (ALTSTADT)

Bohemian Shop

A Fuego Negro

**9** Astelena

**7** Kukuxumusu

NAGUSIA KALEA

Bodegón Alejandro **6**

Galparsoro

Igueldo-Turm **8**

ISLA SANTA CLARA

Zahnradbahn Berg Igueldo

Strand von Ondarreta

Akelarre

AVE. DE TOLOSA

PADRE ORKOLAGA IBILBIDEA

JUAN A. BARRIOLA PASEALEKUA

Basque Culinary Center **5**

BERG URGULL

**Detail**

PARTE VIEJA (ALTSTADT)

Strand von Zurriola

Six Store

GROS Ondarra/ Club 16 bis **4**

**3**

Ni Neu/ Kursaal

Hotel Gran Bahía Bernardo

Motoras de la Isla **1**

Strand von La Concha

**San Sebastián**

ZUBIETA KALEA

Narru

**Detail**

**10** Zemoriya Kalea

A-8
E-5

Hotel Astoria 7

**San Sebastián**

Mugaritz **11**

1 Meile
2 Kilometer

San Sebastián
Madrid
SPANIEN

Golf von Biskaya

FRANKREICH
San Sebastián

Santiago de Compostela

**Camino del Norte**

SPANIEN

50 Meilen
100 Kilometer

# Pamplona & Bilbao

*Zum Stichwort Pamplona fällt den meisten nur der von Testosteron befeuerte Stierlauf durch die Altstadt ein, der alljährlich im Juli zur Fiesta San Fermín stattfindet. Ansonsten nehmen sich Reisende allenfalls Zeit für einen Abstecher vom Jakobsweg oder für einen Tagesausflug von San Sebastián oder Barcelona aus. Wer außerhalb des San-Fermín-Getümmels hierherkommt, wird bald entdecken, dass die Stadt durchaus ihren Reiz hat. Eingerahmt von schroffen Gipfeln der Pyrenäen-Ausläufer im Norden und weiten Ebenen im Süden bietet Pamplona eine Menge kultureller und kulinarischer Highlights, aber auch interessante Ziele für Nachteulen und Kenner guter Weine. Und wenn Sie schon im Baskenland sind, sollten Sie unbedingt nach Bilbao fahren, um das berühmte, von Frank Gehry entworfene Guggenheim-Museum zu sehen (oder wiederzusehen).* – LIONEL BEEHNER

### FREITAG

**1** *Labyrinth des Pompejus* 14 Uhr

Pamplona, das heute etwa 195 000 Einwohner zählt, ist die historische Hauptstadt von Navarra. Bei einem Spaziergang durch die **Altstadt** trifft man auf sonnige Plätze, Parks mit modernen Skulpturen, mittelalterliche Festungen und bröckelnde Reste von Bauwerken, die zur Zeit des Pompejus erbaut wurden. Der römische Feldherr und Gegner Julius Caesars ist der Namensgeber dieser Stadt. Im Gewirr der schmalen, schluchtartigen Altstadtgassen kann man stundenlang schlendern, in kleinen Bars ein Glas heben, rötlichen Pacharán trinken oder sich mit kleinen Portionen farbenfroher Pinchos stärken. Auch die Geschäfte in den alten Häusern sind sehenswert.

**2** *Auf Hemingways Spuren* 17 Uhr

Versuchen Sie, einen Platz im französisch inspirierten **Café Iruña** (Plaza del Castillo 44; +34 948 222 064; cafeiruna.com) zu ergattern, in dem Ernest Hemingway gern verkehrte. Es liegt an der Plaza del Castillo im quirligen Stadtzentrum. Die Hausfassaden rings-

um sehen aus, als hätten sie sich seit den 1920er-Jahren, als Hemingway sie zur Kulisse seines Romans *Fiesta* wählte, nicht verändert. Beobachten Sie bei einem Drink die Leute: spielende Kinder, Kettenraucher mit Baskenmützen, staunende Rucksacktouristen und Gruppen von Jugendlichen, die ihre Köpfe über Handys zusammenstecken.

**3** *Pinchos vom Feinsten* 20 Uhr

Kulinarisch hat Pamplona allerlei zu bieten. In der traditionsreichen **Café Bar Gaucho** (Calle Espoz y Mina 7; +34 948 225 073; cafebargaucho.com; €€) werden Pinchos in extravaganten Kombinationen serviert, beispielsweise Lachscarpaccio mit Spargel und Borretschblüten oder Wachteltarte mit Pilzen in Sherry-Sahne-Sauce.

**4** *Malbücher und Discos* 23 Uhr

Das Nachtleben in Pamplona ist entspannter und familienfreundlicher als in Barcelona oder San Sebastián. Kinderwagen und Kinder, die Bilder ausmalen, während ihre Eltern ein Glas Wein trinken, sind in den Bars keine Seltenheit. Sie können sich aber auch mit anmutigen Schönheiten und Studenten vor dem **Marengo** (Avenida de Bayona 2; +34 948 265 542) anstellen, der vermutlich bestbesuchten Disco der Stadt. Oder Sie folgen der Avenida de Bayona bis ins ruhigere Viertel **San Juan**, in das sich kaum Touristen

**GEGENÜBER** Frank Gehrys mächtige Titanrundungen am Guggenheim-Museum in Bilbao.

**RECHTS** In der Kathedrale Santa María la Real in Pamplona machen viele Jakobswegpilger Station.

verirren. Hier gibt es mehrere Souterrainkinos, schwulenfreundliche Bars und sogar einen Park im japanischen Stil – denn Pamplona ist Partnerstadt der japanischen Stadt Yamaguchi.

### SAMSTAG

**5** *Pilgerstation* 10 Uhr

In der Altstadt gibt es eine beeindruckende Anzahl von mittelalterlichen Kirchen und Monumenten aus römischer Zeit zu entdecken. Im gotischen Inneren der **Kathedrale Santa María la Real** (Calle Curia; +34 948 212 594; catedraldepamplona.com) ist der Alabastersarg von Karl III. zu besichtigen, der im 15. Jahrhundert in Navarra herrschte. Pilger, die auf dem Jakobsweg von Frankreich bis Santiago de Compostela gehen, machen regelmäßig hier Station.

**6** *Wenn die Stiere hier wären ...* 11 Uhr

Ein weniger spiritueller Spaziergang folgt der Strecke der Stiere, die bei der Fiesta San Fermín durch die Straßen getrieben werden. Wenn Sie in der Mitte der kleinen **Plaza Consistorial** stehen und die ockerfarbene Fassade des barocken Rathauses bewundern, stellen Sie sich das Gatter mit den Tieren vor – und die Läufer mit ihren rot-weißen Halstüchern. Gehen Sie weiter zur Calle Estafeta, dem letzten Abschnitt der „Rennstrecke". Hier gibt es originelle Bars.

**7** *Pause mit Pinchos* 12 Uhr

Kehren Sie im **Bodegón Sarria** (Calle de la Estafeta 50–52; +34 948 227 713; bodegonsarria.com; €€) ein, wo große Räucherschinken über einem Tresen mit allen nur denkbaren Pinchos (Sardinen mit Tomaten, gefüllte Peperoni, Schweinsfüße) hängen. Probieren Sie eine Portion Patatas bravas, knusprige Kartoffeln in pikanter Sauce, und dazu Kalimocho, einen Cocktail aus Cola und Wein.

**OBEN** Gehrys Guggenheim hat dem Image von Bilbao so gut getan, dass Städteplaner heute den Begriff „Bilbao-Effekt" verwenden.

**LINKS** Statue von Ernest Hemingway in Pamplona.

### 8 *Drinnen und draußen* 13 Uhr

Im **Museo de Navarra** (Calle de Santo Domingo 47; +34 848 426 492) mit seinen Goyas, Mosaiken und Wandgemälden kann man leicht einen halben Tag verbringen. Wer danach Lust auf frische Luft hat, entspannt sich auf der Terrasse des El Caballo Blanco, einem Café mit Livemusik hinter der Kathedrale, oder schlendert durch den kunstvoll von Landschaftsgärtnern angelegten Parque de la Taconera, wo weiße Pfauen und andere exotische Tiere zu sehen sind.

### 9 *Dinner in Bilbao* 20 Uhr

Fahren Sie rechtzeitig nach Bilbao, um bei **Mina** (Martzana Kaia; +34 944 795 938; restaurantemina.es; €€€€) am Fluss Nervión zu essen. Serviert wird innovative baskische Küche mit marktfrischen regionalen Zutaten. Rechnen Sie mit Überraschungen, beispielsweise Garnelentatar mit Melonenwürfeln in Sherrymarinade und einer Sauce aus Apfelgelee mit Tapiokaperlen, oder Tintenfischrisotto Begi-haundi – ohne ein einziges Reiskorn. Die Küchenchefs, Alvaro Garrido und seine Frau Lara Martin, haben sich kennengelernt, als sie bei Spaniens führendem Patissier

Paco Torreblanca arbeiteten. Kein Wunder, dass ihre Desserts exzellent sind.

### SONNTAG

### 10 *Who's Who der Architektur* 9 Uhr

Frank Gehry mag der berühmteste Name sein, aber vor und nach ihm haben auch andere Architekten von internationalem Rang in Bilbao gearbeitet – Grund genug für einen Architekturspaziergang durch die Stadt. Von Santiago Calatrava stammen eine Fußgängerbrücke und ein Flughafenterminal, von Cesar Pelli ein Bürohochhaus, von Norman Foster die U-Bahn, und Philippe Starck hat ein reich verziertes Lagerhaus aus dem frühen 20. Jahrhundert

**GANZ OBEN** Pamplona ist vor allem wegen des Stierlaufs im Juli bekannt.

**OBEN** Probieren Sie die baskischen Pinchos und trinken Sie dazu Pacharán, einen herben, roten Likör.

in ein Kulturzentrum umgebaut. Robert A. M. Stern hat ein Einkaufszentrum beigesteuert, und mit dem Sheraton-Hotel hat sich der mexikanische Architekt Ricardo Legorreta verewigt. Die Stadt, ehemals ein Industriezentrum auf dem Weg des Verfalls, hat ihren Teil beigetragen und alte Werften durch Parks und Cafés ersetzt. Und das Skelett von Bilbao bilden Boulevards mit neubarocken Fassaden.

**11** *Kunst innen und außen* 10 Uhr

Frank Gehrys eindrucksvolles **Guggenheim-Museum** (Abandoibarra Etorbidea 2; +34 94 435 90 80; guggenheim-bilbao.eus) hat dem Ruf der Stadt so gut getan, dass Städteplaner heute vom Bilbao-Effekt

sprechen: Verbesserung des Stadtimages durch kreative, neue Architektur. Auch die Kunst im Inneren, von der Mitte des 20. Jahrhunderts bis zur Gegenwart, ist faszinierend. Willem de Kooning, Robert Motherwell, Anselm Kiefer und Richard Serra sind nur einige der berühmten Namen, deren Werke zu sehen sind. Dennoch kommen die meisten Besucher (rund eine Million pro Jahr) hauptsächlich wegen des Gebäudes aus glänzenden Titanrundungen und spanischem Sandstein, das direkt am Fluss steht, hierher. Planen Sie mehrere Stunden ein, wenn Sie alles sehen wollen. Wer in den Restaurants des Museums essen möchte, sollte einen Tisch reservieren.

**OBEN** Bei der Fiesta San Fermín stehen nicht die Stiere hinter den Gattern, sondern die Zuschauer.

**GEGENÜBER** Die Plaza del Castillo in Pamplona. Hier saß Ernest Hemingway gern in einem Café.

## BASICS

Von San Sebastián und Barcelona gibt es Flüge nach Pamplona, von Paris und Madrid aus nach Bilbao. Beide Städte sollten Sie zu Fuß erkunden, allerdings ist auch die Metro von Bilbao sehenswert.

**Gran Hotel La Perla**
Plaza del Castillo 1, Pamplona
+34 948 223 000
granhotellaperla.com
€€–€€€€
*Luxuriöse Zimmer. Eine Suite, in der Hemingway einmal schrieb, ist weitgehend unverändert geblieben.*

**Gran Hotel Domine Bilbao**
Mazarredo Zumarkalea 61
+34 944 253 300
hoteldominebilbao.com
€€–€€€€
*Direkt gegenüber vom Guggenheim-Museum. Dachterrasse mit Blick aufs Museum.*

**Pamplona**

Plaza Consistorial — 6

CALLE DE SANTO DOMINGO —

Museo de Navarra — 8

Café Iruña — 2

Marengo — 4

AVE. DE BAYONA

SAN JUAN

AVE. DEL EJÉRCITO

Ciudadela

Kathedrale Santa María la Real — 5

1 — Altstadt

Gran Hotel La Perla

PLAZA DEL CASTILLO —

Café Bar Gaucho — 3

7 — Bodegón Sarria

AVE. DE BAJA NAVARRA

11 — Guggenheim-Museum Bilbao

Gran Hotel Domine Bilbao

MAZARREDO ZUMARKALEA

**Bilbao**

Nervión —

MARTZANA KAIA — 9 — Mina

Golf von Biskaya

San Sebastián

FRANKREICH

10

Bilbao

Pamplona

NAVARRA

SPANIEN

50 Meilen
100 Kilometer

# Santiago de Compostela

*Seit Jahrtausenden wandern Pilger Dutzende oder auch Hunderte von Kilometern zur Kathedrale von Santiago de Compostela in Galicien, einer dünn besiedelten Region in Spaniens Nordwesten. Die alten Pilgerpfade, die aus ganz Europa hier zusammenlaufen, sind gemeinhin als Jakobsweg bekannt, denn in der Kathedrale soll sich das Grab des Apostels Jakobus befinden. Für viele der heutigen Pilger ist die Wanderung religiös motiviert, andere unternehmen sie als Selbsterfahrung oder als mehrtägige Fahrradtour. Was auch immer die Beweggründe sind, alle kommen in diese Stadt, die mehr als ein religiöses Ziel sein will. Davon zeugen neue und modernisierte Restaurants und Hotels, aber vor allem der spektakuläre und umstrittene Gebäudekomplex mit dem Namen Cidade da Cultura de Galicia (Kulturstadt Galiciens).*
– INGRID K. WILLIAMS

## FREITAG

### 1 *Angekommen* 13 Uhr

Suchen Sie sich einen guten Aussichtspunkt auf dem Platz vor der schönen **Kathedrale von Santiago de Compostela** (Praza do Obradoiro; +34 981 583 548; catedraldesantiago.es) und lassen Sie das Bild auf sich wirken. Wenn die Besucher der mittäglichen Pilgermesse herausströmen, füllt sich der Platz mit Menschen, von denen viele mit Pilgerstab und Rucksack unterwegs sind. Manche sind in einer nahe gelegenen Stadt auf den Pilgerpfad gestoßen und nur wenige Tage gewandert, andere haben sich monatelang die Füße auf dem Jakobsweg geschunden. Die romanische Kathedrale, deren Grundstein 1075 gelegt wurde, erhielt im 17. Jahrhundert Erweiterungen im barocken Stil. Im Innern steht am Pórtico de la Gloria aus dem 12. Jahrhundert eine Marmorsäule mit tiefen Fingerabdrücken. Es ist seit 1000 Jahren üblich, dass Pilger nach der Ankunft diese Säule berühren und die mit Edelsteinen besetzte Statue des Apostels umarmen.

### 2 *Straßenszenen* 15 Uhr

Schlendern Sie ein wenig herum. Nicht weit vom Platz liegt das Luxushotel **Parador Hostal Dos Reis Católicos**, das 1499 von König Ferdinand und Königin Isabella als Pilgerherberge erbaut wurde, nachdem sie wenige Jahre zuvor Kolumbus die Reisen in die Neue Welt finanziert hatten. In die jahrhundertealten Häuser der Straßen hinter und südlich der Kathedrale, etwa der Rúa do Villar, sind Cafés und Geschäfte eingezogen. Auch die Universität ist in der Nähe. Etwa 30 000 Studierende sorgen zusammen mit den Pilgern, die eine Jakobsmuschel an Hut oder Stab tragen, dafür, dass die Stadt alles andere als düster wirkt. Aus dem **Parque Alameda** zwischen der Rúa do Pombal und der Avenida Xoán Carlos I hat man einen schönen Blick auf die Kathedrale. Unter den Eichen sieht man Mädchen in Schuluniformen, ältere Paare beim Spaziergang und kleine Kinder mit Eistüten.

### 3 *Avantgardemenü* 21 Uhr

Nur einen Block von der Kathedrale entfernt finden Sie das gemütliche Restaurant **Casa Marcelo** (Rúa das Hortas 1; +34 981 558 580; casamarcelo.net; €€€€). Dass es hier innovativ zugeht, bemerkt man bereits an der Speisekarte, die auf einem iPad präsentiert wird. Küchenchef Marcelo Tejedor hat seine Ausbildung beim baskischen Avantgardekoch Juan Mari Arzak absolviert, und diesen Einfluss spiegeln

**GEGENÜBER** Die Kathedrale von Santiago de Compostela ist seit 1000 Jahren Ziel der Pilger auf dem Jakobsweg.

**UNTEN** Das Hostal Dos Reis Católicos, vom spanischen Königspaar Ferdinand und Isabella erbaut, ist heute ein elegantes Hotel.

seine ständig wechselnden Menüs – z. B. warmer „Cappuccino" aus Rote-Bete-Suppe mit einer Haube aus Rote-Bete-Schaum, pikante Wachtelkeulen mit süßen Erdbeeren, luftiges Erbsenpüree mit Yuzu-Würfeln und herbem Zitronensorbet oder frische Sardinen mit Spargel-Tempura, aufgerollt wie Sushi.

### SAMSTAG

**4** *Was gibt's zu Mittag?* 10 Uhr

Wer Essen liebt und gern Leute beobachtet, kommt auf dem **Mercado de Abastos** (Rúa das Ameas; +34 981 583 438; mercadodeabastosdesantiago.com) auf seine Kosten. Auf dem traditionellen Straßenmarkt decken sich die Einheimischen mit frischen Orangen, Feigen, Sardinen oder Garnelen ein. Ganze Tintenfische köcheln in großen Töpfen, Käseräder reihen sich auf Tischen mit Leinendecken. Das Herumschlendern macht hungrig.

**5** *Wie wär's mit Entenmuscheln?* 12 Uhr

In einer Steinmauer direkt am Markt befindet sich das **Abastos 2.0** (Rúa das Ameas 13–18; +34 981 576 145; abastoscompostela.com), ein kreatives Tapas-Lokal, das marktfrische Spezialitäten serviert. „Wir haben keine feste Karte, weil wir keinen Kühlschrank haben", erklärt Iago Pazos, einer der Besitzer. „Aber gleich nebenan liegt ja der größte Kühlschrank der Welt: der Markt." Ein Monitor ersetzt die Tafel mit Kreideschrift und zeigt an, was gerade im Angebot ist.

**6** *Schokolade kreativ* 14 Uhr

Etwas Süßes zum Dessert? Wenige Straßenecken weiter liegt zwischen traditionellen Tapas-Bars das Schokoladengeschäft **Casal Cotón Chocolat** (Rúa do

**OBEN** Im O Dezaseis wird Tintenfisch gar gekocht und dann auf einem superheißen Grill geröstet.

**RECHTS** Nachmittagsspaziergang in der Cidade da Cultura de Galicia.

Franco 51; +34 981 888 246; casalcotonchocolat.com). In dem winzigen Laden gibt es süße Verführungen wie weiße Schokolade mit Orangenaroma und Pistazien oder einen cremigen Karamelllikör.

**7** *Stadt auf dem Hügel* 15 Uhr

Nur etwa 1 km entfernt blickt von einem Hügel die neue **Cidade da Cultura de Galicia** (Monte Gaiás; +34 881 997 565; cidadedacultura.gal) auf die Altstadt herab. Sie wurde von dem Architekten Peter Eisenman entworfen und 2011 eröffnet, obwohl damals viele der Gebäude nach mehr als zehn Jahren Bauzeit nicht fertig waren. Das ehrgeizige Projekt umfasst ein Veranstaltungszentrum (Björk gehörte zu den ersten Künstlerinnen, die dort auftraten), ein Museum, ein Geschichtsarchiv, eine Bibliothek und Büros. Manche betrachten es als Kulturtempel des 21. Jahrhunderts in einer Stadt, die seit dem Mittelalter nur ein religiöses Ziel war, andere als weißen Elefanten. Die Granitgebäude bilden ein wellenförmiges Ensemble aus Stein und Glas, das bewusst auf Altstadt und Umgebung anspielt. Schauen Sie es sich von außen an, ehe Sie die farbigen Wölbungen und Winkel im Inneren betrachten.

**8** *Pulpo und Pimentón* 20 Uhr

**O Dezaseis** (Rúa de San Pedro 16; +34 981 564 880; dezaseis.com; €€€) oder 16, wie es gemeinhin ge-

nannt wird, wirkt auf den ersten Blick wie eine Touristenfalle: ein höhlenartiger, ehemaliger Stall im Souterrain, etwa 300 Jahre alt, mit Holztischen und -stühlen und Kochutensilien sowie Landwirtschaftsgerät an Wänden und Decke. Befürchtungen, einem zweifelhaften Koch in die Fänge geraten zu sein, zerstreuen sich, sobald man die erste Gabel zum Mund führt. Sie sind in Galicien, also sollten Sie Empanadas probieren, etwa mit Thunfisch und Pimentón (spanischer Paprika). Galicien ist aber auch berühmt für Pulpo – Tintenfisch. Im 16 wird er zuerst gar gekocht, dann auf die *plancha* (eine superheiße Grillplatte) gelegt und mit geräuchertem Pimentón bestreut. In einer Region, in der jeder Ort mit mehreren *pulperías* – auf *pulpo* spezialisierten Restaurants – aufwarten kann, ist das 16 absolut herausragend.

**9** *Pilgerfahrt light* 10 Uhr

Um ein Gefühl für den Geist von Santiago de Compostela zu bekommen, legen Sie das allerletzte Stück des Jakobswegs selbst zu Fuß zurück. Fahren Sie mit dem Taxi in Richtung Osten nach **San Marcos** und schließen Sie sich dem steten, wenn auch lückenhaften Strom der Rucksackträger an, die zur Kathedrale streben. Wandern Sie ein paar Kilometer mit Studenten, Rentnern, Teenagern auf Klassenreise und Pilgerveteranen, die den Weg nicht zum ersten Mal gehen. Sie werden Menschen verschiedenster Nationalitäten treffen und mit ihnen den aufregenden Moment erleben, wenn sie endlich ihr Ziel erreichen.

### BASICS

Nehmen Sie vom Flughafen ein Taxi oder einen Bus in die Stadt. Sie können auch mit dem Auto anreisen.

**Parador Hostal Dos Reis Católicos**
Praza do Obradoiro 1
+34 981 582 200
paradores-spain.com/spain/
pscompostela.html
€€–€€€€
*Nobles Hotel in einer ehemaligen Pilgerherberge aus dem späten 15. Jahrhundert.*

**Hotel Pazo de Altamira**
Rúa de Altamira 18
+34 981 558 542
pazodealtamira.com
€–€€
*Helle, moderne Zimmer.*

**Los Abetos**
Calle San Lázaro
+34 981 557 026
granhotellosabetos.com
€–€€
*Beliebt bei Geschäftsreisenden. Komfortable Zimmer, Pool und Fitnesscenter.*

Santiago de Compostela

Kathedrale von Santiago de Compostela

O Dezaseis  **8**

Parador Hostal Dos Reis Católicos  **2**  **1**

Hotel Pazo de Altamira

RÚA DE SAN PEDRO

RÚA DAS HORTAS

PRAZA DO OBRADOIRO

RÚA DE ALTAMIRA

Abastos 2.0  **5**

Casa Marcelo  **3**

RÚA DAS AMEAS

PRAZA PRATERÍAS

Mercado de Abastos  **4**

RÚA DO POMBAL

RÚA DO VILLAR

RÚA DO FRANCO

Casal Cotón Chocolat  **6**

PARQUE ALAMEDA

AVENIDA XOÁN CARLOS I

SPANIEN

San Marcos  **9**

Santiago de Compostela

Los Abetos

Detail

Cidade da Cultura da Galicia  **7**

Golf von Biskaya

Santiago de Compostela

FR

GALICIEN

Atlantik

SPANIEN

PORTUGAL

Madrid

1 Meile

2 Kilometer

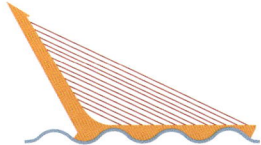

# Sevilla

*Sevilla ist vielleicht Spaniens prächtigste Stadt. Die ehemalige Hauptstadt der Mauren besticht durch ihr Gemisch aus christlichen und maurischen Bauten. Im Gegensatz zu anderen Städten hat Sevilla darauf verzichtet, die gefliesten Höfe und mittelalterlichen Bürgersteige – manche kaum breiter als eine Fahrradspur – schick herzurichten. Noch heute sieht man auf 2000 Jahre alten Plätzen unter Orangenbäumen und Palmen Flamencotänzer, Straßenkünstler und andalusische Cowboys mit breitkrempigen Hüten. An milden Abenden kann sich spontan eine Party ergeben – ein ansteckendes Straßentheater, bei dem jeder mitmachen kann.* – JULIA CHAPLIN

## FREITAG

**1** *Verkleidung (für ihn)* 17 Uhr

Wer in das operettenartige Flair Sevillas ganz eintauchen will, muss sich verkleiden. Halten Sie sich nicht mit dem Kitsch der Stände an der Kathedrale auf, sondern steuern Sie die Geschäfte in den Gassen um die Plaza de la Alfalfa an (Achtung: Zwischen 14 und 16.30 Uhr sind viele geschlossen). Männer sollten statt des klischeehaften Torero-Looks mit peinlich engen Hosen lieber auf den eleganten Reiterstil setzen. Das traditionelle Geschäft **Antonio García** (Alcaicería de la Loza 25; +34 95 422 2320; sombrerosgarcia.com) hat sich auf hochwertige Reitausstattung spezialisiert, beispielsweise lederne Wadenschützer mit Quasten und steifkrempige Córdoba-Hüte, die einen geheimnisvollen Schatten auf die Augen werfen.

**2** *Verkleidung (für sie)* 18 Uhr

In jeder Frau steckt ein bisschen Carmen. Authentische Flamencokleider gibt es bei **Ángela y Adela** (Calle de Luchana 6; +34 95 422 7186; angelayadela. com). Die Boutique, in der auch einheimische Flamencostarlets einkaufen, hat hinreißende Kleider mit

Punkten, Streifen und Blumen von dem namensgebenden Designerduo im Angebot. Je fülliger die Rüschen, desto höher der Preis. Und wenn Ihnen dieser zu hoch ist, leisten Sie sich ein breit gefächertes Schildpatt-Haarkämmchen oder ein besticktes Seidentuch mit Troddeln.

**3** *Fisch und Kitsch* 20.30 Uhr

Nicht viele Tapas-Bars können von sich behaupten, schon 340 Jahre alt zu sein. **El Rinconcillo** (Gerona 40; +34 95 422 3183; elrinconcillo.es; €€€–€€€€) ist winzig und sieht mit seinen Buntglasfenstern und den verstaubten Flaschen Fundador-Brandy wie eine spanische Galeone aus. Hinter dem langen Holztresen notieren kurz angebundene Kellner die Bestellungen auf Kreidetafeln. Im Angebot sind Fritos (winzige frittierte Fische), Taza de caldo (Schweinefleischsuppe) oder Serrano-Schinken – faszinierend zu sehen ist, wie der Kellner die Schweinekeule herunterzieht, die an einem Haken an der Gewölbedecke hängt.

**4** *Spätvorstellung* 22 Uhr

In Sevilla gibt es jede Menge Flamencoshows für Touristen, aber im **La Carbonería** (Calle Céspedes 21; +34 95 421 44 60) treffen sich Eingeweihte. In einem ehemaligen Kohlenlager mit schlichten Picknicktischen spielen Gitarristen mit Pferdeschwanz für Tänzer, die bis spät in die Nacht auftreten. In den Pausen wandern die Zuschauer – hauptsächlich Studenten und Flamenco-Aficionados – zum Rauchen in den Gartenhof.

**GEGENÜBER** Überall in Sevilla sieht man kunstvolle Keramikfliesen. In den Geschäften im Viertel Triana kann man sie auch kaufen.

**RECHTS** Die winzige Tapas-Bar El Rinconcillo ist über 340 Jahre alt. Unter der Decke hängen ganze Serrano-Schinken, die bei Bedarf heruntergezogen werden.

**5** *Maurische Fliesen* 11 Uhr

Kunstvolle Keramikfliesen sind überall in Sevilla zu sehen. Wer ein paar Beispiele als Souvenir mit nach Hause nehmen möchte, geht am besten in das Viertel Triana am linken Ufer des Guadalquivir, wo zahlreiche Keramikgeschäfte ihre Waren direkt an den Häuserfassaden präsentieren. Viele von Trianas

**OBEN** La Carbonería ist ein Geheimtipp unter Flamenco-Aficionados. Gitarristen und Tänzer treten bis spät in die Nacht auf.

**UNTEN** Die Casa de Pilatos aus dem 16. Jahrhundert.

Töpfereien sind geschlossen, aber im **Centro Cerámica Triana** (Calle Callao 16; +34 95 434 1582), einem Museum in der ehemaligen Fabrik Cerámica Santa Ana, bekommt man einen guten Eindruck von dieser Handwerkstradition.

**6** *Tapas am Fluss* 14 Uhr

Auf derselben Seite des Flusses können Sie einige Häuserblocks weiter zum Mittagessen einkehren. In der **Café Bar Altozano** (Calle San Jacinto 4; +34 656 88 6925) kann man bei gutem Wetter draußen sitzen. Bestellen Sie einen Teller Bosqueño-Schafskäse oder Garnelen. Vielleicht mögen Sie auch Schweinebäckchen, Fischkroketten oder geschmorten Ochsenschwanz. Hier kann man gut sitzen und den Einheimischen bei ihren mittäglichen Erledigungen zuschauen.

**7** *Flamenco für Anfänger* 16.30 Uhr

In einem stattlichen Haus aus dem 18. Jahrhundert hat das **Museo del Baile Flamenco** (Calle de Manuel Rojas Marcos 3; +34 95 434 03 11; museodelbaileflamenco. com) Quartier bezogen. Es wird von der renommierten Tänzerin Cristina Hoyos geleitet und stellt mit seinen Hightechausstellungen, Archivfotos und Kostümen eine umfassende Hommage an den Tanz dar. Wer mag, kann auch im Hof Platz nehmen, den Tanzklassen zuschauen und vielleicht ein paar Schritte aufschnappen.

**8** *Tapas-Tour* 21.30 Uhr

Das Abendessen ist in Sevilla selten mit einem Gang erledigt. Ein Menü kann den Genießer durch die ganze Stadt führen und nach Mitternacht enden. Starten Sie in der **Casa Morales** (Garcia de Vinuesa 11; +34 954 22 1242; €€), einer schummrigen Bar, die schon seit 1850 existiert. Probieren Sie Salchicha al vino blanco, Wurst in Weißweinsauce. An der Decke hängen mächtige Serrano-Schinken, und hinter dem Tresen zapfen kampferprobte Männer Wein aus Holzfässern, die in die Wand eingelassen sind. Weiter geht es zur **Bodeguita Romero** (Harinas 10; +34 954 22 9556; bodeguita-romero.com; €€) auf eine saftige Pringá montadito, ein getoastetes Mini-Baguette mit geschmortem Rindfleisch, Huhn und Wurst. Beschließen Sie den Abend im stimmungsvollen **Las Columnas** (Alameda de Hércules 19; +34 954 38 8106; Facebook: Bar Restaurante Las Columnas; €€), wo die Bestellungen mit Kreide auf dem Tresen notiert werden. Unter den Säulen, die dem Restaurant seinen Namen gegeben haben, spülen Touristen und Einheimische Pinchito-Spieße und Manchego mit gut gekühltem Rotwein herunter.

### SONNTAG

**9** *Abseits der Touristen* 12 Uhr

Zu den bekanntesten Sehenswürdigkeiten zählen die Kathedrale von Sevilla, ein gotischer Bau, in dem Kolumbus begraben sein soll, und der Alcázar. Dieser

Königspalast ist ein eindrucksvolles Beispiel für den Mudejarstil, eine architektonische Mischung aus maurischen und christlichen Stilelementen, der zwischen dem 12. und 16. Jahrhundert beliebt war. Wer es ruhiger mag, besichtigt die **Casa de Pilatos** (Plaza de Pilatos 1; +34 95 422 5298; fundacionmedinaceli.org/monumentos/pilatos) aus dem 16. Jahrhundert, die ebenfalls im Mudejarstil erbaut ist. Die gefliesten

**GANZ OBEN** Die Casa de Pilatos mit ihren gefliesten Wänden und Gewölbedecken mit Holzintarsien ist ein Beispiel für den Mudejarstil.

**OBEN** Das Museo del Baile Flamenco ist eine Hommage an den Lieblingstanz der Sevillaner.

Wände und Kuppeldecken mit Holzintarsien haben einen etwas morbiden Charme.

## 10 *Blick in die Zukunft* 14 Uhr

In letzter Zeit haben berühmte Architekten wie Zaha Hadid und Sir Norman Foster Sevilla um moderne Bauten bereichert. Auch die Brücke von Santiago Calatrava bildet einen Kontrast zu den mittelalterlichen Straßen. Um einen Eindruck zu gewinnen, schlendern Sie um den von dem Berliner Architekten Jürgen Hermann Mayer entworfenen **Metropol Parasol** (Plaza de la Encarnación). Das riesige waffelartige Gebilde, das u. a. eine Markthalle und ein archäologisches Museum beherbergt, spendet nicht nur Schatten, sondern ist auch ein einzigartiges visuelles Erlebnis.

**OBEN** Triana, das alte Romaviertel der Stadt.

**GEGENÜBER** Ein Palasthof im Mudejarstil.

---

### BASICS

Sie brauchen keinen Leihwagen, denn es gibt reichlich preiswerte Taxis. Das Stadtzentrum erkunden Sie am besten zu Fuß.

**Hospes Las Casas del Rey de Baeza**
Plaza Jesús de la Redención 2
+34 95 456 1496
hospes.com
€€
Modernes Hotel in einem umgebauten Kloster aus dem 18. Jahrhundert.

**Casa Sacristía Santa Ana Hotel**
Alameda de Hércules 22
+34 95 491 5722
hotelsacristia.com
€-€€
Moderner Country-Chic, beliebt bei jüngeren Reisenden.

**EME Catedral Hotel**
Alemanes 27
+34 95 456 0000
emecatedralhotel.com
€€-€€€€
Edles Hotel mit 70 Zimmern in 14 verschiedenen Häusern aus dem 18. und 19. Jahrhundert.

*(Karte: Sevilla)*

SPANIEN

25 Meilen / 50 Kilometer

1/8 Meile / 1/5 Kilometer

Córdoba

**Sevilla** Guadalquivir

PROVINZ SEVILLA

Sevilla

CALLE SANTA ANA

Casa Sacristía Santa Ana Hotel

ALAMEDA DE HÉRCULES

Las Columnas

CALLE SAN LUIS BUSTOS TAVERA

El Rinconcillo

CALLE PASCUAL DE GAYANGOS

CALLE GERONA

**③** PLAZA PONCE DE LÉON

Metropol Parasol **⑩**

PLAZA DE LA ENCARNACIÓN

— Guadalquivir — CALLE DE ALFONSO XII

CALLE SANTIAGO —

C. SAN ELOY

Antonio García **①**

Hospes Las Casas del Rey de Baeza

Plaza de la Alfalfa

**⑨**

Ángela y Adela **②**

**⑦** Casa de Pilatos

CALLE ARIONA

CALLE MARQUÉS DE PARADAS

PLAZA NUEVA

Museo del Baile Flamenco

EME Catedral Hotel

Centro Cerámica Triana

Bodeguita Romero

Casa Morales **⑧**

**⑤**

Kathedrale von Sevilla

La Carbonería **④**

PASEO DE COLÓN

**⑥** Café Bar Altozano

TRIANA

CALLE SAN JACINTO

CALLE DEL BETIS

Alcázar

JARDINES REALES ALCÁZAR

# Valencia

*Valencia ist vor allem als Geburtsort der Paella bekannt. Seit aber Santiago Calatravas futuristischer Museumskomplex, die „Stadt der Künste und Wissenschaften", fertiggestellt wurde, hat die Stadt einen ganz neuen Stellenwert als Reiseziel gewonnen. Gleichzeitig haben sich in den maurisch geprägten Gassen verspielte Boutiquen, innovative Restaurants und lebhafte Bars angesiedelt. In Spaniens drittgrößter Stadt am Mittelmeer kocht allerlei – nicht nur Reis.*
– CHARLY WILDER

tintenfische mit Artischocken und Mandeln. Das Festpreismenü wechselt wöchentlich. Schlendern Sie danach zur Plaza del Tossal. Meiden Sie die Touristenfallen und folgen Sie lieber den Einheimischen. In der **Bar los Picapiedra** (Carrer dels Cavallers 25; +34 622 733 917) schlürfen in einem Steinzeitdekor Studenten, Kreative und Zufallsgäste Cidre aus großen gläsernen *porrones*, die entfernt Ähnlichkeit mit Gießkannen haben, und lauschen dabei spanischem Alternativrock.

## FREITAG

### 1 *Shopping bei Carmen* 16 Uhr

Das hügelige Barrio del Carmen ist der älteste Teil und das kreative Zentrum Valencias. In den Gassen und auf den von Galerien und Cafés gesäumten Plätzen der Stadt trifft man bärtige Studenten und elegante Städter. Der große **Mercado Central** (mercadocentralvalencia.es) wird neuerdings von Firmen wie Prada oder Aston Martin als Location für Partys genutzt. Stylishe Boutiquen findet man hinter der spätgotischen Lonja de la Seda (Seidenbörse) aus dem 15. Jahrhundert. Bei **Bugalú** (Carrer de la Llotja 6; +34 963 918 449) und **Madame Bugalú y Su Caniche Asesino** (Carrer de les Danses 3; +34 963 154 476; Facebook: bugaluvalencia) bekommt man Kleidung und Accessoires von spanischen, französischen und schweizerischen Designern sowie internationale Labels wie Paul Frank.

### 2 *Spezialitäten* 18 Uhr

Valencia ist der Geburtsort der Horchata, eines Getränks aus Erdmandeln, das auf die islamische Zeit vom 8. bis 13. Jahrhundert zurückgehen soll. In der **Horchatería Santa Catalina** (Plaça de Santa Caterina 6; +34 963 912 379; horchateriasantacatalina.com) im Barrio del Carmen können Sie es probieren. Bestellen Sie dazu einen Café cortado und eine andere Spezialität der Stadt: Farton, eine luftige Gebäckstange mit Puderzucker.

### 3 *Carmen bei Nacht* 21 Uhr

Im feinen, aber zwanglosen Restaurant **Carosel** (Carrer de la Taula de Canvis 6; +34 961 132 873; €€) im Barrio del Carmen gibt es traditionelle Küche in moderner Interpretation, etwa geschmorte Baby-

## SAMSTAG

### 4 *Stadt der Zukunft* 10 Uhr

Valenbisi (valenbisi.es) ist der Name der städtischen Fahrradvermietung. Schnappen Sie sich bei den **Torres de Serranos**, einem der Stadttore, ein Rad und fahren Sie unter Brücken und Palmen durch den Jardín del Turia zur **Stadt der Künste und Wissenschaften** (Avinguda del Professor López Piñero 7; +34 902 100 031; cac.es). Die Gebäude mit ihren ge-

**GEGENÜBER** Die kurvigen Formen der „Stadt der Künste und Wissenschaften" regen die Fantasie an: Skelett eines Wals oder obere Hälfte eines riesigen Auges?

**UNTEN** Im Aquarium Oceanográfico kann man Haie von unten betrachten.

wölbten Formen sehen mal aus wie ein Walskelett, mal wie die obere Hälfte eines riesigen Auges, das durch die Spiegelung in einem Wasserbecken vervollständigt wird. Im Aquaruim Oceanográfico können Sie durch Glastunnel gehen und Haie von unten betrachten.

**5** *Alternativszene* 14 Uhr

Das Stadtviertel Russafa entstand größtenteils in den 1920er-Jahren und entwickelte sich in der zweiten Hälfte des 20. Jahrhunderts zum Zentrum

der muslimischen Stadtbewohner. Noch immer gibt es hier viele orientalische Geschäfte und Cafés. Seit aber die Touristen das Barrio del Carmen bevölkern, hat sich die Studenten- und Künstlerszene zunehmend nach Russafa verlagert. Ein interessantes Ziel ist **Slaughterhouse Food & Books** (Carrer de Dénia 22; +34 960 222 820), eine Mischung aus Buchladen, Bar, Veranstaltungszentrum, Verlag und Galerie. Fleischerhaken verweisen darauf, dass es ursprünglich eine Schlachterei war. Die Designboutique **Gnomo** (Calle Cuba 32; +34 963 737 267; gnomo.eu) bietet Deckenlampen aus recycelten Colaflaschen oder ungewöhnliche Essig- und Ölspender an. Wenn Ihnen mittags der Sinn nach Tapas steht, bekommen Sie im winzigen **Maipi** (Carrer del Mestre Josep Serrano 1; +34 963 735 709; €€€) frische Artischocken und Morcilla-Wurst in einer dünnen Teighülle.

**6** *Ruinen unter Glas* 17 Uhr

Das Museum **L'Almoina** (Plaça de Dècim Juni Brut; +34 962 084 173; museosymonumentosvalencia. com/museos/centro-arqueológico-de-la-almoina) liegt dort, wo Valencia im Jahre 138 v. Chr. von den

**OBEN** In einem arabisch-andalusischen Ambiente präsentiert das Restaurant Balansiya maurische Küche.

**LINKS** Café Negrito ist ein gutes Ziel für einen Drink nach dem Abendessen, bevor das Nachtleben um 1 Uhr beginnt.

Römern gegründet wurde. Es umfasst u. a. römische Bäder, westgotische Gräber und einen mittelalterlichen, maurischen Krankensaal für Pestopfer. Besonders interessant sind die Glasfußböden, durch die man auf ausgegrabene Ruinen hinabschauen kann.

**7** *Maurische Küche* 21 Uhr

Etwas versteckt liegt **Balansiya** (Passeig de les Facultats 3; +34 963 890 824; balansiya.com; €€), ein Restaurant, das die Küche des mittelalterlich-maurischen Valencia authentisch wieder zum Leben erweckt. In einem hinreißenden arabisch-andalusischen Ambiente werden neben Taboulé, Tagine und Couscous auch weniger bekannte maurische Gerichte wie Assaffa (andalusische Nudeln mit Huhn, Zimt und Nüssen), Waraka inab (Weinblätter mit Getreidefüllung in Mandel-Minz-Vinaigrette) und Xarab andalusi (ein Getränk aus Früchten, Blüten und Kräutern) serviert.

**8** *Party unter dem Museum* 24 Uhr

Weil das Nachtleben erst gegen 1 Uhr richtig anfängt, können Sie sich noch in Ruhe einen Drink im **Café Negrito** (Plaça del Negret 1; +34 963 914 223) gönnen. Später können Sie dann im angesagten **MYA** (Avinguda de l'Autopista del Saler 5, Ciudad de las Artes y las Ciencias; +34 637 752 498; umbracleterraza).

OBEN L'Estimat ist eines der Restaurants, die Paella, eine Spezialität Valencias, anbieten.

UNTEN Das Rathaus von Valencia, ein Gebäude mit reich geschmückter Fassade aus dem 18. Jahrhundert, dominiert den Hauptplatz der Stadt.

com), einem Klub mit Gewölbedecken, die Trendsetter der Stadt studieren. Das MYA liegt unter einem Gang, der zum Naturwissenschaftlichen Museum Príncipe Felipe führt.

**9** *Flohmarkt* 11 Uhr
    Jeden Sonntag versammeln sich Valencias Antiquitätenhändler und Trödler auf der **Plaça de Luis**

**GEGENÜBER** Auf dem Mercado Central, Valencias größtem Markt, bieten rund 1000 Händler Serrano-Schinken, Paella-Reis, Marcona-Mandeln, Safran und noch vieles mehr an.

**Casanova**, einer riesigen Freifläche hinter dem Fußballstadion Camp de Mestalla, um einer bunten Mischung von Einheimischen ihre Waren zu reduzierten Preisen anzubieten.

**10** *Paella am Strand* 13 Uhr
    Am Strand von Valencia gibt es einige größere Restaurants, die als Spezialität Paella anbieten. **La Pepica** (Passeig de Neptú 6; +34 963 710 366; lapepica. com; €€€) ist berühmt. Ein paar Häuser weiter gibt es bei **L'Estimat** (Passeig de Neptú 16; +34 963 711 018; lestimat.com; €€€) ein ähnlich gutes Angebot. Sonntags nach der Kirche strömen die Einheimischen hierher, um eine klassische Paella valenciana mit Huhn und Kaninchen zu essen.

**BASICS**

Mit einem Hochgeschwindigkeitszug dauert die Fahrt von Madrid nach Valencia etwa 90 Minuten.

**Hospes Palau de la Mar**
Avinguda de Navarro Reverter 14
+34 963 162 884
hospes.com
€€
*66 minimalistisch-edle Zimmer in Weiß und Braun in Häusern aus dem 19. Jahrhundert mit Rundbögen und Marmortreppen.*

**Petit Palace Ruzafa**
Carrer de Sueca 14
+34 963 513 638
€
*Komfortables Boutiquehotel mit 41 Zimmern im angesagten Stadtteil Russafa.*

**The Westin Valencia**
Carrer d'Amadeu de Savoia 16
+34 963 625 900
westinvalencia.com
€€€
*In einem vom Art déco inspirierten Haus von 1917.*

# Ibiza

Als Hotspot der elektronischen Musik zieht die Baleareninsel Ibiza Partygänger aller Nationalitäten und Altersklassen an, von Londoner Fashionistas über alternative Raver und französische Schickeria bis zu spanischen Ministern. Am 1. Oktober endet die Klubsaison mit einem fulminanten Finale, danach kehrt auf der Insel wieder ein mediterraner Lebensrhythmus ein. Auch abseits der Partyszene hat Ibiza viel zu bieten, ob Sie überwintern und Yoga lernen möchten, wandern und UNESCO-Welterbestätten erkunden oder an weißen Stränden mit türkisblauem Wasser faulenzen. Außerdem gibt es hier fantastische Meeresfrüchte und interessante Hippies. Wer der Partyszene entkommen will, nimmt die Fähre zur Nachbarinsel Formentera, die touristisch weniger erschlossen ist.
– ANN MARIE GARDNER

### FREITAG

**1** *Begrüßungsdrink* 16 Uhr
Bringen Sie sich im **Jockey Club** (Playa Salinas; +34 971 395 788; jockcyclubibiza.com) in Stimmung. Das angesagte, aber zwanglose Restaurant liegt am weißen Sandstrand von Las Salinas, wo sich die Reichen und Schönen tummeln. Ein guter Platz, um bei einem Drink Leute zu beobachten und dem Balearen-Rhythmus der DJs zuzuhören.

**2** *Die Party kann beginnen* 20 Uhr
Seit Jahrzehnten kann man in der Strandbar **Café Mambo** im Dorf Sant Antoni (Carrer de Vara del Rey 40; +34 971 346 638; cafemamboibiza.com) den Sonnenuntergang beobachten. Heute gibt es in der angesagten Bar auch T-Shirts und Hoodies mit Café-Mambo-Aufdruck zu kaufen.

**3** *Spätes Menü* 23 Uhr
Steuern Sie zu einem späten Abendessen das Gourmetdorf San Rafael an. An der schönen Plaça de la Iglesia gegenüber der Kathedrale können Sie bei **El Clodenis** (Plaça de l'Església; 34 971 198 808; elclodenis.com; €€€€) unter Bäumen sitzen, franzö-

sische Küche und gute spanische und französische Weine genießen. Nach dem Essen können Sie im minimalistisch-weiß gehaltenen **Restaurant L'Elephant** (Plaça de l'Església; +34 971 198 129; elephant-ibiza. com) vorbeischauen, von dessen Dachterrasse man einen herrlichen Blick auf die Altstadt der Inselhauptstadt hat. Anschließend kann das Nachtleben beginnen, z. B. im **Pacha** (Avinguda 8 d'Agost; +34 971 313 612; pachaibiza.com), das seit 40 Jahren eine Institution ist.

### SAMSTAG

**4** *Shopping* 11 Uhr
Lassen Sie sich den Hippiemarkt **Las Dalias** in der Nähe des kleinen Dorfs Sant Carles an der Nordostspitze der Insel (Carretera Eivissa-Sant Carles, Km. 12; +34 971 326 825; lasdalias.es) nicht entgehen. Es ist kein billiger Flohmarkt, sondern eine ganzjährige Show, zu der Modedesigner und -redakteure anreisen, um außergewöhnlichen Schmuck, hinreißende Kleider aus Indien und Bali oder handgemachte Ledersandalen zu kaufen. Schauen Sie danach bei **Vicente Ganesha** in Ibiza-Stadt (Carrer de Guillem de Montgrí 14) vorbei. Der Laden von Vicente Hernández, in dem er Schätze von seinen Reisen nach Südamerika anbietet, ist eine Institution. Jade Jagger, Elle Macpherson & Co. kaufen hier ein.

**GEGENÜBER** Ein Strand auf der Felseninsel Formentera.

**RECHTS** Schlammtherapie: einreiben, trocknen lassen, ins Meer springen.

## 5 *Übers Wasser* 13 Uhr

Setzen Sie mit einem Boot nach **Ses Illetes**, dem berühmten weißen Sandstrand mit türkisblauem Wasser auf Formentera, über und wandern Sie zu den natürlichen Schlammvorkommen an der Nordspitze der Insel. Wenn Sie sich mit dem Schlamm einreiben, trocknet er in der Sonne und wird rissig. Im Meer können Sie ihn anschließend wieder abspülen. Fähren verkehren alle halbe Stunde zwischen

**OBEN** Der Leuchtturm von Formentera. Auf der ruhigen Insel gibt es ein elegantes Restaurant.

**UNTEN** Wer keine eigene Jacht hat, kann im gecharterten Boot vor Formentera ankern oder mit der Fähre übersetzen.

Ibiza-Stadt und Sant Antoni (balearia.com). Bei **Deliciously Sorted** (Carrer Venda de Llàtzer 25, Santa Gertrudis; +34 971 197 867; deliciouslysortedibiza.com) können Sie auch Boote mit und ohne Skipper chartern.

## 6 *Noble Jachten* 15 Uhr

Auf Formentera können Sie bei **Juan y Andrea** (Playa de Illetes; +34 971 187 130; juanyandrea.com; €€€€) unter weißen Schirmen Calamares essen und Sangria trinken. In dem eleganten, teuren Restaurant in den Dünen mit Blick auf den Hafen treffen sich die Reichen und Schönen, um bei einer Portion Paella oder gebackenem Fisch darüber zu debattieren, wer die größere Jacht hat – der saudische Prinz oder der russische Millionär.

## 7 *Kulturprogramm* 19 Uhr

Ibiza-Stadt war eine Festung, bevor sich hier malerische Restaurants, Boutiquen und Geschäfte ansiedelten. Viele sind direkt in die Stadtmauern hineingebaut. In **Dalt Vila**, dem ältesten Teil der Stadt, der zum UNESCO-Welterbe erklärt wurde, liegt ein winziges, aber sehenswertes Museum für moderne Kunst, das **Museu d'Art Contemporani** (Ronda Narcís Putget; +34 971 302 723). Nach dem Besuch klettern Sie auf den Turm der **Kathedrale María de las Nieves**, um die Insel und das Meer von oben zu sehen. Die auf einem Hügel gelegene Hauptkirche dominiert das Stadtbild.

### 8 *Fröhliche Kellner* 22 Uhr

Gönnen Sie sich vor dem Essen auf dem Marktplatz einen Drink. Dann gehen Sie hügelaufwärts zu **La Brasa** (Carrer de Pere Sala 3; +34 971 301 202; labrasaibiza.com; €€€€), einem gemütlichen Fischrestaurant in der Stadtmauer mit ansteckend fröhlichen Kellnern. Serviert werden traditionelle Gerichte wie Muscheln mit Mandelsauce oder Hühnchen mit Hummer. In dieser Gegend ist Ibiza noch authentisch: Wäsche hängt auf den Leinen, Kinder spielen in Hauseingängen, Einheimische und Urlauber flanieren vorbei.

### 9 *Zur Abwechslung Jazz* 24 Uhr

Statt sich in die übliche Szene zu stürzen, können Sie im **Teatro Pereyra** (Carrer del Comte de Rosselló 3; +34 971 304 432; teatropereyra.com) Livejazz hören. Oder steuern Sie das **Km5** (Carretera Eivissa-Sant Josep, Km. 5; +34 971 396 349; km5-lounge.com) an, ein Restaurant mit Bar, das bis 4 Uhr geöffnet ist und sich als Fluchtort vor der wummernden Popkultur bezeichnet.

**OBEN** Ibiza-Stadt war eine Festung, bevor sich hier malerische Restaurants, Boutiquen und Geschäfte ansiedelten.

**UNTEN** Ibiza gilt zwar als Partyinsel, hat aber auch wunderbar ruhige Ecken.

**SONNTAG**

**10** *Abschalten* 11 Uhr

Nach einem Kaffee mit Croissant bei **Croissant Show** auf dem Markt in Ibiza-Stadt (Plaça de la Constitució 2; +34 971 317 665) laden die Strandklubs an der **Playa Es Jondal** in San José zur Erholung vom Nachtleben ein. Der **Tropicana Beach Club** (Cala Es Jondal; 34 971 187 520; tropicanaibiza.com) ist bei Familien sehr beliebt, und im **Blue Marlin** (Passeig Joan Carles I; +34 971 410 269; bluemarlinibiza.com) trifft

man Singles in Speedo-Badehosen und Strings. Beide Klubs bieten Liegestühle, Sonnenschirme, Chillout-Musik, Kellnerservice und Massagen am Strand an. Nach dem Mittagessen und ein paar Gläsern Rosé ist die Entscheidung klar: Die Abreise wird auf *mañana* verschoben.

**OBEN** Die Altstadt von Ibiza-Stadt in der Abenddämmerung.

**GEGENÜBER** Vicente Ganesha, ein Laden in Ibiza-Stadt.

**BASICS**

Zum Erkunden der Insel empfiehlt sich ein Leihwagen.

**Cas Gasi**
Camí Vell de Sant Mateu
+34 971 197 700
casgasi.com
€€€€
*Großes, zu einem schönen Landhotel umgebautes Bauernhaus. Hier haben schon Robert De Niro und Kate Moss gewohnt.*

**El Hotel Pachá**
Passeig Marítim
+34 971 315 963
elhotelpacha.com
€€
*Glamouröses Hotel gleich gegenüber dem berühmten Nachtklub Pacha.*

**Atzaró**
Carretera de Sant Joan, Km 15
+34 971 338 838
atzaro.com
€€–€€€
*Fitnessstudio, ganzheitliches Spa, Boutique und Restaurant im Innenhof.*

Balearisches Meer

**IBIZA**

Sant Carles
**4** Las Dalias

Cas Gasi
Café Mambo **2**
Sant Antoni
Deliciously Sorted
El Clodenis/ Restaurant L'Elephant
**3**
Sant Rafael
Mittelmeer

Playa Es Jondal/ Tropicana Beach Club/ Blue Marlin
Km5
Ibiza
Atzaró

Jockey Club **1**
Strand von Las Salinas

Ses Illetes
**5**

Pacha
**Ibiza**
El Hotel Pachá
Vicente Ganesha
Teatro Pereyra
**10** Croissant Show
**9**
La Brasa **8**
Museu d'Art Contemporani
**7**
Dalt Vila
Kathedrale María de las Nieves

**6** Juan y Andrea

**FORMENTERA**

FRANKREICH
Barcelona
SPANIEN
MENORCA
MALLORCA
**IBIZA** BALEAREN

4 Meilen
5 Kilometer

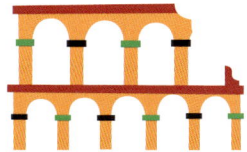

# Tarragona

*Was lockt Reisende in Spaniens Nordosten? Natürlich die Spitzenküche. Und nach Barcelona? Vielleicht die Architektur des Modernisme. An der Küste locken die Strände, und Tarragona, die entspannte Stadt 100 km südlich von Barcelona, kann mit uralten Ruinen aufwarten. Nun sind Überreste aus römischer Zeit nicht unbedingt die Hauptattraktion für Spanienurlauber. Doch Tarragona ist allein wegen der Menge an Ruinen einzigartig. Die Stadt, die 218 v. Chr. von Gnaeus Scipio gegründet wurde, war unter Julius Caesar eine der wichtigsten römischen Städte auf der Iberischen Halbinsel. Dennoch ist sie als Reiseziel relativ unbekannt. Doch das kann sich ja ändern. – FLORENCE FABRICANT*

### FREITAG

**1** *Ernst und Spaß* 15 Uhr

Erledigen Sie zuerst die Hausaufgaben. Im **Tourismusbüro** (Carrer Major 39; +34 977 25 07 95; tarragonaturisme.cat) bekommen Sie ausgezeichnete Karten und Broschüren. Die Stadt sollten Sie zu Fuß erforschen. Die Sehenswürdigkeiten liegen nicht mehr als 15 Gehminuten voneinander entfernt und sind durch Schilder mit der Aufschrift „Tárraco" – einer der alten römischen Namen der Stadt – leicht zu finden. Mit der Tarragona-Card für etwa 15 Euro haben Sie 48 Stunden lang freien Zugang zu historischen Stätten und Führungen und bekommen Preisnachlass in Taxis, Restaurants und Geschäften. Belohnen Sie sich für die gute Vorbereitung mit einem Drink in einem Straßencafé auf der Rambla Nova, der Hauptschlagader der Stadt.

**2** *Vielschichtiger Bau* 17 Uhr

Die Rambla endet an einer von Palmen gesäumten Terrasse mit Blick auf Strand und Meer. Direkt darunter liegt ein **römisches Amphitheater** aus dem 2. Jahrhundert, in dem sich einmal 15 000 Zuschauer Spiele und makabre Vorführungen ansahen. Eine Treppe führt hinunter zu der nur geringfügig restaurierten elliptischen Arena, deren Sitzreihen in den

**GEGENÜBER** Vor 2000 Jahren war Tarragona eine der bedeutendsten Städte des Römischen Reichs.

**RECHTS** Markierte Wanderwege führen zum Aqueduct de les Ferreres, einem Wunderwerk römischer Baukunst.

Abhang gebaut wurden. Zum Gedenken an christliche Märtyrer des 3. Jahrhunderts wurde später mitten in der Arena eine Basilika errichtet, auf deren Überresten im 12. Jahrhundert die Kirche Santa María del Miracle entstand. Im 19. Jahrhundert wurde der Komplex schließlich als Gefängnis genutzt. Die Ruinen erinnern an die vielschichtige Vergangenheit von Tarragona, dessen Altstadt mit den alten Stadtmauern oberhalb des Amphitheaters liegt. Abwärts führt ein Weg zum steinigen Mittelmeerstrand.

**3** *Leider keine Wagen* 18 Uhr

Am Übergang der Rambla in den historischen Teil der Stadt liegt der **römische Circus**, eine Rennstrecke, die Kaiser Domitian für Wagenrennen bauen ließ. Der Circus, der zum riesigen Hauptforum der Stadt gehörte, soll der größte des Römischen Reichs gewesen sein und gilt als einer der besterhaltenen Europas. (Selbst mit einem guten Plan ist es schwierig, sich in seinem Netz aus Gängen und Tunneln zurechtzufinden.) Innerhalb des Circus steht ein mächtiger Turm aus dem 1. Jahrhundert, der im Mittelalter zu einem gotischen Palast umgebaut wurde. Schilder mit Erklärungen in verschiedenen Sprachen sind überall angebracht.

**4** *Früher Vogel* 21 Uhr

Reste alter Mauern prägen das Ambiente bei **Degvsta** (Carrer dels Cavallers 6; +34 977 25 24 28; degvsta.com; €€–€€€€), einem etwas förmlichen Restaurant in der Altstadt. Es ist zwar sehr ungewöhnlich, hier schon für 21 Uhr einen Tisch zu reservieren, aber Sie sollten es riskieren. Die kreative Küche

bietet Gerichte wie knusprigen Tintenfisch oder gratinierten Steinbutt mit Porree. Die Restaurants von Tarragona sind vielseitig, Fisch steht oft auf der Karte, und die Preise sind vernünftig. Die Weine stammen meist aus umliegenden Regionen wie Priorat, Penedès, Terra Alta und Tarragona selbst.

### SAMSTAG

**5** *Römische Provinzhauptstadt* 10 Uhr
Nehmen Sie die Ruinenerkundung an einem Tor in der Stadtmauer wieder auf. An der **Plaça del Pallol** zeigt ein Modell die Stadt zu ihrer römischen Blütezeit. Die Stadt wurde 218 v. Chr. gegründet. Damals, während der Punischen Kriege gegen die

Karthager, begannen die Römer mit dem Bau der Stadtmauern und pflasterten die Foren, denn die Provinzhauptstadt sollte als Operationsbasis für die Eroberung der Iberischen Halbinsel dienen. Heute hat Tarragona etwa 130 000 Einwohner, im 1. Jahrhundert war es vermutlich ein Vielfaches. Zwischen ihren Eroberungszügen machten Augustus und Hadrian hier Station. Heute umfassen die Stadtmauern, auf denen ein parkartiger Spazierweg verläuft, etwa ein Drittel des historischen Stadtkerns.

**6** *Leben zwischen Ruinen* 11 Uhr
Tarragona ist eine Art lebendes Museum. Fast überall stolpert man über Ruinen. Reste des Forums und des Theaters liegen sogar an größeren Straßen zwischen Bürohäusern und Wohngebäuden. Manche Bewohner würden es begrüßen, wenn einige Gebäude abgerissen würden, damit die uralte Stadt besser sichtbar wird. Die meisten Bewohner nehmen die Relikte aus der römischen Kaiserzeit aber überhaupt nicht mehr wahr. Im **Archäologischen Museum von Tarragona** (Plaça del Rei 5; +34 977 23 6209; mnat.cat), einem eleganten Gebäude, in dem sich Über-

**OBEN** Fußball zwischen uralten römischen Mauern auf der Plaza del Forum.

**LINKS** Die Cafés und Restaurants des neueren Tarragona wurden über und zwischen römischen Ruinen erbaut.

reste eines Praetoriums aus dem 1. Jahrhundert befinden, können Sie Marmor- und Bronzeskulpturen, Mosaiken und andere eindrucksvolle Exponate sehen.

**7** *Auf dem Platz oder am Meer* 13 Uhr

Wer in der Altstadt Tapas essen möchte, kann bei **Sentits** (Plaça de la Font 25; +34 977 22 26 26; €€) drinnen und draußen Platz nehmen. Auf der Karte stehen Klassiker wie Tomatenbrot mit Sardellen, Babyaale mit Knoblauch oder gegrillte, grüne Paprika (Pimientos de Padrón). Fisch und Meeresfrüchte gibt es in mehreren Restaurants am Fischereihafen El Serrallo. Besonders empfehlenswert ist Trafalgar, ein Restaurant mit schattigen Tischen ganz in der Nähe der Kais.

**8** *Teufelswanderung* 15 Uhr

Fahren Sie die N-240 Richtung Lleida bis zum **Aqueduct de les Ferreres**, das auch Pont del Diable (Teufelsbrücke) genannt wird. Beim Anblick des einst 40 km langen Wunderwerks römischer Bau-

kunst vergisst man leicht, dass man gerade erst eine neuzeitliche Autobahn verlassen hat. Auf gut ausgezeichneten Wanderwegen ist das Aquädukt auch zu Fuß von der Stadt aus zu erreichen.

**9** *Salsa romesco* 21 Uhr

Nicht weit vom römischen Amphitheater liegt in der Altstadt das Restaurant **Barquet** (Carrer del Gasòmetre 16; +34 977 24 00 23; restaurantbarquet. com; €€€), wo Küchenchef und Inhaber David Solé die Romesco-Sauce (eine örtliche Spezialität aus Nüssen, Tomaten, Chilis und Olivenöl) als Zutat zu verschiedenen Gerichten – auch mit Fisch – verwendet. Menüs kosten zwischen 30 und 50 Euro, Sie können aber auch à la carte essen.

**GANZ OBEN** Eine gepflasterte Straße in Tarragona. Die Bewohner leben ganz selbstverständlich mit dem Erbe aus der römischen Kaiserzeit.

**OBEN** Ein Sarkophag in einem Museum der Stadt. Heute hat die Stadt 130 000 Einwohner, doch in der römischen Kaiserzeit war es ein Vielfaches.

nalstraße N-340 der **Torre de los Escipiones** (Turm der Scipionen), ein fast 6 m hohes Familiengrabmal. Etwa 14 km weiter befindet sich an derselben Straße – der ehemaligen Via Augusta – der **Berà-Bogen**, ein Triumphbogen aus dem 1. Jahrhundert, der Augustus gewidmet war. Haben Sie genug von den Ruinen? Dann folgen Sie den Schildern nach **Playa Larga** und springen Sie an dem schönen, beliebten öffentlichen Strand ins Mittelmeer. Oder fahren Sie ein Stück weiter in den Küstenort Cambrils, wo gleich mehrere Sterne-Restaurants miteinander wetteifern.

**SONNTAG**

**10** *Abstecher zum Strand* 10 Uhr

Wenn Sie an der Küste entlang Richtung Barcelona fahren, stoßen Sie auf ein Bauwerk, das vom (ziemlich kolossalen) Selbstbild der Römer zeugt. Etwa 6 km außerhalb der Stadt liegt nahe der Natio-

**OBEN** Die Rambla Nova, der Prachtboulevard der Stadt, endet an einem Amphitheater aus dem 2. Jahrhundert, das Platz für 15 000 Zuschauer bot.

**GEGENÜBER** Das Praetorium diente im Mittelalter den Königen von Aragón als Palast.

## Karte

1/4 Meile
1/2 Kilometer

Plaça del Pallol **5**
Tourismusbüro
Degvsta **4**
**1**
Archäologisches Museum von Tarragona
Sentits **7**
ALTSTADT
**6**
AVINGUDA DE ROMA
AC Tarragona
**3** römischer Circus
Rambla Nova
**2** römisches Amphitheater
Hotel Lauria
**Tarragona**
**9**
Barquet

Cambrils
*Balearisches Meer*

Lleida
**SPANIEN**
N240
*KATALONIEN*
2 Meilen
3 Kilometer
Aqueduct de les Ferreres
Berà-Bogen
Torre de los Escipiones
A7
N340
**8**
**10**
Playa Larga
Detail

FRANKREICH
ANDORRA
Bilbao
*KATALONIEN*
Barcelona
SPANIEN
**Tarragona**
Madrid
*Mittelmeer*

## BASICS

Auf der Autobahn A7 dauert die Fahrt von Barcelona etwa eine Stunde. Für die malerische Küstenstrecke E-240 brauchen Sie etwas mehr Zeit. In der Stadt sollten Sie zu Fuß gehen.

**AC Tarragona**
Avinguda de Roma 8
+34 977 247 105
achotels.marriott.com
€
*Schick und modern. 15–20 Gehminuten auf der Rambla Nova von der Altstadt entfernt.*

**Hotel Lauria**
Rambla Nova 20
+34 977 236 712
hotel-lauria.com
€
*Schönes altes Hotel ganz in der Nähe der Altstadt.*

# Barcelona

Die ehemaligen Schmuddelviertel Born, El Raval und Barceloneta haben sich gemausert. Heute findet man hier einige der besten Restaurants, Bars und Designerläden. Natürlich möchten Sie auch über die Grenzen dieser lebhaften Bezirke hinausschauen, aber wer einen Eindruck des modernen Barcelona gewinnen will, sollte sich in den schmalen Straßen und schattigen Gassen dieser Viertel ausgiebig Zeit lassen. – STUART EMMRICH

## FREITAG

**1** *Flanieren* 17 Uhr

Ob Sie zum ersten oder zum zehnten Mal in Barcelona sind: **La Rambla** ist Pflicht. Tauchen Sie ein in das Gewimmel auf der berühmten Flanierstraße mit ihren Vogelmärkten, Blumenständen, Straßenmusikern, Pantomimen, überteuerten Tapas-Bars und Unmengen von Menschen – Einheimischen und Touristen –, die einen Nachmittagsbummel unternehmen. Wenn Sie genug von den Menschenmassen haben (wahrscheinlich recht bald), biegen Sie ab zur schönen Plaça Reial, um sich unter Palmen eine Pause zu gönnen und vielleicht in einer der *cervecerías* an dem historischen Platz eine eisige *caña* (Bier vom Fass) zu trinken.

**2** *Noble Stulle* 19 Uhr

Mark Bittman, ehemals bei der *New York Times,* bezeichnete die Flauta d'ibéric d.o. jabugo im **Café Viena** (Rambla dels Estudis 115; +34 93 317 1492; €€) einmal als bestes Sandwich, das er je gegessen hatte – es ist ein schlichtes Meisterwerk aus knusprigem Brot und edlem Schinken. Die Kunden, die in dem winzigen Restaurant manchmal in Dreierreihen am Tresen stehen, bestätigen das. Die Flauta (und dazu eine frisch gezapfte Caña) ist die ideale Zwischenmahlzeit, um die vier Stunden bis zum Abendessen zu überbrücken.

**3** *Große Kunst, kleiner Preis* 21 Uhr

Musik von Weltklasse in atemberaubender Architektur bieten das berühmte Gran Teatre del

Liceu – das über 150 Jahre alte Gebäude hat bereits drei große Brände und einen Bombenanschlag durch Anarchisten überdauert – und der Palau de la Música Catalana. Für weniger Geld können Sie klassische Musik in ähnlich schöner Umgebung genießen: in der **Basílica de Santa María del Mar** (Plaça de Santa María 1; +34 93 310 2390), einer wunderschönen Kirche aus der Mitte des 14. Jahrhunderts im Stadtteil El Born. Schlendern Sie danach über den Platz zu **La Vinya del Senyor** (Plaça de Santa María 5; +34 93 310 3379), wo es gute Tapas, viele hervorragende Weine und trendige Szenegänger gibt.

**4** *Aufheizen, abkühlen* 0.30 Uhr

Die Open-Air-Nachtklubs am Passeig Marítim de la Barceloneta könnten auch in Miami liegen. Die nobelste Strandbar ist vielleicht der **Carpe Diem Lounge Club** (No. 32; +34 93 224 0470; cdlcbarcelona. com), in dessen elegantem Ambiente Paare auf extrabreiten Liegen ihre Drinks schlürfen, während sich bei **Shôko** (No. 36; +34 93 225 9200; shoko. biz) ein lebhaftes, junges Publikum trifft. Ganz in der Nähe finden Sie das **icebarcelona** (Carrer de Ramon Trias Fargas 2; +34 93 224 1625; icebarcelona.com), dessen Innenraum auf –5 °C abgekühlt ist – durchschnittliche Aufenthaltsdauer: 45 Minuten.

## SAMSTAG

**5** *Marktforschung* 10 Uhr

Man möchte meinen, dass die halbe Stadt für den Wochenendeinkauf in die große Markthalle **Boqueria** (La Rambla 91) strömt, die schon seit dem frühen

**GEGENÜBER** Pause an der Plaça Reial.

**RECHTS** Moderne Kunst im Museu d'Art Contemporani de Barcelona (MACBA).

18. Jahrhundert existiert. Wenn Ihnen angesichts des Angebots der vielen Stände schwindelig wird, legen Sie am Tresen der beliebten Tapas-Bar **Pinotxo** (La Rambla 89; +34 93 317 17 31; pinotxobar.com) eine Pause ein und stärken Sie sich mit Bacalao-Kroketten.

### 6 *Kunst des Alltags* 11.30 Uhr

Einige sehr interessante Beispiele moderner katalanischer Kunst sind im **Museu d'Art Contemporani de Barcelona (MACBA)** (Plaça dels Àngels 1; +34 93 481 33 68; macba.cat) zu sehen. Auf dem angrenzenden Platz können Sie anschließend junge Familien, Paare, Straßenhändler und Skateboarder, die halsbrecherische Tricks üben, beobachten.

### 7 *El Raval am Nachmittag* 14 Uhr

Das Museum ist ein perfekter Ausgangspunkt, um **El Raval**, einen der ältesten Teile der Stadt, zu erkunden. Das Gebiet wurde saniert (es war einst das Rotlichtmilieu) und gentrifiziert, doch ist die Bevölkerung noch sehr bunt gemischt, vor allem aber ist das Viertel authentisch und nicht sehr touristisch. Flanieren Sie durch die Straßen, in denen Sie einige der interessantesten Läden und Boutiquen von Barcelona finden, und betrachten Sie das kreative Völkchen, das sich hier tummelt. El Raval hat außerdem zahlreiche einladende Cafés zu bieten. Suchen Sie sich ein schönes aus und bestellten Sie einen Snack (aber bitte ausreichend Platz fürs Dinner lassen). Bei einem Glas Wein oder einer Tasse Kaffee kann man wunderbar das Straßentreiben beobachten.

### 8 *Für die Sinne* 21 Uhr

Lassen Sie sich im eleganten **Cinc Sentits** (Carrer d'Entença 58; +34 93 323 94 90; cincsentits.es; €€€€) vom achtgängigen Menü „Sensations" überraschen. Ein Abend begann beispielsweise mit einem „Schnaps"

**OBEN** Sonntags strömt die halbe Stadt zum Spazierengehen, Baden oder Sonnen an den Strand.

**LINKS** Ein Blumenstand an der berühmten Rambla, einer Flaniermeile mit Ständen, Geschäften, Restaurants, Straßenkünstlern und reichlich Fußgängerverkehr.

aus Ahornsirup, geeister Sahne, Cava-Sabayon und einer Schicht Steinsalz. Dann folgte Mittelmeerthunfisch in geräuchertem Tomatensud und sous vide gegartes iberisches Spanferkel und zum Abschluss Oliveneiscreme mit Brotsplittern. Der Preis ist stattlich, aber dafür können Sie eine exzellente Folge von Speisen – begleitet jeweils von sachkundig ausgewählten Weinen – erwarten, nach der Sie satt, aber nicht überfüllt sind. Wenn Sie anschließend noch Lust auf einen Absacker haben, können Sie im **Dry Martini** (Carrer d'Aribau 162–166; +34 93 217 5072; drymartiniorg.com) mit anderen entspannten Gästen den namensgebenden Drink genießen.

### SONNTAG

**9** *Nationaltanz* 12 Uhr

Jeden Sonntag treffen sich auf der **Plaça de la Seu** vor der eindrucksvollen gotischen Kathedrale junge und alte Einheimische, um die Sardana zu tanzen.

Der traditionelle katalanische Tanz aus verschiedenen Schrittkombinationen und kleinen Sprüngen wird normalerweise von einer Kapelle mit traditionellen Instrumenten begleitet. Viele Tänzer kommen aus der Kirche und sind entsprechend sonntäglich ge-

**OBEN** Blumen und Balkone in der Sonne.

**UNTEN** Skateboarder üben vor dem Macba ihre Tricks.

kleidet. Jacken und Handtaschen werden in die Mitte gelegt, ehe sich die Tänzer an den Händen fassen und einen Kreis bilden. Manchmal wird anschließend für die Musiker gesammelt.

**10** *Genuss am Strand* 13 Uhr

Sonntags scheint die ganze Stadt an den Strand zu strömen. Beobachten Sie das Treiben von einem

Tisch vor dem Restaurant **La Mar Salada** (Passeig Joan de Borbó 58–59; +34 93 221 1015; lamarsalada.cat; €€€) aus, in das sich relativ wenige Touristen verirren. Probieren Sie die hervorragend zubereiteten Calamari und danach Paella mit Meeresfrüchten, eine Spezialität des Hauses. Zu beidem passt ein trockener, spanischer Weißwein.

**OBEN** Hunderte von Ständen reihen sich in der großen Markthalle Boqueria an der Rambla aneinander.

**GEGENÜBER** La Boqueria entstand im frühen 18. Jahrhundert. Das Angebot ist verführerisch.

**BASICS**

Mieten Sie sich am Flughafen ein Auto. In der Stadt kommen Sie mit der Metro hervorragend voran.

**Omm**
Carrer del Rosselló 265
+34 93 445 4000
hotelomm.com
€€€

Hotel mit Sterne-Restaurant. In der Lobby-Bar trifft sich, wer gesehen werden will.

**Market Hotel**
Carrer del Comte Borrell 68
+34 93 325 1205
hotelmarketbarcelona.com
€
Stylisher kann ein günstiges Hotel kaum sein. Gut gestaltet und komfortabel.

**Hotel Arts**
Carrer de la Marina 19–21
+34 93 221 1000
hotelartsbarcelona.com
€€€€
Ein Ritz-Carlton mit Luxusspa und einer riesigen Fischskulptur aus Metallgitter von Frank Gehry.

# Barcelona für Kunstliebhaber

*Barcelona gilt gemeinhin als Spaniens Tor zur europäischen Kultur. Das mag stimmen, wenn man unter Kultur innovative Architektur und moderne Kunst versteht, eine Stadtplanung mit fußgängerfreundlichen Boulevards und einen Widerwillen gegen alte spanische Traditionen wie den Stierkampf. In den 1890er-Jahren hat Picasso in Barcelona die künstlerische Avantgarde getroffen, die ihm den Weg nach Paris und zum Weltruhm ebnete. Joan Miró wuchs hier auf und hinterließ der Stadt faszinierende Werke. Und Antoní Gaudí flocht Jugendstil-Elemente in seine skurrile architektonische Handschrift ein. Reisende, die sich für Kunst und Architektur interessieren, finden hier viel Spannendes – und genug Ablenkung, wenn die Museumsmüdigkeit einsetzt.* – ANDREW FERREN

### FREITAG

**1** *Picassos frühe Jahre* 18 Uhr

Spaniens bedeutendstem Export des 20. Jahrhunderts ist das **Picasso-Museum** (Carrer de Montcada 15–23; +34 93 256 3000; www.museupicasso.bcn.cat) gewidmet. Es besitzt eine umfangreiche Sammlung früher Werke – Blaue Periode, Rosa Periode, Kubismus – aus der Zeit, bevor der Künstler sich in Paris niederließ. Das Museum, das in einem Komplex aus mehreren Stadtpalais aus dem 12. und 13. Jahrhundert untergebracht ist, zeigt, wie Picasso 1869 nach Barcelona kam und buchstäblich die Welt entdeckte.

**2** *Gut bewirtet* 22 Uhr

Cal Pep (calpep.com) hat sich als Restaurant schon einen Namen gemacht, aber sein Ableger, das **Passadís del Pep** (Pla de Palau 2; +34 93 310 1021; passadis.com; €€€€), ist ein Geheimtipp, weil es so schwer zu finden ist. Es liegt am Ende einer namenlosen, düsteren Passage (*passadís* auf Katalanisch), und vor dem Rundbogentor, das ins Restaurant führt, steht ein finsterer Kerl. Sagen Sie ihm, dass Sie reserviert haben (was Sie frühzeitig tun sollten), dann winkt er Sie durch. Drinnen müssen Sie nicht einmal

bestellen – es gibt ohnehin keine Speisekarte. Sagen Sie einfach *sí*, wenn der Kellner Ihnen ein Glas Cava und einen Teller mit etwas Leckerem anbietet – vielleicht Serrano-Schinken. Der Rest, ein langes und entspanntes Menü, kommt dann von allein.

### SAMSTAG

**3** *Kennen Sie Miró?* 9 Uhr

Joan Miró, der zu Barcelonas Weltruhm beigetragen hat, identifizierte sich stark mit seinem katalanischen Erbe. Fahren Sie mit der Metro zum **Parc de Joan Miró**, um seine *Dona i Ocell* zu sehen, eine 21 m hohe Skulptur mit unzweifelhaft phallischen Zügen, die die Stadt kurz vor dem Tod des Künstlers in Auftrag gab. Genießen Sie vom grünen Berg Montjuïc (erreichbar mit einer Zahnradbahn von der Metrostation Paral·lel) den Blick auf die Stadt und das Meer, ehe Sie in die **Fundació Joan Miró** (Parc de Montjuïc; +34 93 443 9470; bcn.fjmiro.es) gehen. Die Galerie besitzt eine umfangreiche Sammlung von Mirós farbenfrohen, surrealistischen Werken und zeigt auch wechselnde Ausstellungen.

**4** *Vor Picasso* 11 Uhr

Das **Museu Nacional d'Art de Catalunya** oder MNAC (Parc de Montjuïc; +34 93 622 0360; museunacional.cat) ist ein riesiger Bau auf dem

**GEGENÜBER** Die Sagrada Família – seit den 1880er-Jahren eine Baustelle – ist das geliebte Wahrzeichen der Stadt.

**RECHTS** Das Innere der Sagrada Família, geschaffen von dem exzentrischen Architekten Antoní Gaudí.

Montjuïc. Absolut sehenswert sind die romanischen Malereien, von denen viele in konkaven Nischen ausgestellt sind, um die Kirchenapsiden nachzuempfinden, aus denen die Kunstwerke stammen. Ebenso interessant sind die Gemälde aus dem späten 19. und frühen 20. Jahrhundert von Künstlern wie Rusiñol, Casas und anderen, die den jungen Picasso beeinflussten, sowie die Exponate des Modernisme. Vom MNAC ist es nicht mehr weit bis zu Mies van der Rohes **Barcelona-Pavillon** von 1929 (Avenida de Francesc Ferrer i Guàrdia 7; +34 93 423 4016; miesbcn. com) und zum **CaixaForum** (Avenida de Francesc Ferrer y Guàrdia 6–8; +34 93 476 8600), einer umgebauten Textilfabrik, in der wechselnde Ausstellungen zu sehen sind.

**5** *Tapas ganz entspannt* 14 Uhr
In der geschäftigen **Bar Mut** (Carrer de Pau Claris 192; +34 93 217 4338; €€€€) treffen sich Einheimische mittags zu einem kleinen Bier und Tapas wie Muscheln im Kräutersud, Spiegelei-Carpaccio mit Garnelen oder Eiern mit Leber, Kartoffeln und Wurst. Die Kellner bleiben entspannt, egal wie oft man sie für eine weitere Bestellung ruft.

**6** *Besuch bei Gaudí* 15 Uhr
Barcelonas berühmteste Sehenswürdigkeit ist die ungewöhnliche **Sagrada Família** mit ihren vielen Türmen (Carrer de Mallorca 401; +34 93 208 0414; sagradafamilia.org). Im Jahr 2010 wurde sie von Papst Benedikt geweiht und in den Rang einer Basilika erhoben, obwohl die Fertigstellung noch in weiter Ferne liegt. Die Kirche, an der seit den 1880er-Jahren gebaut wird, ist das bekannteste Werk des exzentrischen Architekten Antoní Gaudí, dessen Vision den Charakter dieser Kirche geprägt hat. Sehen Sie sich

**UNTEN** Ein Raum im MNAC, dem palastartigen Nationalmuseum für katalanische Kunst.

den einzigartigen Bau von innen und außen in Ruhe an. Dann machen Sie einen Abstecher zur ebenso interessanten **Casa Milà**, auch bekannt als **La Pedrera** (Carrer de Provença 261–265; +34 90 220 2138; lapedrera.com) und zur **Casa Batlló** (Passeig de Gràcia 43; +34 93 216 0306; casabatllo.es).

### 7 *Heilendes Wasser* 17 Uhr

Droht vor lauter Kunst und Architektur Reizüberflutung? Wasser wirkt heilend. Das Klima in Barcelona ist so mild, dass man fast ganzjährig an den Strand gehen kann. **Platja de Sant Sebastià** ist ein lebhafter Stadtstrand am Ende von Barceloneta, einem Stadtteil auf einem Landzipfel, der am Port Vell (Alter Hafen) ins Meer ragt. Ihr Inneres können Sie mit einem preiswerten Bier befeuchten, z. B. bei **Chiringuito del Mar**, einem Stand zwischen dem Pflaster der Plaça del Mar und dem Sand von Sant Sebastià.

### 8 *Modernisme zum Dinner* 22 Uhr

Wenn Sie Gaudís Bauten extravagant finden, sehen Sie sich Arbeiten von Lluís Domènech i Montaner an, einem weniger bekannten Helden des katalanischen Modernisme. Besuchen Sie z. B. ein Konzert in Domènechs **Palau de la Música Catalana** von 1908, einem Konzertsaal, in dem alle Oberflächen mit Farben, Texturen, Reliefs und – weil Wände und Decken fast vollständig aus Buntglas bestehen – farbigem Licht geschmückt sind. Alternativ können Sie

im **La Fonda España** im Hotel España (Carrer de Sant Pau 9–11; +34 93 550 0010; hotelespanya.com; €€€€) essen. Vor 100 Jahren beauftragte das Hotel Domènech mit der Renovierung des Restaurants, und nach einer erneuten Renovierung erstrahlen die Wandverkleidungen aus Holz und Keramik, die Wandbilder von Ramon Casas und der dekorative Kamin von Eusebi Arnau wieder in voller Pracht. Das Essen ist gut und der Speisesaal spektakulär.

**OBEN** Der Palau de la Música Catalana, ein hinreißender Konzertsaal von Lluís Domènech i Montaner.

**UNTEN** Die Lobby des Hotels Room Mate Emma, dessen Interieur von Tomás Alía gestaltet wurde.

**9** *Teurer O-Saft* 11 Uhr

Es ist touristisch und zu teuer, und trotzdem treffen sich alle im **Café Zurich** (Plaça de Catalunya 1; +34 93 317 9153), das an der geschäftigsten Ecke des geschäftigsten Platzes der Stadt liegt. An den Tischen draußen kann man gut Leute beobachten, wer es aber etwas ruhiger mag, sollte sich auf die Galerie setzen. Der Kaffee ist hervorragend, die Biergläser haben ein ordentliches Format, und die Sandwiches oder Bocadillos sind mittelmäßig – aber die Tomaten mit Olivenöl machen das mehr als wett.

**10** *Hoch oben* 13 Uhr

Am Nordrand der Stadt liegt der **Parc Güell**, Gaudís kurvenreicher, fantasievoller Park mit bunten Mosaiken und Terrassen, von denen man einen herrlichen Blick auf die Stadt und die Sagrada Família in ihrer Mitte hat. Noch weiter oben liegt der **Vergnügungspark auf dem Tibidabo** (Plaça del Tibidabo 3–4; +34 93 211 7942; tibidabo.cat), dessen altmodische Karussells sich neben Spaniens modernster Stadt etwas merkwürdig ausmachen.

**OBEN** Den schönsten Blick auf die modernste Stadt Spaniens hat man von der altmodischen Karussellbahn im Vergnügungspark auf dem Tibidabo.

**GEGENÜBER** Auch die Casa Batlló trägt Gaudís einzigartige architektonische Handschrift.

**BASICS**

Mit dem Articket Barcelona (articket bcn.org) haben Sie Zugang zu sechs Museen und brauchen nicht Schlange zu stehen.

**Hotel Casa Fuster**
Passeig de Gràcia 132
+34 93 255 300
hotelcasafuster.com
€€€€
*Nobles Quartier in einem Gebäude des Modernisme.*

**Mandarin Oriental**
Passeig de Gràcia 38–40
+34 93 151 8888
mandarinoriental.es/barcelona
€€€€
*In einem Gebäude aus der Mitte des 20. Jahrhunderts.*

**Room Mate Emma**
Carrer del Rosselló 205
+34 932 385 606
room-matehotels.com/en/emma
€
*Interieur von Tomás Alía, der sonst für knallige Discos bekannt ist.*

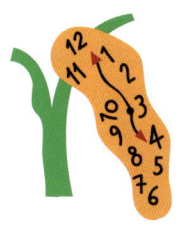

# Costa Brava

*An der Costa Brava, Spaniens „wilder" Nordostküste in der autonomen Region Katalonien, sehen Fischerdörfer noch aus wie Fischerdörfer. In den mittelalterlichen Bergstädtchen ist es zur Siesta-Zeit noch still, und Künstler malen an ruhigen Straßen. Wenn in der Hochsaison die Touristen einfallen, ist die Luft erfüllt von einem Gewirr europäischer Sprachen. Im Spätfrühling und Frühherbst kommen weniger Urlauber, und man hört überwiegend die Landessprache Catalan. Naturschutzmaßnahmen und das Widerstreben der Bewohner haben dafür gesorgt, dass sich dieser Küstenabschnitt so stark von der dicht bebauten, quirligen Südküste unterscheidet. Fahren Sie für einen Wochenendausflug von Barcelona aus Richtung Norden, um staubige mittelalterliche Dörfer und ebenso alte Kirchen und Bauernhäuser in einer Landschaft zu finden, die schroff zum Meer abfällt. –* SARAH WILDMAN

FREITAG

## 1 *Erste Station: Begur* 14 Uhr

Vom Flughafen Barcelona aus erreichen Sie nach etwa 100 Autominuten **Begur**, eine mittelalterliche Stadt auf einem Hügel. Erforschen Sie das Straßengewirr zu Fuß. Hier gibt es hervorragende Fischrestaurants, uralte Türme und gemütliche Bars. Blumen quellen aus Kästen und Kübeln, und über der Stadt liegt eine mächtige Festung, in der Frauen und Kinder im 17. Jahrhundert Zuflucht vor Piraten fanden. In den meisten Ortschaften der Costa Brava gibt es Tourismusbüros. Im Büro in Begur (Avinguda Onze de Setembre 5; +34 972 624 520; visitbegur.cat) treffen Sie auf freundliche, kompetente und mehrsprachige Mitarbeiter.

## 2 *Strandpause* 15 Uhr

Etwa zehn Autominuten von Begur entfernt finden Sie acht offizielle Strände (und viele nicht beschilderte Buchten) sowie Küstenstriche mit Felsen, Kieseln und Sand, die über befestigte und unbefestigte Wege zu erreichen sind – ideal für ein Bad oder

einen Strandspaziergang. Der kleine Küstenort **Calella de Palafrugell** liegt ein Stück südlich des Zentrums von Begur. Näher sind die Strände von **Fonda**, deren vulkanischer Sand fast schwarz ist. Im größeren Fischerort **Aiguablava** leben noch einige Fischerfamilien während des ganzen Jahres. Hier hat sich in den letzten 100 Jahren wenig verändert.

## 3 *Fangfrisch* 20 Uhr

Nach der Rückkehr in die Stadt verbringen Sie den Abend im **Restaurant Rostei** (Carrer Concepció Pi 8, Begur; +34 972 624 215; rostei.com; €€€) in einer ruhigen Seitenstraße. Meeresfrüchte und gegrillter Fisch sind sehr zu empfehlen. Versuchen Sie, Plätze im Garten zu reservieren.

SAMSTAG

## 4 *Dörfertour* 9 Uhr

Starten Sie früh, um die sonnigen, terrakottafarbenen Dörfer der Costa Brava zu erkunden. Steuern Sie zunächst etwas ins Landesinnere. Im kleinen, recht touristischen **Pals** führen Kopfsteinpflasterstraßen vorbei an einer Burg, einer gotische Kirche und alten Häusern, hinter deren Türen sich oft Restaurants und Souvenirläden verbergen. **Peratallada** hat einen gut erhaltenen Platz mit einigen Cafés und wirkt darum lebendiger als manch verschlafener

**GEGENÜBER** Ein Strand bei Calella de Palafrugell, einer Stadt an der Costa Brava im Nordosten Spaniens.

**RECHTS** Sant Martí d'Empúries, eine Station auf der Erkundungstour entlang der Costa Brava.

Nachbarort in der landschaftlich schönen Ebene L'Empordà mit ihren Weizen- und Sonnenblumenfeldern und ihren Oliven- und Mandelbäumen.

**5** *Ruinen mit Aussicht* 12 Uhr

Werfen Sie bei **Sant Martí d'Empúries** einen Blick auf die Ruinen aus der Antike, als die Griechen die führende Macht im Mittelmeerraum waren. Umgestürzte und zerbrochene Säulen sowie Reste von Villen mit Mosaiken liegen hoch über dem blau

**OBEN** Ein Sonnenblumenfeld in der Empordà-Ebene.

**UNTEN** An diesem relativ urtümlichen Küstenstrich gibt es viele schöne Strände und Dörfer.

leuchtenden Mittelmeer. Der Name der Stadt geht auf ihre Ursprungszeit zurück. Die Griechen errichteten die Siedlung im 6. Jahrhundert v. Chr. als Emporium (Handelsposten). Fahren Sie weiter an **Roses** vorbei, wo sich jahrelang Gourmets im Restaurant El Bulli trafen, bis es 2011 seine Türen schloss. Dann führt die Strecke durch das Naturschutzgebiet **Cap de Creus**, eine Mondlandschaft mit niedrigen Sträuchern und knorrigen Bäumen, die sich hartnäckig an die Felsen klammern.

**6** *Besuch bei Dalí* 13 Uhr

Cadaqués, das mit seinen weiß getünchten Häusern an eine griechische Insel erinnert, ist vor allem als Künstlerort bekannt. Picasso hielt sich hier auf, ebenso Max Ernst, Matisse, Magritte und Man Ray. Der Lieblingssohn des Ortes ist aber Salvador Dalí, der als Kind hier lebte und sich später in der Nähe niederließ. Mittags können Sie im Restaurant **El Barroco** (Carrer des Pla d'en Retalla 2; +34 972 258 632;

€€€€) unter Bougainvilleen essen und anschließend einen halbstündigen Spaziergang nach Port Lligat unternehmen. Dort steht das **Haus von Salvador Dalí** (+34 972 251 015; salvador-dali.org; Anmeldung erforderlich), das der Künstler mit seiner Frau Gala bewohnte. Wer noch mehr Lust auf Surrealismus hat, findet im 32 km entfernten Figueres ein größeres Dalí-Museum.

### 7 *Kunst in Cadaqués* 16 Uhr

In Cadaqués mit seinen verwinkelten Kopfsteinpflastergassen könnte man Tage verbringen. Viele Galerien zeigen Arbeiten zeitgenössischer Künstler der Costa Brava. Die **Taller Galeria Fort** (Carrer Hort d'en Sanés 9; +34 972 258 549) veranstaltet jedes Jahr im Sommer eine internationale Ausstellung mit kleinen Drucken. Sehenswert ist auch die **Galeria Marges-U** (Carrer Unió 12; +34 972 258 443; galeriamarges-u.com), die von dem Künstlerpaar Gustavo Carbó Berthold und Nobuko Kihira geführt

wird. Im Ort verstreute kleine Geschäfte bieten sorgfältig ausgesuchte, kunsthandwerkliche Textilien, Schmuck und Keramik an.

### 8 *Abendessen* 20 Uhr

In einem Winkel nahe der häufig gemalten Kirche Santa Maria, die auf einem Hügel liegt, kann man bei **La Sirena** (Carrer d'Es Call; +34 972 258 974) entspannt zu Abend essen. Der gegrillte Fisch „à la Basque" ist ganz hervorragend.

**OBEN** Das Salvador-Dalí-Haus in Port Lligat.

**UNTEN** Der winzige Ort Pals ist mit seinen Kopfsteinpflastergassen und Steinhäusern ein Anziehungspunkt für Touristen.

**9** *Straße nach Frankreich* 10 Uhr

Fahren Sie von Cadaqués auf der schmalen **N-260** nach Norden und halten Sie Ihre Badesachen bereit. Je näher Sie der französischen Grenze kommen, desto leerer und verlockender werden die Buchten. Die Straße führt in atemberaubendem Zickzack an der bergigen Küste entlang.

**10** *Letzte Tortilla* 12 Uhr

In Llançà, einem winzigen Ort an der Costa Brava kurz vor der französischen Grenze, finden Sie **Platja Grifeu**, einen herrlichen Strand mit tropisch-

klarem Wasser. Kaufen Sie in einem Geschäft in der Nähe etwas für ein Picknick ein und schauen Sie einheimischen Familien zu, die sich sonnen, während die Kinder im Wasser planschen. Strandbuden sind zwar nicht gerade für gute Küche bekannt, doch bei einem Imbiss an der Platja Grifeu bekommt man eine überraschend gute Tortilla, das typisch spanische Kartoffelomelett.

**OBEN** Peratallada ist ein ruhiger Ort, aber um den gut erhaltenen Marktplatz liegen mehrere nette Cafés.

**GEGENÜBER** Alte Gassen und Steinhäuser in Pals.

**BASICS**

Mieten Sie am Flughafen Barcelona einen Wagen und fahren Sie nach Norden an die Costa Brava. Alternativ können Sie von Südfrankreich anreisen.

**Hostal Sa Rascassa**
Cala d'Aiguafreda 3, Begur
+34 972 622 845
hostalsarascassa.com
€€
*Pension mit fünf Zimmern und Restaurant in dem Dörfchen Aiguafreda, fünf Autominuten vom Zentrum von Begur entfernt.*

**Hotel la Residencia**
Calle Caritat Serinyana 1, Cadaqués
+34 972 258 312
laresidencia.net
€
*Jahrhundertealtes Gebäude mit vielen Dalí-Memorabilia im Zentrum von Cadaqués. Einige Zimmer mit Meerblick.*

# Mallorca

*Im Sommer tummeln sich auf Mallorca Superreiche mit Megajachten und Filmstars, die Anwesen in den Bergen gekauft haben. Und dann ist da noch das andere Publikum, das in die Hotelklötze rings um die mittelalterliche Stadt Palma einfällt und an den Stränden ein eher trauriges, daueralkoholisiertes Schauspiel liefert. Außerhalb der Saison, also vom Herbst bis zum Frühsommer, ist es auf der bergigen, zerklüfteten Mittelmeerinsel aber relativ ruhig. Mieten Sie sich einen Wagen und machen Sie sich auf den kurvenreichen Weg, um uralte, terrassierte Landschaften, mittelalterliche Dörfer, hervorragendes Essen und guten Wein zu entdecken.*
– PENELOPE GREEN

### FREITAG

**1** *Kirche und Cappuccino* 14.30 Uhr

Beginnen Sie die Erkundung von Palma an der 800 Jahre alten Kathedrale **La Seu** (Plaza Almoina; +34 902 022 445). Wer sie außerhalb der Saison besichtigen will, muss frühzeitig kommen, da sie bereits am Nachmittag geschlossen wird. Der gewaltige, leere Innenraum ist sehr beeindruckend. Ganz in der Nähe können Sie sich im **Cappuccino Palau March** (Carrer del Conquistador 13; +34 971 717 272; grupocappuccino.com) stärken, eine Filiale einer inselweiten Kette mit minimalistischem Ambiente und umwerfender Aussicht.

**2** *Spezialitäten einkaufen* 16 Uhr

Palmas mittelalterliche, weitgehend autofreie Straßen haben ihren ganz eigenen Charme – auch wegen der vielen Geschäfte, die einheimische Spezialitäten verkaufen. Gehen Sie den Passeig des Born Richtung Norden und biegen Sie links in die Carrer de Sant Feliú ab. Dort finden Sie bei **Rialto Living Palma** (Carrer de Sant Feliu 3; +34 971 713 331; rialtoliving.com) in einem umgebauten Theater Wohnaccessoires, Kleidung, eine Kunstgalerie und ein Café. In einer tiefer liegenden Seitenstraße bekommen Sie bei **Colmado Colom** (Carrer de Santo Domingo 1; +34 971 711 159) ein begehrtes Mitbringsel: ein Sortiment aus fünf aromatisierten Meersalzsorten – von Hibiskus bis Olive –, womit Sie zu Hause sicherlich alles bestreuen werden, was auf den Tisch kommt.

**3** *Mit den Einheimischen zechen* 20 Uhr

In der **Bar Dia** (Carrer dels Apuntadors 18; +34 971 716 264) können Sie Wein in Zentimeterportionen bestellen oder Estrella Galacia (ein helles Bier) trinken. Einheimische kommen hierher, um Tapas, Hierbas (einen Kräuterlikör) und knusprige Hähnchenviertel zu genießen.

**4** *Zwischen Weinfässern* 21 Uhr

Die Weinkarte bei **La Bodeguilla** (Carrer de Sant Jaume 3; +34 971 718 274; grupoamida.com/la-bodeguilla; €€€€), einem ruhigen Restaurant mit ansprechendem Rot-Schwarz-Dekor, enthält Hunderte von Weinen. Sie können entweder an Weinfässern mit Glastischplatten essen oder etwas weiter drinnen im großen Keller Platz nehmen, den die Einheimischen „Fassbar" nennen. Auf der Tapas-Karte finden Sie Köstlichkeiten wie gegrillten Hummer mit Zitronenthymianöl und frischem Gemüse oder Garnelenkroketten. Schafe gehören ebenso zum hiesigen Landschaftsbild wie Olivenbäume, kein Wunder also, dass der Lammbraten hervor-

**GEGENÜBER** Der Hafen und die 800 Jahre alte Kathedrale La Seu in Mallorcas Hauptstadt Palma.

**UNTEN** Deià, ein Dorf im Nordwesten der Insel, stammt aus der maurischen Zeit.

ragend ist – ebenso wie der milde, einheimische Rotwein Bodegues Ribas Sió Negre.

**SAMSTAG**

**5** *Duftende Wanderung* 11 Uhr

    Im Nordwesten der Insel liegt das buttergelbe, uralte Dorf Deià, das aus der maurischen Zeit stammt. Hier laufen viele Wanderwege und Eselspfade zusammen, die in die umliegenden Berge der Serra de Tramuntana führen. Außerdem finden Sie hier das **Hotel Belmond La Residencia** (Carrer son Canals; +34 971 63 9011; belmond.com/es/la-residencia-mallorca), ein Promi-Treffpunkt mit großartiger Aussicht. Gegenüber vom Parkplatz lädt ein Weg zu einem Spaziergang ein, der Sie über Zaunübertritte vorbei an Steinterrassen mit Mandel-, Zitronen- und Orangenbäumen, wildem Lavendel und hier und dort sogar wildem Spargel führt.

**6** *Café mit Aussicht* 13.30 Uhr

    Die kleine **Cafeteria Sa Font Fresca** (Carrer Arxiduc Lluís Salvador 36; +34 971 639 441; €) liegt oberhalb eines Flusses und mehrerer Höfe. Sie bietet kein

OBEN Am Fuß der schwindelerregend hohen Klippen brechen sich die Wellen an den Felsen.

RECHTS Das Hotel Belmond La Residencia im Nordwesten.

kulinarisches Feuerwerk, aber Sie können sich auf der schönen Terrasse mit einem Bocadillo de jamón und einem kühlen Bier stärken.

**7** *Serpentinen* 15 Uhr

    Die Fahrt zum südöstlich gelegenen Ort Banyalbufar führt auf der schwindelerregenden Küstenstraße MA-10 an mehreren schönen Aussichtspunkten vorbei. Am **Mirador Torre del Verger** können Sie auf einen kleinen Turm steigen und sich beim Anblick der tosenden Brandung weit unten einen Moment lang wie Kim Novak fühlen. Folgen Sie der Küstenstraße, die links nach Andratx abzweigt, weiter bis ans Meer. So erreichen Sie Port d'Andratx, ein malerisches Fischerdorf und beliebtes Urlauberziel.

**8** *Kaffee am Meer*  17 Uhr

In der Grupo-Cappuccino-Filiale mitten in **Port d'Andratx** (Avinguda de Mateo Bosch 31; +34 971 672 214) kann man bei einer Tasse Kaffee hervorragend den einlaufenden Fischerbooten zuschauen. Anschließend schlendern Sie über den Fischmarkt mit seinem breiten Angebot an Meeresgetier aus den heimischen Gewässern.

**9** *Speisen mit Stil*  20.30 Uhr

Im benachbarten Dorf **Puigpunyent** hat in der Olivenpresserei eines großen Anwesens aus dem 17. Jahrhundert das Restaurant **Oleum** (Carrer Castillo de Son Net; +34 971 147 000; sonnet.es/es/gastronomia/restaurante-oleum; €€€) Quartier bezogen. Bei der Gestaltung des Innenraums, in dem noch die riesige alte Presse steht, diente das Hochmittelalter als Vorbild. Das Essen, das weitgehend aus einheimischen Zutaten zubereitet wird, ist hervorragend. Probieren Sie Cordero de la Tramuntana

(Lamm mit Rosmarin und cremigem Mahones-Käse). Dazu passt ein Wein des Hauses, vielleicht Macià Batle aus mallorquinischen Trauben.

### SONNTAG

**10** *East meets West*  12 Uhr

Im Dorf Orient, das etwa 40 Autominuten von Palma entfernt ist, finden Sie am Ende einer Straße mit hohen Mauern das Restaurant **Mandala** (Carrer Nou 1; +34 971 615 285; €€€€), das spanisch-französisch-asiatische Küche anbietet. Im Garten hinter dem Haus wachsen Rucola und Kräuter unter einem verblichenen tibetischen Gebetsbanner. In den gemütlichen Innenräumen, die mit Porträts im Gauguin-Stil und mittelalterlichen Wandbehängen dekoriert sind, lässt man sich gern zwei bis drei Stunden Zeit für Köstlichkeiten wie Curry mit Hähnchenbrust oder Lammfilets mit Äpfeln in einer Safran-Rotwein-Sauce.

### BASICS

Mieten Sie sich am Flughafen von Palma ein Auto. Alle großen internationalen Autovermietungen sowie einige einheimische Firmen sind vertreten. Die Fahrt in die Stadt dauert etwa 20 Minuten.

**Purohotel Palma**
Carrer de Montenegro 10, Palma
+34 971 425 450
purohotel.com
€€
*Trendy, edel, jung, international und ganz in Weiß – genau wie die freundlichen Mitarbeiter.*

**Gran Hotel Son Net**
Carrer Castillo Son Net,
Puigpunyent
+34 971 147 000
sonnet.es
€€€
*Luxuriöses Hotel in einer Finca aus dem 17. Jahrhundert.*

# Lissabon

*Billig. Ein Etikett, das der portugiesischen Hauptstadt häufig angeheftet wird. Überall gilt Lissabon als der verblichene Sitz eines vor Jahrhunderten verschwundenen Handelsimperiums, in dem man für ein paar Groschen in einer alten gelben Seilbahn fahren, Barockkirchen und -plätze besuchen, preiswert Meeresfrüchte speisen, portugiesischen Rotwein für zwei Euro das Glas nippen und sich dann in sein preiswertes Hotel zurückziehen kann. Aber Lissabon wird immer mondäner. Heute zeigen ambitionierte neue Museen und renovierte Fabrikviertel zeitgenössische Kunst und modernes Design. Nachts trifft man sich in den angesagten portugiesischen Restaurants, schicken Bars und innovativ gestalteten Hotels. Das Beste daran? Es gibt immer noch Schnäppchen.* – SETH SHERWOOD

### FREITAG

**1** *Industrieller Chic* 17 Uhr

Das neue Lissabon zeigt sich in der **LX Factory** (Rua Rodrigues de Faria 103; +351 21 314 3399; lxfactory.com). Dieser stillgelegte Fabrikkomplex beherbergt Architekturbüros, Internetfirmen, Boutiquen und Cafés. Das **Ler Devagar** (+351 21 325 9992; lerdevagar.com) – in einer hangarähnlichen Halle, gefüllt mit uralten Druckmaschinen – ist vom Boden bis zur Decke vollgestopft mit Büchern über alle möglichen Themen von der Baukunst Madeiras bis zu Jack the Ripper. Die Regale von **Organii** (+351 91 293 2221; organii.pt) enthalten organische Kosmetika von Myeko, einer portugiesischen Nobelmarke, und anderen internationalen Kultmarken. Für einen Imbiss empfehlen wir das **Landeau** (+351 91 727 8939; landeau.pt), das nur eine einzige Speise führt: teuflisch guten Schokoladenkuchen.

**2** *Portugiesische Geschichten* 20 Uhr

Ein Mix aus Neoklassik und ultramodernen Stühlen, historischen Baustoffen, antiken Spiegeln und allerlei Schnickschnack bildet die Kulisse für die authentische, aber raffinierte portugiesische Küche im **Casa da Comida** (Travessa das Amoreiras 1; +351 21 388 5376; casadacomida.pt; €€€). Küchenchef Miguel Carvalho hat das Konzept von Jorge Vale, der das Restaurant in den 1970er-Jahren gegründet hat, modernisiert und damit Portugals ersten Michelin-Stern gewonnen. Seine Speisefolge erzählt „portugiesische Geschichten" mit Protagonisten wie Wachtel in Essigsauce mit Brunnenkresse-Orangensalat oder Foie gras mit rotem Traubengelee und geeisten weißen Trauben. Das eklektische Ambiente passt gut zu der innovativen Küche.

**3** *Am Ufer* 22 Uhr

Der Hafenbezirk Cais do Sodré zog früher vor allem Seeleute und Ganoven an. Heute schießen zwischen schäbigen alten Kneipen Nachtlokale aus dem Boden. **Sol e Pesca** (Rua Nova do Carvalho 44; +351 21 346 7203) spielt mit Fischernetzen an den Wänden auf die maritime Geschichte der Stadt an. Hunderte kleiner Dosen voller Sardinen, Thunfisch, Anchovis und anderer Fische – alle käuflich – sind wie Pop-Art-Suppendosen in beleuchteten Vitrinen aufgestapelt. Zu allen schmeckt ein Glas Bockbier. Weiter landeinwärts liegt die originelle Bar **Buedalouco Pharmacia di Cultura** (Rua do Norte 60; +351 93 347 9161), in der gelegentlich Lyrik-Lesungen stattfinden. Manchmal singt die Wirtin auch selbst.

### SAMSTAG

**4** *Elegante Fantasien* 11 Uhr

Haben Sie je davon geträumt, sich in einem Krokodillederkleid von Jean Paul Gaultier zu kleiden,

**GEGENÜBER** Der verfallene Charme einer glorreichen Vergangenheit existiert in Lissabon heute neben einer lebendigen Gegenwart.

**UNTEN** Ein Geschäft im Intendente-Viertel.

während Sie Tee aus einem silbernen Andrea-Branzi-Teetopf mit weißem Birkenholzhenkel gießen? Fantasien von eleganten Kleidern und Möbeln werden im **Mude** (Rua Augusta 24; +351 21 888 6117; mude.pt) wahr, einer ehemaligen Bank, die zu einem Mode- und Designmuseum umgebaut wurde. Im unterirdischen Gewölbe und in der Galerie im ersten Geschoss gibt es immer wieder Ausstellungen; das Erdgeschoss beherbergt eine Sammlung teils kultiger, teils experimenteller Kleider, Haushaltswaren, Möbel und Plattencover – sogar eine Vespa.

**5** *Bio-Pizza* 13.30 Uhr

Lissabons coole junge und kreative Szene strömt gleich scharenweise in das angesagte Viertel Príncipe Real, in dem die Zahl der Cafés und Designerläden stetig wächst. Eine beliebte Adresse ist **In Bocca al Lupo** (Rua Manuel Bernardes 5; +351 21 390 0582; inboccaallupo.pt), das eine große Auswahl von Pizza in Bioqualität (auch vegan) bietet. Die Liste der Cocktails, Biere und Weine ist beachtlich.

**6** *Made in Lisboa* 15 Uhr

Nichts verzehrt die Kalorien eines Brunch so schnell wie ein Schaufensterbummel und der Einsatz

der Kreditkarte in den neuen Boutiquen von Príncipe Real. Die ehemalige Bäckerei **Kolovrat 79** (Rua Dom Pedro V 79; +351 21 387 4536; lidijakolovrat.com) verkauft heute silberne Halsketten, Schals mit winzigen Bildern längst verstorbener portugiesischer Adliger und andere Produkte der Designerin Lidija Kolovrat. Noch mehr Auswahl bietet **Loja do Chiado** (Rua da Misericórdia 102; +351 21 347 2293). Sie führt drei heimische Indie-Labels: elegante Lederschuhe von Catarina Martins, bestickte, asiatisch anmutende Mode von TMCollection sowie Handtaschen aus Rinderhaut und Accessoires von Muu.

**7** *Bummel zum Tejo* 18 Uhr

Viele Besucher vergessen das größte Naturschauspiel der Stadt: den Fluss Tejo. Genießen Sie spektakuläre Sonnenuntergänge am Fährhafen der Cais do Sodré (+351 808 20 30 50; transtejo.pt/pt/homepage/index.html) und besteigen Sie eines der Schiffe, die regelmäßig nach Cacilhas fahren. Dort gehen Sie nach rechts und laufen 10 Minuten das schmale Ufer entlang, bis Sie **Atira-te ao Rio** (Cais do Ginjal 69–70; +351 21 275 1380; atirateaorio.pt) erreichen. Dieses rustikale Restaurant ist der ideale Ort, um ein Glas weißen Port zu trinken und den Sonnenuntergang zu beobachten.

**8** *Top Küche, tiefe Preise* 21 Uhr

Ein exquisites und doch preisgünstiges Mahl bekommen Sie im **Tasca da Esquina** (Rua Domingos

Sequeira 41C; +351 919 837 255; tascadaesquina.com; €€), das der portugiesische Küchenguru Vitor Sobral 2009 eröffnete. Dieses Restaurant mit seinem fröhlichen Dekor und den freundlichen jungen Kellnern wird vor allem von Geschäftsleuten und Paaren besucht. Sie lassen sich Gerichte schmecken, die auf kleinen und mittelgroßen Tellern serviert und geteilt werden. Hier bekommt man Schweineschwänze in Koriander ebenso wie Wachtelbeine in Knoblauchsauce mit Butter und Zitrone oder Fleisch vom schwarzen Schwein in sehr dünnen Scheiben auf Toast. Abbot Priscos, ein opulenter Pudding mit einem Spritzer Portwein, ist der krönende Abschluss.

**9** *Der Glaspalast* 23 Uhr

Der französische Name dieser Bar bedeutet „die Katze"; aber das elegante **Le Chat** (Jardim 9 de Abril; +351 21 396 3668; lechat-lisboa.com) gleicht eher einem langen Aquarium, in dem die angeheiterten Gäste in Porto-Flip-Cocktails (rubinroter Portwein, Brandy,

Eigelb, Muskat) und Housemusik (von DJs aufgelegt) schwimmen. Das Lokal mit Blick über den Tejo auf die Berge ist ein faszinierender Kontrast zum

**OBEN** Mude zeigt in Wechselausstellungen kultige Kleider, Möbel und Alltagsgegenstände.

**UNTEN** Ler Devagar ist vollgestopft mit Büchern über alle möglichen Themen.

eindrucksvollen steinernen **Museu Nacional de Arte Antiga** (+351 21 391 2800; museudearteantiga.pt) nebenan.

### SONNTAG

**10** *Eine künstlerische Exkursion* 11 Uhr
    Man kreuze Surrealismus mit Groteske, mische etwas Freud und Jung darunter und füge reichlich Folklore und Mythologie hinzu. Genau daraus besteht das ungestüme Œuvre von Paula Rego, der vielleicht wichtigsten lebenden Künstlerin Portugals. Jetzt werden ihre Werke in einem angemessenen, unge-

wöhnlichen Gebäude zusammen mit den Arbeiten ihres verstorbenen Mannes, des britischen Malers Victor Willing, ausgestellt. Die **Casa das Histórias**, das Haus der Geschichte (Avenida da República 300, Cascais; +351 21 482 6970; casadashistorias.com), ist ein burgähnliches rotes Museum in der mondänen Vorstadt Cascais, das man mit dem Zug ab Bahnhof Cais do Sodré (cp.pt) in 45 Minuten erreicht. Die Bilder sind teils psychedelisch, teils frech, teils äußerst sonderbar, aber immer anregend. Und wie so oft in Lissabon ist der Eintritt frei.

**OBEN** Typisch für Lissabon sind die Straßenpflaster mit kunstvoll verlegten Steinen.

**GEGENÜBER** Die alte Straßenbahn ist nach wie vor ein wichtiges Transportmittel in den engen und teilweise auch steilen Straßen von Lissabon.

### BASICS

Lissabon ist eine touristenfreundliche Stadt. Man kommt zu Fuß überall hin. Zudem sind Taxis zahlreich und günstig.

**Inspira Santa Marta Hotel**
Rua de Santa Marta 48
+351 21 044 0900
inspirasantamartahotel.com
€€
*Skandinavisch-kühle Designerzimmer mit vier Farbthemen: Erde, Feuer, Metall und Baum.*

**LX Boutique Hotel**
Rua do Alecrim 12
+351 21 347 4394
lxboutiquehotel.pt
€€
*Sushi im Restaurant und wandgroße Fotos mit Lissabon-Motiven in den Gästezimmern.*

Atlantik

• Porto

PORTUGAL

**Lissabon**

SPANIEN

E01

AVE. 24 DE JULHO

LX Factory/ Ler Devagar ①

1/4 Meile
1/2 Kilometer

Inspira Santa Marta Hotel ■

Casa da Comida ②

**Lissabon**

Kolovrat 79 ⑥

AVE. DA LIBERDADE

Tasca da Esquina

⑧  In Bocca al Lupo ⑤

Loja do Chiado

AVE. INFANTE SANTO

Buedalouco Pharmacia di Cultura ■

Mude ④

Sol e Pesca ③

CAIS DO SODRÉ

LX Boutique Hotel

Museu Nacional de Arte Antiga

Fährhafen Cais do Sodré ⑦

Le Chat ⑨    *Tejo*

PORTUGAL

**Lissabon**

**Detail**

Cascais

Casa das Histórias ⑩

5 Meilen
10 Kilometer

Atira-te ao Rio

# Évora

Die alte Stadtmauer von Évora, der geschichtsträchtigen portugiesischen Stadt, die mit dem Auto weniger als zwei Stunden von Lissabon entfernt ist, umschließt eine erstaunliche Vielfalt von römischer, gotischer und barocker Architektur. Évora war eine wichtige römische Handelsstadt, später eine befestigte maurische Bastion und während der Avis-Dynastie (1385–1580) der Sitz des Hofes. Damals wurden viele ihrer großartigsten Bauten errichtet. Ebenso ansprechend ist ihre Lage in der Region Alentejo, die für ihr Essen und ihren Wein berühmt und obendrein recht preiswert ist. Évoras Charme besteht aus vielen köstlichen Leckerbissen, ganz wie die Petiscos (Vorspeisen), mit denen hier die meisten Mahlzeiten beginnen. Die Stadt gleicht ein wenig ihren Kirchen – scheinbar schlicht und weiß getüncht, bis man eintritt und das üppige Interieur entdeckt, dekoriert mit schimmerndem Blattgold und Tausenden von Fliesen. – ANDREW FERREN

### FREITAG

## 1 *Überfüllte Kuppe* 14 Uhr

Auf dem höchsten Punkt der Stadt steht eine düstere mittelalterliche Kathedrale neben einem Museum voller Schätze. Das benachbarte Gebäude, ein Kloster aus dem 15. Jahrhundert, ist einem Palast zugewandt, der über einen römischen Tempel blickt. Das sind zusammen etwa 2000 Jahre Geschichte in 20 Schritten. Beginnen Sie in der **Kathedrale**, die zum Teil im 12. Jahrhundert errichtet wurde. Werfen Sie einen Blick in ihr schmales Schiff und in die barocken Anbauten und besuchen Sie das zugehörige Museum mit Reliquien, die mit mehr als 1400 Juwelen verziert sind. Nebenan befindet sich das **Museum von Évora**, die größte Kunst- und archäologische Sammlung der Stadt (Largo do Condo de Vila Flor; +351 266 730 480; museudevora.pt), die auf einen Erzbischof im 18. Jahrhundert zurückgeht. Wandern Sie hinauf zum römischen Tempel, der aus dem 1. Jahrhundert n. Chr. stammt. Damals war hier der Marktplatz der Stadt.

## 2 *Schatzkammer mit Fliesen* 16 Uhr

Die **Kirche des Evangelisten St. Johannes** (Igreja São João Evangelista; +351 266 704 714; palaciocadaval. com) ist winzig im Vergleich zur Kathedrale, aber im Inneren eine wahre Schatzkammer mit einem goldenen Altar und handbemalten blau-weißen Azulejos-Fliesen an den Wänden, die so angeordnet sind, dass Muster oder Bilder entstehen. Diese Privatkirche der adligen Familie Cadaval teilt sich mit dem Palast einen Hof. Die Cadavals haben aus diesem Palast ein bizarres Museum gemacht, wo man großartige Familienporträts und königliche Dekrete aus der großen Zeit der Familie im 17. Jahrhundert findet, aber auch Louis-Vuitton-Gepäckstücke aus dem 20. Jahrhundert. Neben dem Tempel befindet sich ein kleiner Park, von wo man auf die roten Ziegeldächer der Stadt und das Aquädukt aus dem 16. Jahrhundert blicken kann.

## 3 *Das Essen* 20 Uhr

Eine der beliebtesten kulinarischen Erfahrungen in Évora ist ein Essen in der **Tasquinha do Oliveira** (Rua Cándido dos Reis 45-A; +351 266 744 841; €€€), einem winzigen Lokal mit einer riesigen Auswahl an Vorspeisen wie gedünsteten Artischocken mit Schinken, panierten Lammkoteletts, Salaten aus Favabohnen und Chorizo, Pilzen mit frischer Minze oder Bacalao mit weißen Bohnen und Koriander. Alles steht wunderschön arrangiert auf den Tischen, wenn die Gäste eintreffen. Das Essen im Alentejo ist pikanter als in anderen Regionen Portugals. Kräuter wie Koriander werden in vielen Gerichten stärker eingesetzt. Der vorzügliche Schinken (Presunto) des Landes und andere Produkte vom Schwein kommen meist aus die-

**GEGENÜBER** Évora war einst Sitz der portugiesischen Könige.

**UNTEN** Wenige Schritte auf dem ehemaligen römischen Forum führen Sie durch Jahrhunderte der Baukunst, von römischer über mittelalterliche bis barocke Architektur.

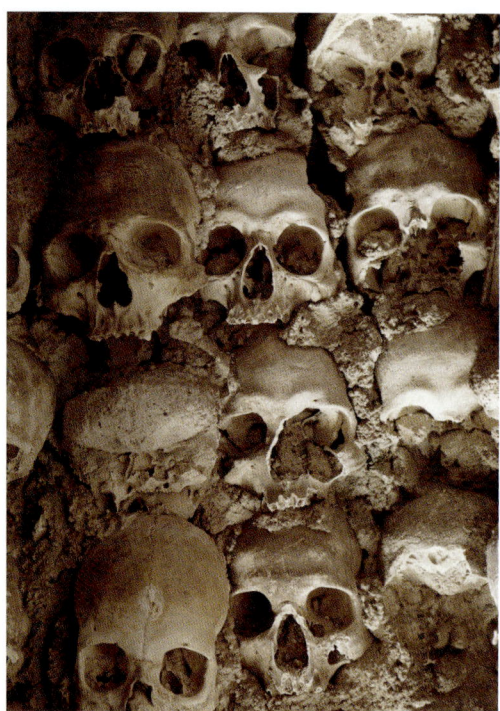

dos Ossos (Knochenkapelle) bei der Franziskuskirche (Praça 1 de Maio) am Südrand der Altstadt. Hier wurden die Wände mit Gebeinen von über 5000 Mönchen verkleidet. In den Straßen der Umgebung findet man zahlreiche ungewöhnliche Geschäfte, die moderne und traditionelle kunsthandwerkliche Produkte verkaufen. Mittags schließen die Läden, und Ruhe kehrt ein. Cafés und Tavernen gibt es hier genug, in denen Sie eine entspannte Pause einlegen können.

### 6 *Falkennest* 15 Uhr

Ein kleiner Umweg zum **O Arco** (Rua dos Penedos 15; +351 917 349 690) lohnt sich. Hier hat Francisco Piteira sorgfältig ein Aviarium aus dem 15. Jahrhundert restauriert, in dem eine adelige Familie einst Tausende von Falken untergebracht hatte. Piteira machte daraus eine Galerie für Antiquitäten. Hier können Sie klassische portugiesische Kommoden und Schränke oder Gemälde und Skulpturen zeitgenössischer portugiesischer Künstler finden.

### 7 *Lange vor den Römern* 16 Uhr

Fahren Sie ein paar Kilometer aus der Stadt raus, um Portugals Stonehenge zu besuchen, das 2000 Jahre vor dem englischen gebaut wurde. **Almendres Cromlech** ist ein Megalithbauwerk aus 96 Steinpfeilern, die in einem rätselhaften Muster angeordnet und vor etwa 7000 Jahren in den Boden gerammt wur-

ser Region, ebenso der größte Teil der Weltproduktion an Kork. Die berühmten schwarzfüßigen Schweine der Region tun sich an Eicheln gütlich, die von den Kork- und Steineichen auf den Hügeln des Alentejo fallen.

**SAMSTAG**

### 4 *Der Wein* 10 Uhr

Die belebtesten Straßen führen ins Herz von Évora: in die schattigen Einkaufspassagen der **Praça do Giraldo**, des größten Platzes im Zentrum. Hier befinden sich die Touristeninformation und mehrere Läden mit bunten Textilien und Keramik. Die **Alentejo-Weinstraße** hat in der Nähe ein Informationszentrum (Praça Joaquim António de Aguiar 20–21; +351 266 746 498; vinhosdoalentejo.pt) und Weinproben zu bieten. Évora ist stolz auf die spritzigen Weißweine der Region, die die Sommerhitze lindern, und auf die herzhaften, vollmundigen Rotweine, die in kühleren Monaten perfekt zu pikanten Eintopfgerichten und Wild passen.

### 5 *Der Kork* 11 Uhr

Nördlich des Marktplatzes bietet **Mont'Sobro** (Rua 5 de Outubro 66; +351 266 704 609) eine unglaubliche Warenvielfalt aus Kork – von Obstschalen und Bodenbelägen bis zu Koffern und Schirmen (sogar Visitenkarten werden auf papierdünnem Kork gedruckt). Kaufen Sie Ihr Korksouvenir und erkunden Sie dann die verwinkelten Gassen der Stadt. Eine der ungewöhnlichsten Sehenswürdigkeiten ist die **Capela**

**OBEN** Die Capela dos Ossos (Knochenkapelle) bei der Franziskuskirche.

**UNTEN** Die Praça do Giraldo in der Altstadt von Évora.

den. Es gehört zu den ältesten bekannten Monumenten der Menschheit.

## 8 *Authentisch modernisiert* 20 Uhr

Zurück in der Stadt sollten Sie im beliebten **Dom Joaquim** speisen (Rua dos Penedos 6; +351266731105; €€€). Der Koch Joaquim Almeida empfiehlt den Gästen, zuerst eine oder zwei Vorspeisen zu probieren, bevor sie seine rustikalen Kreationen genießen. Auf dem Menü finden Sie Gerichte wie die Almofada, eine herzhafte Schweinefleischpastete für zwei.

### SONNTAG

## 9 *Strandspaziergang* 9 Uhr

Brechen Sie auf, ehe es heiß wird. Der Rundgang beginnt am Aquädukt **Agua da Prata** (Silberwasser).

Vielleicht ist er nicht römischen Ursprungs, aber ziemlich eindrucksvoll. Suchen Sie den grünen Weg, der die Wanderer des 21. Jahrhunderts die Wasserleitung entlang hinaus aufs Land führt. Folgen Sie dem 8 km langen Weg, solange Sie wollen, und kehren Sie dann um.

## 10 *Fahrt zu den Weinbergen* 12 Uhr

Fahren Sie zu den Weingütern des Alentejo um Évora, z. B. **Herdade de Coelheiros**, deren Etiketten von den berühmten handgewebten Teppichen der nahe gelegenen Stadt Arraiolos inspiriert sind. Noch näher bei Évora liegt **Adega da Cartuxa**. Da der Alentejo als Weingebiet kaum bekannt ist, können Gäste spontan vorbeikommen. Wer sichergehen will, dass er nicht vor verschlossenen Türen steht, sollte sich vorher anmelden.

**BASICS**

Weingüter und das Umland besuchen Sie am besten mit dem Auto; in der Stadt ist alles bequem zu Fuß erreichbar.

**Convento do Espinheiro**
Apartado 594
+351 266 788 200
conventodoespinheiro.com
€€
*Exklusive Fünf-Sterne-Unterkünfte in einem ehemaligen Kloster aus dem 15. Jahrhundert. Es verfügt über einen Wellnessbereich und zwei Schwimmbecken.*

**Pousada dos Loios**
(auch bekannt als Pousada Convento de Évora)
Largo Conde Vila-Flor
+351 266 730 070
pousadasofportugal.com/pousadas/evora/
€€
*Ein staatlich geleitetes Hotel in einem weiteren Kloster aus dem 15. Jahrhundert.*

# Porto

Jahrelang lautete Portos Motto in etwa so: „Sie haben den Wein probiert, probieren Sie jetzt die Stadt!" Heute ist Portugals zweitgrößte Metropole – eine Hügelstadt mit alten Häusern und Barockkirchen – nicht mehr auf den Ruf seines berühmten Digestifs angewiesen. Ein sehr lebendiger Stadtteil für Nachtschwärmer nimmt derzeit Form an, und eine blühende Kreativszene hat eine Menge zu bieten, vom modernen Designzentrum bis zur avantgardistischen, von Rem Koolhaas entworfenen Casa da Música, einer eindrucksvollen Konzerthalle. Seitdem die Douro-Region preisgekrönte Weine – nicht nur Portweine – aufzuweisen hat, kann Porto (früher Oporto genannt) den Besucher nun mit unzähligen Weinen, neuen, ambitionierten Restaurants und sogar weinthemenorientierten Hotels berauschen.
– SETH SHERWOOD

## FREITAG

**1** *Go West* 18 Uhr

Eine preisgünstige Tour durch Porto bietet die Straßenbahnlinie 1, die am **Praça do Infante** beginnt und zur Atlantikküste führt. Sie fährt im Halbstundentakt, samstag- und sonntagmorgens nur im Stundentakt. Die Waggons sind mit alten Ledersitzen und Holzvertäfelung ausgestattet und rattern auf Schienen, die dem Fluss Douro folgen, vorbei an Plätzen, Kirchen und Portweinlokalen. Nach 20 Minuten erreichen Sie Foz do Douro an der Mündung des Douros in den Atlantik. Dort können Sie in einer der stylischen Bars oder Cafés am Ufer etwas essen und trinken.

**2** *Nichts für Diätpatienten* 21 Uhr

Die Francesinha ist ein lokales Sandwich, belegt mit Schinken, Rindfleisch, Wurst und Käse sowie mit einer warmen Tomaten-Bier-Sauce beträufelt. Im **Restaurante DOP** (Palácio das Artes; Largo de São Domingos 18; +351 22 201 43 13; ruipaula.com; €€€€), einem minimalistischen Lokal, das der bekannte Koch Rui Paula eröffnet hat, wird der Imbiss zu einer epikureischen Götterspeise mit Zutaten wie Rinder-

**GEGENÜBER** Sie müssen nicht Portwein trinken, um eine Reise nach Porto zu genießen. Trinken Sie dennoch ein Glas.

**RECHTS** Fässer auf dem Douro. Die Region ist heute auch für viele andere erlesene Weine bekannt.

filet, Hausmacherwurst, Mozzarella und ein wenig Hummer in der Bratensauce. Die Getränkekarte enthält viele Weine aus dem Dourotal.

**3** *Neuer Markt* 23 Uhr

Ganz in der Nähe wurde der alte überdachte Markt im Beaux-Arts-Stil, bekannt als Mercado Ferreira Borges, als **Hard Club** (Praça do Infante D. Henrique 95; +351 22 010 11 86; hard-club.com) neu eingerichtet. Das Gebäude aus Stahl und Glas beherbergt eine Buchhandlung, einen Ausstellungsraum, ein Restaurant, einen Patio, Bars und Konzerträume. Die Auswahl an Veranstaltungen reicht von Indie-Rock-Konzerten bis zu Kunsthandwerksmärkten. Am Wochenende wird in den Klubs von 2 Uhr bis zum Morgengrauen abgefeiert.

## SAMSTAG

**4** *Manche mögen's alt* 10 Uhr

Der **Mercado do Bolhão** (Ecke Rua Formosa und Rua de Sá da Bandeira) hat sich seit seiner Eröffnung im Jahr 1914 scheinbar nicht verändert. Der riesige, teils überdachte Platz erinnert mit seinem vielen Schmiedeeisen, den großen Treppen, den weiß gefliesten Wänden und den spitzen Kuppeln an einen klassischen europäischen Bahnhof. Im Innern plaudern die älteren Verkäufer zwischen Kastanien, Tin-

tenfisch, Sardinen, baumelnden Schweinefüßen und lebenden Hähnen. Oben, in der nordöstlichen Ecke, lagert bei Manteigaria do Bolhão genug Pökelfleisch, um ein Firmenpicknick zu versorgen: Chorizo, Schinken, Salpicão-Wurst und vieles mehr.

### 5 *Rindfleisch, Brötchen und mehr* 12.30 Uhr

Fügen Sie den vielen Gemälden, Skulpturen und Installationen in den Galerien entlang der Rua Miguel Bombarda zwei weitere kreative Elemente hinzu: Rindfleisch und Fisch. In den **Bugo Art Burgers** (Rua Miguel Bombarda 598; +351 22 606 2179; bugo.com.pt; €€) sind die Frikadellen kulinarische Collagen aus lokalen Zutaten. Der Porto e Serra Burger besteht aus Rindfleisch, mit Portwein mariniert, und Käse aus der Serra da Estrela als Belag. Der Bacalao-Burger verwandelt den Stockfisch in eine Frikadelle, die mit klassischer Açorda (Brotsuppe mit Koriander) serviert wird.

### 6 *Samstag im Kaufhaus* 14 Uhr

Einkaufszentren sind normalerweise nicht angesagt und innovativ. Aber **Centro Comercial Bombarda** (Rua Miguel Bombarda 283–285; ccbombarda. blogspot.com) ist eine Ausnahme. Da gibt es Kreationen der Modedesignerin Eugenia Cunha, exotische Tees, portugiesisches Kunsthandwerk und andere Produkte, beispielsweise schöne Lederhandtaschen. Kino- und Comic-Fans können im Vertigo Store Hunderte von Plakat-Reproduktionen (und Spielzeug) aus Filmen und Comics bestaunen.

### 7 *Ecken und Winkel* 16.30 Uhr

Die futuristische **Casa da Música** (Avenida da Boavista 604–610; +351 22 012 0220) ähnelt einem gezackten weißen Meteoriten. Sie ist Portos architektonisches Meisterwerk und das Musik-Mekka der Stadt. Führungen in englischer Sprache machen Besucher mit dem eckigen, 17-seitigen Bauwerk vertraut, das der niederländische Architekt Rem Koolhaas entworfen hat. Sehenswert sind der VIP-Raum, ein vieleckiger, mit blauen Keramikfliesen vertäfelter Salon, und

ein orangefarbener Raum, dessen Boden Geräusche von sich gibt – Vogelgezwitscher, Schlagzeugklänge –, wenn man ihn betritt. Aber der Höhepunkt ist die mit goldfarbenen Tigerstreifenmustern dekorierte Haupthalle. Erkundigen Sie sich unbedingt nach Konzerten und DJ-Partys.

### 8 *Zwischen den Zeilen dinieren* 20 Uhr

Im gemütlichen und ganz bewusst literarischen Restaurant **Book** (Rua de Aviz 10; +351 917 953 387; restaurantebook.pt; €€€) wimmelt es von Büchern. So dienen sie als Speisekarte oder verkleiden die Wände. Dank der neuen portugiesischen Küche, die prosaische Zutaten in poetische Gerichte (z. B. Schweinebacke mit Kutteln oder Kalbssteak in Torres-Weinsauce) verwandelt, ist das Lokal zum Renner geworden. Der süffige rote Hauswein, ein Terras do Grifo, beweist abermals, dass Porto mehr zu bieten hat als Portwein.

### 9 *Schließ dich der Gemeinde an* 22 Uhr

Die Umgebung von Clérigos (Geistliche), einst eine Hochburg für schäbige Stoffläden, ist heute gespickt mit Bars und wird abends von unzähligen Partygängern frequentiert, die an Karnevalisten erinnern. Die **Galeria de Paris** (Rua Galeria de Paris 56) ist bis zu ihren himmelhohen Dachsparren mit Oldtimerradios, alten Nähmaschinen und anderen

**OBEN** Skateboardfahrer vor der Casa da Música.

**UNTEN** Portos Stadtlandschaft mit ihren alten Bauten und Weinlokalen erkundet man am besten mit der Straßenbahn.

Retroprodukten gefüllt. Sogar die Pumpe, aus der das Sagres-Bier quillt, sieht nach Jules Verne aus. Moderner ist die **Baixa Bar** (Rua Cândido dos Reis 52; facebook.com/baixabar), in der Discokugeln, groß wie Findlinge, über dem Tanzboden hängen und Cocktails wie der Cosmo Porto (Cointreau, Port, rote Früchte) auf der Getränkekarte stehen.

### SONNTAG

**10** *Spaten, Bücher und mehr* 10 Uhr

Kunst ist im **Fundação Serralves** (Rua Dom João de Castro 210; +351 22 615 6500; serralves.pt) allgegenwärtig: in den Gärten, wo überdimensionale Freiluftwerke wie Claes Oldenburgs Kellenskulptur emporragt, in der außergewöhnlichen Buchhandlung mit Werken über Jugendstilschmuck, moderne Foto-

grafie und vieles mehr sowie im Museum der Stiftung, das zeitgenössische Kunst ausstellt.

**11** *Bei Sandeman* 12 Uhr

Warum haben die meisten Portweine britische Namen? Was ist der Unterschied zwischen einem weißen, gelbbraunen und rubinroten Port? Die Antworten erhalten Sie auf einer Führung durch die Keller von **Sandeman** (Largo Miguel Bombarda 3, Vila Nova de Gaia; +351 22 374 0534; sandeman.eu).

**OBEN** Räder abwärts in der Galeria de Paris.

---

### BASICS

Fliegen Sie zum Flughafen Francisco Sá Carneiro in Porto oder fahren Sie in drei bis vier Stunden mit dem Auto oder Zug von Lissabon nach Porto. In Porto gibt es Busse, Straßenbahnen und eine Seilbahn.

**The Yeatman**
Rua do Choupelo, Vila Nova de Gaia
+351 22 013 3100
the-yeatman-hotel.com
€€€
*Angepriesen als „Luxushotel" mit Weinkeller, Weinbar, Weinrestaurant, speziellen Gerichten mit Wein und sogar einem Wein-Wellnessbereich.*

**Palácio do Freixo**
Estrada Nacional 108
+351 225 311 000
pestanacollection.com
€€€
*Geräumige, moderne Zimmer in einer Villa aus dem 18. Jahrhundert. Eines von vielen portugiesischen Hotels in umgebauten historischen Gebäuden.*

AVE. DA BOAVISTA

**7** Casa da Música/
VIP-Raum/
orangefarbener Raum
RUE. DA BOAVISTA

Centro Comercial
Bombarda
RUA MIGUEL BOMBARDA **6**
Bugo Art Burgers **5**

RUA GALERIA DE PARIS
Galeria de Paris **9**

AVE. DA BOAVISTA **Porto** 1 Meile
2 Kilometer
FOZ DO
DOURO
**10**
Fundação
Serralves **Detail**
Douro
Atlantik
PORTUGAL A1
Palácio do Freixo

RUA DE SÁ DA
BANDEIRA
RUA DE AVIZ
**8** Book
Baixa Bar
**4** Mercado do
Bolhão

**Porto**

**2** Restaurante DOP/
Palácio das Artes
LARGO DE SÃO DOMINGOS
**3** Hard Club/
Praça do Infante **1** Mercado Ferreira Borges

Douro

SPANIEN
Atlantik
**Porto**
Lissabon
PORTUGAL

Sandeman **11**

RUA DO
CHOUPELO
The Yeatman

AVE. DA REPÚBLICA
1/4 Meile
1/2 Kilometer

# Madeira

*Die subtropische portugiesische Insel Madeira war einst ein abgeschiedener Zufluchtsort für Briten, vor allem für Kranke und Alte. Fotos, die man in einem Bücherregal im Nobelhotel Reid's Palace fand, zeigen einen weißbärtigen George Bernard Shaw im Jahr 1924 im Tangokurs und Winston Churchill im Jahr 1950 beim Malen eines Aquarells. Heute lockt die Insel immer mehr jüngere Besucher an, zumal neue Boutiquehotels und ein Nachtleben die alten Sehenswürdigkeiten ergänzen: spektakuläre Szenerien in Form von steilen Klippen und Hunderte Kilometer von Levadas (Bewässerungskanäle), die zu wunderbaren Spaziergängen einladen.* – HENRY ALFORD

## FREITAG

**1** *Rutschpartie am Berg* 14 Uhr

Einen ersten Blick auf die Straßen und Häuser können Sie bei einer 1,5 km langen Rutschpartie werfen. Madeiras berühmte **Monte-Korbschlittenfahrt** (+351 291 783 919) beginnt in der Nähe der Küste in Funchal, der größten Stadt der Insel. Die Kabelbahn, Teleférico genannt (telefericojardimbotanico.com), bringt Sie in 15 Minuten hinauf zum Dorf Monte in 550 m Höhe. Dort setzen Sie sich in einen gokartähnlichen Korbschlitten mit hölzernen Kufen. Zwei Fahrer, deren Stiefelsohlen aus Gummireifen gemacht sind, laufen neben dem Schlitten her, während er den steilen Abhang hinabsaust. Wenn er zu schlingern beginnt, springen sie auf den Schlitten, um ihn wieder ins Gleichgewicht zu bringen. Die Schlittenfahrt, nicht jedoch die Kabelbahn, wurde Mitte des 19. Jahrhunderts eingeführt, und man sagt, Ernest Hemingway habe sie aufregend genannt. Das trifft vielleicht weniger zu, wenn Monte mit Touristen überfüllt ist. Fahren Sie also nicht hin, wenn ein Kreuzfahrtschiff im Hafen liegt.

**2** *Ein Drink mit Jefferson* 17 Uhr

Wenn Sie wieder in Funchal sind, besichtigen Sie die alte **Blandy's Wine Lodge** (Avenida Arriaga 28,

Funchal; +351 291 228 978; blandyswinelodge.com), wo Sie alles über den Madeira-Wein erfahren. Er wird aus Trauben gekeltert, die in Weinbergen überall auf der Insel wachsen. Thomas Jefferson und andere Gründerväter der USA feierten mit diesem Likörwein die Unterzeichnung der Unabhängigkeitserklärung. Die halbstündige Tour geht durch Lagerbereiche sowie einen Raum mit Memorabilien und endet im Verkaufs- und Verkostungsraum.

**3** *Atlantik-Dinner* 19 Uhr

Das **Restaurante Gavião Novo** (Rua de Santa Maria 131, Funchal; +351 291 229 238; €) ist eines der vielen kleinen, charmanten Lokale in der Altstadt von Funchal, die madeirische Spezialitäten servieren. Frisch gefangene Fische werden am Eingang zur Schau gestellt. Man bekommt Tintenfisch, Thunfisch, Schwertfisch und den lokalen Schwarzen Degenfisch (Espada). Das Restaurant serviert auch Espetada, mit Knoblauch, Olivenöl und Lorbeerblättern gewürztes Rindfleisch, das über offenem Feuer gegrillt wird. Napfschnecken, die in Butter und Knoblauch brutzeln, warten ebenfalls auf Sie.

**4** *Die Barszene* 21 Uhr

Da die Bewohner Madeiras Dachrestaurants nicht mögen, bleiben Sie vielleicht allein, wenn Sie in der 360° Sky Bar im schicken Hotel **The Vine** (Rua dos Aranhas 27, Funchal; +351 291 009 000; hotelthevine. com) etwas trinken. Aber die Aussicht – stellen Sie sich einen in allen Spektralfarben leuchtenden Pool und im Hintergrund glitzernde Lichter und Berge vor – ist atemberaubend. Wenn Sie sich sattgesehen

GEGENÜBER Kennzeichnend für Madeira, das weit draußen im Meer vor Marokko liegt, sind die spektakulären Klippen.

RECHTS In der Altstadt von Funchal stehen Napfschnecken oder Espetada, ein Rindfleischgericht, auf den Speisekarten.

haben, gehen Sie hinunter in die **Mini Eco Bar** (Rua da Alfândega 3; +351 919 409 002; fresh-citrus.com), ein trendiges, ökologisch orientiertes Café, das sich etwa ab 21 Uhr in eine teilweise überdachte Stehbar verwandelt. Viele der Möbel wurden aus dem Sperrmüll gerettet. Ein Fernseher ist jetzt ein Fischbehälter, Lkw-Reifen dienen als Corpus für eine Couch.

## SAMSTAG

**5** *Spaziergang entlang der Levadas* 9 Uhr

Die Levadas sind Kanäle, die ganz Madeira mit Wasser versorgen. Sie durchqueren Terrassenfelder ebenso wie den Regenwald. Neben den Hauptkanälen – mit einem Durchmesser von rund 1 m – verlaufen Wege, und man kann an Führungen teilnehmen, um die bemerkenswerte Vielfalt der Insel kennenzulernen. Die Wege gehen durch erstaunlich viele Mikroklimata: Üppiger Farn, eine Gruppe von Kiefern, ein Schwarm Paradiesvögel und eine mit Bougainvilleen gesprenkelte Wiese wechseln sich ab. Wenn Ihr Hotel keine Levada-Führungen anbietet, können Sie sich an **Madeira Explorers** (+351 291 763 701; madeira-levada-walks.com/de) oder **Madeira Seekers** (+351 918 375 661; madeira-seekers.com) wenden.

**6** *Das Leben ist ein Kunstwerk* 14 Uhr

Fahren Sie in die Stadt Calheta, um die **Casa das Mudas** (Estrada Simão Gonçalves da Câmara 37; +351 291 820 900) zu besuchen. Dieses Kunstmuseum zeigt Werke, die bereits in großen Museen der Welt, z. B. in Paris und New York, ausgestellt wurden. Eine riesige, bunkerähnliche Reihe von Galerien wurde in eine Klippe am Meer hineingebaut. Aus den Fenstern der geräumigen, menschenleeren Galerien blickt man auf den Ozean hinaus.

**7** *Wasserlöcher* 16 Uhr

Passionierte Meeresschwimmer fahren mit einer Fähre zweieinhalb Stunden, um zur Nachbarinsel Porto Santo zu gelangen, deren Sandstrand angeblich Rheuma heilt. Aber Madeiras Küste kann ebenfalls einladend sein. Es gibt keinen natürlichen Sandstrand, doch die Fahrt auf der Küstenstraße bietet nicht nur eine schöne Aussicht, sondern führt auch zu versteckten Wasserlöchern zum Schwimmen. (Hören Sie sich in den Städten um. Calheta hat auch einen hübschen künstlichen Strand.) Zu einem eintägigen Ausflug ins bezaubernde Dorf **Ponta do Sol** gehört ebenfalls ein Gang zu einem felsigen Strand mit einem kleinen Fleck schwarzem Sand und herrlich warmem Wasser. In der Nähe ergießt sich ein Wasserfall über eine steile, 12 m hohe Klippe.

**8** *Modernisierte Klassiker* 20 Uhr

Zurück in der Altstadt von Funchal gehen Sie in der Nähe der Kais zum **Armazém do Sal** (Rua da Alfândega 135; +351 291 241 285; armazemdosal.com; €€€), einem Restaurant in einem 200 Jahre alten ehemaligen Salzlager. Das hübsche, schummrige Lokal, ganz aus Stein und Holzbalken, serviert madeirische Klassiker mit modernem Touch. Probieren Sie Thunfischcarpaccio oder frische Anchovis im Kräutermantel.

**9** *Klubs mit Charakter* 24 Uhr

Niemand kommt allein wegen der Klubs nach Madeira, aber sie runden einen Urlaub ab, wenn man das Nachtleben schätzt. **Marginal**, **Jam** und **Vespas** (Avenida Sá Carneiro 7, Funchal; discotecavespas.com), die heilige Dreifaltigkeit der Nachtklubs, teilen sich ein Schrägdach. Man kommt sich vor wie im Inneren einer riesigen Flugzeugtragfläche. Die Party beginnt meist um Mitternacht, und jedes Lokal hat

seinen eigenen Stil. Marginal: kahl rasierte Köpfe, hochnäsige Hipster, Musik, die Sie nie zuvor gehört haben. Jam: Oldies, Mädchen in Tanktops, Gelächter. Vespas: Jemand reicht Ihnen ein Tamburin.

### SONNTAG

**10** *Mit den Delfinen schwimmen* 10 Uhr

Hier sind Sie weit draußen auf dem Meer, 580 km westlich der marokkanischen Küste, also sollten Sie mal nachschauen, was sich im Wasser befindet. Einige Unternehmen, darunter **Rota dos Cetáceos** (Avenida Arriaga 75, Funchal; +351 291 280 600; rota-dos-cetaceos. pt), laden Sie ein, Delfine und Wale zu beobachten, und zwar von kleinen Booten aus, von denen man auch ins Wasser springen kann. Je nach Jahreszeit sind die Boote zwei- oder dreimal am Tag etwa zwei-

einhalb Stunden unterwegs. Wahrscheinlich begegnen Sie mehrere Male Delfinen, und der Blick zurück auf die Insel ist ein weiterer verlockender Grund, ins Boot zu steigen. Madeiras Berge, Strände, Felsen und Grotten sind atemberaubend.

**GEGENÜBER** Blick nach unten von der Casa das Mudas, einem Museum für moderne Kunst.

**OBEN** Buchen Sie eine Levada-Tour mit Führung entlang der Bewässerungskanäle von Madeira. Die Mikroklimata sind erstaunlich zahlreich und unterschiedlich.

### BASICS

Fliegen Sie zum Flughafen Funchal, wo Sie ein Auto mieten können. Wenn Sie keine weiten Fahrten planen, nehmen Sie besser ein Taxi.

**Estalagem da Ponta do Sol**
Quinta da Rochinha, Ponta do Sol
+351 291 970 200
pontadosol.com
€€
*Dieses trendige Quartier auf einer steilen Klippe, wo man auch James Bond treffen könnte, erreichen Sie mit einem Außenlift.*

**Estalagem Jardins do Lago**
Dr. João Lemos Gomes 29
+351 291 750 100
jardinsdolago.com
€€–€€€
*Anmutige Villa aus dem 18. Jahrhundert mit Antiquitäten, Bibliothek, Billardraum, Pool, Restaurant und Café.*

5 Meilen
10 Kilometer

Atlantik

Casa das Mudas 6
Ponta do Sol
Calheta 7
**MADEIRA**
PORTUGAL
Estalagem da Ponta do Sol
Monte
Monte-Korbschlittenfahrt 1
Detail

200 Meilen
300 Kilometer
Lissabon
PORTUGAL
Atlantik
SPANIEN

PORTO SANTO
**MADEIRA**
MAROKKO
KANARISCHE INSELN
WESTSAHARA

Estalagem Jardins do Lago
RUA DR. JOÃO LEMOS GOMES
**Funchal**
Rota dos Cetáceos 10
Blandy's Wine Lodge 2
Restaurante Gavião Novo 3
AVE. ARRIAGA
The Vine 4
Mini Eco Bar
Armazém do Sal 8
Marginal, Jam und Vespas 9

Hamburg
**304**

BERLIN
2?

KÖLN **322**

Leipzig **312**

Dresden

Pilsen
**394**

Frankfurt **328**

Baden-
Baden **332**

München **336**

Basel
**346**

ZÜRICH **342**

Bern **352**

Innsbruck
**384**

Genfer
See
**362**

Zermatt
**368**

St. Moritz
**372**

GENF
**358**

# MITTEL-EUROPA

Hiddensee 308

Danzig & Zoppot 424

Ost-Berlin 300

WARSCHAU 416

KraKau 420

PRAG 388

Mähren 398

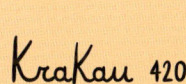

WIEN 376

Bratislava 404

BUDAPEST 408

Kiew 412

# Berlin

*Jahrelang waren die billigen Mieten und die jugendliche Dynamik Berlins das große Thema. Inzwischen haben die Preise angezogen, und Berlin-Mitte, das ehemals von Künstlern bevorzugte Zentrum, hat seine Gentrifizierung erlebt. Doch noch immer ist hier eine Kreativität zu spüren, wie man sie nur in einer Stadt im Umbruch findet. Auch über ein Vierteljahrhundert nach dem Fall der Mauer sind die beiden Seiten in einer Art kultureller Dialektik miteinander verknüpft, wobei sich der Schwerpunkt von West nach Ost verlagert. Vom Krieg gezeichnete, von Hausbesetzern belegte Gebäude werden in Künstlerateliers und dann in Verkaufs- und Ausstellungsräume umgewandelt. An grauen stalinistischen Alleen siedeln sich schicke Bars, Restaurants und Galerien an. Wie ihre Stadt, so erfinden sich die Berliner selbst permanent neu und treiben die Grenzen von Kunst, Mode und Design stets weiter nach vorne.* – DENNY LEE

### FREITAG

**1** *Auf dem Reichstag* 15 Uhr

Kein Gebäude hat mehr Symbolkraft für Berlin als der **Reichstag**: Unter dem Kaiser erbaut und 1933 in Brand gesteckt (was Hitlers Machtergreifung begünstigte), wurde es im Krieg weiter zerstört und schließlich 1999 als Sitz des Bundestages mit einer von Norman Foster entworfenen Glaskuppel umgestaltet. Von der Kuppel kann man sich einen guten Überblick über Berlin verschaffen, muss sich dafür aber anmelden (bundestag.de). Oder Sie reservieren (mindestens 24 Stunden im Voraus) einen Platz für den Nachmittagstee im **Dachgartenrestaurant** (+49 30 226 2990; feinkost-kaefer.de/berlin) auf der Dachterrasse (Ausweis nicht vergessen!).

**2** *Wo alles geschah* 17 Uhr

Die Hauptsehenswürdigkeiten liegen im direkten Umkreis des Reichstags; wenige Stunden reichen, um

viele davon zu besuchen. Beginnen Sie am **Brandenburger Tor**, durch das einst siegreiche Armeen aus Deutschland sowie die Truppen Napoleons und Stalins zogen und wo 1989 die Berliner Mauer besonders symbolträchtig fiel. Verweilen Sie am **Denkmal für die ermordeten Juden Europas** (holocaust-mahnmal.de). Am **Potsdamer Platz** (potsdamer-platz.net) können Sie die neuen Wolkenkratzer bestaunen. Die **Topographie des Terrors** (Niederkirchnerstraße 8; +49 30 254 509 50; topographie.de) gibt an historischer Stelle Einblick in den Naziterror.

**3** *Nichts mit Wurst* 21 Uhr

Vergessen Sie Currywurst und probieren Sie die kreative deutsche Küche des **Schneeweiß** (Simplonstraße 16; +49 30 290 497 04; schneeweiss-berlin.de; €€–€€€) im angesagten Bezirk Friedrichshain. In dem schneeweißen, von Kerzen erleuchteten Raum genießen junge Paare und Trendbewusste saisonale Gerichte wie Kürbissuppe mit Zitronengras oder Entenbrust mit Quitte-Apfel-Chutney.

**4** *Vom Café in den Klub* 23 Uhr

Bleiben Sie in Friedrichshain, wo das Bier bezahlbar ist. Die Cafés rund um die **Simon-Dach-Straße** sind voller junger Berliner, die der Mietanstieg aus Mitte vertrieben hat. Später wechseln Sie über die Spree nach Kreuzberg, dem inzwischen trendigen ehemaligen Punk- und Türkenviertel. Die Bars und Klubs entlang der **Oranienstraße** bieten für jeden etwas. Kaufen Sie eine Ausgabe der Stadtmagazine *Zitty* (zitty.de) oder *Tip* (tip-berlin.de), um eine Auswahl zu treffen.

**GEGENÜBER** Die von Norman Foster entworfene Glaskuppel des Reichstags. Die Kuppel ist im Inneren begehbar und bietet einen faszinierenden Blick auf Berlin.

**RECHTS** Blick auf den Reichstag von der Parkseite. Von hier sind viele Sehenswürdigkeiten der Stadt zu Fuß erreichbar. Wenige Stunden genügen, um einige davon zu besichtigen.

**5** *Kunstmeile Mitte* 12 Uhr

Okay, heute schlafen Sie länger. Wenn Sie gegen Mittag endlich wach sind, brauchen Sie dringend eine Stärkung, bevor Sie sich in die hochgejubelte Kunstszene im Bezirk Mitte stürzen. Das vietnamesische Restaurant **Monsieur Vuong** (Alte Schönhauser Straße 46; +49 30 9929 6924; monsieurvuong.de)

**OBEN** Die luxuriöse Lobby des Hotel de Rome greift Elemente des Art déco auf.

**UNTEN** Probieren Sie Glasnudeln mit Huhn bei Monsieur Vuong, einem vietnamesischen Restaurant im Bezirk Mitte.

dient als eine Art Cafeteria für die umliegenden Galerien. Probieren Sie eine Schale Glasnudeln mit würzigem Huhn. Dann geht es zur Auguststraße, der Kunstmeile von Mitte, wo der Rummel mit Läden wie der **Galerie Eigen+Art** (Nr. 26; +49 30 280 6605; eigen-art.com) und **Kunst-Werke Berlin** (Nr. 69; +49 30 243 4590; kw-berlin.de) begann. Die teilweise erfrischend respektlosen Galerien haben sich in die benachbarten Straßen ausgebreitet und neue Territorien wie die Potsdamer Straße erobert. Der kostenlose Index (indexberlin.de) bietet eine Karte der Galerien.

**6** *Postmodernes Shopping* 15 Uhr

Internationale Marken wie Nike und Diesel haben sich vor allem in Berlin-Mitte angesiedelt, dazwischen sorgen Concept Stores, Miniboutiken und junge Designer für Abwechslung – die Grenzen zwischen Galerie und Galleria verschwimmen. Das **Kauf Dich Glücklich** (Rosenthaler Straße 1; +49 30 2887 8817; kaufdichgluecklich-shop.de) zieht mit seiner Coolness männliche und weibliche Fashion Victims an. Das **Apartment** (Memhardstraße 8; +49 30 2804 2251; apartmentberlin.de), oben nur ein leerer weißer Raum, überrascht mit einem Keller voller Modeklamotten von Bernhard Willhelm, Caviar Gauche und anderen Labels. Die Rosenthaler Straße und der Rosenthaler Platz bieten darüber hinaus noch mehr Einkaufsmöglichkeiten.

**7** *Schwimmendes Schwimmbad* 19 Uhr

Die Berliner haben die Spree zum Erholen, Sonnenbaden und Promenieren wiederentdeckt. Am Flussufer gibt es Strandbars, Pools und Pavillons. Eine Attraktion ist das östlich von Kreuzberg liegende **Badeschiff** (Eichenstraße 4; +49 30 533 2030; arena. berlin/veranstaltungsort/badeschiff), das im Sommer als Flussschwimmbad dient.

**8** *Bistro auf Deutsch?* 21 Uhr

Ein weiteres Zeichen für den Aufstieg Berlins sind die zahlreichen mit Michelin-Sternen ausgezeichneten Restaurants. Doch wie in Paris und Hongkong findet man gutes Essen nicht nur in teuren Edellokalen. Das Gasthaus **Altes Europa** (Gipsstraße 11; +49 30 2809 3840; alteseuropa.com; €€) in Berlin-Mitte beispielsweise bietet eine nette Atmosphäre, ein cooles Publikum und Speisen in Bistro-Qualität zu fairen Preisen: So stehen auf der Speisekarte üppige Salate, cremige Suppen und zarte Steaks. Solche Gastro-

perlen sind in Berlin recht verbreitet: Jedes Viertel hat seine eigene.

**9** *Himmel der Hedonisten* 24 Uhr

Sind es die hypnotischen Technobeats oder der Ruf des Verruchten, die weit gereiste Klubgänger vom **Berghain**, einer riesigen Disco auf einem Areal

**OBEN** Radtour auf der Spreepromenade, die durch die Stadt führt.

**UNTEN** Die Stelenreihen des eindrucksvollen Denkmals für die ermordeten Juden Europas steht in der Nähe von Reichstag und Brandenburger Tor. Wer das 2 ha große Stelenfeld betritt, wird scheinbar von den Steinen verschluckt.

hinter dem Ostbahnhof in Friedrichshain (berghain.de), schwärmen lässt? Häufig wartet eine Schlange bis 4 Uhr auf Einlass in den Klub, der oft als hedonistisch, dekadent und ausschweifend beschrieben wird.

### SONNTAG

**10** *Tiere und Biere* 13 Uhr
    Der **Tiergarten**, eine weitläufige Parkanlage, ist eine bei Joggern, Vogelbeobachtern und nackten Sonnenanbetern gleichermaßen beliebte städtische Oase. Unternehmen Sie einen ausgedehnten Spaziergang durch den Park, der einst das Jagdrevier der

Kurfürsten war, und erfreuen Sie sich an den künstlich angelegten Landschaften mit vielen Skulpturen. Eine Figurengruppe zeigt eine aristokratische Jagdgesellschaft mit Beute. Besuchen Sie anschließend die Pandas und Pinguine im **Zoologischen Garten** (Hardenbergplatz 8; +49 30 254 010; zoo-berlin.de). Oder Sie setzen sich in den ruhigen Biergarten des an einem See gelegenen **Café am Neuen See** (Lichtensteinallee 2; +49 30 254 4930; cafeamneuensee.de). Hier können Sie Berlin in Ruhe genießen.

**OBEN** Das Ende des 18. Jahrhunderts errichtete Brandenburger Tor wird heute mit dem Fall der Berliner Mauer 1989 verbunden, die direkt dahinter verlief.

**GEGENÜBER** Der Berliner Hauptbahnhof, eine moderne Konstruktion aus Stahl und Glas. Wenn morgens hier die Pendlerzüge eintreffen, erwacht die Stadt zum Leben.

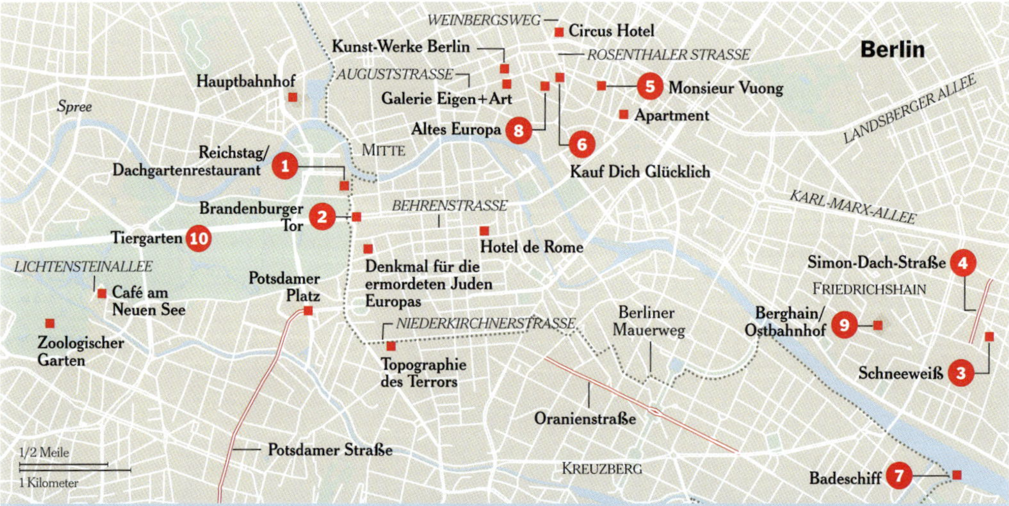

---

WEINBERGSWEG · Circus Hotel
Kunst-Werke Berlin · ROSENTHALER STRASSE · **Berlin**
Hauptbahnhof · AUGUSTSTRASSE
Galerie Eigen+Art · **5** Monsieur Vuong
LANDSBERGER ALLEE
Spree · Altes Europa **8** · **6** · ■ Apartment
MITTE
Reichstag/ Dachgartenrestaurant **1** · Kauf Dich Glücklich
KARL-MARX-ALLEE
Brandenburger Tor **2** · BEHRENSTRASSE
Tiergarten **10** · Hotel de Rome · Simon-Dach-Straße **4**
LICHTENSTEINALLEE · Potsdamer Platz · Denkmal für die ermordeten Juden Europas · FRIEDRICHSHAIN
Café am Neuen See · NIEDERKIRCHNERSTRASSE · Berliner Mauerweg · Berghain/ Ostbahnhof **9**
Zoologischer Garten · Topographie des Terrors · Schneeweiß **3**
Oranienstraße
1/2 Meile
1 Kilometer · Potsdamer Straße · KREUZBERG · Badeschiff **7**

---

**BASICS**

Es gibt viele Flüge nach Berlin. Oder man nimmt den Zug und kommt am Hauptbahnhof (hbf-berlin.de) an, der an ein gläsernes Raumschiff erinnert.

**Hotel de Rome**
Behrenstraße 37
+49 30 460 6090
roccofortehotels.com
€€€€
*Haus des Luxushoteliers Rocco Forte; im Art-déco- und klassizistischen Stil eingerichtete Zimmer.*

**Circus Hotel**
Weinbergsweg 1A
+49 30 2839 1433
circus-berlin.de
€
*Sauber und funktional mit einladenden Zimmern im Hostel-Stil.*

# Ostberlin

*Nach Jahrzehnten der Teilung ist Berlin nun schon seit vielen Jahren wieder eine geeinte Stadt. Besucher, die mehr über das alte Ostberlin erfahren wollen, finden aber noch immer Spuren davon; sei es in Form der „Ostalgie", einer nostalgischen Verklärung der Vergangenheit, oder bewusst kultiviert, um jene anzulocken, die von der Geschichte der geteilten Stadt fasziniert sind. Ab und zu knattern Trabants die Karl-Marx-Allee entlang, DDR-Fahnen hängen an Ladenfronten, Bars erinnern mit ihrem Retrochic an Luftschutzbunker des Kalten Kriegs. Modische Hotels werden im VEB-Stil der 1970er-Jahre eingerichtet, Boutiquen stilisieren kitschige DDR-Produkte zu Designikonen. Die Frage, ob ihnen dies gefällt, spaltet die Berliner heutzutage auch ohne Mauer. – DENNY LEE*

### FREITAG

**1** *Ein Stückchen Mauer* 17 Uhr

Die Berliner Mauer wurde weitgehend als Schotter recycelt oder stückchenweise als Souvenir verkauft. Einige Mauerteile blieben aber erhalten. Die rund 1,3 km lange **East Side Gallery** (Mühlenstraße; +49 30 251 7159; eastsidegallery-berlin.com) mit ihren Wandbildern von 118 internationalen Künstlern aus dem Jahr 1990 zeigt die beeindruckende Dimension der über 3 m hohen Barriere. Auch an der **Gedenkstätte Berliner Mauer** (Bernauer Straße 111 und 119; +49 30 467 986 666; berliner-mauer-gedenkstaette.de) findet man ein Mauerstück und ein informatives Museum. Auf dem **Berliner Mauerweg** (berlin.de/mauer/en/wall-trail), einem schlichten Rad- und Fußweg, können Sie den Verlauf der ehemaligen Mauer nachvollziehen. Den ganzen Weg wird man nicht schaffen, denn die Mauer zog sich auf über 160 km Länge durch und um Berlin.

**2** *TV-Dinner* 19 Uhr

Der vom Sputnik inspirierte **Berliner Fernsehturm** (Panoramastraße 1A am Alexanderplatz; +49 30 247 5750; tv-turm.de) wurde in den 1960er-Jahren von der DDR erbaut, um ihre technische

Überlegenheit zu demonstrieren. Mit 368 m ist er Berlins höchstes Bauwerk. Genießen Sie beim Essen im futuristischen Drehrestaurant **Sphere** (€€–€€€) die Rundumsicht auf ganz Berlin, das flächenmäßig achtmal so groß wie Paris ist. Vor der Renovierung erinnerte das damalige Telecafé noch stark an die Zeiten, als Erich Honecker Staatsratsvorsitzender war: Kellnerinnen mit Dauerwelle servierten Kalbsrouladen und Klöße. Für einen Platz bei Sonnenuntergang sollten Sie rechtzeitig (mindestens sechs Wochen im Voraus) online reservieren. Nach dem Essen bummeln Sie über den Alexanderplatz.

### SAMSTAG

**3** *Hallo Lenin!* 10.30 Uhr

Berlin hat über 100 Museen, eines davon ist dem Alltagsleben der Ostberliner unter kommunistischer Herrschaft gewidmet. Das privat finanzierte **DDR Museum** (Karl-Liebknecht-Straße 1; +49 30 847 123 731; ddr-museum.de) lädt mit authentischen Exponaten und Archivfilmen ein zu einer interessanten Reise hinter den Eisernen Vorhang. Einen düsteren Blick auf diese Zeit erhält man im **Stasimuseum** (Ruschestraße 103; +49 30 553 6854; stasimuseum.de) im ehemaligen Sitz des Ministeriums für Staatssicherheit, des gefürchteten Geheimdienstes.

**4** *Repräsentative Lage* 12 Uhr

Bei gutem Wetter machen Sie sich nach Norden in den Bezirk **Pankow** auf, wo die ostdeutsche Elite im Grünen lebte. Unterwegs legen Sie in der Stavanger Straße, dem alten Botschaftsviertel, wo heute noch

**GEGENÜBER** Der vom Sputnik inspirierte Berliner Fernsehturm.

**RECHTS** Ein Trabant am Checkpoint Charlie, einem berühmten ehemaligen Grenzübergang an der Berliner Mauer.

die kubanische Flagge weht, einen Stopp ein. Dann geht es zum Majakowskiring mit seinen stattlichen Villen. In Nr. 29 wohnte Wilhelm Pieck, der erste Präsident der DDR. Ihr Ausflug führt Sie dann zum **Schloss Schönhausen** (Tschaikowskistraße 1; spsg. de), das zu DDR-Zeiten als Amtssitz des Präsidenten diente. Für das Mittagessen bietet sich etwas südlich der **Gugelhof** (Knaackstraße 37; +49 030 442 9229; gugelhof.de) an, wo man traditionelle und moderne Elsässer Küche genießen kann.

### 5 *Neue Galerien* 15 Uhr

Die lange **Karl-Marx-Allee** mit ihren Wohnblöcken im sozialistischen Zuckerbäckerstil lockt zunehmend auch Kunsthändler an. Galerien wie **Capitain Petzel** (Nr. 45; +49 30 2408 8130; capitainpetzel.de) und **Galerie Feldbusch Wiesner Rudolph** (Jägerstraße 5; +49 30 6950 4142; feldbuschwiesnerrudolph.com) haben dort Zeichen gesetzt, und private Sammler residieren hier in palastartigen Räumen. Mit der U-Bahn sind es fünf Minuten bis zur **Sammlung Haubrok** (Herzbergstraße 40–43; +49 172 2109 525; haubrok. com), die zeitgenössische Künstler wie Jonathan Monk und Martin Boyce ausstellt.

### 6 *Rennpappe* 17.30 Uhr

Um mehr vom auch ohne den Westen riesigen alten Ostberlin zu sehen, klemmen Sie sich hinter das Lenkrad eines Trabants, des Autos, das ein Symbol für Sozialismus und Planwirtschaft war. **Trabi-Safari**

**OBEN** Satirisches Gemälde der East Side Gallery, einem mit Kunstwerken bemalten Abschnitt der Berliner Mauer.

**RECHTS** Stöbern Sie bei VEBorange im Prenzlauer Berg nach Erinnerungsstücken an das alte Ostberlin.

(Zimmerstraße 97; +49 30 3020 1030; trabi-safari.de) vermietet Trabis für Touren zu Sehenswürdigkeiten wie dem Checkpoint Charlie und der East Side Gallery.

### 7 *Westliche Dekadenz* 21 Uhr

Und wie lebte es sich auf der anderen Seite? Während die Ostberliner nach frischem Obst und Gemüse anstanden, tranken Promis wie Iggy Pop Absinth und bestellten Entrecôte in der **Paris Bar** (Kantstraße 152; +49 30 313 8052; parisbar.de; €€€€). Das berühmte Restaurant im Nobelbezirk Charlottenburg im ehemaligen Westteil hat nichts von seiner Attraktivität verloren. Bei unserem Besuch ließen dort Banker die Champagnerkorken knallen, und ein Künstlerpärchen mit knallblau gefärbten Haaren und zwei elegant gekleidete Damen saßen dicht gedrängt auf einer weinroten Lederbank unter einem großen Foto von Yves Saint Laurent.

### 8 *Party an der Spree* 24 Uhr

Während des Kalten Kriegs wandten sich die Berliner von der Spree ab, die selbst geteilt war. Heute

findet man am Spreeufer einige der besten Nachtklubs der Stadt. Vor dem **Watergate Club** (Falckenstein-straße 49; +49 30 6128 0394; water-gate.de) wartet jeden Abend eine lange Schlange auf Einlass.

### SONNTAG

### 9 *Volkseigene Produkte* 11 Uhr

Blaue Plasteeierbecher, Gepäckanhänger von Interflug, alte Getränkewagen – um tolle Ostprodukte zu moderaten Preisen zu erstehen, gehen Sie zum **Arkonaplatz**. Der kleine Park am Rand des Bezirks Mitte wird samstags zu einem angesagten Retro-Flohmarkt (troedelmarkt-arkonaplatz.de). Ringsum gibt es nette Cafés. Sie suchen noch immer eine Son-nenbrille im Retrolook? Dann gehen Sie entlang der Bernauer Straße zum Flohmarkt am **Mauerpark** (flohmarktimmauerpark.de). Zwischen DVD-Raub-kopien findet sich vielleicht ein verborgener Schatz.

### 10 *Ostalgische Schatzsuche* 12 Uhr

Die Einkaufstour geht im **Prenzlauer Berg** wei-ter. Zu den Highlights gehören **VEBorange** (Oder-berger Straße 29; +49 30 9788 6886; veborange. de), ein Antiquitätenladen mit einem riesigen Sortiment an verrückten Lampen und DDR-Memorabilien, und der Schallplattenladen **Da Capo** (Kastanienallee 96; +49 30 448 1771; da-capo-vinyl.de), der LPs von Bands wie den Puhdys führt, die früher von dem staatlichen Label Amiga produziert wurden.

### BASICS

In Ostberlin ergänzen Straßenbahn-linien das Nahverkehrsnetz aus U- und S-Bahn.

**Ostel**
Wriezener Karree 5
+49 30 2576 8660
ostel.eu
€
*Hostel im DDR-Retrostil mit original eingerichteten Zimmern.*

**Arcotel John F**
Werderscher Markt 11
+49 30 405 0460
arcotelhotels.com
€€
*Internationales Hotel im ehemaligen Ostberlin, zentral gelegen und preiswert.*

**Alexander Plaza**
Rosenstraße 1
+49 30 240 010
hotel-alexander-plaza.de
€€
*In einem renovierten Bürohaus von 1897; wenige Schritte vom Alexanderplatz entfernt.*

DÄNEMARK
Nord-see
Ostsee
Hamburg
NL
**Berlin**
PL
Leipzig
BE
LUX
CZ
DEUTSCHLAND
FR

Schloss Schönhausen
Majakowskiring
PANKOW
④
**Ostberlin**
Stavanger Straße
VEBorange
Mauerpark ⑩ Prenzlauer Berg
BERNAUER STRASSE
Da Capo
Stasi-museum
Gedenkstätte Berliner Mauer ⑨ Gugelhof
Arkonaplatz
Berliner Mauerweg
Karl-Marx-Allee
ALEXANDERPLATZ
ALT-MOABIT
KARL-LIEBKNECHT-STRASSE
⑤ Capitain Petzel
Alexander Plaza
Galerie Feldbusch
Wiesner Rudolph
Spree
DDR
Museum ③
MITTE
Arcotel John F ②
Sammlung
Haubrok
TIERGARTEN
Berliner
Fernsehturm/
Sphere
Ostel
ZIMMERSTRASSE
MÜHLENSTRASSE
KANTSTRASSE
⑦ Paris Bar
East Side Gallery ①
⑥
⑧
Trabi-Safari
1 Meile
Watergate Club
2 Kilometer

# Hamburg

*Über die Schönheit Hamburgs spricht zumindest im Ausland kaum jemand, Touristen und Geschäftsleute zieht es eher in andere deutsche Städte. Und so bleibt die Hansestadt immer etwas im Hintergrund. Dabei gibt es hier viel zu entdecken. Da wäre zunächst der von prachtvollen Gebäuden gesäumte Alstersee mitten in der Stadt. Und dann die Kanäle: Der Stadtbereich direkt an der Elbe erlaubt es Hamburg, mit Stockholm, Amsterdam und Brügge um die Bezeichnung als Venedig des Nordens zu konkurrieren. Bei gutem Wetter kann man Bootsfahrten auf der Elbe und der Alster unternehmen. Im Winter verlagern sich die Aktivitäten nach drinnen. Aber selbst Schmuddelwetter kann Hamburgs Charme kaum etwas anhaben.*
– FRANK BRUNI

## FREITAG

**1** *Sehenswürdigkeiten und Geschäfte* 16.30 Uhr

Stellen Sie sich vor das **Rathaus**, das mit seiner imposanten Fassade den architektonischen Mittelpunkt Hamburgs bildet. Der Sandsteinbau umfasst einen ganzen Block und vermittelt einen ersten Eindruck von Hamburgs Macht und Bedeutung. Hamburg ist nicht nur ein großer Hafen, sondern auch ein wichtiger Verlagsstandort und eine der wohlhabendsten Städte Deutschlands. Letzteres merkt man, wenn man vom Rathaus nach Norden zum Jungfernstieg geht, der beeindruckenden Flaniermeile direkt an der Binnenalster. Von hier schlendern Sie durch die schmalen Seitenstraßen, schauen sich die Luxusgeschäfte an und taxieren die betuchte Kundschaft am Neuen Wall. Die Alsterarkaden am Alsterfleet mit ihren Geschäften und Cafés erinnern an Venedig.

**2** *Essen an Bord* 19.30 Uhr

Hamburg hat den drittgrößten Hafen Europas, und auf seinen Kanälen und der Elbe tummeln sich verschiedenste Wasserfahrzeuge, von Haus- und Sportbooten bis hin zu riesigen Frachtern. Etwas Besonderes ist **Das Feuerschiff** (City Sporthafen, Vorsetzen 1; +49 40 36 25 53; das-feuerschiff.de; €€–€€€), ein früher als Seezeichen im Kanal dienendes Feuerschiff, das heute zu einem Restaurant mit Bar umgebaut im Hafen vertäut liegt. Vor dem Essen können Sie einen Drink an Deck oder im ehemaligen, als Pub eingerichteten Maschinenraum nehmen. Das Essen, natürlich mit vielen maritimen Spezialitäten, wird in dem kleinen, aber komfortablen Restaurant auf dem Hauptdeck serviert. Anschließend schlendern Sie am Wasser entlang.

**3** *Höhle des Löwen* 22 Uhr

Während Sie das Feuerschiff mit dem Wasser verbinden, bringt Sie **Le Lion** (Rathausstraße 3; +49 40 33 47 53 78; lelion.net) zurück auf festen Boden. Nach einer kurzen Taxifahrt empfängt Sie diese gemütliche Lounge mit allen Attributen der aktuellen Cocktailkultur: ausgesuchte Spirituosen, klassische Gläser und selektiver Einlass. Drücken Sie die kleine Klingel im Maul des Löwen und Sie kommen, so Platz ist oder Sie reserviert haben, in einen Raum mit Filztapeten, gedämpftem Licht und vorzüglichen Drinks, die bei Bedarf bis 3 Uhr serviert werden.

## SAMSTAG

**4** *Grenzüberschreitung* 10 Uhr

Den Gegenpart zum gehobenen Einkaufsviertel um das Rathaus bilden die bunten Läden, Galerien

**GEGENÜBER** Hamburg – alt und neu – an einem Wintertag.

**UNTEN** Die barocke Hauptkirche Sankt Michaelis, besser bekannt als Michel.

und Cafés an der Langen Reihe im Stadtteil St. Georg. Hier findet man chinesische, portugiesische und italienische Restaurants, Bäckereien, tibetische Kunst und Wollkleidung aus dem Himalaja. Stärken Sie sich erst im **Cafe Gnosa** (Lange Reihe 93; +49 40 24 30 34; gnosa.de; €€), dessen Hinterzimmer ein angenehmer Ort fürs Frühstück, einen Kaffee oder ein Dessert ist. Probieren Sie unbedingt den tollen Käsekuchen. Auf dem Weg zurück zur Binnenalster liegt in der Parallelstraße das skurrile **Kräuterhaus** (Gewerbehof Koppel 34–36; +49 40 24 00 00; kraeuterhaus.net) mit New-Age-Flair. Hier werden neben Gewürzen und Tees auch Himalaja-Salzlampen verkauft, die die Luft von „ionischem Schmutz" reinigen sollen.

## 5 *Eine Welt im Kleinen* 12 Uhr

Der schlichte Eingang und die grauen Räume bereiten den Besucher nicht auf das vor, was ihn im **Miniatur Wunderland** (Kehrwieder 2–4; +49 40 3006 800; miniatur-wunderland.com) erwartet, nämlich eine einzigartige Kollektion von faszinierenden Modellbahnszenarien. Die Miniaturzüge fahren durch Gebirge, Wälder, Küstenlandschaften und Städte, die Teile Deutschlands, Skandinaviens und der USA nachbilden. Bestaunen Sie die Besucher eines Rockkonzerts, die ihre Feuerzeuge zünden, und die niedlichen Dixiklos daneben – alles dargestellt im Maßstab 1:87.

## 6 *Glaspaläste* 13.30 Uhr

Gehen Sie weiter nach Süden in die **HafenCity**, ein ambitioniertes Projekt der modernen Stadtplanung. Die Stadt Hamburg beschloss, ein rund 157 ha großes ehemaliges Hafengelände an der Elbe in ein Gewerbe-, Wohn- und Erholungsgebiet zu verwandeln und mit diesem Projekt das Zentrum um 40 Prozent zu vergrößern. Auf dem von Wasserflächen durchzogenen Areal entstanden bereits erstaunliche Beispiele zeitgenössischer Architektur wie Wohnhäuser mit terrassenförmig gegliederten Fassaden, das an ein Schiff erinnernde Unilever-Haus (Strandkai 1) und die Elbphilharmonie an der Westspitze (Am Kai-

serkai), ein spektakuläres Konzerthaus, das im November 2016 eröffnet wurde.

## 7 *Nachmittagstee* 15 Uhr

Unterbrechen Sie Ihren Spaziergang durch die HafenCity für einen Stopp im **Meßmer MOMENTUM** (Am Kaiserkai 10; +49 40 73 67 90 00; messmer.de/ messmer-momentum), einem Teehaus und Museum, das Hamburgs Bedeutung als wichtigster europäischer Handelshafen für Tee würdigt. Es gibt Hunderte von Tees zum Probieren und Kaufen. Der Teeshop bietet Teezubehör und exotisch aromatisierten Kandis zum Süßen an. Durch die Fensterfront der schicken Teelounge schaut man auf einen Kanal.

## 8 *Aussicht und Anspruch* 19 Uhr

Eine schicke Location für Cocktails ist die Skybar **20Up** im 20. Stock des Empire Riverside Hotel (Bernhard-Nocht-Straße 97; +49 40 31 11 90; empire-riverside. de). Hier zählen weniger die Drinks als vielmehr die Aussicht. Durch die Glaswände blickt man auf die Elbe, Schiffe, Kräne und Docks und bekommt einen Eindruck von Hamburgs maritimer Macht. Von der Nordostecke aus können Sie die flackernde Neonreklame des Rotlichtviertels **Reeperbahn** sehen.

## 9 *Nichts für Vegetarier* 21 Uhr

Für gesellige Stimmung im Kreis gut aussehender Menschen und vorzügliches Fleisch vom Rind, Schwein und Co. ist die **Bullerei** (Lagerstraße 34b; +49 40 33 44 2 110; bullerei.com; €€€€) genau das Richtige. Neben dem angeschlossenen Bistro besteht das Restaurant aus einem großen Saal im industriellen

Chic mit unverputzten Beton- und Ziegelwänden. Durch ein großes Fenster kann man die im Kühlraum hängenden Fleischstücke sehen. Neben Fleisch gibt es auch gut zubereiteten Fisch und Salat.

### SONNTAG

**10** *Gebet und Frühsport* 10 Uhr

Ob man den Beistand Gottes oder eine Trainingseinheit braucht, die Kirche **Sankt Michaelis** (Englische Planke 1; +49 40 37 67 80; st-michaelis.de) bietet beides. Die Kirche ist ein barockes Juwel, aber auch ein Monument der Unverwüstlichkeit: Nach zwei Bränden und den Bombenschäden des Zweiten Weltkriegs wurde sie immer wieder aufgebaut. Der weißgoldene Innenraum vermittelt ein erhabenes Gefühl. Sie können am 10-Uhr-Gottesdienst teilnehmen oder danach die Kirche besichtigen. Auf jeden Fall sollten

Sie die Aussichtsplattform des Turms besuchen. Es gibt einen kleinen Aufzug, doch der Aufstieg über die schier endlose Treppe verbrennt reichlich Kalorien und belohnt mit dem guten Gefühl, sich den Rundblick echt verdient zu haben.

**GEGENÜBER OBEN** Boote in einem Kanal der HafenCity, dem ehemaligen Hafengelände.

**GEGENÜBER UNTEN** Der Neue Wall ist eine Einkaufsstraße mit Luxusgeschäften für eine wohlhabende Klientel.

**OBEN** Eine Landschaft im Miniatur Wunderland.

## BASICS

Hamburg besitzt ein gut ausgebautes U- und S-Bahn-Netz. Die Stadt ist sehr fahrradfreundlich.

**Hotel Atlantic Kempinski**
An der Alster 72–79
+49 40 28 88 80
kempinski.com
€€€
*Blick auf den Alstersee; großartige Mischung aus historischen und modernen Elementen.*

**Hotel Hafen Hamburg**
Seewartenstraße 9
+49 40 31 11 30
hotel-hafen-hamburg.de
€€
*An den Landungsbrücken in St. Pauli.*

**The George**
Barcastraße 3
+49 40 28 00 300
thegeorge-hotel.de
€€–€€€
*Designhotel im britischen Stil am Ufer der Außenalster.*

SCHWEDEN
Nordsee  DÄNEMARK  Ostsee
NL    **Hamburg**    PL
Berlin
DEUTSCHLAND

Hamburg

GRINDELALLEE
Bullerei  **9**
LAGERSTRASSE
PLANTEN UN BLOMEN
The George
Außenalster  Cafe Gnosa  **4**
Hotel Atlantic Kempinski
LANGE REIHE
BUDAPESTERSTRASSE
Binnenalster  Kräuterhaus
GROSSE WALL-ANLAGEN  Jungfernstieg  ST. GEORG
Neuer Wall  Alsterarkaden
20Up/Empire Riverside Hotel  REEPERBAHN  Sankt Michaelis  **10**  RATHAUSSTRASSE
SEEWARTENSTRASSE
**8**  ST. PAULI  **1**  **3** Le Lion
Rathaus
Hotel Hafen Hamburg  Das Feuerschiff
BERNHARD-NOCHT-STRASSE  **2**
Elbe  City Sporthafen  **5** Miniatur Wunderland
GROSSER GRASBROOK
Elbphilharmonie  **6** HafenCity
AM KAISERKAI
Meßmer Momentum  **7**
Unilever-Haus
1/2 Meile
1 Kilometer
KLEINER GRASBROOK

# Hiddensee

*In den 1920er-Jahren wurde die Ostseeinsel Hiddensee mit ihren Sandstränden als ruhiger Rückzugsort der sonnenhungrigen Boheme berühmt. Heute haben Familien und Rentner die schillernden Künstler und Gelehrten abgelöst, die sich in den jahrhundertealten reetgedeckten Häusern einquartierten. Zudem hat sich die Insel zu einem beliebten Fluchtpunkt für gestresste Stadtbewohner entwickelt. Die Atmosphäre ist angenehm gelassen, private Autos sind nicht erlaubt. So sind nur das Klappern der schweren Pferdehufe oder ab und zu die Freudenschreie von Kindern zu hören, die auf ihren Fahrrädern wild durch die Heide, Moore und salzigen Marschwiesen kurven.* – CHARLY WILDER

## FREITAG

### 1 *Zur Orientierung* 13 Uhr

In der Nähe des Fährhafens in Vitte, dem Hauptort von Hiddensee, kann man sich in der **Insel Information Hiddensee** (Achtern Diek 18a; +49 38300 08685; seebad-hiddensee.de) einen ersten Überblick verschaffen. Ein Großteil der Insel ist als Nationalpark Vorpommersche Boddenlandschaft (nationalpark-vorpommersche-boddenlandschaft.de) geschützt. Das **Nationalparkhaus** (Norderende 2; +49 3830 68041) in Vitte ist eine weitere Anlaufstelle für Informationen über Pflanzen, Tiere und Wegenetz der Insel.

### 2 *Nur für Zweiräder* 13.30 Uhr

Reisende können zwischen den vier Orten auf Hiddensee – Vitte (mit rund 500 Einwohnern der größte), Grieben, Kloster und Neuendorf – mit überdachten Pferdekutschen oder während der Woche mit einem etwas klapprigen Linienbus hin- und herreisen. Am besten mieten Sie sich aber für weniger als 10 Euro pro Tag eines der bequemen Fahrräder, die etwa vom **Fuhrmannshof & Fahrradverleih** (Süderende 4; +49 38300 68015; pferdundfahrrad.de) in Vitte und dem **Fahrradverleih Pehl** (Hafenweg 4; +49 38300 437; hiddensee-pension.de) in Kloster angeboten werden. Die vielen Fahrradwege sind gut ausgebaut.

**GEGENÜBER** Die Insel Hiddensee, ein ruhiges Refugium mit Wiesen und Stränden vor der deutschen Ostseeküste.

**RECHTS** Entspannte Atmosphäre auf der autofreien Insel.

### 3 *Blick nach Dänemark* 15 Uhr

Die weißen Sandstrände von Hiddensee, die unzähligen Wildblumen und die hügelige nordische Landschaft ziehen noch immer viele Künstler an, die ihre Werke häufig in Ausstellungen auf der Insel zeigen. Auf dem Weg zum Nordende der Insel begegnen Ihnen vielleicht mit Staffeleien bepackte Maler. Gehen Sie zuerst zum **Leuchtturm Dornbusch** aus dem 19. Jahrhundert, damit Sie ihn noch erklimmen können, bevor er um 16 Uhr geschlossen wird. Er entspricht ganz dem Ideal eines Leuchtturms: Der 28 m hoch aufragende weiße Turm mit fünf von kleinen Fenstern erhellten Etagen wird von einer roten Haube gekrönt. Von der Aussichtsgalerie bietet sich ein Panoramablick über das Festland und das Meer bis nach Dänemark.

### 4 *Superbeere* 16 Uhr

Unternehmen Sie auf den Naturpfaden, die Hiddensees Nordspitze wie ein Netz überziehen, eine kleine Wanderung zwischen sandigen Hügeln und Felsen. Achten Sie dabei auf Büsche, die kleine orangefarbene Beeren tragen. Jede dieser mineralstoffreichen Sanddornbeeren hat mehr Vitamin C als eine Orange. Die roh kaum genießbaren, bitteren Beeren spielen eine wichtige Rolle in der Inselküche. Ihr Saft, der im Geschmack an eine Mischung aus sauren Aprikosen und Sandelholz erinnert, wird beispielsweise zu Honig, Kuchen und Konserven verarbeitet. Das Angebot in den Souvenirgeschäften der Insel reicht von Gesichtscreme bis zu Whisky mit Sanddorn. Machen Sie einen Abstecher nach **Grieben**, dem kleinsten Ort der Insel.

### 5 *Fang des Tages* 20 Uhr

Im Restaurant **Gasthaus & Pension „Zum Hiddenseer"** (Wiesenweg 22; +49 383 00 419; hiddenseer. de; €€–€€€), in einem hübschen alten Gasthof mit rotem Dach in Vitte, ist die Hauptspezialität der jeweilige Fang des Tages – Meerforelle, Zander, Scholle. Fischverächter laben sich an den vegetarischen Gerichten (probieren Sie die in Anis gedämpften Tomaten). Zum Schluss gibt es kreative Nachspeisen wie eine göttliche Himbeer-Crème-brûlée. In dem mit nautischem Nippes dekorierten, holzgetäfelten Raum herrscht eine gemütliche Kneipenatmosphäre. Setzen Sie sich bei schönem Wetter auf die belebte Terrasse und genießen Sie einen Riesling oder eine Melonen-Bowle (Reservierung empfohlen). Danach radeln Sie im salzigen Seewind beschwingt zurück zum Hotel.

**SAMSTAG**

### 6 *Insel der Dichter und Denker* 10 Uhr

Von der dramatischen Landschaft und der liberalen Atmosphäre auf der Insel fühlten sich Anfang des 20. Jahrhunderts illustre Gäste wie Einstein, Freud, Billy Wilder und Thomas Mann angesprochen. Ihre Porträts schmücken heute viele Hotels und Restaurants. Das **Gerhart-Hauptmann-Haus** (Kirchweg 13, Kloster; +49 38300 397; hauptmannhaus.de), das schmucke Ferienhaus des Schriftstellers und Nobelpreisträgers Gerhart Hauptmann, ist weitgehend im Originalzustand erhalten. Wer sich weniger für den Dichter interessiert, besucht das kleine **Heimatmuseum** (Kirchweg 1, Kloster; +49 38300 363; heimatmuseum-hiddensee.de), das Exponate zur Kultur, Natur und Geschichte der Insel ausstellt.

### 7 *Die Dünen entlang* 11 Uhr

Hiddensee, nur knapp 17 km lang, lässt sich bestens mit dem Fahrrad erkunden. Das Nordende haben Sie bereits gesehen, nun radeln Sie an den sanften Dünen entlang nach Süden und ins Zentrum. In Vitte können Sie Proviant für ein Picknick einkaufen. Oder Sie fragen einfach nach einem Restaurant oder Café,

sobald Sie Hunger haben. Auf Hiddensee gibt es viele Fischlokale, in denen man gut essen kann. Besuchen Sie auch **Neuendorf**, den südlichsten Ort der Insel.

### 8 *Nackt und nass* 14 Uhr

Die besten Strände findet man um Vitte herum. Die Wellen können aber tückisch sein, deshalb unbedingt auf die Warnsignale achten. Vor einem Jahrhundert waren die Strände auf Hiddensee bei den Anhängern der Freikörperkultur, der deutschen Naturistenbewegung, sehr beliebt. Versuche, das Nacktbaden zu verbieten, scheiterten. Erst die Nazis setzten dem Ganzen eine Ende, rissen die Künstlerkolonie ab und verbannten Juden von den Stränden. Später wurde Hiddensee zum beliebten Urlaubsziel für DDR-Bonzen und Leute mit guten Beziehungen. Die Strände wurden wieder für FKK freigegeben, und heute ist Badebekleidung hier eher die Ausnahme.

### 9 *Frisch geräuchert* 19 Uhr

Im Hafen von Kloster bietet der **Räucherkutter** (Hafen Kloster; €), ein umgebauter alter Fischkutter aus Holz, dicke, saftige Stücke von frisch geräuchertem Fisch auf knusprigen Brötchen an. Von dem kleinen Sitzbereich auf dem Oberdeck kann man wunderbar die langsam in den Hafen einlaufenden Boote beobachten.

**OBEN** Von Strand zu Strand kommt man am besten mit dem Rad.

**UNTEN** Eine Hütte in Kloster, im Norden der Insel.

## SONNTAG

**10** *Bernstein* 10 Uhr

Sobald der Wind von Osten weht, halten die Strandgänger auf Hiddensee den Blick nach unten gerichtet. Die Küste ist reich an Bernstein, dem fossilen Harz von Nadelbäumen. Rund 80 Prozent der weltweit zugänglichen Bernsteinvorkommen lagern am Grund der Ostsee. Heftige Stürme lösen sie aus dem Meeresboden, und die Bernsteinfischer sammeln sie dann mit ihren Netzen im Uferbereich auf. Wenn Sie auch einen Bernstein finden, können Sie ihn in eine der beiden Bernsteinwerkstätten auf der Insel bringen, polieren und zu Schmuck verarbeiten lassen. Diese werden von zwei von der Insel stammenden Brüdern betrieben, die sich nun Konkurrenz machen. Doch auch ohne Finderglück lohnt sich ein Besuch in der **Engels & Corrigan Bernstein Werkstatt Hiddensee** (Mühlberg 17; +49 38300 60494; bernstein-werkstatt-hiddensee.de) in Kloster oder der **Bernsteinwerkstatt Vitte** (Norderende 142; +49 38300 60730; bernsteinwerkstatt-vitte.de) in Vitte.

**OBEN** Bei einer Kutschfahrt ist Geschwindigkeit Nebensache.

## BASICS

Die Anreise nach Hiddensee erfolgt mit der Bahn oder dem Auto bis Stralsund bzw. Schaprode, dann geht es mit der Passagierfähre (reederei-hiddensee.de) weiter. Auf der Insel sind keine Privatautos zugelassen, hier kommt man zu Fuß, mit dem Rad oder der Pferdekutsche gut weiter.

**Hotel Hitthim**
Hafenweg 8, Kloster
+49 38300 6660
hitthim.de
€
*Restauriertes, historisches Hotel im Ortsteil Kloster mit Blick auf den Hafen.*

**Godewind**
Süderende 53
+49 38300 6600
hotelgodewind.de
€€
*In Vitte in Strandnähe, mit rustikalem Charme; das Restaurant bietet lokale Spezialitäten.*

Engels & Corrigan
Bernstein Werkstatt
Hiddensee

**10**

Fahrrad-
verleih Pehl

Heimatmuseum
*KIRCHWEG*
—*HAFENWEG*

**6**

Hotel
Hitthim

Gerhart-
Hauptmann-Haus

**9** Räucherkutter

Bernsteinwerkstatt
Vitte
*NORDERENDE* —

Insel Information
Hiddensee

**1**

*ACHTERN
DIEK*

Fuhrmannshof &
Fahrradverleih

**2**

Gasthaus & Pension
„Zum Hiddenseer"

Godewind

**5**

*SÜDERENDE*

*Ostsee*

Leuchtturm
**3** Dornbusch

**4** Grieben

Kloster

Nationalparkhaus

**8** Vitte

*Vitter
Bodden*

**Hiddensee**

**7** Neuendorf

*Schaproder
Bodden*

*Ostsee*

DÄNEMARK

SCHWEDEN

Nord-
see

**Detail**

Lübeck

Hamburg

Berlin

50 Meilen

100 Kilometer

**DEUTSCHLAND**

**DEUTSCHLAND**

1 Meile

2 Kilometer

# Leipzig

*Die 1165 gegründete Stadt Leipzig erlebte den Aufstieg zum Handelszentrum, das Wirken Johann Sebastian Bachs und die friedliche Revolution 1989. Trotz ihrer stolzen Geschichte war diese Stadt mit 500 000 Einwohnern noch vor wenigen Jahrzehnten ein unfreundlicher, von der Industrie verschmutzter Ort im ehemaligen Ostblock. Bekannt war sie als Buch- und bereits seit dem Mittelalter als Messestadt. Seither hat Leipzig einen spektakulären Aufschwung erlebt. Im attraktiven Zentrum mit seiner eigenwilligen Mischung aus Barock-, modernen und sozialistischen Bauten findet man Geschäfte, Restaurants, Cafés und Klubs. In die leer stehenden Fabrikgebäude zogen kreative Unternehmer, Künstler und Musiker, an den früher für die Industrie angelegten Kanälen liegen heute Cafés, und die Parks verleihen der Stadt ein angenehm grünes Gesicht.*

– GISELA WILLIAMS UND JAMIE TRECKER

## FREITAG

### 1 *Kunst in der Fabrik* 15 Uhr

Besuchen Sie die aktuelle Leipziger Kunstszene in dem Kulturkomplex **Spinnerei** (Spinnereistraße 7; +49 341 49800; spinnerei.de), einer ehemaligen Baumwollspinnerei. In dem weitläufigen Backsteingebäude sind heute ein Café, eine flippige Pension namens Meisterzimmer, Künstlerateliers und Galerien untergebracht. Die von Gerd Harry Lybke betriebene Galerie **Eigen + Art** mit einer zweiten Niederlassung in Berlin gehört zu den einflussreichsten Galerien Deutschlands. Lybke hat die Stadt durch seine Förderung der Neuen Leipziger Schule in der globalen Kunstszene bekannt gemacht. Neo Rauch, der Wegbereiter dieser neorealistischen Künstlergruppe, gilt als einer der bedeutendsten deutschen Künstler der Gegenwart. Lassen Sie in der Spinnerei die Bandbreite zeitgenössischer Kunst und Leipzigs Sinn für kreative Möglichkeiten auf sich wirken. Die Kreativen profitieren hier auch von den niedrigen Mieten.

**GEGENÜBER** Auerbachs Keller, wo Mephisto sein Opfer bewirtete, bietet auch heute noch gute sächsische Küche. Goethe, der Dichter des *Faust*, kannte das Lokal selbst.

**RECHTS** Auge in Auge mit Johann Sebastian Bach im Bach-Museum. Ganz in der Nähe steht die Kirche, an der Bach Kantor war.

### 2 *Grünanlagen* 17 Uhr

Leipzigs Geschichte wurde zwar von der Industrie geprägt, doch Parks und Gärten machen rund ein Drittel der Stadtfläche aus. Der Auenwald ist mit fast 6000 ha Feldern und Auwäldern das größte Waldgebiet Leipzigs. Näher am Stadtzentrum liegt der **Clara-Zetkin-Park** (Käthe-Kollwitz-Straße; leipzig.de/de/buerger/freizeit/leipzig/parks), wo sich junge Leipziger treffen und diverse Musiker ihr Talent zum Besten geben.

### 3 *Sächsisches Abendessen* 19 Uhr

In Goethes *Faust* nimmt Mephisto Faust mit in **Auerbachs Keller** (Mädler Passage, Grimmaische Straße 2–4; +49 341 21610; auerbachs-keller-leipzig.de; €€), wo man auch heute noch eine gute, traditionelle sächsische Küche findet. Bronzeskulpturen am Eingang zeigen Mephisto bei seinem teuflischen Spiel. Gelegentlich treibt ein als Mephisto verkleideter Schauspieler sein Unwesen, doch das Essen schmeckt auch ohne Showeinlage. Der Schwerpunkt liegt auf Fleischgerichten – von Wildschwein bis Lamm.

### 4 *Unabhängig und kreativ* 22 Uhr

In den Straßen von Connewitz, einem beliebten Viertel mit Künstlern, Studenten und vielen Musikkneipen, geht es am Abend lebhaft zu. (Wenn Bach heute in Leipzig lebte, würde er vielleicht experimentelle elektronische Musik komponieren.) **Werk II** (Kochstraße 132; +49 341 308 0140; werk-2.de), früher ein großer Produktionsbetrieb für Prüfmaschinen, ist jetzt eine beliebte Kulturfabrik, in der u. a. Indie-Rockbands auftreten. **UT Connewitz** (Wolfgang-Heinze-

Straße 12A; +49 341 462 6776; utconnewitz.de), eines der ältesten Kinos Deutschlands, bietet alternative Film- und Musikevents an. Ins **Conne Island** (Koburger Straße 3; +49 341 301 3028; conne-island.de) strömt die studentische Jugend, um alternative Hardcore-, Punk-, Ska- und Hip-Hop-Bands zu hören.

### SAMSTAG

**5** *Toccata und Fuge* 10 Uhr

Im **Bach-Museum** (Thomaskirchhof 15/16; +49 341 913 7202; bachmuseumleipzig.de) können Sie sich das 175 Stunden Musik umfassende Lebenswerk von Johann Sebastian Bach anhören oder eine seiner Kompositionen neu instrumentieren. Das Museum präsentiert interaktive Ausstellungen und verkauft Karten für das jährliche Bachfest. Es liegt direkt neben der **Thomaskirche** (Thomaskirchhof 18; +49 341 222 240; thomaskirche.org), wo Bach von 1723 bis 1750 als Musikdirektor und Leiter des bis heute bestehenden berühmten Thomanerchors wirkte. Der Thomaskantor Bach brachte dort viele seiner außergewöhnlichen Werke, Kantaten und Oratorien, zur Aufführung. Die beeindruckende Kirche mit dem mächtigen weißen Turm bietet rund 1700 Gläubigen Platz. Hier finden regelmäßig Bach-Konzerte statt.

**6** *Koffein für Komponisten* 12 Uhr

Legen Sie im historischen **Coffe Baum** (Kleine Fleischergasse 4; +49 341 961 0060; coffe-baum.de), das seit 1696 besteht und im Obergeschoss ein kleines Kaffeemuseum eingerichtet hat, eine Pause zur Stärkung ein. Es beglückte mit seinen Kuchen Wagner, Schumann und Liszt – und der Legende nach sogar Kaiser Napoleon. Leipzig bezeichnet sich nicht umsonst als Musikstadt. Hier gründete Mendelssohn das erste

**OBEN** Überwachungsfotos der Stasi, Relikte aus DDR-Zeiten, in der ehemaligen Leipziger Stasi-Zentrale, der heutigen Gedenkstätte Museum in der „Runden Ecke".

**GEGENÜBER** Das Leipziger Museum der bildenden Künste.

Konservatorium Deutschlands, das Haus von Robert und Clara Schumann ist heute ein Museum, und jeden Abend gibt es erstklassige Musikaufführungen in der **Oper Leipzig** (oper-leipzig.de) und dem **Gewandhaus** (gewandhausorchester.de), beide am Augustusplatz, sowie in der Thomas- oder Nikolaikirche.

**7** *Mittelalterlich bis modern* 13 Uhr

Bummeln Sie durch das Zentrum, in dem mittelalterliche Bauwerke direkt neben modernen, kubischen Gebäuden und großartigen Barockkomplexen stehen. Im 1557 erbauten **Alten Rathaus** (Markt 1; +49 341 965 1340; stadtgeschichtliches-museum-leipzig. de) ist das Stadtgeschichtliche Museum untergebracht. Der gepflasterte Platz vor der **Nikolaikirche** (nördlich der Grimmaische Straße am Nikolaikirchhof 3; nikolaikirche.de) war 1989 Schauplatz der Montagsdemonstrationen, die letztlich zum Zusammenbruch der DDR führten. Heute findet man hier vor allem Buchsammler. In den vom Platz abzweigenden Straßen bieten zahlreiche Antiquariate alte und seltene Bücher an. Die Auswahl in dem weitläufigen, mit Marmorsäulen geschmückten **Leipziger Antiquariat** (Ritterstraße 16; +49 341 211 8188; leipzigerantiquariat. de) reicht von Notenblättern bis zu edel gebundenen Atlanten.

**8** *Neue Schule, alte Schule* 16 Uhr

Neo Rauch ist die treibende Kraft der Spinnerei und hat dort ein Atelier. Seine neorealistischen, an eine Mischung aus stalinistischer und surrealer Kunst erinnernden Werke können Sie im **Museum der bildenden Künste** (Katharinenstraße 10; +49 341 216 990; mdbk.de), einem modernen Glaskubus, bestaunen. Die Sammlung enthält aber nicht nur Bilder der Neuen Leipziger Schule, sondern vor allem auch niederländische Meister des 17. Jahrhunderts und deutsche Kunst seit dem Mittelalter.

**9** *Legendäres Bier* 20 Uhr

Früher war die Leipziger Gose, eine lokale Biersorte, sehr bekannt. Das Brauverfahren für das mit Koriander und Salz aromatisierte Bier soll aus dem 10. Jahrhundert stammen. Zu DDR-Zeiten kam die Gose-Tradition zum Erliegen, doch jetzt wird sie wiederbelebt und das Bier als Spezialität in Bars und Restaurants serviert. Das Restaurant **Bayerischer**

**Bahnhof** (Bayrischer Platz 1; +49 341 124 5760; bayerischer-bahnhof.de; €€) im beeindruckenden alten Leipziger Hauptbahnhof bietet die Gose mit traditionellen Gerichten wie Würstchen oder Schweinehaxe und Sauerkraut an.

<h3 style="text-align:center">SONNTAG</h3>

**10** *Ausflug in die Südvorstadt* 10 Uhr

Beginnen Sie den Tag in der Südvorstadt entlang der Karl-Liebknecht-Straße. Dieses Stadtviertel südlich des Zentrums mit vielen Cafés und Läden an der großen Einkaufsstraße strahlt eine dynamisch-junge Atmosphäre aus. Frühstücken Sie im **Hotel Seeblick**, (Karl-Liebknecht Straße 125; +49 341 225 3952; €€), das kein Hotel, sondern ein Szenerestaurant im mini-

malistischen Retrostil ist. Serviert werden ein üppiger Brunch und tolle Burger.

**11** *Geheimnisse der Stasi* 12 Uhr

Garant der SED-Herrschaft war das Ministerium für Staatssicherheit, das als In- und Auslandsgeheimdienst fungierte. Die Stasi überwachte und bespitzelte Millionen von DDR-Bürgern. Die Gedenkstätte **Museum in der „Runden Ecke"** in der ehemaligen Leipziger Stasi-Zentrale (Dittrichring 24; +49 341 961 2443; runde-ecke-leipzig.de) bietet Einblick in jene Zeit.

---

**BASICS**

Leipzig ist von Berlin aus in 75 Minuten zu erreichen. Die Stadt verfügt über ein gut ausgebautes Straßenbahnnetz.

**Westin Leipzig**
Gerberstraße 15
+49 341 9880
westin-leipzig.de
€€
*Beeindruckender Blick auf das historische Zentrum; im 27. Stock das mit zwei Michelin-Sternen ausgezeichnete Restaurant Falco.*

**Abito Suites**
Grimmaische Straße 16
+49 341 98 5 2788
abito.de
€
*Modern-elegantes Hotel in Leipzigs Zentrum.*

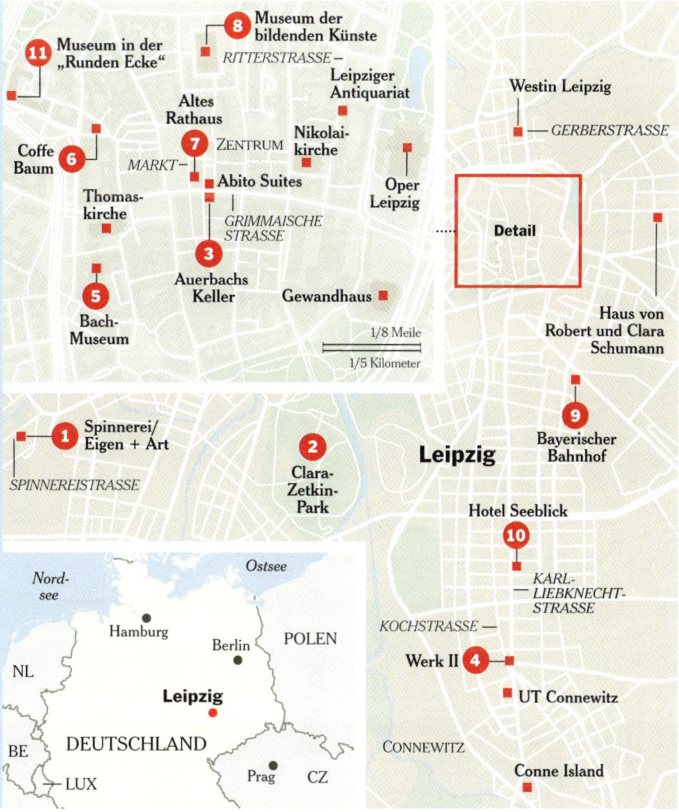

*Map:*

- 8 Museum der bildenden Künste
- 11 Museum in der „Runden Ecke"
- RITTERSTRASSE
- Leipziger Antiquariat
- Westin Leipzig
- GERBERSTRASSE
- Altes Rathaus
- 7 ZENTRUM
- Nikolai-kirche
- Coffe Baum 6
- MARKT
- Abito Suites
- Oper Leipzig
- Thomas-kirche
- GRIMMAISCHE STRASSE
- Detail
- 3
- Auerbachs Keller
- Gewandhaus
- 5
- Bach-Museum
- 1/8 Meile
- 1/5 Kilometer
- Haus von Robert und Clara Schumann
- 1 Spinnerei/ Eigen + Art
- SPINNEREISTRASSE
- 2 Clara-Zetkin-Park
- Leipzig
- 9 Bayerischer Bahnhof
- Hotel Seeblick
- 10
- KARL-LIEBKNECHT-STRASSE
- KOCHSTRASSE
- Werk II 4
- UT Connewitz
- CONNEWITZ
- Conne Island
- Nordsee
- Ostsee
- Hamburg
- Berlin
- POLEN
- NL
- Leipzig
- DEUTSCHLAND
- BE
- LUX
- Prag
- CZ

# Dresden

*Die Stadt, bei deren Namen man unweigerlich an Zerstörung denkt, sieht heute fast wieder so aus wie vor dem Krieg. Auf halber Strecke zwischen Berlin und Prag gelegen, profitierte Dresden über rund 700 Jahre von seiner Lage an Reise- und Handelsrouten. Die Stadt war wohlhabend und prächtig, bevor sie im Zweiten Weltkrieg den Bomben zum Opfer viel. Heute sind die bedeutendsten architektonischen Schätze – der Zwinger, die Frauenkirche und die Semperoper – weitgehend restauriert. Während man in der Altstadt die Uhr zurückdreht, ist die Neustadt auf der anderen Elbseite eindeutig zukunftsgewandt. Die Lokale und Läden im Studentenviertel richten sich an ein junges Publikum, das sich nicht mehr an die DDR-Zeiten – und schon gar nicht an den Krieg – erinnert. In dem von Daniel Libeskind entworfenen Militärhistorischen Museum treffen Vergangenheit und Gegenwart in kritischer Rückschau aufeinander.* – RACHEL B. DOYLE

## FREITAG

### 1 *Vom Barock zur Moderne* 16 Uhr

Die Altstadt wurde zwar weitgehend modernisiert, doch das beeindruckende Panorama der Barockbauten entlang der Elbe verdeutlicht, warum man das Vorkriegs-Dresden oft mit Florenz verglich. Ein wunderbarer Blick bietet sich von der **Brühlschen Terrasse** am Elbufer. Nach einer Promenade gehen Sie zum dahintergelegenen **Albertinum** (Georg-Treu-Platz 2; +49 351 491 2000; skd.museum/besuch/albertinum), dem nach aufwendiger Renovierung (51 Millionen Euro) 2010 wiedereröffneten Kunstmuseum. Die schon Ende des 19. Jahrhunderts als „modern" konzipierte Kunstsammlung umfasst zwei Jahrhunderte, beginnend mit Werken des romantischen Malers Caspar David Friedrich bis hin zum Gegenwartskünstler Gerhard Richter. Beide verbrachten viele Jahre ihres Lebens in Dresden.

### 2 *Große Oper* 19 Uhr

Die **Semperoper** (Theaterplatz 2; +49 351 491 1705; semperoper.de) versetzt Besucher in eine Zeit, in der die Damen Pelz und Hüte trugen. Viele Werke von Richard Strauss und Richard Wagner wurden hier uraufgeführt. Die 1841 eingeweihte Semperoper, eine Aufführungsstätte für Ballette, Konzerte und Opern, wurde 1985 wiedereröffnet und 2002 sorgfältig restauriert. Das Haus ist bekannt für seine großartige Akustik, seine roten Samtstühle und seine detailreichen Friese. Das treue Dresdner Publikum besucht, fein herausgeputzt, eifrig klassische Opernaufführungen wie *La Bohème* und Dvoráks *Rusalka*.

### 3 *Schwimmende Entrées* 21.30 Uhr

**Kastenmeiers im Kurländer Palais** (Tzschirnerplatz 3–5; +49 351 4848 4801; kastenmeiers.de; €€€), ein modernes Fischrestaurant in einem Rokokopalais, bildet den eleganten Rahmen für ein Abendessen im Stadtzentrum. Beim Betreten des Lokals fällt der Blick auf die offene Küche mit einem großen Aquarium voller Fische und Hummer. Diese armen Geschöpfe werden später als delikate Gerichte in dem Speisesaal mit unverputzten Ziegelwänden serviert: als Stör mit Kaviarsauce oder Hummerrisotto.

## SAMSTAG

### 4 *Kriegsgeschichte* 10 Uhr

Das **Militärhistorische Museum der Bundeswehr** (Olbrichtplatz 2; +49 351 823 2803; mhmbw.de) hat

**GEGENÜBER** Die nach der Zerstörung im Zweiten Weltkrieg wiederaufgebaute Frauenkirche.

**RECHTS** Die Gemäldegalerie Alte Meister.

Daniel Libeskind als kühne Konstruktion aus Glas und Stahl konzipiert. Es bietet zwei thematische Sichtweisen an. Zum einen wird eine klassische, chronologische Darstellung der deutschen Militärgeschichte mit Schwerpunkt auf dem 20. Jahrhundert präsentiert. In dem fünfstöckigen keilförmigen Bau, den Libeskind in das Gebäude aus den 1870er-Jahren integriert hat, werden zum anderen die sozialen Auswirkungen von Kriegen dargelegt.

**5** *Bier an der Elbe* 13 Uhr

Nehmen Sie im **Ball- und Brauhaus Watzke** (Kötzschenbroder Straße 1; +49 351 852 920; watzke. de; €) ein herzhaftes sächsisches Mittagessen zu sich. Das Restaurant und Ballhaus mit Brauerei wurde 1898 direkt am Elbufer eröffnet. Genießen Sie das hausgemachte Bier und saisonale regionale Spezialitäten wie Schweinenacken in Biersauce oder Pilzgulasch. Im mit alten Fotos von Dresden dekorierten Gastraum geht es meist fröhlich zu, im Sommer sitzt man im gemütlichen Biergarten am Elbufer.

**6** *Alte Meister* 14.30 Uhr

Im 17. Jahrhundert begannen die sächsischen Herrscher, für ihre Hauptstadt Dresden europäische Kunstwerke zu sammeln. Der Zeitpunkt war günstig, und die meisten der in der **Gemäldegalerie Alte Meister** (Theaterplatz 1; +49 351 4914 2000; gemaeldegalerie. skd.museum) versammelten Werke konnten in einem Zeitraum von 50 Jahren erworben werden. Den Zweiten Weltkrieg überstanden sie in einem sicheren Depot. Am bekanntesten sind die *Sixtinische Madonna* von Raffael mit ihren beiden Engeln, der melancholische *Dresdner Altar* von Albrecht Dürer und die weltweit größte Sammlung von Werken von Lucas Cranach dem Älteren und dem Jüngeren.

**7** *Kühe und Engel* 16.45 Uhr

Erkunden Sie den Stadtteil Äußere Neustadt mit seiner weitgehend erhaltenen Architektur des 19. Jahrhunderts. Heute gibt es hier viele trendige Lokale, Cafés und Läden wie die Boutique **Spot** (Alaunstraße 29; +49 351 312 6591; wearethespot.com). Ein Muss ist die **Molkerei Pfund** (Bautzner Straße 79; +49 351 808 080; pfunds.de), ein zauberhafter, 1879 gegründeter Milchladen, der bis zur Decke mit handbemalten Fliesen im Neurenaissancestil ausgekleidet ist, die Kühe und Engel mit Melkutensilien zeigen.

**8** *Eingemachtes* 19 Uhr

Das elegante, mit dunklem Holz getäfelte Restaurant **lila Soße** (Alaunstraße 70; +49 351 803 6723; lilasosse.de; €€) im weitläufigen Komplex des Dresdner Kunsthofs serviert in Einmachgläschen „deutsche Tapas". Geboten werden verfeinerte Versionen traditioneller Gerichte wie Käsespätzle mit Röstzwiebeln und Matjestatar mit Roter Bete. Auch der russische Zupfkuchen mit Birnen wird im Glas gebacken,

der großartige Spinatsalat mit Ziegenkäse und Lavendeldressing wird aber praktischerweise auf einem Teller angerichtet.

### 9 *Ostrock* 21.30 Uhr

Wer Drinks und Musik einmal im Original-DDR-Ambiente erleben will, geht ins **Ost-Pol** (Königsbrücker Straße 47; kein Telefon; ost-pol.de). Durch die Gelb- und Orangetöne fühlt man sich unwillkürlich ins Jahr 1968 zurückversetzt. Alle Einrichtungsgegenstände, wie z. B. der Robotron-Computer, stammen noch aus DDR-Zeiten. Im angrenzenden kleinen Saal, ausgestattet mit Retro-Arcade-Spielen und einem grünen Kohleofen, treten regelmäßig Nachwuchsmusiker auf. Der Abend geht weiter im **Alten Wettbüro** (Antonstraße 8; +49 351 658 8983; altes-wettbuero.de), wo DJs tanzbare Soul- und Elektromusik auflegen.

**GEGENÜBER** Spazieren Sie durch den Großen Garten, nachdem Sie zuvor die interessante Gläserne Manufaktur der Volkswagen AG besichtigt haben.

**OBEN** Tischtennis im Ost-Pol, einem Lokal, das von der Ausstattung her an alte DDR-Zeiten erinnert.

**UNTEN** Die nach dem Krieg wiederaufgebaute Semperoper.

### SONNTAG

### 10 *Fließband* 11 Uhr

Der Ruf von VW ist durch den Abgasskandal zwar stark ramponiert, doch ein Besuch der **Gläsernen Manufaktur** (Lennestraße 1; +49 351 420 4411; glaesernemanufaktur.de) lohnt sich immer noch. Der fußläufig zum Zentrum gelegene imposante Glasbau

dient heute als Event-Location und Ausstellungsraum für (betont schadstofffreie) neue Automodelle wie den e-Golf. Gut lunchen oder brunchen kann man innerhalb des Komplexes im **e-Vitrum** (+49 351 420 4250; €€€). Danach empfiehlt sich ein Spaziergang durch den angrenzenden **Großen Garten**.

**11** *Alles, was sprudelt* 14 Uhr
   Gegen Sekt von **Schloss Wackerbarth** konnte man zu DDR-Zeiten viele begehrte Dinge wie Auto-

teile oder Küchengeräte eintauschen. Heute öffnet das 1727 gegründete Weingut (Wackerbarthstraße 1, Radebeul; +49 351 89550; schloss-wackerbarth.de) jeden Sonntag die Tore des barocken Ensembles aus Schloss und Park für die Öffentlichkeit. Legen Sie nach dem Rundgang im hervorragenden Restaurant des Weinguts eine Pause ein und genehmigen Sie sich ein stimulierendes Glas Riesling aus der hauseigenen Produktion.

**OBEN** Das Ball- und Brauhaus Watzke an der Elbe wurde in den 1890er-Jahren als Wirtshaus und Brauerei eröffnet.

**GEGENÜBER** Eine Straßenbahn quert den Theaterplatz, an dem die berühmte Semperoper steht.

---

**BASICS**

Innerhalb Dresdens kommt man mit Bahnen und Bussen überall hin.

**Innside by Meliá Dresden**
Salzgasse 4
+49 351 795 150
innside.com
€€
*Mitten in der Altstadt, mit schön eingerichteten Zimmern und elegantem Wellnesscenter; das VEN ist eines der Top-Restaurants Dresdens.*

**Maritim Hotel Dresden**
Devrientstraße 10–12
+49 351 2160
maritim.com
€€
*Umgebautes, 100 Jahre altes Lagerhaus am Elbufer mit beeindruckender Architektur.*

**Rothenburger Hof**
Rothenburger Straße 15–17
+49 351 81260
rothenburger-hof.de
€€
*Komfortables, familiengeführtes Hotel in der angesagten Äußeren Neustadt.*

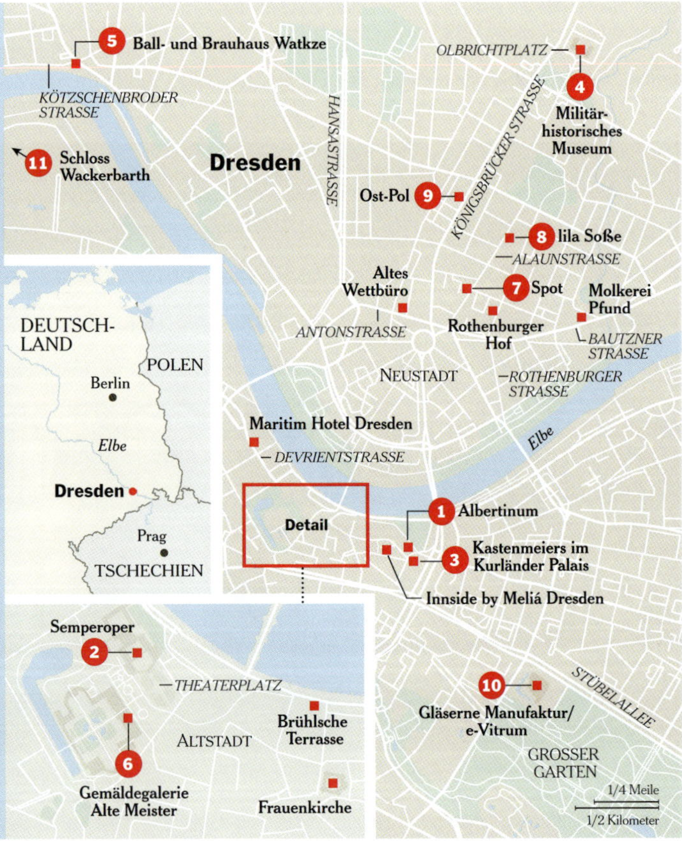

**5** Ball- und Brauhaus Watzke
OLBRICHTPLATZ
KÖTZSCHENBRODER STRASSE
**11** Schloss Wackerbarth
**Dresden**
HANSASTRASSE
KÖNIGSBRÜCKER STRASSE
**4** Militärhistorisches Museum
Ost-Pol **9**
**8** lila Soße
ALAUNSTRASSE
Altes Wettbüro
**7** Spot
Molkerei Pfund
ANTONSTRASSE
Rothenburger Hof
BAUTZNER STRASSE
NEUSTADT
ROTHENBURGER STRASSE
Elbe

DEUTSCHLAND
POLEN
Berlin
Elbe
**Dresden**
Prag
TSCHECHIEN

Maritim Hotel Dresden
DEVRIENTSTRASSE

Detail

**1** Albertinum
**3** Kastenmeiers im Kurländer Palais
Innside by Meliá Dresden

STÜBELALLEE
**10** Gläserne Manufaktur/ e-Vitrum
GROSSER GARTEN

Semperoper
**2**
THEATERPLATZ
ALTSTADT
Brühlsche Terrasse
**6**
Gemäldegalerie Alte Meister
Frauenkirche

1/4 Meile
1/2 Kilometer

# Köln

*Spätestens seit die Römer die einstige Ubiersiedlung am Rhein 50 n. Chr. zur Stadt erhoben, zieht Köln als eine der ältesten Städte Deutschlands die Besucher an. Heute sind der imposante alte Dom, ein pulsierendes Nachtleben, ausgefallene Shoppingmöglichkeiten, das Kölsch (ein obergäriges Bier) und das 1709 hier erfundene Eau de Cologne die großen Attraktionen der Stadt. Durch Köln fließt der Rhein, der das Stadtbild prägt.* – EVAN RAIL

## FREITAG

**1** *Hauptattraktion* 15 Uhr

Den **Kölner Dom** (koelner-dom.de) kann man nicht übersehen. Mächtig und erhaben ragt die Kirche, eine der größten gotischen Kathedralen Europas, aus ihrem modernen Umfeld auf. Das alte Köln wurde im Zweiten Weltkrieg weitgehend durch Bomben zerstört. Der 1248 begonnene Dom wurde zwar beschädigt, blieb aber stehen. Im Inneren können Sie mittelalterliche, aber auch ein modernes von Gerhard Richter entworfenes Glasfenster bestaunen. Für die Turmbesteigung braucht man etwas Kondition, denn es sind über 500 Stufen zu erklimmen. Das benachbarte **Museum Ludwig** (Heinrich-Böll-Platz; +49 221 221 26165; museum-ludwig.de) zeigt Kunst des 20. und 21. Jahrhunderts, u. a. eine große Sammlung amerikanischer Pop-Art mit Werken von Andy Warhol, Roy Lichtenstein und anderen bekannten Künstlern.

**2** *Mehr als nichts* 19.30 Uhr

Die Lage in einer ruhigen Wohnstraße und der Name des Restaurants **Nada** (Cleverstraße 32; +49 221 888 999 44; nadakoeln.de; €€€), der auf Spanisch „nichts" bedeutet, wecken keine großen Erwartungen. Sobald aber die einfallsreichen, verspielten Gerichte – als Cappuccino getarnte Steinpilzsuppe oder langsam gegartes Roastbeef mit Wurzelgemüse in Ingwer-Barolo-Glace – auf den Tisch kommen, verfliegen die Bedenken. Die Preise für ein Hauptgericht sind angesichts des kulinarischen Feuerwerks und des exzellenten Services mehr als angemessen.

**GEGENÜBER** Der Kölner Dom, seit dem 13. Jahrhundert ein Wahrzeichen der Stadt.

**RECHTS** Uferweg am Rhein an der Hohenzollernbrücke.

**3** *Unterm Bahnhof* 23.30 Uhr

Das ursprünglich als Ausstellungsraum für eine Gruppe junger Künstler eröffnete **Gewölbe** (Hans-Böckler-Platz 2; gewoelbe.net) hat sich zu einer Location für elektronische und Technomusik entwickelt. Heute gehört dieser unterirdische Teil des Westbahnhofs zu den besten Klubs der Stadt. Das Programm wechselt ständig, doch eines ist sicher: Die Türen des Klubs öffnen sich erst um 23 Uhr, dafür wird danach aber lange getanzt und gefeiert.

## SAMSTAG

**4** *Schneckenpower* 10 Uhr

Die modisch-elegante Erscheinung mancher Einheimischen lässt vermuten, dass man hier viel Zeit mit Einkaufen verbringt. Um in der mit schicken Kleiderläden gespickten Ehrenstraße etwas Kraft zu tanken, holen sich die Kölner gern in der 1875 gegründeten Bäckerei **Zimmermann** (Ehrenstraße 75; +49 221 25 56 32; baeckereizimmermann.de) eine kleine Stärkung auf die Hand. Eine köstliche Rosinenschnecke wird auch Ihnen neuen Schwung verleihen.

**5** *Belgischer Chic* 11 Uhr

Das Belgische Viertel hat sich zum bevorzugten Stadtteil vieler Kunst- und Medienschaffenden entwickelt. Infolge davon eröffneten dort Dutzende cooler Cafés, Geschäfte und Restaurants. Stöbern Sie bei **Simon und Renoldi** (Maastrichter Straße 17; +49 221 945 87 031; simonundrenoldi.com), die junge Designermode für Damen verkaufen. Männerjeans und rustikale Streetwear findet man bei **Monsieur**

Courbet (Maastrichter Straße 49; +49 221 179 154 25; monsieurcourbet.de). Der Plattenladen **Groove Attack** (+49 221 522 037; grooveattackrecordstore.com) im Souterrain hat sich auf Hip-Hop und Rap jenseits des Mainstreams spezialisiert. Das am Brüsseler Platz im Zentrum des Viertels gelegene **Bob 10.5.10** (Brüsseler Platz 6; +49 221 168 693 48; bob10510.de) verkauft urbane Klubmode von Kultlabels wie Hannibal, Stephan Schneider und Rick Owens. In den drei oder vier Straßen, die den Platz begrenzen, gibt es unzählige Läden, die Ihre ec-Karte für mehrere Stun-

**OBEN** Die Breite Straße, eine Einkaufsstraße im Zentrum.

**UNTEN** Der Plattenladen Groove Attack.

den beschäftigen können. Im **Madame Miammiam** (Antwerpener Straße 39; +49 221 271 92 42; madame miammiam.de), einer Patisserie mit Café, können Sie sich dann bei delikatem Naschwerk entspannen.

**6** *Glücklicher Burgerfan* 13 Uhr

Am geschäftigen Ring, der das Stadtzentrum umschließt, gibt es unzählige Lokale für ein schnelles Mittagessen – und es gibt das **Hans im Glück** (Hohenzollernring 38–40; +49 221 298 921 63; hansimglueck-burgergrill.de; €). Das nach der Märchenfigur der Brüder Grimm benannte Restaurant, die Filiale einer Münchner Kette, serviert die besten Hamburger der Stadt, wenn nicht des Kontinents. Der Spezialburger enthält Parmaschinken, Parmesankäse, Rucola und eine Teriyaki-Balsamico-Sauce. Das Lokal ist ideal für einen Mittagsimbiss, die coole Atmosphäre und die tollen Cocktails machen es aber auch zu einem guten Anlaufpunkt für einen spätabendlichen Snack.

**7** *Verwirrung* 15 Uhr

Schwer zu sagen, was am Museum **Kolumba** (Kolumbastraße 4; +49 221 933 193 0; kolumba.de) mehr beeindruckt: Ist es die Mischung aus alter religiöser Kunst und modernen, säkularen Kunstwerken oder das erstaunliche Bauwerk des Schweizer Architekten und Pritzker-Preisträgers Peter Zumthor aus dem Jahr 2007? Lassen Sie den Blick schweifen: von einem geschnitzten Elfenbeinkruzifix aus dem

12. Jahrhundert über Installationen und Exponate der wechselnden Ausstellungen bis hin zu den Türmen des Doms, die wie eingerahmt in einem raumhohen Fenster erscheinen.

**8** *Rheinwein* 19.30 Uhr

Die Kölner lieben natürlich ihr heimisches Bier, das Kölsch. Aber am Rhein, der die Stadt durchströmt, liegen bekanntlich einige der besten europäischen Weinanbaugebiete. Probieren Sie Weine von der Mosel, aus dem Rheingau, aus Rheinhessen oder anderen Regionen im **Heinzhermann**, dem Weinlokal des Restaurants **Maximilian Lorenz** (Johannisstraße 64; facebook.com/restaurant.maximilian.lorenz; €€€€), das über 1400 internationale Weine anbietet. Danach können Sie nebenan essen gehen. Die kaum hinter Flaschen verborgene Küche ist das Experimentierfeld des begabtesten Küchenchefs der Stadt.

**UNTEN** Alt und Neu – der Dom und das Museum Ludwig.

**9** *Das Wohnzimmer* 21.30 Uhr

Ältere Brauereien und klassische Kölschkneipen sind vielleicht berühmter, doch keine dieser Lokalitäten ist so charmant wie die bezaubernde **Braustelle** (Christianstraße 2, an der Venloer Straße; +49 221 285 69 32; braustelle.com), eine kleine Gasthausbrauerei, die als wichtiger Treffpunkt und gewissermaßen als öffentliches Wohnzimmer des angesagten Bezirks Ehrenfeld fungiert. Probieren Sie das Helios, ein hefetrübes Kölsch, oder ein in Köln gebrautes Alt. Kaum ein anderes Lokal in Köln würde es wagen, Altbier, die Spezialität der ewigen Rivalin Düsseldorf, auszuschenken.

**10** *Kellerklub* 24 Uhr

Der Stadtbezirk Ehrenfeld zieht mit seiner Mischung aus Migranten und Arbeitern viele Musiker, Studenten und Künstler an – entsprechend vielfältig ist das abendliche Angebot. Das Viertel ist voll mit Klubs, Bars und Restaurants, die bis in die frühen

Morgenstunden geöffnet sind. Für den späten Abend bietet sich das Kellergewölbe des **E-Feld** (Venloer Straße 601; +49 221 3466 5333; e-feld.com) an, wo unter anderem der schwedische DJ Pär Grindvik minimalistischen Techno auflegt.

**OBEN** Das Gewölbe, eine Location für elektronische und Technomusik.

**GEGENÜBER** Das Kirchenschiff des gotischen Doms zu Köln.

**11** *Bitte berühren* 11 Uhr

Anders als die meisten Museen und Galerien ermuntert das **Rautenstrauch-Joest-Museum** (Cäcilienstraße 29–33; +49 221 221 313 56; museenkoeln.de/rautenstrauch-joest-museum) seine Besucher, einige der Exponate auch anzufassen. Sie zeigen die kulturelle Vielfalt der Welt, für die beispielhaft der reich verzierte, riesige Reisspeicher aus Sulawesi steht, der das Foyer dominiert. Der Museumsbau von 2010 hebt sich deutlich vom benachbarten Museum Schnütgen ab, das in der renovierten romanischen Kirche St. Cäcilien eine reiche Sammlung christlicher Kunst aus dem Mittelalter und der Gotik präsentiert.

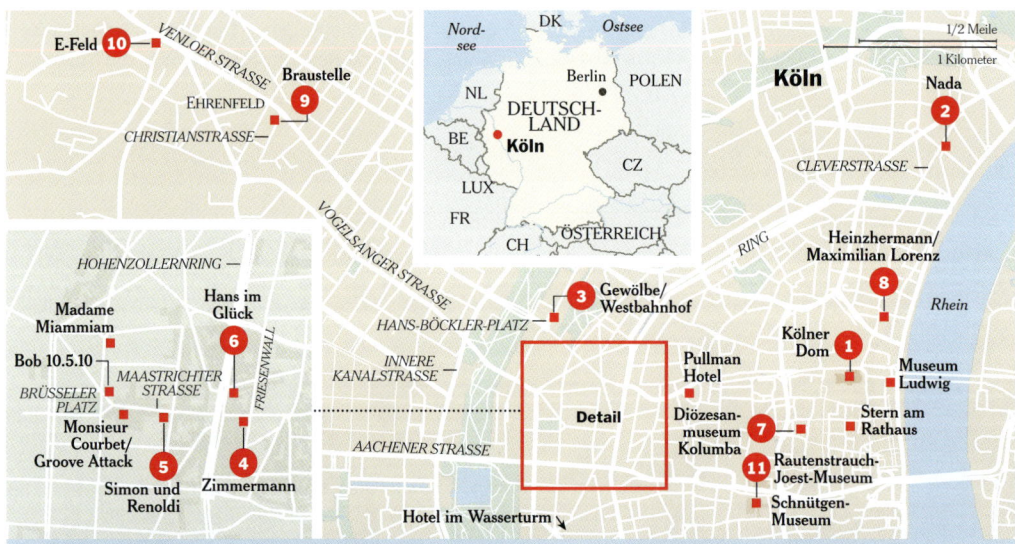

### BASICS

Die Stadtbahn- und Buslinien bilden ein effizientes Nahverkehrssystem.

**Stern am Rathaus**
Bürgerstraße 6
+49 221 222 517 50
stern-am-rathaus.com
€€

Kleines historisches Haus mit modernem Dekor und gutem Service nahe beim Rathaus.

**Pullman Hotel**
Helenenstraße 14
+49 221 2750
pullmanhotels.com
€€

Businesshotel mit Weinbar im 12. Stock; in Domnähe.

**Hotel im Wasserturm**
Kaygasse 2
+49 221 200 80
hotel-im-wasserturm.de
€€
*Hotel in einem alten, aus Ziegeln gemauerten runden Wasserturm.*

# Frankfurt

*Seinen glitzernden Wolkenkratzern am Ufer des Mains verdankt Frankfurt die ironische Bezeichnung „Manhattan". Frankfurts Bedeutung als Finanzzentrum verstärkt dieses Image. Selbst nach den Einbrüchen der Weltwirtschaft sieht man in der Nähe der Börse und des Bankenviertels noch jede Menge Porsches und Banker in Nadelstreifenanzügen. Doch hinter diesen etwas protzigen Äußerlichkeiten verbirgt sich eine hessische Stadt mit vielen Vorzügen einer Weltstadt, in der es sich gut leben lässt. Neben einer großen türkischen Gemeinde findet man hier Dutzende andere Nationalitäten. Mit einem wachen Blick werden Sie den manchmal verborgenen Charme der Stadt entdecken.*
– MARK LANDLER

**FREITAG**

## 1 *Neue Altstadt* 14 Uhr

Bei einem Spaziergang über den Römerberg tauchen Sie in das alte Frankfurt ein, dessen Zentrum einst das größte mittelalterliche Viertel Deutschlands war. Die pittoresken Fachwerkhäuser wurden nach der Zerstörung im Zweiten Weltkrieg detailgetreu wiederaufgebaut. Ganz in der Nähe gibt es einige ausgesprochen moderne Museen und Galerien. Gönnen Sie sich eine Erfrischung im **Haus Wertheym** (Fahrtor 1; +49 69 281 432; haus-wertheym. de), einem typischen Bierlokal mit schroffer Bedienung und vielen von der Decke baumelnden Bierkrügen.

## 2 *Museumsufer* 16 Uhr

Am linken Mainufer liegen sieben Museen an einer mit Bäumen begrenzten Promenade, die über mehrere Fußgängerbrücken von der Innenstadt aus gut zu erreichen ist. Wer sich für Mies van der Rohe oder Stanley Kubrick interessiert, besucht das **Deutsche Architekturmuseum** (Schaumainkai 43; +49 69 212 388 44; dam-online.de) oder das **Deutsche Filmmuseum** (Schaumainkai 41; +49 69 961 220 220; deutsches-filminstitut.de). Planen Sie aber genug Zeit für das **Städel Museum** (Schaumainkai 63;

+49 69 605 0980; staedelmuseum.de) ein, eines der schönsten Kunstmuseen Deutschlands mit Werken von Botticelli, Dürer und Holbein.

## 3 *Speisen zwischen Meisterwerken* 18.30 Uhr

Frankfurt wird mit Würstchen assoziiert, doch wenn die Frankfurter ausgehen, lieben sie es international. Die italienische, indische und thailändische Küche ist gut vertreten. Eine Empfehlung ist das **Holbein's** im Innenhof des Städel (Zugang von der Holbeinstraße 1; +49 69 660 566 66; meyer-frankfurt. de; €€€€). Mit seinen hohen Glaswänden und dem eleganten Dekor präsentiert es sich als modernes Schatzkästchen zwischen all den alten Meistern. Beginnen Sie in der Bar, um danach ein herzhaftes Abendessen zu genießen. Wie wär es z. B. mit argentinischem Filet mignon und kanadischem Hummer vom Grill?

## 4 *Sachsenhausener Nächte* 22 Uhr

Sachsenhausen am linken Mainufer ist das verführerischste Viertel Frankfurts. In den verwinkelten, gepflasterten Gassen reiht sich Kneipe an Kneipe. Ausgeschenkt wird vor allem Ebbelwoi (Apfelwein), dessen Geschmack allerdings nicht jedermanns Sache ist. Der herb-säuerliche Wein aus Apfelmost wird im glasierten Tonkrug serviert, dem sogenannten Bembel, und aus speziellen Gläsern getrunken. Am

**GEGENÜBER** Mittelalterliche Häuser und glitzernde Bürohochhäuser – beide gehören zur Identität von Frankfurt.

**RECHTS** Das Haus Wertheym schenkt sein Bier am Römerberg aus, dem wiederaufgebauten mittelalterlichen Viertel.

besten probiert man den selbst gemachten Ebbelwoi in der urigen Kneipe **Adolf Wagner** (Schweizer Straße 71; +49 69 61 25 65; apfelwein-wagner.com).

**SAMSTAG**

### 5 *Bootstour auf dem Main* 10 Uhr

Wenige Städte werden so von ihrer Skyline geprägt wie Frankfurt. Vom Deck der Goethe oder eines ihrer Schwesterschiffe der **Primus-Linie** (Mainkai 36; +49 69 133 83 70; primus-linie.de) können Sie aus der Ameisenperspektive einen Blick darauf werfen. Die Boote starten fast das ganze Jahr stündlich vom nördlichen Ufer zu ein- oder zweistündigen Rundfahrten. Um zwei große Türme, Helmut Jahns Messeturm mit seiner Pyramidenspitze und Norman Fosters Commerzbank Tower, scharen sich weitere Hochhäuser, die alle den benachbarten Kaiserdom überragen. In dieser gotischen Kirche wurden früher die deutschen Kaiser gekrönt. Das Boot fährt auch am Gebäude der Europäischen Zentralbank vorbei, das auf dem Gelände der ehemaligen Großmarkthalle steht.

### 6 *Groß und Klein* 12 Uhr

In der **Kleinmarkthalle** (Hasengasse 5–7; kleinmarkthalle.de), der im Zentrum gelegenen kleinen Schwester des Großmarkts, tobt am Samstag das Leben. Die Frankfurter kaufen in der Markthalle frischen Fisch, Käse, Brot, Olivenöl und verschiedenste Wurstsorten ein. Von hier ist es nur ein Sprung bis zur Goethestraße mit ihren vielen Designerboutiquen. Das Optikergeschäft **Rainer Brenner** (Goethestraße 24; rainerbrenner.de) bietet z. B. ein anspruchsvolles Brillensortiment. Wenn Sie sich hungrig geshoppt haben, gehen Sie in die nahe „Fressgass" (zwischen Kalbächer Gasse und Großer Bockenheimer Straße), wo **Zarges** (Kalbächer Gasse 10; +49 69 299 030; zarges-frankfurt.com), ein Restaurant mit angeschlossener Confiserie, teure, aber schier unglaubliche Delikatessen anbietet. Bestellen Sie einen mit Erdbeeren und Sahnecreme gefüllten Windbeutel. In dem Viertel gibt es noch weitere lockende Snackangebote.

### 7 *Großstadtdschungel* 15 Uhr

Frankfurt kann nicht nur Stahl und Beton, sondern auch einen schönen botanischen Garten vorweisen. Der **Palmengarten** (Siesmayerstraße 61; +49 69 212 33 939; palmengarten.de) liegt mitten im angesagten Westend und präsentiert auf 22 ha tropische und subtropische Bäume, Orchideen und Farne. Es gibt Gewächshäuser wie das Tropicarium mit einem kleinen Regenwald, eine Schmalspurbahn für Kinder schlängelt sich durch die Anlage. Im August kommen Jazzfreunde zu Konzerten her. Das **Caféhaus Siesmayer** (+49 69 900 292 00; cafe-siesmayer. de; €€) am Rand des Parks offeriert warme Küche und Kuchen.

### 8 *Bücherwelt* 17 Uhr

Anfang Oktober findet die Frankfurter Buchmesse statt, die Verleger und Literaturagenten aus aller Welt zusammenbringt. Ganzjährig hat die Literatur im **Literaturhaus** (Schöne Aussicht 2; +49 69 756 18 40; literaturhaus-frankfurt.de), einem renovierten Bibliotheksgebäude aus dem 19. Jahrhundert, ihren Platz. Hier finden zahlreiche Lesungen, Vorträge und Signierstunden mit Schriftstellern wie Joseph Brodsky und Rafik Schami statt. Genießen Sie im angeschlossenen Café einen Kaffee oder ein Glas Wein.

### 9 *Hier kocht der Chef* 20 Uhr

Der österreichische Koch Mario Lohninger machte Furore mit seinem seit Langem geschlossenen Restaurant Silk, wo die Gäste auf weißen lederbezogenen Liegepolstern lagerten. Heute finden ihn seine Anhänger in dem dezenteren **Restaurant Lohninger** (Schweizer Straße 1; +49 69 247 557 860; lohninger.de; €€€€) am Main. Lohninger, der im Guy Savoy in Paris und im Danube in New York gekocht hat, bietet eine vielfältige Küche, die österreichische Spezialitäten wie Wiener Schnitzel und Kaiserschmarrn umfasst.

### 10 *Internationaler Jazz* 22 Uhr

Frankfurts Ruf als Jazzstadt beruht nicht unwesentlich auf dem **Jazzkeller** (Kleine Bockenheimer Straße 18 a; jazzkeller.de; +49 69 288 537), einem unterirdischen Gewölbekeller, wo ab den 1950er-Jahren internationale Stars wie Dizzy Gillespie oder Lenny Popkin auftraten. Heute spielen hier Jazzmusiker aus den USA, Europa oder Lateinamerika.

SONNTAG

**11** *Zum Abschluss Kultur* 11 Uhr

Wie viele andere Gebäude wurde auch das **Goethe-Haus** (Großer Hirschgraben 23–25; +49 69 138 800; goethehaus-frankfurt.de) im Zweiten Weltkrieg zerstört. Aber die Rekonstruktion aus den 1950er-Jahren vermittelt einen Eindruck der frühen Jahre Johann Wolfgang von Goethes, der hier als Sohn einer wohlhabenden Frankfurter Familie aufwuchs. Später verließ er seine Geburtsstadt. Einige Straßen östlich des Hauses liegen das keilförmige Gebäude („Tortenstück") des **Museums für Moderne Kunst** (Domstraße 10; +49 69 2123 0447; mmk-frankfurt.de) und die international renommierte **Schirn Kunsthalle**

(Römerberg, +49 69 299 882 0; schirn.de). Die nur selten überfüllte Ausstellungshalle wirkt eher intim – eine weitere Entdeckung in dieser an Überraschungen reichen Stadt.

**GEGENÜBER** Frankfurts Skyline ist ein Symbol für Deutschlands Finanzzentrum.

**OBEN** Das Museum für Moderne Kunst ist Teil der reichen Frankfurter Museumslandschaft.

## BASICS

Der Frankfurter Flughafen zählt zu den größten in Europa und wird von vielen Airlines angeflogen. Es gibt viele Taxis und ein gut ausgebautes Nahverkehrssystem.

**Turm Hotel**
Eschersheimer Landstraße 20
+49 69 154 050
turmhotel-fra.de
€€
Bezahlbares Hotel in der Nähe des Zentrums.

**Steigenberger Frankfurter Hof**
Bethmannstraße 33
+49 69 215 02
steigenberger.com
€€€
Altehrwürdiges Hotel mit über 300 Zimmern und Suiten.

**Radisson SAS**
Franklinstraße 65
+49 69 770 1550
radissonblu.com/hotel-frankfurt
€€
Hotel mit 428 Zimmern in Form einer riesigen, senkrecht stehenden Scheibe.

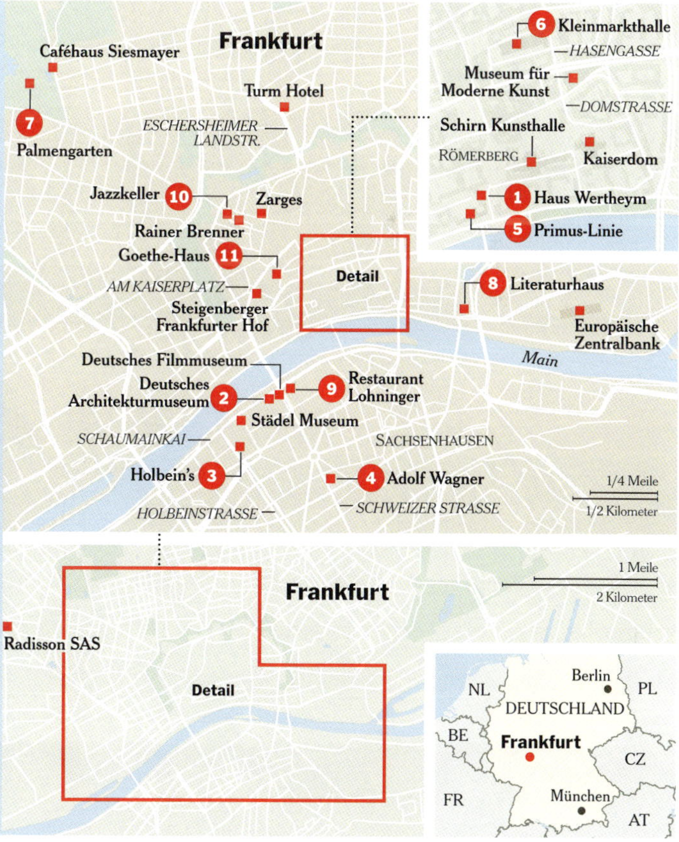

### Frankfurt (Karte)

Caféhaus Siesmayer
Turm Hotel
Kleinmarkthalle — HASENGASSE **6**
Museum für Moderne Kunst — DOMSTRASSE
Schirn Kunsthalle
RÖMERBERG
Kaiserdom
ESCHERSHEIMER LANDSTR.
**7** Palmengarten
Haus Wertheym **1**
Primus-Linie **5**
Jazzkeller **10** Zarges
Rainer Brenner
Goethe-Haus **11**
AM KAISERPLATZ
**Detail**
Literaturhaus **8**
Steigenberger Frankfurter Hof
Europäische Zentralbank
Main
Deutsches Filmmuseum
Deutsches Architekturmuseum **2**
Restaurant Lohninger **9**
Städel Museum
SCHAUMAINKAI
SACHSENHAUSEN
Holbein's **3**
Adolf Wagner **4**
1/4 Meile
1/2 Kilometer
HOLBEINSTRASSE
SCHWEIZER STRASSE

1 Meile
2 Kilometer

**Frankfurt**
Radisson SAS
**Detail**

NL
Berlin
PL
DEUTSCHLAND
BE
**Frankfurt**
CZ
FR
München
AT

# Baden-Baden

*Die am Rande des Schwarzwalds gelegene Stadt Baden-Baden ist schon seit Jahrhunderten ein bevorzugter Kurort der europäischen Elite. Napoleon III., Königin Victoria, Victor Hugo, Nikolai Gogol und sogar Marlene Dietrich stiegen hier in die Thermalbäder, und Fjodor M. Dostojewski soll das berühmte Casino als Schauplatz für seinen Roman Der Spieler verwendet haben. Baden-Baden ist jedoch keineswegs rückwärtsgewandt. Neben einigen hervorragenden Restaurants, einem wunderbaren Konzertsaal, in dem die renommiertesten Orchester der Welt gastieren, und einem spannenden Museum für zeitgenössische Kunst bietet die Stadt in einem Großteil der Fußgängerzone auch kostenloses WLAN – Historismus trifft auf Instagram.* – STUART EMMRICH

## FREITAG

**1** *Immer am Bach entlang* 16 Uhr

Der Oosbach schlängelt sich fröhlich plätschernd durch Baden-Baden. Ein Spaziergang auf der Lichtentaler Allee, die parallel zum Bach verläuft, ist ideal, um sich einen ersten Eindruck zu verschaffen. Starten Sie an der **Gönneranlage** (Lichtentaler Allee 64; +49 7221 236 40), einem Park, in dem zwischen Mai und Oktober über 400 Rosenarten blühen. Biegen Sie am Ausgang rechts auf die Allee ein und folgen Sie ihr bis zum etwa 2 km entfernten imposanten Festspielhaus, das Konzerthalle und Opernsaal in einem ist. Machen Sie ungefähr auf halber Strecke an der **Trinkhalle** (Kaiserallee 3; +49 7221 275 200) halt, einem beeindruckenden Gebäude mit korinthischen Säulen und großartigen Fresken, in dem sich aber nur die Touristeninformation verbirgt.

**2** *Aussichtsreich* 18 Uhr

Trotz seiner Bedeutung für die Stadt gibt es am Oosbach erstaunlich wenige Bars oder Restaurants mit Aussicht. Eines ist das **Wallstreet & Hamilton** (Sophienstraße 1; wallstreet-hamilton.de), ein wunderbarer Ort für ein Bierchen, vor allem, wenn Sie einen der acht Tische mit direktem Blick auf den Oosbach ergattern. Steuern Sie danach **La Casserole** (Gernsbacher Straße 18; +49 7221 222 21; €€€€) an, ein gemütliches familienbetriebenes Lokal, das auf herzhafte Elsässer Küche wie Rehrücken mit Pilzen und Preiselbeersauce oder Barbarie-Entenbrust mit Kartoffel-Apfel-Gratin spezialisiert ist. Teilen Sie sich als Vorspeise eine regionale Spezialität: Flammkuchen mit Crème fraîche, Zwiebeln und Speck.

**3** *Auf ein Spielchen* 23 Uhr

Auch wenn Sie Ihr Geld nicht am Roulettetisch verspielen wollen, ist das berühmte **Casino Baden-Baden** (Kaiserallee 1; casino-baden-baden.de) wegen seiner opulenten Ausstattung und seiner Bedeutung für die Geschichte der Stadt einen Besuch wert. Herren müssen ein Jackett tragen. Am Wochenende darf hier bis 3.30 Uhr morgens gezockt werden.

## SAMSTAG

**4** *Gut gesammelt* 10 Uhr

Beginnen Sie den Tag im **Museum Frieder Burda** (Lichtentaler Allee 8b; museum-frieder-burda.de). In dem von Richard Meier entworfenen, lichtdurchfluteten weißen Kasten wird moderne und zeitgenössische Kunst ausgestellt. Viele Werke stammen aus der Privatsammlung von Frieder Burda. Die Sammlung enthält Spätwerke von Picasso, vergangene Ausstellungen waren z. B. Gerhard Richter und Anselm Kiefer gewidmet.

**5** *Lesestunde* 11.30 Uhr

Die Sophienstraße wird auch die Fifth Avenue von Baden-Baden genannt. Natürlich finden Sie hier

**GEGENÜBER** Schmuckvolle Häuser in der Innenstadt.

**UNTEN** Gründerzeitarchitektur, ein Wahrzeichen der Stadt.

die üblichen globalen Marken wie Hermès, Max Mara, Escada und andere. Aber es gibt auch den charmanten Kinderbuchladen **Mäx & Moritz** (Sophienstraße 9; maex-und-moritz.de), der eine riesige Auswahl an ansprechenden Bilderbüchern im Sortiment hat.

**6** *In Ruhe nebenan* 12.30 Uhr

Das Gasthaus **Löwenbräu** (Gernsbacher Straße 9; loewenbraeu-baden-baden.de; €€) ist immer mindestens zu Zweidrittel voll, und viele Gäste sehen so aus, als wären sie soeben einem Touristenbus entstiegen. Aber direkt nebenan befindet sich ein winziger Ableger des Lokals mit exakt derselben Speisekarte und einer Ansammlung von Holztischen auf der Straße, an denen man wunderbar sitzen und Passanten beobachten kann. Lassen Sie es zünftig angehen und bestellen Sie Würstle und natürlich ein kühles Bier.

**7** *Zurück ins Mittelalter* 14 Uhr

Im Mittelalter herrschte auf dem Marktplatz von Baden-Baden geschäftiges Treiben. Heute handelt es sich um ein ruhiges Viertel mit Kopfsteinpflaster, ein paar Cafés, der alten **Stiftskirche** (Marktplatz 15b; +49 722 637 06) und bepflanzten Gartenterrassen. Von deren obersten Ebenen aus hat man einen tollen Blick auf die Stadt. Nach dem ganzen Herumschlendern können Sie die verbrauchten Kalorien bei Kaffee und Kuchen wieder reinholen. Oder bei einem britisch angehauchten Afternoon Tea im sehr beliebten

**Café König** (Lichtentaler Straße 12; +49 722 123 573; €€), wo Sandwiches, Kuchen und Cremetörtchen mit Tee – und gegen einen Aufschlag wahlweise auch mit Champagner – serviert werden.

**8** *Eine kleine Nachtmusik* 19 Uhr

Mit 2650 Plätzen ist das 1998 eröffnete **Festspielhaus** (Beim Alten Bahnhof 2; festspielhaus.de) eines der größten Opernhäuser Europas. Hier gastieren regelmäßig europäische Spitzenorchester, wie z. B. die Berliner Philharmoniker, und die Opernaufführungen haben internationales Renommee.

**9** *Nach der Oper* 22 Uhr

Wenn im **Aida**, dem einzigen Restaurant auf dem Geländes des Festspielhauses, kein Tisch mehr frei ist, bietet sich ein paar Straßen weiter eine hervorragende Alternative. Bei **Mamma Lina** (Lange Straße 83; mammalina.de; €€) kommen italienische Gerichte wie Spaghetti mit Meeresfrüchten und hausgemachte Gnocchi auf den Tisch, die Sie entweder im Restaurant oder auf der Terrasse genießen können. Auch hier müssen Sie allerdings reservieren.

### SONNTAG

**10** *Ach ja, die Bäder* 9.30 Uhr

Schwitzen Sie sämtliche im Körper angesammelten Stressgifte in einem von zwei römischen Ther-

men aus, die für die meisten der Hauptgrund für einen Besuch in Baden-Baden sind. Im **Friedrichsbad** (Römerplatz 1; carasana.de/de/friedrichsbad) herrscht striktes Textilverbot in den verschiedenen Thermalbädern. Eine Seifenbürstenmassage gibt es in den Varianten „hart" und „weich" (wählen Sie nicht „hart", es sei denn, Sie lieben es, bei lebendigem Leibe gehäutet zu werden). Nebenan im **Caracalla Spa** (Römerplatz 1; carasana.de/de/caracalla-spa) geht es etwas weniger brachial zu – und Sie können in den meisten Bereichen den Badeanzug anbehalten. Die zwei großen beheizten Außenpools sind das ganze Jahr über geöffnet.

**11** *Game, Set und Lunch* 13.30 Uhr

Zwei beliebte Lunch-Locations sind die Restaurants des Atlantic Parkhotels und des Brenners Park-Hotel & Spa. Ganz in der Nähe verbirgt sich jedoch ein unerwarteter Ort für ein gutes Mahl: der Tennisclub Rot-Weiss mit seinem Restaurant **Rosso Bianco** (Lichtentaler Allee 5; rosso-bianco-baden-baden.de/index.htm; €€). Zur Auswahl stehen Salate, Pizzas und köstliche Nudelgerichte. All dies wird auf einer hübschen Gartenterrasse mit Blick auf die Tennisplätze serviert. Beim genussvollen Speisen hört man im Hintergrund das Geräusch von den mit Schwung hin- und hergepeitschten Tennisbällen.

**GEGENÜBER** Dinieren am Wasser im Atlantic Parkhotel.

**OBEN** Straßenszene im touristenfreundlichen Baden-Baden.

**BASICS**

Baden-Baden erreicht man per Zug, Bus oder Autobahn. Wie der Name schon sagt, sind die natürlichen Thermalquellen der Grund für die Existenz der Stadt.

**Hotel Belle Epoque**
Maria-Victoria-Straße 2c
+49 7221 300 660
hotel-belle-epoque.de
€€€
*Ein betörend romantisches Hotel etwas außerhalb des Stadtzentrums, aber in Laufnähe zu allen Hauptsehenswürdigkeiten.*

**Hotel am Markt**
Marktplatz 18
+49 7221 270 40
hotel-am-markt-baden.de
€€
*Gemütlicher familienbetriebener Gasthof direkt auf dem charmanten Marktplatz im Schatten der Stiftskirche. Das Gebäude stammt aus dem 18. Jahrhundert.*

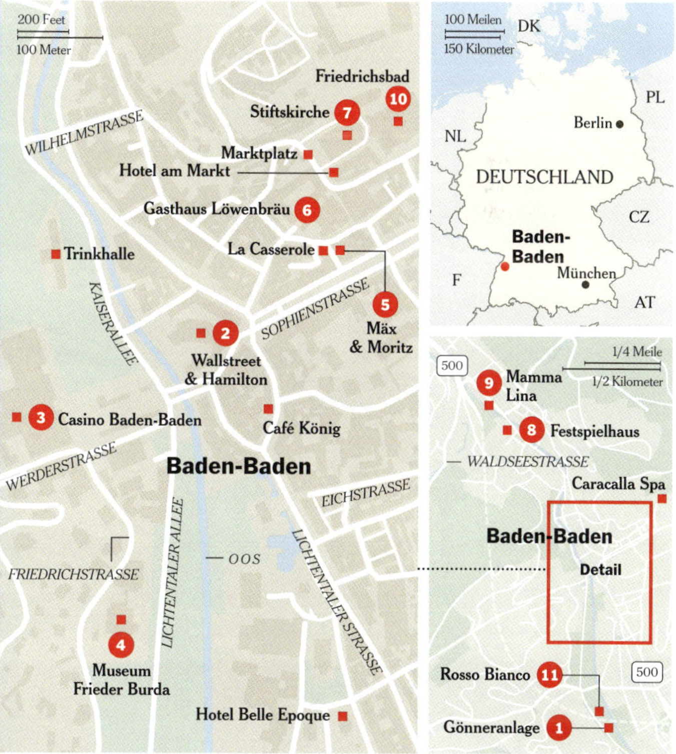

# München

*München lockt schon seit Langem Besucher mit seinem schönen Stadtbild, seinem Kulturangebot und natürlich dem Oktoberfest an. In den letzten Jahren hat sich die bayerische Landeshauptstadt aber auch zu einem Ort entwickelt, wo man bummeln, gut essen und das Leben genießen kann. Das Magazin Monocle beschreibt Münchens Lebensqualität als „allgemeines Gefühl von Gemütlichkeit". Ein großer Automobilklub bewertete das Nahverkehrssystem als das beste in Europa. Straßen und Plätze sind mit Kunst aufgewertet. Man muss nicht gleich hierherziehen, doch ein Besuch lohnt immer. Und dann gibt es ja noch das berühmte Bier!* – EVAN RAIL

## FREITAG

### 1 *Westend* 16 Uhr

Tauchen Sie ein in das Flair der Schwanthalerhöhe, auch als Westend bekannt, mit seiner bunten, dynamischen Mischung aus Künstlerateliers, Cafés und Multikulti-Flair. Im **Lichtblick21** (Schießstättstraße 24; +49 89 1473 9995; lichtblick21.de) findet sich ein wilder Mix aus Kunst, Kunsthandwerk und Mode; die knallpinke Fassade können Sie nicht übersehen. Auch das Atelier der vielseitigen Künstlerin **Stefanie Duckstein** (Parkstraße 7; +49 89 36 10 53 92; stefanie-duckstein.de) ist einen Besuch wert. Im Ladencafé **Marais** (Parkstraße 2; +49 89 50 09 45 52; cafe-marais.de) stärken Sie sich mit einem Milchkaffee, während Sie die Antiquitäten begutachten.

### 2 *Tradition und Moderne* 19.30 Uhr

Seit über einem Jahrhundert zählt das luxuriöse Hotel **Bayerischer Hof** (Promenadeplatz 2–6; +49 89 212 00; bayerischerhof.de; €€€€) zu den besten Adressen Münchens. Das Hotelrestaurant Garden erinnert mit seiner modernen, offenen und luftigen Gestaltung an eine Mischung aus Gewächshaus und Apple Store. Das Menü bietet verfeinerte mediterrane und deutsche Küche wie beispielsweise schwarzen Risotto mit geschmorten Cherrytomaten und Lauch,

herzhafte Ochsenschwanzravioli oder Pralinen-Pannacotta.

### 3 *Platz zum Tanzen* 22 Uhr

Das Publikum des Klubs **Neuraum** (Arnulfstraße 17; +49 89 3815 38999; neuraum.de) ist meist sehr jung, doch die in diesem riesigen Tanzklub gebotenen Trance- und Techno-Tracks sind überraschend cool und raffiniert. Bunkerartig unter dem neuen Zentralen Omnibusbahnhof ZOB gelegen, bietet der Klub in verschiedenen Räumen auf mehreren Dancefloors Platz für angeblich mehr als 2000 Besucher. Die dunkle, minimalistische Ausstattung lässt viel Platz für das feierwütige Publikum.

## SAMSTAG

### 4 *Genussparadies* 10 Uhr

Die Münchner Innenstadt lädt zum Bummeln ein, ganz besonders der **Viktualienmarkt** (Viktualienmarkt; muenchen.de/sehenswuerdigkeiten/maerkte-uebersicht.html). Auf einem der schönsten europäischen Märkte bieten über 100 Stände teils unter freiem Himmel ein beeindruckendes Sortiment an Obst, Gemüse, Wurst, Fisch, Käse, Backwaren und kleinen Snacks an. Gleich daneben lockt in der Schrannenhalle, einer ehemaligen Getreidehalle, eine italienische Feinkostkette mit ihrem Angebot.

**GEGENÜBER** München, bekannt für Bier und Gemütlichkeit, bewahrt sich sein bayerisches Lebensgefühl.

**RECHTS** Dekoration im Café Maria, einem beliebten Frühstückslokal im Glockenbachviertel, das viele Schwule anzieht.

**5** *Spätes Frühstück* 12.30 Uhr

Das Glockenbachviertel, ein bei Schwulen, Lesben und jungen Familien gleichermaßen beliebtes Wohnviertel mit vielen Cafés und Geschäften, lohnt einen ausgiebigen Besuch. Zum Frühstücken in rustikaler Atmosphäre bietet sich das **Café Maria** (Klenzestraße 97; +49 89 2024 5750; €€) an. Man kann sich ruhig Zeit lassen, denn die Frühstückskarte ist neben der regulären Mittagskarte bis 18 Uhr gültig. Serviert werden Tagesgerichte wie ein üppiger grüner Salat

**OBEN** Blick auf die Münchner Innenstadt vom Alten Peter, dem Turm der Kirche St. Peter.

**UNTEN** Das Zentrum Neue Technologien im Deutschen Museum.

mit gegrilltem Ziegenkäse oder Schnitzel mit Kartoffel-Gurken-Salat.

**6** *Neue und alte Technik* 14 Uhr

Das **Deutsche Museum** (Museumsinsel 1; +49 89 21791; deutsches-museum.de), eines der größten technischen und wissenschaftlichen Museen der Welt, ist durch das Zentrum Neue Technologien mit der Präsentation von Pionierleistungen der Nano- und Biotechnologie weiter gewachsen. Touchscreens und Mitmachstationen vermitteln Zusammenhänge. In der Luftfahrthalle werden die Fieseler-Flugbombe (V1) und Messerschmitt-Flugzeuge ausgestellt.

**7** *Bayerische Behaglichkeit* 19 Uhr

Ein Restaurant, das versteckt in einer Gasse und noch dazu im 2. Stock liegt, ist eher ein Treffpunkt für junges Szenepublikum. Doch in die **Spezlwirtschaft** (Ledererstraße 3; +49 89 2323 2973; spezlwirtschaft.de; €€) kommt man vor allem wegen ihrer modernen Interpretation traditioneller deutscher Küche.

**8** *Varieté* 21.30 Uhr

In Anlehnung an das Kabarett der Weimarer Zeit und das europäische Vaudeville früherer Epochen präsentieren heute neue Varietétheater eine Mischung aus Liedern, Tanz, Jonglierkunststücken, Akrobatik, Trapezübungen und Comedy. Oft kommen die Darbietungen ohne Worte aus. Das **GOP Varieté-Theater** (Maximilianstraße 47; +49 89 21 0288 444;

variete.de/spielorte/muenchen) bietet täglich außer montags zwei großartige Shows an.

### SONNTAG

**9** *Moderne Meister* 10 Uhr

Das Kunstareal München mit mehreren bedeutenden Museen hat seine Wurzeln im 16. Jahrhundert, als Herzog Wilhelm IV. eine Reihe historischer Gemälde für seine Residenz in Auftrag gab. Das 2009 eingeweihte **Museum Brandhorst** (Theresienstraße 35a; +49 89 23 8052 286; museum-brandhorst. de) mit seiner Sammlung von Kunstwerken des 20. und 21. Jahrhunderts schafft den Bezug zur Gegenwart. Die Städtische Galerie im **Lenbachhaus** (Luisenstraße 33; +49 89 233 320 00; lenbachhaus.de) zeigt innovative Werke von Künstlern wie Wassily Kandinsky, Franz Marc, Paul Klee und anderen Vertretern der Anfang des 20. Jahrhunderts in München gegründeten Künstlergruppe „Der Blaue Reiter".

**10** *Grünes München* 12 Uhr

Ein Ausflug in den Englischen Garten in der Nähe der Residenz bietet sich immer an. Ruhiger hingegen ist das Waldgebiet **Perlacher Forst** mit zahlreichen Rad- und Wanderwegen im Südosten der Stadt. Auf dem Friedhof am Perlacher Forst (Stadelheimer Straße 24) findet man die Gräber von Sophie Scholl und anderer Mitglieder der Widerstandsgruppe Weiße Rose. Zum Abschluss gönnen Sie sich in

**OBEN** Sonnenschein und warme Temperaturen ziehen Massen von Menschen in den Englischen Garten.

**UNTEN** Die U-Bahn-Station Münchner Freiheit ist Teil des ausgedehnten städtischen Nahverkehrssystems.

dem winzigen Biergarten der **Forschungsbrauerei** (Unterhachinger Straße 78; +49 89 6701169; forschungsbrauerei.de) eine traditionelle Münchner Erfrischung. Die als Forschungseinrichtung entstandene Biermanufaktur braut in kleinen Mengen ein schmackhaftes Bier und schenkt es vor Ort aus.

**OBEN** Das modern gestaltete Museum Brandhorst mit seinem einladenden Café zeigt u. a. Werke von Andy Warhol, Cy Twombly und Damien Hirst.

**GEGENÜBER** Im Münchner Flughafen können Reisende moderne Architektur bestaunen. Der Supermarkt am Flughafen hat von Sonnenaufgang bis Mitternacht auf.

### Map

1/4 Meile
1/2 Kilometer

ARNULFSTRASSE · MARSSTRASSE · Museum Brandhorst **9** — TÜRKENSTRASSE · KUNSTAREAL · ENGLISCHER GARTEN

Lenbachhaus · — LUISENSTRASSE

— Isar

— SOPHIENSTRASSE · LUDWIGSTRASSE · PRINZREGENTENSTRASSE

Neuraum **3** · Charles Hotel

**München**

LANDSBERGERSTRASSE · Hauptbahnhof · PROMENADEPLATZ · Bayerischer Hof **2**

Marais · BAYERSTRASSE · Spezlwirtschaft **7** · **8** GOP Varieté-Theater

SCHUMANNSTRASSE

Stefanie Duckstein · LEDERERSTRASSE · MAXIMILIANSTRASSE

PAUL-HEYSE-STRASSE · **1** Lichtblick21 · SONNENSTRASSE — · Louis Hotel

**4** Viktualienmarkt · MAXIMILIANSANLAGEN

*Nordsee* · Schrannenhalle · Deutsches Museum

NL · Berlin · PL · **6**

DE · — ROSENHEIMERSTRASSE

BE · Frankfurt · LINDWURMSTRASSE · BLUMENSTRASSE

CZ

FR · **München** · KLENZESTRASSE · **10** Friedhof am Perlacher Forst/Forschungsbrauerei

AT · Café Maria **5**

CH

---

**BASICS**

Vom Flughafen nehmen Sie die S-Bahn bis zum Münchner Hauptbahnhof. In der Stadt nutzt man am bequemsten das gut ausgebaute U-Bahn-Netz.

**Charles Hotel**
Sophienstraße 28
+49 89 54 45 550
thecharleshotel.com
€€€€
*Modernes Stadthotel der Rocco-Forte-Gruppe im Herzen Münchens.*

**Louis Hotel**
Viktualienmarkt 6
+49 89 4111 9080
louis-hotel.com
€€€
*Geschmackvolles neues Hotel direkt am Viktualienmarkt.*

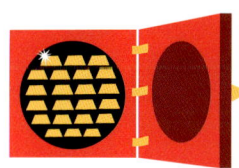

# Zürich

*Zürich, die größte Stadt der Schweiz, ist in zwölf Kreise eingeteilt. Die Innenstadt, Kreis 1, ist das Zürich, das man kennt: ein internationaler Finanz- und Bankenplatz vor malerischer Altstadtkulisse, an dem die Mechanismen des Kapitalismus mit Schweizer Präzision ablaufen. Im Kreis 2 am Westufer des Zürichsees findet man Unterhaltung, Jugendherbergen und schöne Uferstrände. Kreis 5 hat einen sehr industriellen Charakter, steht aber auch für die großen Namen der Gegenwartskunst. Kreis 4, das alte Rotlichtviertel, wird durch die wachsende Zahl hipper Läden, Restaurants und Bars immer attraktiver.* – ROBERT GOFF

## FREITAG

### 1 *Seeblick* 14 Uhr

Das Zentrum von Zürich wirkt fast ein wenig zu sauber und perfekt, doch die sehr gut erhaltene Gebäudestruktur, die vom Mittelalter bis zur Gründerzeit reicht, ist einen Besuch wert. Aber auch die Kulisse an der Limmat, an der Sihl und am Zürichsee ist wunderschön. Die beste Aussicht haben Sie am westlichen Limmatufer und oben im **Lindenhof**, einst Standort eines römischen Zollhauses (die nächste Tramstation ist Rennweg) und höchster Punkt der Altstadt. Eine andere Perspektive haben Sie vom Wasser aus: entweder von der Limmat aus unter sieben Brücken hindurch oder vom Zürichsee. Ausflugsboote auf die Limmat legen von den Kais am Landesmuseum hinter dem Bahnhof ab, und vom Anleger Bürkliplatz (zuerich.com/de/Besucher/information/transport.html) geht es auf den Zürichsee.

### 2 *Schaufensterbummel* 16 Uhr

Auf große Namen wie Dior und Prada trifft man auf der Bahnhofstrasse, hinzu kommen Schweizer Labels wie **Akris** (im Kaufhaus Grieder; Bahnhofstrasse 30; akris.ch) und diverse schicke Kaufhäuser. Kostspieliger ist der Besuch bei **Sprüngli** (Bahnhofstrasse 21; spruengli.ch), dem bekanntesten Züricher Chocolatier, dessen Tradition bis ins Jahr 1836 zurückreicht. Das nächste Ziel heißt **Grossmünster** (Grossmünsterplatz; +41 44 252 5949; grossmuenster.ch), eine von

Karl dem Großen gestiftete Kirche. Hier kann man Kirchenfenster von Sigmar Polke aus dem Jahr 2009 bewundern. Manche zeigen biblische Figuren, andere sind kaleidoskopisch bunt. Zudem sind einige Fenster von Augusto Giacometti (ein Onkel von Alberto). Das Fraumünster auf der anderen Limmatseite kann mit seinen Marc-Chagall-Fenstern aufwarten.

### 3 *Der große Giacometti* 18 Uhr

Das **Kunsthaus** (Heimplatz 1; +41 44 253 8484; kunsthaus.ch) ist das wichtigste Kunstmuseum der Stadt und beherbergt eine Sammlung europäischer Kunst des 19. und frühen 20. Jahrhunderts. Hier kann man vor allem die lang gestreckten, schlanken Skulpturen des berühmteren Giacometti – Alberto – sehen. Das Kunsthaus ist freitags bis 18 Uhr geöffnet und auch für einen kurzen Besuch lohnenswert.

### 4 *Zu neuen Ufern* 21 Uhr

Verlassen Sie die Altstadt in Richtung Kreis 4, wo das **Helvetia** (Stauffacherquai 1; +41 44 297 99 99; hotel-helvetia.ch; €€€€), ein Restaurant und Boutiquehotel, auf der anderen Seite der Sihl liegt. Hier ist die Grenze zwischen dem Postkarten- und dem wahreren Zürich, das man gern länger erkunden würde. In den 1930er-Jahren war das Helvetia Treffpunkt der Kommunisten und anderer Oppositioneller. Heute zieht es ein gut betuchtes Publikum auf der Suche nach moderner, saisonaler Schweizer Küche an. Nach dem Essen sollte man sich für einen Schlummertrunk hinab in die mit dunklem Holz verkleidete Bar begeben oder von der Terrasse den Blick auf den Fluss genießen.

**GEGENÜBER** Flussbad Oberer Letten, ein beliebter Treffpunkt.

**RECHTS** Straßenbahnen verbinden die Züricher Kreise.

**SAMSTAG**

**5** *Hui, aber nicht pfui* 10 Uhr

Nachts begegnet man in den schmalen Straßen des Kreises 4 der einen oder anderen Dame aus dem horizontalen Gewerbe. Tagsüber übernehmen die jungen Mode- und Designjunkies. Sie finden ihren „Stoff" u. a. im **Bord** (Weststrasse 74; +41 43 243 6911; bord.ch), einer umgebauten Werkstatt, in der Vintagemöbel, etwa von Jean Prouvé, neben modernen Stücken von aktuellen Designern angeboten werden. Für Schweizer Urban Wear ist **Street-Files Studio** (Badenerstrasse 156; +41 44 221 9977) eine gute Adresse. Die besten neuen Galerien der Stadt sind ebenfalls in dieser Ecke angesiedelt. Verhungern oder verdursten braucht hier auch niemand – Cafés und Bars gibt es überall.

**6** *Kunst zum Verlieben* 14 Uhr

In Zürich sind die angesagtesten Galerien beheimatet, viele davon in der umgebauten Brauerei **Löwenbräu Areal** (Limmatstrasse 270) im Kreis 5, nordwestlich des Zentrums. In dem Gebäudekomplex befindet sich auch die **Kunsthalle Zürich** (kunsthalle-zurich.ch), ein Museum für zeitgenössische Kunst, und das **Migros Museum** (migrosmuseum.ch) mit einer eigenen Sammlung und Ausstellungen aktueller Konzeptkunst. Und wenn Sie schon einmal hier sind, gehen Sie auch in den Flagship-Store von **Freitag** (Geroldstrasse 17; +41 43 366 9520; freitag.ch), wo es Taschen aus recycelten Lkw-Planen gibt. Das Gebäude besteht aus 17 alten, aufeinandergetürmten Schiffscontainern und ist immerhin 26 m hoch.

**7** *Illustre Gesellschaft* 17 Uhr

Will man wissen, wo die Reichen und Wichtigen speisen, geht man in die **Kronenhalle** (Rämistrasse 4; +41 44 262 9900; kronenhalle.ch; €€€€). Dunkles Holz und in der Bar grünes Leder und Marmortische mit Beinen, die von einem dritten Giacometti (Albertos Bruder Diego) entworfen wurden, verströmen die Aura von altem Geldadel, Diskretion und dicken

Schweizer Bankkonten. Werfen Sie auch einen Blick in die Restauranträume, in denen Werke bekannter Künstler wie Picasso, Miró oder Klee hängen.

**8** *Musikalisches Juwel* 19 Uhr

Das **Opernhaus Zürich** (Sechseläutenplatz 1; +41 44 268 6666; opernhaus.ch) hat einen vollen Spielplan. Es präsentiert erstklassige Opern und Ballettaufführungen mit weltbekannten Interpreten, Dirigenten und Tänzern. Kultur in eleganter Umgebung: Das Theater ist eine klassizistische Schönheit mit vielen Vergoldungen und Ornamenten, die schon allein einen Abend wert sind. Während der Züricher Festspiele findet auch eine Sommeroper statt.

**9** *Fischspezialitäten* 22 Uhr

Für einen späten Imbiss in entspanntem, geschmackvollem Ambiente bietet sich das **Restaurant Opera** im **Hotel Ambassador à l'Opéra** (Falkenstrasse 6; +41 44 258 9898; ambassadorhotel.ch/restaurant; €€€) an. Zwar gibt es bekannte Fleischgerichte wie Wiener Schnitzel, doch die eigentliche Spezialität sind Fischgerichte, ob Felchen aus dem Zürichsee oder Wolfsbarsch mit Pasta und weißen Bohnen. Am besten aber wählt man einen frischen Fisch aus der Auslage, gibt an, wie man ihn haben möchte, und genießt, bis er serviert wird, einen guten Wein.

**OBEN** Eine Bootstour auf der Limmat ermöglicht einen besonderen Blick auf Zürich.

**UNTEN** Sprüngli in der Bahnhofstrasse, der bekannteste Züricher Chocolatier.

**10** *Fleischlos glücklich*  10 Uhr

Wie wäre es mit einem üppigen vegetarischen Frühstück bei **Hiltl** (Sihlstrasse 28; +41 44 227 7000; hiltl.ch; €€), dem etwas anderen Restaurant in der Altstadt? Das 1898 gegründete Haus hat eine abwechslungsreiche Karte, auf der man Schweizer Spezialitäten wie Knöpfli (Spätzle) ebenso findet wie authentische indische und Thai-Currys. Trotz gestärkter weißer Tischwäsche und Kerzenleuchter ist die Atmosphäre ungezwungen. Die Speisen vom Büfett werden pauschal oder nach Gewicht berechnet.

**11** *Baden gehen*  12 Uhr

In den Sommermonaten ist das **Flussbad Oberer Letten** (Lennsteg 10; badi-info.ch/oberer_letten.html)

mitten in der Stadt ein beliebter Treffpunkt für alle Züricher. Ob Student, Banker oder Sportler, junge Familien oder Lebenskünstler – hier wird relaxt, geschwommen und gespielt. Die mit Holz verkleideten Terrassen und Rasenflächen liegen am Fluss und laden zum Entspannen, Dösen oder für ein Picknick ein. Cafés und kleine Biergärten sind ebenfalls vorhanden.

**OBEN** Der Flagship-Store von Freitag, in dem Taschen aus alten Lkw-Planen verkauft werden. Das Gebäude besteht aus 17 aufeinandergestapelten Schiffscontainern.

## BASICS

Der Pendelzug zwischen Flughafen und Stadtzentrum benötigt nur zehn Minuten. Mit speziellen Tageskarten hat man freie Fahrt in allen Bussen, Trams und Schiffen.

**Greulich Hotel**
Herman-Greulich-Strasse 56
+41 43 243 4243
greulich.ch
€€€
*Ein Full-Service-Boutiquehotel mit 28 Zimmern. Klares, modernes Design und begrünter Hof.*

**Limmatblick Hotel**
Limmatquai 136
+41 44 254 6000
limmatblick.ch
€€
*Ein Hotel, das dem Dadaismus – der in Zürich entstandenen künstlerischen Bewegung – verbunden ist, mit dadaistisch inspirierten Details und Zimmernamen. In der Bar kann es etwas lauter zugehen.*

### Karte Zürich

1/4 Meile
1/2 Kilometer

LIMMATSTRASSE
SILHQUAI
6 Löwenbräu Areal/ Kunsthalle Zürich/ Migros Museum
**Zürich**
Freitag
KREIS 5
GEROLDSTRASSE
11 Flussbad Oberer Letten
LIMMATSTRASSE
WEINBERGSTRASSE
UNIVERSITÄTSTRASSE
HERMAN-GREULICH-STRASSE
ZOLLSTRASSE
Limmat
Greulich Hotel
LAGERSTRASSE
Hauptbahnhof
KREIS 4
Limmatblick Hotel
Street-Files Studio
BADENERSTRASSE
ALTSTADT
Hiltl
KREIS 1
LIMMATQUAI
10
Helvetia 4
1 Lindenhof
Bord 5
WESTSTRASSE
Sihl
BAHNHOFSTRASSE
Grossmünster
Kunsthaus
Akris 2
3
GROSSMÜNSTERPLATZ
Sprüngli
7 Kronenhalle
Fraumünster
Opernhaus Zürich 8
9
Zürichsee
Restaurant Opera/ Hotel Ambassador à l'Opéra

50 Meilen
100 Kilometer
DEUTSCHLAND
FRANK-REICH
Zürich
AT
SCHWEIZ
Genf
ITALIEN

# Basel

*Was zeitgenössische Kunst und Architektur angeht, hat Basel einige Highlights zu bieten. Das am Rhein im Dreiländereck Schweiz–Frankreich–Deutschland gelegene Basel mit seinen knapp 200 000 Einwohnern vermittelt das Lebensgefühl einer Kleinstadt. Doch jedes Jahr im Juni strömen Zehntausende von Künstlern, Sammlern und Galeristen aus aller Welt zur Art Basel, eine der wichtigsten internationalen Messen für Gegenwartskunst. Um das kulturelle Angebot der Stadt zu erkunden, muss man sich aber nicht ins Messegetümmel stürzen. Basel, das von hier ansässigen Pharmariesen (Novartis und Roche) gefördert wird, verfügt über eine erstaunliche Museumslandschaft mit bedeutenden Kunstsammlungen. Aber auch in Sachen Architektur liegt Basel weit vorne, was am besten durch die Gebäude von Herzog & de Meuron – die hier ihr Büro haben – veranschaulicht wird. Basel mag zwar nicht besonders groß sein, doch seine Kreativität und die lebendige Kunstszene sind einer Großstadt würdig.* – ARIC CHEN UND STEVEN ERLANGER

## FREITAG

### 1 *Baseler Architekten* 14 Uhr

Die Hauptstadt der modernen Architektur hat zu viele interessante Gebäude für einen einzigen Rundgang – u. a. von Richard Meier, Mario Botta, Diener & Diener und natürlich Herzog & de Meuron. Am besten besorgen Sie sich im **Baseler Tourismusbüro** auf dem Barfüsserplatz (Steinenberg 14; +41 61 268 6868; basel.com) eine Broschüre und folgen einer der vorgeschlagenen Routen.

### 2 *Erst mal zu Holbein* 14.30 Uhr

Egal wo man in Basel hingeht, fast überall steht ein Museum. Und weil man in Basel eine Überdosis moderner und zeitgenössischer Kunst riskiert, sollte man erst einmal mit den alten Meistern im **Kunstmuseum Basel** (St.-Alban-Graben 16; +41 61 206 6262; kunstmuseumbasel.ch) beginnen, in dem die weltgrößte Hans-Holbein-Sammlung zu finden ist. Bewahren Sie Ihre Eintrittskarte auf – sie ist auch für

**GEGENÜBER** Die Feuerwache von Zaha Hadid befindet sich auf dem Gelände von Vitra, Weil am Rhein.

**RECHTS** Das Hauptgebäude der Art Basel.

das **Museum für Gegenwartskunst** (St.-Alban-Rheinweg 60; +41 61 206 6262) gültig, das nur ein paar Häuserblocks weiter liegt. Hier sind vor allem Werke von Künstlern ab den 1960er-Jahren, wie Joseph Beuys, Robert Gober und Matthew Barney, ausgestellt.

### 3 *Vater Rhein* 18 Uhr

Aus dem 14. Jahrhundert stammt das gotische **Münster** (Rittergasse 3; baslermuenster.ch). Die beiden roten Sandsteintürme sind weithin sichtbar, und der Münsterplatz ist ein guter Ausgangspunkt für einen Spaziergang durch die Altstadtgassen. Hier auf der südlichen Rheinseite befindet man sich in Grossbasel und blickt über den Fluss auf Kleinbasel mit seinen vielen, kleinen Straßen. Um über den Rhein zu kommen, kann man eine der sechs Brücken wählen. Schöner ist es aber, den Fluss mit den ungewöhnlichen Holzfähren zu überqueren, die an über den Rhein gespannten Drahtseilen befestigt sind und von der Strömung getrieben sowie mit einem Ruder gesteuert werden. Eine Anlegestelle befindet sich z. B. am Münster.

### 4 *Pasta Serra* 20 Uhr

Um sich unter das Kunstvolk zu mischen, gehen Sie im **Chez Donati** (St. Johanns-Vorstadt 48; +41 61 322 0919; lestroisrois.com; €€€–€€€€) essen. Die elegante, traditionelle Inneneinrichtung mit viel Holz und Papierarbeiten von Willem de Kooning, Richard Serra und anderen verströmt eine mediterrane Wärme, die der servierten Piemonteser Küche entspricht. Das Restaurant hat eine Terrasse mit hübschem Rheinblick.

**5** *Pflichtprogramm* 10 Uhr

In Basel gibt es viele Museen, die man besuchen sollte, und einige befinden sich in mindestens genauso spannenden Gebäuden. Nehmen Sie die Tramlinie 6 zur **Fondation Beyeler** (Baselstrasse 101; +41 61 645 97 00; fondationbeyeler.ch), einem von Renzo Piano entworfenen und durch Ernst Beyeler, einem Baseler Galeristen und Kunstsammler, ermöglichten

**OBEN** Vor dem Gebäude der Fondation Beyeler.

**UNTEN** Ein Werk auf der Art Basel, der international führenden Messe für Gegenwartskunst.

Bau, in dem neben Sonderausstellungen eine erlesene Sammlung mit Werken von Cézanne, Picasso, Rothko und Léger zu sehen ist.

**6** *Zeitgenössischer Dreh* 13 Uhr

Zurück in Grossbasel nehmen Sie Kurs auf die **Kunsthalle Basel** (Steinenberg 7; +41 61 206 99 00; kunsthallebasel.ch). Hier gibt es nur Zeitgenössisches zu erleben, außerdem ein Außenrestaurant, das bei Art-Basel-Besuchern sehr beliebt ist. Nehmen Sie sich die Zeit für einen Abstecher zum nahen Theaterplatz mit dem **Fasnachts-Brunnen**, ein Werk des Künstlers Jean Tinguely, das aus zehn Wasserfontänen in die Luft sprühenden Skulpturen besteht.

**7** *Kunst in Bewegung* 15 Uhr

Weitere Werke des Baseler Künstlers Tinguely sind im **Museum Tinguely** zu sehen (Paul Sacher-Anlage 1; +41 61 681 93 20; tinguely.ch), einem von Mario Botta entworfenen Bau. Vor allem Kinder werden ihren Spaß an den Arbeiten haben, die Witz und Kunst in humorvollen Maschinenkonstruktionen vereinen. Durch Knopfdruck lassen sich die Skulpturen in Gang setzen, und auf einige darf sogar geklettert werden. Nicht versäumen sollten Sie *Grosse Méta Maxi-Maxi Utopia* von 1987 sowie die hypnotische, lähmende Ode an den Tod, *Mengele-Totentanz*, ein Werkzyklus mit 14 kinetischen Skulpturen aus Eisenschrott, Erntemaschinen und Schädelknochen.

**8** *Suche nach dem Schönen* 17 Uhr

Wenn Sie sich in dieser schicken Stadt underdressed fühlen und ein neues Teil von YSL oder Jil Sander brauchen, gehen Sie auf die Freie Strasse, die Haupteinkaufsmeile. Der Schweizer Modetempel **Trois Pommes** (+41 61 272 9255; troispommes.ch) hat

UNTEN Im Teufelhof ist jedes Zimmer von einem anderen Designer gestaltet. Hier das Zimmer Nr. 9, eine Arbeit der Schweizer Designerin Lea Achermann.

ein Geschäft im Haus Nr. 74. Für Ausgefalleneres, aber ebenso Modisches, darunter auch Antiquitäten und Schmuck, ist die Gegend um die Schneidergasse und den Spalenberg das richtige Ziel. Tolle Accessoires sowie Taschen gibt es bei **Seven Sisters** (Spalenberg 38; +41 61 262 0980; sevensisters.ch). **Hand Made** (Nadelberg 47; +41 61 261 3161; h-made.ch) ist eine Fundgrube für schön designte Kleidung und Objekte.

**9** *Hirsch und Aprikose* 20 Uhr

Das fantasievollste Essen in Basel gibt es südlich des Stadtzentrums im **Stucki** (Bruderholzallee 42; +41 61 361 8222; stuckibasel.ch; €€€€) in einem prächtigen Haus mit altem Baumbestand. Besitzerin und Küchenchefin Tanja Grandits kombiniert lokale Produkte mit asiatischen Anklängen und präsentiert eine hervorragende Weinkarte. So gibt es Hirschrücken mit Ingwer-Piment-Tee, geröstetem Kürbis und Aprikosenmark oder Tintenfisch gedämpft in grünem Tee, Estragon-Taboulé und Sesamlauch.

**10** *Barszene* 22.30 Uhr

Während der Art Basel landen fast alle in der **Campari Bar** (Steinenberg 7; +41 61 272 8383) in der Baseler Kunsthalle. An Orten wie diesem passiert es auch schon mal, dass die Jeunesse dorée ihren Standesdünkel vergisst, je weiter der Abend voranschreitet. Wer es etwas luftiger mag, geht in die etwas lässigere **Bar Rouge** (Messeplatz 10; +41 61 272 4233; barrouge.ch), einer in Rot gehüllten Lounge auf der 31. Etage (ein Aufzug bringt Sie hoch) mit großartigem Blick über die Stadt.

**SONNTAG**

**11** *Viva Vitra* 11 Uhr

Bewahren Sie Ihre letzte Energie für den Vitra Campus im deutschen Weil am Rhein, nur 20 Busminuten von der Baseler Stadtmitte entfernt. Vitra, die weltbekannte Möbelfirma, hat ihr Produktionsgelände mit Gebäuden u. a. von Zaha Hadid, Tadao Ando oder Jean Prouvé in ein architektonisches Wunderland verwandelt. Das **Vitra Design Museum** (Charles-Eames-Straße 2; +49 7621 702 3200; design-museum. de) von Frank O. Gehry bildet dabei den Kern.

**OBEN** Abendessen mit Rheinblick im Restaurant Chez Donati.

**GEGENÜBER** Blick ins Vitra Design Museum.

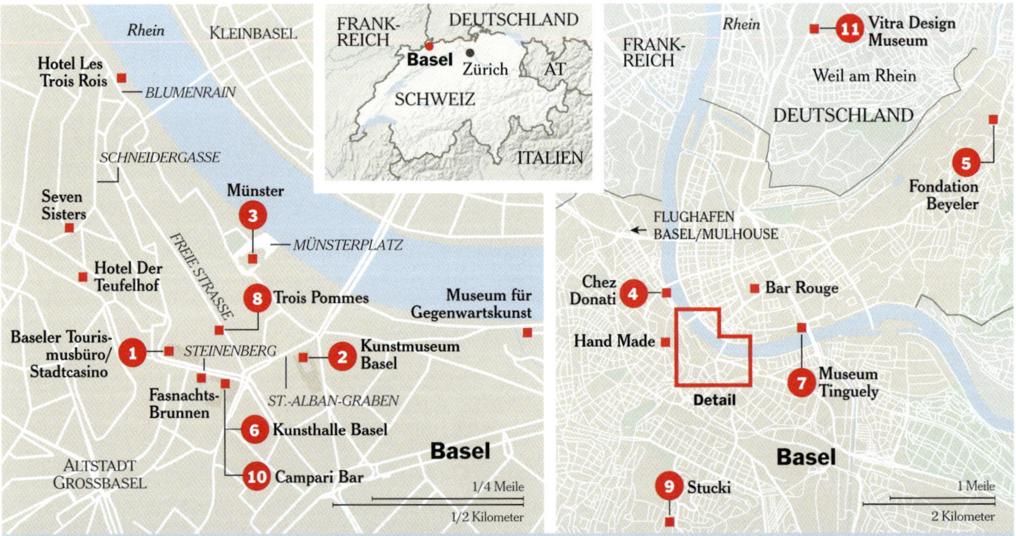

---

**Linke Karte:**

Rhein · KLEINBASEL

Hotel Les Trois Rois — BLUMENRAIN

SCHNEIDERGASSE

Seven Sisters

Münster **3**

— MÜNSTERPLATZ

Hotel Der Teufelhof

FREIE STRASSE

**8** Trois Pommes

Museum für Gegenwartskunst

Baseler Tourismusbüro/ Stadtcasino **1** STEINENBERG

**2** Kunstmuseum Basel

Fasnachts-Brunnen

ST.-ALBAN-GRABEN

**6** Kunsthalle Basel

**Basel**

ALTSTADT GROSSBASEL

**10** Campari Bar

1/4 Meile

1/2 Kilometer

**Mittlere Karte:**

FRANK-REICH · DEUTSCHLAND

Basel · Zürich · AT

SCHWEIZ

ITALIEN

**Rechte Karte:**

Rhein · **11** Vitra Design Museum

FRANK-REICH

Weil am Rhein

DEUTSCHLAND

**5** Fondation Beyeler

FLUGHAFEN BASEL/MULHOUSE ←

Chez Donati · **4**

**Bar Rouge**

Hand Made

Detail

**7** Museum Tinguely

**Basel**

**9** Stucki

1 Meile

2 Kilometer

---

**BASICS**

Per Flugzeug nach Basel/ Mulhouse oder Zürich (und mit dem Zug weiter nach Basel). Beim Check-in in einem Baseler Hotel lernen alle Gäste die Großzügigkeit der Stadt kennen und erhalten eine BaselCard für die freie Nutzung von Tram und Bus bis zu 30 Tage.

**Hotel Les Trois Rois**
Blumenrain 8
+41 61 260 5050
lestroisrois.com
€€€
*Luxushotel am Rheinufer.*

**Hotel Der Teufelhof**
Leonhardsgraben 49
+41 61 261 1010
teufelhof.com
€€€
*Kleines Hotel, das Wert auf Kunst und Design legt.*

# Bern

Wenn ein Schweizer einen Berner beschreiben soll, erzählt er, wie langsam dieser ist und dass dessen Seele Jahrhunderte braucht, um in den Himmel zu gelangen. Die Stadt in der Westschweiz mit ihren rund 140 000 Einwohnern mag wirklich zu den behäbigsten europäischen Kapitalen gehören, doch bestimmt ist sie eine der schönsten, ein kleines Prag mit Arkaden und Fontänen, eingerahmt von grünen Hügeln und dem gletscherblauen Wasser der Aare. Hier sind Urbanes und Ländliches eng miteinander verwoben. Eschen- und Eichenwälder reichen bis dicht an die Stadt heran. Man kann bis in den Morgen tanzen oder sich mit dem ersten Morgenstrahl zu einer Tour in die Alpen aufmachen und zum Mittagessen schon wieder zurück sein.
– TIM NEVILLE

## FREITAG

### 1 Bergblick 17 Uhr

Die Terrassenbar des **Bellevue Palace** (Kochergasse 3–5; +41 31 320 45 45; bellevue-palace.ch), eines luxuriösen Jugendstilhotels, in dem schon Nelson Mandela und Winston Churchill genächtigt haben, ist einer der wenigen Orte in Bern, an dem es ordentliche, wenn auch teure Cocktails gibt. Probieren Sie den Fancy Hendrick's mit Gurkensirup und Zitronensaft oder einen Swiss Highland Single Malt, gereift auf 3454 m Höhe in einem Eiskeller am Jungfraujoch, das man von der Terrasse aus sehen kann.

### 2 Über dem Fluss 19 Uhr

Nur wenige Restaurants können ein Ambiente mit Flussblick wie das **Schwellenmätteli** (Dalmaziquai 11; +41 31 350 50 01; schwellenmaetteli.ch; €€) bieten, wo der Speisesaal über die Aare kragt. Die Speisekarte auf der Terrasse ist mit Gerichten wie Tilapia mit Polenta eher mediterran ausgerichtet, im Innenrestaurant gibt es italienische Küche. Zum Dessert sollten Sie den Berg hoch zum **Restaurant Luce** (Zeughausgasse 28; +41 31 310 99 99; ristoranteluce.ch) gehen, wo man cremiges Tiramisu in üppigen Portionen serviert.

**GEGENÜBER** Bern ist eine entspannte Stadt und entschädigt alle, die bereit sind, etwas zu entschleunigen.

**RECHTS** Vintagemode bei Glanz & Gloria. Die Bogengänge der Stadt bieten viele überdachte Shoppingmöglichkeiten.

### 3 Jodelfreie Zone 23 Uhr

1987 besetzten Autonome und Jugendliche die ehemalige Reitschule in der Nähe des Hauptbahnhofs. Seitdem hat sich die **Reitschule** (Neubrückstrasse 8; +41 31 306 69 69; reitschule.ch) zu einem Kulturzentrum mit abwechslungsreichem Programm entwickelt. Freitags sitzen im Restaurant **Sous le Pont** Angestellte neben Punks bei einer Flasche Einsiedler-Bier, während im **Dachstock** Bands aus aller Welt bis spät in die Nacht abrocken. Zum Zentrum gehört auch der **Frauenraum**, einer der wenigen Frauennetzwerke der Stadt.

## SAMSTAG

### 4 Markttag 9 Uhr

Samstags und dienstags verwandelt sich der **Bundesplatz** in einen Marktplatz, auf dem u. a. Räucherfleisch, Käse und Backwaren angeboten werden. Zum Frühstücken gehen Sie am besten in die nordwestliche Ecke des Platzes. Werfen Sie einen Blick in die Schauplatzgasse, wo die Einheimischen Schlange stehen für ihr Zopfbrot und warme Rosinenschnecken, „Schnägge" genannt. Holen Sie sich dann beim **Beck Glatz Confiseur** in der Marktgass-Passage 1 (+41 31 300 20 24; glatz-bern.ch) etwas weiter östlich einen Kaffee, um sich für die bevorstehende Tour zu stärken.

**5** *Stadtbummel* 10 Uhr

In seiner über 800 Jahre alten Geschichte hatte Bern genügend Zeit, einige architektonische Eigentümlichkeiten zu entwickeln. Wenn Sie diese nicht versäumen wollen, leihen Sie sich bei der **Bern Tourist Information** im Hauptbahnhof (Bahnhofplatz 10a; +41 31 328 12 12; bern.com) einen iPod mit Audio-Führung, der Ihren Spaziergang durch die ältesten Teile der Stadt perfekt ergänzt. So wird man z. B. zu einem Stück der alten Stadtmauer geführt und zum Haus in der Mattenenge 2, wo man die Spuren eines Kanoneneinschlags aus dem Stecklikrieg 1802 erkennen kann, als Aufständische die Stadt beschossen.

**6** *Bären und Bier* 12 Uhr

Besuchen Sie den **BärenPark** (Grosser Muristalden 6; +41 31 357 15 15; baerenpark-bern.ch), ein rund 6000 m² großes Parkgelände, in dem drei Exemplare des Berner Wappentiers, die Braunbären Björk, Finn und Ursina gehalten werden. Im **Alten Tramdepot** (Grosser Muristalden 6; +41 31 368 14 15; altestramdepot. ch; €€) neben dem Park wird das beste Hefeweizen der Stadt gebraut und leckere Käsespätzle serviert. Nehmen Sie die kleine Steige, die vom Alten Aargauerstalden abzweigt, hinauf zum **Rosengarten** (Alter Aargauerstalden 31b; +41 31 331 32 06; rosengarten. be) mit 220 Rosenarten und genießen Sie den tollen Blick auf die Stadt. Im Restaurant kann man sehr gut zu Mittag essen. Besonders zu empfehlen sind Saltimbocca und Safranrisotto (€€).

**7** *Undercover* 14 Uhr

Mit mehr als 3,5 km Bogengängen hat Bern eine der längsten überdachten Einkaufspromenaden in ganz Europa. Bei Madeleine Lüthi im **Glanz & Gloria** (Brunngasse 48; +41 31 311 19 50) findet man tolle Vintagemode für Damen. Die Mitglieder der Tschirren-Familie sind Chocolatiers seit 1919 und verkaufen ihre leckeren Champagnertrüffeln und Pralinen in ihrer **Confiserie Tschirren** in der Kramgasse 73 (+41 31 311 17 17;

swiss-chocolate.ch). Im **Heimatwerk** (Kramgasse 61; +41 31 311 30 00; heimatwerk-bern.ch) gibt es hochwertiges Fonduegeschirr, Edelweiß-Halstücher und Mondaine-Uhren, die wie Bahnhofsuhren aussehen.

**8** *Kleiner Imbiss* 16 Uhr

Viele Schweizer machen nachmittags um vier eine kleine Pause, die schon so traditionell ist, dass sie sogar einen Namen hat: *z'vieri* – nicht zu verwechseln mit *z'nüni*, dem gleichen Ritual um 9 Uhr morgens. Schauen Sie im **Adriano's** vorbei (Theaterplatz 2; +41 31 318 88 31; adrianos.ch; €€), einem lebhaften Café, in dem die coolen Baristas Kaffeespezialitäten aus frisch gerösteten Kaffeebohnen zaubern. Speziell das Sandwich – mit Ziegenkäse, getrockneten Feigen, Rauke und Akazienhonig auf Vollkornbrot – lässt für ein üppiges Abendessen kaum noch Platz.

**9** *Alles Käse* 19 Uhr

Nur wenige echte Schweizer würden ihr Fonduegeschirr auspacken, bevor es richtig kalt ist. Aber als Tourist muss man sich nicht darum scheren. **Le Mazot** (Bärenplatz 5; +41 31 311 70 88; mazot-bern.ch;

€€–€€€) ist bekannt für seine zahlreichen Fonduevarianten. Wenn Sie die urige Holzatmosphäre gegen ein etwas moderneres Ambiente eintauschen möchten, ist das **Lötschberg** (Zeughausgasse 16; +41 31 311 34 55; loetschberg-aoc.ch; €€) zu empfehlen. Hier sind die Fondues etwas traditioneller, sie haben die echte Gruyère-Vacherin-Mischung mit Knoblauch und Fendant, einem Schweizer Weißwein. Wenn Sie in der ausrangierten Skigondel vor dem Restaurant sitzen wollen, sollten Sie unbedingt reservieren.

**10** *Jazztime* 21 Uhr

Zwar findet das beste Jazzfestival in Montreux am Genfer See statt, doch in Bern gibt es eine Jazzschule, ein Festival und die **Mahogany Hall**, ein 1968 eröffneter Klub am Aareufer, in dem schon Schweizer

GEGENÜBER  Die Außengastronomie in der Reitschule.

OBEN  Salat des Tages im Zehendermätteli.

RECHTS  Frische Beeren gibt's auf dem Bundesplatz-Markt.

Musiker wie Philipp Fankhauser oder Stephan Eicher spielten. Die heutige Mahogany Hall (Klösterlistutz 18; +41 31 331 60 00; mahogany.ch) neben dem Bären-Park hat Platz für 180 Personen, und die Musik reicht von Dixie bis zu Funk und Soul.

### SONNTAG

**11** *Bern rollt*  10 Uhr

Sonntags sind die Geschäfte geschlossen, und Bern lässt es noch gemächlicher angehen – ein guter Tag für eine Radtour. Das kostenlose städtische Bike-Sharing-System Bern Rollt (bernrollt.ch) steht im Frühling, Sommer und Herbst zur Verfügung; das ganze Jahr über operiert Rent a Bike (+41 41 925 11 70; rentabike.ch), das auch Elektroräder vermietet. Abholstation ist der Gepäckschalter am Bahnhof. Radeln Sie stadtauswärts Richtung Norden durch die bewaldete Engehalbinsel, wo römische Straßen an den Ruinen eines altes Thermalbades vorbeiführen, zu einer Fähre, die Radfahrer über die Aare schippert. Machen Sie Halt beim **Zehendermätteli** (Reichenbachstrasse 161; +41 31 301 54 47; zehendermaetteli.ch; €€€), einem zu einer Gärtnerei gehörigen Restaurant. Die Käseauswahl für das Frühstück ist überwältigend.

**OBEN**  Vintage-Accessoires bei Glanz & Gloria.

**GEGENÜBER**  Sommer auf dem Zehendermätteli.

---

### BASICS

Mit dem Flugzeug nach Zürich, dann weiter mit dem Zug nach Bern. In der Stadt sind Sie am besten mit Tram, Bus oder zu Fuß unterwegs. In der engen Altstadt mit begrenzten Parkmöglichkeiten ist ein Auto unpraktisch.

**Hotel Schweizerhof**
Bahnhofplatz 11
+41 31 326 80 80
schweizerhof-bern.ch
€€€€
*Grace Kelly und Albert Schweitzer waren schon zu Gast in diesem Hotel mit 150-jähriger Tradition. Obwohl renoviert, gibt es in so manchem Zimmer immer noch einen alten Lüster.*

**Hotel Landhaus**
Altenbergstrasse 4–6
+41 31 348 03 05
landhausbern.ch
€€
*Einfache, aber komfortable Zimmer am Rande der Altstadt.*

Bern

VIKTORIASTRASSE
SCHÄNZLISTRASSE  AARGAUERSTALDEN
3  Reitschule/ Sous le Pont/ Dachstock/Frauenraum
NEUBRÜCKSTRASSE
KORNHAUSBRÜCKE
ROSENGARTEN
Rosengarten
ALTENBERGSTRASSE  ALTER AARGAUERSTALDEN
Bern Tourist Information
SPEICHERGASSE
Restaurant Luce
ZEUGHAUSGASSE
Hotel Landhaus
5  Hotel Schweizerhof
Lötschberg
7  Glanz & Gloria
Mattenenge 2
Mahogany Hall  10
Adriano's
8
Confiserie Tschirren
NYDEGASSE
6
Fahrrad-verleih-station
11
9
Heimatwerk
KRAMGASSE
BärenPark/ Altes Tramdepot
Le Mazot
Beck Glatz Confiseur
BUNDESGASSE
1  Bellevue Palace
Bundesplatz
4
KOCHERGASSE
DALMAZIQUAI
Aare
GROSSER MURISTALDEN
MARZILI
2  Schwellenmätteli
THUNSTRASSE
HELVETIASTRASSE
KIRCHENFELDSTRASSE

Zehendermätteli
4 Meilen
5 Kilometer
Bern
Detail
SCHWEIZ

FRANK-REICH  DEUTSCHLAND
Zürich
Bern  AT
SCHWEIZ
Genf
ITALIEN
50 Meilen
100 Kilometer

# Genf

Genf ist ein echter kosmopolitischer Schmelztiegel. Urlauber auf dem Weg in die Alpen und Touristen mit Sinn für elegante, teure Uhren und feinste Schokolade, aber auch Diplomaten und Geschäftsleute bereichern die Stadt. Die landschaftlichen Reize erstrecken sich vom Genfer See und seiner Umgebung über die durch den See fließende Rhône bis hin zum schneebedeckten Gipfel des Montblanc am Horizont. Die mittelalterlichen Mauern der Stadt boten Exilanten, Dissidenten und Freigeistern über viele Jahrhunderte Zuflucht und Schutz. Dank der viel zitierten Schweizer Neutralität ist Genf heute Sitz einiger internationaler Organisationen wie des Roten Kreuzes und der Vereinten Nationen.
– FINN-OLAF JONES

## FREITAG

**1** *An der Fontäne* 16.30 Uhr

Die Erkundung der glamourösen Uferpromenade beginnen Sie am besten am gepflegten **Jardin Anglais** mit seiner riesigen Blumenuhr. Ob zu Fuß oder auf dem Rad geht es dann in Richtung Jetée des Eaux-Vives, einem Hafendamm, der zum **Jet d'Eau** führt, einer der weltgrößten Wasserfontänen. Wenn sie nachts beleuchtet wird, ist der 140 m hohe Wasserstrahl ein großes Spektakel (Mieträder gibt es bei **Rent a Bike** am Hauptbahnhof; +41 41 925 11 70; rent-a-bike.ch).

**2** *Zum Dahinschmelzen* 20 Uhr

Jeder Schweizbesucher sollte zumindest einmal um einen Fonduetopf gesessen haben, und das **Restaurant Les Armures** im Hôtel Les Armures (rue Puits-St-Pierre 1; +41 22 310 34 42; hotel-les-armures. ch; €€€) ist eine echte Fondue-Institution. Es befindet sich am Rande der Altstadt. Der Raum hat eine Holzbalkendecke, und an den Wänden hängen alte Musketen. Wenn Sie richtig Hunger haben, bestellen Sie sich das Fondue mit Pilzen.

**3** *Cocktailstunde* 22 Uhr

Machen Sie einen Spaziergang durch die mittelalterlichen Straßen in Richtung eines der beliebtesten Treffpunkte der Stadt, die **Place du Bourg-de-Four**,

**GEGENÜBER** Genf, der Genfer See und der Jet d'Eau.

**RECHTS** Fondue im Restaurant Les Armures.

dem ehemaligen mittelalterlichen Marktplatz im Herzen der Altstadt. Restaurants und Cafés umgeben einen Marmorbrunnen aus dem 18. Jahrhundert. Das **La Clémence** (Place du Bourg-de-Four 20; +41 22 312 2498; laclemence.ch) ist am Morgen ein beliebter Treffpunkt für einen Café au Lait mit Croissant. Abends zieht seine Getränkeauswahl eine bunte Mischung aus Studenten, Geschäftsleuten und Politikern an.

## SAMSTAG

**4** *Reformation* 10 Uhr

Auch wenn die Mauern der kleinen Altstadt heute mit Graffiti überzogen sind, so sehen die Steinfassaden der alten Häuser größtenteils noch so aus wie zu Zeiten der Reformation, als Johannes Calvin und John Knox hier Zuflucht fanden und das „protestantische Rom" gründeten. In der **Cathédrale St-Pierre** (Cours St-Pierre 6; +41 22 311 75 75; saintpierre-geneve. ch) mit ihrer spitzen kupfergrünen Turmspitze sind die Zeichen der Reformation deutlich zu erkennen, und nur eine Seitenkapelle mit Engelsfresken aus dem 15. Jahrhundert bildet einen starken Kontrast zu dem nüchternen Hauptschiff der Kirche, dessen Schmuck während der Reformation abgenommen wurde. Vom Nordturm haben Sie einen fantastischen Blick über die Stadt und den See.

**5** *Schweizer Landschaften* 13.30 Uhr

Das **Musée d'art et d'histoire** (rue Charles-Galland 2; +41 22 418 26 00; ville-ge.ch/mah) zeigt einen wunderbaren Querschnitt europäischer Kunst, darunter Meisterwerke von Monet, Renoir,

van Gogh, Cézanne und Picasso. Im zweiten Geschoss können Sie in die Genfer Landschaften des Schweizer Malers François Diday und seines Schülers Alexandre Calame eintauchen.

### 6 *Villa Voltaire* 15 Uhr

Wer behauptet, Philosophie sei eine brotlose Kunst, dem sei ein Besuch des ehemaligen Wohnhauses des Philosophen Voltaire und heutigen **Institut et Musée Voltaire** (rue des Délices 25; +41 22 418 95 60; ville-ge.ch/bge/imv) empfohlen. Voltaire war ein guter Geschäftsmann, und seine Schriften zur Freiheit sowie sein scharfer Witz garantierte ihm mächtige Förderer, wie Katharina die Große oder den Preußenkönig Friedrich II. In seiner palladianischen Villa mit gepflegtem Garten entwickelte der Philosoph im 18. Jahrhundert jenes Gedankengut, das später die Französische Revolution nährte. Diese Schriften wie auch seine Korrespondenz und Manuskripte sind in den prächtigen Räumen des Museums ausgestellt.

### 7 *Zeitmesser* 17 Uhr

Falls Sie noch Zweifel daran haben, dass Sie sich in der Welthauptstadt der Uhren befinden, gehen Sie in die Rue du Rhône mit ihren vielen feinen Adressen. Bei **Bucherer** (Nr. 45; +41 22 319 62 66; bucherer.com) werden seit 1888 hochpreisige Zeitmesser verkauft, darunter wohl auch die weltgrößte Auswahl an Rolex-Uhren. Nicht exklusiv genug? Dann sollten Sie

**Marconi** (Nr. 53; +41 22 311 36 30; marconigeneve.com) aufsuchen. Hier werden Uhren in kleinen Serien hergestellt. Die edelsteinbesetzten Preziosen sehen aus, als ob sie Willy Wonka aus der Schokoladenfabrik tragen würde, wenn er sie sich denn leisten könnte.

### 8 *Alpen-Arabien* 20 Uhr

Genf hat eine wachsende arabische Gemeinde, was sich an den Beschriftungen der Geschäfte, Banken und Büros ablesen lässt. Das kulinarische Pendant dieser Entwicklung findet sich in der Rue de Berne, wo libysche Bäckereien, kleine Teestuben und arabische Restaurants in unmittelbarer Nachbarschaft zu dem kleinen, überraschend sauberen Rotlichtbezirk liegen. Das Restaurant **La Caravane passe** (rue du Dr-Alfred-Vincent 11; +41 22 731 34 31; lacaravanepasse.ch; €€) ist ein gemütlicher Familienbetrieb. Probieren Sie unbedingt die traditionellen Mezze und ein Lammgericht und trinken Sie dazu viel frischen Minztee.

### 9 *Technokraten* 23 Uhr

In Genf werden die Bürgersteige relativ früh hochgeklappt, doch gibt es ein paar Plätze, wo man lange feiern kann. Die samstags erst ab 23 Uhr geöffnete **Zoé Live Bar** (rue Ferdinand Hodler 23; +41 22 777 15 15; zoelivebar.com) präsentiert ein Musikspektrum von Funk über Soul, Rock bis zu Europop. Das Publikum tanzt dort im zuckenden Scheinwerferlicht

wie verhext zur Livemusik von Bands aus ganz Europa und dem von DJs aufgelegten Musikmix. Leider ist um 5 Uhr in der Früh Schluss.

## SONNTAG

**10** *Ganz diplomatisch* 11 Uhr

Wenn man in den Nachrichten von „Verhandlungen in Genf" hört, finden sie im **Palais des Nations** (Avenue de la Paix 14; +41 22 917 4896; unog.ch) statt, das zweitgrößte Büro der Vereinten Nationen nach dem Hauptsitz in New York. Der riesige Bürokomplex auf der rechten Seeseite wurde von 1929 bis 1936 als Sitz des Völkerbundes errichtet. Als nach dem Zweiten Weltkrieg die UN gegründet wurde, richtete man hier den europäischen Hauptsitz der Organisation ein. Er beherbergt heute eine Reihe von Unterorganisationen wie UNICEF und WHO.

Die einstündige Tour in allen sechs offiziellen UN-Sprachen führt Sie durch den riesigen Versammlungssaal und die Kunstgalerien. Danach sollten Sie sich Zeit für den 35 ha großen **Parc de l'Ariana** nehmen. Aber lassen Sie sich nicht von den Pfauen picken, die hier herumstolzieren.

**GEGENÜBER** Bei einem Spaziergang an der Uferpromenade kann man sich den Jet d'Eau mit seiner 140 m hohen Fontäne genauer ansehen.

**OBEN** Im zweiten Geschoss des Musée d'art et d'histoire sind Genfer Landschaften von Schweizer Malern ausgestellt.

## BASICS

Anreise per Zug oder Flugzeug. Vom Cointrin International Airport dauert die Fahrt zum Hauptbahnhof nur sechs Minuten. In der Stadt bewegt man sich am besten per pedes oder Rad oder gönnt sich ein Taxi.

**Hôtel de la Cigogne**
Place Longemalle 17
+41 22 818 4040
cigogne.ch
€€€€
*Elegantes Quartier an einem ruhigen Platz zwischen See und Altstadt.*

**Hotel Admiral**
Rue Pellegrino Rossi 8
+41 22 906 9700
hoteladmiral.ch
€€
*Schlichte, bequeme Zimmer in Bahnhofsnähe.*

# Genfer See

*Der sichelförmige, über 70 km lange Genfer See ist der größte, tiefste und blaueste Schweizer See. Vor allem aber macht die malerische Umgebung seine besondere Schönheit aus: steile Weinberge, historische Bauwerke und in der Ferne die schneebedeckten Alpengipfel. Die Winter sind mild, die Sommer warm und trocken, was dem Schweizer Nordufer auch den Beinamen „Schweizer Riviera" eingebracht hat. Am östlichen Ende gedeihen sogar Palmen. Viele namhafte Touristen und Reisende haben den See bewundert und beschrieben, so auch Lord Byron, Percy Bysshe Shelley und Mary Wollstonecraft Dowin (später Mary Shelley), als sie im Sommer 1816 hier weilten und mehr schaurige Inspiration fanden, als sie erwarteten.* – TONY PERROTTET

## FREITAG

### 1 *Nächtliche Inspirationen* 13 Uhr

Mit dem Zug kommt man zwar schnell voran, doch sollten Sie zumindest ein Stück des Weges von Genf nach Lausanne mit einem der altehrwürdigen Raddampfer zurücklegen (+41 90 092 9929; cgn.ch). Mary Shelley zeigte sich in ihren Briefen entzückt über die fast tropische Farbe des Sees: „blau wie der Himmel, der sich darin spiegelt". 1816 sorgte ein Vulkanausbruch in Indonesien auch in Europa für Wetterturbulenzen, und als die Dichter in der Nähe von Genf weilten, schrieb Mary von „fast ständigem Regen". Heftige Gewitter pflügten den See um, und eines Abends hatte Mary ihren berühmten Albtraum, der ihr als Grundlage für *Frankenstein* diente. Bald begann sie, daran zu schreiben, und verwendete den Genfer See als Kulisse. Byron ließ sich von der Stimmung anstecken und hatte die Idee für eine Vampirgeschichte, und ein weiteres Mitglied der Gruppe, John Polidori, ließ sich davon zu seiner schaurigen Kurzgeschichte *Der Vampyr* inspirieren, die wiederum Bram Stoker zu seinem *Dracula* anregte.

### 2 *Soiree-Geschichte* 15 Uhr

Legen Sie einen Halt in Coppet ein, um das **Château de Coppet** (chateaudecoppet.com) zu besichtigen. Hier residierte Madame de Staël einige Jahre, und im Sommer 1816 empfing sie in ihrem Salon auch Lord Byron. Sie erlangte nicht nur durch ihre Romane Berühmtheit, sondern auch durch ihre zahlreichen (prominenten) Liebhaber und ihre Soireen, zu denen die großen Denker Europas sich am Genfer See einfanden. Die heutigen Schlossbesitzer haben viele Räume der Öffentlichkeit zugänglich gemacht, sodass man originale Interieurs bewundern kann, wie die Badewanne der Madame und ein Pianoforte.

### 3 *Kapitänstisch* 18.30 Uhr

Das außergewöhnlichste gastronomische Erlebnis am Genfer See (französisch: Lac Léman) ist vielleicht ein Essen an Bord eines der Belle-Epoque-Schiffe der CGN-Flotte (cgn.ch): Sie dinieren wie die alten Aristokraten in einem vornehmen Speisesalon mit Walnusstäfelung, gestärktem Leinen und Ausblick auf die terrassierten Weinberge, an denen der Schweizer Sauvignon Blanc reift.

### 4 *Ab nach oben* 20 Uhr

Lausanne, die schönste und lebendigste Stadt am Genfer See, zieht sich vom Hafen an steilen Hängen hinauf, die von einer gotischen Kirche gekrönt werden. Seilbahnen machen den Weg nach oben bequem. Der Blick über den See ist spektakulär. Weiter geht es zur lebhaften Place St-François, dem Dreh- und Angelpunkt der Stadt. Eine lässige Stimmung finden Sie im **Le Bleu Lézard** (Rue Enning 10, Lausanne; +41 21 321 3830; bleu-lezard.ch), das ein Café-Restaurant im Obergeschoss und einen Klub im Keller umfasst.

**GEGENÜBER** Der Genfer See befeuerte Lord Byrons romantische Fantasie.

**UNTEN** Das Château de Chillon war bereits eine Touristenattraktion, als Byron und Shelley 1816 am Genfer See weilten.

### 5 *Olympisches Ereignis* 10 Uhr

Als der Regen 1816 nachließ, segelten Shelley und Byron ans östliche Ende des Sees. In Lausanne weilten sie in Ouchy, dem Hafenbereich unterhalb der Stadt. Ihre Herberge wurde zum glamourösen Hotel d'Angleterre ausgebaut. So mancher Gast hier mag Mitglied des Internationalen Olympischen Komitees sein, dessen Sitz ganz in der Nähe liegt und wo sich auch das **Olympische Museum** (Quai d'Ouchy 1, Lausanne; +41 21 621 6511; olympic.org/museum) befindet. Videos und interaktive Schaukästen bringen die großen sportlichen Momente in Erinnerung: von Johnny Weissmullers Siegen 1928 in Amsterdam bis zu den Ski-Events unseres Jahrhunderts. Daneben sind u. a. Artefakte der antiken Spiele in Olympia ausgestellt.

### 6 *Art brut* 11 Uhr

Art brut bezeichnet die Kunst von Laien, Exzentrikern, geistig Behinderten, Kindern usw., die keiner akademischen Kunstrichtung oder -strömung zuzuordnen ist. Rund 10 000 solcher oft eigenwilliger Werke hat der Künstler Jean Dubuffet über 30 Jahre gesammelt und sie 1975 der Stadt Lausanne vermacht. Sie und viele andere sind in der **Collection de l'Art Brut** (Avenue des Bergières 11, Lausanne; +41 21 315 2570; artbrut.ch) zu sehen.

### 7 *Nächster Stopp: Vevey* 13 Uhr

Vevey, eingerahmt von Weinbergterrassen, dem See und den Alpen, ist nicht nur die Heimat von Nestlé, sondern auch Anziehungspunkt für Schriftsteller und Künstler. So stellte Henry James im Hotel des Trois Couronnes, das auch heute noch eine Luxusherberge ist, die erste Hälfte seines Romans *Daisy Miller* fertig. Im **Vevey Tourist Office** (Grande-Place

**OBEN** Ein Wanderweg in Lauterbrunnen, hoch in den Alpen.

**LINKS** Byrons eingeritzter Name in den Mauern des Château de Chillon.

**GEGENÜBER** Die Savoyer Alpen thronen über dem Genfer See.

29, +41 848 86 84 84; montreuxriviera.com) auf dem Hauptplatz der malerischen Altstadt weist man Sie gern auf die Quartiere von Dostojewski, Hemingway, Courbet, Le Corbusier oder anderer Künstler hin und bestimmt auch auf die Bronzestatue von Charlie Chaplin am Quai Perdonnet. 1730 stieg Jean-Jacques Rousseau hier in der Nähe ab. Essen Sie einen gegrillten Fisch aus dem See im **Café La Clef** (Rue du Théâtre 1; +41 21 921 22 45; €€).

### 8 *In Stein gemeißelt* 15.30 Uhr

Machen Sie einen Spaziergang an der Uferpromenade ins mondäne Montreux. Hier geht es sehr beschaulich zu, außer im Juli, wenn alljährlich das berühmte Montreux Jazz Festival stattfindet. Nach weiteren 3 km (die man auch mit dem Boot zurücklegen kann) gelangt man zum **Château de Chillon** (Avenue de Chillon 21, Veytaux; +41 21 966 89 10; chillon.ch), einem mittelalterlichen Schloss, dessen Türme sich über den See erheben. Im Innern führen Treppen durch endlose Zimmerfluchten, viele noch mit Resten mittelalterlicher Fresken. Von oben hat man durch die Schießscharten einen traumhaften Blick auf den See. Hauptattraktion ist der Donjon, denn hier ist in einen Pfeiler Byrons Name eingeritzt – ob von Byron selbst, ist ungewiss. Byron und Shelley waren tatsächlich in dem Schloss und tief bewegt von der schaurigen Geschichte eines politischen Gefangenen im 16. Jahrhundert, der sechs Jahre in Eisen im Schlossturm saß. Zurück im Hotel in Ouchy schrieb Byron bis tief in die Nacht eines seiner berühmtesten Gedichte: *Der Gefangene von Chillon.*

### 9 *Pilgerreise zu Freddie* 20 Uhr

Im beschaulichen Montreux ist der zweitberühmteste Event, der etwas mit Musik zu tun hat, der „Freddie for a Day"-Gedenktag (mit Aufklärung über Aids und HIV und Spendenaktion) am 5. September, dem Geburtstag von Freddie Mercury, dem legendären Frontman von Queen. Montreux war Freddies

Rückzugsort, hier unterhielt er von 1978 bis zu seinem Tod 1991 ein Studio. Fans zollen ihm vor einer 3 m hohen Statue am Ufer Tribut. Speisen Sie in Freddies Lieblingslokal, dem 130 Jahre alten **Bavaria Montreux** (Avenue Nestlé 17; +41 21 963 2545; bavariamontreux.ch; €€), das französisch-helvetische Küche serviert. Freddie liebte die Röstis.

### SONNTAG

**10** *Gipfelstürmer* 7.45 Uhr

Für die Zugfahrt von Montreux nach **Interlaken** muss man etwas früher aufstehen. In dem mondänen Ferienort erholten sich schon Prominente wie Mendelssohn, Mark Twain oder auch Königin Victoria (Golden Pass Line; +41 21 989 8190; goldenpass.ch). Die Panoramafahrt eröffnet spektakuläre Blicke auf den Genfer See, bevor es durch zahlreiche Tunnel und über Serpentinen ins Herz des Berner Oberlands geht, wo man auf die Gipfel von Eiger, Mönch und Jungfrau blickt. Während Byron und Co. sich für diesen Anblick noch auf beschwerliche Maultierexkursionen begeben mussten, können Sie das Ganze in wenigen Stunden vom Zug aus sehen. Falls noch Zeit bleibt, machen Sie einen Zwischenstopp in **Lauterbrunnen**. Byron beschrieb die spektakulären Trümmelbachfälle als den „im Wind wehenden Schweif eines Schimmels".

**OBEN** Madame de Staëls Salon, in dem sich die großen Denker jener Zeit versammelten.

**GEGENÜBER** Ein regnerischer Samstagabend in Montreux – Treffpunkt der Schönen und Reichen.

---

### BASICS

Züge fahren von Genf nach Lausanne, Vevey und Montreux. Außerdem gibt es Schiffsverbindungen über den See.

**Angleterre & Résidence**
Place du Port 11, Lausanne
+41 21 613 3434
angleterre-residence.ch
€€€
*Hier stiegen Byron und Shelley im Sommer 1816 ab.*

**Fairmont le Montreux Palace**
Avenue Claude Nobs 2, Montreux
+41 21 962 1212
fairmont.com/montreux
€€€€
*Prachtvolles Hotel der Belle Époque. Vladimir Nabokov residierte hier 16 Jahre lang.*

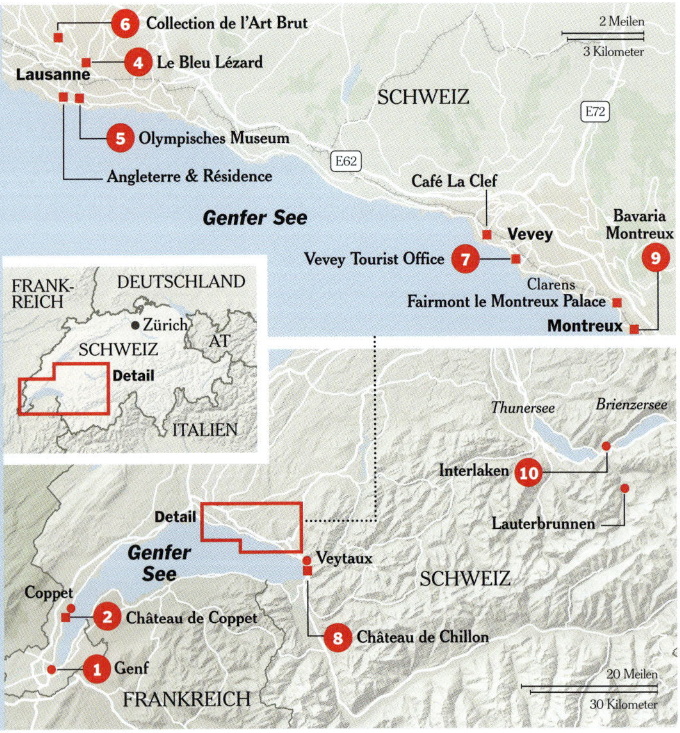

**6** Collection de l'Art Brut
**4** Le Bleu Lézard
Lausanne
**5** Olympisches Museum
Angleterre & Résidence

*Genfer See*

Vevey Tourist Office **7**
Fairmont le Montreux Palace
Café La Clef
Vevey
Clarens
Bavaria Montreux
**9**
**Montreux**

SCHWEIZ
E72
E62

2 Meilen
3 Kilometer

FRANK-REICH
DEUTSCHLAND
• Zürich
SCHWEIZ  AT
Detail
ITALIEN

*Genfer See*

Coppet
**2** Château de Coppet
**1** Genf
FRANKREICH

Detail
Veytaux
**8** Château de Chillon
SCHWEIZ

Thunersee  Brienzersee

Interlaken **10**
Lauterbrunnen

20 Meilen
30 Kilometer

# Zermatt

*In Zermatt, das von den höchsten Gipfeln der Schweizer Alpen umgeben ist, geht es hoch hinaus. Über 350 km markierte Pisten auf den eisblauen Gletschern und die klare, kalte Luft sorgen für ein perfektes Skivergnügen. Als Wintersportort blickt Zermatt auf eine lange Geschichte und Tradition zurück, die durch die tragische Erstbesteigung des Matterhorns 1865 mit mehreren Toten ihre Anfänge nahm. Zwar trifft man hier auch auf viel Glanz und Glamour, doch legt man immer noch großen Wert auf Stil und Understatement.*
– NICHOLAS KULISH

## FREITAG

**1** *Schöne Aussichten* 16 Uhr

Skiurlaube beginnen meist damit, dass man merkt, dass etwas fehlt. Zermatts zentrale Einkaufsstraße, die Bahnhofstrasse, bietet alles, was man braucht, und zudem eine gute Orientierung. Beginnen Sie Ihre Erkundungstour am Bahnhof bei der Bäckerei **Biner** (Bahnhofplatz 1; +41 27 967 70 07; biner.ch), um sich ein kleines Baumnusstörtli auf die Hand geben zu lassen. Und noch während Sie sich an diesem Walnusstörtchen erfreuen, können Sie sich bei **Haute Horlogerie Schindler** (Bahnhofstrasse 5; +41 27 967 11 18; schindler-zermatt.ch) zeitlos schöne Uhren der Luxusklasse von Cartier, Blancpain oder Vacheron Constantin anschauen. Gehen Sie auch in einen der kitschigen Kuckucksuhrenläden am Ende des Häuserblocks. Aber achten Sie darauf, dass Sie sich nicht an Ihrem Törtchen verschlucken, wenn Sie die fünfstelligen Preise sehen.

**2** *Alpenpanorama* 18 Uhr

Die schroffe, spitze Silhouette des Matterhorns ist das Symbol von Zermatt und auf jedem Etikett oder Logo zu erkennen. Um zu verstehen, warum, gehen Sie unter Tage ins **Matterhorn Museum** (Kirchplatz; +41 27 967 41 00; zermatt.ch/museum). Unter der Glaskuppel auf dem Kirchplatz geht es nach unten in die Ursprünge von Zermatt, wie Archäologen sie vorfan-

den. Die Exponate reichen von einer neolithischen Steinaxt bis hin zu dem gerissenen Seil, durch das vier der Erstbesteiger in den Tod stürzten. Das Museum ist ein informativer Einstieg, aber nichts ist beeindruckender als die Grabsteine auf dem Friedhof der benachbarten Kirche, wo nicht nur die vier Erstbesteiger, sondern auch andere Alpinisten liegen.

**3** *Das Lamm ruft* 20 Uhr

In Zermatt gibt es einige, allerdings eher mittelmäßige Restaurants, die zu überteuerten Preisen Lammspezialitäten anbieten. Das bekannte **Chez Heini** (Wiestistrasse 45; +41 27 967 16 30; chezheini. com; €€€€) mit ausgestopften Tieren und Starfotos an den Wänden bildet die glückliche Ausnahme. Chefkoch Dan Daniells Spezialität ist das über einer offenen Feuerstelle in einer Restaurantecke gebratene Lamm. Wenn das Licht dann ausgeht, greift der Chef persönlich zum Mikrofon und bringt ein Ständchen, und im Hintergrund laufen auf einer riesigen Leinwand Videoclips, z. B. ein Hubschrauber, der in einer Mischung aus *Schweizer Familie Robinson* und *Apocalypse Now* um das Matterhorn kreist.

## SAMSTAG

**4** *Über der Grenze* 8.30 Uhr

Im echten Leben gibt es nur wenig Begebenheiten, bei denen man sich wie James Bond fühlen kann. Eine Grenze auf Skiern zu überschreiten, ist so ein Erlebnis. Mit drei Seilbahnen gelangt man auf über 3800 m zum Klein Matterhorn. Hier auf dem Theodulgletscher können Sie sogar im Sommer

**GEGENÜBER** Das Dorf Zermatt hoch in den Alpen und sein Hausberg, das Matterhorn.

**RECHTS** Das Matterhorn zieht Bergsteiger magisch an, und das Skigebiet gehört zu den besten der Schweiz.

durch frischen Schnee wedeln. Wenn Sie neben der Baumgrenze eine weitere überschreiten möchten, fahren Sie hinüber zum Plateau Rosa auf der italienischen Seite. Um den Skispaß abzurunden, trinken Sie bei **Bontadini** (Piste 6 auf der italienischen Seite des Theodulpasses; +39 335 250312) an einem der Picknicktische auf der Holzterrasse einen leckeren Cappuccino.

**5** *Skipause* 13 Uhr

Bevor es auf zu Rothorn und Sunnegga auf der anderen Seite von Zermatt geht, machen Sie Einkehr im idyllischen Dorf Findeln. Der **Findlerhof Franz & Heidi** (+41 27 967 25 88; findlerhof.ch; €€€) bietet nicht nur ein atemberaubendes Panorama, sondern auch klassische Schweizer Gerichte (Reservierung wärmstens empfohlen). Die Quiche mit Lauch, Zwiebeln und Käse setzt neue Maßstäbe; das deftige Rösti stärkt für den Nachmittag. Für Spezialisten geht es danach direkt auf die Buckelpiste auf dem Triftjigletscher, wo traditionell jeden März der Bump Bash – halb Party, halb Skiwettbewerb – stattfindet.

**OBEN** Bei 360 km präparierten Pisten für jedes Niveau kommen alle Skifahrer auf ihre Kosten.

**RECHTS** Vernissage, eine gemütliche Bar im Backstage Hotel, das auch über ein Kino verfügt. In den Pausen wird dort Essen serviert.

**6** *Après-Ski* 16.30 Uhr

Einen besseren Ort für richtiges Après-Ski als den **Papperla Pub** (Steinmattenstrasse 36; +41 27 966 7600; papperlapub.ch) werden Sie nicht finden. Die Coverband haut einen Ohrwurm nach dem anderen raus, und die Partygemeinde tanzt in Skistiefeln dazu.

**7** *Kino mit Essen* 20 Uhr

Nach einem ganzen Tag auf Brettern ist Entspannung notwendig. Aber statt den ganzen Abend auf dem Hotelzimmer zu hängen, sollten Sie sich eine der Perlen der Zermatter Szene ansehen: das **Backstage Hotel** (Hofmattstrasse 4; +41 27 966 6970; backstagehotel.ch; €€€) mit seiner eleganten Bar Vernissage und dem Restaurant After Seven. Beim

ungewöhnlichen Cinedinner genießen Sie vor der Vorstellung einen Drink und bekommen in der Pause Ihr Essen serviert. Der Zermatter Künstler und Architekt Heinz Julen hat hier ein technisches und ästhetisches Highlight geschaffen. Der Kinoraum wird durch eine Glasscheibe vom Lärm der Bar im Untergeschoss geschützt.

### 8 *Wärmendes aus Irland* 22 Uhr

Für einen Schlummertrunk kehren Sie im **Edward's Bar Café** im rustikalen, aber eleganten Hotel Monte Rosa ein (Bahnhofstrasse 80; +41 27 966 03 33; monterosazermatt.ch), dem ältesten Hotel am Platz. Schauen Sie den Barkeepern zu, wie sie Ihren Irish Coffee zubereiten und den Whiskey im Glas über dem Feuer schwenken, um den Zucker zu schmelzen.

### 9 *Party Time* 24 Uhr

Wer noch nicht müde ist, kann sich nun in einen der zahllosen Nachtklubs stürzen, z. B. ins **Unique** **Hotel Post** (Bahnhofstrasse 41; +41 27 967 19 31; hotelpost.ch), eine Zermatter Institution mit fünf Bars und Klubs mit Livemusik, entspannten Lounges (z. B. dem Loft Lounge Club für 25+) und einer notorischen Kellerdisco, in der man auf Weinfässern bis in den Morgen tanzen kann.

### SONNTAG

### 10 *Rodeln* 10 Uhr

Unterschätzen Sie einen harmlos aussehenden Holzschlitten nicht, und der Hang ist auch kein Hügelchen im Stadtpark. Die Rotenboden-Rodelstrecke am **Gornergrat** (+41 848 64 24 42; gornergratbahn.ch) ist steil und kurvig. Schnell geht es bergab, und außer Ihren Füßen gibt es keine Bremsen. Legen Sie sich in die schnellen, steilen Kurven – und vielleicht auch auf die Schnauze –, aber der Spaß ist in jedem Fall so groß, dass Sie sofort wieder oben auf dem Berg stehen.

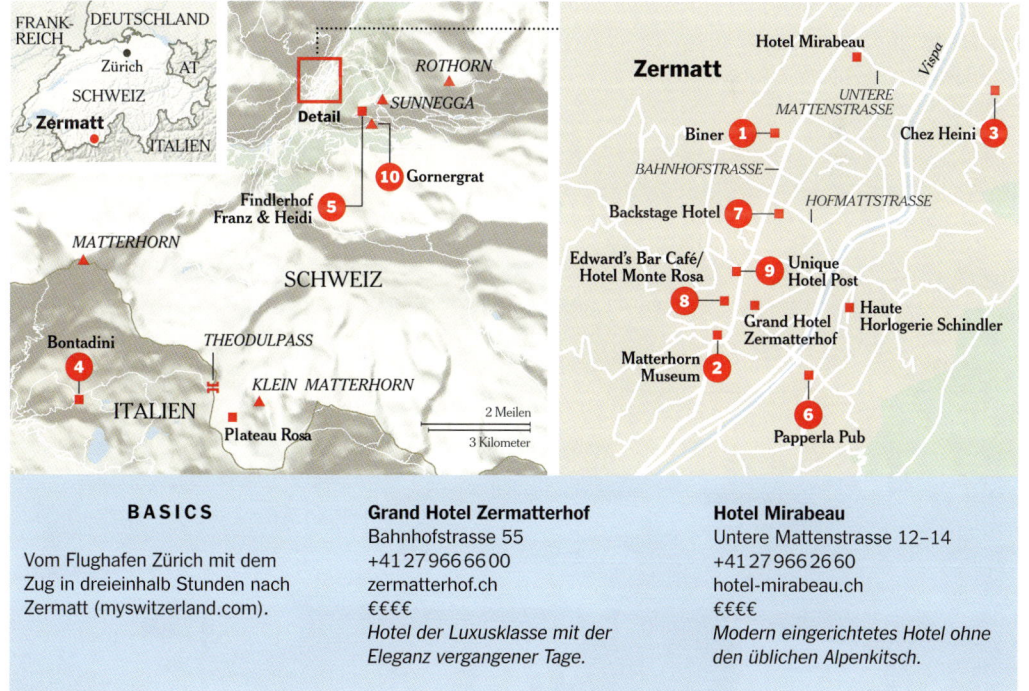

### BASICS

Vom Flughafen Zürich mit dem Zug in dreieinhalb Stunden nach Zermatt (myswitzerland.com).

**Grand Hotel Zermatterhof**
Bahnhofstrasse 55
+41 27 966 66 00
zermatterhof.ch
€€€€
*Hotel der Luxusklasse mit der Eleganz vergangener Tage.*

**Hotel Mirabeau**
Untere Mattenstrasse 12–14
+41 27 966 26 60
hotel-mirabeau.ch
€€€€
*Modern eingerichtetes Hotel ohne den üblichen Alpenkitsch.*

# St. Moritz

*Seit 150 Jahren ist St. Moritz das Synonym für Luxusurlaub im Schnee. Der Ort rühmt sich für seine durchschnittlich 322 Sonnentage im Jahr, was an der Höhe und der Lage auf der Alpensüdseite liegen mag. Freilich kann man sich auch fragen, ob die Gäste jenes exklusiven Ortes die Sonne nicht einfach auch bestellen wie ein perfekt gebratenes Steak in einem der hochpreisigen Bergrestaurants. Denn den Eindruck könnte man leicht bekommen, wenn man sieht, wie in der Via Serlas die potente Kundschaft vor den Geschäften von Chanel, Gucci, Bulgari, Chopard und Pucci aus den Pferdeschlitten steigt und den Kutschern ein Trinkgeld aus faustgroßen Geldbündeln zusteckt. Oder wenn man abends in die Klubs geht und im Schein des Neonlichts schnell feststellt: St. Moritz ist ein gutes Feld für kulturanthropologische Untersuchungen, eine Reise in ein Land der 300-Franken-Essen und reichlich fließendem Champagner.*
– SARAH WILDMAN UND GABRIEL SHERMAN

## FREITAG

**1** *Pelz statt Fleece* 15 Uhr

Der Strom aus internationalem (Geld-)Adel und Berühmtheiten, der Mitte des 19. Jahrhunderts einsetzte, hinterlässt bis heute seine Spuren. Im Hauptort **St. Moritz Dorf** kämpfen Bentleys mit SUVs um die Parkplätze; im Winter wird bevorzugt Pelz statt Fleece getragen, und zwischen den Luxushotels findet man schmucke Chalets. Schlendern Sie durch die schmalen Straßen und werfen Sie einen Blick in die vielen Designerboutiquen, Souvenirläden mit Schweizer Holzarbeiten und Sportgeschäfte, in denen Sie sich für die 350 Pistenkilometer einkleiden können. Gönnen Sie sich etwas Süßes in der Patisserie des familiengeführten **Hotel Hauser** (Via Traunter Plazzas 7; +41 81 837 5050; hotelhauser.ch), die berühmt ist für hausgemachte Schokolade und Engadiner Nusstorte; die Bar im Hotel ist ein beliebter Après-Ski-Treffpunkt.

**2** *Mittendrin* 17 Uhr

Selbst mit etwas kleinerem Budget können Sie (mit Krawatte und Jackett für Herren) einen Hauch Highlife schnuppern, wenn Sie den Abend mit einem Aperitif in der Renaissance Bar im **Badrutt's Palace Hotel** beginnen (Via Serlas 27; +41 81 837 1000; badruttspalace.com). Das Hotel ist nach jenem Hotelier benannt, der als Begründer des Wintertourismus in St. Moritz gilt. Lassen Sie sich mit einem Bellini in einen Fauteuil sinken und genießen Sie den tollen Blick auf den zugefrorenen St. Moritzersee. Aber auch im Hotel gibt es etwas zu sehen: Geldadel, Supermodels und Prinzessinnen, die ihre Pelze lässig über die samtenen Divane werfen oder sie wie kleine Haustiere neben sich platzieren. Ungeachtet aller Exklusivität kann man sich in St. Moritz wie vielleicht an keinem anderen Ort ganz zwanglos unter die Schönen und Reichen mischen.

**3** *Schweiz satt* 20 Uhr

Steuern Sie zum Auffüllen Ihrer Energietanks mit Highlights aus der reichhaltigen Schweizer Küche das **Le Lapin Bleu** (Sonnenplatz; +41 81 836 9696; steffani.ch/en/restaurants/le-lapin-bleu; €€€€) an. Das 1869 eröffnete renommierte Lokal, angeblich das älteste in St. Moritz, befindet sich im Erdgeschoss des Hotel Steffani. Auf der Karte stehen regionale Spezialitäten wie Wild mit Spätzle, Schweizer Fleisch vom Grill und drei Artcn von Fondue sowie hausgemachte Pasta.

**4** *Mitternacht in den Bergen* 23 Uhr

Wenn sich die Nacht über die Berge senkt und das Tal erleuchtet wird, ist es Zeit für das Nachtskifahren

**GEGENÜBER** Sonne und Schnee haben St. Moritz vor 150 Jahren berühmt gemacht. Später folgten Chanel und Gucci.

**UNTEN** Ski-Akrobatik in Corviglia, auf dem Piz Nair.

auf dem **Piz Corvatsch** (+41 81 838 7373; corvatsch.ch), wo man – freitags bis 1 Uhr (im Februar bis 2 Uhr) – morgens die Hänge hinunterwedeln kann. Der für seine Gletscherpisten bekannte Corvatsch rühmt sich mit der längsten Flutlichtpiste der Schweiz. Außerdem erwähnenswert sind das Bergrestaurant Alpetta, in dem man zu Abend essen kann, die Hossa Bar, wo DJs das Partyvolk aufmischen, und gelegentlich organisierte Feuerwerke.

### SAMSTAG

**5** *Der Berg ruft* 9 Uhr

Und wieder geht es auf die Piste – im Gegensatz zu gar nicht wenigen pelzbekleideten St. Moritzer Gästen, die sich lieber mit Casino, Spa und Shoppen zu begnügen scheinen. Ein PR-Fachmann aus St. Moritz schätzte einmal, dass der Anteil der Nichtskifahrer bei 55–60 Prozent liegt. Wenn man aber im frühmorgendlichen Sonnenschein ins Tal blickt, ahnt man, dass es sehr wohl lohnenswert sein kann, diese Berge auf Glasfasern zu erkunden und nicht nur mit dem Privatjet zu überfliegen. Skifahrer und Boarder – die Wangen vom Fahrtwind gerötet – merken schnell, dass sich das frühe Aufstehen an diesem Ort, der so sehr zum Nichtskifahren verleitet, auszahlt: kein Anstehen an den Liften und fast noch leere Pisten.

**6** *Wellness-Quelle* 13 Uhr

St. Moritz ist schon seit über 3000 Jahren für die heilsame Wirkung seiner Mineralquellen bekannt. Auch wer nicht im **Kempinski Grand Hotel des Bains** (Via Mezdi 27; +41 81 838 3838; kempinski.com/en/st-moritz/grand-hotel-des-bains; €€€€) bleibt, kann hier lunchen und das Spa benutzen. Die 1864 eröffnete Traumunterkunft liegt direkt über der in der Bronzezeit entdeckten Mauritiusquelle und gegenüber der Seilbahnstation nach Corviglia. Bestellen Sie in der Kempinski Bar Rösti oder ein Club Sandwich (Dresscode: smart casual). Danach schwimmen Sie eine Runde im Pool mit Blick auf die schneebedeckten Alpen und genießen anschließend den Saunabereich. Dresscode hier (nicht zwingend): nichts als ein flauschiges Handtuch. (Es gibt auch eine Damensauna.)

**7** *Küche ohne Grenzen* 19 Uhr

Man muss kein Gast des Hotels Salastrains sein, um einen Tisch im **Restaurant Salastrains** (Corviglia; +41 81 830 0707; salastrains.ch; €€€) zu bekommen. Im einladenden Speiseraum wird herzhafte Schweizer Küche mit norditalienischen Einflüssen serviert (wie hauchdünnes Thunfischcarpaccio), was eine schöne Verbindung nach Italien schafft, das nur einige Alpengipfel entfernt liegt.

**8** *Im Getümmel* 23 Uhr

Claudia Schiffer, Liz Hurley, Kate Moss oder Robert De Niro hat man schon häufiger im **King's Club** (Via Serlas 27; +41 81 837 1000) gesichtet, der Promiladen des Badrutt's Palace. Außer in der Weihnachtswoche und an Silvester, wenn weniger prominente Gäste an der schweren Eichentür abgewiesen werden, können auch Normalsterbliche hinab in den Tanzkeller steigen, in dem sich eine riesige Discokugel dreht. Hier haben Sie Gelegenheit, an teuren Getränken zu nippen und Schulter an Schulter mit jenen zu tanzen, die sich vor Ort Feriendomizile leisten können. Ein anderes Völkchen trifft man in der **Cava Bar** (Sonnenplatz; +41 81 836 9696; steffani.ch/

**LINKS** Champagner der Marke Cliquot, das tägliche Elixier von St. Moritz.

**GEGENÜBER** Das nach dem Vater des St. Moritzer Wintersports benannte Badrutt's Palace Hotel.

en/cava-bar) im Untergeschoss des Hotels Steffani, wo sich eine etwas jüngere Klientel tummelt.

### SONNTAG

**9** *Leicht oder herzhaft* 10 Uhr

Nehmen Sie einen Frühstückskaffee und ein süßes Gebäck im **Hanselmann** (Via Maistra 8; +41 81 833 3864; hanselmann.ch) in der Ortsmitte ein oder rüsten Sie sich im Hotel Hauser mit etwas Herzhafterem – einem zünftigen Sennerrösti mit Speck, Zwiebeln, Lauch und Käse – für einen weiteren Tag im Freien.

**10** *Schnee und Eis* 11 Uhr

Um eine andere Landschaft zu erleben, können Sie langlaufen. Von St. Moritz aus kann man auf 200 km bis ins Oberengadin im klassischen oder Skatingstil Langlauf betreiben. Pläne gibt es in den meisten Hotels der Stadt. Wenn's etwas schneller sein soll, ist die **Olympia-Bobbahn** (Plazza Gunter Sachs; +41 81 830 0200; olympia-bobrun.ch) eine Alternative. Der 1,6 km lange Natureiskanal in St. Moritz ist die älteste Bobbahn der Welt, und Mutige können mit professionellen Bobfahrern die 19 Kurven mit bis zu 130 km/h hinunterrasen.

### BASICS

Auf dem örtlichen Flughafen landen Privatjets und Chartermaschinen all jener, die es sich leisten können. Alternativ mit dem Linienflieger nach Zürich und weitere zwei Stunden mit dem Zug.

#### Suvretta House
Via Chasellas 1
+41 81 836 3636
suvrettahouse.ch
€€€€
*1911 eröffnetes Haus, das schnell die Berühmten anzog. Hier hatte Nijinsky seinen letzten Auftritt, und der Schah von Persien sowie Evita Perón urlaubten in diesem Hotel.*

#### Hotel Languard
Via Veglia 14
+41 81 833 3137
languard-stmoritz.ch
€€€
*Hotel mit zivilen Preisen der Familie Trivella, seit sechs Generationen ansässig in St. Moritz.*

1 Meile
2 Kilometer

FRANKREICH · DEUTSCHLAND
· Zürich
SCHWEIZ · AT
St. Moritz
Genf · ITALIEN

Olympia-Bobbahn **10**
Corviglia
Restaurant Salastrains **7**
**St. Moritz**
Suvretta House
**6**
SCHWEIZ
Kempinski Grand Hotel des Bains

Piz Corvatsch **4**

**St. Moritz Dorf**
VIA VEGLIA
VIA MAISTRA
Hotel Hauser **1**
Cava Bar
Hotel Languard
Le Lapin Bleu **3**
**9**
Hanselmann **2** **8**
Badrutt's Palace Hotel
King's Club

# Wien

*Das altehrwürdige Wien verführt mit seinen Reichtümern aus vergangener Zeit – wie den Werken von Gustav Klimt oder den prächtigen Parks – und ist doch viel mehr als eine Zeitkapsel aus kaiserlichen Schlössern und Fin-de-siècle-Fanfaren. Die multikulturelle Metropole mit 1,8 Millionen Einwohnern ist schon lange ein Schmelztiegel der Kulturen und beweist eindrucksvoll, dass auch ein so traditionsreicher Ort kreativ und gegenwärtig sein kann.* – CHANEY KWAK

## FREITAG

### 1 *Eugens Stolz* 13 Uhr

**Schloss Belvedere** (Prinz-Eugen-Straße 27; belvedere.at) wird oft mit Versailles verglichen, was kein Wunder ist, wuchs doch Prinz Eugen von Savoyen, der zwei Barockschlösser als Sommerresidenz erbauen ließ, am Hof Ludwigs XIV. auf. Die gepflegten Anlagen und überladenen Interieurs erinnern in der Tat an das berühmte französische Schloss. Das Obere Belvedere enthält eine stolze Sammlung österreichischer Kunst, zu der Werke von Egon Schiele und Gustav Klimt gehören. Vor allem *Der Kuss* von Letzterem verzückt die Besucher. Erkunden Sie die stufigen Gärten, die zum Unteren Belvedere führen, in dessen opulenten Hallen Wechselausstellungen stattfinden. Es gibt ein Kombiticket für beide Schlösser und das nahe gelegene **Belvedere 21**, ein Pavillon für zeitgenössische Kunst.

### 2 *Made in Austria* 16.30 Uhr

Unmittelbar südlich des historischen Stadtkerns haben sich zahlreiche Boutiquen angesiedelt, die unabhängige Wiener Modelabels vertreiben. Auf der Margaretenstraße finden Sie Läden mit Vintage-Designerklamotten, lokalen Modekollektionen oder Schmuckdesign. Modemuffel können bei **Feinedinge** (Margaretenstraße 35; feinedinge.at) handgearbeitetes Geschirr erstehen, das Wiens stolze Porzellanvergangenheit neu interpretiert.

### 3 *Gulasch mit Konzert am stillen Örtchen* 20 Uhr

Kehren Sie nach dem Shoppen in eines der vielen nicht touristischen Lokale auf oder in der Nähe der Margaretenstraße ein. Das **Randale** (Kettenbrückengasse 1; facebook.com/pizzarandale; €€) bietet ein robustes DJ-Line-up sowie interessante Pizzas wie

Wiener Blut mit Blunze (Blutwurst) und Räucherkäse. Genauso lebendig ist das Bar-Restaurant **Zweitbester** (Heumühlgasse 2; zweitbester.at; €€), das Gerichte wie Wildschweingulasch mit Kunstausstellungen und gelegentlich auch Livekonzerten am stillen Örtchen begleitet. In dieser Gegend gibt es auch viele Studenten- und Viertelskneipen.

## SAMSTAG

### 4 *Alles frisch* 10 Uhr

Der **Karmelitermarkt** (Leopoldgasse & Karmelitermarkt) im Karmeliterviertel (schwer im Kommen) ist am Samstagmorgen besonders belebt und spiegelt den vielfältigen Geschmack der Stadt. Hier finden Sie österreichische Wurst neben koscherem Fleisch, Bauern verkaufen ihr Obst und Gemüse neben Jungunternehmern, die selbst gemachte Spezialitäten anbieten. Der Flachdachbau **Kaas am Markt** (Karmelitermarkt 33–36; kaasammarkt.at) hat ein breites Angebot an Schinken und Käse aus der Region. Ringsum tummeln sich weitere Geschäfte, die Biolebensmittel und Backwaren sowie trendige Haushaltswaren und Mode verkaufen.

### 5 *Wiener Walzer* 11 Uhr

Die Donau ist nicht der einzige Fluss in Wien. Ihre viel kleinere Schwester, die Wien, fließt durch

**GEGENÜBER** Wiener Kaffeehaustradition im Café Sacher.

**UNTEN** Johann Strauss (Sohn), der „Walzerkönig", thront in güldener Pracht im Stadtpark, dem Hauptpark im Zentrum.

den riesigen **Wiener Stadtpark** an der Ringstraße, einer von Bäumen gesäumten Prachtstraße, die rund um das historische Zentrum führt. Erkunden Sie die Promenaden, Brunnen und Beete des Parks und halten Sie Ausschau nach Statuen von Musikern und Komponisten. Am charmantesten ist die vergoldete Skulptur von „Walzerkönig" Johann Strauss (Sohn), den *An der schönen blauen Donau* sowie viele weitere Walzer im 19. Jahrhundert unsterblich machten. In Wien kommt der Walzer niemals aus der Mode: Jeden Winter stellen die Wiener ihr Walzertalent auf Hunderten von Bällen im Dreivierteltakt zur Schau.

**6** *Die guten alten Zeiten* 13.30 Uhr

Wiens viele historische Kaffeehäuser – von der UNESCO zum immateriellen Kulturerbe der Menschheit erklärt – versetzen Besucher in eine Zeit, in der Visionäre wie Freud hier ihre Melange (Schwester des Cappuccino) tranken. Zwei der altehrwürdigsten sind das **Café Sacher Wien** (Philharmonikerstraße 4) und das **Café Central** (an der Ecke Herrengasse und Strauchgasse). Und fast jeder Wiener kann Ihnen den Weg zu weiteren weisen. Eine preiswertere Version aus dem 21. Jahrhundert ist das anachronistische **Supersense** (Praterstraße 68; the.supersense.com; €). Zu handgemahlenem Kaffee, selbst gebackenem Strudel und herzhafteren Gerichten wie Schlipfkrapfen (Osttiroler Teigtaschen mit Kartoffelfüllung) gibt es Indie-Konzerte und Vintage-Nippes. In einem zum Aufnahmestudio umgebauten Jugendstilaufzug können Sie sogar Ihre eigene Vinyl-Schallplatte pressen. Analog ist Trumpf!

**7** *Weltreise im Museum* 15 Uhr

Das ethnologische **Weltmuseum Wien** (Heldenplatz; weltmuseumwien.at), eingequetscht zwischen dem kaiserlichen Pomp der Hofburg und dem imposanten MuseumsQuartier, stellt typische Gegenstände aus der ganzen Welt aus und geht dabei auf die Rolle des Westens beim Raub oder der Bewertung von Artefakten ein. Die Schau „Welt in Bewegung" hinterfragt die Dinge, die wir aufbewahren, um unsere sich ständig wandelnde Welt zu dokumentieren.

**8** *Operndiva* 19 Uhr

In Wien begegnet einem klassische Musik auf Schritt und Tritt: vom Musikverein über das Wiener Konzerthaus bis hin zu vielen kleinen Locations. Aber der Star ist eindeutig die **Wiener Staatsoper** (wienerstaatsoper.at), die jährlich 300 Aufführungen von über 60 Opern und Balletten aufführt. Wem die Karten zu teuer sind (nur Stehplätze gibt es schon ab drei Euro), der kann die Aufführungen dank „Oper live am Platz" von April bis Juni sowie September auch live und kostenlos draußen auf einer großen Videowand verfolgen. Wenn Sie die prunkvollen Foyers und detailreichen Fresken des Interiors bestaunen wollen, machen Sie am nächsten Morgen eine Tour mit.

**9** *Schnitzel & Co.* 22 Uhr

Zweisprachige Speisekarten im Stadtzentrum signalisieren eigentlich immer „Touri-Fallen". Aber etwas versteckt, gleich um die Ecke vom Stephansdom, gibt es zwei Restaurants, die bei einheimischen Anzugträgern sehr beliebt sind. Das **Lugeck** (Lugeck 4; lugeck.com; €€) serviert österreichische Klassiker wie Schnitzel und glasierte Kalbsleber in einem modern eingerichteten Gastraum mit bunten Kacheln, Raumtrennern aus Holz und Kronleuchtern aus Bierkrügen. Noch schicker ist die **Labstelle** (Lugeck 6; labstelle.at; €€€), wo vorwiegend mit regionalen Produkten gekocht wird. Auf der ständig wechselnden

Karte stehen u. a. Gerichte wie geräucherte Ente mit Quittensenf und Spätzle mit Tiroler Graukäse.

**SONNTAG**

**10** *Ein Park für alle* 10 Uhr

Der seit 1775 öffentlich zugängliche **Augarten** (augarten.org) ist der Gemeinschaftsgarten der Wiener. Hier begegnet man auf schattigen Wegen Fußball spielenden Mädchen mit Kopftuch und chassidischen Juden beim Radeln. Der 52 ha große Park ist Stammsitz der Wiener Sängerknaben und der Porzellanmanufaktur Augarten. Zwei von den Nazis errichtete Flaktürme erinnern an ein weniger rühmliches Kapitel in der Geschichte der Stadt.

**11** *Stadtweine* 12 Uhr

Nehmen Sie auf der Ringstraße eine der alten rot-weißen Trams der Linie D bis zur Endhaltestelle Nussdorf, wo noch auf Wiener Stadtgebiet Weinberge gedeihen. Von dort aus wandern Sie den Stadtwan-

derweg 1a entlang, der an Hügeln mit Weinbergen und Bauernhöfen vorbeigeht. Unterwegs stoßen Sie auf mehrere Schänken, die ihren eigenen Wein anbieten. Ein guter Ort, um Wein zu verkosten und sich dafür eine solide Grundlage zu verschaffen, ist **Heuriger Hirt** (Eiserne Handgasse 165; heuriger-hirt.at), der örtliche Weine ausschenkt und sättigende, wenn auch uninspirierte Mahlzeiten serviert. Hauptattraktion ist hier die Aussicht – Wiens Skyline, die jenseits der Donau im Sonnenlicht glitzert.

**GEGENÜBER** Die Hofburg, Residenz der Habsburger Kaiser, beherbergt heute Museen.

**OBEN** Das neugotische Wiener Rathaus ist besonders in weihnachtlicher Beleuchtung beeindruckend.

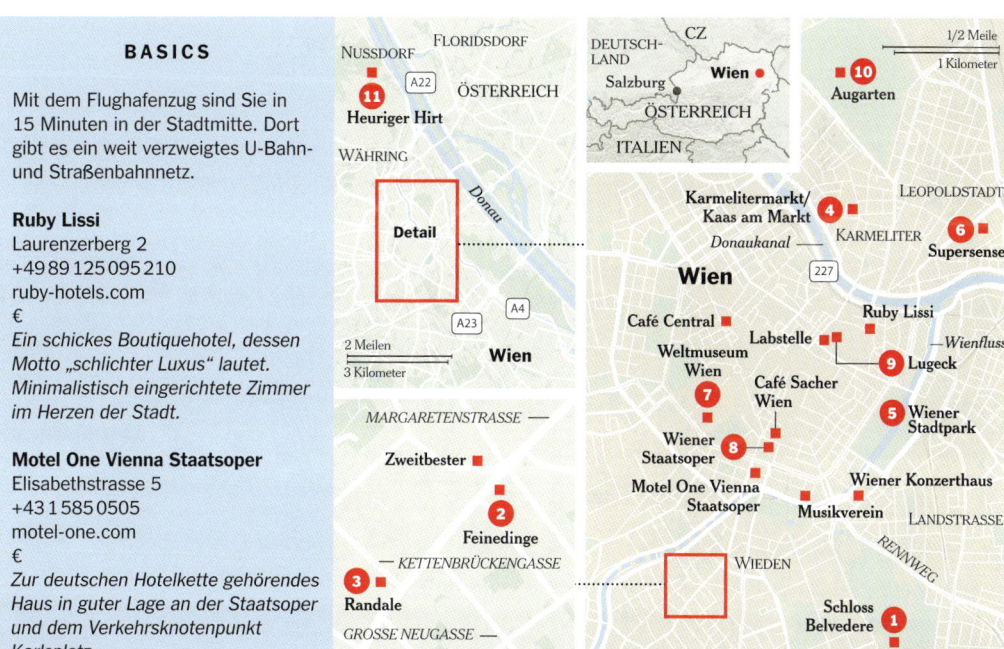

**BASICS**

Mit dem Flughafenzug sind Sie in 15 Minuten in der Stadtmitte. Dort gibt es ein weit verzweigtes U-Bahn- und Straßenbahnnetz.

**Ruby Lissi**
Laurenzerberg 2
+49 89 125 095 210
ruby-hotels.com
€
Ein schickes Boutiquehotel, dessen Motto „schlichter Luxus" lautet. Minimalistisch eingerichtete Zimmer im Herzen der Stadt.

**Motel One Vienna Staatsoper**
Elisabethstrasse 5
+43 1 585 0505
motel-one.com
€
Zur deutschen Hotelkette gehörendes Haus in guter Lage an der Staatsoper und dem Verkehrsknotenpunkt Karlsplatz.

# Salzburg

*Dank seiner mittelalterlichen Festung, seiner Barock-paläste und seiner Aussicht auf die Alpen hat Salzburg keine Mühe, Gäste anzulocken. Die Stadt wimmelt von Touristen, die meist Musik hören wollen, sei es Mozart oder die Trapp-Familie. Aber die Stadt hat noch mehr zu bieten: Galerien mit moderner Kunst, preis-werte Kaffeehäuser und den futuristischen Komplex Hangar-7. Im Sommer glitzert die Salzach vor dem Hintergrund grüner Berge, und internationale Stars der klassischen Musik treten bei den Salzburger Festspielen auf, den größten Europas. Im Winter ist die Stadt am gemütlichsten. Plätze verwandeln sich in geschäftige Weihnachtsmärkte, und die mit Kerzen beleuchteten Kneipen füllen sich mit Skifahrern.* – CHARLY WILDER

### FREITAG

**1** *Barock und moderne Kunst* 16 Uhr

Es gibt wohl kaum eine bessere Einführung in die Stadtgeschichte als das Barockschloss **Mirabell** mit seinen **Gärten**, das für viele frühe Mozartwerke und mehrere Szenen aus dem Film *The Sound of Music* als Kulisse diente. Hier finden das ganze Jahr über Konzerte und im Dezember Weihnachtsmärkte statt. Das Schloss wurde ursprünglich 1606 gebaut und ist mit seinem Papagenobrunnen, der Orangerie mit Gemälden von Rubens und Bernini sowie den Balustraden mit Statuen römischer Götter aus dem 17. Jahrhundert ein gutes Beispiel für einen Barock-palast. Modernere Kunst finden Sie in der **Galerie Thaddaeus Ropac** (Mirabellplatz 2; +43 662 881 390; ropac.net). Der Hauptsitz des wohl wichtigsten öster-reichischen Galeristen befindet sich in der Villa Kast mit Blick auf die Schlossgärten, wo bekannte zeitge-nössische Künstler aus Europa und den USA wie Jules de Balincourt und Robert Longo ausstellen.

**2** *Rustikale Mahlzeit* 18 Uhr

Meiden Sie die Touristenfallen in der Altstadt und besuchen Sie die **Andreas Hofer Weinstube** (Stein-gasse 65; +43 662 872 769; dieweinstube.at), die in einer gepflasterten Gasse an der Salzach liegt. Dort werden regionale Gerichte wie Knödelgeheimnis

(Semmelknödel mit Sauerkraut) serviert. Zur Essenszeit versammeln sich zahlreiche Gäste unter der gewölbten, von Kerzen beleuchteten Decke.

**3** *Amadeusstadt* 20 Uhr

Klassik dominiert die musikalische Landschaft der Stadt. Genießen Sie eine Vorstellung in der **Stif-tung Mozarteum** (Schwarzstraße 26; +43 662 889 400; mozarteum.at). Die Stiftung hat ein erstklassiges Konzert- und Opernprogramm zu bieten und ist an allem beteiligt, was mit dem Sohn der Stadt zu tun hat. Am 27. Januar, dem Geburtstag des Komponisten, lockt die jährliche Mozartwoche der Stiftung viele der weltbesten Orchester, Sänger und Dirigenten an.

**4** *Hiesige Weine* 21 Uhr

Österreichische Weine sind international weit weniger bekannt als ihre Nachbarn aus Italien und Deutschland. Das liegt keinesfalls an der Qualität, wie Sie in der **Enoteca Settemila a. C.** (Bergstraße 9; +43 662 873 257; enotecasettemila.at) selbst testen können, die sich auf Bioweine spezialisiert hat. Pro-bieren Sie einen der angenehm trockenen Grünen Veltliner oder Rieslinge. Bei den Roten empfiehlt sich ein pfeffriger Blaufränkisch, ein fruchtiger Zweigelt oder ein vollmundiger St. Laurent. Der Abend klingt dann mit einem edelsüßen Eiswein aus.

### SAMSTAG

**5** *Für Normalverbraucher* 10 Uhr

In der Altstadt finden Sie viele Kaffeehäuser im oberösterreichischen Stil. Im **Café Tomaselli** (Alter

**GEGENÜBER** Der Domplatz im Festtagsgewand.

**RECHTS** Die Salzach und die Lichter Salzburgs.

Markt 9; +43 662 844 48 80; tomaselli.at), das 1700 eröffnet wurde, eilen Kellner mit Fliegen durch den zweistöckigen Biedermeiersalon und servieren Kaffee mit Sahnehaube und einem Schuss Brandy in Porzellantassen. Preiswerter ist der Kaffee im **220 Grad** (Chiemseegasse 5; +43 662 827 881; 220grad.com), einem ultramodernen Café mit fair gehandelten Produkten. Nach der Stärkung gehen Sie in die Altstadt und vor allem zum Domplatz. Der Dom mit seinen hohen Türmen, kunstvollen Fresken und einer riesigen Pfeifenorgel ist dem Platz zugewandt. Besuchen Sie anschließend die Alte Residenz und das Stift St. Peter. Im Dezember sieht dieser Stadtteil wie verwandelt aus: Kinder mit Fausthandschuhen laufen Schlittschuh um die Mozartstatue herum, Chöre singen, und Händler in Holzbuden verkaufen Glühwein und skurrile Weihnachtsfiguren.

### 6 *Moderne Kunst* 12 Uhr

Obwohl Salzburg nicht gerade als kosmopolitisch gilt, unterstützt die Stadt seit Langem ihre Künstler. Als der **Salzburger Kunstverein** (Hellbrunner Straße 3; +43 662 842 294; salzburger-kunstverein.at) 1844 eröffnet wurde, war er eine der ersten österreichischen Institutionen, die sich dem Verkauf und der Ausstellung zeitgenössischer Kunst widmeten. Heute gibt es dort einen Ausstellungsraum, ein Café und 24 Ateliers für arbeitende Künstler. Auf der anderen Seite des Flusses finden Sie die Galerie **Periscope** (Sterneckstraße 10; +43 676 704 25 66; periscope.at), die 2006 von Künstlern in der Neustadt gegründet wurde.

### 7 *Mittelalterliche Höhen* 15 Uhr

Fahren Sie mit der Standseilbahn zur **Festung Hohensalzburg** (Mönchsberg 34; +43 662 842 430 11; salzburg-burgen.at), eine der am besten erhaltenen mittelalterlichen Burgen in Europa. Obwohl während der Napoleonischen Kriege viele Möbel geraubt wurden, sind die Räume erstaunlich gut erhalten. Die Prunkräume des Palastmuseums sind eine Augenweide, ebenso der Blick auf die Stadt und die Alpen vom Hof aus.

### 8 *Moderner Berg* 17 Uhr

Wandern Sie nun von der Festung zum **Museum der Moderne** (Mönchsberg 32; +43 662 842 220 403; museumdermoderne.at), einem vierstöckigen Gebäude aus weißem Marmor und Glas, das direkt neben einem Wasserturm aus dem 19. Jahrhundert auf dem Mönchsberg liegt. Verglaste Treppenhäuser führen zu den Ausstellungsräumen auf vier Ebenen, die Werke aus dem 20. und 21. Jahrhundert beherbergen. Beobachten Sie den Sonnenuntergang durch das offene Dach der Installation *Sky Space* des Künstlers James Turrell aus dem Jahr 2005, bevor Sie sich im Speisesaal des Restaurants **m32** (+43 662 841 000; m32. at; €€€–€€€€) unter einer Installation aus 390 Hirschgeweihen mediterran inspirierte österreichische Gerichte von Sepp Schellhorn genießen.

### 9 *Belgische Biere* 21 Uhr

Nachts treffen sich die Salzburger Studenten in den Kneipen am Fuße des Kapuzinerberges in der Neustadt. **Alchimiste Belge** (Bergstraße 10; +43 660 68 15 725; alchimiste-belge.at), eine belgische Bierbar, die gern von Musikern des Mozarteums besucht wird, serviert mehr als 50 Biersorten.

### SONNTAG

### 10 *Kaiserliches Frühstück* 9 Uhr

Das **Café Bazar** (Schwarzstraße 3; +43 662 874 278; cafe-bazar.at; €€) am rechten Ufer der Salzach ist ein 100 Jahre altes Kaffeehaus im Wiener Stil mit Kristalllüstern, Holzvertäfelung und Marmortischen. Der Blick über den Fluss und die Altstadt ist ebenso ansprechend wie das Essen: hauchdünne Schinken-

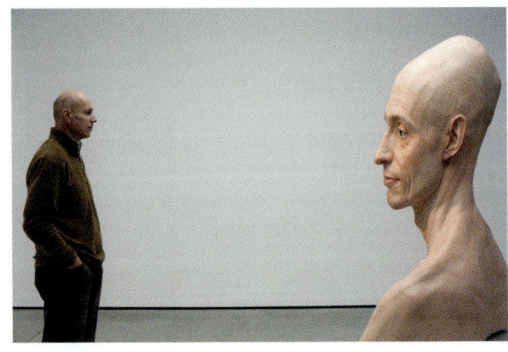

scheiben mit Honigkruste, frische Backwaren und
ein guter Kaffee. Kein Wunder, dass im Gästebuch,
das seit 1927 geführt wird, Namen wie Thomas Mann,
Marlene Dietrich und Arthur Miller stehen.

**11** *Energieschub*  11 Uhr
Machen Sie einen Abstecher zum **Hangar-7**
(Flughafen Salzburg, Wilhelm-Spazier-Straße 7A;
+43 662 21 97; hangar-7.com), der von Red-Bull-Mogul
Dietrich Mateschitz für seine alten Flugzeuge (die
„Flying Bulls") erbaut wurde. In dem großen Glasbau sind neben den mit Red-Bull-Logos verzierten
Flugzeugen Motorräder und Formel-1-Wagen, aber
auch moderne Kunst ausgestellt. Unter dem Dach
hängt eine Bar mit Glasboden, durch den die Besucher in die Halle blicken können. Außerdem gibt es

ein Edelrestaurant, in dem internationale Köche jeweils für einen Monat gastieren und ihr Menü präsentieren. Mit zwei Bars und einer Outdoor-Lounge
wirkt das Ganze etwas übertrieben.

**GEGENÜBER OBEN**  Die Stiftung Mozarteum. Klassische Musik
ist in Salzburg allgegenwärtig.

**GEGENÜBER UNTEN**  Eine Ausstellung im Museum der Moderne.

**OBEN**  Oldtimer-Flugzeuge im Hangar-7.

---

### BASICS

Fliegen Sie zum W.A.-Mozart-
Flugplatz. Die Stadt erkundet man
am besten zu Fuß.

**Hotel Bristol**
Makartplatz 4
+43 662 873 557
bristol-salzburg.at
€€€
*Elegantes altes Hotel in Flussnähe
gegenüber der Altstadt.*

**Goldener Hirsch**
Getreidegasse 37
+43 662 808 40
goldenerhirsch.com
€€€
*Drei mittelalterliche Stadthäuser,
die zu einem aristokratischen Hotel
vereinigt wurden.*

**Arte Vida Boutique-Guesthouse**
Dreifaltigkeitsgasse 9
+43 662 873 185
artevida.at
€€
*Exotisches Hotel im marokkanischen
Stil mitten im Stadtzentrum.*

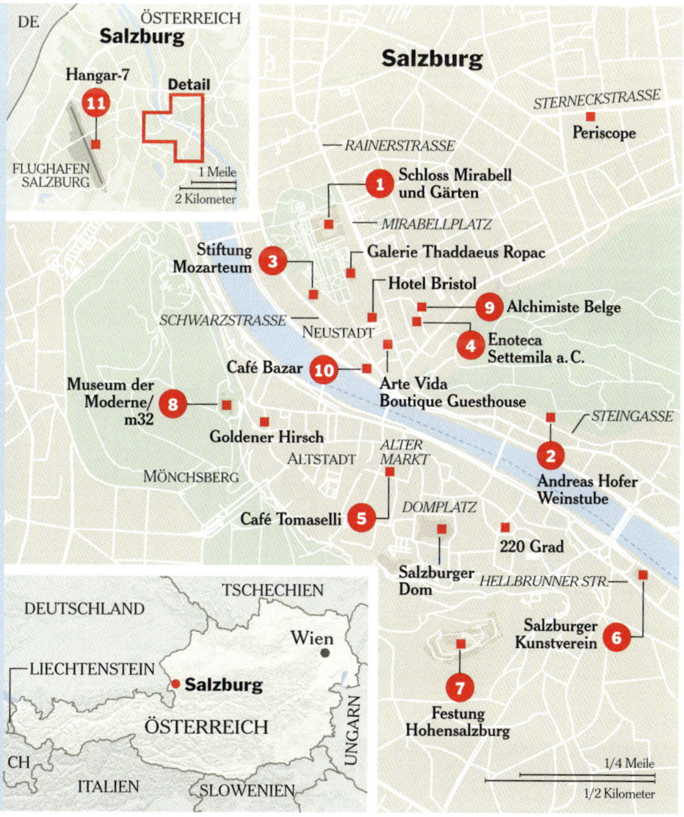

DE  ÖSTERREICH
**Salzburg**
Hangar-7  **Detail**
**11**
FLUGHAFEN
SALZBURG
1 Meile
2 Kilometer

**Salzburg**
STERNECKSTRASSE
Periscope
— RAINERSTRASSE —
**1** Schloss Mirabell
und Gärten
— MIRABELLPLATZ —
Stiftung **3** Galerie Thaddeus Ropac
Mozarteum  Hotel Bristol
SCHWARZSTRASSE  **9** Alchimiste Belge
NEUSTADT  **4** Enoteca
Settemila a. C.
Café Bazar **10**
Arte Vida
Museum der  Boutique Guesthouse
Moderne/ **8**  STEINGASSE
m32
Goldener Hirsch  ALTER
ALTSTADT  MARKT  **2**
MÖNCHSBERG  Andreas Hofer
Weinstube
Café Tomaselli **5**  DOMPLATZ
220 Grad
Salzburger  HELLBRUNNER STR.
Dom
Salzburger
Kunstverein **6**
**7**
Festung
Hohensalzburg
1/4 Meile
1/2 Kilometer

TSCHECHIEN
DEUTSCHLAND
Wien
LIECHTENSTEIN
● Salzburg
ÖSTERREICH
CH
ITALIEN  SLOWENIEN
UNGARN

# Innsbruck

*Die Alpen stehen für Skisport, doch Innsbruck, die selbst ernannte Hauptstadt der österreichischen Alpen, steht eher für Après-Ski, für Essen und Trinken, Shopping und Party. Die im Mittelalter gegründete Stadt hat sich ein jugendlich-dynamisches Flair bewahrt. Das liegt zum einen an den 30 000 Studenten bei gerade einmal 125 000 Einwohnern, zum anderen an der Begeisterung für moderne Architektur von Weltrang. Die Entwürfe von David Chipperfield, Dominique Perrault und Zaha Hadid konkurrieren inzwischen mit den Renaissancebauten und den Altstadtgassen um die Aufmerksamkeit. Eindrucksvoll sind auch die umliegenden Berghänge etwa am Stubaier Gletscher. Ein besonderer Genuss sind die Lifte, die Sie in die auf den Dächern eingerichteten Restaurants, Bars und Tanzklubs befördern.* – EVAN RAIL

## FREITAG

**1** *Kaffeeklatsch* 16 Uhr

Einheimische diskutieren gerne, welche nun Innsbrucks beste Konditorei ist. Viele votieren für das etwas modernere **Valier** (Maximilianstraße 27; +43 512 586 180; konditorei-innsbruck.at) südlich des Stadtkerns, während Traditionalisten das geschichtsträchtige **Munding** (Kiebachgasse 16, am Mundingplatz; +43 512 584 118; munding.at) in der Altstadt vorziehen, wo man bereits seit 1803 Apfelstrudel und Stollen serviert. Gehen Sie einfach in eines der beiden Häuser und genießen Sie dort, ganz wie ein Stammgast, den Kaffeeklatsch. Dann wechseln Sie in das andere und gönnen sich dort eine weitere Portion Kaffee und Kuchen – nur um sicherzugehen.

**2** *Lokale Weine* 17 Uhr

Ob Grüne Veltliner, Gelbe Muskateller oder Rieslinge – die österreichischen Weine ziehen viel Aufmerksamkeit auf sich. Eine beliebte Anlaufstelle in der Altstadt ist die gemütlich-unprätentiöse Weinbar **Invinum** (Innrain 1; +43 512 575 545; invinum.com), die jeden Monat ein Dutzend neue Rot- und Weißweine aus Österreich vorstellt. Probieren und vergleichen Sie im Innen- oder Außenbereich, als Stärkung gibt es kleine Teller mit Käse, Schinken, Bretzeln und

Oliven dazu. Ihre Favoriten können Sie praktischerweise gleich im angegliederten Weinhandel kaufen.

**3** *Essen mit Aussicht* 20 Uhr

Die zentral gelegenen **Rathausgalerien** mit dem Glasdach scheinen eine der üblichen protzigen Einkaufspassagen zu sein, doch Kenner zieht es wegen des Toprestaurants **Lichtblick** (Maria-Theresien-Straße 18; +43 512 566 550; restaurant-lichtblick.at; €€€€) hierher. Das lichtdurchflutete Lokal ganz oben im siebten Stock eines Hochhauses an der Maria-Theresien-Straße bietet einen fantastischen Ausblick auf die Stadt. Man glaubt, über die Grenze bis Südtirol schauen zu können. Die Küche ist italienisch inspiriert: aufgeschäumte Pastinakensuppe mit frischen Thunfischfilets oder zartes Salzwiesenlamm mit Polenta in Tomatensauce mit leckerem Ziegenkäse.

**4** *Nach dem Dinner* 22.30 Uhr

Wie faul sind Sie? Für einen bequemen Ausklang des Abends gehen Sie die knapp 20 Schritte vom Lichtblick ins **360°** (Maria-Theresien-Straße 18; +43 664 840 6570; 360-grad.at), eine elegante kreisrunde Panoramabar mit Blick über die ganze Stadt, und genießen dort einen der lokalen Weine wie die Weißweincuvée, die das Weingut Hiedler im Kamptal speziell für die Bar kreiert. Die besten Cocktails der Stadt finden Sie um die Ecke im **5th Floor**, einer Bar auf dem Dach des The Penz Hotel (Adolf-Pichler-Platz 3; +43 512 575 6570; the-penz.com). Verkosten Sie einen der 100 seltenen Whiskeys (wie den Talisker aus der einzigen Brennerei der Isle of Skye) oder einen „deutschen" Gin Tonic aus im Schwarzwald

**GEGENÜBER UND RECHTS** Standseilbahnen bringen Skifahrer auf den Berg. Zaha Hadid entwarf die neue Bergstation.

destillierten Monkey 47 und dem Berliner Tonic-
wasser von Thomas Henry.

### SAMSTAG

**5** *Töpferkunst in Vollendung* 10 Uhr

Österreich übte durch die Wiener Werkstätte und
die später nach London übergesiedelte Künstlerin
Lucie Rie großen Einfluss auf die Kunsttöpferszene
aus. Die Referenz für hochwertige Töpferwaren in
Innsbruck ist das seit 20 Jahren bestehende, im Bogen eines Eisenbahnviadukts untergebrachte **Töpferstudio Kathrein** (Viaduktbogen 1; +43 512 573 218;
toepferstudio.at). Hier produziert und verkauft Hans-
jörg Kathrein ausgefallene, aber sehr funktionale, von
Hand gefertigte Tassen, Schalen, Teller und Krüge.

**6** *Süßes Imperium* 13 Uhr

Das unter der Monarchie gegründete Haus Sacher, Heimat der „Original Sachertorte", ist zu einem
kleinen Firmenimperium gewachsen: Neben dem ursprünglichen Hotel Sacher in Wien gibt es Ableger in
Graz, Salzburg und Innsbruck. Die meisten Besucher
kommen wegen der berühmten Torte in das **Café
Sacher** (Rennweg 1; +43 512 565 626; sacher.com;
€€€), aber das herzhafte Angebot – von klassischem
Tafelspitz bis zu moderner Küche – verdient unbedingt Beachtung. Im üppigen Dekor des Fin de Siè-
cle, umsorgt von aufmerksamem Personal, genießt
man preisgekrönte Gerichte wie ein sahniges Beu-
schel aus Kalbsherz und -lunge.

**7** *Facettenreich* 15 Uhr

Tun Sie einfach so, als würden Sie die Kunst
bewundern, während Sie bei **Swarovski** (Herzog-

Friedrich-Straße 39; +43 512 573 100; kristallwelten.
swarovski.com) Klunker einkaufen. Die etwas außerhalb der Stadt produzierten Kristalle schmücken
etwa die im Erdgeschoss präsentierten High Heels
acht berühmter Designer und die Exponate verschiedener Künstler in den wechselnden Ausstellungen.
In den oberen Stockwerken erwartet Sie die abge-
dunkelte Wunderkammer, in der unzählige Kristalle
synchron zur Musik aufblitzen. Zum Abschluss belohnen Sie sich mit einem Gläschen in der stylishen Bar.

**8** *Tiroler Stil* 16 Uhr

Tirol, halb österreichisch, halb italienisch, ist
für Außenstehende nicht so einfach zu verstehen.
Sehr informativ ist der Besuch des **Tiroler Volks-
kunstmuseums** (Universitätsstraße 2; +43 512 594 89;
tiroler-landesmuseen.at), das die Geschichte der Region anhand von Gebrauchsgegenständen wie etwa
Kämmen und geschnitzten Löffeln, traditionellen
Gewändern und komplett eingerichteten Stuben präsentiert. In der benachbarten **Hofkirche** befindet sich
das Grabmal Kaiser Maximilians I. aus der Renais-
sancezeit, um das sich Statuen von Königen, Königinnen, Rittern und Höflingen gruppieren.

**9** *Sitz still (und iss gut)* 20 Uhr

Im Gebäude einer ehemaligen Schule residiert
heute das **Sitzwohl** (Gilmstraße 4; +43 512 562 888;
restaurantsitzwohl.at; €€€€) mit einer Tagesbar
und einem Feinkostladen im Erdgeschoss. Das stim-
mungsvoll mit Onyxleuchten ausgestattete Restaurant im Obergeschoss verwöhnt seine Gäste mit
abwechslungsreichen, modernen Interpretationen
regionaler Rezepte wie Presssack mit knusprigen
Maisplätzchen oder als Hauptgericht zarte Fasanen-

brust in Schinkenmantel mit Zimtrotkraut und Kartoffelknödeln, die außen knusprig, innen fluffig sind. Warum kann nicht jede Schulkantine solche Leckereien servieren?

**10** *Die Nacht durchmachen* 23 Uhr

Durch den hohen Studentenanteil zieht sich das Nachtleben der Stadt oft bis in die Morgenstunden hin. In Klubs wie dem **Weekender** (Tschamlerstraße 3; +43 512 570 570; weekender.at) tanzt das junge Publikum – je nach Motto des Abends – zu Livemusik von Metal- oder Punkbands oder zu Techno- und Housemusik, die DJs auflegen. Die gleiche Klientel trifft man auch in den Bars und Klubs, die sich unter den Viadukt-Bögen der Bahn angesiedelt haben, wie das **Project** (Ingenieur-Etzel-Straße 23; facebook.com/ projectibk) mit lokalen und internationalen DJs.

SONNTAG

**11** *Hoch droben in dünner Luft* 9 Uhr

Wirklich schwer zu sagen, was eindruckvoller ist: der Ausblick von den Seilbahnkabinen der **Hungerburgbahn** übers Tal hinweg oder der Anblick der an schwebende Raumschiffe erinnernden Seilbahnstationen. Die Architektin Zaha Hadid – von ihr stammt auch die Bergiselschanze – entwarf die vier markanten Bahnstationen. Von der Talstation **Congress** am Rand der Altstadt fährt die Bahn hinauf zur Bergstation **Hungerburg** in 860 m Höhe. Dort fotografieren Sie erst das Panorama, dann die Seilbahnstation.

**GEGENÜBER** Ein Skifahrer auf der Seegrube.

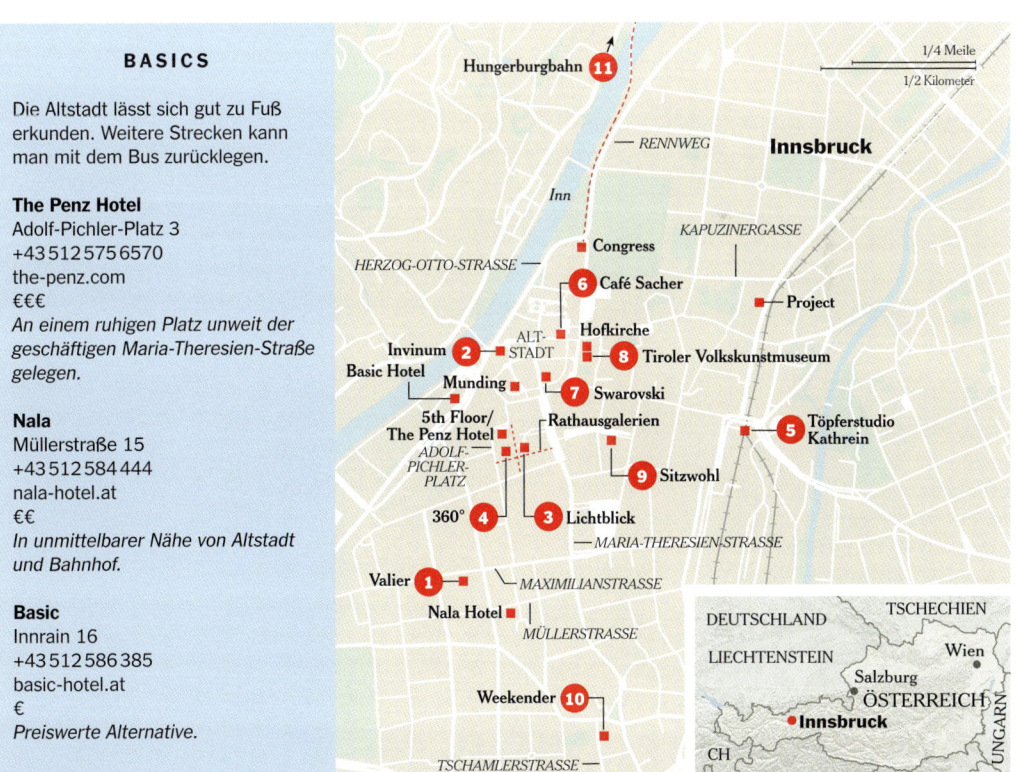

**BASICS**

Die Altstadt lässt sich gut zu Fuß erkunden. Weitere Strecken kann man mit dem Bus zurücklegen.

**The Penz Hotel**
Adolf-Pichler-Platz 3
+43 512 575 6570
the-penz.com
€€€
*An einem ruhigen Platz unweit der geschäftigen Maria-Theresien-Straße gelegen.*

**Nala**
Müllerstraße 15
+43 512 584 444
nala-hotel.at
€€
*In unmittelbarer Nähe von Altstadt und Bahnhof.*

**Basic**
Innrain 16
+43 512 586 385
basic-hotel.at
€
*Preiswerte Alternative.*

Hungerburgbahn **11**

RENNWEG — *Inn* **Innsbruck**

KAPUZINERGASSE

**Congress**
HERZOG-OTTO-STRASSE —
**6** Café Sacher
Project
Hofkirche
Invinum **2** ALT-STADT
Basic Hotel
Munding **8** Tiroler Volkskunstmuseum
5th Floor/ **7** Swarovski
The Penz Hotel Rathausgalerien
ADOLF-PICHLER-PLATZ **5** Töpferstudio Kathrein
**9** Sitzwohl
360° **4** **3** Lichtblick
— MARIA-THERESIEN-STRASSE
Valier **1**
Nala Hotel MAXIMILIANSTRASSE
MÜLLERSTRASSE
Weekender **10**
TSCHAMLERSTRASSE

1/4 Meile
1/2 Kilometer

DEUTSCHLAND TSCHECHIEN
LIECHTENSTEIN Wien
Salzburg
ÖSTERREICH
**Innsbruck**
CH ITALIEN SLOWENIEN UNGARN

# Prag

*Prag liegt in der Mitte zwischen dem alten und neuen Europa. Es ist die westlichste aller Hauptstädte des ehemaligen Ostblocks (mit der komplizierten Ausnahme Berlins) und deren Vorreiterin in die neue Ära. Die tschechische Hauptstadt ist kosmopolitisch und hat eine hohe Lebensqualität. Hier findet man vorzügliche neue Restaurants, innovative Künstler und Designer sowie eine gut ausgebildete, technikaffine Bevölkerung. Zum Glück sind die gotischen Turmspitzen, die gepflasterten Gassen, die anmutigen Brücken und die stylishen Frauen immer noch hinreißend.* – EVAN RAIL

## FREITAG

**1** *Großartiges Glas* 15 Uhr

Die Fenster des hoch aufragenden Veitsdoms mit ihren Glasmalereien haben Generationen von Gläubigen und Besuchern gleichermaßen inspiriert. In der Altstadt können Sie sich in der **Umelecke Sklenarstvi Jiricka-Coufal** (U Milosrdnych 14; +420 737 666 851; vitraz.cz) Originalfenster und die Handwerker, die sie gemacht haben, genauer ansehen. Das ist eine kleine Glashütte, in der einige Domfenster hergestellt wurden und jetzt restauriert werden. Man kann dort auch Repliken historischer Fenster kaufen. Ein Beispiel: Die Reproduktion eines mittelalterlichen Fensters, auf der Karl der Große in einer funkelnden Ritterrüstung dargestellt ist, kostet etwa 1350 €.

**2** *Speisehaus* 19 Uhr

Eines der bekanntesten modernen Gebäude Prags ist das **Dancing House**, ein kurvenreiches Haus am Fluss, entworfen von Frank Gehry und Vlado Milunic, das einem tanzenden Paar gleicht. Steigen Sie ins oberste Stockwerk und speisen Sie bei **Ginger & Fred** (Jiraskovo namesti 6; +420 221 984 160; ginger-fred-restaurant.cz; €€). Von dort aus haben Sie einen herrlichen Ausblick auf die Moldau und die Prager Burg. Serviert werden faszinierende Kreationen wie Wild mit Rotkohl, Bratapfel und Blätterteig.

**GEGENÜBER** Die Karlsbrücke und die Prager Burg, zwei legendäre Sehenswürdigkeiten der Stadt.

**RECHTS** Kunsthandwerker in der Umelecke Sklenarstvi Jiricka-Coufal restaurieren Fenster des Veitdoms.

**3** *Himmelhoch* 22 Uhr

Die meisten Hotelbars in Prag kann man vergessen; nicht aber **Cloud 9** (Pobrezni 1; +420 224 842 999; cloud9.cz), eine Lounge im Hilton Prague in schwindelerregender Höhe. Die lange, geräumige Bar besitzt viele intime Ecken und Winkel mit spektakulärem Blick auf den Fluss und die Dächer der Stadt. Die Cocktails des Hauses schmecken vorzüglich, aber die alkoholfreien „Mocktails", z. B. der Ginger Rain aus Limettensaft, Sprudelwasser und Ingwersirup, sind sogar noch erfrischender.

## SAMSTAG

**4** *Prager Essentials* 7.30 Uhr

Selbst um diese frühe Stunde werden Sie auf der **Karlsbrücke** nicht der erste Tourist sein. Diese Brücke über die Moldau wurde im 14. Jahrhundert gebaut und wird von Barockfiguren gesäumt. Immerhin hat um 7.30 Uhr der Massenandrang noch nicht eingesetzt, und der Partymob, der einem sämtliche Sehenswürdigkeiten Prags verleiden kann, hat sich bereits verzogen. Gehen Sie dann in die Burg, vorbei an der romanischen Georgbasilika und am Palast des Erzbischofs, der wie ein Hochzeitskuchen aussieht. Die winzige Gasse namens Novy Svet ganz in der Nähe ist ruhig genug, um die alten Straßenlampen und die breiten Eingänge ungestört betrachten zu können.

## 5 *Kaffee im Würfel* 10 Uhr

Kein anderes Prager Café gleicht dem restaurierten **Grand Café Orient** (Ovocny trh 19; +420 224 224 240; grandcafeorient.cz) im Haus der Schwarzen Madonna, einem 100-jährigen kubistischen Gebäude, in dem heute das **Museum des tschechischen Kubismus** (+420 778 543 901; czkubismus.cz/en) untergebracht ist. Frühstücken Sie dort und schauen Sie sich dann kubistische Gemälde, Möbel und Architektur an. Obwohl die Gotik viel auffälliger ist, bleibt der Kubismus einer der wichtigsten Stile der Stadt. Bisweilen kollidieren die beiden auf spektakuläre Weise, z. B. auf dem Jungmannovo namesti, einem Platz in der Neustadt, wo eine kubistische Straßenlampe aus dem Jahr 1912 neben der Maria-Schnee-Kirche (1347) steht.

Einige der wichtigsten Gebäude der Stadt weisen kubistische Einflüsse auf: eine spätere Variante, der Rondokubismus, wurde in der goldenen Ära Prags, zwischen 1918 und 1938, zum Nationalstil.

## 6 *Dekoratives* 13 Uhr

Coole Geschenke gesucht? Ganz in der Nähe im Petrska-Viertel, das sich zum Designzentrum mausert, befindet sich **100Class** (Soukenicka 1096/30; +420 604 833 822; stoclass.com), ein Concept Store mit einer schrägen Auswahl an Objekten, Mode und Accessoires von lokalen und regionalen Designern und Kunsthandwerkern. Um einen Blick auf die tschechische Mode zu werfen, gehen Sie ins Josefsviertel. Dort finden Sie flotte Entwürfe bei **Timoure et Group** (V Kolkovne 6; timoure.cz), raffinierte Designs bei **Hana Havelkova** (Dusni 10; havelkova.com) und trendy Kleidung in der **Boutique Tatiana** (Dusni 1; tatiana.cz).

## 7 *Ein kleines Brot* 15 Uhr

Versäumen Sie nicht die Feinkostgeschäfte, Konditoreien und Cafés der Stadt, die seit Anfang des 20. Jahrhunderts Leckereien verkaufen. **Jan Paukert** (Rohanske nabrezi 671/15; +420 778 770 283; facebook.

**GANZ OBEN** Die Türme des mittelalterlichen Veitdoms.

**OBEN** Tisch in einem Restaurant im Dancing House.

com/janpaukertlahudkarstvi), ein Delikatessenladen, der seit fast einem Jahrhundert im Geschäft ist, behauptet, er habe das Chlebicky („kleines Brot"), ein beliebtes Sandwich, erfunden. Näher am Fluss ist die Konditorei **Mysak** (Vodickova 31; +420 730 589 249; mysak.ambi.cz), die 1911 gegründet wurde und Ihnen gern die Spezialität des Hauses serviert: Karamelovy pohar, eine Schale Eiscreme mit einem Überzug aus Karamell, Schokolade und Walnüssen. Für später sollten Sie das **Erhartova Cukrarna** (Milady Horakove 56; +420 233 312 148; erhartcafe.cz) im Auge behalten, eine verführrerische Feinbäckerei (seit 1937).

**8** *Endstation* 19 Uhr

Die Tschechische Republik ist die Heimat von über 100 Brauereien, man sollte also nicht nur die großen internationalen Marken im Stadtzentrum aufsuchen, sondern auch die weniger bekannten. Fahren Sie mit der Straßenbahn Nr. 11 hinaus zum Namesti bratri Synku, wo Sie die Kneipe **Zly Casy** (Cestmirova 5; +420 723 339 995; zlycasy.eu; €) finden, die eine wechselnde Auswahl von Biersorten kleiner Brauereien zu herzhaften tschechischen Schweinefleischgerichten serviert. In der Brauereischenke

**OBEN** Heilige und Souvenirs auf der Karlsbrücke.

**RECHTS** Das Café Savoy erinnert an die Ära zwischen den Weltkriegen.

**Pivovar Basta** (Taborska 389/49; +420 724 582 721; ubansethu.cz) bekommen Sie eines der kräftigsten und vollmundigsten Lagerbiere sowie Spezialitäten der Jahreszeit und eingelegte Würste. Um den Abend abzuschließen, fahren Sie wieder mit der Straßenbahn Nr. 11 bis zur Endstation Sporilov. Dort befindet sich die **Prvni Pivni Tramway** („Erste Bier-Tram", Na Chodovci 1a; +420 272 765 638; prvnipivnitramway.cz), eine Themenkneipe mit alten Straßenbahnsitzen.

**SONNTAG**

**9** *Bergromantik* 10 Uhr

Entledigen Sie sich der Wehen der vergangenen Nacht bei einem Fußmarsch zum **Petrin-Hügel**, wo Sie eine gute Aussicht auf die Dächer der Altstadt

OBEN Das Museum des tschechischen Kubismus beherbergt Artefakte zu einem der wichtigsten Prager Stile.

GEGENÜBER Das von Frank Gehry und Vlado Milunic entworfene Dancing House wird auch Fred und Ginger genannt.

haben. Wenn Sie abenteuerlustiger sind, gehen Sie am Südende durch die **Hungermauer** und dann hinauf zu einem massigen Felsblock aus Sandstein, der zwar genügend Nasen, Haltegriffe, Risse und Fußstützen besitzt, aber selbst erfahrene Kletterer fordert. Keine Sorge, wenn Sie Ihre Bergschuhe vergessen haben. Auf diesem Felsen klettern Leute in allen möglichen Schuhen herum.

**10** *Das Goldene Zeitalter* 12 Uhr

Ältere Generationen waren vollkommen aufgebracht, als ihr geliebtes **Café Savoy** (Vitezna 5; +420 731 136 144; cafesavoy.ambi.cz; €) im vorigen Jahrzehnt gleich zweimal gesäubert wurde. Man entfernte die Tabak- und Bierflecken und das staubige stalinistische Dekor und restaurierte die Jugendstilelemente. Der Preis für die herzhaften Suppen und die Schinken-Gruyère-Sandwiches erinnert fast an die ersten Tage nach dem Sturz der Kommunisten. Aber das Rührige: Das Westen tragende Personal ruft eine ganz andere Zeit wach: die ruhmreiche Erste Republik, als Prag sich brüstete, einen der höchsten Lebensstandards Europas zu haben.

**BASICS**

Ein Taxi braucht etwa 40 Minuten vom Flughafen Václav Havel in die Stadtmitte.

**Sheraton Prague Charles Square**
Zitna 8
+420 225 999 999
sheraton.com/prague
€€€
*Hervorragendes Hotel in einer Gruppe von renovierten Gebäuden aus dem 19. Jahrhundert.*

**Occidental Wilson Hotel**
Vaclavske namesti 59
€€
*Am oberen Ende des Wenzelsplatzes mit Blick auf Staatsoper und Nationalmuseum.*

**Aria Hotel**
Trziste 9
+420 225 334 111
ariahotel.net
€€€
*Modernes italienisches Dekor, die Zimmer sind einem Musikthema gewidmet.*

**Karte:**

1/2 Meile
1 Kilometer

Cloud 9/ Hilton Prague
Umelecke Sklenarstvi Jiricka-Coufal
Moldau
3
Flughafen Václav Havel
Georgbasilika
Prager Burg
1
Timoure et Group
6 100Class
Palast des Erzbischofs
Veitsdom
Hana Havelkova
Boutique Tatiana
ALT-STADT
Museum des tschechischen Kubismus
Petrin-Hügel
Aria Hotel
4 Karlsbrücke
5 Grand Café Orient
JUNGMANNOVO NAMESTI
9
NEU-STADT
Mysak
Occidental Wilson Hotel
Hunger-mauer
Café Savoy 10
Maria-Schnee-Kirche
VACLAVSKE NAMESTI
MALA STRANA
Dancing House 2
ZITNA
Sheraton Prague Charles Square
Ginger & Fred
Prag

Prag
Erhartova Cukrarna
Novy Svet
7
Jan Paukert
Detail
2 Meilen
3 Kilometer
Prvni Pivni Tramway

Prag
TSCHECHIEN
DE
AT
SLOWEN.
PL
Zly Casy
8
Pivovar Basta
TABORSKA

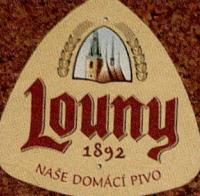
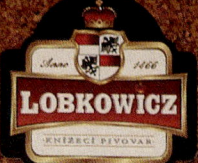

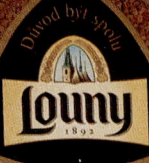

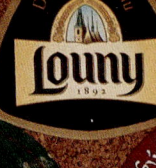

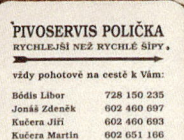

PIVOSERVIS POLIČKA
RYCHLEJŠÍ NEŽ RYCHLÉ ŠÍPY.

vždy pohotově na cestě k Vám:

| | |
|---|---|
| Bödis Libor | 728 150 235 |
| Jonáš Zdeněk | 602 460 697 |
| Kučera Jiří | 602 460 693 |
| Kučera Martin | 602 651 166 |
| Ševčík Roman | 602 187 173 |

Pijte Poličské pivo denně
a máte-li na to, na zdravotní vzhledce.
V malých dávkách posiluje vašeho ducha,
při větších nebovate alespoň své zdraví.

# Pilsen

*Viele Jahre reisten die meisten Touristen in die tsche-
chische Stadt Pilsen – mit der Bahn etwa eine Stunde
und 40 Minuten von Prag entfernt –, um die Brauerei
Pilsner Urquell zu besuchen, den ersten und immer
noch großen Produzenten des berühmtesten Export-
artikels der Stadt: das Pils. Wenn sie ankamen, er-
wartete sie eine Stadt am Zusammenfluss der Mies
und der Radbuza, eine reizvolle Altstadt, einige interessante Sakralbauten und ein hässlicher Rest von
Gebäuden aus der kommunistischen Ära. Doch inzwischen hat Pilsen (tschechisch Plzen) sich herausgeputzt, die Spinnweben abgestaubt und mehrere neue
Attraktionen eröffnet, mit und ohne Bierbezug. Das
Ergebnis ist ein lohnendes Ziel für Besucher, und 2015
wurde die Stadt dann auch zur „Europäischen Kulturhauptstadt" ernannt.* – EVAN RAIL

### FREITAG

**1** *Heilige Orte* 15 Uhr

    Pilsens historischer Stadtkern ist um einen
Hauptplatz herum gewachsen: Namesti Republiky.
Beherrscht wird die Altstadt von der riesigen gotischen **St.-Bartholomäus-Kathedrale** (temporaliabona.
unas.cz), die zwischen dem 13. und 14. Jahrhundert
gebaut wurde. Besichtigen Sie die Statue aus dem
14. Jahrhundert im tschechischen „Schöne-Madonna"-
Stil und gehen Sie die 301 Stufen hinauf zur Turmspitze. Ein paar Straßen entfernt steht die **Große
Synagoge** (Sady Petatricatniku; pilsen.eu/tourist/visit/
top-tourist-destinations), die drittgrößte Synagoge der
Welt, 1893 im maurischen Stil erbaut. Sie überlebte
den Zweiten Weltkrieg (im Gegensatz zu ihrer Gemeinde), weil die Nazis die großen Räume als Lager
nutzten, und wurde nach dem Krieg restauriert.

**2** *Eine Welt am Faden* 16 Uhr

    Gegenüber der Kathedrale feiert das **Muzeum
Loutek** (Nemesti Republiky 23; +420 378 370 801;
muzeumloutek.cz), zu Deutsch Puppenmuseum,

**GEGENÜBER** Bierdeckel im Small Breweries Club, einem
Lokal für ungewöhnliche Biere.

**RECHTS** Pivovar Groll, eine kleine Brauerei, die nach
dem bayerischen Braumeister einer viel größeren – Pilsner
Urquell – benannt wurde.

eine alte tschechische Kunstform. Das wunderschön
restaurierte spätgotische Stadthaus ist mit historischen Marionetten gefüllt, und es gibt automatische
Puppenspiele wie die Originalversionen der lokalen
Lieblinge Spejbl und Hurvinek. Diese beiden Puppen-
komödianten wurden in den 1920er-Jahren erfunden.
Die Verbindung zwischen interaktiven Ausstellungen
und einer großartigen nostalgischen Atmosphäre gefällt selbst den Uneingeweihten.

**3** *Neue Biere* 20 Uhr

    Hervorragende kleinere Brauereien setzen die
Tradition des Pilsner Urquells fort. Die beste ist wohl
die Brauerei **Purkmistr** (Pivovar Purkmistr; Selska
naves 2; +420 377 994 311; purkmistr.cz; €). Dort findet
im September ein Fest statt, bei dem Biere von etwa
40 Kleinbrauereien vorgestellt werden. Speisen Sie
in der geräumigen großen Halle. Ein Festmahl aus
vorzüglichen böhmischen Speisen erwartet Sie, z.B.
ein über Nacht im Ofen gegartes Eisbein mit frisch
geriebenem Meerrettich und dazu hopfiges helles Lagerbier, schokoladige dunkle Lagerbiere, fruchtige
Bockbiere und spritzige zitronengelbe Hefeweizen.

### SAMSTAG

**4** *Kunst im Übergang* 10 Uhr

    Mehrere Straßen südlich des Hauptplatzes steht
die **Moving Station** (Kopernikova 56; johancentrum.
cz; manchmal im Winter geschlossen), ein alternati-
ves Kulturzentrum in einem Bahnhof, der noch in Betrieb ist. Wandern Sie durch die Hallen des Gebäudes
und schauen Sie sich die neusten Ausstellungen an.
Obwohl die Kunstwerke bisweilen von zweifelhaftem

Wert sind, bilden sie einen interessanten Kontrast zu den hohen Decken, den arabesken Balustraden und den feinteiligen Stuckarbeiten, die sich hinter der dunklen Fassade aus abgeplatzter Farbe und mit Brettern verschalten Fenstern verbergen.

**5** *Patton war da* 11 Uhr
Pilsen, weniger als 80 km von der deutschen Grenze entfernt, war eine der wenigen tschechischen Städte, die im Zweiten Weltkrieg von amerikanischen Truppen befreit wurden. Während des jährlichen Befreiungsfestes im Mai fahren Einwohner in Kriegsuniformen in restaurierten amerikanischen Jeeps umher. Veteranen schreiben ihre Namen auf die Wände des **Patton Memorial Pilsen** (Pobrezni 10; +420 378 037 954; patton-memorial.cz). Dieses Museum ist der Besetzung und Befreiung der Stadt gewidmet.

**6** *Klassisches Pils* 14 Uhr
Besuchen Sie die Brauerei **Pilsner Urquell** (U Prazdroje 7; +420 377 062 888; prazdroj.cz), die seit 1842 Bier braut. Die Firma bietet einen unterhaltsamen Gang durch die Geschichte ihres Bieres an. Sie

**OBEN** Die St.-Bartholomäus-Kathedrale in der Stadtmitte.

**GEGENÜBER** Fantastische Gesichter im Muzeum Loutek, das Puppen ausstellt und Puppenspiele aufführt.

sehen eine Abfüllanlage, einen Film sowie neue und alte Brauereianlagen, u. a. einen Teil des ausgedehnten Systems aus unterirdischen Lagergewölben.

**7** *Ein bisschen Wien* 17 Uhr
Erholen Sie sich vom Bier im reich dekorierten, im Wiener Stil eingerichteten Café in der **Mestanska Beseda** (Kopeckého sady 13; +420 378 037 922; www. mestanska-beseda.cz) – mit Kaffee und Kuchen oder sogar mit einem Glas Wein. Die größeren Räume in diesem restaurierten Jugendstilbau werden für Aufführungen und Ausstellungen genutzt.

**8** *Tschechische Spezialitäten* 20 Uhr
Testen Sie das Restaurant im **Pivovar Groll** (Truhlarska 10; +420 602 596 161; pivovargroll.cz; €), eine kleine Brauerei, benannt nach dem bayerischen Braumeister, der die Kessel des Pilsner Urquells als Erster heizte. Auf der Speisekarte stehen traditionelle tschechische Gerichte: Schweinebraten mit Sauerkraut, Wurst, Rotkohl, Knödel und Pilze. Bei einem Besuch entdeckte ich auch einige sehr spritzige und hopfige Lagerbiere. Die Außenterrasse hat einen Spielplatz für Kinder – perfekt für zechende Eltern.

**9** *Kneipen* 22 Uhr
Zum Zeichen dafür, dass selbst die großen Brauereien sich auf Pilsens neue Ära vorbereiten, hat Gambrinus, eine riesige Brauerei, die den Eigentü-

mern von Pilsner Urquell gehört, eine schicke Kneipe eröffnet: **Sedmy Nebe** (Bezrucova 4; +420 378 609 696; moravkaplzen.cz) in der Innenstadt. Sie ist eine gute Wahl, wenn Sie sich nach dem Ambiente einer Sportsbar sehnen. Eine Alternative ist der **Klub Malych Pivovaru**, der Klub der kleinen Brauereien (Nadrazni 16; +420 774 790 979; klubmalychpivovaru. cz), ein Lokal mit lockerer Atmosphäre, das meist acht ungewöhnliche Fassbiere aus regionalen tschechischen und bayerischen Brauereien im Angebot hat. Livemusik gibt's manchmal dazu.

### SONNTAG

**10** *Ihr innerer Technikfreak*  10 Uhr

Entdecken Sie Ihr inneres Kind in der **Techmania** (Areál Skoda nározi ulic Borská a Brenkova; +420 737 247 585; techmania.cz), einem Wissenschaftszentrum, das sich auf moderne Technik konzentriert. Es gibt Vorführungen, die den Magnetismus und die Elektrizität erklären, und die Besucher dürfen Van-de-Graaff-Generatoren, Gepäckscanner, Turbinen und Lokomotiven bedienen. Die Technik wird auf Tschechisch, Englisch und Deutsch erklärt. Techmania befindet sich auf dem ausgedehnten Gelände der Skoda-Werke, die ihrerseits sehenswert sind. Der 150 Jahre alte Fabrikkomplex produziert Eisenbahnwaggons, Lokomotiven und grazile Straßenbahnen, u. a. für Portland in Oregon.

**TSCHECHIEN**

2 Meilen
3 Kilometer

**Pilsen**

Mies

**Detail**

— Radbuza

**Purkmistr/ Pivovar Purkmistr** 3

Mies

TYRSOVA

8 **Pivovar Groll**
— TRUHLARSKA

5 **Patton Memorial Pilsen**

Radbuza

1 **St.-Bartholomäus-Kathedrale**

**Pilsner Urquell** 6
U PRAZDROJE

**Große Synagoge**

2 **Muzeum Loutek**

9 **Sedmy Nebe**

**Klub Malych Pivovaru**

**Vienna House**
— NADRAZNI

BEZRUCOVA

SADY PETATRICATNIKU

NAMESTI REPUBLIKY

KOPECKÉHO SADY

**Pilsen**

KLATOVSKA TRIDA

7 **Mestanska Beseda**

KORANDOVA

**Moving Station**

**Techmania** 10

HALCOVA

4

BENDOVA

— NEMEJCOVA

PURKYNOVA

**DEUTSCH-LAND**

Prag

POLEN

**Pilsen** **TSCHECHIEN**

ÖSTERREICH

SLOWAKEI

### BASICS

Direktzüge fahren stündlich vom Prager Hauptbahnhof nach Pilsen. Mit dem Auto brauchen Sie auf der Autobahn D5 etwa eineinviertel Stunden.

**Vienna House**
U Prazdroje 6
+420 378 016 111
viennahouse.com
€
*Elegante Zimmer und Suiten, wenige Minuten vom historischen Stadtkern entfernt.*

**Pivovar Purkmistr**
Selska naves 2
+420 377 994 311
purkmistr.cz
€
*Gästezimmer in einer Brauerei, wie ein traditioneller Gasthof. Pivovar Groll führt auch ein Hotel.*

# Mähren

*Südmähren, eine tschechische Region, die seit Langem für billige (aber zunehmend hochwertigere) Weine bekannt ist, grenzt an die österreichische Weinregion. Außerdem findet man hier fast übertrieben viele Schlösser, Herrenhäuser und Villen, gebaut für österreichische Adelsfamilien, die einst hier lebten. Trotz günstiger Verbindungen zwischen Wien und Prag liegt die Region im touristischen Schatten, sodass die Preise niedrig und die Orte schwach besucht sind. Die öffentlichen Verkehrsmittel sind billig und gut; dennoch eignet sich Mähren hervorragend für einen Wochenendausflug mit dem Auto. Beginnen Sie in der Weinstadt Mikulov (Nikolsburg), und fahren Sie dann weiter zum Parkareal Lednice-Valtice mit seinen Schlössern, etwa 20 Minuten entfernt. Zum Schluss besichtigen Sie den Palast des Erzbischofs und die kostbare Sammlung niederländischer Meister in der Gartenstadt Kromeriz.*
– EVAN RAIL

## FREITAG

**1** *Historische Enklave* 15 Uhr

Im Gegensatz zum riesigen höher gelegenen Schloss in der hügeligen Stadt Mikulov sind die alten Häuser des **jüdischen Viertels von Mikulov** winzig und gemütlich. Zur einst lebendigen Gemeinde gehörte auch Rabbi Judah Löw ben Bezal'el, der einer Legende nach im 16. Jahrhundert einen gewaltigen Golem erschuf. Am südwestlichen Fuß des Berges führt ein gut beschilderter Weg zum Haus von Rabbi Löw, vorbei an mehreren bemerkenswerten jüdischen Bauwerken aus der Renaissance und schließlich zur erst kürzlich restaurierten Mikwe, dem zeremoniellen Bad. Der jüdische Friedhof befindet sich auf dem malerischen Berghang gleich nördlich der Stadt.

**2** *Grüße vom Golem* 19 Uhr

Eine Golem-Statue steht in einer Ecke des **Marcela Ihnacaka Restaurant** im Hotel Tanzburg (Husova 331/8, Mikulov; +420 519 510 692; hotel-tanzberg. cz/restaurace; €€€) in einem Gebäude, wo der Legen-

de nach Rabbi Löw einst tätig war. Heute ist das Dekor zeitgenössisch-rustikal. Neben internationaler Küche bietet die Speisekarte auch jüdische Spezialitäten wie gehackte Leber und Hühnersuppe mit Klößen.

## SAMSTAG

**3** *Hier wachte Napoleon auf* 10 Uhr

Das auf einem Hügel gelegene **Schloss Mikulov** (Zamek 1, Mikulov; +420 519 309 019; rmm.cz) ist nicht zu übersehen. Hier schlief Napoleon in der Nacht vor der Schlacht von Austerlitz im Jahr 1805. Heute werden Gäste zu Schlossbesichtigungen begrüßt; man zeigt ihnen die früheren Wohnräume der Adelsfamilie Dietrichstein sowie ihre umfangreiche Barockbibliothek mit 20 000 alten Bänden und einer Sammlung kostbarer historischer Globen und Landkarten. Eine dritte Führung gilt der traditionellen Weinkultur und endet am Weinfass des Schlosses, das aus der Renaissance stammt und ein Volumen von rund 102 000 Litern hat.

**4** *Wein beim Mittagessen* 12 Uhr

Der lang gestreckte schmale Hauptplatz in Mikulov ist reich an Barock- und Renaissancearchitektur. Nach Bestaunen der schönen Bauten begeben Sie sich zum Bioladen **Sojka & Spol.** (Namesti 10, Mikulov; +420 518 327 862; sojkaaspol.cz; €), der Erzeugnisse örtlicher Bauern verkauft, eine „Öko-Drogerie" ist und obendrein ein Biorestaurant – eine Seltenheit hierzulande. Bei Sonnenschein gibt's ein paar Tische auf dem Bürgersteig, ansonsten versuchen Sie, oben einen Fensterplatz zu ergattern. Die Speisekarte bie-

**GEGENÜBER** Schloss Lednice in Mähren.

**RECHTS** Die Falknerei im Schloss Lednice. Einst bewohnten österreichische Adlige die über das ländliche Mähren verstreuten Schlösser.

tet neben traditionellen Gerichten wie Ente oder Pilz-risotto auch Gewagteres, etwa asiatisch inspirierte, kunstvoll angerichtete Suppen. Auf der umfangreichen Weinkarte stehen lokal angebaute Tropfen. Probieren Sie den trockenen weißen Veltlinski zelene, auch als Grüner Veltliner bekannt.

**5** *Weinprobe mit Selbstbedienung* 13.30 Uhr

Nur 20 Minuten Autofahrt von Mikulov entfernt liegt das weitläufige und verschnörkelte **Schloss Valtice**, das einst den Liechtensteinern gehörte. Heute beherbergt es das **Nationale Weinzentrum** Tschechiens (Zamek 1, Valtice; +420 519 352 744; salonvin.cz), zu dem auch eine große Ausstellung im Keller und ein Raum für Weinproben gehören. Dort findet man die 100 besten Weine des Landes, von denen viele in letzter Zeit internationale Preise gewonnen haben. Alles, was Sie im Keller probieren, können Sie auch kaufen – und im Weinladen im Erdgeschoss des Schlosses lagern noch mehr Flaschen.

**6** *Lob der Torheit* 15 Uhr

Die Landschaft zwischen Valtice und Lednice – die Dörfer liegen etwa 8 km auseinander – ist mit Zierbauten förmlich gesprenkelt: Falsche griechische und römische Ruinen, gotische Burgen und asiatische Importe wurden überwiegend im 19. Jahrhundert von den Liechtensteinern gebaut, um zu feiern und Gäste zu bewirten. Sie alle, auch die beiden Schlösser, gehö-

ren zur **Kulturlandschaft Lednice-Valtice** (lednicko-valticky-areal-cz). Informationen darüber erhalten Sie im **Informationszentrum Valtice** (Namesti Svobody 4, Valtice; +420 519 352 978). Etwa 1,5 km südwestlich von Valtice können Sie die **Rajsna** besuchen, einen falschen klassischen Säulengang auf dem Berggipfel mit Blick aufs Schloss. Fahren Sie dann ungefähr 3 km weiter zum **Rendezvous**, auch Tempel der Diana genannt, einem Bogen im römischen Stil, der um 1810 mitten in einem Wald errichtet wurde. In Lednice angekommen, schlendern Sie durch die riesigen Gärten rund um das **Schloss**, das einem Hochzeitskuchen gleicht, bis Sie das falsche Minarett finden, dessen drei Aussichtsplattformen einen atemberaubenden Blick über den Park und auf die **Januv Hrad**, eine künstliche Burgruine, zu bieten haben.

**7** *Zwischen den Stühlen* 19 Uhr

Südmähren blühte in einer seltsamen Nische zwischen zwei Kulturen. Das ist nirgendwo offenkundiger als im klassizistischen **Hranicni Zamecek** (Hlohovec 16;

**OBEN** Traditionelle Tracht bei einem mährischen Weinfest.

**GEGENÜBER OBEN** Die Weine Südmährens sind preiswert geblieben, während ihre Qualität stetig steigt.

**GEGENÜBER UNTEN** Weinberge bei der Ruine Januv Hrad.

+420 519 354 354; hranicnizamecek.cz; €), das genau auf die ehemalige Grenze zwischen Österreich und Mähren gebaut wurde, bevor man den Grenzverlauf 1920 neu aushandelte. Heute beherbergt dieses ehemalige Liechtensteiner Schloss ein mehr als anständiges Restaurant und Hotel. Auf der Terrasse mit Seeblick können Sie noch mehr südmährische Weine aus dem Schlosskeller probieren, zusammen mit traditionellen Schnitzeln, Gulasch und Forellenfilets.

### SONNTAG

**8** *Flower Power* 9.30 Uhr

Die Barockgebäude in der Stadt Kromeriz (Kremsier), eineinhalb Stunden Richtung Nordosten entfernt, wären Grund genug für einen Besuch. Aber vom Hauptplatz brauchen Sie nur zehn Minuten zu Fuß bis zum **Blumengarten** (Generala Svobody, Kromeriz; +420 573 502 011; zamek-kromeriz.cz), einer der großartigsten Gartenlandschaften Europas. Dieser Garten wurde um 1665 vom kaiserlichen Architekten Giovanni Pietro Tencalla geschaffen; er vereint italienische Landschaftsarchitektur der Renaissance mit französischem Klassizismus im Versailles-Stil. Dort finden Sie Labyrinthe aus Hecken, historische Gewächshäuser, eine zentrale Rotunde und Hunderte von originalen skulpturalen und Blumendekorationen.

**9** *Perfektes Bild* 11 Uhr

In einer Kleinstadt in Mähren erwartet man wohl kaum eine der größten europäischen Sammlungen niederländischer und italienischer Meister; doch Erzbischof Karl II. von Liechtenstein-Kastelkorn kaufte im 17. Jahrhundert so viele großartige Ölgemälde, dass man damit ein Museum hätte füllen können,

und brachte sie im **Erzbischöflichen Palast** (zamek-kromeriz.cz) unter. Der größte Teil der Sammlung, die heute dem Staat gehört, ist der Öffentlichkeit zugänglich, darunter zahlreiche Werke von Lucas Cranach dem Älteren und Tizian, dessen eindrucksvolles Werk *Die Häutung des Marsyas* im großen Saal der

**OBEN** Liechtensteiner Adlige bauten Schloss Valtice. Heute beherbergt es das tschechische Weinzentrum und offeriert die 100 besten Weine des Landes.

**GEGENÜBER** Die St.-Wenzel-Kirche in Mikulov und das auf einer Anhöhe gelegene Schloss.

Bildergalerie einen Ehrenplatz einnimmt. Nach der Besichtigung können Sie sich in einem weiteren berühmten Garten gleich neben dem Schloss ausruhen.

**10** *Mittagsbier* 12 Uhr

Mähren mag die Weinregion Tschechiens sein, aber das beliebteste Getränk des Landes bleibt Pivo, Bier. Probieren Sie die Angebote in der hervorragenden Schenke **Cerny Orel** (Velke Namesti 24, Kromeriz; +420 573 332 769; cerny-orel.eu; €), die klassische tschechische Lagerbiere, echtes Hefeweizen nach deutscher Art und Innovationen wie saure belgische Biere ausschenkt. Die Küche folgt denselben hohen klassischen Standards wie die kleine Brauerei und serviert vorzügliche Klassiker wie Rindfleisch in Rahmsauce sowie in der Pfanne gebratenes Geflügelschnitzel, knackige Salate und andere aktuelle Gerichte.

---

## Karte

1 Meile
2 Kilometer

**Mikulov**
Detail

DEUTSCHLAND
Prag
TSCHECHIEN
Detail
ÖSTERREICH

POLEN
**MÄHREN**
Kromeriz
SLOWAKEI

Kromeriz ↗

Schloss Lednice — Januv Hrad
**Lednice**
E65
**TSCHECHIEN**

Marcela Ihnacaka Restaurant/ Hotel Tanzburg
JÜDISCHER FRIEDHOF
**2** **1** Jüdisches Viertel von Mikulov
ZÁMEK
Schloss Mikulov **3** — KAPUCINSKA
**4**
Hotel Templ — Sojka & Spol.
**Mikulov**

**MÄHREN**
**7** Hranicni Zamecek
**6** Kulturlandschaft Lednice-Valtice

Rendezvous
**Valtice**
Rajsna — Informationszentrum Valtice
**5** Schloss Valtice/ Nationales Weinzentrum
ÖSTERREICH

**Kromeriz**
Erzbischöflicher Palast **9**
GENERÁLA SVOBODY
VELKE NAMESTI
**8** Blumengarten Kromeriz
**10** Cerny Orel

---

### BASICS

Fliegen Sie nach Wien oder Prag (Wien ist näher), und mieten Sie am Flughafen ein Auto für Ihre Fahrt durch Mähren, das Land der Schlösser und des Weines.

### Hotel Templ
Husova 50, Mikulov
+420 724 161 336
templ.cz
€
*Charmante Gästezimmer in einem schön renovierten Gebäude im früheren jüdischen Viertel.*

### Hotel Hranicni Zamecek
Hlohovec 16
+420 519 354 354
hranicnizamecek.cz
€
*Ehemaliges Schloss der Liechtensteiner nebst neuerem, motelähnlichem Gebäude mit Seeblick.*

# Bratislava

*Bratislava, seit 1993 die Hauptstadt der unabhängigen Slowakei, ist ein Musterbeispiel für europäische Beziehungen. Die Stadt wurde auf historischen strategischen Wegscheiden zwischen Wien, Prag und Budapest gebaut und war 1000 Jahre lang ein Pfand in den mitteleuropäischen Machtkämpfen. Einige Wiener nennen sie immer noch Pressburg, denn so hieß sie in Österreich-Ungarn. Heute verköstigen ihre Cafés, Kneipen, Geschäfte und Restaurants entspannte Einwohner, eine große Studentengemeinde und internationale Reisende, und das vor einem Hintergrund aus Barockgebäuden, Wiener Cafés und Betonkästen aus der Ostblockzeit. Mit seiner Mischung aus abgenutztem Kopfsteinpflaster am Tag und gut gemixten Cocktails in der Nacht ist Bratislava ein beliebtes Wochenendziel für Touristen.* – ANDREW FERREN

### FREITAG

**1** *Im Schatten des Barocks* 15 Uhr

Beginnen Sie am mittelalterlichen **Michaelertor** und erkunden Sie die kompakte Altstadt. Die Hauptstraßen, z. B. Michalska und Panska, sind von hohen Barockpalästen gesäumt. Türme mit Zwiebelkuppeln überragen die Kirchen. Straßencafés und Kaffeehäuser im Fin-de-Siècle-Stil füllen sich am Nachmittag – machen Sie dort eine Pause, um ein Glas Wein oder Bier zu trinken. Die Seitenstraßen sehen aus wie Gemälde aus dem 19. Jahrhundert. Eine von ihnen, die Kapitulska, endet an dem hoch aufragenden **Martinsdom**, einer gotischen Kirche, die 1452 geweiht wurde und große historische Bedeutung hat. (Heute wird sie dank eines Projekts aus der kommunistischen Zeit von einer Autobahn eingekeilt.) Elf Monarchen wurden hier gekrönt, darunter die habsburgische Kaiserin Maria Theresia, deren Vorliebe für Bratislava in der Altstadt, die wie eine Schmuckschatulle aussieht, zum Ausdruck kommt.

**2** *Weiße Burg* 17 Uhr

Die **Burg Bratislava** (+421 2 2048 3110; bratislava-hrad.sk) ist nicht schwer zu finden. Der stattliche

weiß-rote Palast, der im Vergleich mit anderen prächtigen Burgbauten geradezu schmucklos anmutet, thront auf einem hohen Felsen über der Stadt. Er hat eine lange Geschichte, aber in seiner heutigen Form geht er auf die 1950er-Jahre zurück. Damals wurde die Burg wieder aufgebaut, nachdem ein Brand sie 1811 weitgehend zerstört hatte. Steigen Sie hinauf und schauen Sie nach unten. Wenn Sie die Betonwohnblöcke aus der kommunistischen Ära ignorieren, können Sie davon träumen, wie Maria Theresia hier Hof hielt.

**3** *Auf dem Turm* 20 Uhr

Die **Novy Most**, die Neue Brücke, wurde 1972 eingeweiht und ist Bratislavas auffälligstes Bauwerk. Vielen Leuten ist diese gewaltige, asymmetrische Brücke ein Dorn im Auge, weil sie angeblich den Blick aufs Flussufer und auf einige historisch bedeutende Stadtviertel, wie das jüdische Viertel, verschandelt. Aber wer klobigen Modernismus und architektonische Kühnheit schätzt, findet die Brücke durchaus reizvoll. Das Bauwerk wurde noch genießbarer, als die scheibenförmige Aussichtsplattform auf der Turmspitze mit ihrem kitschigen Kaffeeladen zu einer eleganten Cocktailbar mit Restaurant namens **UFO** (+421 2 6252 0300; u-f-o.sk) umgebaut wurde. Reservieren Sie einen Tisch für das Abendessen, damit Sie keinen Eintritt zahlen müssen.

### SAMSTAG

**4** *Berühmte Bauten* 9.30 Uhr

Beginnen Sie Ihren Morgenausflug zu den Sehenswürdigkeiten der Stadt an der **Blauen Kirche**

**GEGENÜBER** Das Michaelertor, der Eingang zur Altstadt.

**RECHTS** Die Neue Brücke überquert die Donau. Ganz oben im Turm befindet sich eine noble Cocktailbar.

(Bezrucova 2; täglich geöffnet), einem Jugendstilbau, der tatsächlich sehr blau ist, bis hin zum blauen Gestühl im Inneren. In der städtischen Galerie im **Primatialpalais** (Primaciálne namestie 1; +421 2 5935 6435; bratislava.sk) können Sie den Spiegelsaal, in dem Napoleon und der österreichische Kaiser Franz I. einen Vertrag unterzeichneten, durchschreiten und dann sofort zu den englischen Wandteppichen gehen. Danach besuchen Sie die städtische Kunstgalerie im faszinierenden **Palais Palffy** (Panská 19; +421 2 5443 3627; gmb.sk). Begutachten Sie die *Passage*, ein Werk des slowakischen Künstlers Matej Kren, der aus Bücherstapeln mithilfe von Spiegeln eine endlose Bibliothek machte, und weitere Werke slowakischer Künstler des 20. Jahrhunderts. Wer danach noch nicht genug von Kunst hat: In der **Slowakischen Nationalgalerie** (sng.sk), einem Gebäudekomplex an der Donau, gibt es eine vielfältige Dauerausstellung und wechselnde Ausstellungen.

**5** *Souvenirs* 12 Uhr

Es wird Zeit, Souvenirs zu sammeln. Verlassen Sie die Höfe der herrlichen Gebäude Bratislavas, schreiten Sie durch Türen, Tore und ehemalige Paläste. Stöbern Sie in den Kunstgalerien, Geschäften und Biergärten. Suchen Sie nach geätztem dekorativem Glas, Weinen aus den umliegenden Weingütern, Keramik und Stickereien. Die slowakische Modedesignerin **Dana Kleinert** (+421 2 903 459 833; kleinert.sk) hat in der Na Riviere 2 einen verführerischen Ausstellungsraum.

**6** *Neustadt* 14 Uhr

Ein neueres Bratislava erleben Sie in der **Eurovea** (eurovea.com), einem 22 ha großen Gebäudekomplex am Donauufer, der 2010 eröffnet wurde. Er enthält Restaurants und Bars, Geschäfte, ein Hotel, ein Kino,

Apartments und Büros. Streifen Sie auch durch das Einkaufszentrum, das sich mit einem auffallenden Glasdach ankündigt.

**7** *DJ-Dinner* 20 Uhr

Das **Primi** (Michalska 21; +421 914 346 952; medusagroup.sk; €€) stillt das moderne Verlangen nach Pasta und Carpaccio, und zwar mit tollen DJs. Es ist das Lieblingslokal der Jungen und Reichen. Wenn Sie die klassische Kultur bevorzugen, speisen Sie früh und gehen dann in ein Konzert, in die Oper oder ins Theater. Die **Slowakische Philharmonie** (filharm.sk) spielt in einer eleganten Halle, das **Nationaltheater** (snd.sk) führt Opern auf, die Musikfreunde aus dem benachbarten Österreich anlocken, und das **Theater Nova Scena** (nova-scena.sk) ist für seine Schauspiele und Musicals berühmt. Beim Kulturfestival im Sommer können Sie eine Saison lang die unterschiedlichsten Vorstellungen genießen.

**8** *Techno-Niederschläge* 22 Uhr

Bratislava hat nicht ohne Grund einen guten Ruf als Partystadt. Zu der aktiven Klubszene gehört der **Subclub** (Nabrezie armadneho generala L. Svobodu; +421 903 776 633; subclub.sk), der einst vor radioaktiven Niederschlägen schützen sollte. Enge Tunnels führen in eine große gewölbte Kammer, in der DJs und die Tanzfläche die Einrichtung verdrängt haben, die der kommunistischen Regierung im Falle eines Atomkrieges das Überleben sichern sollte.

**OBEN** Die Altstadt spiegelt die Bedeutung in der österreichisch-ungarischen Monarchie wider.

**GEGENÜBER** Der schmale Weg unter dem imposanten mittelalterlichen Turm des Michaelertors.

**9** *Wiener Café* 10 Uhr

Frühstücken Sie im **Kaffee Mayer** (Hlavne namestie 4; +421 2 5441 1741; kaffeemayer.sk; €), aber lassen Sie Platz für das Gebäck, die Spezialität des Hauses. Dieses gemütliche, 100 Jahre alte Kaffeehaus im Wiener Stil steht im Herzen der Altstadt; es ist Restaurant und Konditorei zugleich.

**10** *Verlorene Welt* 11 Uhr

Mit Artefakten und Fotos hält das **Museum der jüdischen Kultur** (Zidovska 17; +421 2 2049 0101; snm. sk), eine Abteilung des Slowakischen Nationalmuseums, die Erinnerung an die blühende jüdische Gemeinde vor dem Holocaust wach. Fast alle Juden der Stadt emigrierten zwischen 1939 und 1945, oder sie wurden ermordet. Die kommunistische Regierung ließ niederreißen, was übrig geblieben war, um Platz für ihre Neubauprojekte zu schaffen. Das Museum ist Teil der staatlichen Bemühungen, die Bedeutung der ethnischen Minderheiten in der slowakischen Geschichte und Kultur anzuerkennen.

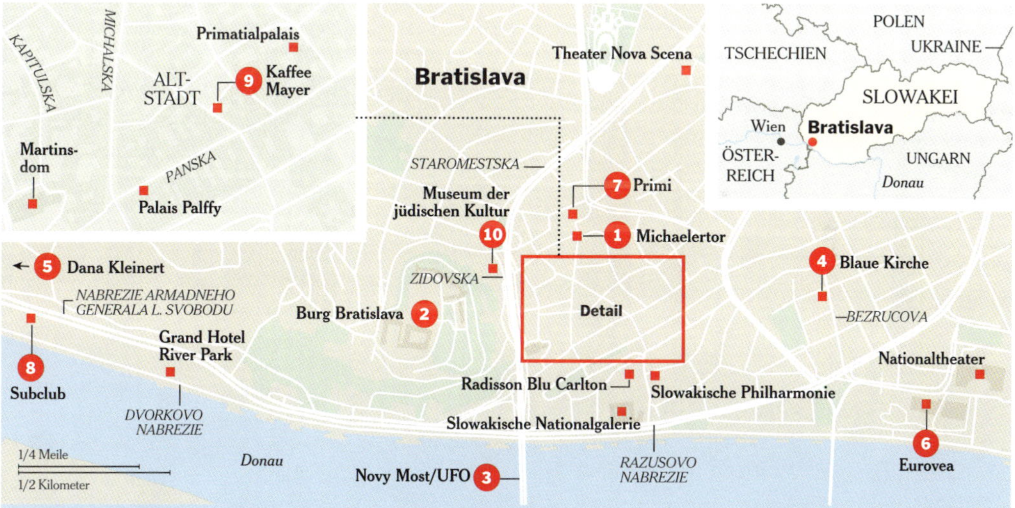

KAPITULSKA
MICHALSKA

Primatialpalais

ALT-STADT

**9** Kaffee Mayer

Martins-dom

PANSKA

Palais Palffy

Theater Nova Scena

**Bratislava**

STAROMESTSKA

Museum der jüdischen Kultur

**7** Primi

**10**

ZIDOVSKA

**1** Michaelertor

Detail

**5** Dana Kleinert

NABREZIE ARMADNEHO GENERALA L. SVOBODU

Grand Hotel River Park

Burg Bratislava **2**

**4** Blaue Kirche

BEZRUCOVA

Nationaltheater

**8**

Subclub

DVORKOVO NABREZIE

1/4 Meile

1/2 Kilometer

Donau

Radisson Blu Carlton

Slowakische Nationalgalerie

Novy Most/UFO **3**

Slowakische Philharmonie

RAZUSOVO NABREZIE

**6**

Eurovea

POLEN

TSCHECHIEN

UKRAINE

SLOWAKEI

Wien **Bratislava**

ÖSTER-REICH

Donau

UNGARN

**BASICS**

Bratislava hat einen Flughafen, aber der benachbarte Wiener Flughafen bietet mehr Flüge an. Die Taxis in Bratislava werden schlecht kontrolliert; bitten Sie daher Ihr Hotel oder Restaurant, ein seriöses Unternehmen anzurufen.

**Radisson Blu Carlton**
Hviezdoslavovo namestie 3
+421 2 5939 0000
radissonblu.com/hotel-bratislava
€€
*Prächtiges Hotel, 1850 eingeweiht, inzwischen modernisiert und mit allem Komfort ausgestattet.*

**Grand Hotel River Park**
Dvorakovo nabrezie 6
+421 2 3223 8222
grandriverpark.com
€€–€€€
*2010 eröffnet, elegante Zimmer mit Blick auf die Donau, Heliport auf dem Dach.*

# Budapest

*Wie die meisten ehemaligen Ostblockstädte hat Budapest das Image vom ärmlichen Osten durch Symbole des internationalen Luxus ersetzt, wie etwa das Hotel Four Seasons und das japanische Edelrestaurant Nobu. Aber die größten Sehenswürdigkeiten der ungarischen Hauptstadt sind oft lokalen Ursprungs. Vom stattlichen Buda im Westen bis zu den schäbig-schicken Straßen von Pest östlich der Donau finden sich überall neue Locations, die mit Produkten regionaler Künstler, Betriebe, Winzer und Köche prunken. Das soll nicht heißen, dass das reiche kulturelle Erbe der Stadt verschwunden ist. Die Pracht der alten Zeit ist immer noch da, ebenso faszinierende Bauten, reich geschmückte öffentliche Badehäuser (Budapest war schon zur Zeit der Römer für seine heißen Quellen bekannt) und wunderschöne Museen, die keinen Cent kosten. Wenn Sie ein Wochenende in Budapest verbringen, verstehen Sie den berechtigten Stolz seiner Einwohner.* – EVAN RAIL

## FREITAG

### 1 *Strammer Marsch* 17 Uhr

Buda hat steile Hügel, während Pests Boulevards scheinbar endlos lang sind. Der traditionelle Weg von einem Stadtteil zum anderen führt zu Fuß über die **Kettenbrücke**. Bereiten Sie sich mit neuen Sportschuhen von **Tisza Cipo** (Karoly korut 1; +36 1 266 3055; tiszacipo.hu) auf den Fußmarsch vor. Dieses Geschäft verkaufte einst die unbeliebten Marken der sozialistischen Ära, aber seit 2003 führt es moderne Schuhe. Obwohl die auffälligen Farben, das hochwertige Material und die Robustheit der Schuhe keinerlei Ähnlichkeit mit den Produkten des alten Regimes haben, wird niemand, der ihre typischen Ostblockschwingungen gespürt hat, sie mit Nikes verwechseln.

### 2 *Weinküche* 19.30 Uhr

Ungarn ist die Heimat der ältesten klassifizierten Weinbaugebiete Europas und einer hervorragenden europäischen Küche. In der **Borkonyha** – deutsch „Weinküche" – (Sas utca 3; +36 1 266 0835; borkonyha.

hu; €) gehen beide eine köstliche Verbindung ein. Auf der Weinliste dieses modernen Bistros stehen 200 vorzügliche heimische Weine, von denen viele offen erhältlich sind. Ungarische Speisen mit internationalen Akzenten, etwa Wild aus dem Dorf Öreglak mit Trockenfrüchten, Sellerie und Thymian, passen wunderbar zu lokalen Weinen wie Kadarka, einem eleganten, trockenen Rotwein von Zoltan Gunzer, dessen kräftige Schwarze-Johannisbeer- und Brombeernoten sich mit jenen eines großartigen Zinfandel messen können.

### 3 *Gartenkneipe* 22 Uhr

Bei warmem Wetter verwandeln sich brache Grundstücke am Stadtrand in Gartenkneipen (Kert), schmuddelige Spelunken unter freiem Himmel, die eine Mischung zwischen Biergarten und von Anarchisten besetzten Häusern darstellen. Aber eine dieser Lokalitäten, **Otkert** (Zrinyi utca 4; +36 70 330 8652; otkert.blogspot.com), hat diese Idee vervollkommnet und etwas geschaffen, was ein Budapester Kulturblogger als „Nobelkert" bezeichnete. Suchen Sie sich eine stille Nische und entspannen Sie sich bei einem Birnen- oder Aprikosenpalinka, der örtlichen Schnapsvariante. Dann stürzen Sie sich ins Gedränge und schwingen das Tanzbein.

## SAMSTAG

### 4 *Ihr Stil* 11 Uhr

Budapest ist zwar berühmt für seine herausragenden Weine, fantastische Musikszene und sein hippes Nachtleben, allerdings bisher nicht für Mode.

**GEGENÜBER** Das Parlamentsgebäude in Pest, vom anderen Donauufer in Buda aus betrachtet.

**RECHTS** Gartenkneipen waren früher schäbig; aber im Otkert sind die Gäste ebenso wie das Umfeld gehoben.

Doch jetzt finden Sie in der Gegend zwischen der Synagoge in der Dohany utca, dem Nationalmuseum und der Donau viele kleine Boutiquen wie **Nanushka** (3 Becsi Street; +36 70 394 1954; nanushka.com). Sie bieten von Freizeitkleidung bis zur Haute Couture alles, immer von lokalen Designern und oft zu einem erschwinglichen Preis. Gönnen Sie sich was Neues für den Abend, wenn Sie durch die Klubs ziehen.

**5** *Souvenirs aus dem Kalten Krieg* 13 Uhr

Ziehen Sie sich warm an, wenn Sie das schrullige Museum **Sziklakorhaz** (Lovas ut 4/c; +36 70 701 01 01; sziklakorhaz.hu) besuchen, das einst ein geheimes Krankenhaus und ein Atombunker tief im Berg unter dem Schloss Buda war. Buchen Sie die einstündige Führung in ungarischer oder englischer Sprache, kaufen Sie eine Marka-Limonade und durchstöbern Sie bunkerwürdigen Nippes wie Soldatenhelme und Gasmasken aus sozialistischer Zeit.

**6** *Überall Liszt* 15 Uhr

Rechnen Sie damit, eine Menge vom Lokalmatador Franz Liszt zu hören – sogar der Flugplatz heißt Liszt Ferenc. Irgendwo in der Stadt finden Sie vielleicht ein Konzert oder eine Veranstaltung zu seinen Ehren. Das **Liszt-Museum** (Vorosmarty utca 35; +36 1 322 9804; lisztmuseum.hu) zeigt Liszts letzte Budapester Wohnung mit vielen persönlichen Sachen, Instrumenten und Möbeln.

**7** *Zu viel des Guten* 19.30 Uhr

Im Jahr 2008 erhielt in Prag ein Restaurant den Michelin-Stern – es war das erste in einer Hauptstadt des ehemaligen Ostblocks. Das wurmte die Budapes-

ter, aber sie waren bald mit im Rennen. Das **Onyx** (Vorosmarty ter 7–8; +36 30 508 0622; onyxrestaurant. hu; €€€) erhielt nach dem schicken Costes den zweiten französischen Stern in der Stadt. Abgestumpfte Gäste mögen die vergoldeten schwarzen Wände, die schweren Sessel und das ach so förmliche Tafelservice etwas übertrieben finden; aber Gerichte wie Gänselebertorte mit Erdbeermarmelade und Kolache oder Confit aus der Rindsschulter mit cremigem Karottenpüree sind äußerst gelungen; sie verbinden mühelos die traditionellen Aromen des Landes mit modernen kulinarischen Methoden. Das drei- oder viergängige Mittagsmenü bietet einen großen Teil der gleichen köstlichen Speisen zu einem viel günstigeren Preis an.

**8** *Für Musikliebhaber* 21.30 Uhr

Jazz ist international geworden und hat sich von seinen amerikanischen Wurzeln gelöst. Im **Budapest Jazz Club** (Hollan Erno utca 7; +36 70 413 9837; bjc.hu) lehnen Sie sich zurück und staunen, wenn ungarische und internationale Musiker weit über das Repertoire von John Coltrane und Miles Davis hinausgehen. Reservieren Sie einen der kleinen Tische vor der Bühne. Einen romantischeren Abend verspricht die gemütlich-dunkle **Suttogo Piano Bar** (Hajos utca 27; +36 20 455 7329; suttogopianobar.hu).

**9** *Die ganze Nacht* 23.30 Uhr

Einige der besten Hotspots spiegeln den Glanz der Stadt zwischen den Kriegen wider. Das riesige Kaufhaus Corvin war bereits ein legendäres Modezentrum, als es 1926 eröffnet wurde. Heute ist es besser be-

**OBEN** In einem ehemaligen unterirdischen Krankenhaus und Atombunker befindet sich heute das Museum Sziklakorhaz.

**RECHTS** Das Liszt-Museum.

**GEGENÜBER OBEN** Tisza-Schuhe sind eine wiederbelebte Ostblockmarke.

kannt als **Corvin Club** (Blaha Lujza ter 1–2, Eingang Somogyi Bela utca; +36 20 244 7230; corvinclub.hu). Dieser Klub hat die oberen Etagen des Gebäudes belegt. Techno, House und Electroclash werden das ganze Jahr über geboten; aber wenn es richtig spät wird, ist die riesige Bar auf dem Dach (von Frühjahr bis Herbst geöffnet) vielleicht der beste Platz, um einen Sonnenaufgang in der Stadt zu sehen.

### SONNTAG

**10** *Snack to go* 12 Uhr

Sonntags gehen modebewusste Einheimische und Ausländer in die zweite Pester Filiale von **Culinaris** (Balassi Balint utca 7; +36 1 373 0028; culinaris.hu; €), einem edlen Feinkostladen in der Nähe des ungarischen Parlamentsgebäudes. Hier können Sie

sich mit einem lose gewickelten Burrito, einem Sandwich oder Salat eindecken oder einfach nur die beeindruckende Auswahl an Käse, Keksen, Crackern, Nudeln, Wein und Bier bestaunen. Es wäre ein teurer Fehler, dieses imposante Warenangebot mit leerem Magen anzugaffen, aber vielleicht brauchen Sie ja noch ein Mitbringsel für zu Hause. Bestellen Sie, bevor Sie zum Flughafen aufbrechen, noch zum Mitnehmen Schinken und Käse auf herrlich duftendem hausgemachtem Brot mit schwarzen Oliven. Das hält Sie zumindest so lange satt, bis Sie am Flugsteig sind.

### BASICS

Fluggesellschaften aus der ganzen Welt fliegen Budapest an. Die U-Bahn der Stadt ist das wichtigste Transportmittel des guten öffentlichen Nahverkehrsnetzes, und die Donau, die Buda und Pest trennt, macht die Orientierung einfach.

**Palazzo Zichy**
Lorinc pap ter 2
+36 1 235 4000
hotel-palazzo-zichy.hu
€
Gelungene Verbindung zwischen neubarocken Treppenhäusern und modernem minimalistischem Dekor in einer umgebauten Villa des 19. Jahrhunderts.

**La Prima**
Piarista utca 6
+36 1 799 0088
laprimahotelbudapest.com
€€
Näher an der Action in Pest, nur eine Seitenstraße von den Touristenströmen in der Vaci utca entfernt.

# Kiew

*Kiew, die Hauptstadt der Ukraine, ist eine pulsierende Metropole des 21. Jahrhunderts. Ihre blühende Kunstszene, die moderne Küche und das ausgiebige Nachtleben sind aber nur die letzten Errungenschaften der alten Stadt. Als Fundgrube der slawischen Tradition besitzt Kiew jahrhundertealte Katakomben, Kirchen und Klöster. Mit seinen bunten Bauten und goldenen Kuppeln, die auf den Hügeln über dem Dnjepr funkeln, gleicht es einem bemalten ukrainischen Osterei. Vor dem Konflikt mit Russland um Gebiete im Süden und Osten haben die Kiewer eine wechselvolle und oft tragische Geschichte, viele Besatzungen, 70 Jahre Sowjetherrschaft und die Verwüstungen des Zweiten Weltkriegs überstanden. Ihre Zähigkeit erweist sich in dem scheinbar grenzenlosen Vergnügungshunger, der dafür sorgt, dass die Cafés voll, die Strände gut besucht und die Bars stets geöffnet sind.*
– FINN-OLAF JONES

### FREITAG

**1** *Im Stadion der Geschichte* 14 Uhr

Bei einem Rundgang über den stadionförmigen **Platz der Unabhängigkeit**, das traditionelle Zentrum der Stadt, lernen Sie eine Menge über die Geschichte Kiews. Zaristische, historische und stalinistische Architektur repräsentieren das Alte, das gläserne Luxuseinkaufszentrum Globus und McDonald's das Neue. Die slawische Göttin Berehynia steht auf einer hohen Säule, die ein Lenindenkmal ersetzte. Trinken Sie in einem Straßencafé ein Obolon, das lokale Bier, und nehmen Sie die Atmosphäre in sich auf. Hier zieht es alle hin: Street Performer, Studenten, Straßenverkäufer und politische Demonstranten.

**2** *Neukonstantinopel* 15 Uhr

Die grün-goldenen Zwiebeltürme der **Sophienkathedrale** (Wolodimirskaja 24; +380 44 278 6262) oben in der Altstadt dominieren das Stadtbild. Der Baubeginn reicht in das frühe 11. Jahrhundert zurück. Die Kirche sollte die Hagia Sophia in Konstantinopel übertreffen und trägt denselben Namen wie diese. Das Innere gleicht einem mittelalterlichen Männerhort voller Weihrauchschwaden. Spektakuläre Lichtstrahlen dringen durch winzige Fenster; Mönche, Priester und Novizen huschen in schwarzen Kutten hin und her. Wenn Sie lange genug bleiben, hören Sie Gebete, begleitet von den berühmten ukrainischen A-cappella-Chören.

**3** *Ländlich speisen* 20 Uhr

Die falschen Hühner, das Strohdach und die umherlaufenden Sänger mögen Ihnen übertrieben vorkommen. Aber die Speisen im **Zarske Selo** (Iwana Masepy 42/1; +380 44 288 9775; tsarske.kiev.ua; €€€) sind köstlich und authentisch, wie die Scharen von Einheimischen, die das Lokal frequentieren, bezeugen. Das Restaurant serviert herzhafte lokale Gerichte, darunter Eingelegtes (fast alles wird eingelegt), Borschtsch, das traditionelle gegrillte Fleisch, Schaschlik genannt, und – sofern Ihr Kardiologe es erlaubt – Hühnchen Kiew. Die Auswahl an Gorilka (ukrainischem Wodka) ist ungewöhnlich groß.

**4** *Technopartys* 23 Uhr

Kiews Nachtklubs laden Jetsetter aus ganz Europa und Russland zu Wochenendgelagen ein. In der **Arena** (Bassejnaja 2A), einem großen Unterhaltungskomplex, ziehen ein Kabarett, eine Außen-Shishabar sowie Karaoke- und Sportbars ein breit gefächertes Publikum an. Hier mischen sich reiche Russen unter lokale Berühmtheiten und Trendsetter mit Wangenknochen, die so hoch wie die Getränkepreise sind.

GEGENÜBER Das Nationalmuseum des Großen Vaterländischen Krieges 1941–1945.

RECHTS Abkühlung an einem Brunnen auf dem Platz der Unabhängigkeit, dem traditionellen Zentrum von Kiew.

**SAMSTAG**

**5** *Heilige Gebeine* 10 Uhr

Brechen Sie zeitig auf, um den Wochenendtouristen aus dem Weg zu gehen, die zur **Kiewo-Petschorskaja Lawra** (Lawrska 25; +380 44 280 3071; kplavra.kiev.ua) streben. Die Pilger, die sich diesem Höhlenkloster nähern – es gehört zum Weltkulturerbe der UNESCO –, tragen Heiligenfiguren und -bilder mit sich. Kaufen Sie am Eingang für die oberen und unteren Katakomben Kerzen und folgen Sie den gewundenen Tunnels, vorbei an den alten, verglasten Gräbern der Mönche, von denen viele orthodoxe Heilige sind. Bisweilen ragen ihre Hände und Füße aus den reich verzierten Grabgewändern. Im Licht der Hängelampen wirkt die Szenerie spektakulär. Sobald Sie wieder das Tageslicht erreicht haben, besuchen Sie die üppig vergoldete Mariä-Entschlafens-Kathedrale aus dem 11. Jahrhundert, die nach ihrer Zerstörung im Zweiten Weltkrieg wieder aufgebaut wurde.

**6** *Die Welt ist klein* 12 Uhr

Ein Schachbrett nebst Figuren auf einer Nadelspitze, ein sandkorngroßer funktionierender Motor, ein Floh, der goldene Schuhe trägt – das sind nur einige der kleinen Wunder, die Mikola Sjadristi geschaffen hat. Der Selfmade-Meister war schon in der alten Sowjetunion berühmt. Heute sind seine Miniaturen im **Museum der Mikrominiaturen** (Lawrska 9, Gebäude 5; microart.kiev.ua) auf dem Klostergelände neben der Kathedrale unter dem Mikroskop zu sehen.

**7** *Der Krieg* 13 Uhr

Schlendern Sie nun auf einem Parkweg zehn Minuten vom Kloster durch eine Grotte, die mit Bildern von Soldaten aus dem Zweiten Weltkrieg dekoriert ist, bis zum Sockel der 102 m hohen, von Yevgeny Vuchetich aus rostfreiem Stahl gefertigten *Mutterlandstatue*. Sie beherbergt das **Nationalmuseum des Großen Vaterländischen Krieges** (Lawrska 44; +380 44 285 9452; warmuseum.kiev.ua). Das Museum stammt aus der Sowjetzeit, aber die Geschichte, die es erzählt, geht über die Spannungen zwischen Ukrainern und Russen hinaus. Die Galerien rund um den Sockel der Statue enthalten schreckliche Relikte – Handschuhe und Seife, die aus KZ-Opfern gemacht wurden, Waffen und Fahnen – und künden vom enormen Blutzoll, den die Ukraine im Krieg entrichten musste. Neu hinzugekommen ist u. a. ein christliches Kreuz aus Waffenteilen, das vor der riesigen Kuppel mit kommunistischen Motiven aufgestellt wurde.

**8** *Kulinarisches Mekka* 14 Uhr

Die Ukrainer sind die Italiener Osteuropas, was die Liebe zum guten Essen und die Leidenschaft zur heimischen Küche anbelangt. Der ehrwürdige zentrale **Bessarabika-Markt** (Bessarabs'ka Ploscha 2) liefert die Zutaten für einige der besten Gerichte Kiews. Der Markt wurde 1912 gebaut und gleicht einem viktorianischen Bahnhof, der Unmengen von Ständen verschlungen hat, hoch beladen mit lokalen Käesorten, rotem und schwarzem Kaviar, Eingelegtem, Wildschweinfleisch und anderem Wild, Borschtsch, Wodka und weiteren heimischen Delikatessen.

**9** *Nacht im Museum* 19 Uhr

Das **PinchukArtCentre** (1/3–2 Welika-Wasilkiwska/Baseyna; +380 44 590 0858; pinchukartcentre.org), ein 2006 eröffnetes Zentrum für zeitgenössische Kunst auf Weltklasseniveau, das der ukrainische Stahlmagnat Wiktor Pintschuk erbauen ließ, ist bis 21 Uhr geöffnet. Die Sammlung mit Werken einheimischer und internationaler Künstler ist erstklassig; aber am provokantesten ist wohl das Bad im vierten Stock, ein mit Neonröhren beleuchtetes Kabinett mit Spiegeln und Fenstern, die heimliche Blicke zwischen den

Herren- und Damenräumen ermöglichen. Essen Sie im stylishen **One Love Coffee** (coffee.onelove.ua; €) im fünften Stock ein Sandwich oder zu Abend und blättern Sie dabei in Kunstbüchern. Neben Wein gibt es auch hervorragenden Kaffee. Bei warmem Wetter genießt man auf der Terrasse den Blick auf die Stadt.

### SONNTAG

**10** *Slawisch-spanischer Brunch* 11 Uhr

Wenn Sie an diesem Wochenende über die Stränge geschlagen haben, ist das **Arbequina** (Grintschenko 4; +380 96 401 7444; €€), einen Piroggenwurf vom Unabhängigkeitsplatz entfernt, ein gutes Gegenmittel. Das gemütliche spanische Café mit „Odessa-

**GEGENÜBER** Die Kuppeln der Sophienkathedrale.

Flair" kombiniert spanische Rezepte mit lokalen kulinarischen Traditionen. Probieren Sie die frischen Muscheln, die duftende Paella oder das Schweinefleisch in Ingwer-Senf-Marinade mit Bohnen und Äpfeln. Bei schönem Wetter lockt die Terrasse.

**11** *Rio am Dnjepr* 12.30 Uhr

Wenn Sie die malerische Parkowi-Fußgängerbrücke überqueren, sollten Sie etwa auf halbem Weg zwischen der Innenstadt und der **Insel Truchanow** die verführerischen Düfte einiger Dutzend Grills einatmen. Mit ihrem schönen Strand und dem atemberaubenden Blick auf die Stadt ist diese Insel ein beliebtes Ausflugsziel. Es ist nicht ungefährlich, im Dnjepr zu schwimmen, der mal mehr, mal weniger schmutzig ist. Aber das grüne Eiland sieht wie ein Platz am Mississippi aus, und die Badeanzüge einiger Kiewerinnen erinnern an Rio oder Miami.

### BASICS

Direktflüge nach Kiew können Sie von vielen Städten Europas buchen.

**Premier Palace**
Taras Schewtschenko
Boulevard 5–7/29
+380 44 391 0052
premier-palace.com
€€€
*Kiews Grandhotel wurde so renoviert, dass sein Jugendstilcharme sowie die russische und ukrainische Kunstsammlung erhalten blieben.*

**Opera Hotel**
B. Chmelnitskogo 53
+380 44 581 7070
opera-hotel.com
€€€
*Boutiquehotel in einer ruhigen Straße mit eleganten, theatralischen Themenzimmern.*

PL   WEISS-
     RUSSL.   RUSSLAND
● Lwiw   ● Kiew
   UKRAINE
RUMÄNIEN   — MOLDAWIEN
   Schwarzes Meer

1/2 Meile
1 Kilometer

Insel
Truchanow
**11**

Sophienkathedrale
**2**

**10** Arbequina

WOLODIMIRSKAJA

**1** Platz der Unabhängigkeit

B. CHMELNITSKOGO

Opera
Hotel
BESSARABS'KA
PLOSCHA
T. SCHEWTSCHENKO

**8** Bessarabika-Markt

Dnjepr

**4** Arena

Zarske Selo
**3**

Premier Palace
BASSEJNAJA

**9**

— LAWRSKA

PinchukArtCentre/
One Love Coffee

Mariä-Ent-
schlafens-
Kathedrale

Museum der Mikrominiaturen **6**

Kiewo-Petschorskaja Lawra **5**

**Kiew**

Nationalmuseum des Großen
Vaterländischen Krieges 1941–1945 **7**

# Warschau

Nach den Verwüstungen des Zweiten Weltkriegs wurde der größte Teil Warschaus wieder aufgebaut. Das war keine leichte Aufgabe, weil viele Gebäude der polnischen Hauptstadt in Trümmern lagen. Mithilfe von Ölgemälden, Postkarten, alten Fotos und Familienalben wurden der mittelalterliche Marktplatz in der Altstadt und die benachbarte Neustadt aus dem 15. Jahrhundert wiederhergestellt. Fast alles, was heute an Palästen, Kirchen und Wahrzeichen zu sehen ist, wurde neu errichtet. Die Neubauten erinnern ein wenig an Disneyland, aber sie zeugen von der polnischen Entschlossenheit, das Leben nach dem Krieg und nach der kommunistischen Ära wieder in eigene Hände zu nehmen. Zwischen tristen Bauten im sowjetischen Stil erheben sich inzwischen auch Wolkenkratzer und zeugen davon, dass in Polen sehr rege an der Zukunft gebaut wird. – DENNY LEE UND STEVE DOUGHERTY

## FREITAG

**1** *Das Herz der Stadt* 16 Uhr

Schlendern Sie durch die Stare Miasto, die Altstadt, um einen genaueren Blick auf das Schloss und die pastellfarbenen Bürgerhäuser zu werfen. Der Marktplatz wurde um 1300 angelegt. Beim Wiederaufbau der Häuser nach dem Krieg wurden teilweise Originalziegel und in den Trümmern aufgefundene Dekorelemente verwendet. Gönnen Sie sich ein Eis in der beliebten Eisdiele **Barek kawowy Lucyna Hodun** (Ulica Nowomiejska 7/9; +48 22 635 7346). Musikliebhaber gehen ein paar Straßen nach Süden ins **Chopin-Museum** (Ulica Okólnik 1; +48 22 441 6251; chopin.museum/en), das Polens berühmtestem Komponisten gewidmet ist. Dort finden Sie handgeschriebene Partituren und sein letztes Klavier. Wie sehr die Polen ihren Lieblingssohn verehren, erfahren Sie ganz in der Nähe in der Heilig-Kreuz-Kirche: Dort ist Chopins Herz in einem Pfeiler beigesetzt; er selbst ruht in Paris, wo er 1849 starb.

**GEGENÜBER** Die Stare Miasto, Warschaus historische Altstadt, ist nach dem Krieg in liebevoller Kleinarbeit wieder auferstanden.

**RECHTS** Beim Schwimmen im Wellnesscenter RiverView des InterContinental verbinden Sie Fitnesstraining mit Sightseeing.

**2** *Vornehme Bauernkost* 20 Uhr

**U Fukiera** (Altstadtmarkt 27; +48 22 831 1013; ufukiera.pl; €€) gleicht mit dem flackernden Kerzenlicht, den bordellroten Lampen und Sittichen in Käfigen einer exzentrischen Grotte. Hier verkehren viele ausländische Touristen, denn die Eigentümerin Magda Gessler versteht sich als Botschafterin der traditionellen polnischen Bauernküche. Auf dem Menü stehen Hering in Sahnesauce mit gehackten Zwiebeln und Kapern sowie Teigtaschen mit Kalbfleischfüllung und Schweinegrieben.

**3** *Helle Lichter* 24 Uhr

Nachtleben mit Latino-Flair bietet das **Teatro Cubano Warsaw** (Ulica Fredry 6; +48 538 194 494), dessen Eingang von Riesenpalmen gesäumt ist. Internationale Acts (viele aus der Karibik), DJ-Partys und ein Mix aus Latino- und Popmusik locken scharenweise Gäste an.

## SAMSTAG

**4** *Kunst in der Fabrik* 10.30 Uhr

Warschaus Boheme ist auf das andere Ufer der Weichsel gezogen, in den alten Arbeiterbezirk **Praga**, wo viele Gebäude den Krieg überstanden haben und einige noch Einschusslöcher aufweisen. Inzwischen ist Praga eine Oase für Galerien, Designer, alternati-

ve Performancekünstler und auch für schicke Cafés und Restaurants. Ein Großteil der künstlerischen Aktivitäten spielt sich in einstigen Industriebauten ab. In der früheren Wodkafabrik Koneser, die sich links und rechts der Ulica Zabkowska erstreckt und im Film *Schindlers Liste* zu sehen ist, entstand kürzlich ein Kulturzentrum. Beginnen Sie dort Ihre Entdeckungsreise.

### 5 *Preisgünstige Nostalgie* 13 Uhr

Die meisten Milchbars – nüchterne Kantinen aus der kommunistischen Ära, die polnische Grundnahrungsmittel wie Piroggen und Borschtsch servierten – wurden zu Kneipen oder Restaurants umfunktioniert. Die wenigen erhaltenen Michbars sind sehr beliebt, nicht nur aus Nostalgie, sondern auch wegen der niedrigen Preise. Die **Bar Zabkowski** (Ulica Zabkowska 2; +48 22 619 1388; €) ist eine orange-beige Zeitkapsel, wo alte Leute und Studenten an einem schmalen Fenster für Kohlsuppe anstehen. Die Kassiererin hält unter der Kasse sogar eine englische Speisekarte bereit.

### 6 *Gedenkstätten* 14 Uhr

Die rücksichtslose Zerstörung Warschaus, vor allem seiner historischen Gebäude und Denkmäler, wurde von den Nazis im Anschluss an den Aufstand von 1944 angeordnet. Die polnische Heimatarmee hatte sich gegen die deutschen Besatzungstruppen erhoben, wurde jedoch aufgerieben, als die Sowjets Hilfe verweigerten. Artefakte, Augenzeugenberichte, Filme und Ausstellungsstücke im **Museum des Warschauer Aufstandes** (Ulica Grzybowska 79; +48 22 539 7905; 1944.pl) legen hiervon und von der Nachkriegszeit in Polen Zeugnis ab. An den Aufstand im Warschauer Getto im Jahr 1943 erinnert das **Denkmal der Helden des Gettos** an der Ecke Ulica Anielewicza und Ulica Zamenhofa. Es steht in der Mitte des ehemaligen Gettos, wo die jüdische Bevölkerung von den Nazis zusammengepfercht wurde, bevor sie in die Vernichtungslager kam.

**OBEN** Ein Stück Mauer des Warschauer Gettos.

**RECHTS** Der alte Industriebezirk Praga ist schick geworden.

### 7 *Schwimmen mit Aussicht* 18.30 Uhr

Im **Wellnesscenter RiverView** des Hotel Inter-Continental (Ulica Emilii Plater 49; +48 22 328 8640; riverview.com.pl) können Sie das Schwimmen mit Sightseeing verbinden. Der Pool im 43. Stock bietet eine herrliche Aussicht auf den **Kultur- und Wissenschaftspalast** (pkin.pl), ein Geschenk von Stalin, das die Stadt pompös überragt. Ihm zum Trotz erwies sich der Wirtschaftsaufschwung im nachkommunistischen Polen als einer der solidesten in den Ländern des ehemaligen Ostblocks. Er schuf die Grundlage, die das Land vor einer Rezession bewahrte, als das restliche Europa gegen Ende der 2000er-Jahre in eine Finanzkrise schlitterte.

### 8 *Küchenarena* 20 Uhr

Fleischfans sind an der richtigen Adresse bei **U Kucharzy** (Ulica Dluga 52; +48 22 826 7936; gessler.pl; €€), das aus der polnischen Küche einen Publikumssport macht: Eine Kamera in der Küche sendet per Livestream direkt an die Website des Restaurants. Angesichts von Kochmützen, rustikalen Holztischen, brutzelnden Pfannen und aus den Grills lodernden

Flammen wähnt man sich fast in einer Kochshow. Derweil tun sich die Gäste an gefülltem Rindfleisch, in Bordeauxwein geschmortem „Jungbullenbraten", Kalbshirn auf Toast und anderen Schlachtplatten-spezialitäten gütlich. Doch auch an die Vegetarier ist gedacht.

**SONNTAG**

**9** *Fundsachen* 9 Uhr

Ihre restlichen Zlotys tragen Sie am besten zum **Bazar na Kole** (Ulica Obozowa 99), einen Flohmarkt westlich des Stadtzentrums, wo Kuriositäten wie rostige Helme aus dem Zweiten Weltkrieg, preußische Lampen und Souvenirs aus der sowjetischen Vergangenheit warten. Gehen Sie aber zeitig hin.

**10** *Kunst im Schloss* 12 Uhr

Schlendern Sie durch das imposante **Zentrum für zeitgenössische Kunst** (Ulica Jazdów 2; +48 22 628 1271; u-jazdowski.pl) im wiederaufgebauten Schloss Ujaz-dowski. Die Sammlung umfasst Werke polnischer und internationaler Künstler, u. a. von Stars wie Jenny Holzer.

**OBEN** U Kucharzy erfreut Karnivoren mit Fleischgerichten aller Art und Food-Voyeure auf der Website des Restaurants mit einem Webcam-Livestream aus der Küche.

## BASICS

An günstigen Taxis mangelt es nicht; aber Sie sollten sich vor dem Einsteigen nach dem Preis erkundigen. Straßenbahnen sind eine Alternative.

**InterContinental Warsaw**
Ulica Emilii Plater 49
+48 22 328 8888
warszawa.intercontinental.com
€€
*Tolle Aussicht, großartige Lage, moderne Zimmer. Mit einem Pool und mehreren guten Restaurants.*

**Mamaison Hotel Le Regina**
Ulica Koscielna 12
+48 22 531 60 00
mamaisonleregina.com
€€
*Boutique-Eleganz am Rande der Altstadt. Das Hotel befindet sich in einem Palast aus dem 18. Jahrhundert, in dem einst die US-Botschaft untergebracht war.*

Barek kawowy Lucyna Hodun
ALTSTADT
BUGAJ
1 — NOWOMIEJSKA
Teatro Cubano Warsaw
2 ■ Altstadt-markt
3 U Fukiera
NEUSTADT
Mamaison Hotel Le Regina
— KOSCIELNA
ZAMENHOFA —
ANIELEWICZA
Denkmal der Helden des Gettos
Detail
ULICA DLUGA
9 Bazar na Kole
8 U Kucharzy
Weichsel
Museum des Warschauer Aufstandes
6 GRZYBOWSKA
Wellnesscenter RiverView/ InterContinental Warsaw
7
Kultur- und Wissenschaftspalast
Heilig-Kreuz-Kirche
Chopin-Museum
EMILII PLATER
1/2 Meile
1 Kilometer
4 PRAGA
ZABKOWSKA
5 Bar Zabkowski
**Warschau**
Zentrum für zeitgenössische Kunst
10

Ostsee LITAUEN
POLEN BY
DE
Warschau
CZ
UKRAINE
SLOWAKEI

# Krakau

In Polens zweitgrößter Stadt Krakau sind Vergleiche unvermeidlich. Woran erinnert der prächtige, von Straßencafés gesäumte Marktplatz der Altstadt, der von den beiden Türmen einer prunkvollen Kirche überragt wird? An Prag, nur größer. Woran erinnert die Burg hoch über dem trägen Fluss? An Budapest, nur ist sie älter. Und das Nachtleben in den heruntergekommenen Mietskasernen? An Berlin, nur zahmer. Doch diese verjüngte Stadt hat einige Überraschungen zu bieten. In ehemaligen Fabriken sind Museen entstanden, und innovative Kunstgalerien zeigen Werke der kreativen Krakauer Szene. Elegante neue Restaurants drängen sich zwischen den Lokalen der Boheme und bereichern die gediegene lokale Küche um moderne Gerichte. Krakau könnte schon bald die coole, postkommunistische Enklave sein, mit der Europas nächste Städtegeneration verglichen wird. – INGRID K. WILLIAMS

## FREITAG

**1** *Spaziergang im Park* 16 Uhr

Krakaus historische Viertel sind kompakt und fußgängerfreundlich. Es geht los mit einem Spaziergang durch den **Planty-Park**, einen attraktiven, 3 km langen Grüngürtel rings um die Altstadt. Unter seinem Blätterdach gehen Sie bis zum Wawel-Hügel, auf dem die majestätische Königsburg und die Kathedrale über der Weichsel thronen. Nach dem Überqueren des Hofes steigen Sie die Rückseite des Hügels hinab bis zur gepflegten Grünpromenade am Flussufer. Gehen Sie dann weiter zur neuen stählernen **Laetus-Bernatek-Brücke**, auf der Fußgänger und Radfahrer die Stadtteile Kazimierz und Podgorze erreichen.

**2** *Den Geist befreien* 18 Uhr

„Kunst macht frei", behauptete eine Skulptur, die dem berüchtigten Eingang zum nahe gelegenen Konzentrationslager Auschwitz nachempfunden war. Sie begrüßte die Besucher der hervorragenden Ausstellung im **MOCAK**, dem Museum für zeitgenössische Kunst

(Ulica Lipowa 4; +48 12 263 4001; mocak.pl), als es 2011 im Industriebezirk Podgorze eröffnet wurde. Die Dauerausstellung in den eleganten Galerien aus Glas und Beton bietet ähnlich provozierende Werke, z. B. die maßstabsgetreue Nachbildung einer Zelle aus dem Gefängnis von Guantánamo des polnischen Künstlers Tomasz Bajer.

**3** *So isst Polen* 20.30 Uhr

Die Einrichtung und stimmungsvollen Ölgemälde im **Restauracja Pod Baranem** (Ulica Swietej Gertrudy 21; +48 12 429 4022; podbaranem.com; €€) grenzen an Kitsch, aber die Küche serviert echte polnische Klassiker. Beginnen Sie mit einem Teller blutrotem Borschtsch oder mit der herzhaften Champignoncremesuppe, die im Brotlaib serviert wird. Dann empfehlen sich Pierogi ruskie – mit Hüttenkäse gefüllte Teigtaschen – oder Ente mit einer süßen Apfel-Zimt-Sauce. Das weiche Ingwerbrot ist ein guter Nachtisch.

**4** *100 Sorten Wodka* 23 Uhr

Die Altstadt ist mit Kneipen und Straßencafés übersät; aber um das Lieblingsgetränk der Krakauer zu probieren, gehen Sie am besten in die **Wodka Cafe Bar** (Ulica Mikolajska 5; +48 12 422 3214). Anstatt sich durch die komplette Getränkekarte mit etwa 100 Wodkasorten zu arbeiten, beginnen Sie lieber mit einem Glas Haselnusswodka, den Sie am besten gekühlt nippen und genießen. Lassen Sie sich dann mit einem Tatanka, einem Apfelsaft-Wodka-Mix, an einem der drei winzigen Tische im Erdgeschoss oder in der gemütlichen Nische oberhalb der Bar nieder.

**GEGENÜBER** Die Altstadt von Krakau war im Mittelalter die Hauptstadt Polens und trägt heute noch die Spuren ihrer königlichen Vergangenheit.

**RECHTS** Ein Akkordeonspieler bittet um ein paar Münzen am Wawel, dem Burghügel mit Königsresidenz und Kathedrale.

**SAMSTAG**

**5** *Kunsttour* 10 Uhr

Der Tag beginnt mit einer Tour durch die polnische Kunstgeschichte. Die gewaltigen **Tuchhallen** auf dem Marktplatz beherbergen in den farbig gestalteten Ausstellungssälen im Obergeschoss die Galerie der polnischen Kunst des 19. Jahrhunderts (Rynek Glowny 3; +48 12 433 5400; mnk.pl). Danach besuchen Sie die **Galeria Plakatu Krakow** (Ulica Stolarska 8–10; +48 12 421 2640; cracowpostergallery.com). Dieses Geschäft führt Tausende seltener Plakate aus dem 20. Jahrhundert, die sich in der Nachkriegszeit in Polen zu einer wichtigen Kunstform entwickelten. Besonders interessant sind die Arbeiten von Wieslaw Walkuski. Die Tour endet im 21. Jahrhundert in der **Bunkier Sztuki Contemporary Art Gallery** (Plac Szczepanski 3a; +48 12 422 1052; bunkier.art.pl), die auf mehreren Etagen experimentelle Kunst ausstellt.

**6** *Wildschwein und Kuchen* 13.30 Uhr

Zum Mittagessen bestellen Sie gedämpfte Muscheln oder einen Salat mit geräucherter Gänsebrust im **Guliwer** (Ulica Bracka 6; +48 12 430 2466; guliwerrestauracja.pl; €), einem hellen, fröhlichen Café unweit des Hauptmarkts. Wer es deftiger mag, wählt den Burger mit Ziegenkäse, der mit Pommes frites auf einem tiefen Holztablett serviert wird, oder auch das Wildschweingulasch. Zum Dessert gehts nach nebenan ins **Cupcake Corner** (Ulica Bracka 4; cupcakecorner.pl). Diese Bäckerei gehört einem aus Chicago zugewanderten Kuchenliebhaber. Das Angebot wechselt täglich – mit etwas Glück gibt es die saftigen Red Velvet Cupcakes.

**7** *Geschichtsstunde* 16 Uhr

Eine der meistbesuchten Attraktionen der Stadt ist zugleich die bedrückendste. Die ehemalige Emaillewarenfabrik von Oskar Schindler, die in Steven Spiel-

bergs Film *Schindlers Liste* gezeigt wird, beherbergt heute eine neue Abteilung des **Historischen Museums der Stadt Krakau** (Ulica Lipowa; +48 12 257 1017; mhk.pl). Die eindrucksvolle Dauerausstellung „Krakau unter der Nazibesatzung 1939–1945" zeichnet das Leben und Sterben in der Stadt vom Ausbruch des Zweiten Weltkriegs bis zur Vernichtung der jüdischen Gettos nach. Die Ausstellungsstücke sind sowohl informativ als auch tief bewegend.

**8** *Piroggenesser* 20 Uhr

Erfreuen Sie Ihren Gaumen mit einer Piroggenpalette, einem Probierteller Teigtaschen mit verschiedenen Obst-, Fleisch- oder Gemüsefüllungen. Im sonnigen **Pierogi MR Vincent** (Ulica Bozego Ciala 12; +48 506 806 304; €) speist man in einem von van Gogh inspirierten Dekor unter aufgemaltem Sternenzelt. Oder bestellen Sie eines von drei Dutzend Piroggengerichten auf der Karte – Hüttenkäse mit Walnüssen ist ein Hit – mit Belag nach Wahl, z. B. Butter, Zwiebeln oder viel saurer Sahne.

**9** *Ein Abend im jüdischen Viertel* 22 Uhr

Die belebtesten Kneipen Krakaus findet man in den Straßen des ehemaligen jüdischen Viertels Kazimierz. An warmen Abenden lohnt sich ein Besuch im gastlichen Biergarten des Bohemecafés **Mleczarnia** (Ulica Meiselsa 20; +48 12 421 8532; mle.pl). Bummeln Sie anschließend hinüber zur Bar **Singer** (Ulica Estery 20; +48 12 292 0622) am Hauptplatz (Plac Nowy). Dort sind die Tische auf dem Gehweg in Wirklichkeit alte Nähmaschinen. Wenn es kühler wird, gehen Sie hinein ins **Alchemia** (Ulica Estery 5; +48 12 421 2200; alchemia.com.pl), wo der düstere Innenraum von Kerzen erhellt wird und Glashumpen sowie ein ausgestopftes Krokodil von der Decke herabhängen.

**10** *Imbiss spezial* 24 Uhr

Auf die Hand isst man in Krakau am liebsten Zapiekanka, ein getoastetes Baguette, belegt mit Pilzen, Käse oder anderen Extras. Kein Wunder also, dass sich die Zapiekanka-Verkäufer an der Rotunde mitten auf dem Plac Nowy drängen! Einer der besten ist **Endzior** (Plac Nowy; +48 12 429 3754). Wer bereit ist, für seinen Mitternachtsimbiss ein Stück zu gehen, läuft zum blauen Lieferwagen, der gleich jenseits des Bahndamms neben der Hala Targowa (Markthalle)

**OBEN** Der Planty-Park säumt die Altstadt über mehrere Kilometer bis hinunter zum Wawel.

an der Kreuzung Blich und Grzegorzecka steht. Bis 3 Uhr morgens brät dort ein Duo in weißen Jacken Krakauer über offener Flamme auf einem provisorischen Holzgrill. Die langen Würste werden mit einem knusprigen Brötchen und einem Schlag Senf serviert und haben eine große Fangemeinde.

### SONNTAG

**11** *Stadt aus Salz* 11 Uhr

In der Altstadt steht an fast jeder Straßenecke ein blau-weißer Karren, an dem Obwarzanek, der polnische Bagel, verkauft wird. Holen Sie sich einige und nehmen Sie dann den Zug nach Wieliczka. Diese ruhige Stadt liegt etwa 13 km von Krakau entfernt und ist Heimat der **Wieliczka-Salzmine** (Ulica Danilowicza 10, Wieliczka; +48 12 278 7302; kopalnia.pl), die

eine der ersten UNESCO-Welterbestätten war. Die dreistündige Führung beginnt mit dem Abstieg in einen 64 m tiefen Minenschacht aus dem 17. Jahrhundert. Es folgt ein Gang durch ein ausgedehntes Labyrinth unterirdischer Kammern, darunter eine prachtvolle Kapelle mit Altar, Kronleuchtern, Skulpturen und Basreliefs aus Salz. Sie glauben nicht, dass alles aus Salz besteht? Lecken Sie daran!

**OBEN** Das Bohemecafé Mleczarnia in Kazimierz, dem historischen jüdischen Viertel, in dem sich heute eine lebendige Kneipenszene befindet.

### BASICS

Verschiedene Fluggesellschaften fliegen Krakau an. In der Stadt geht man am besten zu Fuß.

**Hotel Unicus**
Ulica Swietego Marka 20
+48 12 433 7111
hotelunicus.pl
€€
*Geräumige, moderne Zimmer im Herzen der Altstadt, wo in den Nachtlokalen ausgelassen gefeiert wird.*

**Hotel Copernicus**
Ulica Kanonicza 16
+48 12 424 3400
copernicus.hotel.com.pl
€€€
*Luxus und Eleganz in einer gepflasterten Seitenstraße nahe dem Wawel.*

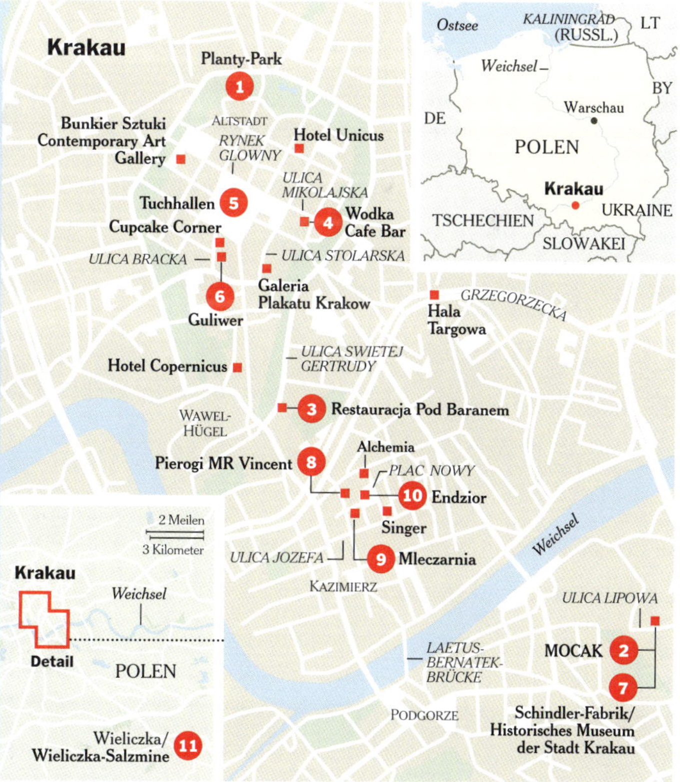

**Krakau**

- Planty-Park — **1**
- Bunkier Sztuki Contemporary Art Gallery
- ALTSTADT
- RYNEK GLOWNY
- Hotel Unicus
- ULICA MIKOLAJSKA
- Tuchhallen — **5**
- Cupcake Corner
- **4** Wodka Cafe Bar
- ULICA BRACKA
- ULICA STOLARSKA
- **6**
- Guliwer
- Galeria Plakatu Krakow
- Hala Targowa
- GRZEGORZECKA
- Hotel Copernicus
- ULICA SWIETEJ GERTRUDY
- WAWEL-HÜGEL
- **3** Restauracja Pod Baranem
- Pierogi MR Vincent **8**
- Alchemia
- PLAC NOWY
- **10** Endzior
- Singer
- **9** Mleczarnia
- ULICA JOZEFA
- KAZIMIERZ
- Weichsel
- ULICA LIPOWA
- LAETUS-BERNATEK-BRÜCKE
- MOCAK **2**
- **7**
- PODGORZE
- Schindler-Fabrik/ Historisches Museum der Stadt Krakau

2 Meilen
3 Kilometer

**Krakau**
Weichsel
**Detail** POLEN

Wieliczka/ Wieliczka-Salzmine **11**

Ostsee
KALININGRÄD (RUSSL.)
LT
Weichsel
BY
DE
Warschau
POLEN
**Krakau**
TSCHECHIEN
UKRAINE
SLOWAKEI

# Danzig & Zoppot

Das Bild von Danzig (Gdansk) ist geprägt von Erinnerungen an die Gewerkschaft Solidarnosc, die in den 1980er-Jahren den polnischen Kommunismus stürzte. Mit diesem wird unter anderem ein postindustrieller Albtraum aus Beton und Stahl assoziiert, während das wahre Danzig doch viel freundlicher ist. Es rühmt sich einer liebevoll rekonstruierten Altstadt, eines Kanalsystems, das mit dem Fluss Mottlau (Motlawa) verbunden ist, und einer kosmopolitischen Begeisterung für Kunst. Im Sommer feiert die Stadt mehrere Festivals im Zeichen von Shakespeare, Orgelmusik, Straßentheater und Regatten. Außerdem ist Danzig ein Touristenparadies neben zwei weiteren Ostseestädten – Zoppot (Sopot) und Gdingen (Gdynia) –, die gemeinsam die „polnische Riviera" bilden. – MATT GROSS

### FREITAG

**1** *Bögen und Bernstein* 14.30 Uhr

Den Kern Danzigs bildet die Rechtstadt mit vielen Bogengängen, vergoldeten Ornamenten und stattlichen Ziegelbauten, die vom Reichtum der Einwohner im 16. und 17. Jahrhundert zeugen. Kirchenglocken verkünden die Stunde, Straßenmusikanten träumen auf gepflasterten Gassen von einer Folkkarriere, an der Uferpromenade lecken Kinder an Eishörnchen. Das erste Ziel ist das **Bernsteinmuseum** (Targ Weglowy 26; muzeumgdansk.pl), das in einem mittelalterlichen Befestigungsbau untergebracht ist. Das Baltikum bietet die größten Bernsteinvorkommen der Welt. Der Mensch baut sie seit Jahrtausenden ab und fertigt daraus Schmuck – und bestaunt die 4 Millionen Jahre alten Insekten, die im Bernstein konserviert sind.

**2** *Historische Baudenkmäler* 16 Uhr

Vergessen Sie bei Ihrem Bummel durch die Rechtstadt nicht die alles überragende **Marienkirche** aus dem 14. Jahrhundert, angeblich die größte gotische Backsteinkirche der Welt. Im **Artushof** (Dlugi Targ 43/44) trafen sich zu Hansezeiten reiche Kaufleute, und der **Neptunbrunnen** davor stammt aus dem Jahr 1633. 90 Prozent der Rechtstadt lagen nach dem Zweiten Weltkrieg in Trümmern, und es dauerte Jahrzehnte, um den historisch anmutenden Stadtteil so aufzubauen, wie Besucher ihn heute sehen. Im **Historischen Museum der Stadt Danzig**, das im gotischen **Rathaus** untergebracht ist, zeigen Fotos, wie die Stadt 1945 aussah.

**3** *Jenseits der Innenstadt* 19 Uhr

Wenn die Rechtstadt in Ihnen ein Bedürfnis nach idyllischer Ruhe geweckt hat, gehen Sie in den Oliwski-Park und speisen Sie dann im **Dwor Oliwski** (Ulica Bytowska 4; +48 58 554 7070; dworoliwski.pl; €€), einem Hotelrestaurant in einem rustikalen Gebäude aus dem 17. Jahrhundert. Auf dem Menü stehen Foie gras und Entenbraten. Ein anderes Ambiente bietet die **Filharmonia** (Ulica Olowianka 1; +48 58 323 8358; restauracjafilharmonia.pl; €€), ein angesagtes, modernes Lokal, das sich mit der Baltischen Philharmonie ein neugotisches Bauwerk am Ufer teilt, das ursprünglich als Kraftwerk diente. Von dort hat man einen Blick auf das massive Krantor, wo Hafenarbeiter im 15. Jahrhundert mithilfe der Kräne mehr als 2 t schwere Ladungen löschten.

**4** *Ein bisschen Brandy* 22 Uhr

Lässt man Geschichte und Kultur einmal beiseite, so ist Danzig auch ein guter Ort, um zu essen, zu trinken und sich zu amüsieren. Ein zwangloses Lokal ist das gemütliche **Café Kamienica** mit Bar (Ulica Mariacka 37/39; +48 512 019 602) in der Rechtstadt – probieren Sie dort einen Caffè Latte mit Brandy.

GEGENÜBER Danzig mit seinen beschaulichen Kanälen, die in die Mottlau münden, ist eine Festival- und Kunststadt.

RECHTS Der Neptunbrunnen entstand 1633, als Danzig ein wohlhabendes Zentrum des Ostseehandels war.

**SAMSTAG**

### 5 *Paddeln* 9 Uhr

Zunächst stärken Sie sich mit Kaffee und einem Paczek, dem lokalen Lieblingsgebäck, das einem Berliner ähnelt und in vielen Bäckereien angeboten wird. Mieten Sie dann ein Kajak im **Hafen- und Jachtklub Zabi Kruk** (Ulica Zabi Kruk 15; +48 58 305 7310; kajakiempogdansku.pl). Beim Paddeln entlang der Promenade bestaunen Sie die restaurierten Fassaden von unten, so wie ein baltischer Händler in früheren Zeiten. Weiter stromabwärts wird der Kanal breiter, und jenseits der bewegten Wasserfläche erheben sich die berühmten Werften, in denen die Gewerkschaft Solidarnosc entstand. Zu Hochzeiten arbeiteten hier 40 000 Menschen, und nach dem Niedergang in den 1990er-Jahren erlebte die Werft einen Aufschwung – wenn auch in geringerem Umfang – als Industriekomplex, der u. a. Versorgungsschiffe für Ölplattformen herstellt. Wenden Sie sich nun nach Südosten und erkunden Sie wieder schmalere, vom Schilf überwucherte und mit Seerosenblättern bedeckte Kanäle, die zahlreichen Wasservögeln eine Heimat bieten.

### 6 *Solidarnosc* 11.30 Uhr

Im **Europäischen Solidarnosc-Zentrum** (Plac Solidarnosci 1; +48 58 772 4112; ecs.gda.pl) erläutert eine gut durchdachte Ausstellung die Geschichte des modernen Danzig. Im Mittelpunkt stehen die Proteste auf der Werft in den 1980er-Jahren, beginnend mit dem Streikaufruf des Elektrikers Lech Walesa als Geburtsstunde der Gewerkschaft Solidarnosc. Essen Sie nach dem Besuch des eindrucksvollen Museums in der Rechtstadt zu Mittag.

**OBEN** Der Molo, der 515 m lange Holzsteg im Sommerbadeort Zoppot.

**RECHTS** Das Krantor in Danzig wurde im 15. Jahrhundert gebaut, um Schiffsladungen zu löschen.

### 7 *Beginn des Zweiten Weltkriegs* 14 Uhr

Und noch etwas Denkwürdiges geschah in Danzig: Hier begann der Zweite Weltkrieg. Die erste Kriegshandlung fand am 1. September 1939 statt, als ein deutsches Kriegsschiff im Hafen der Freien Stadt Danzig das Feuer auf polnische Streitkräfte eröffnete und 200 polnische Soldaten zurückschossen. Sie hielten eine Woche lang stand und kämpften tapfer eine aussichtslose Schlacht, die ihre Landsleute heute noch inspiriert. Um das **Westerplatte-Denkmal** zu Ehren der Verteidiger zu sehen, nehmen Sie am Hauptbahnhof einen Bus oder in der Rechtstadt ein Ausflugsboot.

### 8 *Sommerfrische* 16 Uhr

Mit einem SKM-Zug (skm.trojmiasto.pl) fahren Sie in etwa 20 Minuten zur angesagten Küstenstadt Zoppot, in der polnische und zunehmend auch ausländische Touristen tagsüber sonnenbaden und sich am Abend Bier, Wodka und gebratenen Fisch munden lassen. Zoppot ist seit dem 19. Jahrhundert ein Sommerbadeort. Während der kommunistischen Ära ging es mit der Stadt bergab, aber jetzt erlebt sie ebenso wie Danzig eine neue Blüte. Spazieren Sie hinaus auf den **Molo**, den 515 m langen Holzsteg. Der wieder hergerichtete Kuppelbau an der Uferfront ist das Grand Hotel, das seit Kurzem Sofitel heißt. Seit seiner Eröffnung in den 1920er-Jahren hat das Hotel

viele berühmte Gäste gesehen, darunter Adolf Hitler, Charles de Gaulle, Greta Garbo und Wladimir Putin.

**9** *Cafés und Klubs* 19 Uhr

Neben neuen Hotels, feinen Geschäften und dem wieder hergerichteten Freilichttheater Lesna („Waldoper") besitzt Zoppot auch einige gute Restaurants. Eines ist das schicke **Morska** (Ulica Morska 9; +48 58 351 35 55; €) an der Strandpromenade, das neben unterschiedlich zubereiteten Fischgerichten vom Steinbutt, Heilbutt und Wolfsbarsch auch Fleischgerichte wie Steaks vom schwarzen Angusrind bietet. Wählen Sie dazu einen Wein von der internationalen Karte. Später füllt sich der belebte Boulevard mit jungen Besuchern aus ganz Polen und Skandinavien, die Party machen wollen. Tanzen Sie mit in angesagten Locations wie dem **Dream Club** (Ulica Bohaterow Monte Cassino 53; +48 60 550 08 00).

**SONNTAG**

**10** *Faulenzen am Strand* 11 Uhr

Zoppots Strand ist sauber, weiß und groß mit viel Platz für Sonnenanbeter und Schwimmer. Suchen Sie sich also ein Plätzchen, um Leute zu beobachten, oder trinken Sie ein Bier in einem der Ufercafés. Wenn Ihnen jemand Lody anbietet, sagen Sie Ja; das bedeutet Eiscreme, und davon verstehen die Polen etwas.

**OBEN** Bernstein wird traditionell an der Ostsee abgebaut und heute noch in Danzig verkauft.

---

**BASICS**

Danzig hat Straßenbahnen, Busse und eine U-Bahn. Züge verbinden Danzig und Zoppot.

**Hilton Gdansk**
Targ Rybny 1, Danzig
+48 58 778 7100
hiltongdansk.pl
€€
*Mit Schwimmbad, Spa und Dachterrassenbar im historischen Zentrum.*

**Hotel Hanza**
Ulica Tokarska 6, Danzig
+48 58 305 3427
hotelhanza.pl
€€
*Attraktives Hotel am Wasser.*

**Sofitel Grand Sopot Hotel**
Ulica Powstancow Warszawy 12/14, Zoppot
+48 58 520 6000
sofitel.com
€€
*Kunstvoll renoviertes Urlaubshotel an der Ostsee, 1927 erbaut.*

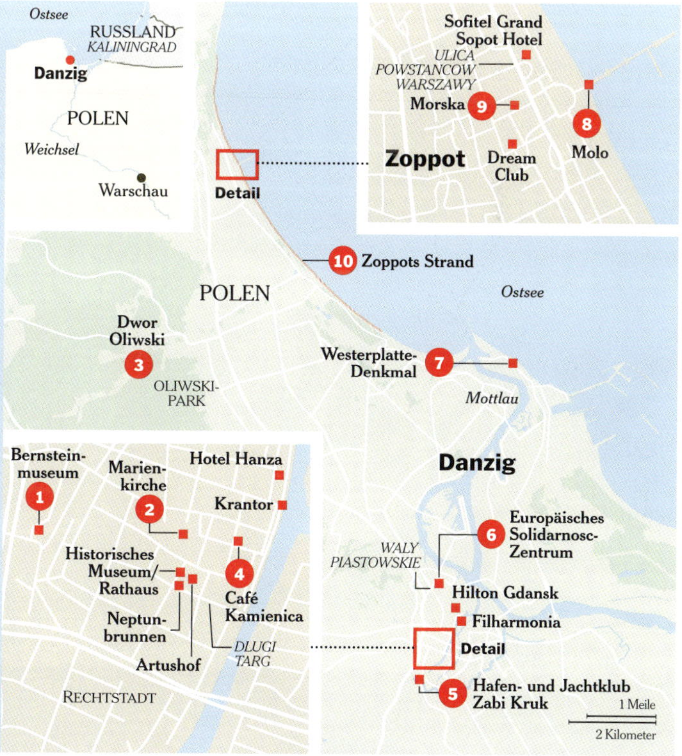

Ostsee
RUSSLAND
KALININGRAD
**Danzig**
POLEN
Weichsel
Warschau
Detail

Sofitel Grand Sopot Hotel
ULICA POWSTANCOW WARSZAWY
Morska **9**
**Zoppot**
Dream Club
**8**
Molo

**10** Zoppots Strand
POLEN
Ostsee
Dwor Oliwski
**3**
OLIWSKI-PARK
Westerplatte-Denkmal **7**
Mottlau

Bernstein-museum
Marien-kirche
Hotel Hanza
**Danzig**
**1**
**2**
Krantor
Historisches Museum/Rathaus
**4**
Café Kamienica
Neptun-brunnen
Artushof
DLUGI TARG
RECHTSTADT
WALY PIASTOWSKIE
**6** Europäisches Solidarnosc-Zentrum
Hilton Gdansk
Filharmonia
Detail
**5** Hafen- und Jachtklub Zabi Kruk
1 Meile
2 Kilometer

Comer See 498

VENEDIG 502

Triest 506

Ljubljana 514

MAILAND 492

Parma 484

Piran 518

Zagreb

Bologna 478

Cinque Terre 488

Perugia 466

Dalmatinische Küste 526

FLORENZ 472

ROM

Rom 430

Neapel 446

AmalfiKüste 450

Antikes Rom 440

Capri 456

Modernes Rom 436

PALERMO 462

Belgrad 540

Bukarest 544

# SÜD-
# EUROPA

Tiflis 576

Sarajevo 536

Sofia
548

DUBROVNIK 522

ISTANBUL 564

MALTA

510

ZYPERN
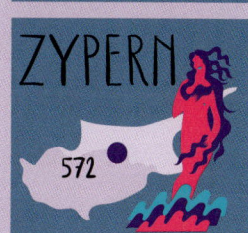
572

ATHEN 554

MyKonos
560
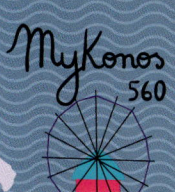

Bodrum
568

# Rom

*Rom verdient den Titel der Ewigen Stadt auch deshalb, weil man eine Ewigkeit brauchen würde, um ihr gerecht zu werden. Sie haben aber leider nur ein Wochenende Zeit. Dank der vielen Billigairlines sind Kurzreisen in Europa hoch im Kurs, und am Trevi-Brunnen ist samstags um drei die Hölle los – diesen Trubel sollte man meiden wie verdorbenen Ricotta. Darum werden Sie dem Brunnen nachts einen Besuch abstatten. Wer klug plant und antizyklisch vorgeht, kann ein authentisches Stückchen Rom erleben, ohne Zeit in Warteschlangen zu vertrödeln und von Menschenmassen erdrückt zu werden. Manövrieren Sie sich geschickt und wendig durch das Meer der Touristen, um Rom am Ende in guter Erinnerung zu behalten – vielleicht sogar auf ewig.* – FRANK BRUNI

## FREITAG

**1** *Der ewige Dom* 16 Uhr

Marmor über Marmor, päpstliche Leiber, eine riesige Kuppel und Michelangelos *Pietà* – den **Petersdom** darf man einfach nicht verpassen. Der majestätische Bau atmet Geschichte und ist damit genau die richtige Einstimmung für Ihr Romwochenende. Wer freitags hier anfängt, entgeht den Touristenströmen am Samstag und den zahllosen Gläubigen, die sich hier sonntags zum Angelusgebet mit dem Papst versammeln.

**2** *Dem Himmel so nah* 18 Uhr

Sparen Sie Zeit und Kraft und nehmen Sie ein Taxi zum **Piazzale Garibaldi** auf dem Gianicolo-Hügel: Von hier aus hat man eine fantastische Aussicht auf das historische Zentrum und die antike Skyline mit ihren jahrhundertealten Kuppeln und Dächern. Schmunzeln Sie außerdem über das pompöse, an eine weiße Schreibmaschine erinnernde Denkmal Vittoriano, das mit seinen 100 Jahren in Rom als jun-

ges Gemüse gilt. Schlendern Sie auf dem Hügel in Richtung Süden, bis Sie auf einen protzigen Brunnen aus dem 17. Jahrhundert stoßen, der im Volksmund Il Fontanone heißt. Von dort aus geht es über die Stufen hinunter nach Trastevere, einem typisch römischen Viertel mit schmalen, labyrinthischen Gassen.

**3** *Noch nie war kalt so heiß* 20.30 Uhr

Es gibt normale Weinlokale, und es gibt die **Casa Bleve** (Via del Teatro Valle, 48–49; +39 06 686 5970; casableve.com; €€€), wo alles im Zeichen römischer Pracht steht, ja sie gar übertrifft. Das Lokal ist im Erdgeschoss eines Palazzo aus dem 16. Jahrhundert. Die zum Verkauf stehenden Weine sind kunstvoll arrangiert, die zahlreichen Tische großzügig angeordnet. Einige stehen direkt am steinernen Brunnen an der rückwärtigen Wand. In den Gewölbekellern aus dem 1. Jahrhundert verbirgt sich der Weinkeller. Wenn nicht allzu viel los ist, kann das Personal Sie nach dem Essen dort herumführen. Auf der Karte stehen auch Antipasti, vermutlich die besten, die Sie je gegessen haben: riesige Platten mit Vitello tonnato, Rinderrouladen mit Kräuterfüllung, Putenröllchen mit Trüffelhobeln, geröstete rote und gelbe Paprika, Mozzarella mit Steinpilzen. Sie zeigen einfach auf das Gewünschte, und man stellt Ihnen einen individuellen Vorspeisenteller zusammen. Trinken und genießen Sie, und freuen Sie sich über Ihre Restaurantwahl.

**GEGENÜBER** Der majestätische Petersdom mit seinen Kunstschätzen erzählt Geschichte, wo man nur hinschaut, und ist ein perfekter Einstieg für ein Romwochenende.

**RECHTS** Das Foro Italico, ein von Sportlerstatuen gesäumtes Areal mit diversen Sportstätten am Tiber, wurde von Mussolini in Auftrag gegeben und zeugt bis heute von seinem Größenwahn.

**4** *So viele Meister* 9 Uhr

Im Park der Villa Borghese, den man als römischen Central Park bezeichnen könnte, liegt die **Galleria Borghese**. Hier geht es überschaubar und entspannt zu und damit ganz anders als in den überlaufenen Vatikanischen Museen. Das liegt auch daran, dass man reservieren muss (+39 06 328 10; galleriaborghese.it/it/musei/galleria-borghese) – am besten etwa vier Tage vorher –, damit die Massen unter Kontrolle bleiben. Kaum ein Museum weltweit ist wohl so besucherfreundlich und dabei künstlerisch so herausragend wie dieses. Im ersten Stock, der der Bildhauerei gewidmet ist, steht das bedeutendste

Meisterwerk immer in der Mitte des Saales, sodass man gar nicht lange suchen muss. Die Bernini-Skulpturen folgen in ihrer Anordnung einem Prinzip wachsender Komplexität: Den Anfang macht sein *David*, gefolgt von der Marmorgruppe *Apoll und Daphne*, und den krönenden Abschluss bildet der grausame *Raub der Proserpina*. Weiterhin zeigt das Museum Gemälde von Tizian, Rubens, Raffael und Caravaggio, dessen Werk hier außerordentlich gut vertreten ist.

**5** *Scharfer Bernini* 11.30 Uhr

Wer mehr Bernini will, sollte sich seine überaus provokative *Verzückung der heiligen Theresa* ansehen, mit der er alle Grenzen zwischen spiritueller und, nun ja, körperlicher Entrückung durchbricht. Zu sehen ist das Werk in der Barockkirche **Santa Maria della Vittoria** (chiesasantamariavittoriaroma.it), die etwas abseits in der Via XX Settembre liegt und daher weniger überlaufen ist. Die Kirche schließt mittags für einige Stunden: Seien Sie also pünktlich.

**6** *Pizza to go* 13.30 Uhr

Erklärte Pizza-bianca-Liebhaber – also alle, die sie schon mal gegessen haben – gehen nun zum **Antico Forno Roscioli** unweit des Campo de' Fiori (Via dei Chiavari, 34; +39 06 686 4045). Pizza bianca ist eine knusprige „weiße Pizza ohne alles", nur gewürzt mit Öl, Kräutern und Salz. Nehmen Sie Ihre Pizza mit zur **Piazza Farnese**, die zwar nur einen Steinwurf vom Trubel des Campo de' Fiori entfernt, aber himmlisch ruhig ist, und lassen Sie sich auf einer der steinernen Bänke vor dem gelben Palazzo Farnese nieder, den teilweise Michelangelo entworfen hat. Schlendern Sie anschließend durch die gegenüberliegende Via Giulia und genießen Sie die wohl schönste Wohnstraße im historischen Zentrum der Stadt.

**7** *Mussolini im Vorbeigehen* 16.30 Uhr

Kaum ein Tourist plant wohl, einen Abstecher in Italiens faschistische Vergangenheit zu unternehmen. Doch genau das geschieht, wenn Sie den hübschen Abschnitt des Tiberufers mit dem **Foro Italico** durchwandern, einem von Mussolini in Auftrag gegebenen Sportpark mit diversen Stadien und Kunstwerken rund um den Sport. Das schöne Stadio dei Marmi – Marmorstadion – ist gesäumt von Statuen extrem muskulöser Athleten in heroischen Posen. Ebenso wie die großflächigen Mosaiken, auf denen Sportler und Soldaten dargestellt sind, lassen sie Mussolinis Größenwahn ahnen.

**8** *Im Schoße der Familie* 21 Uhr

Wer in Rom gut essen will, muss nicht nach den Sternen greifen, sondern findet sein Glück in Restaurants, die zwar anspruchsvoll, aber gemütlich sind, mit anderen Worten, in der **Trattoria Monti** (Via San Vito, 13A; +39 06 446 6573; €€€). Sie ist so weit vom Zentrum entfernt, dass man sich als echter Entdecker fühlt, und trotzdem so nah, dass man bequem mit dem Taxi hinfahren kann. Hier kocht die Familie Camerucci. Freuen Sie sich auf fantastische Pastagerichte und einen unvergleichlichen Parmesanflan, der hier schlicht als Tortino daherkommt.

**9** *La Dolce Fontana* 1.15 Uhr

Der **Trevi-Brunnen** gilt so manchem als Inbegriff des römischen Kitschtourismus. Doch wer das behauptet, ist ein Miesepeter und war vermutlich nicht so schlau, nachts dorthin zu gehen – obwohl Anita Ekberg und Marcello Mastroianni es vorgemacht haben. Man biegt um die Ecke und steht plötzlich vor dem Brunnen – ganz unaufgeregt liegt er an einer engen Straßenkreuzung. Die Beleuchtung lässt das

**GEGENÜBER OBEN** Die ruhige, einladende Piazza Farnese.

**GEGENÜBER UNTEN** Berninis *Apoll und Daphne* in der besucherfreundlichen Galleria Borghese.

**OBEN** Im Antico Forno Roscioli gibt es köstliche Pizza bianca.

herabplätschernde Wasser glitzern, und man hört es sogar plätschern, weil kein Tourist mehr lärmt. Auf ein Bad à la Anita Ekberg verzichten Sie aber besser – das ist nämlich verboten.

chen Wiese und bröckeligem Travertinpflaster mitten auf dem geschäftigen Platz erheben, sind über 2000 Jahre alt. Andernorts wären sie wohl eine Touristenattraktion, in Rom aber ist diese antike Stätte Zuflucht für ein ganzes Heer streunender Katzen, die sich hier in der Sonne aalen, putzen und ein Schläfchen halten. Vielleicht treffen Sie sogar eine Römerin, die sich gerade um die Tiere kümmert und sie füttert.

### SONNTAG

**10** *Antikes Katzenasyl* 11 Uhr
Dass das antike Erbe der Stadt wirklich allgegenwärtig ist, kann man auf dem **Largo Argentina** erleben. Die Säulen, die sich dort auf einem Fleck-

**OBEN** Die Galleria Borghese befindet sich im einstigen Privatpalast eines Kardinals im Park der Villa Borghese, dem römischen Pendant zum New Yorker Central Park.

**GEGENÜBER** Café auf der ruhigen Piazza Farnese unweit des überlaufenen Campo de' Fiori.

---

### BASICS

Das römische Zentrum erkundet man am besten zu Fuß. Die Metro ist günstig, aber nicht flächendeckend.

**Fortyseven Hotel**
Via Petroselli, 47
+39 06 678 7816
fortysevenhotel.com
€€€
*Jenseits der Touristenströme unweit des Tiber.*

**Raphael Hotel**
Largo Febo, 2
+39 06 682831
raphaelhotel.com
€€€
*Elegantes Luxushotel mit weinbewachsener Fassade.*

**Hotel Santa Maria**
Vicolo del Piede, 2
+39 06 589 4626
htlsantamaria.com
€€–€€€
*Ehemaliges Kloster des 16. Jahrhunderts in Trastevere.*

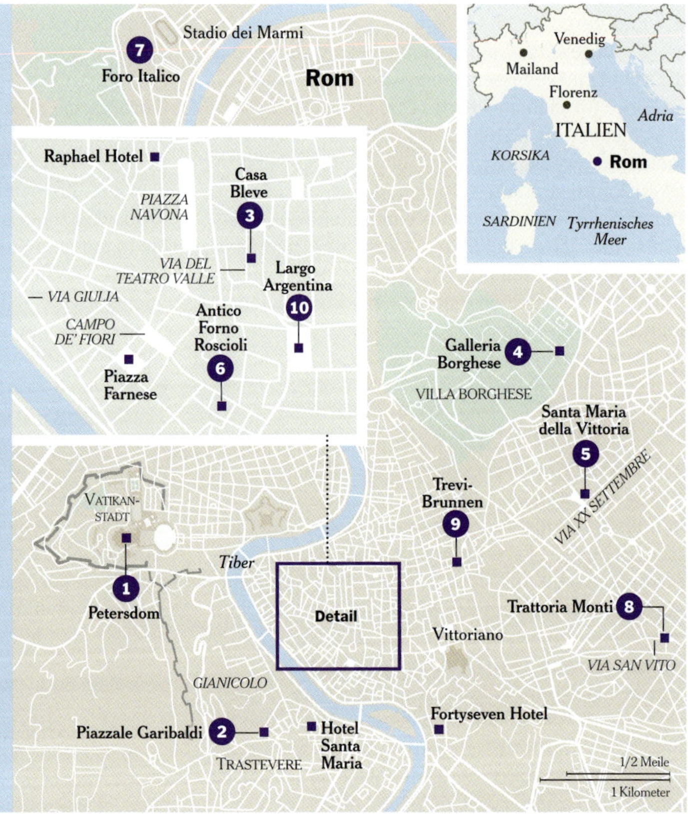

Stadio dei Marmi
**7**
Foro Italico    **Rom**

Raphael Hotel ■

PIAZZA NAVONA
Casa Bleve
**3**

VIA DEL TEATRO VALLE
Largo Argentina
— VIA GIULIA
**10**
CAMPO DE' FIORI
Antico Forno Roscioli
**6**
Piazza Farnese

VATIKAN-STADT

**1**
Petersdom

GIANICOLO

Piazzale Garibaldi **2**

TRASTEVERE

Tiber

Detail

Vittoriano

Hotel Santa Maria

Venedig
Mailand
Florenz
**ITALIEN**
Adria
KORSIKA    ● **Rom**
SARDINIEN  Tyrrhenisches Meer

Galleria Borghese **4**

VILLA BORGHESE

Santa Maria della Vittoria
**5**

Trevi-Brunnen
**9**

VIA XX SETTEMBRE

Trattoria Monti **8**

VIA SAN VITO

Fortyseven Hotel

1/2 Meile
1 Kilometer

# Modernes Rom

*Das an Kunst und Geschichte reiche Rom verändert sich nur langsam. Doch die von Baudenkmälern und Kunstwerken geprägte Stadtkulisse bietet auch neue An- und Aussichten. Unweit des großen Kulturzentrums für die Kunst des 21. Jahrhunderts setzt ein futuristisches Museum neue, dynamische Akzente im Architekturerbe der Stadt. Überall in Rom experimentieren junge Köche, um mit lokalen Zutaten eine neue Küche zu kreieren. Altehrwürdige Paläste wurden umfassend saniert. Rom hält am Alten fest und ist dennoch offen für Neues.* – RACHEL DONADIO

## FREITAG

**1** *Moderne Kurven* 16 Uhr

Bei seiner Eröffnung 2010 war das **Maxxi** (Via Guido Reni, 4A; +39 06 320 1954; maxxi.art), Roms ehrgeizigstes Museum für zeitgenössische Kunst, in aller Munde. Der von Zaha Hadid entworfene Bau ist ein Kunstwerk konsequent zeitgenössischer Prägung und bietet mit seinen eigenwilligen Rampen, verborgenen Winkeln und versteckten Fenstern immer wieder spielerische Aussichten. In diesem fließenden, dynamischen Raum treffen italienische Künstler wie Michelangelo Pistoletto auf internationale Kunst etwa von William Kentridge und Gerhard Richter. Vom Museum ist es nicht weit zur Spinnenkuppel des Palazzetto dello Sport, mit dem Pier Luigi Nervi zu den Olympischen Spielen 1960 ähnlich starke Akzente setzte, sowie Renzo Pianos Auditorium Parco della Musica. Seit 2011 verbindet die kühn gestaltete Fußgängerbrücke **Ponte della Musica – Armando Trovajoli** diesen modernen urbanen Bereich mit dem Foro Italico jenseits des Tibers.

**2** *Architektur zum Aperitif* 19 Uhr

Zum modernen Aperitif geht man ins nur wenig entfernte **Spartito** (Viale Pietro de Coubertin, 12/16; +39 06 8069 1630; ristorantespartito.com), ein von Konzertgängern wie Musikern geschätztes Restaurant mit Loungebar: Die Lounge befindet sich neben

**GEGENÜBER** Das Maxxi-Museum für zeitgenössische Kunst ist exemplarisch für die wachsende Akzeptanz gegenüber innovativer Architektur in Rom.

**RECHTS** Riesige Tulpen, eine Installation im Maxxi.

Renzo Pianos **Auditorium Parco della Musica** (auditorium.com), einem multifunktionalen Kulturkomplex. Das Auditorium hat sich seit seiner Eröffnung 2002 zu einem kulturellen Zentrum in Rom entwickelt. Wer im Herbst in der Stadt ist, sollte das Roma Europa Festival (romaeuropa.net) mit Musik, Tanz und Theater aus aller Welt nicht verpassen.

**3** *Pasta Nouvelle* 20.30 Uhr

Abwechslung von den allgegenwärtigen Spaghetti all'amatriciana findet man im schicken **Settembrini Ristorante e Café** (Via Luigi Settembrini, 21–27; +39 06 323 2617; viasettembrini.it; €€€) im Wohnviertel Prati, wo man auf innovative Küche aus traditionellen Zutaten setzt. Herausragend sind z. B. die Meeräsche im Gemüsebett, das zarte Kaninchen oder das Risotto mit Auberginen-Parmesan-Auflauf. Die Ausstattung ist minimalistisch, aber angenehm.

**4** *Fruchtträume* 23 Uhr

Genehmigen Sie sich zum Dessert ein Eis – entweder in der **Gelateria dei Gracchi** (Via dei Gracchi, 272; +39 06 321 6668; gelateriadeigracchi.it) oder bei **Al Settimo Gelo** (Via Vodice, 21a; +39 06 372 5567; alsettimogelo.it), zwei der besten Eisdielen in der Stadt der Gelaterie. Die Frucht- und Nusssorten bei Gracchi schmecken wie frisch vom Baum.

## SAMSTAG

**5** *Ruhestätten* 10 Uhr

Der **nichtkatholische Friedhof** (Via Caio Cestio, 6; +39 06 574 1900; cemeteryrome.it) ist ein sehr besinn-

licher Ort. Seit drei Jahrhunderten werden hier die Nichtkatholiken begraben, so auch John Keats, auf dessen Grabstein steht: „Hier ruht einer, dessen Name auf Wasser geschrieben war." Doch hierher zieht es nicht nur Romantiker, sondern auch einen unablässigen Strom ergrauender Linker, die das Grab von Antonio Gramsci, dem Gründer der Kommunistischen Partei Italiens, besuchen.

### 6 *Nicht ganz Pizza* 13 Uhr

Schon durch ihre dreieckige Form fällt die sandwichartige „Pizza" von **Trapizzino** (Via Giovanni Branca, 88; +39 06 4341 9624; trapizzino.it; €) auf. Die Pizzabrottaschen entstehen mit Hefe, die laut Besitzer Stefano Callegari aus einer hundert Jahre alten Hefekultur stammt. Gefüllt mit Fleischbällchen, Kutteln und anderer herzhafter Kost, werden sie in der Papiertüte gereicht – außen knusprig und innen zart. Anschließend erkunden Sie das umliegende In-Viertel Testaccio.

### 7 *Made in Rome* 16.30 Uhr

Nicht alles in Rom ist in Stein gemeißelt. Eine Prise Neorealismus gibt's im geschäftigen Viertel San Lorenzo (madeinsanlorenzo.blogspot.com), einem ehemaligen Arbeiterbezirk nahe dem Hauptbahnhof mit schicken Boutiquen und Kunsthandwerksläden.

**OBEN** Renzo Pianos Auditorium Parco della Musica im Flaminio-Viertel im Norden der Stadt ist inzwischen ein kultureller Hotspot.

**RECHTS** Auch wenn der nichtkatholische Friedhof streng genommen nicht als modern bezeichnet werden kann, ist er für römische Verhältnisse recht jung: nur 300 Jahre alt. Ein beliebter Pilgerort ist dort John Keats' Grab.

Bei einem Einkaufsbummel finden Sie hier handgemachte Kleidung und Wohnaccessoires. **MyriamB** (Via degli Ausoni, 7; +39 06 44361305; myriamb.it) etwa verkauft selbst entworfene Damenmode und Schmuck. Und auch Vintage-Liebhaber kommen in diesem Viertel auf ihre Kosten.

### 8 *Kreative Küche* 20.30 Uhr

Einige römische Restaurants setzen auf „kreative Küche" – traditionelle Gerichte in neuer Interpretation. So auch das **Pastificio San Lorenzo** (Via Tiburtina, 196; +39 06 9727 3519; pastificiosanlorenzo.com; €€€), ein trotz allem Anspruch zwangloses Restaurant mit Weinbar in einer ehemaligen Pastafabrik. Auf der Karte stehen etwa paniertes Ei in delikater Sauce Mornay, gegrillter Thunfisch mit einer Joghurtsauce oder geröstetes Spanferkel mit karamellisierten Feigen und grünen Bohnen.

### 9 *Streetlife* 23 Uhr

Zu einer Nacht in Rom gehört unbedingt ein Abstecher nach Trastevere. In dem früher grauen,

inzwischen zum Szenetreffpunkt avancierten Viertel gibt es coole Bars wie das **Freni e Frizioni** (Via del Politeama, 4–6; +39 06 4549 7499; frenie-frizioni.com), wo man seinen Wein oder Cocktail mit Tiberblick genießen kann. Oder Sie trinken um die Ecke ein Bier im **Ma Che Siete Venuti a Fà** (Via Benedetta, 25; +39 06 6456 2046; football-pub.com).

SONNTAG

**10** *Der Charme der Bourgeoisie* 9 Uhr

Zwischen Galleria Borghese und Palazzo Massimo gibt es eine Fülle kleiner Museen, wobei einige gelungen modernisiert, andere eher heruntergekommen sind. Aufwendig restauriert wurde der **Palazzo Barberini** (Via delle Quattro Fontane, 13; +39 06 481 4591; galleriaborghese.it), der die **Galleria Nazionale d'Arte Antica** beherbergt. Zu deren heraus-

ragender Sammlung, die zum Jahrtausendwechsel neu organisiert wurde, gehört auch Caravaggios Werk *Judith enthauptet Holofernes*, auf dem die biblische Heldin leicht zusammenzuzucken scheint, als sie ihr Schwert zieht.

**11** *Blick durchs Schlüsselloch* 11 Uhr

Bei allem Trubel gibt es in Rom auch wunderbar ruhige Ecken. Bei einem Spaziergang auf den Aventin-Hügel bieten sich Ihnen zwei wenig bekannte Aussichten. Eine stammt aus der Trickkiste des Barocks: Das „Schlüsselloch der Malteser" am Sitz des **Malteserordens** (Piazza dei Cavalieri di Malta, 3) bildet einen perfekten Rahmen für den Blick auf den Petersdom. Und die Aussicht vom Orangengarten weiter unten in der Straße wird Ihnen schlicht den Atem rauben: Dort liegt Ihnen ganz Rom zu Füßen.

**BASICS**

Der Leonardo Express verkehrt alle 30 Minuten zwischen Flughafen und Hauptbahnhof Termini.

**VOI Donna Camilla Savelli Hotel 4**
Via Garibaldi, 27
+39 06 588 861
voihotels.com/en/lifestyle-voi-donna-camilla-savelli-hotel-4
€€€
*Ruhiges Hotel in einem Kloster aus dem 17. Jahrhundert.*

**Leon's Place Hotel**
Via XX Settembre, 90/94
+39 06 890 871
leonsplacehotel.it
€€
*Moderne Zimmer nahe dem Hauptbahnhof Termini.*

**Babuino 181**
Via del Babuino, 181
+39 06 3229 5295
romeluxurysuites.com/babuino
€€€
*Boutiquehotel in einem Gebäude des 19. Jahrhunderts.*

# Antikes Rom

*Sieht man einmal von der einen oder anderen Unsitte ab – dem Shoppen auf dem Sklavenmarkt etwa oder der Verfütterung von Menschen an Löwen zur Volksbelustigung –, waren uns die kultivierten und umtriebigen alten Römer wohl näher als das finstere Mittelalter. Spuren ihrer wohlorganisierten, durchdachten Welt finden sich bis heute überall in Rom, sind Teil von Gebäuden, prägen das Stadtbild, überspannen den Tiber. Leben wie einst im alten Rom kann man zwar nicht mehr, aber mit ein bisschen Fantasie und offenen Augen erlebt man zumindest kleine Zeitreisen in die Antike.*
– BARBARA IRELAND

### FREITAG

**1** *Pommes frites dazu?* 16 Uhr

Den entspannten Umgang der Römer mit ihrem antiken Erbe kann man in der McDonald's-Filiale im römischen **Hauptbahnhof Termini** erleben. Dort steht unweit der Theke bis heute ein Stück der gewaltigen, um 400 v. Chr. errichteten **Servianischen Mauer**. Man weiß kaum, was irritierender ist: das antike Gemäuer zwischen lauter Plastiktischen oder die völlige Gleichgültigkeit der Gäste. Die Servianische Mauer war schon zur Zeit Julius Caesars beinahe antik – das kaiserzeitliche Rom baute erst viel später seine eigene Mauer. Sie wurde beim Bau des Bahnhofs in den 1930er-Jahren freigelegt, und die Architekten haben einfach um sie herumgeplant. Einen größeren Abschnitt sehen Sie draußen.

**2** *Kuppelbau und Stadion* 17.30 Uhr

Sehen Sie sich das **Pantheon** (rome.info/pantheon) an. Das 125 n. Chr. von Kaiser Hadrian vollendete Bauwerk wurde zunächst als Tempel, dann als Kirche genutzt. Die Säulenfront ist eindrucksvoll, doch das Spektakuläre ist die Kuppel: In ihrer kunstvollen, aus Beton gegossenen Konstruktion war sie ihrer Zeit so weit voraus, dass man es kaum glauben mag. Schlendern Sie dann zur **Piazza Navona**, um Leute zu beobachten und Eis zu essen. Die längliche Form des Platzes geht übrigens auf die Sportarena zurück, die Kaiser Domitian hier errichten ließ.

**3** *Domitians Fisch* 20 Uhr

Die italienische Küche ist nicht mehr, was sie mal war – in der Antike gab es weder Pasta noch Tomaten.

Austern, Brot, Oliven, Salat und Rucola aß man aber damals schon. Und Fisch. Als besonders edel galt der Steinbutt. In einer Satire von Juvenal beruft Domitian gar seinen Rat ein, als man ihm ein besonders stattliches Exemplar präsentiert. Wer auch von dem kaiserlichen Fisch kosten will – vielleicht in Safran-Rosmarin-Sauce –, steuert das **La Rosetta** (Via della Rosetta, 8–9; +39 06 686 1002; larosetta.com; €€€€) an.

**4** *Bacchus war hier* 22 Uhr

Wenn Sie es so halten wollen wie die alten Römer, können Sie nach Lust und Laune Wein trinken – aber kein Bier, das trinken nur Barbaren. Eines der vielen Weinlokale rund um den Campo de' Fiori ist das gemütliche **Il Goccetto** (Via dei Banchi Vecchi, 14; +39 06 686 4268; facebook.com/Ilgoccetto) mit einer großen Auswahl italienischer Weine. Wer noch nicht müde ist, schlendert zur **Piazza del Campidoglio** (Kapitolsplatz), die Michelangelo entworfen hat. Ihre Paläste wie auch das dahinterliegende Forum Romanum werden nachts spektakulär beleuchtet.

### SAMSTAG

**5** *Auf der Überholspur in die Arena* 8.30 Uhr

Im dicht bevölkerten alten Rom war Schlangestehen sicherlich alltäglich. Weil Sie dazu keine Zeit haben, kaufen Sie Ihre Eintrittskarten für das **Kolosseum**

**GEGENÜBER** Die gepflasterte Straße zum Kolosseum.

**UNTEN** Bis heute fließt der Verkehr durch die antike Porta Appia, die heute Porta San Sebastiano heißt.

vorher online (rome.info/colosseum), denn alle wollen sehen, wo die Gladiatoren kämpften und Christen den Märtyrertod starben. Früh am Tag ist die Arena noch nicht ganz so überlaufen. Schlendern Sie dann auf den Spuren der Kaiser über die Via Sacra zum Forum Romanum. Auch wenn man die Ruinen schon von Bildern kennt: Selbst im Epizentrum des Römischen Reiches zu stehen, erfüllt einen mit Ehrfurcht.

**6** *Badepause* 11 Uhr

Nach dem Trubel im kaiserlichen Machtzentrum sind die **Caracalla-Thermen** (rome.info/ancient/baths-of-caracalla) eine Oase der Ruhe. Touristen trifft man hier kaum – dabei erfährt man in dem hübschen Park mit grünen Rasenflächen, Bänken und Schirm-

tannen einiges über die Lieblingsbeschäftigung der Römer. Schilder weisen den Weg durch die riesige Badeanlage, in der Hunderte Menschen gleichzeitig im Dampfbad schwitzen, sich in kalten und heißen Bädern tummeln und ihre Körper stählen konnten. Es gab sogar eine Bibliothek. Im Sommer werden die Ruinen als Freiluftoper (operaroma.it) genutzt.

**7** *Amphorenhügel* 13 Uhr

Ein typisch römisches Mittagessen gibt's im **Perilli** (Via Marmorata, 39; +39 06 575 5100; trattoria-romana.it/da/perilli; €€) im Testaccio-Viertel. In der römischen Küche wird stets das ganze Tier verarbeitet, und hier stehen Lamminnereien, Schweineleber und Lammbries auf der Karte (aber auch weniger Abenteuerliches). Direkt vor der Tür befindet sich der **Monte Testaccio**. Dieser Hügel ist vor rund 2000 Jahren aus zerbrochenen Amphoren entstanden – und damit nichts anderes als eine systematisch angelegte antike Müllhalde. Heute bedeckt sie ein Park.

**8** *Neros Badewanne* 15 Uhr

Heute stehen griechische und römische Kunst in den **Vatikanischen Museen** (mv.vatican.va) auf dem Programm – und die Geschichten dazu. Die überdi-

**OBEN** So ruhig ist es im Kolosseum selten.

**LINKS** Neros Badewanne in den Vatikanischen Museen.

mensionale Schüssel aus rosa Marmor in einem der Räume etwa war Neros riesige Badewanne, in der nicht nur er Platz hatte. Nicht weit davon stoßen Sie auf eine Statue von Hadrians sehr ansehnlichem Liebhaber Antinoos, dessen sinnliche Schönheit wohl niemanden unberührt lässt. Hadrian war unglaublich verliebt in Antinoos, der schon mit 19 Jahren starb, und ließ zu seinem Gedenken einen Obelisken auf dem Pincio-Hügel errichten, der heute noch in den Pincio-Gärten zu sehen ist.

**9** *Speisen an der Via Appia* 20 Uhr

Fahren Sie mit dem Taxi über die Via Appia nach Süden durch die Porta San Sebastiano (die ehemalige Porta Appia), wo heute Autos durch ein Bauwerk drängen, das für Eselskarren geplant wurde. Geges-

**OBEN** Die vollendete Kuppel des Pantheons.

**UNTEN** Die Piazza Navona, einst Stadion des Domitian.

sen wird im **Hostaria Antica Roma** (Via Appia Antica, 87; +39 06 513 2888; anticaroma.it; €€–€€€), einem Restaurant in antiken Ruinen der Kaiserzeit, wo man nach Rezepten des Feinschmeckers Apicius aus dem 1. Jahrhundert n. Chr. kocht, so etwa Pollo oxizomum (Huhn in Fischsauce) oder Fleisch im Brotteig.

**SONNTAG**

**10** *Antike Hafenstadt* 9 Uhr

Fahren Sie vom Bahnhof Ostiense aus mit dem Zug eine halbe Stunde nach **Ostia Antica** (Viale dei Romagnoli, 717; +39 06 5635 8099; www.ostiaantica. beniculturali.it). Die lange verschüttete Stadt war einst Hafen des antiken Roms. Bevor Ostia Antica

unter Lehm, Staub und Schutt begraben wurde, lebten hier 50 000 Menschen. Die englische und italienische Beschilderung weist Ihnen den Weg durch elegante Wohnhäuser, mehrstöckige Gebäude, eine Feuerwehrstation, Tempel und eine Synagoge, Restaurants, Kaufhäuser und Thermen. In der öffentlichen Latrine

**OBEN** Grabkunst in Ostia Antica, dem antiken römischen Hafen an der Tibermündung. Die Stadt war lange unter Schutt und Asche begraben, doch heute kann man sie wieder besichtigen.

**GEGENÜBER** In Ostia Antica gibt es Ruinen von Thermen, Wohnhäusern und einem Weinlokal.

reihen sich Toiletten entlang einer Zementbank auf. Die Bäckereien haben Mühlsteine und Öfen. Die Wäschereien sind mit Bottichen ausgestattet, in denen die Arbeiter als menschliche Rührwerke auf die nasse Wäsche sprangen. So wie hier lebte man nicht nur in Ostia, sondern auch in Rom.

**11** *Speisen mit Aeneas* 13 Uhr

Das direkt bei den Ausgrabungen gelegene **Allo Sbarco di Enea** (Viale dei Romagnoli, 675; +39 06 565 0034; €€) ist ein Restaurant mit hübschem Garten. Der Name bedeutet „Landeplatz des Aeneas", und der Legende zufolge ging der Sohn der Aphrodite nicht weit von hier an Land, um Vorfahr von Remus und Romulus zu werden (ebenso von Caesar und Augustus – wie die beiden jedenfalls behaupteten). Man muss immer bedenken, dass die Geschichte in den Augen der alten Römer nicht viel weiter zurückreichte.

---

**BASICS**

Das antike Stadtzentrum wurde einst für Fußgänger erbaut, dennoch sind Busse und Metro hilfreich.

**Hotel Indigo Rome – Saint George**
Via Giulia, 62
+39 06 686 611
hotelindigorome.com
€€€€
*Relaxen wie ein Kaiser im Spa mit beheiztem Pool und Sauna.*

**Hotel Capo d'Africa**
Via Capo d'Africa, 54
+39 06 772 801
hotelcapodafrica.com
€€
*Unweit des Kolosseums.*

**Hotel Trastevere**
Via Luciano Manara, 24a/25
+39 06 581 4713
hoteltrastevere.net
€€
*In Trastevere, das zu Augustus' Zeiten noch Transtiberina hieß.*

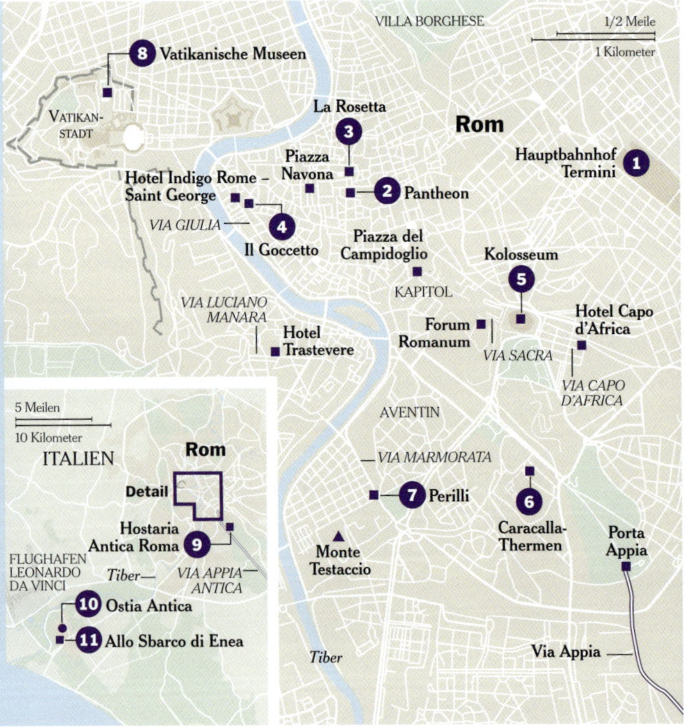

VILLA BORGHESE
1/2 Meile
1 Kilometer

**8** Vatikanische Museen

VATIKAN-STADT

La Rosetta
**3**
**Rom**

Piazza Navona
Hauptbahnhof Termini **1**

Hotel Indigo Rome – Saint George
Pantheon **2**

VIA GIULIA
**4**
Il Goccetto
Piazza del Campidoglio
KAPITOL

Kolosseum
**5**

VIA LUCIANO MANARA

Hotel Trastevere
Forum Romanum
Hotel Capo d'Africa
VIA SACRA

VIA CAPO D'AFRICA

5 Meilen
10 Kilometer
ITALIEN
**Rom**
Detail

AVENTIN

VIA MARMORATA

Perilli **7**

Caracalla-Thermen
**6**
Porta Appia

Hostaria Antica Roma **9**
Monte Testaccio

FLUGHAFEN LEONARDO DA VINCI
Tiber
VIA APPIA ANTICA

**10** Ostia Antica

**11** Allo Sbarco di Enea

Tiber
Via Appia

# Neapel

*Neapel ist hektisch, überfüllt und immer für eine Negativschlagzeile gut – fast rechnet man damit, dass die Hafenstadt am Fuße des Vesuv jeden Augenblick explodieren könnte. Für viele Reisende ist sie nur Durchgangsstation auf dem Weg zur Amalfiküste – was schade ist, denn in all dem Chaos pulsiert hier ein buntes Leben. Architektonische Meisterwerke und monumentale Plätze verleihen den mit Vespas verstopften Straßen eine aristokratische Note. Und dann wäre da noch die Pizza: Der köstliche Teigfladen, der hier erfunden wurde, ist allemal eine Reise wert.* – JILL SANTOPIETRO

## FREITAG

**1** *Wachmacher* 15.30 Uhr

Auch wenn der Espresso hier nicht erfunden wurde, in Neapel nimmt man die Kaffeetradition sehr ernst. Stimmen Sie sich im **Gran Caffè Gambrinus** (Via Chiaia, 1–2; +39 081 417 582; grancaffegambrinus. com) mit einem duftenden Espresso auf Neapel ein. In dem Café mit Marmorausstattung aus dem 19. Jahrhundert verkehrten einst die Reichen und Berühmten, so auch Oscar Wilde. Lassen Sie sich auf der Terrasse mit Blick auf die eindrucksvolle Piazza del Plebiscito nieder, um den Strom der gut gekleideten Neapolitaner zu beobachten.

**2** *Kostbare Geschmeide* 16.30 Uhr

Sie kennen Korallen nur als Aquariumdeko oder Modeschmuck? Dann empfiehlt sich ein Besuch beim Luxusjuwelier **Ascione** (Piazzetta Matilde Serao, 19; +39 081 42 1111; ascione.it) im zweiten Stock in der Galleria Umberto I gegenüber vom eleganten Teatro San Carlo. Die glänzenden Ringe, Armbänder und Schmuckstücke werden in der nahe gelegenen Stadt Torre del Greco gefertigt. Vereinbaren Sie vorher einen Termin. Kleine Gruppen können auch das Museum nebenan besichtigen, wo Korallenschmuck aus der Zeit von 1855 bis heute zu sehen ist.

**3** *Pizza, Pizza* 20.30 Uhr

Jeder Neapolitaner hat seine Lieblingspizzeria. Die einen schwören auf das legendäre **Da Michele** (Via Cesare Sersale, 1/3; +39 081 553 9204; damichele.net; €), wo der elastische Teig die Pizza angeblich besonders gut verdaulich macht, die anderen auf das **Mattozzi Europeo** (Via Marchese Campodisola, 4–8;

+39 081 552 1323; mattozzieuropeo.com; €), wo die Pizzen mit seidigem Mozzarella und blutroten Kirschtomaten serviert werden. Für eine unvergessliche Pizza aber fährt man mit der Seilbahn in das historische Viertel Vomero und dann mit dem Taxi zur **Pizzaria la Notizia** (Via Michelangelo da Caravaggio, 53; +39 081 714 2155; pizzarialanotizia.com; €). Hier lockt nicht die bescheidene Ausstattung, sondern die knusprige Pizza mit ihrem perfekten Verhältnis zwischen Sauce und Käse. Das Geheimnis? „Wir verwenden nur wenige Zutaten, aber die sind von bester Qualität", so Besitzer Enzo Coccia. Zudem geht der Teig zwölf bis vierzehn Stunden.

## SAMSTAG

**4** *Das antike Neapel* 10 Uhr

Pompeji ist sicherlich einen Besuch wert, doch einen besonders realistischen Eindruck vom Leben in der untergegangenen Stadt erhält man im **Museo Archeologico Nazionale** (Piazza Museo Nazionale, 19; +39 081 442 2149; museoarcheologiconapoli.it). Dort wurde Pompeji rekonstruiert und seine Zivilisation zu neuem Leben erweckt. Zu sehen sind zahllose Artefakte aus dem antiken Pompeji, etwa medizinische Skalpelle, Münzen und Hornwürfel, in einem Raum gar pornografische Kunst aus Pompeji mit anzüglichen Fresken und phallischen Skulpturen.

**GEGENÜBER** Neapel: hektisch, laut und voller Leben.

**UNTEN** Im Gran Caffè Gambrinus wird schon seit dem 19. Jahrhundert Kaffee serviert.

**5** *Snacks unterwegs* 13 Uhr

In Neapel isst man gern unterwegs, und das am liebsten frittiert. Unwiderstehliche Snacks wie Pizza fritta (mit Käse und Schinken gefüllte, frittierte Teigtasche), Arancini (frittierte Reisbällchen mit Fleisch und Käse) und Crocchette di patate (Kartoffelkroketten) findet man im Centro Storico, dem historischen Stadtzentrum, für ein bis zwei Euro. Besonders zu empfehlen: **Di Matteo** (Via dei Tribunali, 94; +39 081 455 262). Sie fühlen sich schuldig, nachdem Sie der Versuchung nachgegeben haben? Dann beichten Sie Ihre kulinarischen Sünden in einer der vielen Kirchen in diesem Viertel.

**6** *Marmorschleier* 14 Uhr

Bewundern Sie in der **Cappella Sansevero** (Via Francesco De Sanctis, 19/21; +39 081 551 8470; museosansevero.it), einer fürstlichen Privatkapelle aus dem 18. Jahrhundert, die Skulptur *Christus unter dem Grabtuch* von Giuseppe Sanmartino, der eindrucksvoll beweist, dass Marmor wie ein transparenter Schleier aussehen kann. Ebenfalls sehenswert sind weitere „Schleierskulpturen" und zwei gespenstisch gut erhaltene Skelette, die vor 250 Jahren einbalsamiert wurden. Staunen Sie danach in der Via San Gregorio Armeno über die zahllosen Geschäfte mit Weihnachtskrippen, die in Neapel traditionell das ganze Jahr über gefertigt werden, und zwar von Hand.

**7** *In der Unterwelt* 16 Uhr

Neapel ist auf Tuffsteinfelsen erbaut, die sich leicht aushöhlen lassen. So verbirgt sich unter der Stadt ein wabenartiges Höhlenlabyrinth mit Katakomben, antiken römischen Straßen und frühchristlichen Verstecken. Englischsprachige Führungen

durch die diversen (Ge-)Schichten dieser Unterwelt bietet **Napoli Sotterranea** (Piazza San Gaetano, 68; +39 081 296 944; napolisotterranea.org) an. Im Zweiten Weltkrieg nutzten die Neapolitaner die Tunnel und Aquädukte in der Tiefe als Luftschutzbunker, wovon bis heute Wandzeichnungen von Bomben und Flugzeugen sowie Spielzeug, Betten und Radios zeugen.

**8** *Dinner bei Dora* 20.30 Uhr

Reservieren Sie im **Da Dora** (Via Ferdinando Palasciano, 29/30; +39 081 680 519; ristorantedora.it; €€€€), denn hier gibt es den frischesten Fisch in Neapel. Das bescheidene Restaurant wirkt mit seiner grellen Beleuchtung, den alten Bildern und blau-weiß karierten Kacheln wie jede x-beliebige Trattoria, ist aber bei den Einheimischen überaus beliebt. Probieren Sie den in Öl mit Salz und Zitrone gebratenen und mit Kartoffeln servierten Tagesfisch oder die Spaghetti alle vongole mit zarten Muscheln. Zu den Fischgerichten passt ein fruchtiger Falanghina.

**9** *Eierburg* 23 Uhr

Machen Sie sich wie die einheimischen Nachtschwärmer auf nach Borgo Marinari, der Wiege des antiken Neapel im 6. Jahrhundert v. Chr., wo seit 500 Jahren das **Castel dell'Ovo**, die Eierburg, steht. Der Legende nach legte Vergil zum Schutz der ursprünglichen Burg ein magisches Ei in das Fundament. Abends erstrahlt die Insel im Lichte vieler lebhafter Bars und Restaurants. Wer in einer lauen Sommernacht noch Lust auf einen kühlen Schlummertrunk hat, nimmt die schmale Treppe zum **Caffè al Barcadero** (Banchina Santa Lucia, 2;

+39 081 764 5431), wo sich die lokale Boheme trifft, um Negronis zu schlürfen und zu flirten.

### SONNTAG

**10** *Süßes Gebäck* 11 Uhr

Der gemeine Neapolitaner isst zum Frühstück süß – also jede Menge Sfogliatelle. Das muschelförmige Gebäck gibt es in zwei Varianten: „riccia" und „frolla". Ersteres besteht aus Blätterteig und ist mit gesüßtem Ricotta gefüllt, Letzteres ist aus Mürbeteig. Und die Sfogliatelle schmecken keinesfalls überall gleich. Wir empfehlen einen Abstecher zur etwas versteckt liegenden **Pasticceria Attanasio** (Vico Ferrovia, 2/3; +39 081 285 675; sfogliatelleattanasio.it),

einer kleinen Bäckerei, deren ofenwarme Sfoglia riccia einfach göttlich ist.

**11** *Passeggiata* 13 Uhr

Die Neapolitaner lieben ihre Rituale: Die Geschäfte schließen über Mittag, Cappuccino trinkt man nicht nach 10 Uhr, und auf Pasta mit Fisch kommt niemals geriebener Käse. Und am Wochenende macht man eine *passeggiata*, einen Spaziergang. Bei schönem Wetter strömt alle Welt durch den Park **Villa Comunale** in Richtung Golf von Neapel. Eine Szene wie aus dem Bilderbuch: Die Kinder schlecken Eis, die Frauen promenieren untergehakt im Sonntagskleid, und die Männer diskutieren über das, worüber sie in Italien immer diskutieren: Politik.

### BASICS

Neapel lässt sich gut zu Fuß erkunden, und es gibt reichlich Bus- und Metroverbindungen und Seilbahnen.

**Romeo Hotel**
Via Cristoforo Colombo, 45
+39 081 604 1580
romeohotel.it
€€€€
*Luxuriöse, moderne Oase der Ruhe mit eindrucksvoller Kunstsammlung.*

**Costantinopoli 104**
Via Santa Maria Di Costantinopoli, 104
+39 081 55 71 035
costantinopoli104.it
€€€
*Pool und Garten lassen vergessen, dass man mitten in der Stadt ist.*

**Decumani Hotel de Charme**
Via San Giovanni Maggiore Pignatelli, 15
+39 081 551 8188
decumani.com
€€
*Palazzo des letzten Bischofs des bourbonischen Königreichs Neapel aus dem 18. Jahrhundert.*

# Amalfiküste

*In einem Essay für das Magazin* Harper's Bazaar *beschrieb John Steinbeck Positano als den malerischsten Ort der Amalfiküste. Bald hielt der Tourismus Einzug, und immer noch zieht das mittlerweile hoffnungslos überfüllte Positano die Menschen an. Dabei gibt es an diesem romantischen Küstenabschnitt, wo hohe Klippen sich über kiesige Buchten erheben und kleine Dörfer sich an steile Felsen schmiegen, viel mehr zu sehen. Besuchen Sie die weniger berühmten Orte, vom benachbarten Praiano im Westen über die beiden Zwillingsorte Maiori und Minori an der mittleren Amalfiküste bis zum Bergdorf Ravello und dem östlichen Fischerdorf Cetara, um den ungetrübten Charme und die Schönheit der Region zu bewundern.* – INGRID K. WILLIAMS

## FREITAG

**1** *Hoch entspannt* 15 Uhr

Für eine Erfrischung nach der Anreise geht es in den Ort Conca dei Marini. Wenn es schick sein soll, steigen Sie hoch zum **Monastero Santa Rosa** (Via Roma, 2, Conca dei Marini; monasterosantarosa.com), einem exklusiven Ressort in einem einstigen Kloster, und genießen Sie ein entspannendes Spa. Wenn Sie nicht so hoch hinauswollen, wörtlich und übertragen, steigen Sie Hunderte Stufen von der Hauptstraße hinunter nach **Marina di Conca**, einer kleinen Bucht mit Kiesstrand, wo man die Sonne genießen oder sich ins smaragdgrüne Tyrrhenische Meer stürzen kann.

**2** *Praiano preisen* 18 Uhr

Westlich von Conca dei Marini bietet der Ort Praiano faszinierende Ausblicke auf die Küste. Aber das Interessanteste findet man unten am Meer: der Torre a Mare, ein 800 Jahre alter Wachturm auf einem Felsvorsprung, in dem sich heute Galerie und Atelier des Künstlers **Paolo Sandulli** (paolosandulli. com) befinden. Falls er gerade am Fenster an seiner Staffelei steht, besuchen Sie die Galerie und steigen Sie die wackelige Wendeltreppe nach oben, um die Terrakottabüsten mit wildem Haarschopf aus ge-

**GEGENÜBER** Ein Garten in Ravello, wo sich hoch über der Amalfiküste die Schönheit der Landschaft genießen lässt.

**RECHTS** Blick vom Hotel Le Sirenuse auf den Ort Positano und die Kirche Santa Maria Assunta.

trockneten Meeresschwämmen zu bestaunen. Danach folgen Sie dem Fußweg Richtung Wasser, um auf der Steinterrasse des Restaurants **Il Pirata** (Via Terramare, Praiano; ristoranteilpirata.net) in herrlicher Lage einen Aperitivo direkt am Meer einzunehmen.

**3** *Abendessen am Strand* 21.30 Uhr

Allein schon wegen seiner Lage am Hauptstrand von Amalfi ist das **Ristorante Marina Grande** (Viale della Regione, 4, Amalfi; ristorantemarinagrande. com; €€) einen Besuch wert. Aber die schöne Umgebung ist angesichts des überraschend kreativen Essens fast zweitrangig. An einem Frühlingsabend gab es hausgemachten Thunfisch-Prosciutto mit grünem Spargel, Tinten-Frühlingszwiebel-Spaghetti mit Tintenfisch, Muscheln und Bete sowie Oktopus auf dreierlei Art. Probieren Sie dazu einen Costa d'Amalfi Furore, einen blumigen Weißwein vom nahen Weingut Marisa Cuomo. Danach gönnen Sie sich noch einen Schlummertrunk und etwas Livemusik (alles von Jazz bis klassischer Canzone Napoletana) im **Masaniello Art Cafè** (Largo Cesareo Console, 7, Amalfi; artcafeamalfi.it).

## SAMSTAG

**4** *Morgen in Maiori* 9 Uhr

An einer Küste, die von Felsen und Kiesstränden dominiert wird, ist der Ort Maiori etwas Besonderes, denn hier gibt es einen Sandstrand und eine palmengesäumte Promenade, die perfekt für einen Morgenspaziergang ist. Ihr Frühstück mit Cappuccino und

Gebäck können Sie in der **Pasticceria Napoli** (Corso Reginna, 64, Maiori; pasticcerianapoli.it) einnehmen, wo es Sfogliatelle, ein kampanisches, muschelförmiges Gebäck mit Füllung, gibt. Gestärkt geht es dann zur Kirche **Santa Maria a Mare** (Piazzale Campo; Maiori; santamariacuriosamaremaiori.it) hinauf. Hier gibt es nicht nur ein herrliches Panorama, sondern auch ein kleines Museum mit religiösen Raritäten.

**5** *Ruinen in Minori* 11 Uhr

Von Maiori ist es ein schöner 20-minütiger Küstenspaziergang in westliche Richtung zum Örtchen Minori, wo es ein archäologisches Juwel gibt: die **Villa Romana** (Via Capo di Piazza, 28, Minori; villaromanaminori.com), die ausgegrabenen Ruinen

eines römischen Anwesens aus dem 1. Jahrhundert. Besuchen Sie das Museum, bevor Sie die alten Mosaike, Säulengänge und Gärten bestaunen, in denen die Dorfkatzen umherstreichen.

**6** *Schätze des Meeres* 14 Uhr

Viele der bekanntesten italienischen Spezialitäten sind nach dem Ort ihrer Herkunft benannt. Zu dieser Liste gehören auch Alici di Cetara, Sardellen aus dem Fischerort Cetara im Osten der Amalfiküste (gut per Bus zu erreichen), die Sie im **Ristorante San Pietro** (Piazza San Francesco, 2, Cetara; sanpietroristorante.it; €€) probieren sollten.

**7** *Himmelsgarten* 17 Uhr

Serpentinen führen hinauf in das Städtchen Ravello mit seinen faszinierenden Ausblicken. Für ein besonders beeindruckendes Bild nehmen Sie den steinernen Fußweg zur **Villa Cimbrone** (Via Santa Chiara, 26, Ravello; villacimbrone.it), einem historischen Anwesen, das in ein Hotel mit zauberhafter Außenanlage umgestaltet wurde. Gehen Sie durch die Gärten mit Pergolen, Rosenbeeten und blühenden Hortensien zur Terrazza dell'infinito, der Terrasse

**OBEN** Das Örtchen Conca dei Marini thront hoch über dem Golf von Salerno.

**LINKS** Ein Schlummertrunk im Masaniello Art Café.

der Unendlichkeit, so benannt wegen der endlosen Aussicht über die spektakuläre Küstenlinie.

**8** *Babylonisches Sprachgewirr* 19.30 Uhr

Im touristenfreundlichen Ravello sind viele Sprachen zu hören, und alle finden in der **Babel Wine Bar Deli & Art** (Via Trinità, 13, Ravello; +39 089 858 6215; babelravello.com; €€) Gehör. Das freundliche Lokal hat nur eine Handvoll Tische und fungiert zugleich als Galerie für die Keramikarbeiten und Gemälde von regionalen Künstlern. Zu einem fruchtigen Tramonti Rosato des Weinguts A. Sammarco aus Ravello passen Bruschetta mit Burrata und eingelegten Tomaten ebenso wie Gazpacho mit Mozzarella und Prosciutto.

**9** *Ausblick mit Rhythmus* 21 Uhr

Bleiben Sie zu einer kleinen Nachtmusik oder Sinfonie in Ravello. Die **Ravello Concert Society** (ravelloarts.org) lockt jedes Jahr mit dem **Ravello Festival** (ravellofestival.com) die besten Musiker hierher. Trotz der Abgelegenheit und der geringen Einwohnerzahl bietet Ravello an den vielen Wochenenden Konzerte an diversen Orten: auf der spektakulären Freiluftbühne über dem Meer in der Villa Rufolo

OBEN Bei einer Tasse Kaffee vor der Pasticceria Pansa in Amalfi kann man das Treiben auf der Straße beobachten.

RECHTS Essen in der Babel Wine Bar Deli & Art in Ravello.

oder im futuristischen Oscar-Niemeyer-Auditorium. Kleinere Veranstaltungen finden im historischen Annunziata-Gebäude und dem Ravello Art Center statt.

### SONNTAG

**10** *Arte Amalfitana* 10 Uhr

Bevor die Gassen von Amalfi von Tagestouristen verstopft werden, steigen Sie die steile Treppe hinauf zum **Duomo** (Duomo di Amalfi, Piazza Duomo, Amalfi) mit seiner prächtigen mosaik- und goldverzierten Fassade. Wandeln Sie im Kreuzgang aus dem 13. Jahrhundert und besuchen Sie dann die alte Basilika und die angrenzende Barockkirche. Danach legen Sie eine Pause in der **Pasticceria Pansa** (Piazza Duomo,

40, Amalfi; +39 089 871 065; pasticceriapansa.it) ein, einem klassischen Café im Schatten des Duomo, die bei den Amalfitani für ihre Delizie al Limone, kuppelförmige Zitronentörtchen, ebenso beliebt ist wie für den Spaß, Passanten zu beobachten.

**11** *Von Land oder Wasser* 13 Uhr

Die Küstenstraße nach Positano ist schön, aber stark befahren. Für bessere Aussichten und weniger Verkehr machen Sie sich auf ins Bergdorf Bomerano, Ausgangspunkt für eine Wanderung nach Nocelle auf dem gut ausgewiesenen **Il Sentiero degli Dei** oder

Pfad der Götter, der sich in drei Stunden bewältigen lässt. Wie der Name vermuten lässt, sind die Ausblicke hoch über dem Meer einfach göttlich. Allerdings muss man schwindelfrei sein. Am Ziel in Nocelle führen Hunderte Stufen hinunter zum Strand von Arienzo, wo Sie sich im Meer erfrischen können. Wenn Sie weniger trittfest sind, genießen Sie das herrliche Küstenpanorama aus anderer Perspektive und besteigen die Travelmar-Fähre nach Positano. Bei der Ankunft in Positano nehmen Sie ein kleines Boot, um zu einem der abgeschiedenen Fleckchen zu kommen, die Sie von der Fähre aus entdeckt haben.

**OBEN** Le Sirenuse, Positanos Luxushotel.

**GEGENÜBER** Die Fassade der Kathedrale Sant'Andrea in Amalfi mit vergoldeten Mosaiken und kunstvollen Bögen.

---

**Karte:**

10 Meilen / 15 Kilometer

Neapel — Golf von Neapel — ITALIEN — Tyrrhenisches Meer — Detail

SP1 — SP2A — ITALIEN

**9** Ravello Concert Society — Oscar-Niemeyer-Auditorium — AMALFIKÜSTE

**8** Babel Wine Bar Deli & Art — **5** Villa Romana — SS163

Ravello — Minori — Maiori — **4** Pasticceria Napoli — Cetara

Ravello Festival/ Villa Rufolo — Santa Maria a Mare — **6** Ristorante San Pietro

Amalfi — **7** Villa Cimbrone

SS366 — **11** Il Sentiero degli Dei — Monastero Santa Rosa — **1**

Positano — Nocelle — Bomerano — Conca dei Marini — **Amalfi**

Strand von Arienzo — SS163 — Il Pirata — Duomo — **10**

Le Sirenuse — Praiano — Marina di Conca — Pasticceria Pansa — DieciSedici — AMALFI DR.

**2** Torre a Mare — Masaniello Art Cafè — **3** Ristorante Marina Grande

Tyrrhenisches Meer

1 Meile / 2 Kilometer

---

**BASICS**

Planen Sie diverse Transportmittel ein – Fähre, Zug, Bus – oder mieten Sie ein Auto, wenn Sie sich auf den kurvigen Straßen fortbewegen wollen. Hotels und Restaurants in kleinen Orten sind außerhalb der Saison oft geschlossen.

**DieciSedici**
Piazza Municipio, 10, Amalfi
+39 089 987 2252
diecisedici.com
€€
*Bed-and-Breakfast mit sechs modern eingerichteten Zimmern an einer recht ruhigen Piazza im historischen Zentrum.*

**Le Sirenuse**
Via Cristoforo Colombo, 30, Positano
+39 089 875 066
sirenuse.it
€€€€
*Positanos erstes Luxushotel.*

# Capri

Kaum ein Flecken Erde gilt als so romantisch wie die Insel Capri, die sich wie ein Trugbild aus dem Golf von Neapel erhebt. Hier soll Odysseus dem tödlichen Gesang der verführerischen Sirenen widerstanden und der römische Kaiser Tiberius seinen Lüsten gefrönt haben. Viel später legte Jacqueline Kennedy Onassis mit der Jacht Christina hier an, um sich mit Caprihosen einzudecken. Heute hat Capri zwei Gesichter: Einerseits ist es sonnige Spielwiese für die Reichen und Schönen, die in Fünfsternehotels absteigen, wie die Ferragamo-Familie ihre Privatpaläste haben oder mit ihren Segeljachten hier anlegen, so bisweilen der Microsoft-Mitbegründer Paul Allen, und andererseits Ziel für zahllose Tagestouristen, die morgens ankommen und abends wieder abreisen. Doch die Insel hat so viel zu bieten, dass Sie an einem Wochenende noch ein drittes Gesicht entdecken können. – ARIC CHEN

### FREITAG

## 1 Märcheninsel 15 Uhr

Die meisten Touristen nehmen das Tragflächenboot oder die Fähre von Neapel oder Sorrent aus. Schon die Anreise ist ein Erlebnis der besonderen Art. Aus der Ferne scheint die 6,4 km lange und 2,4 km breite Insel vor der surrealen Kulisse von Vesuv, Neapel und der größeren Insel Ischia beinahe zu einer kleinen Felsskulptur zu schrumpfen. Ihre schroffe Küste und gezackten Felsspitzen lassen sie abweisend und unzugänglich erscheinen, und die dunstige Seeluft legt sich wie ein märchenhafter Schleier über das Eiland. Kommt man näher, tauchen im Wasser blaue und türkise Schatten auf. Möwen schweben vor den steil abfallenden Klippen, in denen stuckverzierte Villen wie die Ziegen kleben, die ebenfalls auf der Insel zu Hause sind, und Capri wird zunehmend realer, aber nicht minder spektakulär.

## 2 Auf in die Stadt 16 Uhr

Von der Anlegestelle Marina Grande nehmen Sie die Seilbahn hinauf nach Capri-Stadt weit oben über dem Meer. Dort schlängeln sich schmale Straßen zwischen weißen Fassaden, queren die Hügel und nach Wacholder, Myrte und Zitronenbäumen duftende Gärten. Auf der **Piazza Umberto I**, schlicht Piazzetta genannt, mischt sich das gemeine Touristenvolk unter großen Sonnenschirmen mit dem betuchten

Publikum. Obwohl in den Geschäften die Luxusmarken regieren, gibt es hier und da noch Läden, die auf ein lokales Angebot spezialisiert sind. So produzieren **Canfora** (Via Camerelle, 3; +39 081 837 0487; canfora.com) und **Da Costanzo** (Via Roma, 49; +39 081 837 8077) handgefertigte Ledersandalen, und bei **La Parisienne** (Piazza Umberto I; +39 081 837 0283; laparisiennecapri.it), wo Jackie ihre Caprihosen einst schneidern ließ, gibt es auf der Insel produzierte Kleidung.

## 3 Klassisch capresisch 21 Uhr

Nach Abreise der Tagestouristen wird Capri zum Paradies der einfachen Freuden – und verzaubert mit seiner architektonischen und natürlichen Schönheit. Suchen Sie sich zum Abendessen ein ruhiges Plätzchen. Im **Michel'angelo** (Via Sella Orta, 10; +39 081 837 7220; caprimichelangelo.com; €€€) gibt's Snacks an der Mozzarella-Bar oder ein capresisches Festmahl im Restaurant. Gönnen Sie sich anschließend Kaffee und Grappa in einem Café auf der Piazzetta.

**GEGENÜBER** Die Faraglioni an der Küste von Capri. Die Klippen sind typisch für die gesamte Insel, die in der Ferne wie ein Trugbild aus dem Golf von Neapel aufsteigt.

**UNTEN** Blick auf das Festland von der Villa Jovis, die einst Wohnsitz des Kaisers Tiberius war.

**SAMSTAG**

**4** *Auf den Spuren von Graham Greene* 9 Uhr

Capri-Stadt ist die größere der beiden Inselstädte. Das bescheidenere Anacapri liegt auf einem Plateau über der Inselhauptstadt. Nehmen Sie den Bus oder ein Taxi über den Monte Solaro, um dieses deutlich weniger touristische, authentischere Dorf mit „normalen" Geschäften, spielenden Kindern und einer kleinen Piazza kennenzulernen. Hier besaß auch Graham Greene ein Haus, das **Il Rosaio**, wo er über 40 Jahre

**OBEN** Jachten im Hafen von Capri.

**UNTEN** Im klaren Meer vor Capri ankernde Boote.

lang immer wieder gern abstieg: In der Ruhe von Anacapri schrieb er einige seiner berühmtesten Romane. An den legendären Bewohner erinnert eine Marmorplatte am Haus in der winzigen Via Ceselle 5.

**5** *Gipfelpanorama* 9.30 Uhr

Ganz ist der Tourismus jedoch nicht an Anacapri vorbeigegangen. Vom **Capri Palace** (Via Capodimonte, 14, Anacapri; +39 081 978 0111; capripalace.com; im Winter geschlossen), einem der opulentesten Luxushotels der Insel, ist es nicht weit zu dem kleinen Sessellift, mit dem Sie von der Piazza Vittoria auf den **Monte Solaro** (capritourism.com/de/landscape) und mit 589 m höchsten Punkt der Insel gelangen. Die Aussicht ist fantastisch und allein schon die abenteuerliche Liftfahrt über dem zerklüfteten Hang aufregend genug. Wagen Sie einen Blick über die steilen Klippen auf die eng beieinanderliegenden weißen Villen, die aus dem glasklaren Wasser aufragenden Faraglioni und die in den Buchten ankernden Jachten.

![Piazza Umberto I bei Nacht]

**6** *Strandvergnügen* 12 Uhr

Zurück auf Meereshöhe, können Sie sich im angesagten Beachklub **La Fontelina** (+39 081 837 0845; fontelina-capri.com; €€€€) mit Pasta oder Fischgerichten stärken und zu den allzu gebräunten Sonnenanbetern am Felsstrand gesellen, der nur einen Steinwurf von den Faraglioni-Klippen entfernt ist. Oder Sie halten ein wenig Abstand und genießen die Aussicht vom Poolrestaurant im Hotel **Casa Morgano** (Via Tragara, 6; +39 081 837 0158; casamorgano.com).

**7** *Kaiserliche Privilegien* 14 Uhr

Berühmtester Bewohner der Insel war eindeutig Kaiser Tiberius. Bei der Erkundung der Ruinen seiner **Villa Jovis** (am Ende des Viale Amedeo Maturi; capritourism.com/de/archaeology), der größten der zwölf Villen, die er angeblich auf Capri erbauen ließ, merkt man gleich, dass Tiberius eine Vorliebe für gute Aussichten hatte. Von der Villa am nordöstlichen Ende der Insel überblickt man den gesamten Golf von Neapel. Über den nahe gelegenen, senkrecht abfallenden Felsen Salto di Tiberio ließ der Kaiser nach der Legende unliebsame Untertanen ins Meer stürzen.

**OBEN** Nachts auf der Piazza Umberto I, kurz Piazzetta genannt.

**RECHTS** Die verstörende Schönheit der Blauen Grotte.

**8** *Natürlicher Bogengang* 18 Uhr

Wandern Sie zum Felsbogen **Arco Naturale** (capritourism.com/de/landscape), entstanden durch Erosion einer ehemaligen Grotte. Stärken Sie sich auf dem Rückweg mit einem Glas Wein in **Le Grottelle** (Via Arco Naturale; +39 081 837 5719; €€€), dessen Terrasse eine spektakuläre Aussicht aufs Meer bietet, und bleiben Sie gleich zum Abendessen. Wahlweise empfehlen sich Pasta, Meeresfrüchte und Fisch im **La Capannina** (Via Le Botteghe, 12 bis; +39 081 837 0732; capanninacapri.com; €€€€) unweit der Piazzetta.

**9** *Lieder der Nacht* 22 Uhr

Tiberius ist angeblich der Urvater von Hedonismus und Exzess auf Capri, einer Tradition, die von

reichen Ausländern mit wilden Partys bis ins 20. Jahrhundert fortgesetzt wurde. Heute treffen sich die Geschöpfe der Nacht im **Anema e Core** (Via Sella Orta, 1; +39 081 837 6461; anemaecorecapri.it), wo schon Popstars spontan zum Mikro gegriffen haben und das moderne Partyvolk auf den Tischen tanzt. Wer es ruhiger mag, geht nach draußen und lässt sich vom Nachthimmel inspirieren. „Der Mond sieht von Capri

**OBEN** Der Pool des Grand Hotel Quisisana.

**GEGENÜBER** Der Haupthafen. Eine Seilbahn bringt Besucher in die hoch auf den Klippen gelegene Stadt.

aus fantastisch aus", sagte Kristall-Erbin Fiona Swarovski einmal der *New York Times*. „Man muss es selbst gesehen haben, um es zu glauben."

**SONNTAG**

**10** *Rundfahrt* 10 Uhr

Erkunden Sie Capri auch vom Meer aus. In der Marina Grande können Sie Bootstouren buchen und Boote mieten – zu empfehlen ist die einstündige Rundfahrt vorbei an Sehenswürdigkeiten wie den Faraglioni und den vielen Grotten der Insel, darunter auch die berühmte **Blaue Grotte**. Außerdem können Sie einen Blick auf die Casa Malaparte werfen, ein modernes Gebäude mit Treppendach und roten Mauern, das durch Jean-Luc Godards Film *Die Verachtung* (1963) bekannt wurde. Abenteurer mieten ein Boot und können so nach Belieben vor Anker gehen.

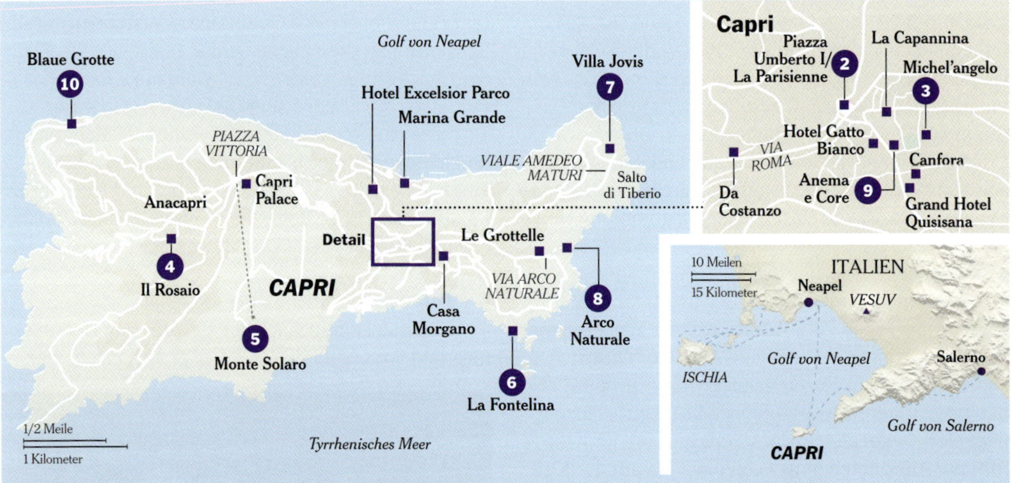

**BASICS**

Von Neapel, Sorrent, Ischia und anderen Häfen verkehren Fähren und Tragflügelboote nach Capri.

**Grand Hotel Quisisana**
Via Camerelle, 2, Capri
+39 081 837 0788
quisisana.com

€€€€
*Luxuriöses Fünfsternehaus mit entspanntem Publikum.*

**Hotel Excelsior Parco**
Via Provinciale Marina Grande, 179, Capri
+39 081 837 9671
excelsiorparco.com
€€€€

*Weniger luxuriös als die Fünfsternehotels, aber sehr angenehm.*

**Hotel Gatto Bianco**
Via Vittorio Emanuele, 32, Capri
+39 081 837 0203
gattobianco-capri.com
€€€
*Komfortable Unterbringung in unmittelbarer Nähe zur Piazzetta.*

# Palermo

In ihrer 2700-jährigen Geschichte hat die sizilianische Hauptstadt Palermo drei Goldene Zeitalter erlebt: Zuerst die Karthager, dann ließen Araber und Normannen die Hafenstadt an der Felsküste florieren. Inzwischen erwacht Palermo nach Jahrzehnten der Vernachlässigung und Mafiakorruption ein viertes wohlverdientes Mal zu neuem Leben. Straßen wurden neu gepflastert und Sehenswürdigkeiten herausgeputzt. Man ist wieder stolz auf die Stadt, und die Organisation Addiopizzo fördert Unternehmen, die sich weigern, Schutzgeld an die Mafia zu zahlen. Dennoch hat die geheimnisvolle Stadt nichts von ihrem Charme eingebüßt. Es gibt noch immer malerische alte Viertel, die Architektur ist weiterhin eklektisch – man könnte von arabisch-normannisch-spanischem Barock sprechen. – ARIEL FOXMAN

## FREITAG

**1** *Brot und Spiele* 16 Uhr

In der Altstadt gibt es unzählige lärmende, bunte Märkte. Besonders reizvoll ist der **Ballarò**, der älteste Freiluftmarkt im arabischen Stil im zwar heruntergekommenen, aber malerischen Viertel Albergheria, auf den Sie über die Piazza Ballarò oder die Piazza del Carmine gelangen. Mischen Sie sich unter die Einheimischen beim Wochenendeinkauf und bestaunen Sie die überwältigende Fischauswahl, riesige Kürbisse und Kapern, so groß wie Weintrauben. Wem das Spektakel der Marktschreier nicht genug ist, der kauft sich eine siedend heiß servierte Panella, eine Art frittierten Pfannkuchen aus Kichererbsenmehl.

**2** *Göttliche Architektur* 17.30 Uhr

Zu einem Italientrip gehört unbedingt die Besichtigung einer prächtigen Kirche. Gehen Sie in Richtung Norden zur Piazza Bellini im alten Stadtzentrum. Nehmen Sie dort die Treppe zu gleich zwei Kirchen. Die kleine Kirche **San Cataldo** (Piazza Bellini, 3) mit ihren drei roten Kuppeln im arabischen Stil wirkt am

besten von außen. Die Architektur der benachbarten Kirche **Santa Maria dell'Ammiraglio**, auch La Martorana genannt, ist eine Quintessenz des arabisch-normannischen Baustils. Besonders eindrucksvoll sind ihr Glockenturm aus dem Jahr 1143 sowie die zahllosen, gut erhaltenen Fresken und Mosaiken. Kein Wunder, dass hier am laufenden Band geheiratet wird.

**3** *Moderne Klassiker* 20 Uhr

Freunde der gehobenen sizilianischen Küche sollten unbedingt das **Bellotero** (Via Giorgio Castriota, 3; +39 091 582 158; €€€) ausprobieren. In dieses Restaurant in der Neustadt von Palermo zieht es auch das anspruchsvolle, lokale Gastropublikum. Köstlich sind z. B. die Spaghetti mit Wrackbarsch, Seeigel und Zitronenzesten oder das Lamm mit ofengerösteten Pistazien und Gemüse-Caponata, dazu passt ausgezeichnet ein Donna Franca vom Weingut Florio.

## SAMSTAG

**4** *Morgens auf dem Markt* 9.30 Uhr

Der Morgenespresso fällt heute aus. Zum Wachwerden geht's auf den **La Vucciria**, Palermos lebhaftesten, an einen Suk erinnernden Markt, der zwischen Corso Vittorio Emanuele und Piazza San Domenico liegt. Das Ganze ist mit winzigen Lämpchen erleuchtet, und im Straßengewirr drängt sich

**GEGENÜBER** Die Via Maqueda im Zentrum von Palermo, im Hintergrund die Berge. Die Geschichte der sizilianischen Hauptstadt beginnt mit der Blütezeit der Karthager.

**RECHTS** Blick in das Kuppelmosaik der Kirche Santa Maria dell'Ammiraglio, landläufig La Martorana genannt.

Stand an Stand. Suchen Sie sich Ihr Frühstück hier auf dem Markt und probieren Sie auf jeden Fall eine der frisch gebackenen, lokalen Brotspezialitäten mit Sesam, getrockneten Früchten oder Anis.

### 5 *Barock überall* 11 Uhr

Spektakuläre Barockkunst gibt es im Altstadtviertel La Loggia. Die günstige Eintrittskarte für die fünf bedeutendsten Architekturdenkmäler (erhältlich an jedem der fünf Orte) gilt auch für das **Oratorio del Rosario di San Domenico** (Via dei Bambinai, 18) aus dem 16. Jahrhundert, mit einem Altargemälde von van Dyck, einem Deckenfresko von Novelli und zahllosen wirbelnden Cherubim. Der am Eingang erhältliche Stadtplan weist Ihnen den Weg zu den anderen vier Bauwerken. Interessant sind die Gesichter von 15 Allegorien der Tugenden und Mysterien im überwältigenden Rokokobau **Oratorio del Rosario di Santa Cita** (Via Valverde, 3): Sie gehörten zeitgenössischen Berühmtheiten.

### 6 *Süße Pause* 13.30 Uhr

In Palermo gilt eine mit Eis „belegte" Brioche als vollwertige Mahlzeit. Besonders gut schmeckt der süße Imbiss in der über 50 Jahre alten **Pasticceria Alba** (Piazza Don Bosco, 7/c; +39 091 309 016; pasticceriaalba.it), die auf eine große Auswahl und altgediente Mitarbeiter setzt. Bestellen Sie einen „Eisburger" auf die Hand, um draußen das Kommen und Gehen der Einheimischen zu beobachten.

### 7 *Unter Toten* 16 Uhr

Dies muss man gesehen haben, um es zu glauben. Fahren Sie mit dem Bus Nr. 327 in die westlichen Vororte zur viel besuchten und sehr kuriosen **Kapuzinergruft** (Piazza Cappuccini, 1). Dort sind in den eisigen Korridoren vollständig bekleidete Männer,

**OBEN** Die Mumien in den Korridoren der Kapuzinergruft muten eher surreal als unheimlich an.

**RECHTS** Barockarchitektur an der Piazza Vigliena.

Frauen und Kinder mit erstarrten Gesichtszügen aufgereiht – über 8000 Mumien, die vom 16. Jahrhundert bis 1920 mittels verschiedenster Verfahren konserviert wurden. Der eher skurrile als Furcht einflößende Ort gleicht einem gigantischen Memento mori.

### 8 *Sundowner* 18.30 Uhr

Machen Sie eine kleine Pause auf der Terrasse der **Villa Igiea** (Salita Belmonte, 43; +39 091 631 2111; villa-igiea.com). Das elegante Jugendstilhotel der Luxusklasse liegt am Fuße des malerischen Monte Pellegrino inmitten hübscher Gärten und Höfe. Genießen Sie die Aussicht auf die Bucht von Palermo bei einem Glas frisch-fruchtigem Donnafugata und lassen Sie sich durch die Snackauswahl verführen.

### 9 *Dinner am Strand* 20.30 Uhr

Eine gute Alternative zu den vielen Fischlokalen in Palermo ist das **Bye Bye Blues** (Via del Garofalo, 23; +39 091 684 1415; byebyeblues.it; €€€€), ein Sterne-Restaurant im Strandviertel Mondello. Aus extrafrischen Zutaten entstehen hier köstliche Gerichte wie eine Vorspeise aus Landkäse mit Walnüssen und Marmelade, gefolgt von wunderbaren Kalbsbäckchen in Rotweinsauce an Selleriepüree. Probieren Sie dazu einen der 350 vorrätigen Weine.

### 10 *Verdauungsspaziergang* 22.30 Uhr

Das Dessert holen Sie sich einige Blocks weiter nördlich: in Form eines Eises bei **Le Lunette** (Viale Regina Elena, 1/2; +39 091 684 1861). Mit dem Gelato in der Hand geht's auf zu einem kleinen Spaziergang am kristallklaren Tyrrhenischen Meer. Bewundern Sie die zahllosen kleinen Badehütten am schneewei-

ßen Strand, bevor Sie vor dem bunten Gewimmel aus Bars und Souvenirläden am anderen Strandende Reißaus nehmen.

**11** *Christus auf dem Berge* 11 Uhr

Ein palermisches Sprichwort lautet sinngemäß: „Wer Palermo verlässt, ohne **Monreale** gesehen zu haben, kommt als Esel und fährt als Idiot." Wie dem auch sei – das geschäftige Bergstädtchen Monreale einige Kilometer westlich vom Stadtzentrum ist unbedingt eine Busfahrt (mit der Nr. 389) wert. Highlight dort ist die Kathedrale aus dem 12. Jahrhundert (Piazza Guglielmo II, 1) mit ihren atemberaubenden,

wohl einzigartigen griechisch-byzantinischen Mosaiken. Die 200 Säulen des angrenzenden Kreuzgangs sind aufwendig gestaltet, und die Hauptapsis ist überstrahlt von einem goldenen, fast 20 m hohen Christusmosaik. Das Goldene Zeitalter von Palermo hält scheinbar immer noch an.

**OBEN** Kreuzgang der Kathedrale von Monreale außerhalb des Zentrums. Die Kirche schmücken griechisch-byzantinische Mosaiken.

---

**BASICS**

Taxis vom Flughafen zum Zentrum sind teuer, aber es fahren alle halbe Stunde deutlich günstigere Busse.

**Mercure Excelsior**
Via Marchese Ugo, 3
+39 091 790 9001
excelsiorpalermo.it
€€–€€€
*Majestätisches Hotel in einem Gebäude des 19. Jahrhunderts. Elegante Zimmer, Restaurant und aufmerksamer Concierge.*

**Plaza Opera Hotel**
Via Nicolò Gallo, 2
+39 091 381 9026
hotelplazaopera.com/it
€€–€€€
*Modern und kosmopolitisch.*

**Grand Hotel et Des Palmes**
Via Roma, 398
+39 091 602 8111
grandhotel-et-des-palmes.com/it
€€–€€€
*Traditionsreiches Jugendstilhaus, zu dessen berühmten Gästen auch der Komponist Richard Wagner zählte.*

**Map labels:**

1/4 Meile
1/2 Kilometer

ITALIEN *Adria*
• Rom
• Neapel
*Tyrrhenisches Meer*
**Palermo**
*SIZILIEN*
*Bucht von Palermo*

VIA MARCHESE UGO
— VIA CASTRIOTA
Mercure Excelsior
**3** Bellotero
VIA DELLA LIBERTÀ
VIA FRANCESCO CRISPI
Plaza Opera Hotel
VIA NICOLÒ GALLO —
Grand Hotel et Des Palmes

*Tyrrhenisches Meer*
**10** Le Lunette
MONDELLO
Bye Bye Blues **9**
MONTE PELLEGRINO
**Palermo**
Villa Igiea **8**
Pasticceria Alba **6**
ITALIEN
Kapuzinergruft **7**
**Detail**

**Palermo**
VIA ROMA
VIA VALVERDE
Oratorio del Rosario di Santa Cita
Oratorio del Rosario di San Domenico **5**
PIAZZA SAN DOMENICO —
La Vucciria **4**
LOGGIA
VIA VITTORIO EMANUELE
**2** San Cataldo
— PIAZZA BELLINI
Santa Maria dell'Ammiraglio
PIAZZA BALLARÒ
**1** Ballarò
VIA LINCOLN
PIAZZA DEL CARMINE

2 Meilen
3 Kilometer
**11** Monreale/ Duomo

# Perugia

*Wäre Italien eine Dartscheibe, so wäre Perugia vermutlich das Bull's Eye. Die Stadt liegt in der idyllischen Region Umbrien auf halber Strecke zwischen Florenz und Rom malerisch auf einem Hügel. Die mittelalterlichen Gassen ihrer kompakten Altstadt sind weitgehend autofrei. Zweimal im Jahr platzt Perugia aus allen Nähten: zum Jazzfestival Umbria Jazz im Sommer, zu dem weltbekannte Größen der Szene anreisen, und zur Eurochocolate, einem großen Schokoladenfestival, im Herbst.* – INGRID K. WILLIAMS

## FREITAG

**1** *Schokolade für alle* 16 Uhr

Anders als Roald Dahls Held Charlie Bucket braucht man für eine Führung in der Schokoladenfabrik **Perugina** (Via San Sisto, 207/c; +39 800 434 434; perugina.com) keinen goldenen Gutschein, sondern muss nur einen Eintrittspreis bezahlen (Reservierung empfohlen). In der inzwischen zu Nestlé gehörenden Fabrik werden die berühmten, in Silberpapier gewickelten Schoko-Nuss-Pralinen namens Baci („Küsse") hergestellt. Willy Wonkas Oompa Loompas werden Sie in den Versuchsküchen, im Schokoladenmuseum und an den Fließbändern nicht antreffen. Aber am Ende des Rundgangs dürfen Sie so viel Schokolade essen, wie Sie wollen. Und darum geht es Ihnen doch eigentlich, oder?

**2** *Drink mit Aussicht* 19 Uhr

Gegen den Schokoladenkloß im Bauch hilft ein abendlicher Spaziergang über den **Corso Vannucci**, der bei einheimischen wie ausländischen Flaneuren beliebt ist. Trinken Sie unterwegs in einem der Cafés draußen einen Prosecco und beobachten Sie das abendliche Treiben auf dem Corso. Wer lieber den Sonnenuntergang sehen will, sichert sich einen Logenplatz in der Freiluftbar **Il Punto di Vista** (Viale Indipendenza, 2; +39 339 253 7969; facebook.com/puntodiview) und nimmt seinen Aperitif mit Blick

auf die wunderschön grüne umbrische Hügellandschaft ein.

**3** *Umbrien auf dem Teller* 20 Uhr

Wer die geschmackliche Vielfalt Umbriens erleben will, isst in der **Osteria a Priori** (Via dei Priori, 39; +39 075 572 7098; osteriaapriori.it; €€€), einem kleinen Restaurant mit Feinkostladen, in dem es ausschließlich umbrische Speisen und Getränke gibt. Kombinieren Sie etwa Wurst- und Käsespezialitäten von regionalen Bauernhöfen mit einem Glas seltenem Sagrantino di Montefalco oder einem anderen der insgesamt 270 umbrischen Weine auf der Karte und probieren Sie die handgeschnittenen Tagliatelle mit Ragù bianco vom Chianina-Rind oder die Schweinelende mit Trüffeln der Saison. Auf der winzigen Außenterrasse gönnen Sie sich nach dem Essen ein umbrisches Bier wie z. B. Birra Flea oder Birra dell'Eremo.

## SAMSTAG

**4** *Lehrer und Schüler* 10 Uhr

Perugias berühmtester Maler, Pietro Vannucci, der auch als Perugino bekannt ist, hatte einen noch berühmteren Schüler: den Renaissancemeister Raffael. Vereint in einem Werk findet sich ihre Arbeit in der **Cappella di San Severo** (Piazza Raffaello;

**GEGENÜBER** Fresko von Raffael (obere Hälfte) und seinem einstigen Lehrer Perugino (untere Hälfte), dem berühmtesten Maler Perugias, in der Cappella di San Severo.

**RECHTS** Etruskische Ruinen unter dem Glasboden des Pools im Hotel Brufani Palace.

+39 075 947 1766; perugiacittamuseo.it). Ein Fresko in der winzigen Kapelle soll angeblich aus beider Pinsel stammen: Raffael malte die obere Hälfte, Perugino die untere. Raffael arbeitete an dem Fresko, bis Papst Julius II. ihn nach Rom berief; Jahre später vollendete Perugino es. Weitere Werke von Perugino gibt es in der **Galleria Nazionale dell'Umbria** (Corso Vannucci, 19; +39 075 5866 8415; gallerianazionaleumbria.it), die sich mit ihrer eindrucksvollen Sammlung umbrischer Kunst im Palazzo dei Priori aus dem 13. Jahrhundert befindet.

**5** *Projekt Picknick* 13 Uhr

Decken Sie sich für ein Picknick im Park bei **Umbrò** (Via Sant'Ercolano, 2-6; +39 075 572 7809) mit regionalen Salumi, Käse, frischem Gemüse und Wein ein. Zu dem mehrstöckigen Komplex gehören ein Restaurant mit Gewölbedecke, eine Terrasse und eine Weinbar. Der Lebensmittel- und der Feinkostladen verkaufen lokale Speisen, darunter Street-Food-Spezialitäten. Breiten Sie Ihr persönlich kuratiertes Picknick zentrumsnah an der Via delle Prome aus, wo es einen Aussichtspunkt mit Panoramablick gibt.

**6** *Die Kunst des Shoppens* 15 Uhr

Schmuck ist seit etruskischer Zeit hier angesagt. Für die neuesten museumsreifen Kreationen melden Sie sich bei **Anna Fornari Gioielli d'Arte** (Via Deliziosa, 9; +39 075 572 1570; annafornari.com) an. Seit

Jahrzehnten arbeitet Fornari mit Museen und Galerien weltweit zusammen und verwendet traditionelle Techniken als Ausgangspunkt für preisgekrönte experimentelle Arbeiten in Gold, Silber und sogar Papier. Weitere Shoppingmöglichkeiten für Keramiken, Kunsthandwerk, Kleidung und Accessoires bieten die Via dei Priori (in Nr. 30 hat Fornari ebenfalls eine Galerie) und die Piazza Matteotti.

**7** *Reise in die Unterwelt* 16 Uhr

Verlassen Sie die Piazza IV Novembre mit der Fontana Maggiore und der Kathedrale, um Perugias unterirdische Attraktionen zu erkunden. Beginnen Sie mit dem nahen **Pozzo Etrusco** (Piazza Danti, 18; +39 075 573 3669; pozzoetrusco.it), einem etruskischen Brunnen vermutlich aus dem 3. Jahrhundert v. Chr. Werfen Sie eine Münze in die unheimlichen Tiefen des Brunnens und gehen Sie dann zum anderen Ende des Corso Vannucci, um weitere Einblicke in die Unterwelt der modernen Stadt zu gewinnen. In der Festungsruine **Rocca Paolina** (Piazza Italia, 11; perugiacittamuseo.it) können Sie gut erhaltene mittelalterliche Straßen und Plätze durchstreifen, deren Netz sich wie eine zweite Stadt unter dem heutigen Perugia ausbreitet.

**8** *Eiskalte Schokolade* 17.30 Uhr

In Perugia länger auf Schokolade zu verzichten ist schlicht eine Sünde. Füllen Sie die Speicher darum mit der gefrorenen Variante auf. Köstlich ist die Kombination von reinem Schokoladeneis mit Raffaello-Eis aus weißer Schokolade und Kokosnuss in der **Cioccolateria Augusta Perusia** (Via Pinturicchio, 2; +39 075 573 4577; cioccolatoaugustaperusia.it).

**9** *Wild zum Dinner* 21 Uhr

Man isst nobel im **Gradale Ristorante** (Strada di Montevile, 3; +39 075 572 4214; ristorantegradale.com; €€€) mit einer royalen Speisenfolge, wie sie einer mittelalterlichen Bilderbuchburg angemessen ist. (Castello di Monterone, heute ein Hotel, war einst eine Militärstation an der Straße nach Rom.) Wenn das Wetter mitmacht, setzen Sie sich auf die überdachte Terrasse mit Blick auf das nächtlich glitzernde Perugia. Halten Sie es wie die Könige, die jahrhundertelang vor allem Wild aßen, und beginnen Sie etwa mit einer Fasanenterrine oder trüffelgefüllter Wachtel, gefolgt von Pappardelle mit Kaninchenra-

gout und vielleicht Wildschwein als Hauptgericht. Zum Dessert belohnen Sie sich königlich mit dem Apfelkuchen „Wiedergefundene Kindheit".

**SONNTAG**

**10** *Schweizer Erinnerungen* 9 Uhr

Dass die Kellner in der **Pasticceria Sandri** (Corso Vannucci, 32; +39 075 572 4112) ein rotes Jackett und Fliege tragen, ist eine Reminiszenz an die Schweizer Ursprünge des Cafés. Seit 1860 ist das opulente Haus mit seinen Kronleuchtern unter bemalten Deckengewölben eine feste Größe in Perugia. Bewundern Sie die holzgetäfelten Wände bei einem Cappuccino und einem Stück Apfelstrudel mit Pinienkernen oder ge-

**GEGENÜBER** Lehrstunde in Schokoladenherstellung in der Schokoladenfabrik in Perugia. Zur Führung gehört auch eine Verkostung.

**OBEN** Die Galleria Nazionale dell'Umbria im Palazzo dei Priori verfügt über eine eindrucksvolle Sammlung umbrischer Kunst.

**RECHTS** Der tägliche Spaziergang auf dem Corso Vannucci.

hen Sie heldenhaft gleich zu den mächtigen Kuchen und glänzenden Torten über.

**11** *Zweiradausflug* 11 Uhr

Machen Sie sich auf zum rund 16 km entfernten Lago Trasimeno, dem viertgrößten See Italiens nach Gardasee, Lago Maggiore und Comer See. Für eine Umrundung braucht es allerdings ein Zweirad. Mieten Sie darum in warmen Monaten am Seeufer einen Roller bei **Umbria in Vespa** (Via Case Sparse, 42,

San Savino; +39 347 463 6423; umbriainvespa.com). Gegen Hungerattacken auf der Strecke hilft ein Boxenstopp in der **Trattoria da Faliero** (Località Montebuono di Magione; +39 075 847 6341; faliero.it; €€). Das einfache Lokal mit Seeblick ist schlecht ausgeschildert, aber bei den Einheimischen bekannt für seine Torta al testo, warme Teigfladen mit diversen Füllungen, z. B. Wurst und Spinat oder Schinken und Käse.

**OBEN** Mieten Sie einen Roller am Lago Trasimeno.

**GEGENÜBER** Fest zu Ehren der Etrusker, die einst in Perugia lebten und um 300 v. Chr. von den Römern geschlagen wurden.

---

**BASICS**

Perugia erreicht man gut per Flugzeug oder Bahn. Der umweltfreundliche MiniMetrò bringt Besucher aus den Außenbezirken ins Stadtzentrum.

**Hotel Brufani Palace**
Piazza Italia, 12
+39 075 573 2541
brufanipalace.com
€€
*Elegant eingerichtete Zimmer und herrliche Ausblicke aufs Land. Durch den Glasboden im Pool sieht man alte etruskische Ruinen im Kellergeschoss.*

**Castello di Monterone**
Strada Monteville, 3
+39 075 572 4214
castellomonterone.com
€€
*Kleines Hotel in einer ehemaligen Burg mit Steinterrassen, Rosengärten und einem Pool mit Aussicht.*

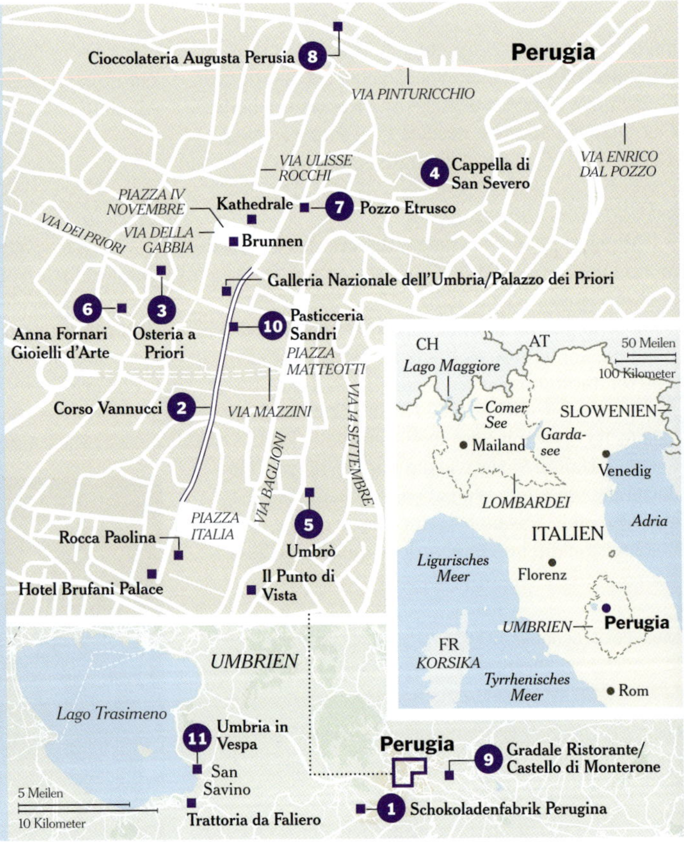

**Perugia**

Cioccolateria Augusta Perusia **8**

VIA PINTURICCHIO

VIA ULISSE ROCCHI

**4** Cappella di San Severo

VIA ENRICO DAL POZZO

PIAZZA IV NOVEMBRE — Kathedrale **7** Pozzo Etrusco

VIA DEI PRIORI — VIA DELLA GABBIA — Brunnen

**6** **3** Galleria Nazionale dell'Umbria/Palazzo dei Priori

Anna Fornari Gioielli d'Arte — Osteria a Priori — **10** Pasticceria Sandri

PIAZZA MATTEOTTI

Corso Vannucci **2** VIA MAZZINI

VIA BAGLIONI — VIA 14 SETTEMBRE

PIAZZA ITALIA — Rocca Paolina — **5** Umbrò

Hotel Brufani Palace — Il Punto di Vista

UMBRIEN

Lago Trasimeno

**11** Umbria in Vespa — San Savino — Trattoria da Faliero

5 Meilen — 10 Kilometer

CH — AT — 50 Meilen / 100 Kilometer

Lago Maggiore — Comer See — SLOWENIEN — Garda-see — Mailand — Venedig

LOMBARDEI — Adria

ITALIEN

Ligurisches Meer — Florenz

UMBRIEN — Perugia

FR — KORSIKA — Tyrrhenisches Meer — Rom

**Perugia** — **9** Gradale Ristorante/ Castello di Monterone

**1** Schokoladenfabrik Perugina

# Florenz

Mit seinen jahrhundertealten Kunstschätzen und Palästen ist Florenz bis heute die erste Adresse für einen Ausflug in die Renaissance. Dass die Stadt so stark in ihrer Geschichte verwurzelt ist, verwundert nicht, war sie doch Heimat von Dante, Michelangelo, Botticelli und vielen anderen großen Künstlern. Auch als Besucher merkt man recht bald, dass die Florentiner bis heute nicht einsehen wollen, dass die italienische Hauptstadt seit nunmehr 140 Jahren Rom ist. Doch der Mythos, Florenz sei ein lebendiges Museum, ist längst überholt. Immer wieder lässt die Stadt ein neues, jugendliches Gesicht aufblitzen, ohne ihren alten Charme zu verlieren. Viele Piazze wurden saniert, neben den altehrwürdigen Uffizien sind Galerien für zeitgenössische Kunst entstanden, und in alten Palästen eröffnen heute trendige Restaurants.

– ONDINE COHANE UND DANIELLE PERGAMENT

## FREITAG

### 1 *Duomo ohne Abgase* 16 Uhr

Ja, der Vorplatz des berühmten **Duomo** mit seiner riesigen Kuppel, das symbolische Herz von Florenz, ist seit 2009 autofrei. Seitdem ist die Besichtigung der Kathedrale eine ganz neue Erfahrung, auch wenn es an Touristen weiterhin nicht mangelt. Werfen Sie unbedingt einen Blick auf die aufwendig gestalteten Bronzetüren des **Baptisteriums**. Die berühmte Kirche **Santa Maria Novella** hat mit ihrem nunmehr autofreien Vorplatz ebenfalls enorm gewonnen. Seit die parkenden Autos flanierenden italienischen Familien gewichen sind, kommt die restaurierte dunkelgrünweiße Marmorfassade ebenso wie das gesamte architektonische Umfeld viel eindrucksvoller zur Geltung.

### 2 *Die andere Pietà* 17 Uhr

Michelangelo ist ein Kassenmagnet. Wer in Rom einen Blick auf seine *Pietà* erhaschen will, muss sich energisch gegen konkurrierende Bewunderer durchsetzen. Friedlicher geht es im **Museo dell'Opera del**

**Duomo** (Piazza del Duomo, 9; +39 055 230 2885; museumflorence.com) zu, wo die *Pietà* Michelangelos zu sehen ist, die kurz vor seinem Tod entstand (von einem anderen Künstler wurde die Frauenfigur links vollendet). In dem wenig überlaufenen Dommuseum befinden sich außerdem Donatellos berühmte *Büßende Maria Magdalena* und das Original von Ghibertis Paradiestür für das Baptisterium.

### 3 *Abendprogramm inklusive* 19 Uhr

Fabio Picchi prägt mit dem Cibrèo die Gastronomie wie einst die Medici mit ihren Bauten das Stadtbild – es ist beeindruckend, berühmt und scheinbar überall. Viermal existiert das Cibrèo: als Trattoria, Café, Restaurant und als **Teatro del Sale** (Via dei Macci, 111r; +39 055 200 1492; teatrodelsale.com/en; €€), das nicht nur Trattoria ist, sondern auch Gemüseladen, Theater und privater Klub (Mitglied wird man am Eingang für ein paar Euro). Sichern Sie sich einen Tisch an der Bühne und wählen Sie dann am Büfett zwischen Oliventapenade, Rigatoni mit Ricotta, Spaghetti mit Pesto, gebratenem Fenchel, Bohnensalat, Lammkarree und Schokomousse mit Schlagsahne. Gegen 21.30 Uhr beginnt das Programm – das kann eine Lesung, aber auch ein Gershwin-Klavierkonzert sein. Doch so gut die Show auch sein mag, unschlagbar ist der Preis: Der ganze Abend kostet nicht mehr als den moderaten Preis für das Büfett.

**GEGENÜBER** Die Silhouette von Florenz mit dem fantastischen Kuppelbau des Doms. Der Vorplatz ist inzwischen Fußgängerzone, sodass man dort ein wenig durchatmen kann.

**RECHTS** Die 1420–1436 erbaute Kuppel, von der man einen schönen Blick über die Stadt hat.

### 4 Süßer Auftakt 9 Uhr

Nur ein wenig außerhalb des touristischen Zentrums liegt **Dolci & Dolcezze** (Piazza Cesare Beccaria, 8r; +39 055 234 5458), die beste Pasticceria der Stadt. In der winzigen Bäckerei locken allerlei Köstlichkeiten von aufwendig verpackten Schokoladen bis zu süßen Obstkuchen. Bestellen Sie sich einen Cappuccino und ein frisch gebackenes Cornetto (Croissant) an der Bar und sehen Sie zu, wie hier echte Florentinerinnen eilig ihre Torta di cioccolato für den Abend einkaufen.

### 5 Einmal aufhübschen 11 Uhr

„Bella figura" (einen guten Eindruck) machen gehört in Italien zum guten Ton. Machen Sie mit, nämlich mit einer Gesichtsbehandlung im **Four Seasons Hotel Firenze** (Borgo Pinti, 99; +39 055 26 261; fourseasons.com/florence). In dem kleinen, mit weißem Marmor ausgestatteten Hotelspa wird man mit Kosmetikprodukten von Officina Profumo-Farmacia di Santa Maria Novella behandelt, die nach Originalrezepten aus dem 13. Jahrhundert hergestellt werden. Außerdem ist der Ausblick auf einen der größten Privatgärten von Florenz mit Wiesen, gewaltigen Bäumen und gewundenen Pfaden hin zu versteckten Skulpturen herrlich, und man kann das Luxushotel erkunden, ohne ein Zimmer mieten zu müssen.

### 6 Zeit für ein Panino 13 Uhr

Handgemachte Sandwiches waren in Italien selbstverständlich – bis die Massenware in Plastikfolie Einzug hielt. Die Snack- und Weinbar **'Ino** (Via dei Georgofili, 3r–7r; +39 055 214 154; inofirenze.com; €) unweit des Ponte Vecchio hat diese Tradition neu belebt und bereitet ihre Foccacia frisch zu. Wählen Sie zwischen über 20 Käsesorten, darunter Pecorino und Gorgonzola, und dazu Mortadella und Salami.

### 7 Linkes Ufer 14 Uhr

Echt toskanische Schätze findet man am linken Arnoufer. Florenz ist für sein handgeschöpftes Papier berühmt, eine Tradition, die bei **Il Torchio** (Via de' Bardi 17; +39 055 234 2862; legatoriailtorchio.com/en/la-bottega) mit Briefpapier, Notizbüchern und Ähnlichem zelebriert wird. **Lorenzo Villoresi** (Via de' Bardi, 12; +39 055 234 1187; lorenzovilloresi.it) ist die richtige Adresse für florentinische Düfte und Kerzen, die sich gut als Mitbringsel eignen. Außerdem hat man von seinem Laden eine hübsche Aussicht. Erkunden Sie das Ufer auf eigene Faust.

### 8 Modebewusste Florentiner 16 Uhr

Schlendern Sie hinüber zu dem 4 ha großen **Giardino Bardini** (Via de Bardi 1r; bardinipeyron.it), der schon mindestens seit dem Mittelalter existiert. Ein Aufzug bringt Sie zu einer Terrasse mit spektakulären Ausblicken über den Arno hin zur Kathedrale,

zur Kirche Santa Croce und nach Fiesole. Am schönsten ist es im April und Mai, wenn die Azaleen und Pfingstrosen blühen. Einfach magisch: ein Spaziergang unter der lila Glyzinien-Blütenpracht des Wisteria-Tunnels. Statuen und ein schmaler Kanal tragen in jeder Jahreszeit zum Charme der Gärten bei.

**9** *Rinder de luxe* 20 Uhr

Sollen doch die anderen vegetarische Bioburger essen. Die Inhaber des **Lungarno 23** (Lungarno Torri-giani, 23; +39 055 234 5957; lungarno23.it; €€) züchten im toskanischen Sinalunga ihre eigenen Chianina-Rinder, eine alte italienische Rasse mit weißem Fell, langen Gliedern und marmoriertem Fleisch. Die Chianina-Burger werden mit Salat, Zwiebeln, Tomaten und Ketchup im Sesambrötchen serviert. Puristen essen vielleicht lieber eins der berühmten Chianina-T-Bone-Steaks in der **Trattoria Sostanza** (Via del Porcellana, 25r; +39 055 212 691; €€€), in der man schon seit einem Jahrhundert speist.

**10** *Nachtschwärmer* 22 Uhr

Im Sommer konzentriert sich das florentinische Nachtleben in und vor den kleinen Aperitivo-Bars. Besonders angesagt ist das **Volume** (Piazza Santo

**GEGENÜBER** Außenstehenden mag Florenz museal erscheinen, doch die Stadt hat durchaus auch ein junges Gesicht.

**OBEN** Der Arno und in der Ferne der mittelalterliche Ponte Vecchio mit seiner Ladenzeile.

**UNTEN** Im Lungarno 23 bereitet man Hamburger aus dem Fleisch von Chianina-Rindern zu, die die Besitzer selbst züchten.

Spirito, 5r; +39 055 238 1460). In lauen Nächten versammelt sich in der ehemaligen Schreinerei ein buntes, fröhliches Völkchen vom Moderedakteur bis zum Austauschstudenten und belagert eine Ecke der festlichen Piazza Santo Spirito.

### SONNTAG

**11** *Paradiesische Zustände* 10 Uhr

In einer Stadt mit weltberühmten Kunstwerken, um die sich Touristenmassen scharen, lohnt es sich, nach verborgenen Perlen zu suchen. Eine davon ist Benozzo Gozzolis *Zug der heiligen drei Könige* im

**Palazzo Medici-Riccardi** (Via Camillo Cavour, 3; +39 055 2760 340), eine Auftragsarbeit für Cosimo de' Medici von 1459. Mit dem unlängst restaurierten, nun wieder in vollem Glanz erstrahlenden Fresko beschwört Gozzoli eine Vision des Paradieses samt Affen und Vögeln, wie sie den Vorstellungen des erstarkenden Kaufmannsstandes im Florenz der Renaissance entsprach. Buchen Sie im Voraus, denn in die Räumlichkeiten passen nur kleine Gruppen.

**OBEN** In der winzigen Bäckerei Dolci & Dolcezze etwas außerhalb des Zentrums gibt es Schokolade und Süßigkeiten im Überfluss.

**GEGENÜBER** In Florenz, der Heimat von Dante, Michelangelo und Botticelli, leben Architektur und Geist der italienischen Renaissance bis heute fort.

### BASICS

Von Rom aus kommen Sie mit Flugzeug oder Eurostar (raileurope.com) nach Florenz. Vor Ort geht man am besten zu Fuß oder fährt Taxi.

**J. K. Place Firenze**
Piazza di Santa Maria Novella, 7
+39 055 264 5181
jkplace.com
€€€€
*Kleine, aber geschmackvolle Zimmer an der Piazza Santa Maria Novella. Zur Kathedrale und zum Ponte Vecchio sind es zu Fuß nur fünf Minuten.*

**Il Salviatino**
Via del Salviatino, 21, Fiesole
+39 055 904 1111
salviatino.com
€€€€
*Restaurierte Villa mit 4,5 ha großem Garten, Spa und Terrasse mit Blick auf die Stadt.*

1/4 Meile
1/2 Kilometer

**Florenz**

Il Salviatino →

Bahnhof

VIA SAN GALLO
VIA CAMILLO CAVOUR
VIA DEI SERVI
BORGO PINTI

Palazzo Medici-Riccardi **11**

Four Seasons Hotel Firenze **5**

PIAZZA DI SANTA MARIA NOVELLA

Museo dell'Opera del Duomo **2**

Baptisterium

J. K. Place Firenze

PIAZZA DEL DUOMO

Teatro del Sale **3**

PIAZZA CESARE BECCARIA

Trattoria Sostanza

Duomo **1**

VIA DEI MACCI

Dolci & Dolcezze **4**

Arno

'Ino **6**

VIA DEI GEORGOFILI

Uffizien

VIA BORGO SAN JACOPO

PONTE VECCHIO

Lungarno 23 **9**

CH    AT

Mailand    Venedig

FR    **Florenz**    Adria

PIAZZA SANTO SPIRITO

Palazzo Pitti

Il Torchio **7**

Lorenzo Villoresi

VIA DE BARDI

ITALIEN

KORSIKA    • Rom

Volume **10**

**8** Giardino Bardini

GIARDINO DI BOBOLI

SARDINIEN    Tyrrhenisches Meer

# Bologna

Bologna ist eine pulsierende Stadt, Heimat einer der ältesten europäischen Universitäten und dynamischer Kontrapunkt zu beliebten Touristenzentren wie Rom und dem 80 km südlich gelegenen Florenz. Bologna ist berühmt für seine Küche und seine linken politischen Traditionen. Die sich unter Spargel und Favabohnen biegenden Marktstände, die Räucherfleischspezialitäten und die in den Osterie servierte frische Pasta mit Ragù – dem Rest der Welt bekannt als Sauce bolognese – sind gute Gründe, hierherzureisen. Und dann wären da noch architektonische Meisterwerke wie die Basilika Santo Stefano und die berühmten Due Torri (Zwei Türme). – ONDINE COHANE

## FREITAG

### 1 *Aufwärtsspirale* 16 Uhr

Bologna ist bekannt für seine vielen Arkadengänge. Der Weg durch 666 Bögen hinauf zum **Santuario della Madonna di San Luca** (santuariobeatavergine sanluca.com), einer Basilika hoch über der Stadt, ist ein wunderbarer Auftakt für die Besichtigung dieses Wahrzeichens. Der halbstündige Marsch ab dem Meloncello-Bogen ist als Work-out genau das Richtige und bietet Ausblicke auf die Stadt und grüne Landschaften. Belohnung am Ziel ist die herrliche Basilika mit einem Marienbild, das der Evangelist Lukas gemalt haben soll. Keine Lust auf Steilhänge? Dann wenden Sie sich den gern abgelichteten Arkaden der **Piazza Cavour** zu und holen sich ein Eis in der **Cremeria Funivia** (+39 051 656 9365; cremeriafunivia.com).

### 2 *Originelle Interieurs* 18 Uhr

Im Stadtviertel Saragozza ist die zeitgenössische Kunstszene vor allem sehenswert wegen der originell umgestalteten Räumlichkeiten, in denen sich Galerien angesiedelt haben. Heimat der **Otto Gallery** (Via D'Azeglio, 55; +39 051 644 9845; otto-gallery.it) ist das **Collegio di San Luigi dei Barnabiti**, eine Schule aus dem 17. Jahrhundert. Die luftigen, lichtdurchfluteten Räume bilden einen perfekten Rahmen für

Werke des abstrakten Expressionisten Luigi Carboni oder des norwegischen Fotografen Per Barclay, bekannt für seine evokativen Installationen. Die nahe gelegene **Galleria d'Arte Maggiore** (Via D'Azeglio, 15; +39 051 235 843; maggioregam.com) präsentiert Arbeiten internationaler Größen wie Andy Warhol, aber auch interessante Gegenwartskunst. Die Galerie hat es sich zum Ziel gesetzt, Beziehungen zwischen der klassischen Moderne und der heutigen Kunstszene aufzuzeigen.

### 3 *Brodo genießen* 20 Uhr

Ein Klassiker der hiesigen Küche sind Tortellini in brodo, mit Schweinehackfleisch gefüllte Teigtaschen in würziger Hühnerbouillon. Dieses und andere Traditionsgerichte serviert man im **All'Osteria Bottega** (Via Santa Caterina, 51; +39 051 585 111; €€€), einem gemütlichen Restaurant mit Holzböden und bemalten Möbeln, das der Inhaber Daniele Minarelli selbst führt. Auf Vorspeisen wie Käse- und Mortadellaplatten folgen Aubergine Parmigiana und Spezialitäten des Hauses wie Cotoletta alla bolognese (in Brühe gekochtes Kalbskotelett mit Schinken und Käse).

## SAMSTAG

### 4 *Gastronomisches Zentrum* 10 Uhr

Ein Muss ist die Gastroszene rund um den **Mercato di Mezzo**: Hier locken nicht nur Köstlichkeiten in den Schaufenstern, sondern auch eine Filiale von **Eataly** (Via degli Orefici, 19; eataly.net/it_it/negozi/bologna) mit Büchern, italienischer Feinkost, Weinbar und Restaurant, dann der Feinkostladen

**GEGENÜBER** Blick vom Asinelli-Turm, einem der beiden berühmten Due Torri. Auf dem Hügel sieht man die Basilika Madonna di San Luca.

**RECHTS** Feinkosthändler Bruno e Franco in der Via Oberdan.

**Tamburini** (Via Caprarie, 1; +39 051 234 726; tamburini. com) mit über 200 offenen Weinen im Ausschank, die 1868 gegründete Bäckerei **Atti Panificio** (Via Drapperie, 6; +39 051 233 349; paoloatti.com) sowie die Salumeria **Simoni** (Via Drapperie, 5/2a; +39 051 231 880; salumeriasimoni.it).

**5** *Snackpause* 12 Uhr

In einer Nebenstraße der malerischen Via Pescherie Vecchie liegt die **Osteria del Sole** (Vicolo Ranocchi, 1D; +39 347 968 0171; osteriadelsole.it), die mit ihrer hölzernen Theke und den verblichenen Fotografien an einen alten Klub erinnert. Da es hier nur offene Weine und nichts zu essen gibt, kauft man für einen Imbiss an einem der langen Tische vorher auf dem Markt ein. Nicht selten sieht man hier alte Männer bei Favabohnen oder frischen Erdbeeren an der Bar sitzen und den neuesten Klatsch diskutieren.

**6** *Beste Bohnen* 15 Uhr

Bei **Terzi** (Via Oberdan, 10/D; +39 051 034 4819; caffeterzibologna.com) beherrscht Besitzer Manuel Terzi die Kunst der Kaffeezubereitung meisterlich. Im Angebot sind Kaffeespezialitäten wie der wild wachsende Kopi Luwak aus Indonesien und ein kongolesischer Robusta. Trinken Sie einen Kaffee an der Bar oder in dem kleinen Gastraum.

**7** *Einkaufsbummel* 16 Uhr

Wie wär's als Souvenir mit einem Füller? Im 1928 gegründeten **A. C. Vecchietti** (Via degli Orefici, 2/b; vecchietti.it) finden Sie hochpreisige Klassiker der lokalen Edelmarke Omas mit Weißgold-Feder sowie auch moderne Designs wie den windschnittigen minenlosen Griffel von Cambiano. Wer konventionellere Ware sucht: Im quirligen Viertel rund um die Via Oberdan, einst Teil des jüdischen Gettos, befinden sich heute einige der schönsten Geschäfte der Stadt. Bei **Jacqueline** (Via Altabella, 14/E; +39 051 268 190) locken hübsche Kleider, Bikinis, Schuhe und feinste Unterwäsche, **SEMM Music Store & More** (Via Oberdan, 24/f; +39 051 225 425; semmstore.com) bietet alte und neue CDs und Platten mit Pop aus der Region. Und auch wer keinen ganzen Schinken kaufen will,

sollte unbedingt bei **Bruno e Franco** (Via Oberdan, 16; +39 051 233 692; la-salumeria.it) reinschauen, wo Männer mit roten Fliegen Räucherschinken in feinste Scheiben schneiden. Frische Pasta gibt es außerdem. Wer Glück hat, darf vielleicht sogar einen Blick in die „Werkstatt" im Gebäude gegenüber werfen, wo Damen in gestärkten Kitteln den Teig ausrollen.

**8** *Essen wie bei Mamma* 18 Uhr

In der **Swine Bar** (Via A. Righi, 24A; +39 051 232 631) treffen sich Studenten und die Schickeria auf einen Aperol Spritz. Im Winter isst man im rustikalen Gastraum, im Sommer an den Tischen draußen. Nach der Arbeit machen Geschäftsleute und Insider halt in der **Enoteca Italiana** (Via Marsala, 2/b; +39 051 235 989; enotecaitaliana.it) auf einen spritzigen Franciacorta oder Gaja zum Wurst- und Käseteller. Im **Serghei** (Via Piella, 12; +39 051 233 533; €€) werden allabendlich nur 28 Gäste bewirtet, und ganz Bologna versucht, hier einen Tisch zu ergattern, um die hervorragende

bolognesische Hausmannskost zu genießen. Kochen tut hier tatsächlich die Mutter des Inhabers und verwöhnt die Gäste z. B. mit frischen Ravioli, gefüllt mit Rucola, in Gorgonzolasauce. Auch die Vorspeisen sind einfach und traditionell.

**GEGENÜBER OBEN** Bologna ist berühmt für seine vielen Arkadengänge. Dieser hier befindet sich auf der Via Santo Stefano.

**GEGENÜBER UNTEN** Im Arkadengang zur Madonna di San Luca.

**OBEN** Das Heiligtum Madonna di San Luca.

**UNTEN** Gaukler auf der Piazza Maggiore.

**SONNTAG**

### 9 *Kirchgang* 10 Uhr

Auf Ihrem Weg zur Basilika **Santo Stefano**, einem Gebäudekomplex aus mehreren Kirchen, Klöstern und Innenhöfen des 5., 8. und 12. Jahrhunderts, stärken Sie sich noch im **Colazione da Bianca** (Via Santo Stefano, 1; Portico della Mercanzia; colazionedabianca. it). Cornetto und Cappuccino sind genau das Richtige vor der Kirchenbesichtigung. Genießen Sie Ihren Snack, dann geht es zum Kloster.

### 10 *Bologneser Maler* 12 Uhr

Ein berühmter Maler aus Bologna war der 1964 verstorbene Giorgio Morandi. Das **Museo d'Arte Moderna di Bologna** oder **MAMbo** (Via Don Minzoni, 14; +39 51 649 6611; mambo-bologna.org) zeigt eine Dauerausstellung mit seinen Werken. Er war bekannt für seine Stillleben, auf denen sich vor allem Flaschen zu impressionistischen Kompositionen zusammenfügen.

**OBEN** Sowohl für Feinschmecker als auch für Neugierige ist die Gegend um den Mercato di Mezzo mit ihrem riesigen Angebot an frischen Lebensmitteln ein Muss.

**GEGENÜBER** Die viel fotografierten Arkaden an der Piazza Cavour. Bewundern Sie die Deckenmalereien und belohnen Sie sich dann mit einem Gelato.

---

**BASICS**

Bewegen Sie sich mit Bus oder Taxi und auf Schusters Rappen.

**Hotel Metropolitan**
Via Dell'Orso, 6
+39 051 229 393
hotelmetropolitan.com
€€
Boutiquehotel in sehr zentraler Lage mit moderaten Preisen.

**I Portici**
Via Indipendenza, 69
+39 051 421 85
iporticihotel.com
€€
Palazzo des 19. Jahrhunderts, ein typisches Beispiel für den Stile Liberty, Italiens Antwort auf den Jugendstil.

---

*Map labels:*

Bruno e Franco
Terzi 6
Jacqueline
7
VIA OBERDAN
A. C. Vecchietti
Osteria del Sole
VIA FRANCESCO RIZZOLI
5
Eataly
4
VIA DRAPPERIE
VIA DEGLI OREFICI
VIA PESCHERIE VECCHIE
Tamburini
Atti Panificio
Simoni
Mercato di Mezzo

All'Osteria Bottega
3
VIA SANTA CATERINA
VIA NOSADELLA
VIA BARBERIA
Galleria d'Arte Maggiore
VIA SARAGOZZA
VIA TAGLIAPIETRE
VIA D'AZEGLIO
Gallery Otto/ Collegio di San Luigi dei Barnabiti
2
VIALE ANTONIO ALDINI

1/4 Meile
1/2 Kilometer

VIA DELL'INDIPENDENZA
VIA DEI MILLE
I Portici
Swine Bar 8
Hotel Metropolitan
Serghei
VIA PIELLA
Enoteca Italiana
VIA MARSALA
SEMM Music Store & More
VIA UGO BASSI
Detail
Due Torri
VIA ZAMBONI
9 Santo Stefano/ Colazione da Bianca
VIA D'AZEGLIO
VIA FARINI
VIA SANTO STEFANO
PIAZZA CAVOUR
Cremeria Funivia

Venedig
**Bologna** Adria
Florenz
**ITALIEN**
Tyrrhenisches Meer Rom
**Bologna**

FLUGHAFEN GUGLIELMO MARCONI
2 Meilen
3 Kilometer
**ITALIEN** **Bologna**
MAMbo 10
Detail
1 Santuario della Madonna di San Luca

---

# Parma

*Ihre Diät beginnt in 37 Stunden, schließlich sind Sie in einer Stadt, die für Delikatessen und kulinarische Legenden steht: Parmaschinken, Parmesan, Lambrusco, Barilla-Pasta oder die Alma-Kochschule. Zahlreiche Restaurants und Feinkostgeschäfte sorgen dafür, dass niemand hungern muss, und im Umland von Parma gibt es Museen, die sich allen möglichen Lebensmitteln widmen – von Salume bis Tomaten. Die Stadt selbst, aus der Berühmtheiten wie der Renaissance-Maler Correggio oder Dirigent Arturo Toscanini stammen, stillt mit den vielen schönen Kirchen und Klöstern, einem ausgezeichneten Kunstmuseum und dem berühmten Theater auch Ihren Appetit nach Kunst, Theater, Musik und Geschichte … alles leicht verdaulich.* – SETH SHERWOOD

## FREITAG

### 1 *T Time* 18 Uhr

Wofür wohl das T im Namen des **Tcafè** (Strada Al Duomo, 7; palazzodallarosaprati.it) steht? Historische Elemente (Steinboden, Holzdecke) ergeben mit hellen Farben, Designermöbeln und coolen Elektrosounds ein geschmackvolles Ambiente. Hinzu kommt das trendige Publikum aus Studenten und Design- und Medientypen. Vielleicht steht das T ja für das italienische Wort *tramonto* (Sonnenuntergang), da die Terrasse der ideale Ort für einen leckeren abendlichen Aperitivo mit Blick auf das achteckige mittelalterliche Baptisterium ist. Veilchen verleihen dem Veilchen-Spritz aus Veilchenlikör, Prosecco, Mineralwasser eine ganz besondere Note.

### 2 *Gesang und Tanz* 20.30 Uhr

Auch Guiseppe Verdi stammt aus der Region Parma, und jedes Jahr im Herbst findet im prächtigen **Teatro Regio** (Strada Giuseppe Garibaldi, 16/A; teatroregioparma.it) aus dem 19. Jahrhundert das Verdi-Festival statt. Aber auch das restliche Jahr über kann sich das Musikprogramm der Stadt sehen lassen, das alles von Oper über Tanz bis hin zu Jazz bietet. Das Theater mit den Logenreihen, dem Deckengemälde und dem massiven Kronleuchter lässt

**GEGENÜBER** Ein gutes Pflaster für Radler und Gourmets.

**RECHTS** Das Teatro Regio, Heimstätte des Verdi-Festivals.

sich am besten auf einer geführten 30-minütigen Tour besichtigen (siehe Website des Theaters).

### 3 *Fleisch satt* 22 Uhr

Achtung, Vegetarier: Im gediegenen **Ristorante Cocchi** (Cocchi, Via Gramsci, 16/A; ristorantecocchi.it; €€€€) – weiße Tischwäsche, Ölgemälde und gut betuchte Gäste – ist Schweinefleisch Prinz und Rindfleisch König. Klar, können Sie erst mal eine Pasta bestellen, aber absolut zu empfehlen sind die Salume: Der Prosciutto ist aromatisch und butterzart, während der Culatello (eine Premiumvariante des Prosciutto) in superfeinen rot-weißen Streifen serviert wird, die auf der Zunge zergehen. Rindfleischscheiben kommen in vielen Varianten auf den Tisch, darunter ein üppiges Kalbskotelett, das mit Kartoffelpüree mit Parmesan akzentuiert wird. Selbst das Weltklasse-Dessert – hausgemachtes Vanilleeis – wird am Tisch von einem großen Block geschnitten, als ob es roher Schinken wäre.

## SAMSTAG

### 4 *Schinken und Käse* 11 Uhr

Achtung, Asketen: Die samstäglichen Menschenmengen in der Strada Matteo Renato Imbriani neben der Kirche Santissima Annunziata feiern hier nicht gerade Bescheidenheit – ganz im Gegenteil. Sie sind auf dem Wochenmarkt, ein Paradies für sämtliche Gaumenfreuden, ob frisches Obst und Gemüse, Eingemachtes und Eingelegtes, Brot und Wein und natürlich ganze Schinken und riesige Käseräder. Ob Ihre Fleischeslust nun in Richtung Salami, Culatello,

Proscuitto, Gola (aus dem Schweinehals) oder Cicciolata (Schweineschnauze, -ohren, -rücken, Speck und mehr) geht – der Stand **An.Fo.Ra** (an-fo-ra.com) befriedigt alle Ihre Wünsche. Packen Sie noch etwas Parmesan von **Araldi** (agricolaaraldi.it) dazu.

### 5 *Wasserwelt* 13 Uhr

Gehen Sie nun ins Meer, zumindest kulinarisch. Viele Gerichte mit Fisch und Meeresfrüchten im **F.I.S.H.** (Via Ferdinando Maestri, 15; loveitalianfish. it; €€), einem schlicht eingerichteten Restaurant mit Holzvertäfelung, sind roh, vor allem die vielen Carpaccios und Tatars. Wenn Sie lieber etwas Gekochtes möchten, sind die Garnelenbeignets zu empfehlen – außen knusprig und innen wunderbar cremig.

### 6 *Correggio-Stunde* 14.30 Uhr

Die Decke braucht eine Malerei? Fragen Sie Correggio. So lautete im frühen 16. Jahrhundert das Motto beim Klerus in und um Parma. In der **Camera di San Paolo** (Via Melloni, 3/A; San Giovanni Evangelista, Piazzale San Giovanni; museiparma.it), einem Raum des Benediktinerkonvents San Paolo, gestaltete Correggio Decke und Wände mit Trompe-l'Œil-Malereien, Putten und der Jagdgöttin Diana. Beeindruckender ist das Deckengemälde in der Kirche San Giovanni Evangelista, auf dem Correggio einen heiligen Johannes malte, der vor einem feuerroten Himmel auf Wolken schwebt. Auch die Kuppel der **Kathedrale Santa Maria Assunta** (Dom von Parma, Piazza Duomo, 7; +39 0521 235 886) wurde von Correggio gestaltet. Das Meisterwerk an Perspektive

**OBEN** Gemüseladen in der Strada Luigi Carlo Farini.

**GEGENÜBER** Alberto Banchini in seiner Eisdiele.

zeigt Maria, die durch Wolken in eine Supernova aus Licht und göttlichem Glanz in den Himmel steigt.

### 7 *Retrostopp* 17 Uhr

Die kleine Via Nazario Sauro entführt Sie in die Vergangenheit: Missoni-Kleider aus den 1970ern, Wählscheibentelefone und magische Laternen, die man hier in vielen Vintageshops findet. Bei **Vecchia America**, Nr. 7, wird, anders als der Name vermuten lässt, europäische Designermode verkauft. **Invento**, Nr. 14/B, ist eine lustige Zeitreise mit alten anatomischen Puppen, wissenschaftlichen Utensilien, Restaurantaccessoires und Möbeln. **Credula Postero**, Nr. 16/A, gleicht dem verstaubten Speicher einer verrückten Großtante und droht vor Gehstöcken, Floretten, Puppentheatern und Spielzeugsoldaten fast aus den Nähten zu platzen.

### 8 *Modernes Mahl* 20 Uhr

Parma ist kein Ort kulinarischer Experimente – warum auch, bei so wunderbaren traditionellen Spezialitäten? Doch im **Borgo20** (Borgo XX Marzo, 14/16; borgo20.it; €€) werden die Gerichte mit viel Fantasie serviert. Wie wäre es mit einem Risotto mit süßen kalabrischen Zwiebeln, knusprigem Speck und Parmesan? Wenn Schweinefleisch mit Kartoffeln und Zwiebeln auf der Karte steht – unbedingt bestellen! Das rosa Fleisch ist so zart wie Wagyu-Rind und wird durch die rauchigen Noten des Kartoffelpürees unterstützt. Als Dessert sollten Sie das Parfait aus Schokolade mit Sahne und Himbeergelee probieren.

### 9 *Traube und Hopfen* 22 Uhr

Wie kommt man mit all dem Wein klar? Natürlich mit noch mehr Wein. Halten Sie in der Strada Luigi Carlo Farini – einer lebhaften Straße mit Bars und

Restaurants – nach Weinfässern Ausschau, und Sie entdecken das **Tabarro** (Hausnummer 5/B; facebook.com/enotecatabarro), eine kleine Weinbar. Hier kann man diverse Weine von weißem Franciacorta aus Norditalien bis zu vollmundigen Roten aus Sizilien verkosten. Wenn Ihnen eher nach Bier ist, gehen Sie in die **Vecchie Maniere Birreria Parmigiana** (Borgo Bernabei, 40/A; birreriavecchiemaniere.it), eine freundliche Kneipe mit Ziegelsteingewölbe.

### SONNTAG

**10** *Kunst und Kultur* 10 Uhr

Der **Palazzo della Pilotta** ist ein ehemaliger Palast, in dem sich heute ein Kunst- und Archäologiemuseum befindet. Er wird durch das **Teatro Farnese** betreten, das im 17. Jahrhundert errichtet, im Zweiten Weltkrieg zerstört und in den 1950ern wieder aufgebaut wurde. Die **Galleria Nazionale** (Piazza della Pilotta; parmabeniartistici.beniculturali.it) zeigt neben mittelalterlicher Kunst auch Porträts aus dem 19. Jahrhundert sowie Renaissancewerke aus der Florentiner Schule: Canalettos in goldenes Licht getauchte Ansichten von Venedig und Da Vincis Skizze eines jungen Mädchengesichts, *La Scapiliata*. Mehrere Räume sind den Arbeiten von Correggio gewidmet, darunter die *Beweinung Christi*.

**11** *Süßes Ende* 13 Uhr

Von Parmas kulturellem, kommerziellem und kulinarischem Angebot haben Sie sich nun genug einverleibt. Fehlt nur noch das Dessert, und zwar bei dem Schokoladenhersteller **Banchini** (Piazza Cesare Battisti, 9/B; cioccolatobanchini.it). In dem kleinen Geschäft gibt es Schokoladenplätzchen, -riegel und sogar eine Schokoladensalami. Aber das Speiseeis, von Pistazie über Haselnuss bis zu dunkler Schokolade, übertrifft alles. Ihre Diät beginnt ja auch erst in zehn Minuten.

**BASICS**

Die Innenstadt von Parma liegt kompakt am Fluss Parma. Alles ist bequem zu Fuß zu erkunden, was nicht nur Kalorien verbrennt, sondern auch Vergnügen bereitet.

**Parizzi Suites & Studio**
Strada della Repubblica, 71
+39 0521 207 032
parizzisuite.com
€
*Hotel mit 13 Zimmern. Das angeschlossene Michelin-Sterne-Restaurant Parizzi bietet Kochkurse an.*

**Savoy Hotel**
Strada XX Settembre, 3
+39 0521 281 101
hotelsavoyparma.com
€
*Auf der Via Garibaldi, nur fünf Gehminuten vom Bahnhof entfernt.*

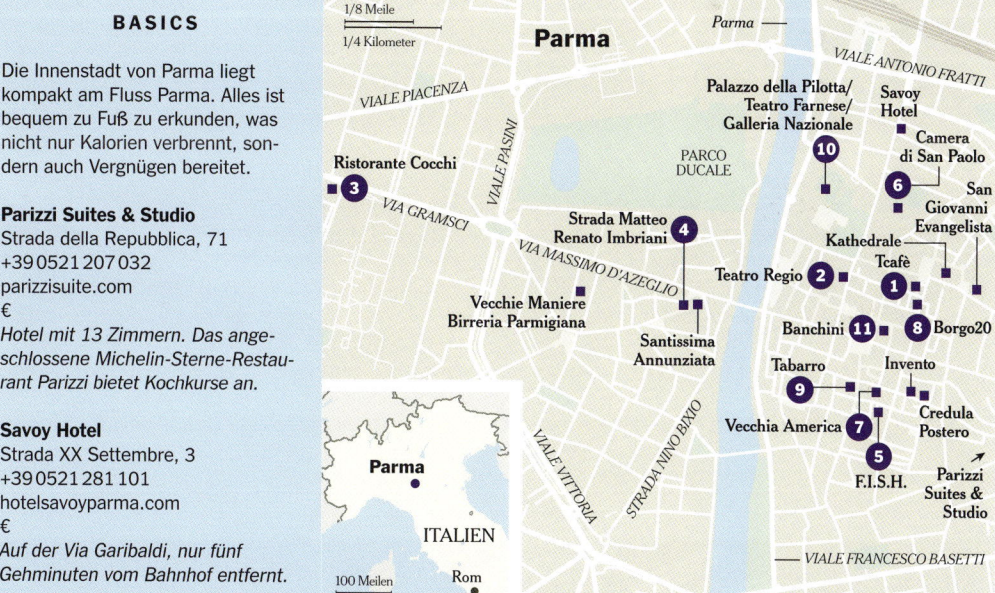

# Cinque Terre

Noch vor 100 Jahren waren die Cinque Terre einfach nur fünf Fischerdörfer an einem schwer zugänglichen Abschnitt der ligurischen Küste. Heute fallen die Touristenmassen ein, um das tiefblaue Mittelmeer, die zerklüftete, mit malerischen Wanderwegen durchzogene Küste und die fünf Dörfer, die sich aus dem steilen Fels erheben, zu sehen. Die Region hat sich von der Sturmflut 2011, die in den Dörfern Monterosso und Vernazza verheerende Schäden angerichtete und Abschnitte des berühmten Küstenwanderwegs zwischen den anderen Dörfern – Corniglia, Manarola und Riomaggiore – unzugänglich machte, weitgehend erholt. Es bleibt eine andere Gefahr: der Massentourismus. Mögliche Abhilfe? Weichen Sie auf die Nachbarorte aus (Levanto im Norden und Portovenere im Süden) und wählen Sie weniger bekannte Wanderpfade. Das Überleben dieser Region kann von solchen Entscheidungen abhängen. – ARIEL FOXMAN

## FREITAG

**1** *Weniger betretene Pfade* 15 Uhr

Die Cinque Terre umfassen nicht nur fünf Dörfer, sondern auch den 3868 ha großen **Parco Nazionale delle Cinque Terre** (parconazionale5terre.it), dessen Schönheit am besten bei einer Wanderung erkundet werden kann: Über 120 km Wanderwege durchziehen diese atemberaubende Landschaft. Es gibt also keinen Grund, sich in die Touristenhorden einzureihen, die den Sentiero Azzurro, der früher alle fünf Dörfer verband, verstopfen. Wandern Sie stattdessen auf dem rot-weiß markierten Weg 587 von Corniglia in die Berge. Nach einem schweißtreibenden Aufstieg mit steilen Treppen wird der Weg flacher und folgt einem Bergkamm, von wo Sie einen atemberaubenden Blick auf das Meer und das Dorf haben. An einer Gabelung folgen Sie dem Weg (586 und 506) zum Bergdorf Volastra und wandern durch Wald und terrassierte Weinberge, bevor es abwärts nach Manarola geht. Die Wanderung dauert etwa 2,5 Stunden.

**2** *Klippen-Cocktails* 18 Uhr

Nach der Wanderung haben Sie sich eine Pause und Belohnung verdient! Beides gibt's bei **Nessun Dorma** (Località Punta Bonfiglio, Manarola; nessundormacinqueterre.com). Diese lässige Outdoor-Bar auf einem terrassierten Felsvorsprung bietet einen tollen, unverbauten Blick auf Manarola mit seinen pastellfarbenen Häusern, den Fischerbooten im kleinen Hafen und gebräunten Teenagern, die sich in der Brandung ins tiefblaue Meer stürzen. Halten Sie Ausschau nach einem Tisch im gartenartigen Sitzbereich und bestellen Sie ein fruchtiges erfrischendes Getränk.

**3** *Frischer Fang* 21 Uhr

Oberhalb des winzigen Hafens von Riomaggiore liegt das **Rio Bistrot** (Via San Giacomo, 10, Riomaggiore; +39 0187 920 616; €€), eine moderne Osteria, deren Gerichte die Schätze des Meeres offenbaren. Von den Tischen auf der Terrasse kann man den Fischern beim Anlanden des Tagesfangs zusehen, während man sich über seinen eigenen „Fang" auf dem Teller vor sich freuen kann: z.B. gebuttertes Brot mit Sardellen oder Paccheri mit frischen Muscheln.

## SAMSTAG

**4** *Buon giorno, Vernazza* 9 Uhr

Vernazza mit seinen historischen Attraktionen, der überschaubaren Größe und einem gewissen Chic ist vermutlich das bekannteste und auch fotogenste Dorf. Machen Sie sich also frühzeitig auf, bevor es von Touristen überrannt wird. Besorgen Sie sich bei **Batti Batti'** (Via Visconti, 3, Vernazza; €), einer in den Fels geschlagenen Focacceria, ein kleines Frühstück und gehen Sie dann zum Kai, um sich an dem Anblick der pastellgelben Kirche, der auf den Wellen tanzenden Boote im Hafen und der kleinen Piazza, die langsam zum Leben erwacht, zu erfreuen.

**5** *Fantastische Reise* 10 Uhr

Die Cinque Terre bieten weniger historische Sehenswürdigkeiten als der südliche Küstenort Portovenere, der so eng mit den Cinque Terre verbunden ist, dass er zum selben UNESCO-Weltkulturerbeprojekt gehört. Nehmen Sie in Vernazza die erste Fähre des **Consorzio Marittimo Turistico** (Golfo dei Poeti; navigazionegolfodeipoeti.it) in Richtung Süden. Nach der einstündigen Fahrt, auf der sich die herrliche Küste vom Wasser aus offenbart, landen Sie im male-

**GEGENÜBER** Riomaggiore, eines der fünf Dörfer der Cinque Terre.

rischen Hafen von Portovenere. Schlendern Sie an den bunten Häusern vorbei zur **Chiesa di San Pietro** (Lungo Calata Doria; Portovenere) aus dem 12. Jahrhundert, die auf einem Felsen der Brandung zu trotzen scheint. Besuchen Sie die Byron-Grotte, von der der englische Dichter im 19. Jahrhundert angeblich die über 6 km nach San Terenzo schwamm.

**6** *Zwischenspiel auf der Insel* 13 Uhr

Die glamouröseste Art des Reisens in Italien mag vielleicht ein venezianisches Wassertaxi sein, aber eine Überfahrt vom Hafen in Portovenere auf die Insel Palmaria hat auch was! Reservieren Sie vorab einen Tisch in der **Locanda Lorena** (Via Cavour, 4, Isola Palmaria; +39 0187 792 370; locandalorena.com; €€€€), wo die gut betuchten Gäste an den weiß eingedeckten Tischen auf der Terrasse Gerichte wie Fritto Misto, hummergefüllte Ravioli und üppige Platten mit gegrilltem Fisch und Meeresfrüchten verspeisen. Zurück in Portovenere bummeln Sie durch das historische Zentrum, bevor Sie sich mit der letzten Fähre wieder in Richtung Cinque Terre machen.

**7** *Wein mit Aussicht* 18 Uhr

Zurück geht's nach Riomaggiore, wo Sie den Wegweisern zur Via dell'Amore folgen. Dieser romantische Fußweg, Teil des Sentiero Azzurro, wurde nach der Sturmflut 2011 zunächst auf unbestimmte Zeit gesperrt. Eine ähnlich schöne Aussicht gibt es aber von der Café-Bar **A Piè de Mà** (Via dell'Amore, 55, Riomaggiore; +39 0187 921 037), ein herrliches Plätzchen in der Nähe des „Liebespfads". Kosten Sie

**OBEN** Der Zugang zum Weingut Buranco.

**RECHTS** Als schnelles Frühstück eine Foccacia von Batti Batti'.

auf der Terrasse hoch über der wogenden See ein Glas Wein aus der Region.

**8** *Ligurische Küche* 21 Uhr

Nachdem die Tagestouristen wieder abgezogen sind, kehren Sie zu einem Abendessen nach Vernazza in die **Trattoria Gianni Franzi** (Piazza Guglielmo Marconi, 1; +39 0187 812 228; giannifranzi.it; €€) zurück, deren Tische unter bunten Schirmen auf einer Piazza direkt am Meer stehen. Genießen Sie eines der ligurischen Gerichte, viele davon mit Fisch, wie gefüllte Sardinen, Spaghetti mit Muscheln und fangfrischer gegrillter Fisch, zu einem Glas ligurischen Wein. Wenn dann die Fischer ihre Holzboote im Hafen festmachen und die untergehende Sonne die Häuser in ein oranges Licht taucht, schmeckt alles noch besser.

### SONNTAG

**9** *Riviera-Sand* 9 Uhr

Man mag zwar an der italienischen Riviera sein, aber der einzige Ort der Cinque Terre mit einem brei-

ten Sandstrand ist Monterosso. An der **Spiaggia di Fegina** leuchten die Sonnenschirmreihen der Strandklubs in allen Regenbogenfarben. Sie sollten früh da sein, um sich ein Plätzchen am öffentlichen Strand zu sichern oder eine Liege zu mieten und den Morgen entspannt und mit freiem Blick aufs Meer im Schatten eines Sonnenschirms genießen zu können.

**10** *Aufstieg zum Mittagstisch* 12 Uhr

Vom Bahnhof von Corniglia ins Dorfzentrum sind es 377 Stufen. Für ein echt ligurisches Mittagessen lohnt sich der Aufstieg aber. Im **Km 0** (Via Fieschi, 151, Corniglia; facebook.com/Km0corniglia; €) gibt es belegte Brote und Salate aus lokalen Zutaten wie ligurische Wurst und Stracchino-Käse. Zum Dessert geht's zur **Alberto Gelateria** (Via Fieschi, 74, Corniglia), einer Eisdiele, in der es sensationelles Eis aus hiesigen Produkten wie Honig und Basilikum gibt.

**11** *Idyllisches Gläschen* 14 Uhr

Nur wenige Touristen verirren sich auf das zwischen Weingärten und Zitronenhainen versteckte Weingut **Buranco** (Via Buranco, 72, Monterosso; burancocinqueterre.it), ein Agriturismo, das kleine Häuser vermietet. Im Patio finden mitunter spontane Weinverkostungen statt. Zum hauseigenen Syrah und weißen Cinque Terre werden Oliven, Käse und Crostini gereicht. Auf Holzliegen endet dann die Reise mit einem Schlückchen Sciacchetrà.

**OBEN** Die Fähre ist ein Transportmittel, mit dem man gleichzeitig die herrliche Küste bewundern kann.

---

**BASICS**

Mit dem Flugzeug bis Pisa, Genua oder Mailand. Von dort mit dem Mietauto weiter zu den Cinque Terre. Hier bewegt man sich am besten zu Fuß, mit dem Zug oder Schiff weiter.

**Ca' d'Andrean**
Via Discovolo, 101, Manarola
+39 0187 920 040
cadandrean.it
€€
*Charmantes Hotel in einer alten Ölpresse und ehemaligem Weinkeller.*

**Hotel Margherita**
Via Roma, 72, Monterosso al Mare
+39 0187 817 699
hotelmonterosso.it
€€
*Lokale Version eines Boutiquehotels.*

**Agriturismo Buranco**
Via Buranco, 72, Monterosso
+39 0187 817 677
burancocinqueterre.it
€€€
*Häuschen zwischen Zitronenhainen und Weingärten.*

1 Meile
2 Kilometer

SP34

Levanto

Hotel Margherita

SP38

**CINQUE TERRE**

SS1

Monterosso al Mare

Sentiero Azzurro

Parco Nazionale delle Cinque Terre

Buranco/ **11** Agriturismo Buranco

**9**

Vernazza

**1**

Corniglia-Volastra-Manarola-Wanderweg

Spiaggia di Fegina

Km 0 **10**

Alberto Gelateria

Corniglia

Ca' d'Andrean

Manarola

Nessun Dorma **2**

A Piè de Mà **7**

Riomaggiore

*Ligurisches Meer*

Rio Bistrot **3**

**ITALIEN**

SCHWEIZ
**ITALIEN**

• Mailand

Genua

□**Detail**

*Ligurisches Meer*

Pisa

**KORSIKA**

Rom

**SARDINIEN**

**Vernazza**

Trattoria Gianni Franzi

**8**

**4**

Fähre des Consorzio Marittimo Turistico

Batti Batti'

**Portovenere**

*VIA CALATA DORIA*

Byron-Grotte

Chiesa di San Pietro

**5**

**Detail**

□

*PALMARIA*

**6**

Locanda Lorena

# Mailand

*Äußerlichkeiten zählen in Mailand. Das beweisen unter anderem der majestätische Mailänder Dom, die mächtige Scala und die gut gekleideten Mailänder – ja, auch die sind sehenswert. Doch der wahre Reiz dieser kosmopolitischsten aller italienischen Städte liegt darin, dass sie sich ungeachtet ihrer wundervollen Kunst- und Architekturschätze nicht der Gegenwart verschließt. Unweit von Leonardo da Vincis Abendmahl in der Kirche Santa Maria delle Grazie verändert das ehrgeizige Stadtentwicklungsprojekt CityLife mit drei schwindelerregenden, futuristischen Wolkenkratzern das Stadtbild. Und im Vorfeld der Expo 2015 sind in Mailand zahlreiche neue Museen und Restaurants entstanden. Hier ist die Zukunft jetzt schon Gegenwart.*
– INGRID K. WILLIAMS

## FREITAG

**1** *Designtempel* 16.30 Uhr

In Mailand ist Design eine Religion, der auch Sie mit einem Besuch des **Triennale Design Museum** (Viale Alemagna, 6; +39 02 724 341; triennale.org) huldigen sollten. Hier ist – und das ist einzigartig – ausschließlich italienisches Design zu sehen. Wo sonst könnte man eine riesige Campari-Flasche neben einer gigantischen regenbogenfarbenen Ferragamo-Sandale bewundern? Vor dem Rundgang gönnen Sie sich einen schnellen Aperitif im Design Café im Erdgeschoss, das um 17 Uhr schließt.

**2** *Das erste Abendmahl* 20.30 Uhr

Verlassen Sie das Museum rechtzeitig, um noch den weitläufigen Parco Sempione, das Castello Sforzesco und den Arco della Pace (Friedensbogen) auf dem Weg zum Abendessen zu bewundern. **Il Solferino** (Via Castelfidardo, 2; +39 02 2900 5748; ilsolferino. com; €€€) bietet seit mehr als einem Jahrhundert traditionelle mailändische Küche. In der Saison servieren die Kellner Trüffel in hauchdünnen Scheiben. Beginnen Sie etwa mit Arnauds Lardo (Speck) mit Croûtons und Honig und bestellen Sie dann einen herzhaften Gang wie Pappardelle mit Wildschwein.

**GEGENÜBER** Design und Mode sind in Mailand Religion.

**RECHTS** Das Café im HangarBicocca, einem höhlenartigen Kunstraum mit atemberaubenden, riesigen Installationen.

**3** *Auf nach Navigli* 23 Uhr

Machen Sie einen wohltuenden Verdauungsspaziergang vorbei an der Porta Ticinese zu den hell erleuchteten Kanälen und angrenzenden Bars im Navigli-Viertel. Die teilweise von Leonardo da Vinci entworfenen Kanäle wurden über Jahrzehnte hinweg vernachlässigt, doch seit ihrer Sanierung entwickelt sich die Gegend zum angesagten Treffpunkt für Nachtschwärmer. Genehmigen Sie sich im **Spritz** (Ripa di Porta Ticinese, 9; +39 02 8339 0192; spritz-navigli.it) den gleichnamigen italienischen Klassiker, um dann auf ein Glas Wein ins **El Brellin** (Vicolo dei Lavandai, Alzaia Naviglio Grande, 14; +39 02 5810 1351; brellin.it) zu wechseln. Alternativ schmeckt auch ein Baladin-Bier im gemütlichen **Al Coccio** (Alzaia Naviglio Pavese, 2). Der Rest ist Ihre Entscheidung.

## SAMSTAG

**4** *Neuer Nachbar auf der Piazza* 10 Uhr

Nachdem sie jahrelang saniert wurde, erstrahlt die Fassade des Mailänder Doms wieder in neuem Glanze. Das gotische Meisterwerk hat mit dem **Museo del Novecento** (Via Marconi, 1; +39 02 8844 4061; museodelnovecento.org) im renovierten Palazzo dell'Arengario zudem einen modernen Nachbarn: Im zeitgenössisch gestalteten Inneren gelangt man über eine gewundene Rampe in die Ausstellungssäle mit einer umfangreichen Sammlung italienischer Kunst des 20. Jahrhunderts mit Werken von Umberto Boccioni, Carlo Carrà und vielen anderen. Hauptattraktion des Museums ist jedoch die spektakuläre Aussicht auf die Piazza del Duomo durch die deckenhohen Fenster im obersten Stockwerk.

**5** *Sizilianischer Imbiss* 12.30 Uhr

Schöne Aussichten verspricht das geschäftige Museumsrestaurant **Giacomo Arengario** (Via Marconi, 1; +39 02 7209 3814; giacomomilano.com) – wenn Sie einen Tisch auf der Terrasse ergattern. Wenn nicht, trösten Sie sich mit einem Cannolo in der nahen **Antica Focacceria San Francesco** (Via San Paolo, 15; +39 02 875 411; anticafocacceria.it). In der familienfreundlichen Cafeteria gibt es sizilianische Spezialitäten wie mit Ragù gefüllte Arancini und die sizilianische Pizzavariante Sfincione. Das 2009 eröffnete Lokal war der erste Ableger des 176 Jahre alten Mutterhauses in Palermo, das berühmt wurde durch seine Weigerung, Schutzgeld an die Mafia zu zahlen.

**6** *Mode und Eis* 14 Uhr

Auch wenn Ihnen nach dem Mittagessen nicht der Sinn nach Anproben steht, ist die Via Montenapoleone im Mailänder Haute-Couture-Bezirk einen Bummel wert. Hier geben sich die Trendsetter ein Stelldichein bei Gucci, Pucci, Prada & Co. Besonders auffällig ist **Roberto Cavallis** neuer fünfstöckiger, etwa 15 000 m² großer Laden (Via Montenapoleone, 6; +39 02 763 0771; robertocavalli.com). Alteingessene Designerläden wurden renoviert, um sich anzupassen. Wenn Sie müde vom Shoppen sind, dann gehen Sie zu **Officine del Gelato** (Viale Montenero, 46; +39 02 5990 4118; officinedelgelato.com). Die nette kleine Eisdiele stellt ihre Gelati aus natürlichen Zutaten her.

**7** *Kunst und Design* 16.30 Uhr

Im **Spazio Rossana Orlandi** (Via Matteo Bandello, 14/16; +39 02 467 4471; rossanaorlandi.com) gibt es Designkunst und kunstvolles Design, wo man nur hinschaut, eine eklektische Mischung von Werken junger Designtalente aus aller Welt – ob blaue Leuchtschweinstatue für den Vorgarten oder bestickter Hirschkopf fürs Wohnzimmer.

**8** *Risotto-Roulette* 20 Uhr

Wenn Sie auch nach Mailand gekommen sind, um einen Abend in der **Scala** (Piazza della Scala; +39 02 7200 3744; teatroallascala.org) zu verbringen, sollten Sie die entsprechende Kleidung im Gepäck haben und den Opernabend in vollen Zügen genießen.

Wer's zwangloser mag, nimmt die rote Metrolinie M1 bis zur Haltestelle Pasteur und geht ins **Da Abele** (Via Temperanza, 5; +39 02 261 3855; trattoriadaabele. it; €€€), eine einfache Trattoria nordöstlich vom Zentrum. In der Lombardei nebst ihrer Hauptstadt Mailand isst man meist den hier angebauten Reis statt Pasta, und die Region ist bekannt für ihre köstlichen Risotti. Davon stehen in diesem Restaurant täglich nur drei auf der Karte, doch dank des wechselnden Angebots drängen sich hier Einheimische.

**9** *Spaß im Glas* 22.30 Uhr

Wo Sie nun schon außerhalb des Zentrums sind, können Sie auch gleich bleiben und den Abend im **Birrificio Lambrate** (Via Adelchi, 5; +39 02 7063 8678; birrificiolambrate.com) verbringen, Mailands bekanntestem Brauhaus. Zu übersehen ist es kaum. In der engen Gasse tummeln sich jede Menge tätowierte und gepiercte Zeitgenossen und lehnen an den parkenden Autos. Kämpfen Sie sich vor zur Theke und

bestellen Sie ein Glas Domm, eine Art Weizen, oder ein helles, hopfiges Montestella. Keine Lust auf Gedrängel? Dann geben Sie die Suche nach Bier auf und steuern Sie eine der ruhigeren Weinbars an. Mailand hat zahlreiche Vinotheken, viele sind angenehm schick und entspannend. Italienisch eben.

### SONNTAG

**10** *Verwöhnprogramm* 9 Uhr

Tauchen Sie ab in das Smaragdgrün und Gold der Wellnesswelt im **Bulgari Hotel** in einer Privatstraße mit benachbartem Garten (Via Privata Fratelli Gabba, 7b; +39 02 805 8051; bulgarihotels.com/it_IT/

**GEGENÜBER OBEN** Der gewaltige Mailänder Dom.

**GEGENÜBER UNTEN** Das Triennale Design Museum.

**UNTEN** Loge in der berühmten Mailänder Scala.

milan). Wer im Voraus bucht und früh kommt, kann vor der Aromatherapie-Massage fast allein im herrlichen Pool und dem türkischen Dampfbad entspannen. Danach werden Sie ebenso strahlen wie einer der Diamanten aus der exklusiven Bulgari-Kollektion.

**OBEN** An den teilweise von Leonardo da Vinci entworfenen Navigli-Kanälen pulsiert das Nachtleben.

**GEGENÜBER** Das Museo del Novecento zeigt moderne Kunst.

**11** *Kunstraum* 12 Uhr

Machen Sie sich auf zum **HangarBicocca** (Via Chiese, 2; +39 02 66111573; hangarbicocca.org), einer ehemaligen Fabrik am nördlichen Stadtrand, um riesige Installationen in dem höhlenartigen Kunstraum zu bestaunen. Der etwas mühsame Weg lohnt sich. Zentrales Ausstellungsstück in der dunklen Mondlandschaft des Hauptsaales ist Anselm Kiefers Arbeit *Die sieben Himmelspaläste*. Neben Kiefers monumentalen, angestrahlten Türmen finden sich Werke wie eine schmelzende Wachsskulptur, ein umgedrehtes Baugerüst oder das enorme Porträt einer alten Frau aus lichtempfindlichem Gras. Wer genug gestaunt hat, verarbeitet das Gesehene beim Brunch im **Iuta Bistrot** (€€) auf dem Gelände.

## BASICS

Die Zugfahrt vom Flughafen Malpensa zum Bahnhof Cadorna dauert 45 Minuten. Kaufen Sie sich eine Zehnerkarte für das gut funktionierende Bus- und Metronetz.

**Hotel Spadari al Duomo**
Via Spadari, 11
+39 02 7200 2371
spadarihotel.com
€€€
*Wohl das beste Haus am Platz, liegt in Domnähe und Tür an Tür zum Schlemmertempel Peck.*

**Hotel Milano Scala**
Via dell'Orso, 7
+39 02 870 961
hotelmilanoscala.it
€€€
*Die Oper spielt eine große Rolle und ebenso das Umweltbewusstsein.*

**Bulgari Hotel Milan**
Via Privata Fratelli Gabba, 7b
+39 02 805 8051
bulgarihotels.com
€€€€
*Diskreter Luxus in einer Privatstraße neben einem botanischen Garten.*

**Mailand**

1 Meile
2 Kilometer

**HangarBicocca/ Iuta Bistrot** 11

**Detail rechts**

**Detail unten**

Pasteur/Metro M1
VIA TEMPERANZA
VIA LUIGI MANCINELLI
VIALE MONZA
**Da Abele**
VIA PADOVA
VIA ANDREA COSTA
VIALE LOMBARDIA
VIA ACCADEMIA
VIA CASORETTO
**Birrificio Lambrate** 9
VIA NICOLA ANTONIO PORPORA
VIA ADELCHI

**Triennale Design Museum/ DesignCafé**
**Il Solferino** 2
VIA CASTELFIDARDO
1/4 Meile
1/2 Kilometer
CITYLIFE
PARCO SEMPIONE
1
**Bulgari Hotel**
10
VIA PRIVATA FRATELLI GABBA
VIA 20 SETTEMBRE
Castello Sforzesco
**Hotel Milano Scala**
6 **Roberto Cavalli**
**Bahnhof Cadorna**
**La Scala** 8
**Santa Maria delle Grazie**
**Antica Focacceria San Francesco**
**Mailand**
VIA MATTEO BANDELLO
PIAZZA DUOMO — **Duomo**
**Hotel Spadari al Duomo**
5 **Giacomo Arengario**
7
**Spazio Rossana Orlandi**
4
**Museo del Novecento**
**Officine del Gelato**
VIALE PAPINIANO
VIALE MONTENERO
PARCO DELLE BASILICHE
**Spritz**
NAVIGLI
3
ALZAIA NAVIGLIO GRANDE
**El Brellin**
**Porta Ticinese**
CORSO DI PORTA ROMANA
**Al Coccio**
RIPA DI PORTA TICINESE

Venedig
**Mailand**
ITALIEN
Rom

# Comer See

*Der Comer See verdient seinen Ruf als Tummelplatz der Begüterten zu Recht. Der Y-förmige See wirkt im Winter wie ausgestorben, erwacht aber Mitte März aus seinem Schlaf, wenn das mondäne Publikum wieder in die hübschen Orte wie Bellagio, Menaggio, Tremezzo und Varenna strömt, die im mittleren See-abschnitt liegen. In den letzten Jahren hat sich auch die Stadt Como an der Südwestspitze des Sees zu einem für alle Besucherschichten interessanten Ziel entwickelt. Zahlreiche Neueröffnungen sorgten für neue Dynamik.* – INGRID K. WILLIAMS

## FREITAG

**1** *Blick vom Gipfel* 15.30 Uhr

Wer hat Höhenangst? Mit der **Standseilbahn Como–Brunate** (funicolarecomo.it) geht es hinauf nach Brunate, einem 488 m hoch über dem See gelegenen kleinen Ort. Von dort gelangt man in einem etwas anstrengenden Fußmarsch über einen steilen, felsigen Weg nach gut 1 km (gefühlt sind es mehr) zum entlegenen **Faro Voltiano**. Von diesem hoch aufragenden Leuchtturm bietet sich als Belohnung ein unvergleichlicher Blick über die Stadt und den See bis in die benachbarte Schweiz.

**2** *Wandmalereien* 18 Uhr

Ende 2013 trat der Streetart-Künstler Pierpaolo Perretta, ein Kollege des berühmten Banksy, an die Öffentlichkeit und gründete die Galerie **Mr. Savethewall** (Via Giovio, 5, Como; +39 031 243 325; savethewall.it), die nach seinem Pseudonym benannt ist. Er verwendet Karton oder ähnliche Untergründe, die er dann, ohne Schäden zu verursachen, an Wänden befestigt. Eine seiner provokanten Arbeiten zeigt ein kleines Mädchen, das offensichtlich ein Tablet anbetet: *Please, Holy iPad, give me back my Dad.*

**3** *Saisonale Speisen* 20 Uhr

Das kleine, aber exquisite Restaurant **The Market Place** (Via Borsieri, 21A, Como; +39 031 270 712;

themarketplace.it; €€€€) bezieht seine Produkte direkt von den Erzeugern. Wir aßen dort mit Sepiatinte gefärbte Tagliolini mit Garnelen und Dicken Bohnen. Als Dessert gab es luftigen Blätterteig mit Orangencreme, bestreut mit Toffee und Fleur de Sel. Danach schauen Sie im **Fresco Cocktail Shop** (Viale Lecco, 23, Como; +39 0393 731 5649; frescococktailshop.it) vorbei, wo man viele Drinks aus ungewöhnlichen Spirituosen und saisonalen Früchten mixt.

## SAMSTAG

**4** *Kaffee und Kuppeln* 9 Uhr

In der 1898 eröffneten **Cremeria Bolla** (Via Pietro Boldoni, 6, Como; +39 031 264 256; cremeriabolla.it) trinken die Einwohner von Como gerne ihren Morgenkaffee. Genießen Sie draußen an einem der Tische einen Cappuccino und beobachten Sie, wie die Straßen zum Leben erwachen. Danach besuchen Sie den **Duomo di Como** (Via Maestri Comacini, 6, Como; +39 031 331 2275; cattedraledicomo.it), die gotische Kathedrale aus dem späten 14. Jahrhundert, mit ihren grünen Kuppeln und einer Sammlung alter Wandteppiche und Gemälde des Renaissancekünstlers Gaudenzio Ferrari.

**5** *Kleider machen Leute* 11 Uhr

Sollte ein modebewusster Mailänder ohne passenden Pullover oder eleganten Smoking nach Como kommen, so findet er bei **A.Gi.Emme** (Via Vittorio Emanuele II, 91, Como; +39 031 264 096; agiemme.com) alles, was er braucht. Das exquisite Bekleidungsgeschäft, einst ein kleiner Schuhladen, bietet heute in vier Niederlassungen Mode auch für Damen und

**GEGENÜBER** Ein schmaler Blick auf den Comer See gerahmt von alten Häusern.

**RECHTS** Die Gärten der Villa Monastero, ein ehemaliges Kloster in Varenna.

Kinder. Im Herrengeschäft findet man Klassiker wie Kaschmirpullover, Wollblazer und Schals, die vor den kühlen Brisen am See schützen.

**6** *Mittagessen am Ufer* 13 Uhr

Mit dem Bus oder dem Boot fahren Sie nach Bellagio, einem malerischen (und sehr populären) Städtchen knapp 30 km nördlich von Como. Meiden Sie unbedingt die Touristenlokale im Ort und gehen Sie lieber ins **Ristorante alle Darsene di Loppia** (Via Melzi d'Eril, 1, Loppia di Bellagio; +39 031 952 069; ristorantedarsenediloppia.com; €€€). Egal ob man im hellen Lokal oder draußen unter der schattigen Pergola speist, hier am See ist frischer Fisch eine gute Wahl. Wir aßen rohen Schwertfisch mit Chicoréesalat und Lardo di Colonnata und eine leichte Meeresfrüchtesuppe mit Muscheln und hausgemachten Cavatelli. Anschließend spazieren Sie durch den neoklassizistischen Garten der **Villa Melzi** (Via Lungolario Manzoni, Bellagio; +39 339 457 3838; giardinidivillamelzi.it) und gelangen über diese Abkürzung hinab zur Seepromenade, die Sie zurück zur Anlegestelle der Fähre in Bellagio führt.

**7** *Ohne Villa geht es nicht* 16 Uhr

Viele Villen am Ufer des Comer Sees sind noch immer im Privatbesitz privilegierter Anlieger, doch einige wenige stehen auch Besuchern offen. Besonders imposant präsentiert sich die **Villa Carlotta** (Via Regina, 2, Tremezzo; +39 034 440 405; villacarlotta.it), der ehemalige Landsitz eines Marchese aus dem späten 17. Jahrhundert. Die Villa liegt in Tremezzo am anderen Seeufer und ist in 20 Minuten mit dem Boot von Bellagio zu erreichen. Sie wird heute als Museum genutzt und präsentiert unter anderem Skulpturen von Antonio Canova. Besonders beeindruckend ist der etwa 8 ha große italienische Garten der Villa mit Kamelien, Azaleen, Rosen und Zitronenbäumen.

**8** *Aristokratischer Aperitivo* 19 Uhr

Der Comer See besitzt keine Sandstrände, doch das luxuriöse Grand Hotel Tremezzo hat den **T Beach** (Grand Hotel Tremezzo, Via Provinciale Regina, 8, Tremezzo; +39 034 442 491; grandhoteltremezzo.com) geschaffen, einen echten Strandklub mit eigens aufgeschüttetem Sand, Liegestühlen, Sonnenschirmen und einem im See verankerten Swimmingpool. Genießen Sie den Sonnenuntergang bei einem Campari und dem Blick hinüber nach Bellagio. Ansonsten bietet sich die **Villa d'Este** (Via Regina, 40, Cernobbio; +39 031 3481; villadeste.com) im südlich gelegen Städtchen Cernobbio an. Generationen von Gästen haben hier in der **Bar Terrazza** des Hotels im Schatten der alten Kastanien ihren Aperitif genossen, Oliven geknabbert und dabei die vorbeiziehenden Boote betrachtet.

**9** *Abend im Palazzo* 21.30 Uhr

Ihr Abendessen nehmen Sie anschließend in Como in einem weiteren recht prachtvollen Gebäude ein: in einem renovierten zweistöckigen Palazzo in der Nähe des Ufers. Das **Theoria** (Via Bianchi Giovini, 41, Como; +39 031 305 272; theoriagallery.it) mit Tearoom, Lounge und Restaurant (I Tigli in Theoria; €€€€) besitzt einen wunderschönen Innenhof. Der geräumige, elegante Speisesaal hat große Bogenfenster und eine Kassettendecke aus Holz. Das Personal trägt traditionelle Kleidung. Auf der Karte stehen französisch inspirierte Gerichte wie Wolfsbarschklößchen und Foie gras mit Himbeeren. Nach dem Essen gehen Sie hinauf in die noble Lounge, wo zum Aperitivo köstliche Häppchen und später gekonnt gemixte Cocktails wie der Hugo aus Holundersirup, Prosecco, Minze, Limette und Sodawasser serviert werden.

## 10 *Ein volles Morgenprogramm* 10 Uhr

Könnte man den Tag besser begrüßen als mit einem Spaziergang entlang des im Morgenlicht funkelnden Sees? Von der Piazza Cavour folgen Sie der Seepromenade nach Westen, vorbei am **Tempio Voltiano** (Viale Guglielmo Marconi, 1, Como; +39 031 574 705; cultura.comune.como.it/tempio-voltiano). Das neoklassizistische Museum ist dem aus Como stammenden Physiker Alessandro Volta gewidmet, der die elektrische Batterie erfand. An der Villa Olmo machen Sie kehrt. Nach diesem knapp 3 km langen Marsch haben Sie sich eine Belohnung verdient: Die **Gelateria Lariana** (Lungo Lario Trento, 5, Como; +39 031 266 388) bietet selbst gemachtes Eis unter anderem aus frischen Feigen und Pistacchio di Bronte an.

## 11 *Auf dem Wasser* 12 Uhr

Einen faulen Sonntagnachmittag verbringt man am besten an Bord einer Fähre, die an den Villen und Dörfern am Ufer vorbeizieht. Nach einigen Stunden kommen Sie nach Varenna am Ostufer. Über gewundene Pflastersträßchen spazieren Sie zur **Villa Monastero** (Viale Giovanni Polvani, 4, Varenna; +39 034 129 5450; villamonastero.eu), einem ehemaligen Kloster und Adelssitz. Der Garten lockt viele Besucher an. Flanieren Sie unter Zypressen und Zitronenbäumen und durch die schöne Loggia am Ufer und genießen Sie die Ausblicke, die schon seit Jahrhunderten Bewunderer an den Comer See gelockt haben.

GEGENÜBER OBEN  Der Innenhof des Theoria.

GEGENÜBER UNTEN  Eine Lounge im Grand Hotel Tremezzo.

## BASICS

Die Ortschaften am See sind durch Fähren verbunden. In der Nebensaison sind einige Villen, Gärten und Hotels geschlossen.

**B&B Convento Sant'Antonio**
Via Rezzonico, 23, Como
+39 335 205 720
bblakecomo.it
€€
*Restauriertes, zu einem Bed and Breakfast umgebautes Kloster mit Kunstwerken und Antiquitäten.*

**CastaDiva Resort & Spa**
Via Caronti, 69, Blevio
+39 031 3251 3035
castadivaresort.com
€€€€
*Großzügige Hotelanlage mit Spa und im See schwimmendem Pool.*

**Grand Hotel Tremezzo**
Via Regina, 8, Tremezzo
+39 034 442 491
grandhoteltremezzo.com
€€€€
*Markantes Jugendstilhotel mit Pools, Spa und Yogastudio.*

SCHWEIZ

Comer See

Como

ITALIEN

Mailand

Menaggio

Villa Carlotta

7

T Beach/ Grand Hotel Tremezzo

8

Tremezzo

Comer See

Varenna

11 Villa Monastero

Bellagio

Villa Melzi

6

Ristorante alle Darsene di Loppia

2 Meilen

4 Kilometer

ITALIEN

CH

Bar Terrazza/ Villa d'Este

CastaDiva Resort & Spa

1 Faro Voltiano

Brunate

Detail

Tempio Voltiano

10

VIALE — GUGLIELMO MARCONI

Gelateria Lariana

Cremeria Bolla

4

VIA VITTORIO EMANUELE II

3

The Market Place

Theoria

9 B&B Convento Sant'Antonio

Duomo di Como

A.Gi.Emme

5

Fresco Cocktail Shop

Como

VIA GIOVIO

2

Mr. Savethewall

Standseilbahn Como–Brunate

# Venedig

*Mit seinen malerischen Kanälen und Palästen ist Venedig ein Postkartenidyll. Kein Wunder also, dass Jahr um Jahr über 20 Millionen Besucher in die Stadt strömen. Erstaunlich ist eher, dass es den Einheimischen dennoch gelungen ist, sich ihr ganz eigenes Venedig zu schaffen – mit Insiderrestaurants, Undergroundbars, stillen Piazze und auf den etwas abseits gelegenen Inseln. Und das umfangreiche Kulturangebot nutzen sie eifrig. Die lebhafte Kunstszene ist heute weit mehr als nur die Biennale. Und statt unterzugehen, haben architektonische Meisterwerke sich zu neuen Wahrzeichen entwickelt.* – ONDINE COHANE

## FREITAG

**1** *Gegenwartskunst* 16 Uhr

Kunst satt gibt's in Venedig im **Punta della Dogana** (Dorsoduro, 2; +39 041 523 1680; palazzograssi. it). Das ehemalige Zollamt der Stadt wurde von dem japanischen Architekten Tadao Ando zu einem Museum für die umfangreiche Sammlung des Luxusmagnaten François Pinault umgebaut. Dazu blieben die Grundstrukturen des mächtigen Gebäudes erhalten, und es entstanden großzügige, helle Galerien für die hochkarätige Gegenwartskunst. Der Blick vom Gehweg auf den Canal Grande und die Giudecca ist übrigens nicht weniger eindrucksvoll. Werfen Sie auch einen Blick auf Charles Rays erste Außenskulptur *Boy with Frog*.

**2** *Tafeln in der Lagunenstadt* 20 Uhr

Venedig gilt als Stadt des teuren, schlechten Essens. Diesem Ruf hat ein Zusammenschluss von Restaurants namens Ristoranti della Buona Accoglienza (veneziaristoranti.it) den Kampf angesagt. Die Mitglieder setzen auf Transparenz bei Preisen und Zutaten und fühlen sich den kulinarischen Traditionen der Stadt verpflichtet, so auch das **Alle Testiere** (Calle del Mondo Novo, 5801; +39 041 522 7220; osterialletestiere.it; €€€€), ein von jungen Venezianern geführtes kleines Restaurant, das saisonale und lokale Fischspezialitäten wie Gnocchi mit Calamaretti und gegrillten Wolfsbarsch serviert. Dazu schmeckt ein regionaler Wein wie etwa der spritzige

GEGENÜBER Venedig, die Stadt der Kanäle und Paläste.

weiße Orto von der Laguneninsel Sant'Erasmo. Reservieren Sie unbedingt einen Tisch.

**3** *Barszene* 22 Uhr

Dank diverser neuer Hotelbars hat Venedig inzwischen auch ein Nachtleben, z. B. im **PG**, einem Restaurant samt Bar im **Palazzina Grassi** (Sestriere San Marco 3247; +39 041 528 4644; palazzinag.com), einem Palazzo des 16. Jahrhunderts, der von Philippe Starck zum Designhotel umgebaut wurde. Bei den Dreharbeiten zu *The Tourist* wohnte Johnny Depp hier.

## SAMSTAG

**4** *Moderne im Vormarsch* 10 Uhr

Der Architekt Carlo Scarpa, Urvater der venezianischen Moderne, ist wieder en vogue. Warum das so ist, sieht man in der **Fondazione Querini Stampalia** (Santa Maria Formosa, Castello 5252; +39 041 271 1411; querinistampalia.org), deren Garten und Erdgeschoss er in den frühen 1960er-Jahren in ein Meisterwerk der Moderne verwandelte. Im ersten Stock kann man in der Bibliothek neben den städtischen Nutzern Zeitung lesen oder mit Bellinis *Darstellung Christi im Tempel* eines der meistunterschätzten Kunstwerke der Stadt bewundern.

**5** *In Stein gemeißelt* 11.30 Uhr

Die **Ca' Pesaro International Gallery of Modern Art** (Santa Croce 2076; +39 041 72 1127; visitmuve.it/en/museums) zeigt Gegenwartskunst in einem weißen Marmorpalazzo des 17. Jahrhunderts und spielt dabei mit dem Gegensatz zwischen zeitgenössischen Ausstellungen und barockem Interieur. Eindrucksvoll ist auch die Präsentation von Stahl-, Glas- und Steinarbeiten des Düsseldorfer Akademierektors Tony Cragg neben Skulpturen von Rodin. Erkunden Sie anschließend die gewundenen Gassen hinter dem Museum in einem wenig touristischen Wohngebiet.

**6** *Auf Entdeckungsjagd* 12 Uhr

Zunächst spazieren Sie über den **Mercato di Rialto**, den alten, aber lebhaften Straßenmarkt nahe der berühmten Rialtobrücke. Danach gesellen Sie sich zu den Venezianern an den Theken der Bacari, traditionellen Bars, die kleine Snacks, genannt Cicchetti, verkaufen. In den Gässchen hinter dem Markt bieten

Bacari alles von Fleischbällchen über Krebsscheren bis hin zu frittierten Kürbisblüten an, so etwa die **Cantina do Spade** (San Polo 859; +39 041 521 0583; cantinadospade.com). Suchen Sie sich ein Plätzchen an einer Piazza, um Essen und Stadt zu genießen. Gepflegter speist man an einem Tisch im **Naranzaria** (San Polo 130; +39 041 724 1035; naranzaria.it) mit Blick auf den Canal Grande.

**7** *Selektiv einkaufen* 16 Uhr

In den vom Campo Santo Stefano abgehenden Straßen gibt es reichlich hübsche Galerien und Geschäfte. **Chiarastella Cattana** (San Marco 3216; +39 041 522 4369; chiarastellacattana.com) entwirft und fertigt edle Tisch- und Bettwäsche sowie Kissenbezüge. Bei **Cristina Linassi** (San Marco 2434; +39 041 522 8107; cristinalinassi.it) warten Seidenwäsche und hauchzarte Negligés, die direkt aus Sophia Lorens Kleiderschrank von 1955 stammen könnten. Und falls Sie ein Sammelobjekt aus Murano-Glas suchen: Auf der anderen Kanalseite, ganz in der Nähe der Peggy Guggenheim Collection, finden Sie bei **Napé** (Dorsoduro 683; +39 041 296 0734; murano900. com) Meisterwerke aus der Mitte des 20. Jahrhunderts sowie zeitgenössische Stücke.

**8** *Spritz vor Meeresfrüchten* 20 Uhr

Machen Sie sich Appetit mit einem venezianischen Spritz und einigen Cicchetti im **Al Timon**

(Cannaregio 2754, Fondamenta dei Ormesini; +39 041 524 6066; altimon.it), einem Bacaro am Kanal in Cannaregio, wo sich abends die Stammkundschaft bis auf den Bürgersteig drängt. Danach speisen Sie Meeresfrüchte in der rustikalen Osteria **Anice Stellato** (Cannaregio 3272, Fondamenta de la Sensa; +39 041 720 744; osterianicestellato.com; €€). Die meisten bestellen hier Frittura mista, einen Mix aus frittiertem Tintenfisch, ganzen Garnelen, kleinen Fischen und Gemüse – aber übergehen Sie nicht die Antipasti wie Tintenfisch mit Caprese (Mozzarella und frische Tomaten).

**9** *Freiluftparty* 22 Uhr

Nach dem Essen trifft man sich auf dem großen Campo Santa Margherita. Studenten trinken ein Bier oder Spritz im **Il Caffè** (Dorsoduro 2963; +39 041 528 7998), unter Einheimischen Caffè Rosso genannt. Das ältere Publikum trifft sich in der **Osteria alla Bifora** (Dorsoduro 2930; +39 041 523 6119). In warmen Nächten wird die Piazza zu einer riesigen Open-Air-Party für alle Altersstufen.

**SONNTAG**

**10** *Italienisches Frühstück* 10 Uhr

Genehmigen Sie sich wie die Einheimischen einen Krapfen mit Cremefüllung in der **Pasticceria Tonolo** (Dorsoduro 3764; +39 041 523 7209). Da das begehrte

Gebäck gegen Mittag ausverkauft ist, kann es ein wenig Gedrängel geben, aber die Mühe lohnt sich.

**11** *Inselidylle* 13 Uhr

Flüchten Sie sich wie die Venezianer auf eine der etwas abseits gelegenen Inseln der Lagune. Eine echte Perle ist Mazzorbo mit dem von März bis November geöffneten Hotel-Restaurant **Venissa** (Fondamenta di Santa Caterina, 3; +39 041 527 2281; venissa.it; €€€€). Das von dem Prosecco-Hersteller Bisol eröffnete Haus befindet sich auf einem ehemaligen Weingut aus dem 15. Jahrhundert. Genießen Sie hier ein gemütliches Mittagessen. Auf den Teller kommen etwa Feigen aus eigenem Garten oder fangfrischer Fisch aus der Lagune. Machen Sie anschließend einen Spaziergang am Strand, von wo aus eine Brücke zur touristicheren Insel Burano mit ihren pastellfarbenen Gebäuden führt. Hier lernen Sie, was jeder Venezianer weiß: Man kann den Massen leicht entkommen, wenn man bereit ist, übers Wasser zu gehen.

**GEGENÜBER** Der Markusplatz an einem Winterabend.

**OBEN** Cocktails im schicken Naranzaria.

---

## BASICS

Bewegen Sie sich in der Stadt zu Fuß oder per Vaporetto.

**Ca' Sagredo**
Campo Santa Sofia 4198
+39 041 241 3111
casagredohotel.com
€€€€
*Unweit der Rialtobrücke in einem Palazzo des 15. Jahrhunderts.*

**Novecento**
San Marco 2683
+39 041 241 3765
novecento.biz
€€€
*Freundliches Personal, herrlicher Garten und ausgezeichnetes Frühstück.*

**Centurion Palace**
Dorsoduro 173
+39 041 34 281
centurionpalacevenezia.com
€€€€
*Modernstes Design in einem gotischen Palazzo am Canal Grande.*

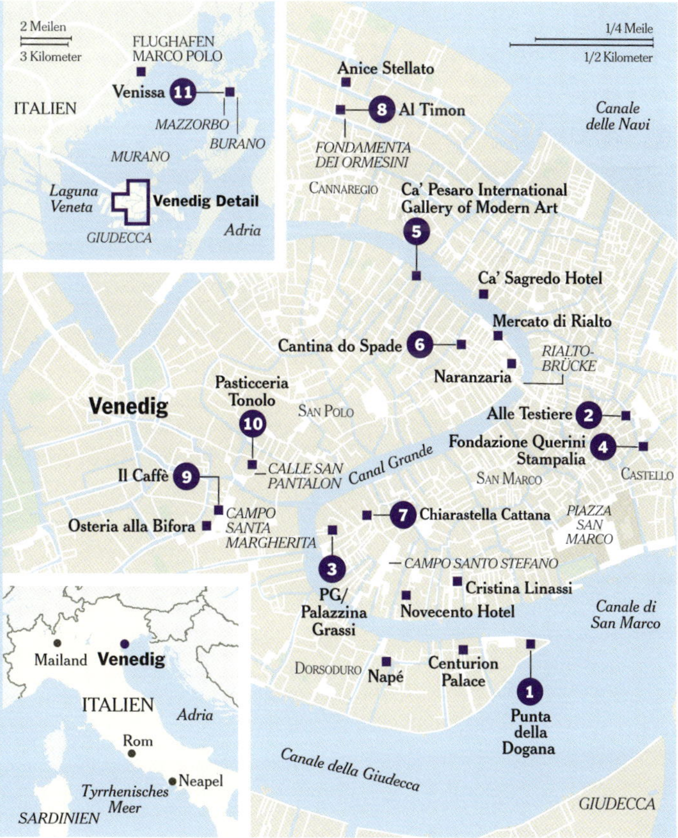

2 Meilen
3 Kilometer
1/4 Meile
1/2 Kilometer

FLUGHAFEN MARCO POLO
ITALIEN
Venissa **11**
MAZZORBO
MURANO
BURANO
Laguna Veneta
GIUDECCA
**Venedig Detail**
Adria

Anice Stellato
**8** Al Timon
Canale delle Navi
FONDAMENTA DEI ORMESINI
CANNAREGIO
Ca' Pesaro International Gallery of Modern Art
**5**

Ca' Sagredo Hotel
Mercato di Rialto
Cantina do Spade **6**
RIALTO-BRÜCKE
Naranzaria

**Venedig**
Pasticceria Tonolo
**10**
SAN POLO
Alle Testiere **2**
Fondazione Querini Stampalia **4**
SAN MARCO
CASTELLO

Il Caffè **9**
CALLE SAN PANTALON
Canal Grande
Osteria alla Bifora
CAMPO SANTA MARGHERITA
**7** Chiarastella Cattana
PIAZZA SAN MARCO

**3**
PG/Palazzina Grassi
CAMPO SANTO STEFANO
Novecento Hotel
Cristina Linassi
Canale di San Marco

DORSODURO Napé
Centurion Palace
**1**
Punta della Dogana

Mailand **Venedig**
ITALIEN
Adria
Rom
Neapel
Tyrrhenisches Meer
SARDINIEN

Canale della Giudecca
GIUDECCA

# Triest

Triest ist bekannt für die kalten Bora-Winde, die alle und alles ordentlich durchpusten. In der Karst-Hochebene, die die Stadt umgibt, lebten einst Dinosaurier und Neandertaler, und der Legende nach segelten Jason und seine Argonauten mit dem Goldenen Vlies in die Stadt. Ebenso kamen und gingen diverse Herrscher: erst die Römer und Byzantiner, dann für Jahrhunderte die Habsburger, die Stadtbild und Gastronomie (Bier, Sauerkraut und Strudel) geprägt haben. Ebenso wehte es James Joyce mehrmals in die Stadt an der Adria. Aber Triest bietet nicht nur viel Geschichte, denn zu den alten Kirchen und Piazzas, den österreichischen Kaffeehäusern und gemütlichen Fischrestaurants gesellen sich ein hochmodernes Fotografiemuseum, ein buntes Nachtleben und der moderne Hafen Portopiccolo, die Triest zu einer spannenden, lebendigen Stadt machen. – SETH SHERWOOD

## FREITAG

**1** *Zeitreise* 15.30 Uhr

Ihr Crashkurs in Geschichte beginnt am römischen Amphitheater in der Via del Teatro Romano. Von dort geht es über Treppen und steile Straßen hinauf zum **Castello di San Giusto** (Piazza della Cattedrale, 3; castellodisangiustotrieste.it). Die Festung, vom 15. bis 17. Jahrhundert an der Stelle einer römischen Anlage errichtet, bietet einen tollen Blick auf die Stadt und die Adria. Weitere Impressionen bieten sich im **Alinari Image Museum** (**AIM**, imagemuseum. eu). Wandprojektionen, Touchscreens, VR-Installationen, 3-D-Filme, Computer und auch Fotografien führen den Besucher in die Vergangenheit der Stadt. Sphärische Klänge sorgen für ein Eintauchen mit allen Sinnen.

**2** *Fischschule* 20 Uhr

Im **Alla Sorgente** (Via della Sorgente, 2; +39 0347 939 6519; €€€) werden Sie mit Sicherheit Ihr Restaurant-Italienisch verbessern. Denn in diesem rustikalen Fischrestaurant mit Holztischen gibt es keine Karte. Der Padrone erzählt Ihnen auf Italienisch, was es zu essen gibt, z. B. Capesante (Jakobsmuscheln)

**GEGENÜBER** Die Kirche Sant'Antonio Nuovo blickt am Ende des Grand Canal auf die Adria. Der Kanal ist zwar nicht gerade groß, aber seine Beliebtheit spricht für sich selbst.

oder Orata (Dorade), vielleicht aber auch Triglia (Meerbarbe). Für einen Drink nach dem Essen spazieren Sie in die Via Torino, die sich zu einer Ausgehmeile entwickelt hat. Hier finden Sie eine Bar für jeden Durst.

## SAMSTAG

**3** *Markttag* 10 Uhr

Klatschblätter, Olivenöl, Paprika aus Apulien, Schnürsenkel, Blumen, Zirkusclownbilder, verblichene Postkarten, Ingwer-Apfel-Konfitüre oder alte Doris-Day-Platten – diese Dinge können Sie von Ihrer Einkaufsliste streichen, wenn Sie durch den **Mercato Coperto** (Via Giosuè Carducci, 36) schlendern, einem zweigeschossigen Gebäude mit Art déco aus den 1930ern. Unten riecht es nach allem, was die Region zu bieten hat: Obst und Gemüse, Fisch und Fleisch sowie Blumen. Oben gibt es Secondhandmöbel, Haushaltswaren und Sammelobjekte.

**4** *Kunst und Antikes* 12 Uhr

Das **Museo Revoltella** (Via Armando Diaz, 27; museorevoltella.it) ist der beste Beweis, dass sich die italienische Kunst auch nach der Renaissance noch entwickelt hat. Die oberen Stockwerke des Museums – drei miteinander verbundene historische Palazzi – zeigen u. a. Werke italienischer Maler des 19. und 20. Jahrhunderts, die vielleicht nicht so bekannt, deren Werke dennoch beachtenswert sind: Giorgio Bellonis stimmungsvolle Naturszenen, Vito Timmels ausdrucksstarke Porträts, Edgardo Sambos weibliche Akte. Die Räume der unteren Geschosse sind ein Kleinod dekorativer Kunst.

**5** *Schinkenkunde* 16 Uhr

Eine kanonenrohrgroße Mortadella begrüßt die Gäste der alteingesessenen **Trattoria da Giovanni** (Via San Lazzaro, 14; trattoriadagiovanni.com; €€). Jeden Tag versammeln sich die Einheimischen am Tresen und genießen das Mortadella-Monster oder den frischen Kochschinken, die in Scheiben geschnitten mit Meerrettich und Senf serviert werden. Ergattern Sie sich einen Tisch im Außenbereich und wählen Sie ein Gericht von der Schieferkarte – vielleicht eine lokale Spezialität wie Jota, eine herzhafte Suppe, oder feines Sauerkraut mit Würsten, Schwei-

nebraten und -zunge. Ein Glas Malbec und ein Stück Apfelstrudel als Dessert vervollständigen ein echtes Triester Gastroerlebnis.

**6** *Grappa und andere Delikatessen* 18 Uhr

Einige der schönsten Geschäfte in Triest sind in der Via Felice Venezian. Die namensgebenden Betreiber von **La Piccola Bottega Spiritosa di Piolo & Max** (Nr. 11; pioloemax.it) bieten u. a. Wermut, Grappa, Absinth und Divinterrano – einen Likör aus Wein, Fruchtsaft, Zimt und anderen Zutaten – aus eigener Herstellung. Die „Feinkost" bei **Delikatessen Modernariato & Collezionismo** (Nr. 10/C; +39 040 305 859) besteht im Wesentlichen aus Vintagemöbeln und Designerstücken wie Anatomieposter und Industrielampen. Und wenn Sie Ihre Fingerhutsammlung erweitern wollen, eine Olivetti-Schreibmaschine oder auch eine Büste von König Tut suchen – in der angestaubten Schatzhöhle **Il Mondo di Didy** (Nr. 7F; facebook.com/ilmondodididy) werden Sie fündig.

**7** *Flüssige Tradition* 19 Uhr

Ein Aperitivo vor dem Abendessen ist hier Tradition, und die Gegend um die Piazza Cavana bietet die besten Anlaufstellen für ein Gläschen und/oder ein kleines Häppchen. Das **Al Ciketo** (Via San Sebastiano, 6; facebook.com/alciketo) mit Planken von alten Schiffen und Lampenschirmen aus Farbdosen entwickelt einen industriell-rustikalen Charm. Zu den leckeren Cicchetti – Brot mit Salami, Kabeljaupaste, Mortadella oder Ähnlichem – passt sehr gut ein Glas Wein aus der Region. Größer und heller ist das **Life** (Piazza Cavana, 1; +39 040 322 9802), besonders beliebt wegen des Gratisbüffets aus kalter Pasta, geröstetem Gemüse und Parmesan sowie der soliden Cocktails.

**8** *Vielfalt unter einem Dach* 20 Uhr

Experimentell oder traditionell? **Pepenero Pepebianco** (Via Rittmeyer, 14/A; pepeneropepebianco.it; €€–€€€), ein modernes Restaurant mit Einrichtung in dezenten Tönen, verarbeitet regionale Zutaten in beiden Richtungen. An einem Abend gab es z. B. Artischocke mit asiatischem Touch, gebraten und serviert mit Burrataschaum und Thunfisch mit Sesam und Aprikosen-Ingwer-Sauce. Traditioneller kommen die Kartoffelgnocchi mit Fleischsauce und knackigem gehacktem Spargel daher. Köstliches Pistazieneis bildet den Schlusspunkt.

**9** *Geistvolles* 22 Uhr

Dank der dunklen hölzernen Wandverkleidung, dem Marmortresen und den Kristallleuchtern fühlt man sich im **Antico Caffè Torinese** (Corso Italia, 2; anticocaffetorinese.ts.it) ins Jahr 1919 zurückversetzt, in dem das Café eröffnet wurde. Heute ist es auch eine Cocktailbar, in der man einen süßsauren Americano schlürfen und in Büchern wie *Trieste Romantica* blättern kann. Machen Sie sich anschließend zeitig auf ins **Urbanis** (Piazza della Borsa, 15; facebook.com/Caffe.Urbanis), dessen glamurös-kitschige Einrichtung aus dem Soho der 1980er-Jahre zu stammen scheint: hohes Gewölbe, goldene Tische, Mosaikboden und Art-déco-Lampen. Der geniale Hauscocktail Vini Vidi Vici aus Laphroaig Scotch, Pineau des Charentes und Bitter wird in großen Schalen mit einem juwelförmigen Eiswürfel

**OBEN** Das Schloss Miramare ist ein Erbe der jahrhundertelangen Herrschaft der Habsburger.

**GEGENÜBER** Delikatessen Modernariato & Collezionismo ist auf Vintagemöbel und Design spezialisiert.

serviert – ein Getränk, um einen Eroberer zu ehren oder den Besiegten zu trösten.

### SONNTAG

**10** *Triest ungefiltert* 10 Uhr

In Triest gibt es keine Ausrede für Müdigkeit. Die Stadt ist der Hauptsitz des Kaffeeunternehmens Illycaffè, und alte Kaffeehäuser durchziehen die Straßen. Rein optisch reicht nichts an das **Caffè degli Specchi** (Piazza Unità d'Italia, 7; facebook.com/caffedeglispecchitrieste) heran, ein Kaffeehaus aus dem 19. Jahrhundert umgeben von prächtigen Palazzi. Die Tische im Außenbereich blicken auf die Adria und den Brunnen der vier Kontinente aus dem 18. Jahrhundert. Ein besonders schönes Ambiente herrscht im **Antico Caffè San Marco** (Via Battisti, 18; facebook.com/anticocaffesanmarco), ein Café mit Marmortischchen und Buchladen. Schauen Sie auch nach oben, um den Deckenfries aus bronzenen Kaffeeblättern zu bestaunen. Auf der langen Kaffeekarte findet man u. a. samtigen Cappuccino und Wiener Kaffee mit Schlagsahne und Zimt.

**11** *Österreichische Aristokratie* 12 Uhr

Der Glanz der Habsburger lebt im **Schloss Miramare** (Viale Miramare; castello-miramare.it) weiter, einem weißen Palast am Meer, den Erzherzog Ferdinand Maximilian errichten ließ. Bei einer Besichtigung hat man das Gefühl, durch ein Museum für Kunsthandwerk des 19. Jahrhunderts zu gehen: Deckengemälde, exquisite Intarsienarbeiten, Seidentapeten, geschnitzte Elfenbeinkästchen. Aber das Schönste in diesem Schloss ist der Blick aufs Meer durch die großen Fenster.

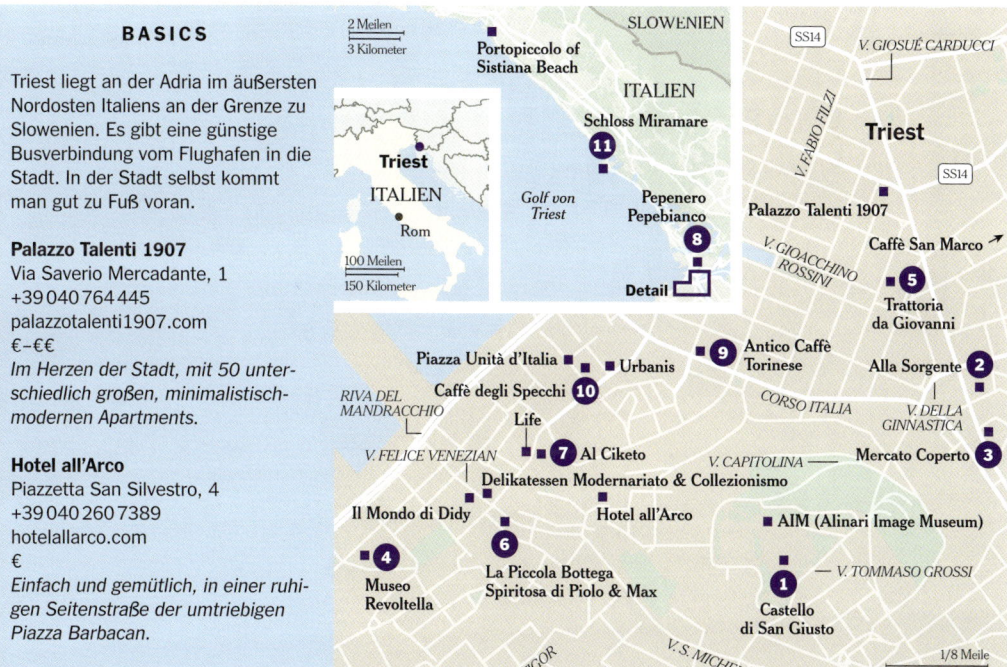

**BASICS**

Triest liegt an der Adria im äußersten Nordosten Italiens an der Grenze zu Slowenien. Es gibt eine günstige Busverbindung vom Flughafen in die Stadt. In der Stadt selbst kommt man gut zu Fuß voran.

**Palazzo Talenti 1907**
Via Saverio Mercadante, 1
+39 040 764 445
palazzotalenti1907.com
€–€€
*Im Herzen der Stadt, mit 50 unterschiedlich großen, minimalistisch-modernen Apartments.*

**Hotel all'Arco**
Piazzetta San Silvestro, 4
+39 040 260 7389
hotelallarco.com
€
*Einfach und gemütlich, in einer ruhigen Seitenstraße der umtriebigen Piazza Barbacan.*

2 Meilen
3 Kilometer

SLOWENIEN

Portopiccolo of Sistiana Beach

ITALIEN

Schloss Miramare

**11**

SS14

V. GIOSUÉ CARDUCCI

V. FABIO FILZI

**Triest**

SS14

Palazzo Talenti 1907

Caffè San Marco

Triest

ITALIEN

Rom

100 Meilen
150 Kilometer

Golf von Triest

Pepenero Pepebianco

**8**

Detail

V. GIOACCHINO ROSSINI

Trattoria da Giovanni

Piazza Unità d'Italia

Caffè degli Specchi **10**

RIVA DEL MANDRACCHIO

Life

Urbanis

**9**

Antico Caffè Torinese

Alla Sorgente **2**

CORSO ITALIA

V. DELLA GINNASTICA

V. CAPITOLINA

Mercato Coperto **3**

V. FELICE VENEZIAN

**7** Al Ciketo

Delikatessen Modernariato & Collezionismo

Il Mondo di Didy

**6**

Hotel all'Arco

AIM (Alinari Image Museum)

**4**

Museo Revoltella

La Piccola Bottega Spiritosa di Piolo & Max

**1**

V. TOMMASO GROSSI

Castello di San Giusto

V. TIGOR

V. S. MICHELE

1/8 Meile
1/4 Kilometer

# Malta

Auf dem südlich von Sizilien gelegenen Inselstaat Malta, dem kleinsten Mitglied der EU, findet man die Spuren zahlreicher Völker und Besatzer: Phönizier, Karthager, Römer, Byzantiner, Araber, Spanier, Franzosen, Briten – und natürlich die der Kreuzritter des Malteserordens. Prediger (Paulus), Maler (Caravaggio) und Politiker (Napoleon) wurden an die sonnenbeschienenen, felsigen Ufer gespült und hinterließen ebenfalls Spuren. Die Malteser haben eine eigene, mit dem Arabischen verwandte Sprache, Englisch ist die zweite offizielle Landessprache. Die Küche ist von italienischen Aromen und Zutaten geprägt (das Nationalgericht ist Kaninchen), während die Architektur ein breites Spektrum abdeckt: von geheimnisvollen alten Tempeln über prunkvolle Barockkathedralen bis hin zu postmodernen Experimenten. Anstatt Malta in eine Schublade zu stecken, sollte man sich einfach hineinstürzen. – SETH SHERWOOD

## FREITAG

**1** *Entree mit Stil* 17 Uhr

Der Architekt Renzo Piano hat zwei Bauwerke in Valletta entworfen, die die steinerne Pracht der Stadtmauern, Palazzos und Kirchen aufgreifen. Sein City Gate ist ein massiv-klotziges, asymmetrisches Steinportal, durch das man zu seinem zweiten Bau gelangt, dem neuen Parlamentskomplex, der aus monolithischen Einzelbauten auf schlanken Säulen besteht. Umrunden Sie die Bauwerke und steigen Sie die seitliche Steintreppe hoch, um die vielseitigen Formen zu erleben. Oben befindet sich das Kulturzentrum **St. James Cavalier** (Castille Place; sjcav.org), in dem Ausstellungen und Aufführungen stattfinden.

**2** *Grün und blau* 18 Uhr

War das nicht die Burg aus den Filmen *Gladiator* und *Troia*? Solche Fragen stellen sich, während Sie den Ausblick von den **Upper Barrakka Gardens** (Castille Place; cityofvalletta.org), einer angenehmen Grünfläche mit Palmen, Pflanzen und Steinbögen, genießen, durch die man auf den Haupthafen schaut. Auf der anderen Seite gibt es freie Sicht auf

GEGENÜBER Valletta, die Hauptstadt von Malta. Die Inselgruppe, über Tausende von Jahren immer wieder erobert und besetzt, ist heute ein unabhängiger Staat.

jahrhundertealte Forts wie St. Angelo und Ricasoli – oft in Hollywoodproduktionen zu bewundern – und das tiefblaue Mittelmeer. Bestellen Sie zum Sonnenuntergang in der Café-Bar draußen einen Grappa oder Limoncello.

**3** *Kaninchen im Palazzo* 20 Uhr

Dinieren in einem Palazzo aus dem 16. Jahrhundert mit vergoldeten Spiegeln und Kronleuchtern? Klingt ziemlich prätentiös. Doch im **Palazzo Preca** (54 Strait Street; palazzoprecavalletta.com; €€), geführt von zwei Malteser Schwestern, herrscht wider Erwarten eine lockere Atmosphäre. Ihr Fenek Moqli ist eine inspirierende Kreation aus saftigen Kaninchenstücken in einer sämig-eleganten Weinreduktion mit samtigem Kartoffelbrei, die Weinliste liest sich wie eine Mittelmeerkreuzfahrt mit Sommelier.

**4** *Schwankend durch die Nacht* 22 Uhr

Nicht jeder kann sich dank der vielen gemütlichen Bars zu nächtlicher Stunde auf der schmalen Strait Street noch aufrecht halten. Die **Trabuxu Wine Bar** (2 Strait Street; trabuxu.com.mt), eine 400 Jahre alte Taverne, schenkt neben internationalen Tropfen auch diverse Malteser Weine aus. Im plüschigen **Taproom** (53a Old Theater Street; facebook.com/taproomvalletta), einer schicken Bar mit Restaurant, werden Kreationen wie der Tap Tini gemixt: eine dessertartige Mischung aus Gin, Sahne, Sirup, Kaffeebitter und Schokolikör.

## SAMSTAG

**5** *Johannes und Hieronymus* 11 Uhr

Ein halb nackter Mann liegt blutend auf dem Boden, während ein anderer zum Todesstoß ausholt. Caravaggios brutal realistische Darstellung der *Enthauptung Johannes des Täufers* (1608) – das einzige von ihm signierte Werk – und sein Bild des heiligen Hieronymus malte der Künstler während seines Aufenthalts auf Malta Anfang der 1660er-Jahre. Die Bilder sind die Hauptattraktion der **St. John's Co-Cathedral** (Eingang Republic Street; stjohnscocathedral.com), eines um 1570 erbauten Raums mit Tonnengewölbe. Die Decke zeigt Szenen aus dem Leben des heiligen Johannes sowie die Göttin Minerva, die auf einfallende Mauern stampft.

**6** *Stippvisite in Sizilien* 13 Uhr

Sizilien liegt keine 100 km von Malta entfernt und fühlt sich im **Scoglitti** (8 Boat Street; facebook.com/scoglittimalta; €€) dank des teilweise sizilianischen Personals, des sizilianischen Nachtischs mit Ricotta-füllung und der italienisch-maltesischen Speisekarte sogar noch näher an. Das direkt am Wasser gelegene Restaurant mit Bootshaus-Chic hat Glaswände und schattige Außentische mit Blick auf die Bucht. Begutachten Sie den Fang des Tages in der Eistheke.

**7** *Eine Bootsfahrt, die ist lustig* 14.30 Uhr

Nehmen Sie neben dem Restaurant die Fähre (vallettaferryservices.com), die Sie in zehn Minuten nach **Sliema** bringt. Dort startet die 90-minütige Hafenrundfahrt von Captain Morgan Cruises (captainmorgan.com.mt). Sie fahren an Maltas rauer Felsküste entlang, vorbei an alten Forts und Ruinen, Grotten und Gärten, Leucht- und Kirchtürmen, Fischerbooten und Containerschiffen, und passieren die Black Pearl – einen Dreimastschoner, der einst dem Schauspieler Errol Flynn gehörte und jetzt ein Restaurant ist.

**8** *Dinner und Feuerwerk* 19 Uhr

Das prächtige alte **Hotel Phoenicia** (The Mall, Floriana; phoeniciamalta.com) beeindruckt mit seinem Blick auf die Altstadt von Valletta und auf den Hafen. Sein Restaurant Phoenix serviert maltesische und europäische Küche. Der Schwerpunkt liegt auf frischem Fisch. Fragen Sie nach einem Tisch auf der Steinterrasse. Während der Festivals haben Sie von hier einen wunderbaren Blick auf das Feuerwerk.

**OBEN** Das Parlamentsgebäude von Renzo Piano.

**RECHTS** Schwimmer an der Küste von Sliema.

**9** *Raus aus dem Kerker* 21 Uhr

Enge, dicke Steinmauern, fensterlos: Viele Bars in Valletta fühlen sich wie Kerker an. Zum Glück kann man aus zwei der besten schnell auf die majestätischen Treppenstraßen direkt vor der Tür flüchten. Die **Bridge Bar** (258 St. Ursula Street; facebook.com/www.bridgebar.valletta) bietet ihren Gästen, die sich auf den Treppen niederlassen, Aperol Spritz, Prosecco, Sitzkissen und Livejazz (meist freitags). Die **Cafe Society** (13 St. John's Street; facebook.com/cafesocietyuptown) um die Ecke hat dafür einen Blick auf den Hafen und Malteser Craft-Bier im Angebot.

### SONNTAG

**10** *Die alte Hauptstadt* 10 Uhr

Lust auf eine Zeitreise? Dann nehmen Sie den Bus 51, 52 oder 53 vor dem Stadttor von Valletta und steigen Sie im von Mauern umgebenen Mdina (arabisch für „Stadt") aus, das einst Maltas Hauptstadt war, lange bevor Valletta gebaut wurde. Lassen Sie

sich im Gewirr der Gassen, die von hohen Mauern, vergitterten Fenstern und abweisenden Holztüren flankiert sind, einfach treiben. Eine davon führt zum **Palazzo Falson** (Villegaignon Street; palazzofalson. com), ein im Mittelalter und in der Renaissance erbautes Herrenhaus, in dem sich heute ein Museum für dekorative Kunst befindet. Zu den elegant im Stil der Zeit eingerichteten Sälen gehören ein Speisesaal mit venezianischen Glasobjekten, ein Waffenraum mit ziselierten Pistolen, eine Galerie mit orientalischen Teppichen, eine hohe Bibliothek mit 4500 antiken Bänden und ein Empfangszimmer mit Ölgemälden.

**11** *Von Paulus zu Palazzo* 12 Uhr

Die 1703 eingeweihte **St. Paul's Cathedral** (St. Paul's Square; metropolitanchapter.com) beherbergt zwei sehenswerte Gemälde des italienischen Barockmalers Mattia Preti über und hinter dem Altar, die die Wandlung des Apostels auf dem Weg nach Damaskus und seinen Schiffbruch auf Malta darstellen. Fast nebenan befindet sich der **Palazzo de Piro** (3 Triq Is-Sur; palazzodepiro.com), ein prachtvoller Barockbau mit angenehmer Café-Bar im Innenhof. Von einer Terrasse aus kann man zum Café Latte oder lokalen Cisk-Bier die wunderbare Aussicht genießen.

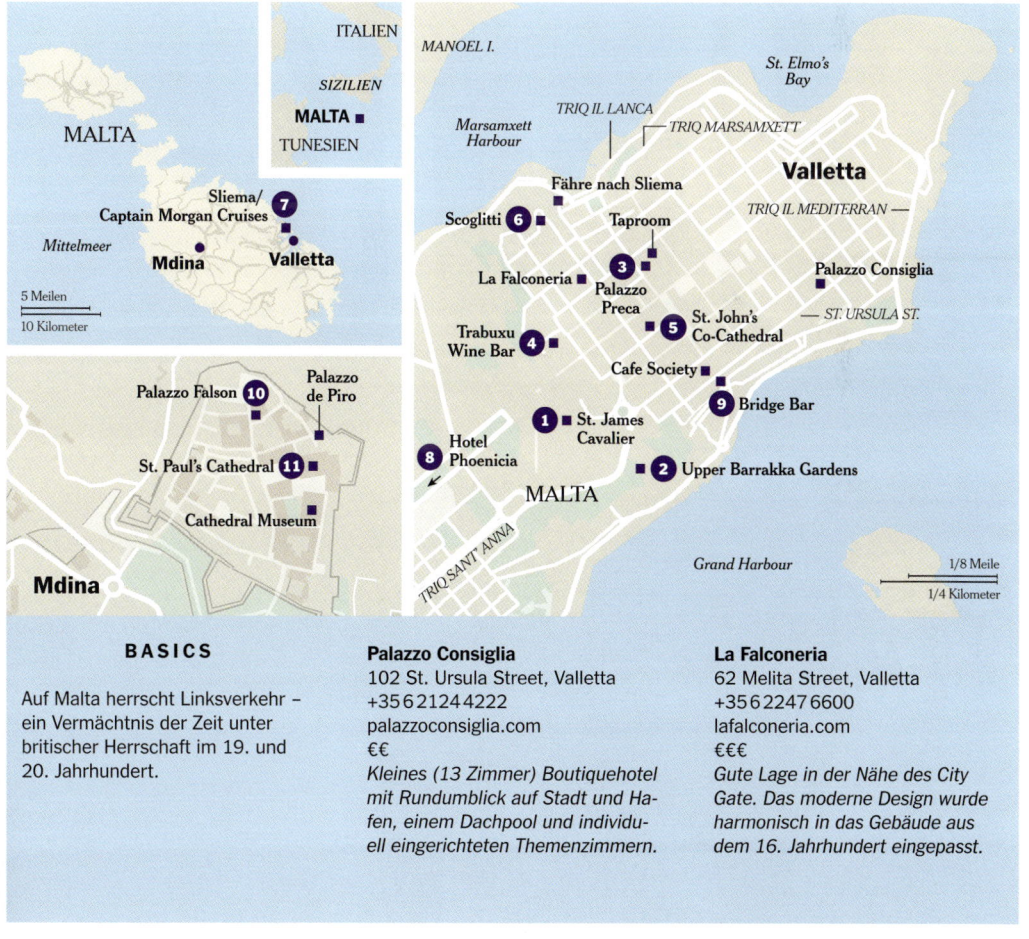

# Ljubljana

*Slowenien gehörte in seiner Geschichte zu wechselnden Reichen und Diktaturen – zu Venedig, das für die italienische Prägung des Landes sorgte, zum Kaisertum Österreich (später Österreich-Ungarn) und zuletzt zu Jugoslawien. Seit dem Zehntagekrieg 1991 ist das kleine Land von der Größe Hessens unabhängig, und die zwei Millionen Slowenen genießen diese Freiheit ebenso wie ihre durch slawische, österreichische und italienische Einflüsse geprägte Kultur. Die kosmopolitische Hauptstadt Ljubljana ist ein architektonisches Füllhorn: barocke Kirchen, die an den verblichenen Ruhm der Habsburger erinnern, prachtvolle Bauten aus dem 19. Jahrhundert, skurrile Jugendstileinsprengsel, Pflasterstraßen mit mittelalterlichen Häusern und hässliche sozialistische Plattenbauten. Überall entstehen neue Geschäfte, Restaurants und Unternehmen, und gut gekleidete Menschen radeln durch die Stadt. Trotz seiner nur 280 000 Einwohner – darunter 50 000 Studenten – strotzt Ljubljana vor urbaner Energie.* – SETH SHERWOOD

## FREITAG

**1** *Ruine mit Aussicht* 18 Uhr

Fahren Sie mit der Seilbahn (Haltestelle Krekov-Platz bzw. Krekov trg) hinauf auf den steilen, bewaldeten Hügel, wo hoch über den Dächern von Ljubljana die **Burg** (+386 1 306 4293; ljubljanskigrad.si) thront und über die Stadt wacht. Von den Befestigungsanlagen aus dem 16. Jahrhundert hat man eine herrliche Sicht auf die gepflasterten Straßen, die sich um den Hügel winden, auf die roten Ziegel- und Kuppeldächer sowie die Brücken über der grün schimmernden, durch die Stadt fließenden Ljubljanica. In der Ferne scheinen die felsigen Gipfel der Alpen auf.

**2** *Fürstlich speisen* 19 Uhr

Das **Gostilna na Gradu** (Grajska Planota 1; +386 8 205 1930; nagradu.si; €€), eines der besten und unkonventionellsten Restaurants in Ljubljana, serviert neuslowenische Küche im Burghof. Anders als die meisten Restaurants der Stadt mit ihrem uninspirierten Mix italienischer, österreichischer und serbischer

**GEGENÜBER** Der beliebte Preseren-Platz.

**RECHTS** Metelkova City auf einem einstigen Militärgelände.

Speisen setzen die Besitzer auf Bioprodukte und traditionelle Rezepte. Auf der Winterkarte etwa standen Wildschwein in Wacholder-Preiselbeer-Sauce, slowenischer Wolfsbarsch und Krainer Wurst mit Kartoffeln und Rübchen. Genießen Sie beim Dessert die funkelnden Lichter der Stadt in der Dunkelheit.

**3** *Wein und Musik* 21 Uhr

Nehmen Sie für den Rückweg die Seilbahn und spazieren Sie vorbei am St.-Nikolaus-Dom zur **Vinoteka Movia** (Mestni trg 2; +386 1 425 5448; facebook. com/vinoteka.movia), einem Weinlokal und -laden, wo man slowenische Weine verkosten und Schinken und Käse snacken kann. Danach geht's über die aus drei Brücken bestehende **Tromostovje-Brücke**, ein Wahrzeichen der Stadt, das der Architekt Joze Plecnik Anfang des 20. Jahrhunderts entwarf, hinüber zum **Preseren-Platz**, der tags wie nachts soziales Zentrum ist. In den Bistros und Straßencafés hier und in den umliegenden Straßen trifft Ljubljana sich zum Ausgehen. Gehört wird alles von Blues über Hip-Hop bis zu slowenischem Pop.

## SAMSTAG

**4** *Designerinnen* 10 Uhr

Exemplarisch für die lebendige Kunst- und Designszene in Ljubljana sind die **Galerie Equrna**

(Gregorciceva 3a; +386 1252 7123; equrna.si), eine noch im früheren Jugoslawien gegründete Privatgalerie für Avantgardekunst, und die Galerie **Tanja Pak Design** (Precna 6; +386 41706 760; tanjapak.com), wo die Künstlerin Tanja Pak ihre preisgekrönten Glasobjekte ausstellt. Mode gibt es unweit des Boulevards Slovenska Cesta in der winzigen Boutique von **Marjeta Groselj** (Tavcarjeva 4; +386 1231 8984). Hier verkauft die Grande Dame der lokalen Modeszene ihre Entwürfe wochentags und samstagvormittags. „Ich bin ein bisschen versteckt, aber die Leute finden mich trotzdem", erklärt sie. In den Regalen stapeln sich – häufig farbenfrohe – Handtaschen, die die Designerin seit Jahrzehnten in ihrer kleinen Werkstatt anfertigt.

### 5 *Brücke aus Glas* 12 Uhr

Bummeln Sie durch die Straßen und über die Plätze entlang des Flussufers in der Altstadt, um dann auf dem Preseren-Platz die rosa **Mariä-Verkündigung-Kirche** und die Statue von France Preseren noch einmal bei Lichte zu betrachten. Der von den Slowenen verehrte Dichter lebte im 19. Jahrhundert und hatte großen Einfluss auf die slowenische Literatur. Von ihm stammt der Text für die aktuelle Nationalhymne. Queren Sie dann den Fluss über die **Mesarski Most**. Die Fußgängerbrücke wurde in den 1930ern von Plecnik entworfen und 2010 errichtet. Sie setzt mit ihrem Boden aus Glas und Granit zeitgenössische Akzente. Am jenseitigen Flussufer erstreckt sich der **Zentralmarkt** – dessen Arkaden ebenfalls aus Plecniks Feder stammen – bis zum Vodnikov-Platz. Hier drängeln sich die Marktbesucher zwischen Musikern, Kunsthandwerkshändlern und Gemüseständen.

### 6 *Ein Tisch bei Tatjana* 14 Uhr

Schauen Sie sich an, was es Leckeres in der **Taverna Tatjana** (Gorji trg 38; +386 1421 0087; taverna-tatjana.si) in der Innenstadt gibt; die Tagesempfehlungen stehen auf einer Tafel am Eingang, oder lassen Sie sich von der Bedienung etwas empfehlen, vielleicht ja Brodet, einen Fischtopf mit Polenta. Tatjana macht die Runde an allen Tischen ihrer

hübschen Taverne in einem alten Gebäude. Einige Tische stehen auch im Hof.

### 7 *Räume für Kunst* 16 Uhr

Mit dem **Museum für zeitgenössische Kunst** oder **MSUM** (Maistrova 3; +386 1241 6800; mg-lj.si) hat Ljubljanas Begeisterung für Gegenwartskunst auch formal Gestalt angenommen. Die Ausstellungen kreisen um Kunst von 1960 bis heute, ein Schwerpunkt gilt der osteuropäischen Nachkriegsavantgarde. Seit der Eröffnung 2011 komplettiert es neben dem jüngst sanierten **Slowenischen Völkerkundemuseum** und einem Ableger des **Slowenischen Nationalmuseums** das neue Museumsviertel. In **Metelkova City** geht es deutlich lässiger zu. Der mit Graffiti und Skulpturen geschmückte ehemalige Kasernenkomplex ist Heimat für Galerien, Non-Profit-Organisationen und über 50 Künstlerateliers. In der „Autonomen Kulturzone", wie Insider das Gelände nennen, entfaltet sich bei Tage die alternative Kulturszene, und nachts feiert die Jugend. Ein ehemaliges Gefängnis in der Kaserne beherbergt das **Celica** (Metelkova 8; +386 1230 9700; hostelcelica.com), ein einfaches, aber attraktives Hostel – geschlafen wird in den Zellen.

### 8 *Nouveau Gulasch* 20 Uhr

Die hohe, verspiegelte Theke im **Julija** (Stari trg 9; +386 1425 6463; julijarestaurant.com; €€) sorgt für eine gemütliche Atmosphäre. Hier kommt in zwanglosem Rahmen Regionales in zeitgenössischer Interpretation auf den Tisch – z. B. Gulasch mit Semmelknödeln oder hausgemachte istrische Pasta mit Steinpilzen und Spargel.

### 9 *Jeder wie er mag* 22 Uhr

Freunde des jungen, studentischen Nachtlebens machen sich wieder auf nach Metelkova City, wo die Nachtklubs gerade öffnen. Bisweilen treten dort gar Bands aus fernen Städten wie New York auf. Wem das zu aufregend ist, der findet sicher Alternativen im umfangreichen Kulturangebot der Stadt. Das seit

**OBEN** Nachtleben und Kunst vertragen sich gut in Metelkova City – jung und dynamisch ist beides.

**GEGENÜBER** Akrobatik im Tivoli-Park, einer idyllischen Oase innerhalb der Stadt.

1701 bestehende **Slowenische Philharmonieorchester** (Kongresni trg 10; +38612410800; filharmonija.si) spielt im selben Saal, in dem einst Gustav Mahler als Chefdirigent wirkte. **Nationaloper und -ballett** (Zupanciceva 1; +38612415959; opera.si) haben einen vollen Spielplan, außerdem gibt es noch das Nationaltheater und reichlich Kinos. Auch an Kulturfestivals mangelt es der Stadt nicht, den ganzen Sommer lang läuft das Ljubljana-Festival (ljubljanafestival.si/en).

### SONNTAG

**10** *Alpenidyll* 7.30 Uhr
Nehmen Sie einen frühen Zug (Fahrtzeit ca. 45 Minuten) nach Bled: Der spektakuläre, türkisblaue

**Bleder See** ist die Reise wert. Warum der jugoslawische Staatschef Tito hier seine Sommer verbrachte, versteht man sofort. Vor der Kulisse der Julischen Alpen liegt der See mit seiner winzigen Insel mitten im Waldland, überragt von einer romantischen Burg. Er ist bei Ruderern sehr beliebt und war 2011 Austragungsort der Ruderweltmeisterschaften. Vom Ufer aus scheint es, als schwebe die barocke Marienkirche der Insel direkt auf dem Wasser. Zwischen Insel und Ufer verkehren kleine Holzboote.

## BASICS

Das übersichtliche Stadtzentrum kann man bequem zu Fuß erkunden.

**Antiq Palace Hotel & Spa**
Gosposka 10
+38683896700
antiqpalace.com
€€
*Ehemaliges Herrenhaus aus dem 16. Jahrhundert mit Gästesuiten, Barterrasse und Spabereich.*

**Grand Hotel Union**
Miklosiceva 1
+38613081877
union-hotels.eu
€€€
*Herrliches Jugendstilgebäude, umgeben von ähnlich eindrucksvollen architektonischen Meisterwerken.*

**Vila Bled Hotel**
Cesta svobode 18
4260 Bled
+38645753710
brdo.si
€€–€€€
*Titos ehemalige, zum Hotel umgebaute Sommerresidenz. Wälder, Gärten und Badesteg am See.*

*Karte Ljubljana:*

1/4 Meile
1/2 Kilometer

METELKOVA CITY
MAISTROVA —
Celica
Museum für zeitgenössische Kunst **7**
TIVOLSKA CESTA
SLOVENSKA CESTA
Marjeta Groselj
TAVCARJEVA
Slowenisches Nationalmuseum
**Ljubljana**
Slowenisches Völkerkundemuseum
Grand Hotel Union
Nationaloper und -ballett
MIKLOSICEVA
Tanja Pak Design
Mariä-Verkündigung-Kirche **5**
Mesarski Most
Preseren-Platz
Tromostovje-Brücke
*Ljubljanica*
Vinoteka Movia **3**
Zentralmarkt
St.-Nikolaus-Dom
KONGRESS-PLATZ
KREKOV-PLATZ
Slowenisches Philharmonieorchester **9**
ALT-STADT
**1** Burg
GREGORCICEVA
— GOSPOSKA
**2** Gostilna na Gradu
Galerie Equrna **4**
Antiq Palace Hotel & Spa
**8**
Julija
**6** Taverna Tatjana

ÖSTERREICH
ITALIEN
**Ljubljana**
**SLOWENIEN**
Zagreb
*Adria*
KROATIEN

JULISCHE ALPEN
ÖSTERREICH
INSEL — **10** Bleder See
Vila Bled Hotel
— Save
**SLOWENIEN**
10 Meilen
15 Kilometer
**Ljubljana**
*Ljubljanica* —

# Piran

Die knapp 50 km lange slowenische Küste verschwindet fast zwischen der italienischen Riviera im Norden und der kroatischen Küste im Süden. Und gerade das macht sie so attraktiv. Die meisten Touristen zieht es nach Triest und Dubrovnik, Insider aber bereisen die hübsche slowenische Küste. Besonders malerisch ist das auf einer schmalen Landzunge gelegene Städtchen Piran. Während Österreich den Rest Sloweniens jahrhundertelang besetzt hielt, betrieben die Venezianer hier einen lukrativen Salzhandel und bauten mit ihrem Geld eine der schönsten Städte an der Adria. Häuser mit roten Ziegeldächern schmücken die schmalen Altstadtgassen, Stadthäuser strahlen in pastelligem Pfirsichgelb, Limettengrün und Erdbeerrot, und ein venezianisch inspirierter Glockenturm wacht über die Stadt und die blaue Adria. – SETH SHERWOOD

**FREITAG**

**1** *Süßes Nichtstun* 15 Uhr

Dass die Slowenen als fleißiges Völkchen gelten, könnte man an einem heißen Sommernachmittag an Pirans Pflastersteinpromenade glatt vergessen. Sonnenanbeter liegen ermattet auf der Hafenmauer, als habe es sie nach einem Bacchanal hierher versprengt, auf den Bänken spielen alte Männer Schach, auf dem Meer ziehen ein, zwei Ausflugsboote träge ihre Runden. Machen Sie einen Spaziergang um die spitze Landzunge von Piran und lauschen Sie dem Plätschern der Wellen. Zum felsigen **Fiesa-Strand**, dem Badestrand von Piran, ist es nicht weit. Von der Ulica IX Korpusa neben der Sankt-Georgs-Kathedrale – die mit dem venezianischen Kirchturm – geht ein Pfad dorthin ab. Viel Sand gibt es hier an der nordöstlichen Adria nicht, aber das Wasser ist kristallklar und einladend.

**2** *Im Herzen der Stadt* 17 Uhr

Zentrum der Stadt ist der große, marmorgepflasterte **Tartini-Platz** (Tartini trg). Benannt ist er nach dem in Piran geborenen italienischen Barockkomponisten und Violinisten Giuseppe Tartini, dessen Statue den Platz ziert. Hier tummeln sich in den Straßen-

**GEGENÜBER** Samstäglicher Markt in der Altstadt von Piran.

**RECHTS** Mit Geldern aus dem Salzhandel bauten die Venezianer im Mittelalter Häuser, Kirchen und Straßen in Piran.

cafés Touristen, junge Paare, die ihre Smartphones checken, und lebhafte Gruppen von Slowenen, die sich zur Balkanwurst mit einheimischem Pivo (Bier) und dem Trinkspruch „Za zdravje!" („Zum Wohle!") zuprosten. Nicht zu übersehen ist der 400 Jahre alte Kirchturm der Sankt-Georgs-Kathedrale oder **Chiesa di San Giorgio** (+386 5 673 3440), der dem venezianischen Markusturm nachempfunden ist. Kaufen Sie sich eine Eintrittskarte und erklimmen Sie die Stufen zur Turmspitze, um mit einer unvergesslichen Aussicht belohnt zu werden. Wer die Anstrengung scheut, hat auch von unten einen herrlichen Blick auf die Stadt.

**3** *Welches Pivo?* 19 Uhr

Am härtesten arbeiten in Piran wohl die Leute, die im **Restaurant Riva** (Presernovo Nabrezje 6; +386 5 673 2180; riva.si; €–€€), einem der vielen Lokale an der Strandpromenade, Sardinen und serbische Pljeskavica sa sirom – Frikadellen mit Käse – grillen. Probieren Sie beides. Jetzt haben Sie beim Bier nur noch des Touristen Qual der Wahl zwischen Union pivo oder Lasko pivo. Viele touristische Strandrestaurants in Piran sind ihr Geld nicht wert, doch das Riva gehört zu den besseren. Die Pizzeria Riva nebenan gehört auch dazu.

**4** *Lokale Kultur* 20 Uhr

An Sommerwochenenden gibt es auf dem Tartini-Platz Theater, Tanz und Kammermusik. In der **Casa Tartini** (Kajuhova 12; +386 5 663 3570), dem Geburtshaus von Tartini, finden häufig Konzerte statt. Das Gebäude, das abgesehen von seiner klassizistischen Fassade wohl auf das 14. Jahrhundert zurückgeht,

ist auch Heimat des kleinen Tartini-Museums. Der Komponist war bekannt für seine schwierigen Stücke, die außer ihm kaum jemand zu spielen verstand. Etwas anders geht es im **Cafe Teater** (Stjenkova ulica 1; +386 41 685 423) zu, einem Café im mediterranen Stil, wo das gemischte Publikum Guinness und slowenischen Merlot trinkt.

### SAMSTAG

**5** *Salzladen* 10 Uhr

Erkunden Sie in Ruhe die schattigen, schmalen Gassen und kleinen Plätze der Altstadt, um dann und wann einen Blick in eine mittelalterliche Kirche zu werfen oder in einer Boutique oder Galerie haltzumachen. Vielleicht entdecken Sie sogar einen kleinen Markt. Auf dem Tartini-Platz nehmen Sie dann Kurs auf das **venezianische Gebäude** aus dem 15. Jahrhundert, um bei **Piranske Soline** (+386 5 673 3110; soline.si) einzukaufen. In den kleinen Leinensäckchen mit dem roten Logo steckt Salz aus den Salinen im nahe gelegenen Naturpark. Die von Feinschmeckern geschätzte Delikatesse gilt in Slowenien als National-heiligtum. Geerntet wird sie in einem im 14. Jahrhundert entwickelten Verfahren. Außerdem im Angebot sind Schokolade mit Meersalz, Badesalz und Accessoires wie Salzfässchen und Stößel.

**6** *Slowenischer Glamour* 14 Uhr

Wenn es keinen Sandstrand gibt, dann muss man sich eben einen machen. Da Sie nun schon einmal an der Adria sind, können Sie auch einen Abstecher an den künstlichen Sandstrand im Nachbarort **Portoroz**

unternehmen: Miami Beach wurde schließlich auch von Menschenhand gemacht. Hier gibt es riesige Hotels, Kasinos, Jachten, Spa-Zentren und die typischen Attraktionen eines Badeortes. In der beliebten **Pizzeria Figarola** (Obala 18, Portoroz; +386 313 13415; €) kann man auf der Terrasse zu Mittag essen.

**7** *Salinen* 17 Uhr

Nach der größten Mittagshitze sollten Sie sich ansehen, wo das Salz eigentlich herkommt, das Sie am Vormittag gekauft haben. Im **Naturpark Secoveljske soline** (Seca 115, Portoroz; +386 5 1233 000; kpss.si) entsteht in den Salinen die rare Gourmetspezialität, der Piran einst seinen Reichtum verdankte. Gleichzeitig sind die Salinen Lebensraum für viele Küstenvögel und bieten zahlreiche Wanderwege. In dem kleinen Museum werden die traditionellen Verfahren der Salzgewinnung (Kristallisierung des Salzes durch Verdunstung des Meerwassers) erklärt, die man in dem weitläufigen Park hautnah erleben kann. Wer noch salzige Souvernirs kaufen will, kann das in dem kleinen Shop hier erledigen.

**8** *Wie in Italien* 20 Uhr

Man spricht in Piran offiziell zwar slowenisch und italienisch, doch was die Küche angeht, so bevorzugt man eindeutig Italienisches wie Fisch, Meeresfrüchte und Pasta. So auch im **Restaurant Pavel 2** (Kosovelova 1; +386 5 674 7102; €–€€), einem familienfreundlichen Lokal, wo Klassiker wie etwa Wolfsbarsch und gegrillter Tintenfisch serviert werden. Außerdem kann man hier bei einem Glas Wein gut die Passanten beobachten.

### SONNTAG

**9** *Reise in die Tiefe* 9 Uhr

Fahren Sie nach Osten in den schroffen slowenischen Karst, wo sich durch Wassererosion Spalten und Höhlen in den Kalkfelsen des Untergrunds gebildet haben. Zugang zu den insgesamt 21 km langen **Höhlen von Postojna** (+386 5 700 0100; postojnska-jama.si) hat man in der gleichnamigen Stadt. Zunächst fahren

**LINKS** Piran liegt auf einer schmalen Landzunge direkt an der kristallklaren Adria.

Sie mit einer Schmalspurbahn durch die Tropfstein-höhlen, in denen unzählige spitze Stalaktiten bedroh-lich von den Decken hängen und Stalagmiten, einige so hoch wie Fahnenmasten, aus dem Boden wachsen. Dann geht es zu Fuß weiter durch enge Tunnel und kathedralenähnliche Säle. Dabei werden die Formen immer surrealer: Staunen Sie über Berge von Rie-senquallen, Meere von Hirnkorallen und gigantische Pilzfelder. Bevor es wieder ans Tageslicht geht, ma-chen die Führer Sie noch mit der Spezies der Grot-tenolme bekannt, einer Lurchart, die in den dunklen Tiefen der Höhlen lebt.

**10** *In luftiger Höhe* 12 Uhr

Keine Burg dieser Welt ist wohl so spektakulär gelegen wie die **Burg Predjama** (Postojnska jama; +3865 7000100; postojnska-jama.eu/en/come-and-visit-us/predjama-castle/): Das Bauwerk aus dem 16. Jahrhundert klebt in luftiger Höhe buchstäblich an einer senkrecht abfallenden Felswand. Dahinter befindet sich in einer Höhle eine ältere Burg, in der vor 700 Jahren ein aus der Region stammender Ritter gelebt haben soll. Machen Sie eine Führung oder lauschen Sie draußen den Vögeln und genießen Sie die schöne Aussicht.

**OBEN** Eine Kunstgalerie in der Altstadt. Trotz des aufblühen-den Tourismus gehorcht das Leben in Piran noch seinem eigenen Rhythmus.

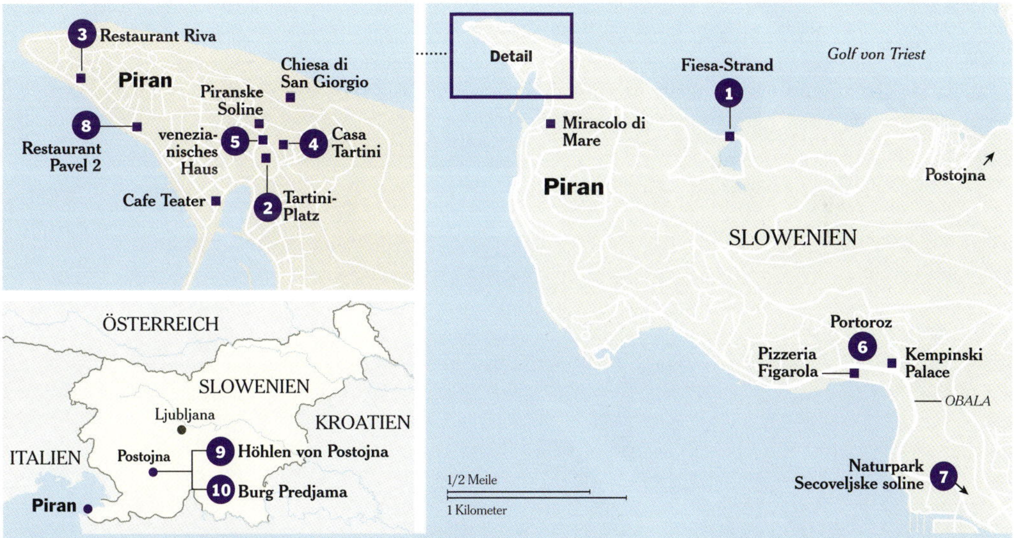

---

**3** Restaurant Riva
**Piran**
Chiesa di San Giorgio
Piranske Soline
**8** venezia-nisches Haus
Restaurant Pavel 2
**5**
**4** Casa Tartini
Cafe Teater
**2** Tartini-Platz

Detail
Fiesa-Strand **1**
Golf von Triest
Miracolo di Mare
**Piran**
Postojna
**SLOWENIEN**
Portoroz
Pizzeria Figarola **6** Kempinski Palace
OBALA
Naturpark Secoveljske soline **7**

ÖSTERREICH
**SLOWENIEN**
Ljubljana
KROATIEN
ITALIEN
Postojna
**9** Höhlen von Postojna
Piran
**10** Burg Predjama

1/2 Meile
1 Kilometer

---

**BASICS**

In Slowenien gibt es ein gut funk-tionierendes Bus- und Bahnnetz, aber mit einem Mietwagen aus Ljubljana sind Sie flexibler.

**Miracolo di Mare**
Tomsiceva 23
+3865 1445522
miracolodimare.si
€
*Freundliche Pension mit zwölf Zimmern im alten Teil von Piran nahe dem Busbahnhof.*

**Kempinski Palace**
Obala 45, Portoroz
+3865 6927000
kempinski-portoroz.com
€€€
*Gigantisches Jugendstilhotel mit 181 Zimmern und Meerblick, aber fernab vom mittelalterlichen Piran.*

# Dubrovnik

*Dubrovnik ist eine Perle an der blauen Adria. Mit ihrer Gotik-, Renaissance- und Barockarchitektur könnte die auf einer Halbinsel gelegene Schönheit allein durch ihr gutes Aussehen punkten. Zehntausende von Besuchern verstopfen im Sommer die gepflasterten Straßen der Altstadt, die von dicken mittelalterlichen Mauern und Renaissanceplätzen geprägt ist. Und viele Geschäfte richten sich gnadenlos auf die einfallenden Kreuzfahrtpassagiere ein. Doch wer sich ein wenig abseits der Touristenströme bewegt, stößt auf Restaurants mit regionaler Küche, trendige Cafés und hervorragende Cocktailbars. – DAVID FARLEY*

### FREITAG

**1** *Die große Mauer* 15 Uhr

Schlendern Sie entlang der 2 km begehbaren Stadtbefestigung und machen Sie unterwegs an den diversen Türmen und Bastionen halt. Danach spazieren Sie über den Stradun, die beliebte Hauptachse durch die Altstadt, die von den Einheimischen als kollcktivcs Wohnzimmer benutzt wird. Jenseits der Stadtmauern können Sie die **Festung Lovrijenac** erkunden, ein auf einem Felsen errichtetes Fort aus dem 11. Jahrhundert. Von hier aus hat man einen fantastischen Blick auf die Stadt.

**2** *Hoch hinaus* 16 Uhr

Auf dem **Felsberg Srd**, der die Stadt überragt, erwartet Sie das spektakulärste Panorama in ganz Süddalmatien. Fahren Sie mit der Seilbahn (Petra Kresimira 4; dubrovnikcablecar.com) bis zum Gipfel auf 400 m Höhe. Falls Sie es schaffen, sich von der Aussicht loszureißen, machen Sie eine Stippvisite zum Fort Imperial, in dem Fotos und andere Objekte präsentiert werden, die die Verteidigung der Stadt gegen serbische und montenegrinische Soldaten Anfang der 1990er-Jahre veranschaulichen.

**3** *In vino veritas* 18.30 Uhr

Die Kroaten bauen schon mindestens seit dem 5. Jahrhundert v. Chr. Wein an und machen sich derzeit in der internationalen Weinszene langsam wieder einen Namen. Belegen Sie einen Crashkurs bei

**D'Vino** (Palmoticeva 4A; +385 20 321 130; dvino.net), einer authentischen Weinbar, die sich in einer winzigen Gasse versteckt. Die freundlichen Mitarbeiter führen Sie durch das Dickicht der dalmatinischen Rotweine – vom leichten Matusko Postup bis hin zum robusten Dingac – oder bieten gleich eine richtige Verköstigung an.

**4** *Kroatisch oder kroasiatisch?* 22 Uhr

In Dubrovnik hat man in Sachen Restaurants die Qual der Wahl. Das **Posat** (Uz Posat 1; posat-dubrovnik.com; €€€), gleich vor dem Pile-Tor, bietet verfeinerte Versionen von traditionellen Fischgerichten wie Kabeljaufilet an Bohnenschaum und istrische Pljukanci (Nudeln) mit Trüffeln, Shrimps und Jakobsmuscheln. Wer Abwechslung sucht, lässt sich draußen an einem Tisch bei **Azur** (Pobijana 10; azurvision. com; €€€) in einer Nebengasse der Altstadt nieder. Hier wird „kroasiatisch" gekocht: panasiatisch mit lokalen Zutaten, z. B. ein Curry mit Fischen und Meeresfrüchten aus heimischen Gewässern.

**5** *Geschüttelt und gerührt* 23 Uhr

Vom Restaurant Azur aus gesehen befindet sich auf der anderen Seite der Altstadt die **Bar by Azur** (Kuniceva 5; azurvision.com), eine klassische Cocktailbar mit Innen- und Außenbereich in einer engen, Gasse mit Treppen. Hier werden Klassiker und eigene Kreationen kredenzt. Fangen Sie mit dem Drink des Hauses an: Plum Azur (zerstoßene Pflaumen, Cognac, Sake, Zitronensaft, Bitter). Und falls Sie noch Hunger haben: Die Bar serviert kleine saisonale Gerichte wie Banh-Mi-Sandwiches oder mit gereiftem Parmesan und geräuchertem Pancetta gefüllte Quesadillas.

### SAMSTAG

**6** *Gourmetröstung* 9 Uhr

Bei **Cogito Coffee** (Stajeva 5; cogitocoffee.com) in einer Seitenstraße der Altstadt gibt es hauptsächlich „Coffee to go", bestellen Sie also einen Cappuccino oder hippen Cold Brew und wandeln Sie damit auf den Spuren von *Game of Thrones* oder den Stradun (auch Placa genannt) entlang. Die Einheimischen kommen für einen *dir* (ausgesprochen: „dscher") hierher, einen langsamen Spaziergang vom Glocken-

**GEGENÜBER** Die Altstadt von Dubrovnik mit ihren pittoresken Steinmauern und roten Dachziegeln.

turm zum großen Onofrio-Brunnen mit Kuppel aus dem 15. Jahrhundert und wieder zurück.

### 7 *Inselpicknick* 11 Uhr

Vor der Küste Kroatiens gibt es über 1000 Inseln. Nur eine 15-minütige Bootsfahrt von Dubrovniks altem Hafen entfernt liegt **Lokrum**. Die kleine grüne Insel hat einen botanischen Garten, die Ruinen eines mittelalterlichen Klosters und die Überbleibsel eines alten Forts zu bieten. Packen Sie lieber ein Picknick ein, denn auf der Insel gibt es nur wenige gute Lunch-Locations. **Piknik Dubrovnik** (piknikdubrovnik.com; €€€) verkauft gut isolierte Rucksäcke (Decke inklusive) gefüllt mit Schinken, Käse, Brot, Oliven und Obst aus der Region, hausgemachter Ingwer-Hagebutten-Limonade sowie anderen regionalen Spezialitäten wie Kulen (eine fette Wurst aus Slawonien) und Wein aus Istrien.

### 8 *Unter der Glocke* 19 Uhr

Die atemberaubende Küste lässt nicht vermuten, dass in Dubrovnik oft Fleisch mit Kartoffeln auf den Tisch kommt, aber Peka ist hier ein beliebtes Festmahl. Der Name bedeutet eigentlich „backen", das Gericht wird aber auch oft „unter der Glocke" ge-

nannt, weil Fleisch und Kartoffeln stundenlang in einem Topf mit glockenförmigem Deckel und mit glühender Kohle bedeckt im Ofen schmoren. Der beste Ort für eine Kostprobe ist **Konoba Dubrava** (konobadubrava.com; €€€) im Dorf Bosanka in den Hügeln über Dubrovnik. Schon der Ausblick allein ist den Taxipreis wert. Reservieren Sie und rücken Sie mit leerem Magen an, denn die Portionen sind groß. Abends spielen umherziehende Musiker dalmatinische Volksmusik.

### 9 *Lokal und live* 22 Uhr

Die Halbinsel Pljesac, das Hauptweinanbaugebiet Süddalmatiens, liegt etwa 64 km nördlich von Dubrovnik. Verköstigen Sie, was dort wächst, im **Matusko** (Prijeko 6), einer Weinbar in der Altstadt, die Weine aus der Region ausschenkt und auf der Halbinsel auch eine eigene Weinkellerei betreibt. Von Matusko etwa 60 m weiter die Gasse hoch – und nicht ganz so auf Wein fokussiert – ist die bei Einheimischen beliebte **Buzz Bar** (Prejeko 21; thebuzzbar. wixsite.com/buzz) mit Livemusik, erschwinglichen Drinks und einem jugendlichen Vibe.

#### SONNTAG

### 10 *Von der Gabel in den Mund* 12 Uhr

**Pantarul** (Kralja Tomislava 1; pantarul.com; €€) – der Name bedeutet im lokalen Dialekt „Gabel" – ser-

viert dalmatinische Fleisch- und Fischgerichte mit einem modernen Touch. Auf der Karte des beliebten Lokals stehen Gerichte à la carte oder ein fünfgängiges Fischmenü. Fast alle Zutaten kommen von Bauern und Fischern aus der Region.

**11** *Made in Croatia* 14 Uhr

Wenn Sie mehr als einen Sonnenbrand aus Dubrovnik mitnehmen wollen, vermeiden Sie die Souvenirläden auf dem Stradun und schauen Sie bei **Life According to Kawa** (Hvarska 2; kawa.life) gleich hinter dem Ploce-Tor vorbei. Zum Angebot

an handgemachten kroatischen Produkten gehören z. B. Craft-Bier, Lifestyle-Artikel, Stoffbeutel, Schuhe und T-Shirts mit Dubrovnik-Motiven.

**OBEN** Die Ruinen eines mittelalterlichen Klosters auf Lokrum.

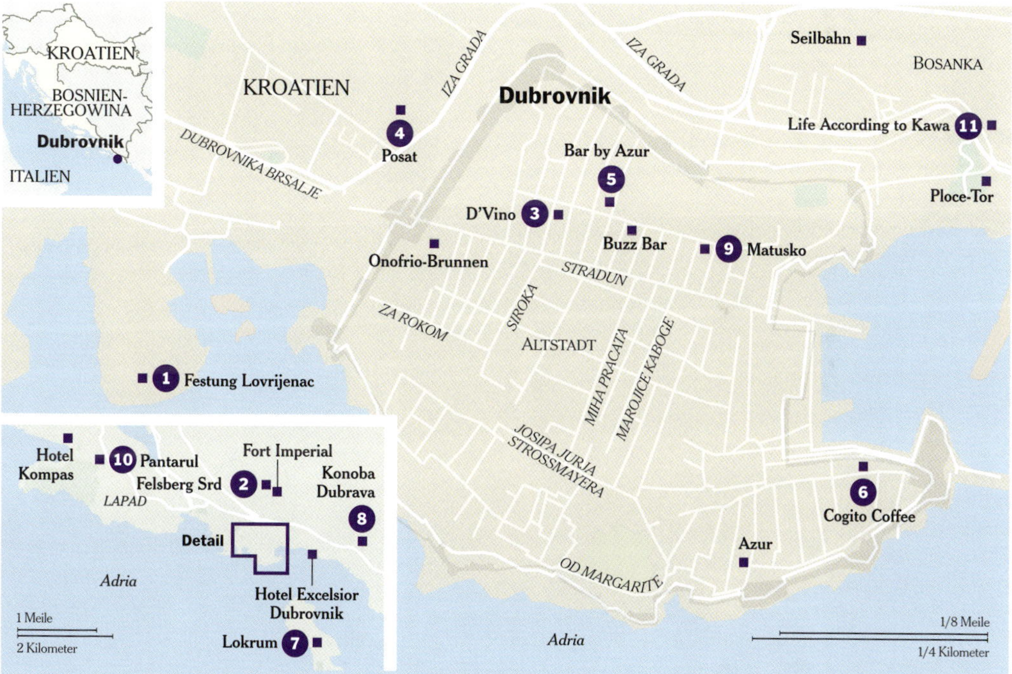

KROATIEN

BOSNIEN-HERZEGOWINA

**Dubrovnik**

ITALIEN

KROATIEN

Seilbahn ■

BOSANKA

Dubrovnik

IZA GRADA

IZA GRADA

DUBROVNIKA BRSALJE

**4**
Posat

Bar by Azur

**5**

Life According to Kawa **11** ■

Ploce-Tor

D'Vino **3** ■

Buzz Bar

Onofrio-Brunnen

STRADUN

**9** Matusko

ZA ROKOM

ŠIROKA

ALTSTADT

MIHA PRACATA

MAROJICE KABOGE

JOSIPA JURJA STROSSMAYERA

■ **1** Festung Lovrijenac

Hotel Kompas

**10** Pantarul

Fort Imperial

Felsberg Srd **2** ■

Konoba Dubrava

LAPAD

**8**

Detail

Adria

Hotel Excelsior Dubrovnik

1 Meile

2 Kilometer

Lokrum **7** ■

OD MARGARITE

Azur

Adria

**6**

Cogito Coffee

1/8 Meile

1/4 Kilometer

**BASICS**

Die Stadt hat ein gutes Metrosystem, doch die Altstadt kann man bestens zu Fuß erkunden. Dort und im nahe gelegenen Viertel Lapad gibt es viele günstige Pensionen und Apartments.

**Hotel Excelsior Dubrovnik**
Frana Supila 12
+385 20 353 000
alh.hr
€€€€
*Umfassend saniertes, über 100 Jahre altes Hotel mit atemberaubendem Blick auf die Altstadt.*

**Hotel Kompas**
Kardinala Stepinca 21
+385 20 300 326
alh.hr
€€€
*In einer beschaulichen Bucht etwa 4 km von der Altstadt entfernt. Die meisten Zimmer haben Meerblick.*

# Dalmatinische Küste

*Die historische Region Dalmatien, der lang gezogene, schmale Küstenstreifen an der Adria mit Hunderten von Inseln im südlichen Kroatien, beeindruckt mit Olivenhainen, Weinbergen und einigen der schönsten Küstenstreifen der Welt. Der Tourismus konzentriert sich im Abschnitt zwischen Dubrovnik und der beliebten Insel Hvar. Doch auch die Städte Split und Zadar haben ein reiches architektonisches Erbe und interessante Entdeckungen zu bieten. Beginnen Sie Ihr dalmatinisches Wochenende in Split, das sich rund um den 4 ha großen Palast des römischen Kaisers Diokletian entwickelte. Dann fahren Sie nach Norden, immer die traumhafte Adria im Blick, und erkunden Zadar. Die alte Stadt überrascht mit einer raffinierten Musikinstallation im Hafen.* – ALEX CREVAR

### FREITAG

### 1 *Palastleben* 16 Uhr

**Split**, heute eine Stadt mit 180 000 Einwohnern, wurde vor rund 1700 Jahren gegründet, als der römische Kaiser Diokletian dort seinen riesigen Palast erbaute. Später, ab dem 7. Jahrhundert, nahmen dann Siedler den Palast in Beschlag, und er wurde zum Mittelpunkt der Stadt. Heute präsentiert er sich als eine Fußgängerzone mit einem Gewirr von Gassen, das von den Palastmauern umschlossen wird. Hier leben rund 3000 Einwohner, es gibt unzählige Cafés, Läden und Hotels. Betreten Sie das Viertel durch das Bronzene Tor, unter Diokletian der „Lieferanteneingang". Sie finden sich in einem Kellergewölbe wieder, das heute von Kunsthandwerkern belegt ist, die dort ihre Produkte verkaufen.

### 2 *Diokletians Erbe* 17 Uhr

Über eine steile Steintreppe gelangen Sie zum Peristyl, dem zentralen Platz der Palastanlage, wo der Kaiser seine Besucher empfing. Der an drei Seiten von Säulen gerahmte Platz ist bis heute ein beliebter Treffpunkt: Man geht in eines der Cafés und trinkt zusammen mehrere Tässchen Kava (Espresso). Wenden Sie sich zunächst der **Kathedrale des heiligen Domnius** an der Ostseite des Platzes zu. Der Bau war ursprünglich Diokletians Mausoleum, bis er im 7. Jahrhundert zur Kirche umgewidmet wurde – eine späte Quittung für den notorischen Christenverfolger (was mit Diokletians Leichnam geschah, weiß übrigens niemand).

Der Kirchenraum beeindruckt mit seiner Fülle an Silber und Gold, Reliefs, Skulpturen und dem geschnitzten Chorgestühl aus dem 13. Jahrhundert. Der Aufstieg zum Turm belohnt Sie mit einem eindrucksvollen Rundumblick.

### 3 *Pasticada am Meer* 20 Uhr

Preiswerte und authentische regionale Gerichte bekommen Sie im **Buffet Fife** (Trumbiceva Obala 11; +385 21 345 223; €), einem gut besuchten, legeren Restaurant in Matejuska, dem Uferviertel der Stadt. Hier essen auch viele Einheimische. Es gibt zart frittierten Fisch, Fischgulasch und Pasticada, einen dalmatinischen Schmorbraten, der mit Pflaumen und Gnocchi serviert wird. Danach schlendern Sie am Wasser entlang oder gehen zum Platz zurück, wo in den Cafés und Bars abends Livemusik geboten wird.

### SAMSTAG

### 4 *Samstag in der Stadt* 9 Uhr

Der Samstag in Split hat etwas von einem Fest und einem Defilee auf dem Laufsteg. Die Einkäufer drängeln sich im Palastbereich, wo Bauern frisches Gemüse verkaufen und wettergegerbte Fischer frischen Fisch anbieten. Schlendern Sie über die **Riva**, die Uferpromenade, wo sich unter Palmen mediterrane Schönheiten in Pose werfen und neben den gut besuchten Cafés kroatische Flaggen im Wind flattern.

**GEGENÜBER** Waschtag an der Küste von Split.

**UNTEN** Auf den Stufen der Meeresorgel in Zadar.

**5** *Pause am Strand* 11 Uhr

Das kristallklare Wasser der Adria verlockt zum Baden. **Bacvice**, der von Cafés, Bars und Restaurants gesäumte Hauptstrand im Osten von Split, ist zu Fuß in fünf Minuten zu erreichen. Genießen Sie zum Lunch asiatische Fusion-Küche in der **Oyster & Sushi Bar Bota** (Obala Hrvatskog Narodnog Preporoda 6; +385 21 488 648; bota-sare.hr; €€).

**6** *Unterwegs nach Zadar* 13 Uhr

Die im Landesinneren verlaufende Autobahn A1 ist die schnellste Verbindung nach Zadar im Norden, landschaftlich schöner ist aber die alte Nationalstraße D8. Sie führt entlang der malerischen Küste durch kleine Orte und überquert auf Brücken schmale Buchten. Nur auf ihr nach Zadar zu fahren, würde allerdings zu viel Zeit kosten. Als Kompromiss nimmt man die D8 bis Sibenik und wechselt dort auf die A1. Machen Sie kurz Rast in der hübschen Stadt Trogir.

**7** *Stadt mit Geschichte* 16.30 Uhr

Bereits den Römern gefiel Zadar, das durch Adria-Inseln abgeschirmt auf einer 40 ha großen Halbinsel liegt. Heute leben die meisten der 75 000 Einwohner im neueren Teil der Stadt auf dem Festland. Die Altstadt auf der Halbinsel erreicht man über eine Fußgängerbrücke, oder man lässt sich von Ruderbooten über den Hafen bringen. Gehen Sie über die **Kalelarga**, der von Bauten aus Renaissance, Barock und Mittelalter gesäumten Hauptstraße der Altstadt, vorbei an Läden und Café-Bars, in denen sich die Gäste einen Kaffee, Grappa oder Wein gönnen. Etwas versteckt hinter einem Café am **Narodni Trg** (Volksplatz) liegt die romanische Kirche des heiligen Laurentius aus dem 11. Jahrhundert. Zadar hat viele Prüfungen der Geschichte überstanden: Es litt unter der Herrschaft Venedigs, der permanenten Bedrohung durch türkische Angriffe, wurde im Zweiten Weltkrieg zu 65 Prozent zerstört und im Krieg 1991–1995 heftig beschossen.

**OBEN** Die heutige Altstadt auf der von Adria-Inseln umrahmten Halbinsel war das ursprüngliche Zadar.

**LINKS** Blumenverkäufer auf dem Markt von Zadar.

**8** *Glitzernde Schätze* 18 Uhr

Um das im 1. Jahrhundert v. Chr. angelegte ehemalige **römische Forum** stehen viele alte Kirchen. Das Marienkloster aus dem 11. Jahrhundert beherbergt die Ausstellung **Gold und Silber der Stadt Zadar** (trg Opatice Cike 1). Die von den Benediktinerinnen in Kriegszeiten gut versteckte Sammlung präsentiert religiöse Silber- und Goldobjekte aus 1000 Jahren, darunter Gemälde, Reliquien, Kreuze und Stickereien.

**9** *Spiel der Wellen* 19.30 Uhr

Mischen Sie sich unter die Menge an der Nordwestspitze der Halbinsel, um den Sonnenuntergang zu erleben. Begleitet wird das Naturschauspiel von der **Meeresorgel**, die der einheimische Architekt Nikola Basic konstruiert hat. Unter Steinstufen, die im Meer verschwinden, verbirgt sich ein System aus 35 Rohren, in das durch die Wellenbewegung Luft gedrückt wird, wodurch zufällige Tonfolgen entstehen. Das faszinierende, nicht von Menschenhand, sondern vom Meer gespielte Instrument klingt wie eine außerirdische Orgel. In der Nähe gibt es mit dem **Gruß an die Sonne** eine weitere Installation von Basic. In die Uferpromenade Riva sind bündig Fotovoltaikzellen eingelassen, die am Abend das dargestellte stilisierte Sonnensystem futuristisch illuminieren.

**10** *Zadar bei Nacht* 21 Uhr

Die Altstadt bietet eine reiche Auswahl an gemütlichen Restaurants. Die beliebte **Konoba Skoblar**

**OBEN** Byzantinische Reliquien in der Ausstellung „Gold und Silber der Stadt Zadar".

**UNTEN** Der Palast von Kaiser Diokletian in Split.

(trg Petra Zoranica b.b.; +385 23 213 236; €€€) serviert als Spezialität Fisch und Meeresfrüchte vom Grill. Dazu passt ein kroatischer Wein. Zu später Stunde füllen sich Café und Bars mit Studenten der hiesigen Universität, die bereits 1396 gegründet wurde. Im **Arsenal** (trg tri bunara 1; arsenalzadar.com), einem umgebauten Militärarsenal aus dem 18. Jahrhundert, finden Ausstellungen, Konzerte und Theateraufführungen statt. Mehr Ruhe bietet die Terrasse der **Brazil Bar** (Obala kralja Petra Kresimira IV) in der Nähe der Riva und der Meeresorgel, die Tag und Nacht geöffnet hat.

SONNTAG

**11** *Inselblick* 9 Uhr

Für einen Blick vom Wasser aus und einen Ausflug aufs Meer nehmen Sie die Fähre nach **Preko** auf Ugljan, einer ruhigen, wenige Kilometer entfernten Insel. Dort gibt es Restaurants, einen Strand, Rad- und Wanderwege und einige kleine Orte. Sie können sich die kleine Insel in Ruhe ansehen und am frühen Nachmittag zurückfahren.

**OBEN** Studenten beim Imbiss in den Ruinen des alten römischen Forums in Zadar.

**GEGENÜBER** Das Landtor in Zadar trägt den venezianischen Löwen. Als Venedig noch eine mächtige Handelsrepublik in der Adria war, stand auch Zadar unter seiner Herrschaft.

## BASICS

Fahren Sie auf der Autobahn A1 von Dubrovnik nach Split oder nehmen Sie die idyllische Küstenstraße D8 an der Adria entlang.

**Hotel Vestibul Palace**
Iza Vestibula 4, Split
+385 21 329 329
vestibulpalace.com
€€€–€€€€
*Mitten in Diokletians Palast, schickes Design integriert in 1700 Jahre alte Mauern.*

**Hotel Luxe**
A. Kralja Zvonimira 6, Split
+385 21 314 444
hotelluxesplit.com
€€
*Boutiquehotel in Split, zwischen Strand und Palast.*

**Hotel Bastion**
Bedemi zadarskih pobuna 13, Zadar
+385 23 494 950
hotel-bastion.hr
€€€
*Innerhalb der Stadtmauern der Altstadt von Zadar.*

**Zadar**

Gruß an die Sonne
**9** Meeresorgel
Hotel Bastion
Arsenal
Brazil Bar
Domkirche der hl. Anastasia
Marienkloster
Kirche des heiligen Donat
**8** römisches Forum
Narodni Trg
**7** Kalelarga
**10** Konoba Skoblar

1/4 Meile
1/2 Kilometer

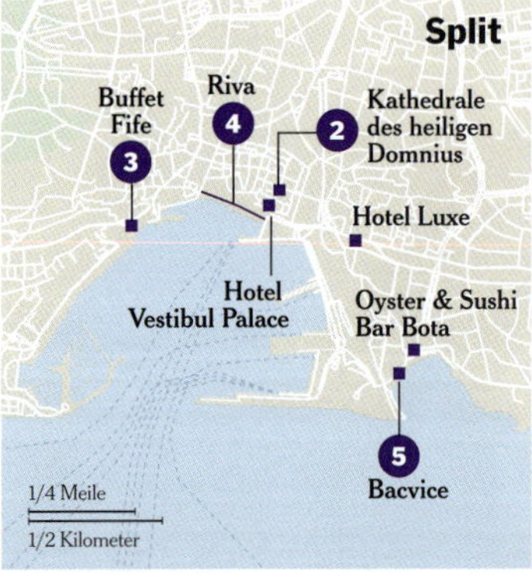

**Split**

Buffet Fife
Riva
**4**
**2** Kathedrale des heiligen Domnius
**3**
Hotel Luxe
Hotel Vestibul Palace
Oyster & Sushi Bar Bota
**5** Bacvice

1/4 Meile
1/2 Kilometer

**KROATIEN**

20 Meilen
30 Kilometer

**6** Zadar
**11** Preko
**8** **Dalmatinische Küste**
Sibenik
A-1
Trogir
**1** Split
Adria

SLOWENIEN
UNGARN
Zagreb
KROATIEN
BOSNIEN-HERZEGO-WINA
Detail
ITALIEN
Dubrovnik
MONTENEGRO

# Zagreb

*Etwas brodelt direkt unter der Oberfläche von Zagreb, der kroatischen Hauptstadt mit über einer Million Einwohnern, und die meisten Besucher spüren es sofort. Es ist das Aufeinandertreffen von Gegensätzen: von Ost und West, Tradition und Moderne. Der neu eröffnete Parfümladen liegt gleich neben dem einfachen Restaurant, wo sich eine ganze Ziege langsam am Spieß dreht. In Zagreb findet man Bauern, die auf dem Markt ihre Ware feilbieten, neben Nachtschwärmern, die bis in den frühen Morgen feiern – alles in unmittelbarer Nähe der riesigen Türme der Kathedrale. Oder den Fischhändler mit blutverschmierter Schürze, der eine stylishe Blondine in Highheels bedient. Hier kann man sowohl bergwandern als auch das Museum für zeitgenössische Kunst besuchen.* – ALEX CREVAR

## FREITAG

**1** *Geschichtsstunde* 15 Uhr

In den gepflasterten Straßen der sogenannten Oberstadt gewinnt man einen Eindruck von Zagrebs Ursprüngen im 11. Jahrhundert. Die Stadt bestand zunächst aus zwei Orten: dem überwiegend vom Klerus bewohnten Kaptol und Gradec, wo Handwerker und Händler lebten. Nach jahrhundertelangen Fehden wurden sie 1850 vereint, bewahrten aber ihren unterschiedlichen Charakter. In Kaptol steht das Wahrzeichen der Stadt, die neugotische **Kathedrale von Zagreb** (Kaptol 31; +385 1 481 4727), die ursprünglich aus dem 13. Jahrhundert stammt, später aber mehrfach umgebaut wurde. Die beiden Türme sind 108 m hoch. In der marmorgeschmückten Kirche findet man eine 800 Jahre alte Schatzkammer und das Grab von Kardinal Alojzije Stepinac, der die kommunistischen Machthaber in den 1950er-Jahren herausforderte. In Gradec, zehn Minuten zu Fuß von der Kathedrale nach Westen, bietet das **Stadtmuseum** (Opaticka 20; +385 1 485 1361; mgz.hr) dem Besucher einen Blick in die politische, architektonische und künstlerische Geschichte Zagrebs. Besonders fasziniert das raumgroße Modell der Unterstadt.

**2** *Vom Ende der Liebe* 18 Uhr

Schlendern Sie durch Gradec, vorbei an der St.-Markus-Kirche, deren bunte Dachziegel die Wappen der Stadt Zagreb und des Dreieinigen Königreichs Kroatien, Slawonien und Dalmatien zeigen, zu einer der skurrilsten Attraktionen, dem **Museum der zerbrochenen Beziehungen** (Cirilometodska 2; +385 1 485 1021; brokenships.com). Das Projekt des ehemaligen Pärchens Olinka Vistica und Drazen Grubisic beantwortet die Frage: Was anfangen mit all den Zeichen der Liebe, die sich im Laufe einer Beziehung ansammeln? Alles begann 2006 mit einer Wanderausstellung durch 21 Länder mit Objekten wie 100 weggeworfenen Rosen, Spuckbeuteln oder einem Kopfmassage-Gerät. Auf dieser Tour kamen immer mehr Gegenstände dazu, die nun in diesem Museum ein Zuhause gefunden haben. Heute kann man sie alle sehen: pelzbesetzte Handschellen, einen aus Gehässigkeit geklauten Toaster, eine Axt, mit der die Möbel des Ex zertrümmert wurden; dazu vermerkt ist jeweils die Dauer der Beziehung.

**3** *Fleischlust* 20 Uhr

Wie viele traditionelle Restaurants konzentriert sich das **Vinodol** (Teslina 10; +385 1 481 1427; vinodol-zg.hr; €€) auf Fleisch. In diesem schon zu Titos Zeiten beliebten Lokal wird es in einem ansprechenden Esssaal mit Ziegelsteingewölbe serviert. Freuen Sie sich auf Gerichte wie Hirschragout, Rindersteak mit Wacholdersauce und mit Schinken und Käse gefülltes Kalbssteak. Fleisch überwiegt zwar, aber die Karte bietet auch Fisch und Meeresfrüchte.

**GEGENÜBER** In Zagreb treffen Tradition und aktuellste Trends aufeinander.

**UNTEN** Das Café im Hotel Dubrovnik am Jelacic-Platz, dem Zentrum der Stadt.

**4** *Modeparcours* 10 Uhr

*Spica* heißt das Ritual, wenn sich die trendigen Purger (wie sich die Zagreber selbst nennen) am Samstagmorgen auf den Caféterrassen am **Jelacic-Platz** niederlassen. Das Ganze wird zu einem Modewettbewerb mit Hündchen in Luxustaschen, kroatischen Paparazzi, vielen verstohlenen Seitenblicken und natürlich Kava (Kaffee). Fremde, also jeder, der Geldgürtel und Turnschuhe trägt, haben in diesem Wettstreit kaum Chancen. Am besten setzen Sie sich draußen an einen der Tische, bestellen Latte macchiato und genießen die Gratisvorstellung. Danach gehen Sie zur Konditorei **Slasticarnica Millennium** (Bogoviceva 7; +385 1 481 0849; slasticarnica-millennium.hr) und gönnen sich ein unglaublich leckeres Eis oder was anderes Süßes.

**5** *Frisch vom Markt* 11 Uhr

Auf dem **Dolac-Markt** am Jelacic-Platz werden an unzähligen Ständen Lavendel, Nüsse, Honig, Blumen, Käse und jede Menge Obst- und Gemüsesorten aus der Region angeboten. O-Ton eines Verkäufers: „Was ihr bio nennt, nennen wir Essen." Wenn Sie jetzt Appetit haben, gehen Sie ins **Restaurant Kerempuh** (Kaptol 3; +385 1 481 9000; €), das auf einen Teil des Marktes blickt. Draußen neben der Tafel mit den Tagesangeboten stehen einige Tische. Oder Sie betrachten das Treiben von drinnen durch die großen Fenster. Bestellen Sie eine Flasche Grasevina, einen kroatischen Weißwein, und dazu aus frischen saisonalen Zutaten zubereitete Gerichte wie gegrillte Seebrasse mit Mangold und Kartoffeln.

**6** *Grüner Rahmen* 14 Uhr

In der Unterstadt herrscht im Vergleich zur Oberstadt eine ruhige Atmosphäre. Der Stadtbezirk im Habsburger Stil des 19. Jahrhunderts wird von einem „grünen Hufeisen" aus Parks eingerahmt, in denen oft Konzerte stattfinden. Im Umfeld findet man eine Mischung aus großartiger Architektur und Kulturein-

richtungen. Das in einem Neurenaissancepalast eingerichtete **Mimara-Museum** (Rooseveltov trg 5; +385 1 482 8100) zeigt eine Sammlung, deren Spektrum von persischen Teppichen bis zu Werken von Renoir, Rubens und Degas reicht.

**7** *Licht und Kunst* 16 Uhr

Jenseits der Save liegt eine jüngere Kulturinstitution der Stadt, das von Igor Franic entworfene, 2010 eröffnete **Museum für zeitgenössische Kunst** (Avenue Dubrovnik 17; +385 1 605 2700; msu.hr/#/en/). Es bietet wechselnde Ausstellungen und ein Programm mit Filmen, Konzerten und Performances. Das Museum ist mit seinem wechselnden Lichterspiel und Videobildern, die auf eine Konstruktion aus Glas und Beton projiziert werden, selbst ein Kunstwerk.

**8** *Die Küche Dalmatiens* 20 Uhr

Dalmatinische Spezialitäten vom Delta der Neretva bietet das **Didov san** (Mletacka 11; +385 1 485 1154; konoba-didovsan.com; €€) – Großvaters Traum – an. Großväterchen kann stolz auf seine Nachkommen sein, die Eintöpfe mit Aal und Fröschen oder geschmortes Lamm mit Gemüse servieren. Die Decke schmücken rohe Holzbalken, an den Wänden hängen Schwarz-Weiß-Fotos von mit Trauben beladenen Eseln. Gäste mit großem Hunger sollten den Eintopf Didova Tava wählen.

**9** *Livemusik* 24 Uhr

Zagreb bietet in einer Vielzahl von Klubs in der Nähe der Kathedrale und um den Ribnjak-Park noch zu später Stunde Livemusik. Hier gibt es Funk, Disco, Punk, Ska, Blues, Jazz oder gar Rockabilly. Gehen Sie ins **Melin Café** (Kozarska 19, in der Mlinske Stube; +385 91 971 0999; facebook.com/melinbar), in dem DJs auflegen und Livekonzerte stattfinden. Die Café-Bar mit Außenterrasse hat ein breites Angebot an lokalen Schnäpsen. Probieren Sie GEA, einen starken, süßen Brandy auf Honigbasis mit Chili.

**10** *Jugo-Nostalgie* 10 Uhr

Der Flohmarkt am **Britischen Platz** (Britanski trg) zeigt, dass Trödel aus jugoslawischer Zeit durchaus geschätzt wird. Feilschen Sie um Tito-Porträts,

filigrane Zigarettenetuis, Medaillen und anderen alten Kram. Dann halten Sie nach dem Schild „Simply Luxury Coffee" Ausschau, das Sie zu **Eli's Caffe** (Ilica 63; +385 91 455 5608; eliscaffe.com) führt. Nik Orosi, der Besitzer, ist ein berühmter Barista. Er röstet die Bohnen selbst und serviert den besten Kaffee der Stadt.

**11** *Naturerlebnis* 11 Uhr

Die Wanderwege im **Nationalpark Medvednica** (pp-medvednica.hr; nehmen Sie die Straßenbahnlinien 14 oder 8 zur Linie 15), einem 228 km² großen waldreichen Gebirgsareal mit Eichen, Kastanien und viel Wild oberhalb von Zagreb, bieten schöne Ausblicke. Eine mittelschwere Wanderung führt zur

Puntijarka-Hütte (+385 1 458 0384) auf 957 m Höhe. Stärken Sie sich dort mit einem kräftigen Bohneneintopf mit Wurst und einem großen Bier.

**GEGENÜBER** Die Kirchturmspitzen und Dächer von Zagreb. Dass die Stadt im 11. Jahrhundert entstand, sieht man besonders in der Oberstadt mit ihren engen Gassen.

**OBEN** Das Grab von Kardinal Alojzije Stepinac in der Kathedrale von Zagreb, die früher Stephansdom hieß.

## BASICS

Fast alle Ziele sind vom Jelacic-Platz in 20 Minuten zu Fuß erreichbar. Ansonsten nimmt man die Straßenbahn.

**Esplanade Zagreb Hotel**
Mihanoviceva ulica 1
+385 1 45 66 666
esplanade.hr
€€
*1925 für die Passagiere des Orientexpress eröffnetes Hotel; später wohnten hier Queen Elizabeth II. und Louis Armstrong.*

**Palace Hotel**
J. J. Strossmayera trg 10
+385 1 489 9600
palace.hr
€€
*Ältestes Hotel der Stadt; vom plüschigen Café kann man gut den Strossmayer-Platz beobachten.*

**Hotel Dubrovnik**
Ljudevita Gaja 1
+385 1 486 3555
hotel-dubrovnik.hr
€€
*Hervorragend gelegenes, modern eingerichtetes Hotel mit guter Ausstattung.*

**Zagreb**

1/4 Meile
1/2 Kilometer

Stadtmuseum
GRADEC — OPATICKA — KOZARSKA — KAPTOL
Didov san — **8**
St.-Markus-Kirche — **9** Melin Café
RIBNJAK-PARK — OBERSTADT
Museum der zerbrochenen Beziehungen — **2**
Restaurant Kerempuh
Britischer Platz — **10**
Dolac-Markt — **5**
ILICA
BRITANSKI TRG
Jelacic-Platz — **4**
**1** Kathedrale von Zagreb
Eli's Caffe
Slasticarnica Millennium
Hotel Dubrovnik
TESLINA
**3**
ROOSEVELTOV TRG
Vinodol
Palace Hotel
Mimara-Museum — **6**
UNTERSTADT
STROSSMAYEROV TRG
TRG BRACE MAZURANIC
MIHANOVICEVA
Esplanade Zagreb Hotel

4 Meilen
5 Kilometer

**11** Nationalpark Medvednica

**Zagreb**

Detail

Save
**7** Museum für zeitgenössische Kunst

KROATIEN

UNGARN
SLOW.
• Zagreb
BOSNIEN-HERZEGO-WINA
KROATIEN
• Sarajevo
Adria
ITALIEN

# Sarajevo

*Mittags mischt sich in Sarajevo der Ruf des Muezzins vom Minarett mit dem Klang der Kirchenglocken. Straßenbahnen rumpeln an Shisha-Rauchern und Kaffeehausbesuchern vorbei. Gestylte Frauen stöckeln durch die gepflasterten Gassen. Der Charme der Hauptstadt von Bosnien-Herzegowina ist ansteckend, dabei lastet auf all dem eine tragische Vergangenheit. 1992 wurde Sarajevo, in dem einst Muslime, Christen und Juden friedlich nebeneinander ihre Religion ausübten, der Schauplatz einer fast vierjährigen Belagerung mit über 11 000 Todesopfern. Seitdem hat sich viel geändert. Doch der kreative Überlebenswille von damals ist heute noch spürbar. In den Stadtvierteln im Tal und an den Ausläufern der Berge trifft man auf die Spuren früherer Epochen und einen sehr dynamischen, zukunftsorientierten Unternehmergeist. Zwischen Gebäuden verschiedenster Stilrichtungen – von osmanisch über Wiener Sezession bis hin zu kommunistisch und modern – sind zahllose Cafés, Theater und Boutiquen entstanden. Und Besucher wie Einheimische entdecken zunehmend die umliegenden Berge, an deren Hängen 1984 die Winterolympiade ausgetragen wurde. – ALEX CREVAR*

## FREITAG

**1** *Habsburger Erbe* 18 Uhr

Das Abendessen im **4 Sobe Gospodje Safije** (Cekalusa 61; +387 62 622 822; 4sgs.net; €€) führt direkt in Sarajevos wechselvolle Vergangenheit. Der Name des Restaurants „Die 4 Zimmer von Frau Safija" verweist auf das Gebäude, das ein österreichischer Graf während der Habsburgerherrschaft 1910 für seine bosnische Geliebte Safija erbauen ließ. Ihre Beziehung über die ethnischen Grenzen hinweg war damals verpönt. Das im glanzvollen Stil der Habsburgerzeit restaurierte und dekorierte Restaurant zählt zu den besten der Stadt. An einem Abend gab es z. B. gegrilltes Kalb mit Rosmarin und Anchovissauce. Probieren Sie einen regionalen Wein wie roten Blatina oder weißen Zilavka.

**2** *Theater zum Überleben* 20 Uhr

Im gleichen Viertel unterhalb des ehemaligen Olympiastadions liegt das **Sarajevski Ratni Teatar** (Gabelina 16; +387 33 664 070; sartr.ba) – das Sarajevoer Kriegstheater, kurz SARTR. Das einen Monat nach Beginn der Belagerung gegründete Theater gab während des Kriegs Hunderte von Aufführungen und wurde so zum Symbol des Widerstands. Nihad Kresevljakovic, der Theaterleiter, erklärte dazu: „Kreativ zu sein, war die einzige Chance, um den Krieg zu überleben. Die Einwohner Sarajevos wissen, dass Kultur und Kunst ebenso menschliche Grundbedürfnisse sind wie Essen und Trinken." Das SARTR setzt seine experimentelle, engagierte Arbeit mit Musicals, Tanz, dokumentarischen und dramatischen Theateraufführungen fort und gilt als kreativste freie Bühne der Stadt. Das Stück *The Secret of Raspberry Jam* schildert schonungslos den Krieg in Sarajevo.

**3** *Gemütlicher Kitsch* 22 Uhr

Für einen Absacker gehen Sie ins **Caffe Zlatna Ribica** (Kaptol 5; +387 33 836 348). Diese Café-Bar, schräg gegenüber der Ewigen Flamme für die Opfer des Zweiten Weltkriegs, ist vermutlich Sarajevos kitschigste Kneipe. In den Spiegelwänden reflektiert sich ein schummrig beleuchtetes Durcheinander aus Leuchtern, Karaffen, Plüschsesseln, Musikinstrumenten, Weihnachtslichterketten und flackernden Schwarz-Weiß-Fernsehbildern. Dazu erklingt im Hintergrund Jazz. Im Winter empfiehlt sich der Glühwein nach Hausrezept, im Sommer die selbst gemachte Sangria mit Orangen und Kirschen.

**GEGENÜBER** Die Gazi-Husrev-Beg-Moschee aus dem 16. Jahrhundert im Zentrum von Sarajevo.

**UNTEN** Börek, mit Fleisch gefüllte Teigware, im Buregdzinica Bosna. Genießen Sie ein Stück, dazu ein Glas Ayran.

**SAMSTAG**

**4** *Kaffeekultur* 9.30 Uhr

Die Einwohner Sarajevos pflegen das Kaffeetrinken als ein Ritual zur Entspannung. Im rustikalen **Cajdzinica Dzirlo** (Kovaci 16; +387 61 159 965; €) am Ostrand von Bascarsija können Sie bei einem in Kupferbechern servierten starken bosnischen Kaffee mit feiner Schaumkrone relaxen. Wer es moderner mag, geht ins **Rahatlook** (Ferhadija 41; +387 611 448 12) am westlichen Rand von Bascarsija und genießt dort Kafa (Kaffee) und Orasnica (Walnussgebäck).

**5** *Tunnel der Rettung* 11 Uhr

Die von **Sarajevo Insider** (Zelenih Beretki 30; +387 33 53 43 53; sarajevoinsider.com) angebotene Tour „Times of Misfortune" erschließt die vielen Aspekte dieser Stadt, die in den vergangenen 150 Jahren unter sieben verschiedenen Nationalflaggen lebte. Die Führer erklären die stürmischen Veränderungen, wobei der Schwerpunkt auf dem Krieg von 1992 bis 1995 liegt. Von der Weißen Festung bietet sich ein Panoramablick über das Tal, bevor man in der Stadt den Schauplatz des Attentats auf Erzherzog Franz Ferdinand (1914) und das von Friedhöfen eingerahmte Olympiastadion besucht. Den Höhepunkt bildet das **Tunnelmuseum** (Tuneli 1; +387 33 684 032) am Eingang zu dem 1993 von den Einwohnern gegrabenen 800 m langen Tunnel, der einzigen Nachschublinie für die belagerte Stadt.

**6** *Lamm am Spieß* 13 Uhr

Fahren Sie mit dem Taxi durch die ältesten Stadtviertel (*mahala*) Sarajevos aus osmanischer Zeit zum **Restaurant Kibe** (Vrbanjusa 164; +387 33 441 936; kibemahala.ba; €). Klingeln Sie an der Tür (Reservierung obligatorisch) und steigen Sie die Treppe hinauf zum Speisesaal mit seinem Ausblick auf die Stadt. Hier serviert man mit die beste traditionelle Küche der Stadt. Probieren Sie als Vorspeise Klepe, bosnische Ravioli mit Fleischfüllung in Sauerrahmsauce. Die Spezialität des Hauses, Lamm am Spieß,

sollte man am besten gleich bei der Reservierung bestellen.

**7** *Kunsthandwerk* 15 Uhr

Entlang der Haupteinkaufsstraße Sarajevos, die im osmanischen Viertel Saraci und im österreichisch-ungarischen Ferhadija heißt, arbeiten in versteckt gelegenen Ateliers zahlreiche Künstler und Kunsthandwerker. Bei **Kazandzijska Radnja** (Kovaci 17; +387 61 144 771) können Sie ein aus Kupfer getriebenes Kaffeeset kaufen. **Becart** (Gazi Husref-begova 30; +387 33 534 240; becart.ba) in der Nähe der Gazi-Husrev-Beg-Moschee gestaltet vor Ort Silberschmuck wie Armbänder aus Filigransilber. **Edo** (Ferhadija 16; +387 33 223 268; edocipele.ba) fertigt Ihnen nach Fußabdruck Schuhe auf Maß an.

**8** *Nicht nur Fleisch* 19 Uhr

Vegetarische Gerichte werden in Sarajevo eher selten angeboten, das **Karuzo Restaurant** (Dzenetica Cikma bb; +387 33 444 647; karuzorestaurant.com; €) hinter dem Markale-Markt ist eine löbliche Ausnahme. Zum üppigen Kürbisgratin nach Lasagneart mit Kichererbsen und Ziegenkäse passt ein Weißwein von der internationalen Getränkekarte. Für Nichtvegetarier gibt es Meeresfrüchte und sogar Sushi.

**9** *Selbst gebrannter Rakija* 22 Uhr

Generationen von Bosniern sind mit von der Familie selbst gebranntem Rakija aufgewachsen. Neuerdings hat sich der an Grappa erinnernde Schnaps mit Frucht- oder Kräutergeschmack zu einem angesagten Getränk entwickelt. Im **Barhana Restaurant & Grapperia** (Dzulagina Cikma 8; +387 33 447 727; barhana.ba) mit einem Steinofen für eine späte Pizza und einem versteckten Garten serviert man 25 Varianten, darunter Pflaume, Kirsche und Honig. Wir empfehlen den Travarica, einen wohltuenden Kräuterschnaps.

**SONNTAG**

**10** *Bosnischer Brunch* 10.30 Uhr

Das Imbissangebot in Sarajevo ist vielfältig. Die beliebten Cevapcici, gegrillte Hackfleischröllchen mit Zwiebeln und fettem Rahm (Kaymak) auf Fladenbrot, probieren Sie am besten bei **Cevabdzinica Zeljo 2**

(Kundurdziluk 19; +387 33 447 000; €). Auch Börek, mit Rindfleisch gefüllte Teigtaschen, werden gern gegessen. Die mit Kartoffeln, Käse und Spinat gefüllte Version heißt Pita. Bei **Buregdzinica Bosna** (Bravadziluk 11; +387 33 538 426; €) genießt man dazu ein Glas Ayran. Zum Abschluss geht's in das 100 Jahre alte **Cafe Slasticarna Ramis** (Saraci 1; +387 33 535 947; €), wo man sich eine traditionelle Tufahija gönnt, pochierten Apfel mit Schlagsahne und Walnüssen.

**11** *Bergpanorama* 12 Uhr
   Versteckt in einem von Bergen eingerahmten Flusstal bietet Sarajevo neben seinen städtischen Attraktionen auch häufig übersehene Naturschönheiten. Seit über 15 Jahren organisiert **Green Visions** (trg

Barcelone 3; +387 33 717 290; greenvisions.ba) Ökotouren. Unternehmen Sie eine drei- bis vierstündige Wanderung durch die Fichtenwälder bis zum Trebevic, einem 1629 m hohen Berg und Veranstaltungsort der Winterolympiade 1984.

**GEGENÜBER** Gebäckauswahl im Cafe Slasticarna Ramis.

**OBEN** Das Restaurant Kibe, eines der besten Lokale Sarajevos, serviert traditionelle Gerichte.

---

## BASICS

Direktflüge nach Sarajevo gibt es von zahlreichen europäischen Städten.

**Hotel Bristol**
Fra Filipa Lastrica 2
+387 33 705 000
bristolsarajevo.com
€€
*Moderne Zimmer, Frühstück, Spa und Pool.*

**Hotel Central**
Cumurija Street 8
+387 33 561 800
hotelcentral.ba
€€
*Aufwendig renoviertes Hotel im Stadtzentrum.*

**Garni Hotel Konak**
Mula Mustafe Baseskije 54
+387 33 533 506
konak.ba
€
*Klein, komfortabel und gut gelegen.*

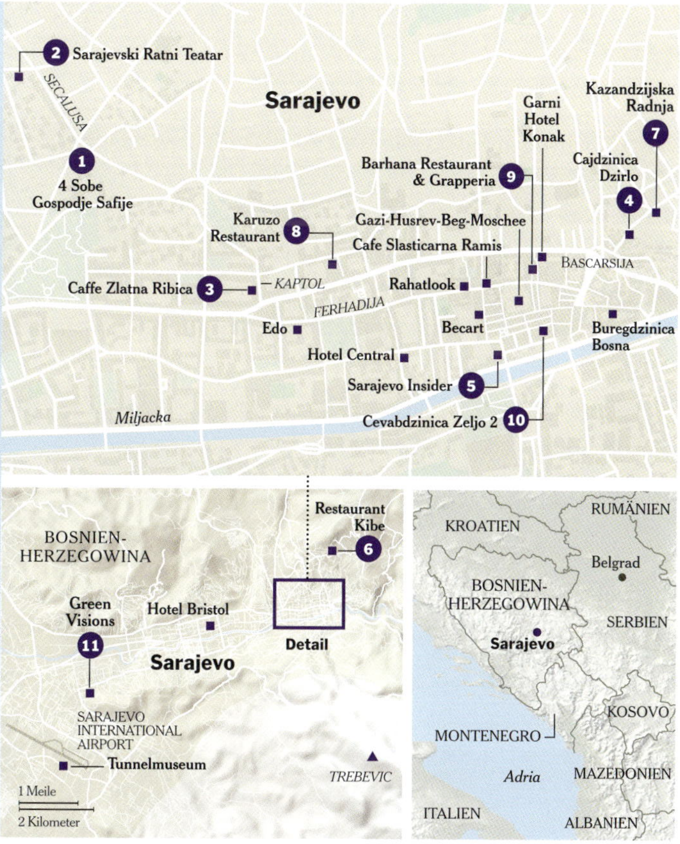

**Map: Sarajevo**

- ② Sarajevski Ratni Teatar
- ① 4 Sobe Gospodje Safije
- ③ Caffe Zlatna Ribica
- ⑧ Karuzo Restaurant
- Cafe Slasticarna Ramis
- Barhana Restaurant & Grapperia ⑨
- Gazi-Husrev-Beg-Moschee
- Rahatlook
- Edo
- Becart
- Hotel Central
- Sarajevo Insider ⑤
- Cevabdzinica Zeljo 2 ⑩
- Garni Hotel Konak
- Kazandzijska Radnja ⑦
- Cajdzinica Dzirlo ④
- Buregdzinica Bosna
- KAPTOL
- FERHADIJA
- SECALUSA
- BASCARSIJA
- Miljacka

**Map: Detail / Bosnien-Herzegowina**

- Restaurant Kibe ⑥
- BOSNIEN-HERZEGOWINA
- Green Visions ⑪
- Hotel Bristol
- Detail
- Sarajevo
- SARAJEVO INTERNATIONAL AIRPORT
- Tunnelmuseum
- TREBEVIC
- 1 Meile
- 2 Kilometer

**Map: Region**

- KROATIEN
- RUMÄNIEN
- Belgrad
- BOSNIEN-HERZEGOWINA
- Sarajevo
- SERBIEN
- MONTENEGRO
- KOSOVO
- Adria
- MAZEDONIEN
- ITALIEN
- ALBANIEN

# Belgrad

*Ist Belgrad das nächste Berlin? Grau, mit rumpeligen Straßenbahnen und herbem Charme wirkt die serbische Hauptstadt wie die osteuropäische Schwester Berlins. Die bunte Kneipenszene, niedrigen Preise, talentierten jungen Designer, ehemaligen Industrieviertel, die umgewidmet werden, und das ausschweifende Nachtleben – von DJ-Bars bis Partyschiffe – legen den Vergleich nahe. Auch wenn es hier keine Museen von Weltrang gibt wie in Berlin, hat die Stadt an der Mündung der Save in die Donau ihren ganz eigenen Reiz mit historischen Vierteln, wehrhaften Festungsanlagen und schönen Parks.* – SETH SHERWOOD

## FREITAG

## 1 *An der blauen Donau* 16 Uhr

Die heutige Parkanlage **Kalemegdan** an der Savemündung in die Donau ist die Keimzelle Belgrads. Vor Jahrtausenden siedelten hier bereits die Kelten, und auch viele nachfolgende Völker und Reiche hinterließen ihre Spuren. Für tolle Ausblicke und eine kleine Geschichtsstunde betreten Sie den Park am Nordende der Straße Knez Mihailova und halten sich links. Bei Ihrem Rundweg bieten Aussichtspunkte Blicke auf die Save und die Partyboote, die nachts zum Leben erwachen, wie das Hot Mess und 20/44, bevor Sie zur Belgrader Festung gelangen, die größtenteils aus dem 18. Jahrhundert stammt. Innerhalb der Mauern befinden sich ein römischer Brunnen, ein österreichischer Uhrenturm aus dem 18. Jahrhundert, ein osmanisches Mausoleum, ein slawisches Herrenhaus aus dem 19. Jahrhundert sowie ein Militärmuseum – also fast die ganze serbische Geschichte.

## 2 *Kunst und Kommerz* 18 Uhr

Auf der Knez Mihailova gibt es alles, was das Herz begehrt: Buch- und Souvenirläden, Kaufhäuser, Modeketten, Zeitungskioske. Daneben ist diese belebte Fußgängerzone auch ein Ort für Künstler, Straßenmusiker und Schausteller. Richten Sie Ihren Blick aber auch nach oben, denn die prächtigen Gebäudefassaden aus dem 19. und frühen 20. Jahrhundert zeigen die architektonische Vielfalt der Stadt: Klassizismus, Neorenaissance und Romantik. In Nr. 42, die

**GEGENÜBER** Die beliebte Parkanlage Kalemegdan hat eine lange Geschichte, die bis in die Keltenzeit zurückreicht.

in den 1920ern im Sezessionsstil als Bankhaus errichtet wurde, befindet sich heute das **Zepter-Museum** (Knez Mihailova 42; zeptermuseum.rs) mit Gegenwartskunst und aus dem 20. Jahrhundert.

## 3 *Fast wie früher* 21 Uhr

Großmutter wäre stolz, denn in ambitionierten Restaurants wird die traditionelle Balkanküche mit modernen Zutaten und Zubereitungstechniken neu interpretiert. So auch im **Ambar** (Karadjordjeva 2–4; ambarrestaurant.com; €), eine der vielen schicken Restaurant-Bars in der Beton Hala an der Save. Hier treffen sich junge Berufstätige vor dem Clubbing zu einem Abendessen, das aus Kaymak (Rahm) mit Haselnüssen und Steinpilzen oder Pflaumen im Speckmantel bestehen kann. Als Hauptgericht gibt es für Traditionalisten gegrilltes Fleisch, während Kreationen wie salzig-knusprige Ente mit süßer Rote-Bete-Salsa und Erbsenpüree den modernen Geschmack treffen. Zu allem gibt es Wein vom Balkan.

## 4 *Unter der Brücke* 23 Uhr

Am Tag lockt das Viertel Savamala, das neue Kreativzentrum der Stadt am Saveufer, mit Kunstgalerien, hippen Barbershops und Kulturzentren in einst leer stehenden Gebäuden. Abends kommt man wegen der vielen Bars hierher, wie der sündig roten, kerzenbeleuchteten **Ben Akiba** (Brace Krsmanovica 6 ) mit Vintagemöbeln und einer Getränkekarte, die von Brooklyn Lager bis Tetka Bosiljka alles bietet. Am Ende der Straße liegt die beliebte **Tranzit Bar** (Brace Krsmanovica 8; +381 65 872 6948), eine Mischung aus Restaurant, Lounge-Bar und Nachtklub, wo es entweder Livemusik (darunter Pop, R&B, Funk, Rock und Soul) gibt oder DJs auflegen, überwiegend House. Im Frühjahr und Sommer kann man draußen sitzen.

## SAMSTAG

## 5 *Kaffeedurst* 10 Uhr

Kaffee ist Belgrads Treibstoff, und die coolsten Tankstellen gibt es in dem aufkommenden Viertel Dorcol. Suchen Sie sich einen Platz in der grünen Oase des **Aviator** (Gundulicev Venac 59a; facebook.com/aviatorcoffeeexplorer) mit Topfpflanzen, Obstkörben, dschungelgrünen Sitzbänken und studieren Sie die umfangreiche Kaffeekarte. Kleiner und durch

grobe Steinwände und Dielenböden rustikaler geht es im **Przionica D59B** (Dobracina 59b; przionica. tumblr.com) zu, wo der Kaffee selbst geröstet wird und es Latte und Espresso-Martini gibt.

**6** *Schweinereien* 12 Uhr

Zwischen den Betonblöcken im Zentrum Belgrads sticht ein falscher Bauernhof heraus. Dekoriert mit Holzbalken, Weidenkörben und rot-weiß-karierten Tischdecken ist das **Cubura Kafana** (Macvanska 1; +381 11 244 0756; €) ein traditionelles Restaurant, wo Pärchen und Familien bei üppigen Mahlzeiten und lokalem Bier zusammensitzen. Rind gibt es hier reichlich, doch an erster Stelle steht Schweinefleisch. Neben deftigen, saftigen Schweins- und Rinderwürsten gibt es auch mageres Schweinefilet. Baklava, ein üppiges, honigsüßes Vergnügen, ist ein Erbe der einst in Serbien herrschenden Osmanen und Dessertklassiker auf dem ganzen Balkan.

**7** *Lokale Labels* 14 Uhr

Fashion-Shopper, aufgepasst! Was verbirgt sich in diesem trostlosen, heruntergekommenen Gebäude in einer reizlosen Seitenstraße unweit der lärmenden Makedonska? Überraschung: Es ist der **Belgrade Design District** (Cumicevo Sokace; facebook.com/ belgradedesigndistrict), ein ehemaliges Einkaufszentrum, in dem viele junge unabhängige Designer in kleinen Shops ihre Kreationen verkaufen.

**8** *Haus der Geister* 16 Uhr

Der Geist von Josip Broz Tito weht durch das **Museum der Geschichte Jugoslawiens** (Mihaila Mike Jankovica 6; mij.rs), das mit der Buslinie 41 vom Studentska-Platz aus erreichbar ist. Hier ist er nun, in einem biografischen Film des Museumskinos, wie er

sich morgens rasiert, Zigarren raucht und sich mit ausländischen Machthabern trifft. Auch im Museumsladen begegnet man ihm auf Tassen, Tellern und Postern und zu guter Letzt auch an seiner letzten Ruhestätte unter einer mächtigen Marmorplatte im sogenannten Haus der Blumen. Im ehemaligen Wintergarten werden auch die Folgen der Tito-Herrschaft aufgezeigt. Interessante Sonderausstellungen schaffen Abwechslung.

**9** *Homa sweet home* 20 Uhr

Kleine Serbischlektion: *sladoled* bedeutet Eiscreme, und Eis dominiert die Karte des **Homa** (Zorza Klemansoa 19; +381 11 328 6659; homa.rs; €€), eines weißen Tempels der Spitzengastronomie mit hohen Fenstern und hübschem Innenhof. Eine ungewöhnliche Eiscreme mit Parmesangeschmack begleitet einen Salat aus Erdbeeren, Pfefferkörnern, eingelegter Gurke und Zitronendressing, das alle Sinne weckt. Zur Entenkeule mit Topinambur-Confit gibt es Pfirsicheis, und Roseneis verleiht Kuchen mit dunklen Schokosplittern einen orientalischen Touch.

**10** *Partymeile* 23 Uhr

Gegenwart oder Vergangenheit? Diese Frage stellt sich auf der Straße Dzordza Vasingtona, aka George Washington. Wenn Sie von dort in die Skadarska gehen, finden Sie ein baumgesäumtes Sträßchen mit schmiedeeisernen Straßenlampen und Belgrads ältesten Gasthäusern. Die hölzerne Terrasse der **Kaldrma Bar** (Skadarska 40; facebook.com/kaldrma. bar) ist ein schönes Plätzchen für einen Cocktail, begleitet von Balkan-Folkbands, die auf der Straße

**OBEN** Auf der Einkaufsstraße Knez Mihailova spielt ein Flötenverkäufer auf einem seiner Instrumente.

spielen. Ganz anders geht es auf der Cetinjska zu, wo in den neuesten und lautesten Belgrader Musikklubs in einem einstigen Brauereikomplex das Nachtleben pulsiert, so auch im **Polet** (Cetinjska 15; facebook.com/polet.art.district), wo zwischen Vintagemöbeln und Kunst an den Wänden schräge Sounds zu hören sind und man unter Akademikern, älteren coolen Typen und Secondhand-Diven ein Jelen-Bier zischen kann.

### SONNTAG

**11** *Ein letzter Blick*  12 Uhr

Das hübscheste historische Viertel Belgrads, Zemun, ist perfekt für einen Sonntagsspaziergang. Barocke Kirchtürme und Gebäude aus dem 19. Jahrhundert werfen ihre Schatten auf Blumenbeete und gepflasterte Straßen mit Kunstgalerien, Kunsthandwerksläden, Cafés und Fischrestaurants. Der **Gardos-Turm** (kulanagardosu.com), aka Millennium-Turm aus dem 19. Jahrhundert thront auf einem Hügel über dem Viertel und ermöglicht von der umlaufenden Galerie einen 360-Grad-Blick: Über einem Meer aus roten Dächern sind Donau und Save sowie das Belgrader Stadtzentrum und der Kalemegdan zu erkennen.

**OBEN** Frisch aufgebrühter Kaffee im Aviator, wo – von den Pflanzen bis zu den Möbeln – die Farbe Grün dominiert.

---

## BASICS

Ein U-Bahn-Netz ist erst in Planung, deshalb sind die 1,5 Millionen Belgrader auf Auto und Bus angewiesen, um von A nach B zu kommen.

**Square Nine Hotel Belgrade**
Studentski trg 9
+381 11 333 3500
squarenine.rs
€€
*Stylische Unterkunft mit Dachbar und Spa in unmittelbarer Nähe zur Fußgängerzone und zum Kalemegdan.*

**Argo**
Kralja Milana 25
+381 11 364 0425
argohotelbelgrade.com
€
*Ordentlich und modern, im südlichen Teil des Stadtzentrums, nicht weit vom Bahnhof entfernt.*

*Map of Belgrade with numbered locations:*

Donau
RUMÄNIEN
KROATIEN
Donau
BOSN.-HERZEG.
**Belgrad**
Sarajevo
SERBIEN
MONT.
KOSOVO

Sava
Donau
DUNAVSKA
BULEVAR VOJVODE BOJOVICA
**Belgrad**

Ambar
**3**
**1** Kalemegdan-Park
Przionica
D59B

Square Nine Hotel Belgrade
Aviator **5**
**9**
Homa
DUNAVSKA

Hot Mess
SKADARSKA
POENKAREOVA

20/44
**2** Zepter-Museum
**10** Kaldrma Bar
Polet
BULEVAR DESPOTA STEFANA

KNEZ MIHAILOVA STREET
**7** Belgrade Design District
1/4 Meile
1/2 Kilometer

**4** Ben Akiba
Tranzit Bar
KARADORDEVA
TERAZIJE

Gardos-Turm **11**
Donau
1 Meile
2 Kilometer

Belgrad
Detail
Argo
SERBIEN
Sava

TRG NIKOLE PASICA

SAVSKA

BULEVAR KRALJA ALEKSANDRA

Cubura Kafana **6**
Museum der Geschichte Jugoslawiens **8**
E-75

# Bukarest

*Die rumänische Hauptstadt kann sich kulturell durchaus mit Prag und Budapest messen, ist aber viel preiswerter und nicht so überlaufen. Das Abendessen in einem renommierten Restaurant kostet einen Bruchteil dessen, was man in den meisten europäischen Hauptstädten bezahlt. Auch Opernkarten sind erstaunlich günstig. Doch die Oper ist nicht die einzige Option: Die Musikszene umfasst ein Spektrum, das von George Enescu, dem berühmten Komponisten des 20. Jahrhunderts, bis zu House-DJs und Gipsybands reicht. Das Stadtbild ist vielfältig, mit byzantinischen Kirchen neben prächtigen Jugendstilpalais und modernen Hochhäusern. In Lipscani, dem historischen Stadtkern, sind heute in viele der alten Gebäude Cafés, Restaurants, Boutiquen und Bars eingezogen. Rumänien hat sich bereits sichtbar vom Kommunismus und der Diktatur unter Ceauşescu erholt. In Bukarest ist diese neue Dynamik überall zu spüren.* – EVAN RAIL

## FREITAG

### 1 *Wo das Alte neu ist* 14 Uhr

In Bukarest die Straße zu überqueren ist riskant, doch zu Fuß kommt man in **Lipscani** am besten voran. In das alte Viertel um die Lipscani-Straße sind neue Unternehmen eingezogen, und nachts spielt sich hier das Partygeschehen ab. In einigen architektonisch interessanten Bauwerken residieren Banken. Schauen Sie sich die Lobbys an, so sie zugänglich sind. Im Hof des Restaurants **Hanul cu Tei** (Lipscani 63–65; hanulcutei.ro) findet man trendige Kunstgalerien und Läden. Stöbern Sie in den Antiquitätengeschäften nach Schnäppchen und achten Sie auf die Stände, die Covrigi – rumänische Brezeln – verkaufen. Was wäre Rumänien ohne Dracula? Tatsächlich kann man in Lipscani die Ruinen der **Curtea Veche** (Franceza 25; +40 21 314 0375; muzeulbucurestiului.ro/En/the-old-princely-court.html), des von Vlad III. („Der Pfähler") 1459 erbauten Fürstenhofs besichtigen.

### 2 *Finden Sie Brâncuşi* 16 Uhr

Machen Sie einen Abstecher zum **Nationalen Kunstmuseum von Rumänien** (Victoriei 49–53; +40 21 313 3030; mnar.arts.ro) im ehemaligen Königs-

**GEGENÜBER** Der prachtvolle Konzertsaal des Athenäum.

palast aus dem 19. Jahrhundert. Die beeindruckende Dauerausstellung zeigt Werke von El Greco, Rembrandt, Rubens und Sisley sowie lokaler Künstler wie Gheorghe Patrascu. Schauen Sie sich *Die Betende* an, eine frühe Bronzeskulptur von Constantin Brâncuşi, der aus Rumänien stammt. Vom Museum geht es zurück nach Lipscani. Trinken Sie in der Weinbar **Bruno** (Strada Covaci 3; +40 75 755 7291; brunowine.ro) ein Gläschen auf der ruhigen Terrasse.

### 3 *Man zeigt, was man hat* 19 Uhr

Ein Aspekt der aktuellen, stark materialistisch ausgerichteten rumänischen Kultur ist das „Gesehenwerden". Die **Casa di David** im Herastrau-Park (Herastrau Park, Soseaua Nordului, 7–9; +40 21 232 4715; casadidavid.ro; €€€) ist ein idealer Ort dafür. Einige der Abendgäste sehen aus, als wären sie eben aus Saint-Tropez eingeflogen. Durch große Fenster blickt man auf einen See. Auf der Speisekarte stehen u. a. Steinbutt mit Spinat, Paprika, Curry und Reis oder Schokoladentarte mit Mangosorbet.

### 4 *Glanz und Glamour* 20 Uhr

In Bukarest dominiert die klassische Musik. Der wichtigste Konzertsaal ist das 1888 erbaute **Athenäum** (Benjamin Franklin 1–3; +40 21 315 2567; fge.org.ro) mit seinem prächtigen, klassizistischen Interieur in Rot und Gold. Hier ist auch die Philharmonie George Enescu beheimatet. Einige Straßen weiter steht die **Bukarester Nationaloper** (Mihail Kogalniceanu 70–72; +40 21 314 6980; operanb.ro), ein für sein gutes Ensemble bekanntes Haus. Ein ganz anderes, bunt gemischtes Völkchen tummelt sich später im **Control Club** (Constantin Mille 4; +40 73 392 7861; controlclub.ro), wo die DJs die Elektrobeats bis 4 Uhr am Laufen halten.

## SAMSTAG

### 5 *Pariser Flair* 9 Uhr

Bukarest wurde wegen seiner Affinität zu allem Französischen, sei es Essen, Architektur oder Mode, auch als Micul Paris (Kleines Paris) bezeichnet. Die großen Boulevards, wie Victoriei und Dacia, bieten viele schöne Ausblicke. Spazieren Sie vom Stadtzentrum nach Norden entlang der ruhigen, von Bäumen gesäumten Soseaua-Kiseleff-Straße im Villenviertel

der Stadt, die an eine der großen Pariser Alleen erinnert. Sie kommen an den **Arcul de Triumf**, eine kleinere Version des Arc de Triomphe. Er wurde 1936 als Nachfolger verschiedener provisorischer Triumphbögen errichtet, die zuvor hier standen. Rechts davon liegt der Platz Charles de Gaulle, doch Sie gehen geradeaus an den Parkanlagen vorbei weiter.

**6** *Landleben* 10 Uhr

Einen Einblick in die bäuerliche Vergangenheit Rumäniens bekommt man im **Dorfmuseum** (Soseaua Kiseleff 28–30; +40 21 317 9110; muzeul-satului.ro). Dieses Museum, eines der ältesten seiner Art, wurde 1936 per Dekret vom König geschaffen, um die Geschichte des Dorflebens in Rumänien zu dokumentieren. Aus ganz Rumänien wurden teilweise aus dem Jahr 1775 stammende Häuser, Kirchen, Scheunen, Windmühlen und andere Bauten hierhergebracht und in einem bewaldeten Park am Ufer des Herastrau-Sees aufgebaut. Das Ensemble bietet Einblick in das Landleben, in dessen Geschichte und Traditionen. Bis heute lebt die Mehrheit der Rumänen auf dem Land.

**7** *Lunch in der Bank* 12.30 Uhr

Zurück in Lipscani speisen Sie im eleganten Ambiente des **Grand Cafe Van Gogh** (Strada Smardan 9; +40 31 107 6371; vangogh.ro; €), einem ehemaligen Bankgebäude aus den 1920er-Jahren. Die Karte bietet Salate, Sandwiches und Quesadillas, dazu einige

Fleischgerichte. Der Kaffee ist gut, aber es gibt auch verschiedenste alkoholische Getränke.

**8** *Megalomania* 14 Uhr

Die pompöse Großspurigkeit des **Parlamentspalastes** (Strada Izvor 2–4; +40 733 558 102; cdep.ro), aus Ceauşescu-Zeiten auch als „Haus des Volkes" (Casa Poporului) bekannt, sucht ihresgleichen. Der Palast gilt als das zweitgrößte Verwaltungsgebäude weltweit nach dem Pentagon. Sicherlich ist es eines der schwersten Bauwerke der Welt, mit einer Million Kubikmetern Marmor, 900 000 Kubikmetern Holz und einem fünf Tonnen schweren Kristallleuchter. Bei seinen größenwahnsinnigen Plänen für Bukarest kannte Ceauşescu keine Grenzen. Er ließ alte Viertel, Kirchen und Synagogen abreißen, um Platz für das Gebäude und eine Prachtstraße zu schaffen. Erst bei einer Führung (in verschiedenen Sprachen angeboten) erschließt sich die ganze Megalomanie des Baus. Ceauşescu wollte etwa, dass eine der Empfangshallen ein Dach bekam, das sich öffnen ließ, damit Helikopter darin landen konnten. Ein Pluspunkt ist das im Gebäude eingerichtete **Nationalmuseum für Moderne Kunst** (mnac.ro).

**9** *Bierlaune* 20 Uhr

Das Lokal **Caru' cu Bere** (Strada Stavropoleos 5; +40 21 313 7560; carucubere.ro; €), eine Bierhalle aus der Belle Époque mit farbigen Glasfenstern, Bedie-

nungen in Bauernkostümen und Unterhaltungseinlagen, ist bei Einheimischen sehr beliebt. Probieren Sie Schweinshaxe mit Schmorkraut und dazu ein hausgebrautes Bier. Als Dessert werden Strudel, Windbeutel und Schokokuchen angeboten. Genießen Sie in Ruhe die Atmosphäre – bis 2 Uhr früh ist geöffnet.

**SONNTAG**

**10** *Mode vom Land* 11 Uhr

Das **Museum des rumänischen Bauern** (Soseaua Kiseleff 3; +40 213179660; muzeultaranuluiroman.ro) stellt Handarbeiten, Werkzeuge und andere Gegenstände aus, die man z. B. in den Gebäuden des tags zuvor besichtigten Dorfmuseums finden konnte. Der

Museumsshop bietet viele Handarbeiten an. Die bestickten Baumwollkittel für Frauen könnten aus einer modernen Frühjahrskollektion stammen, Männer erwärmen sich eher für die Wollwesten. Zudem gibt es gewebte Wollteppiche und kunstvoll bemalte Eierschalen.

**GEGENÜBER** Der Arcul de Triumf erinnert an Paris.

**OBEN** Geselliges Beisammensein im Caru' cu Bere.

---

**BASICS**

Am Flughafen nehmen Sie ein Taxi oder den Expressbus. In der Stadt geht man zu Fuß, nimmt die Metro oder ein Taxi eines seriösen Unternehmens.

**Athénée Palace Hilton**
Episcopiei 1–3
+40 21 303 3777
hiltonbucharest.com
€€
*1914 erbaut und inzwischen behutsam modernisiert, opulenter Ballsaal.*

**Novotel Bucharest City Center**
Victoriei 37b
+40 21 308 8500
novotel.com
€€
*Zimmer mit luftig-leichtem Dekor in einem modernen Hochhaus.*

**Hotel Unique Bucharest**
Caderea Bastiliei 35
+40 21 319 4591
hotelunique.ro
€
*Kleines Boutiquehotel mit elegantem, modernem Styling.*

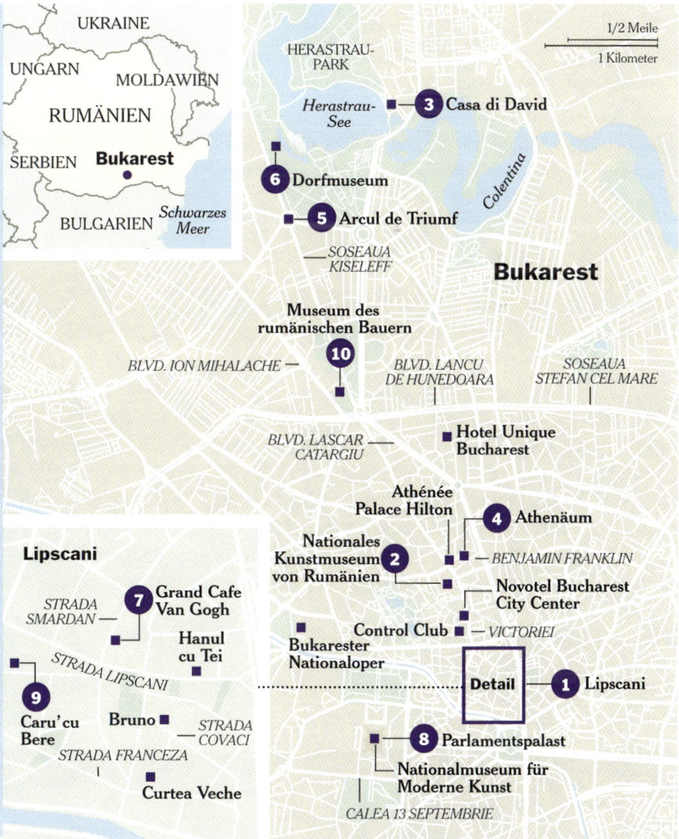

UKRAINE
UNGARN
MOLDAWIEN
RUMÄNIEN
SERBIEN · Bukarest
BULGARIEN · Schwarzes Meer

HERASTRAU-PARK
Herastrau-See
**3** Casa di David
**6** Dorfmuseum
Colentina
**5** Arcul de Triumf
SOSEAUA KISELEFF
**Bukarest**

Museum des rumänischen Bauern
**10**
BLVD. ION MIHALACHE
BLVD. IANCU DE HUNEDOARA
SOSEAUA STEFAN CEL MARE

BLVD. LASCAR CATARGIU
Hotel Unique Bucharest

Athénée Palace Hilton
**4** Athenäum
Nationales Kunstmuseum von Rumänien
**2**
BENJAMIN FRANKLIN
Novotel Bucharest City Center

**Lipscani**
STRADA SMARDAN
**7** Grand Cafe Van Gogh
Hanul cu Tei
STRADA LIPSCANI
Control Club
VICTORIEI
Bukarester Nationaloper
Detail
**1** Lipscani

**9**
Caru'cu Bere
Bruno
STRADA COVACI
STRADA FRANCEZA
Curtea Veche

**8** Parlamentspalast
Nationalmuseum für Moderne Kunst
CALEA 13 SEPTEMBRIE

1/2 Meile
1 Kilometer

# Sofia

In Sofia, der bulgarischen Hauptstadt mit rund 1,3 Millionen Einwohnern, ist die Geschichte allgegenwärtig. Das Gebiet am Iskar ist seit mindestens 4000 Jahren besiedelt. Römer, Osmanen, Zaren und Sowjets haben ihre Spuren hinterlassen. Die daraus resultierende architektonische Mischung scheint der perfekte Hintergrund für die bemerkenswerte Selbstsicherheit und weltläufige Eleganz, mit der sich Sofia heute präsentiert. Vom Frühling bis zum Herbst tummeln sich stylishe Bulgaren auf den Boulevards und in den Parks. Seit dem EU-Beitritt Bulgariens im Jahr 2007 hat sich Sofia zu einem wunderbaren Portal dieses noch zu wenig bekannten Landes entwickelt. – GREGORY DICUM

## FREITAG

**1** *Jahrhunderte im Angebot* 14 Uhr

An einem Ort wird die Geschichte Sofias förmlich mit Händen greifbar: Auf dem Platz vor der riesigen **Alexander-Nevski-Kathedrale** mit ihren goldenen Kuppeln (pl. Aleksandr Nevsky 1) bieten Antiquitätenhändler Trödel aus Tausenden Jahren an. Hier liegen byzantinische Münzen neben Lenin-Büsten, Puppen neben römischen Lampen und deutsche Kriegsrelikte neben türkischen Enzyklopädien. Gehen Sie anschließend in die im 19. Jahrhundert als Erinnerung an die Befreiung von den Osmanen errichtete Kathedrale, um die farbenprächtigen Ikonen aus rund 1000 Jahren zu bewundern. In der Nähe steht die viel ältere **Sophienkirche** (Sveta Sophia) aus dem 6. Jahrhundert mit einer romanischen Backsteinfassade.

**2** *Banitsa-Pause* 15.30 Uhr

Zeit für einen Imbiss? Sehen Sie sich nach einer der traditionellen Bäckereien um, die überall in Sofia zu finden sind, und kaufen Sie sich eine Banitsa. Dieser beliebte Imbiss besteht aus mit Ei und Sirene (Salzlakenkäse), manchmal auch mit Fleisch oder Gemüse gefülltem Blätterteig. Heiß aus dem Ofen ist die Banitsa ein Genuss. Trinken Sie dazu ein Glas Boza, ein herbsüßes Getränk aus vergorenem Getreide, das bestens zum salzigen Käse passt.

**3** *Stadt mit langer Geschichte* 16 Uhr

Die Römer nannten diesen Teil Europas Thrakien. Nach der Eroberung zog es viele Würdenträger nach Serdica, wie Sofia damals hieß. Die **Rotunde Sveti**

**Georgi** (ul. Saborna), ein niedriger Ziegelbau mit Kuppel aus dem 4. Jahrhundert, gilt als ältestes Bauwerk der Stadt. Damals kam auch der römische Kaiser Konstantin nach Sofia. Den antiken Bau mit römisch-byzantinischen Einflüssen findet man hinter dem Sofia Hotel Balkan (5 Sveta Nedelya Square; sofiabalkan.com) in einem kleinen archäologischen Park mit römischen Ruinen. Die Fresken in der dem heiligen Georg geweihten Kirche wurden von den Türken mit Stuck abgedeckt, als sie daraus eine Moschee machten, und erst im 20. Jahrhundert wiederentdeckt. Noch mehr antike Schätze bietet das **Nationale Archäologische Museum** (ul. Saborna 2; +359 2 988 2406; naim.bg) in direkter Nachbarschaft.

**4** *Spezialitäten* 20 Uhr

In der bulgarischen Küche, einer Mischung aus europäischen und zentralasiatischen Einflüssen, spiegelt sich die Vielgestaltigkeit des Landes: Neben Sirene und Joghurt wird gegrilltes Fleisch aufgetischt, und besonders im Sommer gibt es Salate aus Tomaten, Gurken und Oliven. Traditionell eröffnet ein

**GEGENÜBER** Ein Regenschirm setzt modische Akzente in einem der Parks in Sofia, die gern besucht werden.

**UNTEN** Das antike Trinkgefäß aus Gold befindet sich im Nationalen Archäologischen Museum.

Salat die Mahlzeit. Dazu trinkt man einen eiskalten Rakia, den landestypischen klaren Schnaps. Das Restaurant **Manastirska Magernitsa** (ul. Khan Asparuh 67; +359 2 980 3883; magernitsa.com; €) serviert gute traditionelle bulgarische Küche nach Rezepten, die man in Klöstern und Dörfern gesammelt hat.

### 5 *Cocktail-Probe* 21.30 Uhr

Wenn Sie der Rakia noch nicht grobmotorisch gemacht hat, können Sie den Abend im **Oscar Club** (1 Dobrudzha Street; +359 8 966 6633; theoscarclub.com) fortsetzen, wo die Jungs hinter der Theke bei feinster Musik fast jeden erdenklichen Cocktail mixen. Es kann ganz schön voll werden; wenn Sie einen Sitzplatz wollen, sollten Sie vorher reservieren.

**SAMSTAG**

### 6 *Tolerantes Nebeneinander* 9.30 Uhr

Religiöse Toleranz ist in einem Land mit wechselvoller, multikultureller Geschichte besonders wichtig. Bulgarien weigerte sich im Zweiten Weltkrieg, die dort lebenden Juden an die Nazis auszuliefern. Nicht sehr weit von der bulgarisch-orthodoxen Nevski-Kathedrale liegt die **Synagoge** im maurischen Stil (ul. Ekzarh Iosif 16). Allerdings ist die jüdische Gemeinde nach dem Krieg durch Emigration nach Israel stark geschrumpft. Um den großen Innenraum mit dem mächtigen Leuchter zu sehen, kann man am Sabbat-Morgengebet um 9.45 Uhr teilnehmen. Direkt um die Ecke steht die **Banya-Bashi-Moschee** (bul. Maria Louiza Ecke ul. Triyaditsa), die von den Osmanen im 16. Jahrhundert über einer Thermalquelle errichtet wurde. Und der Atheismus ist in Form eines überraschend eleganten Gebäudekomplexes aus der kommunistischen Ära vertreten.

**OBEN** Entspannte Zeitungslektüre im Park.

**LINKS** Das Museum der sozialistischen Kunst würdigt Bulgariens Künstler der Sowjetära mit kritischem Blick.

**GEGENÜBER** Beobachten Sie die Einheimischen bei ihren Wochenendeinkäufen auf dem Markt entlang des Graf-Ignatiev-Boulevards.

**7** *Picknick vom Markt* 12 Uhr

Verschaffen Sie sich auf dem Bauernmarkt am kopfsteingepflasterten **Graf-Ignatiev-Boulevard**, auf dem Trams fahren, einen Eindruck von der Vielfalt des Angebots. Auf den Verkaufstischen türmen sich Feigen, Melonen, Pflaumen, Pfirsiche und Trauben. Nachdem Sie sich ein Picknick zusammengestellt haben, gehen Sie damit in den nahe gelegenen Park. Sie werden dort viele Sofioter antreffen, die zwischen Fontänen und Skulpturen spazieren gehen. Scheinbar steht hier in jedem Park ein Hirsch aus Bronze, dessen Rücken durch Generationen von Kindern, die gern darauf reiten, goldglänzend poliert ist. In den Parks erklingt häufig bulgarische Musik – auch sie eine lebendige Mischung aus Ost und West.

**8** *Kulturelle Erblast* 15 Uhr

Der gigantische Stern aus Stahl und Glas, der einst die Zentrale der KP in Sofia schmückte, eine Lenin-Statue, Bilder von Stalin, Gemälde mit Arbeitern, die für ihren kollektivistischen Einsatz ausgezeichnet werden – all das wird im **Museum der sozialistischen Kunst** (ul. Lachezar Stanchev 7, im Distrikt Izgrev, bei der Metrostation Dimitrov; nationalartgallerybg. org) gezeigt. Das Museum ist Bulgariens Art, mit der künstlerischen Hinterlassenschaft der kommunistischen Ära umzugehen. Die Befürworter sagen, man wolle den künstlerischen Wert der Werke anerkennen, wenngleich ihre Botschaft heute abgelehnt wird. Das

Thema ist so sensibel, dass der ursprüngliche Name „Museum totalitärer Kunst" kurz vor der Eröffnung Ende 2011 verworfen wurde. Für westliche Betrachter ist es weniger eine Kunstgalerie als ein Kuriositätenkabinett des 20. Jahrhunderts.

**9** *Traditionelle Klänge* 19 Uhr

Besuchen Sie eine Vorstellung im **Nationalen Kulturpalast** (+359 2 916 6300; ndk.bg), einem Unterhaltungskomplex aus der kommunistischen Ära. Auf dem Programm steht häufig bulgarische Volksmusik, etwa des großartigen, international bekannten Frauenchors Le Mystère des Voix Bulgares (themysteryofthebulgarianvoices.com). Die Vorstellungen beginnen meist um 19 oder 20 Uhr.

**10** *Kebaptscheta und Burgaswein* 21 Uhr

Im Sommer versammeln sich die Familien zum Abendessen gern an Tischen unter Weinlauben oder Obstbäumen. Auch Sie können die warmen Abende unter schattigen Linden in einem der vielen Restaurants genießen, die ihre Tische im Freien aufgestellt haben. Das **Victoria** (bul. Tsar Osvoboditel 7, Central Military Club, in der Nähe der Alexander-Nevski-Kathedrale; +359 2 986 3200; victoria.bg; €) bietet eine gelungene Mischung aus traditioneller und moderner Küche. Probieren Sie den Hirtensalat und die Kebaptscheta – würzige Hackfleischröllchen. Und Sie sollten hier die hervorragenden und dabei

preiswerten bulgarischen Weine kosten, die qualitäts-
bewusste Winzer vermehrt produzieren. Zu Kebaptscheta und Kawarma (Fleischeintopf) passt ein Wein
aus der Region Burgas an der Schwarzmeerküste.

### SONNTAG

**11** *Auf in die Berge* 10 Uhr

Sofia liegt in einem von Bergen gerahmten Tal.
Machen Sie es wie die Sofioter und gehen Sie am
Sonntag im nahe gelegenen **Naturpark Vitosha**
(+359 2 988 5841; bulgariatravel.org/en/object/237/
Vitosha) wandern. Ein Netz guter Wanderwege führt

zu Seen, Wasserfällen, Wäldern und Aussichtspunkten
mit Blick auf Sofia im Tal. Im Park gibt es ein Arbore-
tum und ein den Bären gewidmetes Museum. Am
einfachsten fährt man mit dem Taxi aus dem Stadtzentrum bis zur Seilbahnstation in Simeonovo oder zum
Aleko-Chalet. Von dort wandert man an einem Wasserfall vorbei nach Boyana oder wählt die Route über
die Zlatni Mostove (Goldene Brücken) mit dem Steinernen Fluss aus herabgestürzten Felsbrocken.

**OBEN** Die Alexander-Nevski-Kathedrale ist ein Wahrzeichen
der Stadt. Auf dem Vorplatz bieten Händler Antiquitäten
und Trödel aus vielen Jahrhunderten an.

**GEGENÜBER** Der Naturpark Vitosha ist vom Zentrum Sofias
aus gut mit dem Taxi zu erreichen. Man findet dort Seen,
Wasserfälle, Wälder, Wanderwege und schöne Aussichtspunkte mit Blick auf die Stadt.

### BASICS

Die vielen Taxis haben alle einen
Taxameter und kosten nicht sehr
viel.

**Grand Hotel Sofia**
Ul. Gen. Yosif Gurko 1
+359 2 811 0800
grandhotelsofia.bg
€€
*Schön gestaltete, luxuriöse Zimmer
im Stadtzentrum.*

**Arte Hotel**
Bul. Dondukov 5
+359 2 402 7100
artehotelbg.com
€
*Kleines Hotel mit einer Sammlung
zeitgenössischer bulgarischer Kunst.*

**Thracia Hotel**
Ul. Solunska 30
+359 2 801 7900
thraciahotel.com
€
*Angenehm, komfortabel und
preiswert.*

Sofia

Boyana
Simeonovo
Zlatnite Mostove
Aleko
VITOSHA
**11** Naturpark
Vitosha
5 Meilen
10 Kilometer

Iskar
**Sofia**
FLUGHAFEN
SOFIA
**Detail**
IZGREV
**8**
Museum der
sozialistischen Kunst
2 Meilen
3 Kilometer

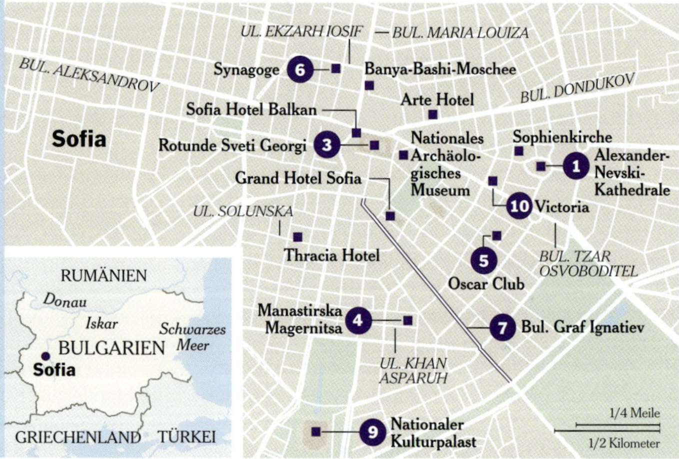

UL. EKZARH IOSIF — BUL. MARIA LOUIZA
BUL. ALEKSANDROV
Synagoge **6**
Banya-Bashi-Moschee
Arte Hotel
BUL. DONDUKOV
Sofia Hotel Balkan
**Sofia**
Rotunde Sveti Georgi **3**
Nationales
Archäo-
logisches
Museum
Sophienkirche
Alexander-
Nevski-
Kathedrale **1**
Grand Hotel Sofia
UL. SOLUNSKA
**10** Victoria
Thracia Hotel
**5**
BUL. TZAR
OSVOBODITEL
Oscar Club
Manastirska
Magernitsa **4**
**7** Bul. Graf Ignatiev
UL. KHAN
ASPARUH
**9** Nationaler
Kulturpalast
1/4 Meile
1/2 Kilometer

RUMÄNIEN
Donau
Iskar
Schwarzes
Meer
BULGARIEN
**Sofia**
GRIECHENLAND  TÜRKEI

# Athen

*Die Akropolis in Athen mit ihren prächtigen Tempeln und Skulpturen war schon in der Antike eine touristische Attraktion, für die zahlreiche Römer nach Griechenland reisten. Zentrales Monument ist und bleibt der Parthenon. Doch mittlerweile gehört auch das neue Akropolismuseum, das am Fuße der antiken Anlage errichtet wurde und in dem Fundstücke und Objekte von der Akropolis aufbewahrt werden, ebenfalls zum Besucherprogramm. Nach der Besichtigung dieser antiken Schätze kann man sich dem modernen Athen zuwenden. Neben den kulturellen Highlights bieten Restaurants, Einkaufsstraßen und die junge Szene mit Galerien, Klubs und Bars ein abwechslungsreiches Programm.* – JOANNA KAKISSIS

## FREITAG

**1** *Tour de Force* 17 Uhr

Das 130 Millionen Euro teure neue **Akropolismuseum** (Dionysiou Areopagitou 15; +30 210 900 0900; theacropolismuseum.gr), errichtet nach den Plänen des Schweizer Architekten Bernard Tschumi, wurde 2009 eröffnet. Allein das Gebäude ist beeindruckend – man kann z. B. durch Glasflächen im Boden darunterliegende archäologische Fundstätten sehen. Höhepunkt der Ausstellung ist der Parthenonsaal im Obergeschoss, in dem Teile des Parthenonfrieses, die der antike Bildhauer Phidias geschaffen hat, auf einem Zementsockel angebracht sind. Ein Großteil des Frieses wurde im 19. Jahrhundert nach England gebracht und ist heute im British Museum ausgestellt.

**2** *Hohe Kochkunst* 21 Uhr

Trotz des vorzüglichen Olivenöls wird der Peloponnes häufig von Gourmets ignoriert, da die Region eher durch ihre kalorienreiche Hausmannskost Bekanntheit erlangt hat. Anders das **ManiMani** (Falirou 10, Koukaki; +30 210 921 8180; manimani.com.gr; €€) in einem renovierten klassizistischen Gebäude, das eine kreative Küche, inspiriert von dem südlichen Peloponnes, bietet. Probieren Sie Tsouhtes, ein klassisches Pastagericht aus der Region Mani im Süden

der großen Halbinsel oder Schweinefilet mit cremigem Manourikäse in Honig-Thymian-Sauce.

**3** *Der andere Berg* 23 Uhr

Mit der Seilbahn an der Ecke Aristippou/Ploutarchou im Kolonaki-Viertel gelangt man bequem auf den **Lykavittos**-Hügel. Der griechischen Sage nach wurde dieser „andere Berg" von Athene erschaffen, als sie erzürnt einen Fels, der für den Bau der Akropolis vorgesehen war, fallen ließ. Heute ist der Berg vor allem im abendlichen Dämmerlicht ein beliebter Anlaufpunkt für Touristen und die weiß getünchte **St.-Georg-Kapelle** mit dem Stadtpanorama dahinter ein häufig fotografiertes Motiv. Doch noch schöner ist der Anblick bei Nacht: Das Dunkel verhüllt das moderne bauliche Chaos der Stadt, und der Parthenon scheint hell erleuchtet wie Kronjuwelen. Dieser abgeschiedene, ruhige Platz ist eine gute nächtliche Alternative zu den verrauchten Bars, billigen Klubs und jaulenden Bouzouki-Sängern in den bunten, engen Gassen darunter. Die letzte Bahn geht um 2.30 Uhr.

## SAMSTAG

**4** *Akropolis* 8 Uhr

Die Tempel der **Akropolis** (+30 210 321 4172; odysseus.culture.gr/h/3/eh355.jsp) – der Parthenon, der Niketempel und das Erechtheion mit den Karya-

**GEGENÜBER** Die Karyatiden des Erechtheion.

**RECHTS** Eine Taverne am windigen Kap Sounion, der südlichsten Spitze der attischen Halbinsel.

tiden – wurden im 5. Jahrhundert v. Chr. in der Regierungszeit Perikles' begonnen und gelten als die bedeutendsten Bauwerke der griechischen Antike. Es empfiehlt sich, den Komplex zu besichtigen, bevor es zu heiß wird. Man betritt die Akropolis durch die Propyläen, einen Torbau, errichtet von Mnesikles, und kann fast bis an die Tempel herangehen.

### 5 *Inselleben* 11 Uhr

Gehen Sie auf dem Rückweg nach unten durch **Anafiotika**, das kleine Viertel am Nordosthang der Akropolis, dessen weiß getünchte Häuser im frühen 19. Jahrhundert im Stil der Kykladen von Bauarbeitern errichtet wurden, die von diesen Inseln stammten. Nachdem man die weiße Kirche **Sankt Georg auf dem Felsen** passiert hat, ist von der Stratonos-Straße aus eine Gedenktafel für Konstantinos Koukidis zu sehen, der sich, als die Deutschen 1941 Athen einnahmen, in die griechische Flagge gehüllt von der Akropolis in den Tod stürzte. Die Natursteintreppe führt Sie weiter in das Gassengewirr von Anafiotika, das von Rosen und Jasmin in den kleinen Gärten und auf den Balkonen gesäumt ist. Gehen Sie dann weiter

**OBEN** Die Tempel der Akropolis besichtigt man am besten frühmorgens oder abends.

**GEGENÜBER** Der Parthenonsaal, der Hauptraum des neuen Akropolismuseums.

durch die Straßen des **Plaka**-Viertels am Fuße des Hangs an Kirchen, klassizistischen Gebäuden und Geschäften vorbei zum **Syntagma-Platz**.

### 6 *Freddo und Mastix* 13 Uhr

Einen leckeren Mittagsimbiss mit Sandwich und Freddo – Cappuccino oder Espresso mit viel gestoßenem Eis – gibt es im **Clemente VIII** (Voukourestiou 3; +30 210 321 9340), einem Café in einer der eleganten Fußgängerzonen. Weiter geht es auf jenen Platz, auf dem Touristen versuchen, die fotogenen jungen Evzonen, Elitesoldaten in ihren blusenartigen Foustanellas, abzulenken. Ganz in der Nähe liegen das Kaufhaus Attika, Designerboutiquen, Edeljuweliere und Konditoreien wie **Karavan** (Voukourestiou 11), wo es leckeres Baklava gibt. Im **Mastihashop** (Panepistimiou und Kriezotou; +30 210 363 2750; mastihashop.com) werden Produkte aus oder mit Mastix verkauft, dem Harz einer Pistazienbaumart von der Insel Chios. Mastix wird seit Jahrtausenden als Aromazusatz für Getränke, Süßwaren und Kosmetik verwendet.

### 7 *Geschichtsträchtig* 16 Uhr

Gegenüber dem **Olympieion** führt die verkehrsberuhigte Dionysou Areopagitou auf einen Rundweg um die Akropolis und an einigen der wichtigsten Stätten der antiken Stadt vorbei, wie dem Dionysostheater und dem Odeon des Sophisten Herodes Atticus. Im Sommer werden im Irodio, wie die Griechen das Odeon nennen, während des Athener Festivals Konzerte, Schauspiele und Ballettstücke aufgeführt.

**8** *Souflaki modern* 21 Uhr

Souflaki (Grillfleisch, Tomaten, Zwiebeln und Zaziki in einem Fladenbrot) war lange Zeit das beliebteste Essen zum Mitnehmen in Athen. Darum eröffneten zwei unternehmerische Athener die **Souvlaki Bar** (Adrianou und Thisseion 15; +30 210 515 0550; €), ein Restaurant im Thisseion-Viertel, dem schnell ein zweites folgte. Probieren Sie Sfinakia (Kurze), Mini-Souflakirollen mit Hühnchen oder Schweinefleisch; Dakosalata, kretischen Salat mit Graupen, Tomaten, Feta und Kapern; Patates fournistes, kleine Kartoffeln mit cremiger Fetasauce, und zum Schluss einen Tresterbrand namens Tsipouro.

**9** *Moderne Dynamik* 23 Uhr

Zwei beliebte Einrichtungen im Viertel Monastiraki bieten den Athenern moderne Kunst, Musik, Tanz und Theater. Die **Art Foundation** (Normanou 5; +30 210 323 8757; theartfoundation.metamatic.gr/), die als Taf bekannt ist, befindet sich in einem Gebäudekomplex aus dem 19. Jahrhundert und hat Galerien, einen Aufführungsraum und eine Bar im Hof. Das **Six d.o.g.s.** (Avramiotou 6–8; +30 210 321 0510; sixdogs.gr) beherbergt ein Café mit Bar und bietet visuelle Kunst, Performances und Kinovorführungen.

### SONNTAG

**10** *Olympische Spuren* 9 Uhr

Für einen kleinen Morgenspaziergang mischen Sie sich unter die Jogger und Walker im **Panathinaiko-Stadion**, der olympischen Stätte auf dem Hügel Ardittos, die für die ersten Olympischen Spiele der Neuzeit im Jahr 1896 auf den antiken Ruinen neu errichtet wurde. Oder wandeln Sie auf den geschwungenen Pfaden des **Nationalgartens**, der 1839 von der ersten griechischen Königin Amalia angelegt und mit mehr als

15 000 heimischen und exotischen Pflanzen aus der Küstenstadt Sounion und der Insel Evia bepflanzt wurde.

**11** *Ein Kap zum Erinnern* 12 Uhr

Es ist nur eine kurze, aber schöne Fahrt zum windigen, wild-romantischen **Kap Sounion**, der felsigen Südspitze Attikas. Am **Poseidontempel** aus weißem Marmor, erbaut um 440 v. Chr., ritzte einst Lord

Byron, ein großer Griechenlandfan, seinen Namen in eine Mauer. Vom Tempel aus bietet sich ein schöner Panoramablick, und man kann sich gut vorstellen, wie in antiken Zeiten die Seefahrer in ihren kleinen Schiffen ihre Herausforderung auf dem Meer suchten. Leckere Fischgerichte gibt es in den nahe gelegenen Tavernen. Fragen Sie dort auch nach einem Fläschchen Matarelli, einem milden Ouzo mit dezenter Honignote.

**OBEN** Verschlungene Pfade im Nationalgarten.

**GEGENÜBER** Blick von der Kaimauer am Kap Sounion.

---

**Karte Athen:**

1/4 Meile · 1/2 Kilometer

**Athen**

PEIRAIOS · Art Foundation · STADIOU · Clemente VIII **6** · Lykavittos **3** · St.-Georg-Kapelle · ARISTIPPOU · PLOUTARCHOU ST. · THISSEION · Six d.o.g.s. **9** · Karavan · KOLONAKI · MONASTIRAKI · Mastihashop · ADRIANOU · PLAKA · Syntagma-Platz · VAS. SOFIAS · **8** · Souvlaki Bar · Anafiotika · New Hotel · Akropolis **4** · **5** · Sankt Georg auf dem Felsen · Nationalgarten · VAS. KONSTANTINOU · Niketempel · Parthenon · Ava Hotel · **7** Olympieion · Akropolismuseum **1** · FALIROU · ATHANASSIOU DIAKOU · ARDITTOS · **10** · Panathinaiko-Stadion · ManiMani **2** · Royal Olympic Hotel · KOUKAKI

**Athen** Detail · 10 Meilen · 15 Kilometer · GRIECHENLAND · Poseidontempel · Kap Sounion **11**

BULGARIEN · REP. MAZEDONIEN · Istanbul · ALBANIEN · GRIECHEN-LAND · Ägäis · TÜRKEI · **Athen** · Ionisches Meer

---

**BASICS**

Vom Flughafen fährt ein Bus zum Syntagma-Platz. In der Stadt nimmt man am besten öffentliche Verkehrsmittel wie die Metro.

**Ava Hotel**
Lyssikratous 9–11
+30 210 325 9000
avahotel.gr
€€

Klein, aber fein, mit Blick auf die Akropolis und das Olympieion.

**Royal Olympic Hotel**
Athanassiou Diakou 28–34
+30 210 928 8400
royalolympic.com
€€
*Großes Hotel mit Pool, Fitnessbereich und Restaurant. Die Dachterrassenbar hat eine fantastische Aussicht.*

**New Hotel**
Fillelinon 16
+30 210 327 3000
yeshotels.gr/hotel/new-hotel
€€
*Schönes Hotel mit Wellnessbereich und Restaurant.*

# Mykonos

*Es ist noch nicht lange her, dass Mykonos – eine der beliebtesten Ferieninseln im Ägäischen Meer – alles andere als glamourös war. Die Insel galt schnell als zu voll, zu teuer, zu klischeebeladen. Doch mittlerweile hat sie sich zu einer Spielwiese des europäischen Jetsets entwickelt, wie in jenen Tagen, als ihre Exklusivität quasi mit einem Namen gleichgesetzt wurde: Jackie Onassis. Hoteliers und Gastronomen haben es verstanden, durch eine gesunde Mischung aus hedonistischer Vergangenheit und der Nachfrage nach Luxusherbergen, Fusion-Küche und perfektem Service neue Anreize zu schaffen.* – ANDREW FERREN

### FREITAG

**1** *Go West* 19 Uhr

Nehmen Sie einen Sundowner im **Hippie Fish** (Ai Yianni Beach; +30 22890 23547; hippiefish-mykonos. com) am Strand von Agios Ioannis, dem westlichsten der Insel. Für ein richtiges Abendessen mag es noch zu früh sein, aber nicht für ein paar köstlich knusprige Saganaki und ein Glas griechischen Chardonnay unter der von Weinranken beschatteten Pergola.

**2** *Rustikaler Charme* 22 Uhr

Entgegen dem Trend zu minimalistischem Weiß wird das Essen in der familiengeführten Taverne **To Maereio** (16 Kalogera, Mykonos-Stadt; +30 22 90 28825; €€–€€€) in einem netten, einfachen, eher rustikalen Ambiente serviert. Schiffsmodelle und Brotzöpfe schmücken die Wände, und zu den köstlichen kleinen Speisen zählen z. B. frittierte Zucchini, erfrischendes Zaziki mit Gurke und Keftedes.

**3** *Nachtleben* 24 Uhr

Die (stark vertretene) schwule Gemeinde trifft sich im **Porta** (Paraportiani, Mykonos-Stadt; +30 22890 27087), wo es erst gegen 1 Uhr richtig voll wird, und in den Straßen rund um **Pierro's Bar** (Matoyanni, Mykonos-Stadt; +30 22890 22177). Ein gemischtes Völkchen der Klubszene pilgert zum Open-Air-Klub **Cavo Paradiso** (Paradise Beach;

+30 22890 27205; cavoparadiso.gr), der mit seiner Terrasse 30 m über dem Meer zu den bekanntesten Tanzklubs der Welt gehört.

### SAMSTAG

**4** *Auftanken* 10 Uhr

Stärken Sie sich mit einem griechischen Kaffee und einem Spinat-Feta-Omelett im **Raya** (Alter Hafen, Akti Kampani, Mykonos-Stadt; +30 22890 77766; €€), wo man von einer überdachten Terrasse einen schönen Blick auf den Hafen hat. Im internationalen Presseladen können Sie Lesestoff für den Strand kaufen: Hochglanzmode-, Reise- oder Klatschmagazine.

**5** *Strandleben* 12 Uhr

Mykonos hat so herrlich weiße Sandstrände, die in kristallklares, türkisfarbenes Wasser übergehen, dass jeder genau die Atmosphäre und Annehmlichkeiten findet, die er sucht – von einfachen familiengerechten Tavernen bis hin zu ultraschicken Lounges mit hämmernden Beats und ordentlichen Cocktails zu jeder Stunde. Letztere findet man vor allem in den Buchten im Süden, wo es die schwule Gemeinde ins **Elia** verschlägt. Ein ruhigeres herrliches Fleckchen lässt sich im Norden bei **Agios Sostis** an der Panormos-Bucht finden: ein halb verlassener Streifen Strand ohne Klubsessel und laute Beats.

**GEGENÜBER** Blick über Mykonos von der Sonnenterrasse des Hotels Belvedere.

**RECHTS** Uno con Carne, Steakhaus und Austernbar.

**6** *Der Nase nach* 14 Uhr

Nicht weit von Agios Sostis liegt der bekannteste Geheimtipp der Insel: das Restaurant **Kiki's** (+30 6940 59356; €€€). Es ist nur um die Mittagszeit geöffnet, aber durchaus einen Besuch wert, denn es ist vielleicht eines der idyllischsten Restaurants mit Meeresblick überhaupt. Zum weiten Blick aufs Meer kommt noch das einfache, sehr leckere Essen wie Linsen-Artischocken-Salat oder Pasta mit Thunfisch und Cocktailtomaten, danach gegrillter Tintenfisch oder eine gefüllte Hähnchenbrust.

**7** *Über dem Getümmel* 22 Uhr

Das **Belvedere Hotel** (School of Fine Arts District; +30 2289025122; belvederehotel.com), das von einem Hügel die Stadt Mykonos überblickt, ist der Topstandard des Mykonos-Chics und heute ein Tempel der internationalen Gastronomie: Während man in Nobu Matsuhisas Restaurant auf der einen Seite des romantischen Pooldecks Sushi essen kann, steht im **Thea Restaurant** der bekannte griechische Koch Nikos Zervos am Herd. Das Restaurant mit Blick auf das Meer und den Sonnenuntergang ist nach einem der Titanen, dem ältesten Göttergeschlecht der griechischen Mythologie, benannt und bietet einen eleganten Rahmen für Zervos' innovative Küche, die mit griechischen und mediterranen Traditionen spielt und beispielhaft in einem Degustationsmenü (€€€€) zu erleben ist. Wie wäre es mit Rind mariniert in Es-presso mit Orange und Kardamom oder Thunfisch mit Linsensprossen, Joghurtmousse, Zitrusöl und Eiskraut? Die Dessertkarte bietet Walnusstarte mit Cognacsahne, Kakaosirup und Honigeis.

**8** *Viel Fleisch* 24 Uhr

Sehen Sie sich das Treiben im **Uno con Carne** (Panachra, Mykonos-Stadt; +30 2289024020; unoconcarne. gr) an, einem Steakhaus mit Austernbar im ehemaligen Open-Air-Kino von Mykonos mit toller Art-déco-Ausstattung. Neben einem Restaurant gibt es hier auch eine lange Bar mit ordentlichen Cocktails.

**9** *Sternenhimmel* 1 Uhr

Wenn Ihnen eine Fahrt raus zu den Klubs zu viel ist – auch nicht schlimm. Schlendern Sie stattdessen zur Bar **Astra** (Enoplon Dynameon Street, Tria Pigadia, Mykonos-Stadt; +30 2289024767; astra-mykonos. com), einem in den späten 1980er-Jahren eingerichteten Laden des ortsansässigen Juweliers Minas, der einen Sternenhimmel aus Lichterketten an der Decke anbringen ließ, die im Rhythmus der Musik funkeln. Dieses Juwel hat nichts von seinem Glanz verloren und ist immer noch Anlaufpunkt für Models, Magnaten, Rockstars, Rennfahrer oder die ein oder andere Miss Griechenland.

**OBEN** Agios Sostis, ein ruhiger, nicht überfüllter Strand.

**10** *Regeneration* 12 Uhr

Erholen Sie sich am Strand, dieses Mal in **Psarou**, und später bei einem Mittagessen der Spitzenklasse im **Nammos** (Psarou Beach; +30 2289022440; nammos. gr; €€€€). Hier gibt es Champagner für vierstellige Beträge und gegrillten Hummer für 100 € und mehr das Kilo. Natürlich können Sie auch etwas viel Günstigeres wählen wie die hausgemachten Tagliatelle mit Skorpionfisch, aber deshalb kommt man eigentlich nicht ins Nammos. Hier zeigt das illustre Publikum gern, was es hat. Viele Gäste legen mit der Jacht an und lassen sich von einem Mahagoniboot an Land bringen. Das weiß gehaltene Restaurantdekor schafft einen guten Hintergrund für die sonnengebräunten, in bunte Pareos gehüllten und mit teurem Schmuck behangenen Gäste. Psarou bietet auch so belebende Annehmlichkeiten wie einen Spa, Friseur und eine Filiale der Edelboutique Luisa namens **Luisa Beach** (+30 22890 22 015), nur für den Fall, dass Sie Ihren Missoni-Fummel im Flugzeug haben liegen lassen.

**OBEN** Blick vom Nammos in Psarou.

---

## BASICS

Die meisten Flieger nach Mykonos gehen von Athen aus. Um die Insel zu erkunden, empfiehlt sich ein Mietwagen oder -roller.

**Belvedere Hotel**
School of Fine Arts District,
Mykonos-Stadt
+30 2289025122
belvederehotel.com
€€€
*Abgeschlossenes Hotelgelände mit gut besuchtem Pool; Anlaufstelle für die Schönen und Reichen.*

**Cavo Tagoo**
Mykonos-Stadt
+30 2289020100
cavotagoo.gr
€€€€
*Beliebt wegen des schönen Sonnenuntergangs und der leckeren Cocktails. Weiße minimalistische Räume.*

**Hotel Semeli**
Rohari, Mykonos-Stadt
+30 2289027466
semelihotel.gr
€€€
*Hotel in stadtnaher Lage mit vielen Stammgästen.*

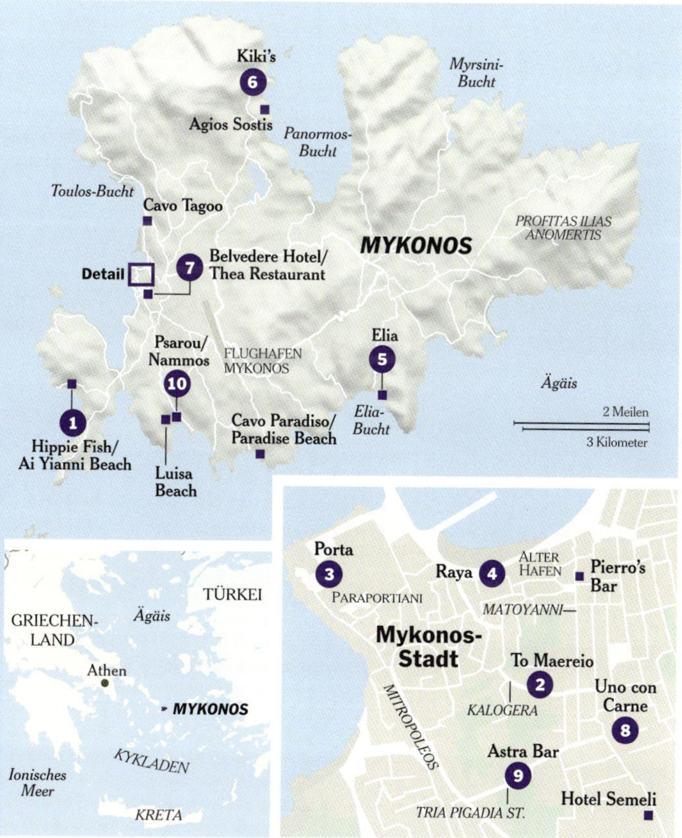

Kiki's
**6**
Myrsini-Bucht

Agios Sostis
Panormos-Bucht

Toulos-Bucht
Cavo Tagoo

MYKONOS

PROFITAS ILIAS
ANOMERTIS

Detail
**7**
Belvedere Hotel/
Thea Restaurant

Psarou/
Nammos
**10**
FLUGHAFEN
MYKONOS

Elia
**5**

Ägäis

2 Meilen

3 Kilometer

**1**
Hippie Fish/
Ai Yianni Beach

Luisa
Beach

Cavo Paradiso/
Paradise Beach

Elia-
Bucht

TÜRKEI

GRIECHEN-
LAND

Ägäis

Athen

▸ MYKONOS

Ionisches
Meer

KYKLADEN

KRETA

Porta
**3**
PARAPORTIANI

Raya
**4**
ALTER
HAFEN

Pierro's
Bar

MATOYANNI—

**Mykonos-
Stadt**

To Maereio
**2**

Uno con
Carne
**8**

KALOGERA

MITROPOLEOS

Astra Bar
**9**

Hotel Semeli

TRIA PIGADIA ST.

# Istanbul

*Als einzige Großstadt liegt Istanbul auf zwei Konti-nenten. Sowohl Minarette als auch Kirchtürme rufen die Gläubigen zum Gebet und wetteifern dabei mit Lounge-Musik in hippen Cafés. Die Stadt ist für ihre jahrtausendealten Sehenswürdigkeiten bekannt, aber sie hat auch eine faszinierende – und oft ignorierte – moderne Seite, die jetzt endlich die Aufmerksamkeit der Welt erregt. Für das Auge ist Istanbul auf jeden Fall eine der aufregendsten und anregendsten Städte der Welt.* – JENNIFER CONLIN UND SUSANNE FOWLER

## FREITAG

**1** *Die Meerenge* 14 Uhr

Viele Reiseführer empfehlen eine sechsstündige Bosporusfahrt, aber dafür reicht die Zeit bei einem Wochenendtrip nicht aus. Wenden Sie sich an das Fährunternehmen **TurYol** (turyol.com; Details dazu: +90 212 251 4421), das schnelle Schiffe einsetzt. Inte-ressant ist z. B. eine 90-minütige Fahrt vom Fähran-leger Eminönü am Fuße der Galatabrücke (auf der Seite des Goldenen Horns) nach Rumeli Hisarı, wo an der engsten Stelle des Bosporus eine osmanische Festung steht. Dann geht es zurück nach Eminönü. Der Kapitän versucht, in Küstennähe zu bleiben, damit Sie die alten Holzhäuser, die neuen Villen und modernen Restaurants, Klubs und schicken Hotels sehen können, die die Wasserstraße säumen. Danach besuchen Sie die **Hagia Sophia** (hagiasophia.com), die ehemalige byzantinische Kirche, oder den **Großen Basar** (grandbazaarshopping.com).

**2** *Flaniermeile* 17 Uhr

Machen Sie einen Spaziergang auf Istanbuls be-rühmtester Straße: der **İstiklal Caddesi**, einer Fuß-gängerzone im Stadtteil Beyoglu mit vielen Läden, Restaurants, Konditoreien und Galerien. Legen Sie in einer Seitenstraße im **Fıccın** (Kallavi Sok. Beyoglu; +90 212 293 3786; ficcin.com) bei einem Mokka eine Pause ein und studieren Sie die Passanten: Teenager im Popstar-Look und Frauen mit Kopftuch. Wenn Ih-nen der Sinn nach etwas Stärkerem steht, steuern Sie die Bar **360 Istanbul** (İstiklal Caddesi 163, Beyoglu; +90 212 251 1042; 360istanbul.com) an: Die Aussicht hält, was der Name verspricht. Genießen Sie bei einem Martini den Blick auf den Bosporus, die Hagia Sophia und das Marmarameer. Auch drinnen gibt es einiges zu sehen, denn die Bar aus Stahl und Glas ist ein Treffpunkt für Istanbuls Glamourprominenz.

**3** *Genuss für Gaumen und Augen* 20 Uhr

Das **Mikla** im Hotel The Marmara Pera (Mesrutiyet Caddesi 15, Beyoglu; +90 212 293 5656; miklarestaurant. com; €€€€) ist für seine wunderbare Aussicht und sein modernes, elegantes Dekor bekannt. Entworfen als „multidimensionaler Wohnraum im Freien", be-sitzt es ein Innenrestaurant mit Bar, zwei Terrassen mit Esstischen und eine dritte Terrasse mit Bar und Pool. Wo auch immer Sie sitzen, Sie werden sich wie ein Teil der Skyline fühlen und ein Selfie mit dem Topkapı-Palast, der Hagia Sophia und der Blauen Moschee (gleichzeitig!) im Hintergrund machen. Schwierig ist nur, unter den „neuen anatolischen" Ge-richten eine Auswahl zu treffen.

## SAMSTAG

**4** *Die andere Seite* 9 Uhr

Fahren Sie mit der Fähre über den Bosporus auf die asiatische Seite. Sie ist grüner und sauberer, und sie hat ihren ganz eigenen multikulturellen Mix.

**GEGENÜBER** Die Hagia Sophia, ein Symbol Istanbuls.

**UNTEN** Eine Bootsfahrt auf dem Bosporus.

Als erstes Ziel empfiehlt sich der **Beylerbeyi-Palast** (Abdullahağa Caddesi; +90 216 321 9320; millisaraylar.gov.tr/saraylar/beylerbeyi-sarayi) aus dem 19. Jahrhundert. Das eindrucksvolle Bauwerk aus osmanischer Zeit prunkt mit Kristallkronleuchtern, stattlichen Treppen, Yıldız-Porzellan, Hereke-Teppichen und einem dekorativen Wasserbecken mit Springbrunnen. Früher wurden hier europäische Könige auf Staatsbesuch einquartiert. Der letzte offizielle Übernachtungsgast soll Mustafa Kemal Atatürk gewesen sein, der Gründer der türkischen Republik. Es gibt deutschsprachige Audioguides.

### 5 *Glaubensmischung* 11 Uhr

Die Künstlerkolonie Kuzguncuk war einmal ein Schmelztiegel der Kulturen. Hier gibt es eine Moschee, eine Synagoge, griechisch-orthodoxe und armenische Kirchen – und jede Menge niedliche Cafés. Wegen der hübschen Holzhäuser mit den reich geschnitzten Balkonbrüstungen ist dies ein Lieblingsziel von Brautpaaren – mit einem Fotografen im Schlepptau. Arbeiten hiesiger Künstler und Kunsthandwerker bietet **Bir Kuzguncuk Dükkanı** (Icadiye Caddesi 40A; +90 216 532 9691; birkuzguncukdukkani.com). Achten Sie auf die Derwisch-Teelichter von Yusuf Katipoglu oder die Täschchen aus recycelten Stoffen von Çöp Madam, einer Kooperative, die türkische Hausfrauen beschäftigt und stärkt.

### 6 *Weitblick* 12 Uhr

Fahren Sie mit dem Taxi zum Park **Büyük Çamlıca** (Turistik Çamlıca Caddesi, Üsküdar), der hauptsächlich von konservativ gekleideten Türken und Touristen aus den Golfstaaten besucht wird. In der Nähe erhebt sich eine moderne Moschee über den asiatischen Teil der Stadt. Der Park in etwa 260 m Höhe ist einer der höchsten Punkte Istanbuls, und sein atemberaubender Blick über den ganzen Bosporus hat Schriftsteller wie Lord Byron und Lady Mary Wortley Montagu beflügelt. Gönnen Sie sich im renovierten osmanischen Kaffeehaus inmitten von Strauchrosen eine Pause. Hier werden Haselnuss-

kuchen und starker schwarzer Mokka auf Messingtabletts serviert.

### 7 *Mittags herzhaft* 14 Uhr

Nehmen Sie zum Mittagessen Platz an einem Tisch auf dem Bürgersteig vor einer Filiale von **Ciya** (ciya.com.tr), wo die fast vergessene anatolische Küche im Mittelpunkt steht. In der Niederlassung Günesli Bahçe Sokak 48B (Kadıköy; +90 216 336 3013; €) gibt es etwa Kebabs mit verschiedenen Fleisch- und Gemüsesorten und Zutaten wie Sauerkirschen, Granatapfelsauce und Sumach.

### 8 *Oper am Nachmittag* 16 Uhr

Im winzigen **Süreyya-Opernhaus** (Bahariye Caddesi 29, Kadıköy; +90 216 346 1531), wo Karten nicht viel kosten, präsentieren Istanbuls Staatsoper und Ballett (www.sureyyaoperasi.kadikoy.bel.tr/Default.aspx) am Samstagnachmittag Werke von europäischen Klassikern wie Verdi und Rossini oder auch türkische Werke wie ein Ballett in zwei Aufzügen von Hürrem Sultan über Süleyman den Prächtigen und seine intrigante Gattin. Im Rahmen des jährlichen Musikfestivals finden hier Konzerte statt.

### 9 *Löffel mit Aussicht* 20 Uhr

Abends kann man von der Terrasse des **Waterfront Cafe** beim Hotel Sumahan on the Water in Çengelköy (Kuleli Caddesi 43, +90 216 422 8000; sumahan.

**OBEN** Ein Süßwarenhersteller mischt Bonbons.

**UNTEN** Eine Straße auf der asiatischen Seite.

com; €€) eine wahre Lightshow erleben. Die funkelnden Lichter der ersten Bosporusbrücke verändern sich von Weiß oder Gelb zu Rosa, Blau und Türkis. Die saisonale Karte bietet türkische und internationale Gerichte mit Schwerpunkt auf Meerestiere.

### SONNTAG

**10** *Osmanisches Luxusleben* 9 Uhr

Warum überhaupt das Haus verlassen, wenn man ein osmanischer Sultan ist und im **Topkapı-Palast** (Sultanahmet; +90 212 512 0480; topkapisarayi. gov.tr/en) lebt? Der weitläufige Komplex aus Innenhöfen, Gärten, Museen und Pavillons (darunter natürlich auch ein Harem) am Meer beflügelt schon seit Langem die Fantasien der Orientalisten. Schlendern

Sie durch die opulent ausgestatteten Räumlichkeiten und bestaunen Sie Reliquien wie den (angeblichen) Fußabdruck des Propheten Mohammed oder die Hand von Johannes dem Täufer. Es empfiehlt sich, früh zu kommen. Zum Lunch genießen Sie dann im Restaurant Konyalı den großartigen Bosporus-Blick, den schon die Sultane so schätzten.

**OBEN** Ein Buchladen mit Maskottchen auf der ruhigeren asiatischen Seite.

## BASICS

Es gibt reichlich Taxis.

**Witt Istanbul Suites**
Defterdar Yokusu 26, Beyoglu
+90 212 293 1500
wittistanbul.com
€€
*Charmantes Designhotel.*

**Sumahan on the Water**
Kuleli Caddesi 43, Çengelköy
+90 216 422 8000
sumahan.com
€€€
*Auf der asiatischen Seite. Gäste werden mit dem Boot auf der europäischen Seite abgeholt und übergesetzt.*

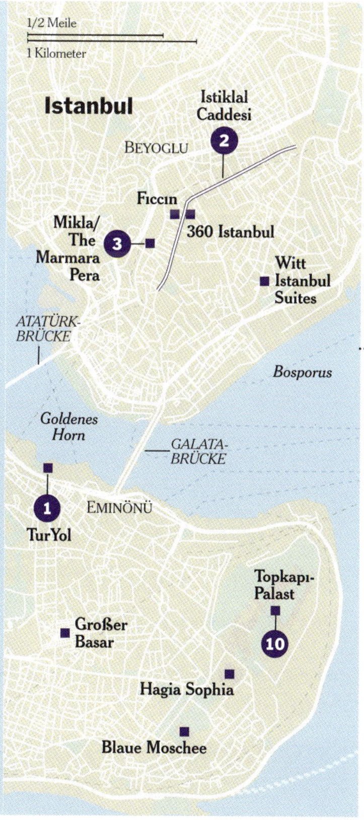

1/2 Meile
1 Kilometer

**Istanbul**

Istiklal Caddesi

BEYOGLU — **2**

Ficcın

Mikla/ The Marmara Pera **3**

360 Istanbul

Witt Istanbul Suites

ATATÜRK-BRÜCKE

Bosporus

Goldenes Horn

GALATA-BRÜCKE

**1** EMINÖNÜ
TurYol

Großer Basar

Topkapı-Palast **10**

Hagia Sophia

Blaue Moschee

2 Meilen
4 Kilometer

Bosporus

**TÜRKEI**

**Istanbul**

Rumeli Hisarı

Waterfront Cafe/ Sumahan on the Water
ÇENGELKÖY

**9**

Beylerbeyi-Palast **4**

Sumahan on the Water

**5**

Bir Kuzguncuk Dükkanı

**6**

Büyük Çamlıca

Detail

KADIKÖY

Ciya **7**

Süreyya-Opern-haus

**8**

Marmarameer

BULGARIEN

Schwarzes Meer

**Istanbul**

GRIECHEN-LAND

Ankara

Ägäis

**TÜRKEI**

Bodrum

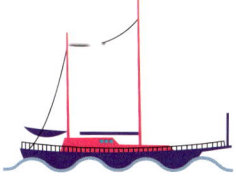

# Bodrum

*Mit seinem milden Klima und den vielen Geschäften ist die Stadt Bodrum an der Ägäis ein beliebtes Urlaubsziel in der Türkei. In der Antike befand sich an diesem Ort eines der sieben Weltwunder, das Mausoleum von Halikarnassos. Irgendwann um das Jahr 2000 entdeckte die globale Partyszene plötzlich dieses alte Fischerdorf und die benachbarten Kleinstädte auf der Halbinsel Bodrum. Im Sommer fühlt sich Bodrum ein wenig wie Saint-Tropez an, abgesehen von den Bauchtänzerinnen. Was sind die Attraktionen? Zum Beispiel die herrliche Umgebung. Die Halbinsel ist eine Malerpalette aus weiß getünchten Häusern, purpurroten Bougainvilleen und olivgrünen Abhängen. Und Bodrums Nachtleben lockt Partyfans wie Sirenengesang an.*
– SETH SHERWOOD

## FREITAG

**1** *Alexanders Nemesis* 15 Uhr

Historische Bauten prägen alle Teile des modernen Bodrums wie Leitmotive. Es gibt ein Theater, von den alten Griechen gebaut, eine Festung aus dem Mittelalter und die traditionellen Holzboote, Gulets genannt. Als Alexander der Große versuchte, Bodrum – damals Halikarnassos – zu erobern, stieß er auf so heftigen Widerstand, dass er gezwungen war, den einzigen Waffenstillstand seines Feldzuges anzubieten. Als Antonius und Kleopatra nach Rom reisten, legten sie auf der Halbinsel einen Zwischenstopp ein. Brutus und Cassius planten hier die Ermordung Caesars und versteckten sich hier nach der Tat. Bodrum hat sogar die Erinnerung an das antike Ephesus bewahrt – mit einem Bier, das Efes heißt. Probieren Sie es in einer Strandkneipe.

**2** *Bodrum als Basar* 16 Uhr

Stürzen Sie sich ins Getümmel auf den Straßen Bodrums und kaufen Sie ein wenig ein. Die Stadt ist bekannt für handgemachte Sandalen aus Leder, das mit zerdrückten Eicheln gefärbt wurde. Der berühmteste Sandalenmacher war Ali Güven, zu dessen Kunden auch Mick Jagger gehörte. Er verstarb 2010, aber es gibt heute andere Werkstätten, die ähnliche Sandalen herstellen, darunter **Bodrumlu Sandalet** (Cumhuriyet Caddesi 16; Hilmi Uran Meydanı 2; +90 252 316 5207; bodrumsandalet.com). Teppiche finden Sie in der **Gallery Mustafa** (Dr. Alim Ekinci Caddesi 48; +90 252 313 1043; shop.gallerymustafa.com). Halten Sie auch Ausschau nach Geschäften, die Keramik, Kuriositäten und Schmuck führen.

**3** *Menü in den Bergen* 20 Uhr

Nur wenige Kilometer entfernt liegt in den bewaldeten Bergen das Restaurant **Ent** (Selahattin Pınar Çiftigi, Kayırlı Kume Evleri 12, Kızılagaç; +90 252 369 2426; entrestaurant.com; €€€€). Geboten werden drei häufig wechselnde Menüs zum Festpreis (bestehend aus sechs, zehn oder elf Gerichten), beispielsweise mit Börek, dreieckigen Teigtaschen mit einer Füllung aus Meeresfrüchten und Pilzen, oder einer Pannacotta aus säuerlichem Joghurt. Die umfangreiche Weinkarte scheint sämtliche Landesweine zu enthalten. Bei gutem Wetter können die Gäste – maximal 30 pro Abend – an Tischen Platz nehmen, die im Garten verstreut stehen.

**4** *Flüssige Erfrischung* 23 Uhr

Die Cumhuriyet Caddesi ist überall als Kneipenstraße bekannt, denn es wimmelt dort von Bars und Klubs jeder Couleur, von Pubs im britischen Stil bis zu designten Lasterhöhlen. Eines der dekadentesten Lokale ist der **Catamaran Club** (Dr. Alim Bey Caddesi 1025. Sokak 10; +90 252 313 3600; clubcatamaran.com),

**GEGENÜBER** Bodrum, das in der Antike Halikarnassos hieß, lockt Touristen heute mit Sonnenbaden, Shoppen und ausschweifigem Nachtleben an.

**RECHTS** Türkbükü am Nordende der Halbinsel Bodrum zieht wohlhabendere Gäste an.

ein großes Schiff mit gläsernem Tanzboden, das jeden Abend in See sticht.

### SAMSTAG

**5** *Ländliche Farben* 10 Uhr

Der öffentliche Minibus nach **Gümüşlük**, einem Dorf am anderen Ende der Halbinsel, befördert Sie auf kurvigen Landstraßen durch die traditionelle Türkei, vorbei an verfallenen Bauernhäusern, Kuhherden, schäbigen Buden, wo Melonen verkauft werden, ländlichen Moscheen und Lavendelfeldern. Zur Zeit der Römer hieß der Ort Myndos; aber vor langer Zeit versank er bei einem Erdbeben im Meer, was ihm den Namen „versunkene Stadt" eintrug. Die Spitzen der alten Schutzwälle ragen immer noch aus dem Wasser. Essen Sie in einem der Lokale zu Mittag und kaufen Sie auf dem kleinen Markt ein. Dort sind die Stände gespickt mit Kürbissen, Gewürzen und runden Amuletten, die Schutz vor dem bösen Blick gewähren sollen.

**6** *Strandparty* 14 Uhr

Auf dem belebten Uferweg in **Türkbükü** trifft eine ländliche Vergangenheit auf eine glamouröse Gegenwart. Wohlhabende Paare mit Sonnenbrillen von Chanel und junge Frauen in goldfarbenen Bikinis stöbern in Badesachen und Schmuck und essen zwischendurch gefüllte Muscheln, die fliegende Händler verkaufen. Fischer drängen sich durch die Menge und schleppen Säcke mit Seebarsch in die Restaurants, wo weißhaarige Männer Backgammon spielen und Rakı schlürfen, das Nationalgetränk mit Anisaroma. Mischen Sie sich in einem der Strandklubs unter die Leute – auf Liegen mit weißen Kissen, in luftigen arabischen Zelten oder an der gut ausgestatteten Bar. Wahrscheinlich ist der Eintritt frei;

**OBEN** Sanfte Brisen, Mittelmeersonne und blaues ägäisches Wasser sind typisch für die Strände Bodrums.

**RECHTS** Teppiche in der Gallery Mustafa in Bodrum.

aber man erwartet, dass Sie etwas trinken. Ein beliebtes Lokal ist das **Maçakızı** (+90 252 311 2400; macakizi.com).

**7** *Dinner auf dem Dock* 20 Uhr

Sehen Sie sich im Hotel **Galen** (Bagarası Mahallesi; +90 252 377 5868; galenturkbuku.com; €€€), das sich mitten auf der Uferpromenade von Türkbükü befindet, zuerst am beeindruckenden Blick über die Bucht satt, bevor Sie dann mit mediterranen Spezialitäten wie gegrilltem Wolfsbarsch, Salat mit Lachs, Shrimp-Pilaf und einer dramatisch präsentierten Blaukrabbe auch den Magen füllen. Wer braucht da eine Jacht?

**8** *Gesehen werden* 22 Uhr

Verglichen mit Bodrum ist das Nachtleben in Türkbükü stilvoller und gehobener. Gehen Sie zuerst im **Ship Ahoy** vor Anker (Yalı Mevkii; +90 252 377 5070), einem Freiluftrestaurant, das in Sommernächten aus allen Nähten platzt. Die Schickeria aus Istanbul und türkische Stars gehören zu den Gästen.

### SONNTAG

**9** *Antikes Wunder* 10 Uhr

Das **Mausoleum von Halikarnassos** in Bodrum (bodrumturkeytravel.com) besteht hauptsächlich aus einigen umgestürzten Säulen und einem nackten Fundament; aber es ist eines von zwei übrig gebliebenen Wundern der antiken Welt (das andere sind die Pyramiden von Giseh). Im 4. Jahrhundert v. Chr. beauftragte der Herrscher Mausolos Bildhauer und

Baumeister, um für ihn ein 37 m hohes, massives Grabmal zu bauen. Er starb früh, und das Projekt wurde von seiner Witwe Artemisia weitergeführt. Irgendwie gelang es ihr, den Bau zu beaufsichtigen und fertigzustellen, obwohl sie reichlich Wein trank, in den sie der Sage nach die Asche ihres Gatten gemischt hatte. Die Hingabe der trauernden Frau übertraf die der meisten anderen Witwen – vielleicht, weil sie auch Mausolos' Schwester war.

**10** *Versunkener Schatz* 11 Uhr
Des Rätels Lösung, warum das Mausoleum fast verschwunden ist, liegt in den massiven Türmen, Zinnen und Mauern der majestätischen **Festung Bodrum** verborgen (Hafen Bodrum; +90 252 316 2516).

Als die Johanniter Anfang des 15. Jahrhunderts in die Stadt einritten, fanden sie das Mausoleum in Ruinen vor, offenbar als Folge eines Erdbebens. Also vollendeten die Kreuzritter das Werk und nahmen jeden Stein mit, den sie tragen konnten, um ihre Festung zu bauen. Heute ist dort das **Museum für Unterwasserarchäologie** (+90 252 316 2516; bodrum-museum.com) untergebracht. Die Räume zeigen einst versunkene Schiffe. Die Überreste ihrer Ausstattung und Ladung stellen somit die physische Aufzeichnungen der entschwundenen Menschen dar, die mit Segeln und Rudern reisten, sich an der Sonne und den Sternen orientierten und ihr Leben letztlich in die Hände der Götter und Elemente legten.

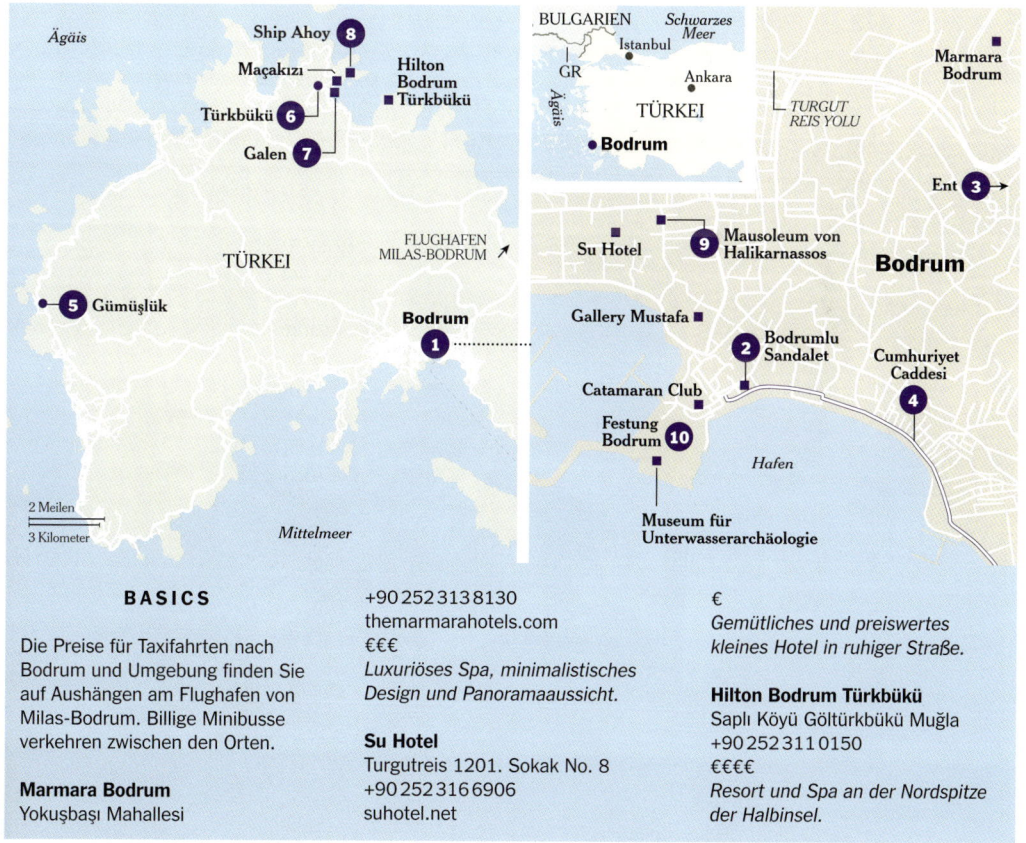

# Zypern

*Auf Zypern scheint immer die Sonne. Sie wirft ihr Licht auf antike Ruinen, mittelalterliche Burgen, Weinberge und das Meer. Dazu passt, dass nach der griechischen Mythologie Aphrodite, die Göttin der Schönheit, vor der Küste geboren wurde. Die menschliche Geschichte hat hingegen nicht nur Schönes zu bieten: Die Insel und die Hauptstadt Nikosia sind geteilt, seit die Türkei 1974 Nordzypern besetzte, und vier Jahrzehnte später musste die EU den südlichen, griechischen Teil vor dem finanziellen Kollaps retten. Mittlerweile solvent und stabil, hat Zypern sich den Charme der Antike erhalten und neue Attraktionen hinzugewonnen: von Stararchitekten entworfene Wolkenkratzer und Plätze, ein neues Museum von Weltniveau, attraktive Restaurants und ein lebendiges Nachtleben.* – SETH SHERWOOD

### FREITAG

**1** *Die Burg erobern* 16 Uhr

Limassol an der Südküste ist eine Stadt mit zwei Seiten. Eine zeigt sich an der Strandpromenade, wo sich in Luxusressorts und riesigen Hotelkomplexen Reisende aus aller Welt an den Pools, Bars und Büffets drängen. Die andere Seite kommt in den orthodoxen Kirchen, efeubewachsenen Steinhäusern, folkloristischen Lokalen und Straßencafés der Altstadt zum Vorschein. Das größtenteils im 16. Jahrhundert von osmanischen Herrschern erbaute **Limassol Castle** (limassolmunicipal.com.cy/en/mesaioniko) ist die historische Hauptattraktion. In den Steingängen und Gewölbekammern sind u. a. Skelette und Amphoren ausgestellt, auf dem zinnenbesetzten Dach hat man einen weiten Ausblick auf das Troodos-Gebirge, in dessen Weinbergen Commandaria angebaut wird – der vielleicht älteste kontinuierlich produzierte Wein.

**2** *Flanieren* 18 Uhr

An Limassols Uferpromenade, einem von Palmen gesäumten Streifen mit Blumenbeeten, Brunnen und Kunst, geht es gemächlich zu. Flanierer bleiben an den Maiskolben-Ständen stehen, Paare machen auf ins Meer ragenden Stegen Selfies, Containerschiffe ankern vor der Küste. Jenseits der Promenade geht

**GEGENÜBER** Ein ruhiges Plätzchen im Hamam Omerye.

**RECHTS** Auf Entdeckungstour im Limassol Castle.

es zum öffentlichen Strand und Stadtgarten mit Amphitheater und Zoo. Genießen Sie auf den blauen Strandstühlen des Cafés **To Theatraki** (facebook.com/totheatraki) bei einer Partie Backgammon und einem lokalen Keo-Bier den herrlichen Sonnenuntergang.

**3** *Salzwasser-Dinner* 20 Uhr

Alles, was im Meer lebt, kommt in der **Pyxida Fish Tavern** (Limassol Marina; pyxidafishtavern.com; €€€) auf den Tisch. Das stylische Restaurant liegt am Ufer zwischen Modeboutiquen, Galerien und Luxusjachten des Hafens von Limassol. An einem lauen Abend wurden z. B. als Vorspeisen frittierte Stinte und eine Fischsuppe auf Tomatenbasis mit dicken Kabeljaustücken und Croûtons serviert. Zu den Hauptgerichten gehörten u. a. Schwertfisch-Souvlaki, Tintenfisch vom Grill und Pasta mit Meeresfrüchten. Und als Dessert: Orangenkuchen mit Mastix-Eis.

**4** *Limassoler Nächte* 22 Uhr

Der alte Hafen erstrahlt dank der futuristischen Restaurant-Lounges aus Glas und Metall im neuen Glanz. Eine davon ist **Gin Fish** (Old Port, Building Y, Limassol; facebook.com/ginfishbar), wo Yuppies sich an der Marmorbar drängen, um Cocktails oder Wein zu bestellen – darunter den sirupartigen Commandaria, der nach Honig und Trockenobst schmeckt, oder einen vollmundigen Chardonnay aus der Weinkellerei Kyperounda. Alternativer Gesinnte begeben sich auf ihren 1970er-Retro-Sneakers zum baumreichen Hofgarten des **Sousami** (Kitiou Kyprianou 8), wo eher griechisches Lagerbier getrunken wird. Dazu legen DJs Vinyl von Jazz bis Elektro und Reggae auf.

**SAMSTAG**

**5** *Höhere Bildung* 11 Uhr

Mehrmals täglich fahren Busse nach Nikosia (intercity-buses.com). Die Fahrt dauert ca. 100 Minuten, der Busbahnhof liegt direkt vor der Altstadtmauer. Im elften Stock des **Shacolas Tower** (Ledras Street Ecke Arsinois Street) erhalten Sie einen multimedialen Überblick über die geteilte Stadt: Filme, Fotos und Touch-Screen-Displays tauchen in Nicosias Geschichte (Kreuzfahrer, Venezianer, Osmanen und Briten) und Architektur ein, während die großen Fenster den Blick auf die moderne Hauptstadt gewähren. Im Süden sehen Sie das postmoderne Nikosia mit dem Eleftheria-Platz (dessen futuristische Umgestaltung Zaha Hadid entwarf) und dem „löchrigen" weißen Tower 25 des französischen Architekten Jean Nouvel. Im Norden sind die Minarette und Märkte der türkischen Seite zu erkennen.

**6** *Schwein an Schwein* 12 Uhr

Fleisch als Beilage zu Fleisch? Ihre Skepsis wird weichen, wenn Sie bei **Evroulla's Restaurant** (205 Ledras Street, Nicosia; +357 2266 5346; €€) einen gemischten Kebab-Teller vom Schwein bestellen. Das Lokal in einer von der belebten Ledras Street abgehenden überdachten Passage ist eine Hochburg der schnörkellosen Küche. Auf der Tageskarte stehen diverse Fleischgerichte, aber Karnivoren sei der Kebab aus einer Kombination aus zartknusprigen Schweinefleischstücken und Sieftalies (gegrillter Schweinemagen gefüllt mit Schweinehack) empfohlen.

**7** *Vintage-Shopping* 13.30 Uhr

Seit 2015 die Grenzkontrollen gelockert wurden, ist es einfacher, von der Republik Zypern in die soge-

nannte Türkische Republik Nordzypern (die nur von der Türkei anerkannt wird) zu reisen. Hinter der Passkontrolle in der Ledras Street befinden Sie sich gleich in einem Labyrinth aus Fußgängergassen, in denen es nur so von Cafés, preiswerten Klamotten- und wunderbaren Vintage-Läden wimmelt. In den Arkaden der Karawanserei **Büyük Han** aus dem 16. Jahrhundert und in und neben dem überdachten Markt **Belediye Pazarı** gibt es neben allerlei Nippes auch seriösere Sammelobjekte wie Bücher und Münzen sowie alte Schallplatten und Plattenspieler.

**8** *Pariser Hängung* 16 Uhr

Wieder auf der griechischen Seite können Sie in der mehrstöckigen modernistischen **A.G. Leventis Gallery** (5 A.G. Leventis Street, a.k.a. Leonidou Street, Nicosia; leventisgallery.org) europäische Gemälde von Weltrang bewundern. Den Schwerpunkt bilden zypriotische und griechische Künstler, aber am beliebtesten ist die Paris Collection, so benannt, weil die Werke einst im Pariser Appartement von A.G. Leventis, einem verstorbenen zypriotischen Geschäftsmagnaten, hingen. Ausgestellt sind Werke von El Greco, Paul Signac, Chagall, Renoir und Monet.

**9** *Dinner und danach* 20 Uhr

Teils Concept Store, teils Cocktail-Lounge, teils neomediterranes Restaurant: **The Gym** (85–89 Onasagorou Street, Nicosia; thegymconcept.com; €€–€€€) bietet multiple Vergnügen. Beginnen Sie Ihr Training mit Vorspeisen wie in Commandaria-Wein sautierten Champignons, machen Sie weiter mit Hauptgerichten wie Adlerfisch mit Taboulé und gehen Sie nicht vor der Joghurt-Pannacotta oder Tiramisu unter die

**OBEN** Manche nehmen lieber den steinigen Weg.

Dusche. Danach sind Drinks in einer der zahllosen Bars von Nicosia angesagt. Im **Silver Star** (44–46 Sofouli Street; facebook.com/silverstarwinebar) saugt ein eher schickes Publikum Wein und Elektrobeats auf. In der **Lost + Found Drinkery** (38 Lord Byron Street; facebook.com/LFDrinkery), einer Retro-Zeitkapsel mit Flippern, werden Cocktails serviert.

**SONNTAG**

**10** *Dampfreinigung* 10.30 Uhr

Jetzt geraten Sie ins Schwitzen. Eine 1-A-Detox-Behandlung erwartet Sie im sanierten **Hamam Omerye** (8 Tyllirias Square, Nicosia; hamamomerye.

com), einem türkischen Badehaus aus dem 16. Jahrhundert. Während die Gifte aus Ihren Poren weichen, dringen Sonnenstrahlen durch die winzigen Fenster in der gewölbten Decke.

**11** *Himmlisches Hellas* 12 Uhr

Unmöglich, Zypern zu verlassen, ohne in die Antike einzutauchen. Sonntags bis 13 Uhr geöffnet ist das archäologische **Cyprus Museum** (Mouseiou 1, Nicosia; mcw.gov.cy) mit seiner angestaubten, aber faszinierenden Sammlung: Alexander der Große, Kleopatra, Apollo, Aphrodite, Kentauren – in Form von Statuen, Reliefs und Münzen von diversen Ausgrabungsstätten der Insel.

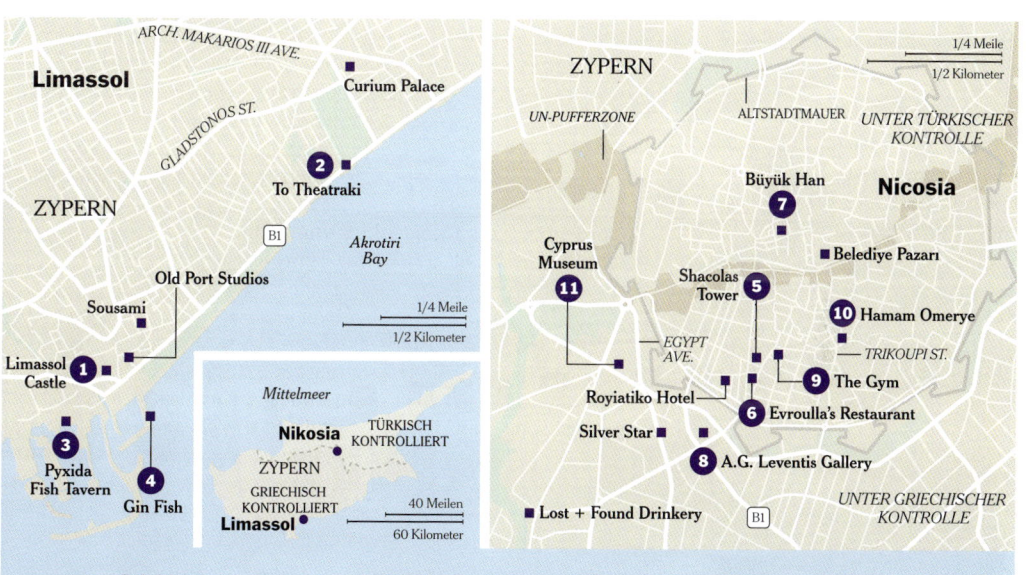

**BASICS**

Die Städte sind mit Auto oder Bus erreichbar.

**Curium Palace**
11 Byron Street, Limassol
+357 2589 1100
curiumpalacehotel.com.cy,
€€
*Es gibt nur wenige Hotels in der Nähe des alten Hafens und*

Jachthafens von Limassol. Dieses *ist altmodisch, aber klassisch stilvoll.*

**Royiatiko Hotel**
27 Apollonos Street, Nicosia
+357 22 445 445
royiatikohotel.com.cy
€€
*Modernes Hotel in mittlerer Preisklasse mit 32 Zimmern, Pool und Spitzenlage.*

**Old Port Studios**
7–9 Dimitriou Mitropoulou Street, Limassol
+357 207 517 5508
old-port-studios.limassol.top-hotels-cy.com/en
€
*Im Herzen des alten Hafenviertels; spartanisch, aber sauber, mit Klimaanlage und WLAN.*

# Tiflis

*Georgien hat die Invasionen der Mongolen, Perser, Türken und Russen überstanden und dabei seine Sprache und Kultur bewahrt. Mehr als ein Viertel seiner vier Millionen Einwohner leben in der hektischen und lebendigen Hauptstadt Tiflis (Tbilisi), die entlang der steilen Ufer des Flusses Kura (auch Mtkwari genannt) erbaut wurde und von schneebedeckten Bergen umgeben ist. Einige ihrer alten Kopfsteinpflasterstraßen sind kaum breit genug für einen Mini Cooper, während in den Hauptstraßen immer mehr Wolkenkratzer, Einkaufszentren und neue Hotels entstehen. Die schöne Schwarzmeerküste und die Skigebiete oberhalb der Baumgrenze sind nicht allzu weit entfernt. Heute bevorzugt eine neue Generation Englisch statt Russisch als erste Fremdsprache; deshalb dürfte es nicht mehr lange dauern, bis Tiflis als Urlaubsziel zwar nicht mit Paris oder Prag, wohl aber mit St. Petersburg oder Moskau mithalten kann.* – LIONEL BEEHNER

### FREITAG

**1** *Erste Eindrücke* 15 Uhr

Beginnen Sie am **Platz der Rosenrevolution** bei der U-Bahn-Station Rustaweli und machen Sie einen Bummel auf dem **Rustaweli-Boulevard**, einer Prachtstraße mit Bäumen, teuren Parfümerien und architektonischen Kuriositäten, darunter ein Opernhaus im maurischen Stil. Der Boulevard führt zum **Freiheitsplatz**, wo das ehemalige Rathaus und sein Glockenturm im Jahr 2003 die theatralische Kulisse für die Rosenrevolution bildeten. Im Fremdenverkehrsbüro an der Südseite des Platzes bekommen Sie einen kostenlosen Stadtplan. Folgen Sie dann der Straße zur Altstadt, einer Ansammlung von teils heruntergekommenen, teils renovierten Gebäuden, Geschäften, die Devotionalien verkaufen, Werkstätten von Kunsthandwerkern und Pensionen mit Blumen geschmückten Balkonen. Einige Straßen weiter können Sie in der orthodoxen Basilika eine Kerze anzünden, in einer Synagoge beten oder in einer Moschee mit einem Imam sprechen – ein Beweis für Georgiens traditionelle religiöse Toleranz.

**2** *Gang durch die Altstadt* 16 Uhr

Halten Sie in der Altstadt Ausschau nach Sehenswürdigkeiten und Geschäften. Handgemachten Cloisonné-Schmuck und Bilder gibt es beispielsweise bei

**Ornament** (King-Erekle-II-Straße 7; facebook.com/galleryonament). Die Schardeni-Straße ist von gemütlichen Cafés und Galerien mit Werken zeitgenössischer georgischer Künstler gesäumt. In der orthodoxen **Sioni-Kathedrale** am Flussufer befindet sich eine bedeutende Reliquie: ein Kreuz aus Weinreben, umrankt vom Haar der heiligen Nino, einer kappadokischen Frau, die im 4. Jahrhundert das Christentum nach Georgien brachte. Überqueren Sie die Kura auf der spektakulären **Friedensbrücke**, einer bogenförmigen Fußgängerbrücke aus Glas und Stahl. Sie wurde vom italienischen Architekten Michele De Lucchi entworfen.

**3** *Neue Küche* 20 Uhr

Zum Abendessen können Sie im **Café Littera** (Machabeli-Straße 13; +995 59 99 88 308; €€), im Sommer im Garten und im Winter im Speiseraum, Platz nehmen. Es liegt hinter dem Writers' House of Georgia, einem Kulturzentrum. Küchenchefin Tekuna Gachechiladze hat in Deutschland Psychologie studiert und in New York das Kochen gelernt. Sie serviert „georgische Fusionsküche", z. B. Pairing badrijani (frittierte Auberginen mit Walnussfüllung) mit Foie gras.

**GEGENÜBER** Tiflis von der Bergfestung Narikala aus gesehen.

**UNTEN** Traditionelle georgische Tracht auf einem Musikfest.

**SAMSTAG**

**4** *Sowjetische Klassiker* 10 Uhr

Künstler, Handwerker, Altwarenhändler, Sammler und verschiedene Opportunisten breiten am Samstagmorgen auf dem großen **Flohmarkt an der Mschrali Chidi** (Trockene Brücke) im Dedaenapark ihre Waren aus. Hier finden Sie Keramik, Gemälde, Schmuck, Stickereien, alte Sachen aller Art und Souvenirs aus der sowjetischen Ära, darunter Orden. (Flohmarktexperten warnen vor Fälschungen.) Zum Mittag-

**OBEN** Türme der orthodoxen Kathedrale von Tiflis.

**UNTEN** Von Heißwasserquellen gespeistes Bad.

essen gehen Sie zurück in die Altstadt und in eines der vielen Cafés, in denen Sie Kinkali bestellen können, georgische Maultaschen, gefüllt mit würzigem Fleisch. Oder gehen Sie in die Leselidse-Straße 26. Dort befindet sich die Filiale einer lokalen Restaurantkette namens **Machakhela** (+995 32 102 119; €), die auf Chatschapuri, eine georgische Käsetasche, und mit Fleisch gefüllte Backwaren spezialisiert ist.

**5** *Blick auf die Stadt* 14 Uhr

*Mutter Georgien*, die riesige Statue, die auf Tiflis blickt wie *Christus, der Erlöser* auf Rio de Janeiro, wurde 1958 anlässlich des 1500-jährigen Bestehens der Stadt auf einem Bergrücken über der Stadt in der Nähe der Festung **Narikala** aus dem 17. Jahrhundert errichtet. Außer einer Kirche und einigen Ruinen ist nicht viel erhalten von der Festung, aber die Aussicht ist fantastisch. In der Nachbarschaft befindet sich ein **botanischer Garten**, der im 17. Jahrhundert vom König angelegt wurde.

### 6 *Im Schwefel* 17 Uhr

Tiflis wurde nach seinen natürlichen heißen Quellen benannt (*tbili* bedeutet „warm"). Etwa ein halbes Dutzend unterirdische Bäder mit blauen Marmorfliesen befinden sich am Fuße des Narikala-Berges. Man erkennt sie am süßlichen Schwefelgeruch und an ihren Kuppeln. Hier erholten sich Puschkin und Alexander Dumas am liebsten. Sie sind alles andere als ein Luxuskurort, aber sie sind billig, und man kann sich entspannen. Probieren Sie das kunstvoll gekachelte **Orbeliani-Bad** oder das **Königsbad**, wo Sie auch Separees mieten können.

### 7 *Traditionelle Köstlichkeiten* 20 Uhr

Wenn Sie keine georgischen Freunde haben, die Sie zu einem Supra (einer Mahlzeit mit vielen Gängen, endlosem Trinken und Tanzen) einladen, gehen Sie den Fluss entlang zum **Puris Sakhli** („Brothaus", Gorgasali-Straße 7; +995 322 303 030; mgroup.ge; €€€). Dort können Sie preiswerte lokale Gerichte probieren und zuschauen, wie Ihr Lammfleisch in einem traditionellen Lehmofen gebacken wird.

### 8 *Wein der Alten* 22 Uhr

In der **Irakli-Abaschidse-Straße**, einer mondänen dreispurigen Durchgangsstraße, gibt es zahlreiche schicke Weinlokale und Restaurants, von denen einige Livejazz anbieten. Georgien hat 500 traditionelle Rebsorten, und alle Georgier sind davon überzeugt, dass hier der erste Wein der Geschichte gekeltert wurde. Das Nationalmuseum Georgiens behauptet, gestützt auf archäologische Funde, dass es hier schon vor 8000 Jahren Winzer gab, und lokale Feinschmecker fanden bei Homer und Apollonius Hinweise auf die Weine der Region. In der sowjetischen Zeit wurden die alten Rebstöcke herausgerissen, und unbedarfte Manager schütteten Zucker in den Wein. Zum Glück haben die Winzer sich längst wieder auf ihre alte Kunst besonnen.

**GANZ OBEN** Der elegante Rustaweli-Boulevard wird von hohen Bäumen und schönen alten Gebäuden gesäumt.

**OBEN** Traubenstampfen auf einem Fest in Tiflis.

**SONNTAG**

**9** *Bücher und Tee* 10 Uhr

Kaffee, Gebäck, Tees und englische Bücher bekommen Sie in **Prospero's Bookstore and Caliban's Coffeehouse** (Rustaweli-Boulevard 34; +995 322 923 592; prosperosbookshop.com). Fahren Sie mit der U-Bahn zur Haltestelle Rustaweli und gehen Sie dann zu Fuß weiter. Wenn Ihnen in Georgien einiges sonderbar vorkommt, ist dies ein guter Platz, um von englischsprachigen Auswanderern Tipps zu bekommen.

**10** *Altes Gold* 11 Uhr

Das **Simon-Janaschia-Museum** (Rustaweli-Boulevard 3; +995 322 998 022; museum.ge) erzählt die Geschichte der Kaukasier seit prähistorischer Zeit. Die außergewöhnliche Sammlung alter Schmuckstücke und anderer handgefertigter Objekte aus Gold geht auf archäologische Funde aus vorchristlicher Zeit zurück. Noch eindrucksvoller sind Fossilien des Homo erectus georgicus, der vor 1,8 Millionen Jahren lebte und mit dem modernen Menschen verwandt ist.

**OBEN** Das Puris Sakhli (Brothaus) serviert Lammgerichte und andere klassische Speisen des Landes.

**GEGENÜBER** Im Puris Sakhli wird das Brot in einem traditionellen Lehmofen gebacken.

**BASICS**

Viele europäische Fluggesellschaften fliegen Tiflis an. Vereinbaren Sie einen Preis, bevor Sie in ein Taxi einsteigen. Innerhalb der Stadt können Sie mit Bussen und der U-Bahn fahren.

**Radisson Blu Iveria**
Platz der Rosenrevolution 1
(früher Platz der Republik)
+995 322 402 200
radissonblu.com/en/hotel-tbilisi
€€€
*Ein umgebautes altes Intourist-Hotel, in dem in den 1990er-Jahren Flüchtlinge wohnten. Es ist luxuriös und modern.*

**Betsy's Hotel**
Makaschwili-Straße 32–34
+995 322 931 404
betsyshotel.com
€€
*Panoramablick auf Tiflis, ein Schwimmbecken im Freien und eine beliebte Happy Hour am Freitag.*

**Tiflis**

1/4 Meilen
1/2 Kilometer

**8** Irakli-Abaschidse-Straße

**1** Platz der Rosenrevolution

U-Bahn Rustaweli

Radisson Blu Iveria

MAKASCHWILI-STR.

Betsy's Hotel

**9** Prospero's Bookstore and Caliban's Coffeehouse

Simon-Janaschia-Museum **10**

Flohmarkt an der Mschrali Chidi **4**

FLUGHAFEN TIFLIS

DEDAENAPARK

Kura

KAKABADSE-STR.

Rustaweli-Boulevard

Nationalmuseum Georgiens

BARATASCHWILI-STR.

PUSCHKIN-STR.

CHONKADSE-STR.

Café Littera **3**

Freiheitsplatz

ALT-STADT

Friedensbrücke

Ornament **2**

Machakhela

Sioni-Kathedrale

SCHARDENI-STR.

Puris Sakhli

**7**

Orbeliani-Bad **6**

Narikala **5**

Königsbad

BOTANISCHER GARTEN

KAUKASUS

100 Meilen
150 Kilometer

RUSSLAND

Schwarzes Meer

GEORGIEN

Tiflis

TÜRKEI

ASERBAIDSCHAN

ARMENIEN

# NORDEUROPA

Bergen 604

Oslo 598

STOCKHOLM 584

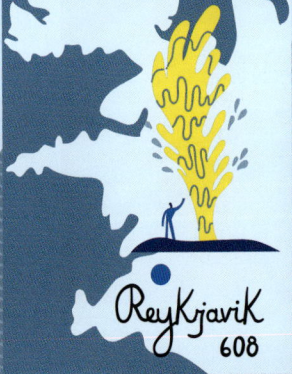

ReyKjaviK 608

Gotland & Fårö 590

594

Lund & schwedische Riviera

KOPENHAGEN 612

Turku 622

HELSINKI 616

Weiße Nächte in
St. Petersburg
648

St. Petersburg
im Winter 654

Tallinn
626

Riga 632

MOSKAU
642

Vilnius 638

# Stockholm

*An den langen Sommertagen, wenn die Sonne bereits gegen halb vier aufgeht und es erst gegen 22 Uhr dämmert, leben die Stockholmer auf. Viele fahren zu ihren Landhäusern, doch wer in der Stadt bleibt, verbringt seine Zeit möglichst draußen, was nicht schwierig ist, machen Wasser- und Parkflächen doch fast zwei Drittel der Stadt aus. Zwischen Ostsee und dem Mälaren ist Stockholm auf 14 Inseln gebaut, die durch Brücken verbunden sind. Bei schönem Wetter sind die Cafés und Bars am Wasser voller Menschen. Egal ob schwedisches Design, Küche oder Kultur, ob altbekannt oder aufregend neu – für Besucher der Stadt gibt es überall etwas zu entdecken.* – STEPHEN WHITLOCK

## FREITAG

**1** *Rundgang* 16 Uhr

Verdienen Sie sich Ihr Abendessen mit einem erfrischenden 8 km langen Spaziergang rund um den Riddarfjärden, den Hauptwasserweg der schwedischen Hauptstadt. Er beginnt am Stadshuset, dem Rathaus, in dem jedes Jahr die Nobelpreise in Anwesenheit des Königs vergeben werden, gefolgt von Riddarholmen, wo in der Kirche Generationen von schwedischen Königen bestattet sind. Weiter geht es nach Södermalm, der großen südlichen Insel, durch die schöne Bastugatan. Stärken Sie sich in der **Kaffebar** (Hornsgatan 78; +46 76 875 29 92; facebook.com/kaffebarbysistorget6), einem der besten Kaffeehäuser der Stadt und zudem Lieblingsplatz von Lisbeth Salanders geistigem Vater Stieg Larsson. Wieder nach Norden gelangt man über die Hochbrücke Västerbron mit schönem Ausblick nach Kungsholmen. Eine Erfrischung gibt es etwa im **Mälarpaviljongen** (Norr Mälarstrand 64; +46 8 650 87 01; malarpaviljongen.se), einer Café-Lounge im Freien mit drei Schwimmdecks, die eines der beliebtesten Sommerziele der Stockholmer ist.

**2** *Lokalhelden* 19.30 Uhr

Kulinarisch scheinen die Stockholmer sich häufig an neuesten ausländischen Trends zu orientieren. Glücklicherweise gibt es aber auch ein paar Orte, wo noch heimisch gekocht wird im Bestreben, die schwedische Küche auf ein höheres Niveau zu führen. Eine der besten Adressen ist das **Restaurang Volt** (Kommendörsgatan 16; +46 8 662 34 00; restaurangvolt.se; €€€€). Geführt wird es von vier jungen Schweden, die bereits in Toprestaurants im ganzen Land gearbeitet haben. In dem kleinen, sparsam eingerichteten Raum konzentriert sich die ganze Aufmerksamkeit aufs Essen. Man kann à la carte essen, besser entscheidet man sich aber für ein Drei-, Fünf- oder Sieben-Gänge-Menü aus Kreationen wie Kaninchen mit Karotten und Löwenzahn oder Desserts wie Fenchel mit weißer Schokolade und Lakritz.

**3** *Nach oben* 22 Uhr

Es gibt einige Plätze, wo man einen Drink mit Panoramablick genießen kann. Das **Gondolen** (Stadsgården 6; +46 8 641 70 90; eriks.se) gehört zu einer Aussichtsplattform am Rande von Södermalm, von wo man auf die Altstadt Gamla Stan und den Hafen blickt. Für einen noch interessanteren Ausblick sollten Sie das **Himlen** (Götgatan 78; +46 8 660 60 68; restauranghimlen.se) besuchen, eine Bar mit Restaurant auf einem Hochhaus auf Södermalm.

## SAMSTAG

**4** *Kunterbunt und Co.* 11 Uhr

Unter den berühmten schwedischen Autoren reicht nicht einmal Stieg Larsson an Astrid Lindgren heran. **Junibacken** (Galärvarvsvägen; +46 8 587 23 00; junibacken.se) ist eine Art Indoor-Vergnügungspark, wo man Pippi Langstrumpfs Villa Kunterbunt besich-

**GEGENÜBER** Das Stadshuset, Stockholms Rathaus.

**RECHTS** Stylishe Beleuchtung im Hotel Nobis.

tigen und mit dem Geschichtenzug durch Szenen aus diversen Lindgren-Büchern fahren kann. Selbst wenn man dem Alter schon längst entwachsen sein sollte, ist es ein großer Spaß. Gönnen Sie sich danach ein Stück Rhabarber- oder Käsekuchen im **Flickorna Helin** (Rosendalsvägen 14; +46 8 664 51 08; flickornahelin. se), einem Café ganz in der Nähe, das direkt einem Märchen entsprungen scheint.

**5** *Inselessen* 13.30 Uhr

Jeder Stockholmbesuch sollte auch einen Ausflug in die Schären beinhalten, die mehr als 1000 kleinen, der Stadt vorgelagerten Inseln an der Küste. Es braucht mehrere Stunden, um ins Herz des Schärenarchipels zu segeln, doch mit der Fähre nach Fjäderholmarna ist eine Schärengruppe in nur 20 Minuten erreicht. Buchen Sie im Voraus ein Mittagessen auf der Terrasse des **Fjäderholmarnas Krog** direkt am Wasser (+46 8 718 33 55; fjaderholmarnaskrog.se; €€€€). Das Mittsommermenü enthält diverse Heringsvariationen, Räucherlachs mit Dill und Austern.

**6** *Hauptstraße* 15 Uhr

Auf der Hamngatan, einer der Haupteinkaufsstraßen Stockholms, fallen zwei große Kaufhäuser ins Auge: auf der einen Seite das alteingesessene, 1902 eröffnete schwedische Kaufhaus **NK** (Hamngatan 18–20; +46 8 762 80 00; nk.se) und fast gegenüber der dänische Konkurrent **Illums Bolighus** (Hamngatan 27; +46 8 718 55 00; illumsbolighus.dk), dessen erstes Haus 1925 in Kopenhagen öffnete. Der Schwerpunkt im NK liegt auf Essen und Bekleidung, in Sachen skandinavisches Design ist hingegen Illums nicht zu schlagen. Hier finden Sie alle großen Namen des dänischen De-

**OBEN** Das alteingesessene schwedische Kaufhaus NK. Hier gibt es schönes skandinavisches Möbel- und Wohndesign und leckeres Essen.

**LINKS** Das 1893 eröffnete Riche zieht nicht nur die Schönen und Reichen an.

**GEGENÜBER** Ein Besuch des Fotografiska lohnt sich schon allein wegen des Blicks vom Café im obersten Geschoss.

signs: Finn Juhl, Hans Wegner, Verner Panton, aber auch internationale Marken in allen Preislagen.

### 7 *Nordische Natur* 16 Uhr

Buchen Sie eine Behandlung im **Nordic Spa & Fitness**, dem Spa im **Grand Hôtel** (Södra Blasie-holmshamnen 8; +46 8 679 35 75; grandhotel.se), dem ersten Haus am Platz aus dem 19. Jahrhundert, in dem regelmäßig die Nobelpreisträger absteigen. Das Spa ist durch und durch skandinavisch gestaltet, mit Granitsteinböden im Nassbereich und interessanten Schärenansichten an den Wänden. Natürlich gehört zur Anwendung auch eine klassische schwedische Massage.

### 8 *Tierisches* 17.30 Uhr

In der Altstadt gibt es viele Touristenlokale, aber auch einige der besten Restaurants der Stadt. Das **Djuret** (Lilla Nygatan 5; +46 8 506 400 84; djuret.se; €€€€), was übersetzt „das Tier" heißt, bietet eine fleischlastige Karte, auf der die Gerichte mit einem bestimmten Wein angeboten werden, etwa Lamm mit Bordeaux oder Kalb mit Barolo und Barbaresco. Im Sommer bleibt das Hauptrestaurant zwei Monate geschlossen, stattdessen serviert man im angren-zenden Hof, sofern es das Wetter erlaubt, erstklassi-ges Schweinefleisch vom Grill – unter dem trefflichen Namen Svinet („das Schwein"). Da keine Reservie-rungen angenommen werden, sollten Sie nicht allzu spät da sein – es öffnet um 17 Uhr.

### 9 *Gute Drinks* 22 Uhr

Das Restaurant **Riche** (Birger Jarlsgatan 4; +46 8 545 035 60; riche.se) gibt es seit 1893. Es zieht ein schickes, gut betuchtes Publikum an. Hier hören Sie vermutlich mehr Champagnerkorken knallen als anderswo in der Stadt. Wenn es zu voll ist, gehen Sie gegenüber ins **KB** (Smålandsgatan 7; +46 8 679 60 32; konstnarsbaren.se), ein klassisches Stockholmer Restaurant mit schöner Bar und Wandgemälden aus

den 1930ern mit Bier trinkenden Wikingern und Mönchen, die sich einen Kräuterlikör gönnen.

### SONNTAG

**10** *Die Kunst des Brunchens* 11.30 Uhr

Sonntags kann Stockholm etwas verschlafen sein, und nur wenige Restaurants servieren einen Brunch. Das Restaurant im **Moderna Museet** (Skeppsholmen; +46 8 520 23 500; modernamuseet.se) hat ein reichhaltiges Frühstücksbüfett mit asiatischen, afrikanischen, amerikanischen und europäischen Speisen (€€€). Sie können von 11.00 bis 16.30 Uhr brunchen, müssen je-

doch vorher reservieren. Ohne Reservierung können Sie auf der großen Terrasse des Museumscafés ein einfacheres Frühstück genießen.

**11** *Fotogen* 13 Uhr

Im **Fotografiska** (Stadsgårdshamnen 22; +46 8 50 900 500; fotografiska.com), einem ehemaligen Zollhaus an der Uferstraße auf Södermalm, sind Fotoausstellungen unterschiedlicher Güte zu sehen. Aber auch wenn Ihnen die Ausstellung nicht gefällt, greifen Sie bestimmt selbst zur Kamera, wenn Sie vom Café auf dem Dach auf die Altstadt blicken.

**OBEN** Die Café-Lounge Mälarpaviljongen ist eine der beliebtesten Stockholmer Sommeradressen.

**GEGENÜBER** Ein ruhiges Sträßchen in der Stockholmer Altstadt.

### BASICS

Mit Bus, Straßen- und U-Bahn gelangt man in Stockholm überallhin. Schiffsunternehmen bieten Schärentouren an.

**Nobis**
Norrmalmstorg 2–4
+46 8 614 10 00
nobishotel.se
€€€
*Großartiger Service, eine perfekte Lage und schöne, komfortable Zimmer.*

**The Rival**
Mariatorget 3
+46 8 545 789 00
rival.se
€€
*Ein Projekt von Benny Andersson von ABBA. Die Kinoplakate in den Zimmern reichen von* Königin Christine *mit Greta Garbo bis –* natürlich *– ABBA: Der Film.*

1/2 Meile
1 Kilometer

**Stockholm**

Restaurang Volt **2**
HUMLEGÅRDEN
KOMMENDÖRSGATAN
Nobis
KB
**9** Riche
NK **6**
NARVAVÄGEN
ÖSTERMALM
Illums Bolighus
STRANDVÄGEN
HAMNGATAN
Hauptbahnhof
KUNGSHOLMEN
**4** Junibacken
Mälarpaviljongen
Nordic Spa & Fitness/ Grand Hôtel **7**
SKEPPS-HOLMEN
Flickorna Helin
Stadshuset
VASTERBRON
Djuret **8**
RIDDARHOLMEN
**10**
Moderna Museet
DJURGÅRDEN
Riddarfjärden
LANGHOLMEN
Kaffebar **1**
Gondolen **3**
Fjäderholmarnas Krog **5**
The Rival
SÖDERLEDEN
GÖTGATAN
**11** Fotografiska
HORNSGATAN
SÖDERMALM
BONDEGATAN
Himlen
RINGVÄGEN

NORWEGEN
FINNLAND
Mälaren
**Stockholm**
Skagerrak
SCHWEDEN
DÄNE-MARK
Ostsee

# Gotland & Fårö

*Gotland, die größte Ostseeinsel, liegt knapp 100 km vor der Südostküste Schwedens und hat etwa 60 000 Einwohner. Jenseits der mittelalterlichen Stadtmauern der einzigen Stadt Visby entfaltet sich eine idyllische Landschaft mit versprengten Ferienhäusern und Gehöften. Noch vor einigen Jahren war Gotland selbst im Sommer ein ruhiges Plätzchen, das nur ein paar Radfahrer und Wanderer anzog. Mittlerweile gesellt sich zu diesen Urlaubern auch partyfreudiges Jungvolk, das die Nachtklubs in Visby füllt und eine freie After-Beach-Szene ankurbelt. Der Rest der Insel ist ebenso wie die kleinere Nachbarinsel Fårö ins Visier wohlhabender Stockholmer gerückt, die hier Ferienhäuser kaufen oder sich in kleinen teuren Hotels verwöhnen lassen.* – INGRID K. WILLIAMS

## FREITAG

### 1 *Nachmittägliche Erkundung* 15 Uhr

Man kann nach Gotland fliegen, viel schöner ist es aber, von der Fähre aus die Stadtmauer mit Wehrtürmen und die spitzen Giebel von Visby am Horizont auftauchen zu sehen. Visbys Straßen und Gassen sollten unbedingt erkundet werden. Nehmen Sie sich ein bisschen Zeit, um in ein paar Läden zu schauen und durch die Gassen zu schlendern, die von Kletterrosen gesäumt werden. Nach der ersten Orientierung gehen Sie zum Strandklub **Kallbadhuset** (Strandvägen; kein Telefon; kallisvisby.se), von dem man direkt neben der Universität von Gotland auf die Ostsee blickt. In der Open-Air-Lounge tummeln sich junge Leute, die aus Stockholm herübergeflogen kommen, um Sonne, Sand, Musik … und Alkohol zu tanken. Während das Partyvolk früher nur für eine Woche zu einer schampusfeuchten Tanzparty namens Stockholmsveckan anrückte, ist mittlerweile den ganzen Sommer über Betrieb.

### 2 *Schätze der Ostsee* 19.30 Uhr

Danach wird in die Pedale getreten: Mieten Sie sich bei **Gotlands Cykeluthyrning** ein Rad (Skeppsbron 2; +46 498 21 41 33; gotlandscykeluthyrning.com)

**GEGENÜBER** Die mittelalterliche Stadtmauer von Visby.

**RECHTS** Die Fischerinsel Fårö erlangte internationale Bekanntheit, als Ingmar Bergman hier einige Filme drehte.

und fahren Sie stadtauswärts entlang der ruhigen Küste. Ziehen Sie aber nicht zu viel an, denn eine warme Meeresströmung sorgt dafür, dass es auf Gotland viel wärmer ist, als diese nördlichen Breitengrade vermuten lassen. Ihre Rückfahrt nach Visby planen Sie am besten so, dass Sie den Sonnenuntergang mitbekommen und sehen, wie der Feuerball langsam im Meer versinkt. Visbys bestes Fischlokal ist das **Bakfickan** (Stora Torget 1; +46 498 27 18 07; bakfickanvisby. se, €€€) mit seiner schlichten, ungezwungenen Atmosphäre. Eine Reservierung ist ratsam.

### 3 *Partyvolk* 23 Uhr

Um vom nächtlichen Partytreiben einen Eindruck zu bekommen, gehen Sie in den Bereich Stora Torget/ Södra Kyrkogatan, wo sich viele Bars und Klubs befinden, darunter auch die angesagten **Gutekällaren** (Lilla Torggränd 3; +46 498 21 00 43; gutekallaren.com) und **Munkkällaren** (Sankt Hansgatan 40; +46 498 27 14 00; munkkallaren.se). Falls Sie es lieber ruhiger haben, ist dies die richtige Zeit, um sich die Ruinen der Nikolauskirche (Sankt Nicolaigatan) anzusehen, die 1525 weitgehend zerstört und nie wieder aufgebaut wurde. An vielen Sommerabenden geben sie eine eindrucksvolle Kulisse für Kammermusikkonzerte ab.

## SAMSTAG

### 4 *Hin und weg* 10 Uhr

Machen Sie einen Ausflug in die märchenhaft schöne Natur Gotlands. Die Straßen führen durch eine flache, grüne Landschaft. Es gibt keine Reklametafeln, keine Leitplanken, nur Dorfkirchen und

gelegentlich eine gedrungene, alte Windmühle oder ein schlankes, modernes Windrad und natürlich hier und da eine grasende Herde Gotlandschafe. Wenn Sie weiches Lammfell mit nach Hause nehmen möchten, halten Sie beim **Risungs Gård** (Rute; +46 498 22 33 85; risungsgard.com), einem Hofladen mit Produkten aus eigener Herstellung und Verarbeitung. Hier erhalten Lammfelle eine zweite Verwendung als Kissen, Pantoffeln und Decken.

### 5 *Essen mit Aussicht* 12 Uhr

Am Ende eines abgelegenen Fahrwegs ganz im Norden Gotlands befindet sich das erstklassige Restaurant **Fårösunds Fästning** in einem ruhigen kleinen Luxushotel (Fårösund; +46 498 22 10 22; farosundsfastning.com). Der lange, niedrige, bunkerartige Komplex liegt in einer umgebauten Festung. Man hat einen schönen Blick auf den Sund und Fårö, das mit der Fähre in zehn Minuten zu erreichen ist. Genießen Sie auf der schönen Terrasse die Umgebung bei meisterhaft zubereiteten schwedischen Sommerklassikern wie Gravad lax mit cremigem Kartoffelsalat.

### 6 *Spinnerei* 14.30 Uhr

In südöstlicher Richtung liegt nach einer Landbrücke, die auf das Inselchen Furillen führt, die **Fabriken Furillen** (Lärbro; +46 498 22 30 40; furillen.com), ein Luxushotel in einem ehemaligen Kalksteinwerk. Das Gelände gleicht einer geheimnisvollen, postapokalyptischen Landschaft mit sonderbaren Objekten: einem silberglänzenden Campingwagen vor einem hohen Kiesberg, einem auf einem Betonpier stehenden rostigen Kran, alten Gleisen, die auf die Tür einer Holzhütte zuführen. Schauen Sie sich auf dem weitläufigen Gelände um; das Hotel bietet Fahrräder an. Danach können Sie Ihre Eindrücke bei der nachmittäglichen *fika* (Kaffeezeit) des Hotels bei einer Tasse Kaffee oder einem hiesigen Wisby-Pils verarbeiten.

### 7 *Feuer* 17 Uhr

Weiter Richtung Süden liegt an der Ostseite der Insel das Naturreservat **Närsholmen** auf einer sandigen Halbinsel. Eine staubige Straße führt durch eine savannenartige Landschaft bis zur Felsenküste, verschönt durch Teppiche tiefblauer Wildblumen, die passenderweise *blåeld* („blaues Feuer") heißen. Gehen Sie bis zum rot-weißen Leuchtturm. Kaum einer wird hier nicht die Kamera zücken.

### 8 *Ruhe am Strand* 18.30 Uhr

Wieder ein paar Kilometer Richtung Norden findet man am Strand des Örtchens **Ljugarn** Ruhe und viel Natur: ein langer Streifen feiner Sand zwischen Dünengras und klarem, kaltem Wasser. Um die Jahrhundertwende war hier ein Erholungsgebiet, das oft von der schwedischen Königsfamilie aufgesucht wurde. Heute sind nur noch wenige alte Gebäude erhalten, aber es ist ein schöner Ort für einen Spaziergang.

### 9 *Gotland-Gourmet* 20 Uhr

Das Beste von Gotland – ob Lamm oder frischen Spargel – hat der **Krakas Krog** (Kräklings 223, Katthammarsvik; +46 498 530 62; krakas.se; €€€–€€€€) zu bieten, ein elegantes Restaurant mit erstklassigem, freundlichem Service mitten in der Landschaft. Die raffinierten Gerichte werden aus lokalen Erzeugnissen zubereitet, darunter häufig Gemüse und Kräuter aus dem restauranteigenen Garten. Die große Weinkarte ist ebenfalls vom Feinsten.

### SONNTAG

### 10 *Ingmars Insel* 10 Uhr

Am Fårösund an der nördlichen Spitze Gotlands gibt es einen Fährverkehr zur dünn besiedelten Insel Fårö. Fahren Sie zuerst an den Strand von **Långhammars**, um sich die beeindruckenden *raukar*, bizarre Kalksteinformationen, vor der Küste von Gotland und Fårö anzusehen. Die über Jahrtausende durch

Erosion geformten grauen Felsen sind Teil der dramatischen Landschaftsbilder, die den auf Fårö lebenden und arbeitenden Regisseur Ingmar Bergman inspirierten. Man kann sich gut vorstellen, wie der personifizierte Tod aus Bergmans Film *Das siebente Siegel* hinter einem schroffen Felsen lauert.

**11** *Crêpes* 12.30 Uhr

Auf eine andere Weise skurril ist das **Kutens Bensin** (Broskogs; +46 498 22 68 18; facebook.com/kutens.bensin). Auf den ersten Blick wähnt man sich vor einer heruntergekommenen alten Tankstelle mit Auto- und Schrottfriedhof. Dabei gibt es tagsüber dort in der Crêperie Tati köstliche, hauchdünne Pfannkuchen, die man entweder in einem Gastraum voller Memorabilien aus den 1950ern und 1960ern oder im Garten essen kann. Abends, wenn hier Rockabilly-Livemusik gespielt wird oder alte Elvisplatten aufgelegt werden, dient der Raum mit den verchromten Autoteilen an der Wand als Bar.

**GEGENÜBER** Radfahren auf Fårö.

**OBEN** Eine Hotelanlage nahe einem der Naturreservate Gotlands.

**BASICS**

Es gibt regelmäßige Flüge von Stockholm nach Visby und einen Fährverkehr ab Nynäshamn, 55 km südlich von Stockholm. Autos können auf die Fähre mitgenommen werden, es ist jedoch günstiger und einfacher, sich vor Ort ein Auto zu mieten.

**Fabriken Furillen**
Larbro
+46 498 22 30 40
furillen.com
€€€
*Ein altes Kalksteinwerk, das zu einer Luxusherberge mit postindustriellem Flair umgebaut wurde.*

**Hotel St. Clemens**
Visby
Smedjegatan 3
+46 498 21 90 00
clemenshotell.se
€€
*Familienbetriebenes Hotel in der Nähe des Botanischen Gartens im Zentrum von Visby.*

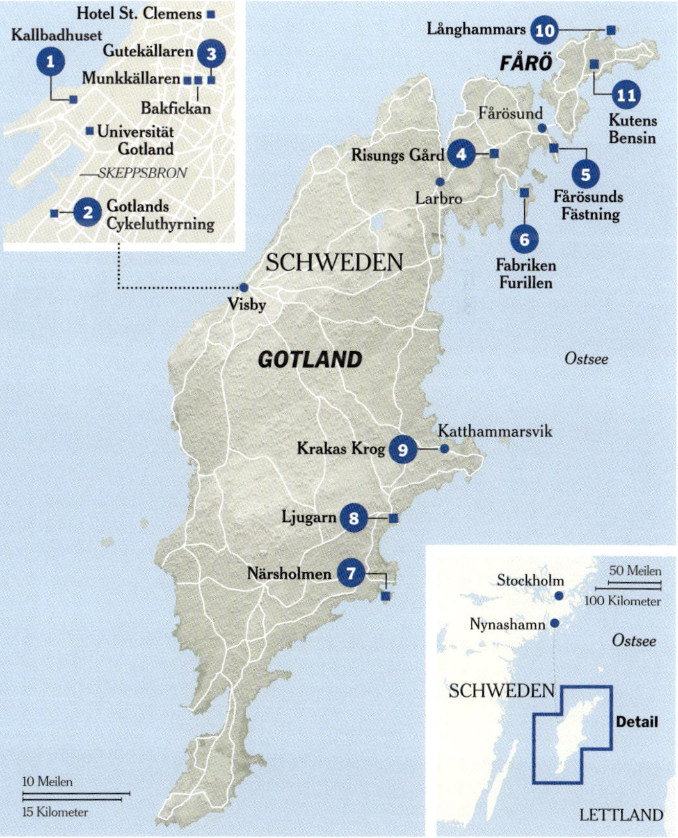

Hotel St. Clemens
Kallbadhuset
Hotel St. Clemens
Gutekällaren
**1**
**3**
Munkkällaren
Bakfickan
Universität
Gotland
*SKEPPSBRON*
**2** Gotlands
Cykeluthyrning

Långhammars **10**
**FÅRÖ**
**11**
Fårösund
Kutens
Bensin
Risungs Gård **4**
Larbro
Fårösunds
Fästning
**5**
**6**
Fabriken
Furillen

**SCHWEDEN**
Visby

**GOTLAND**
Ostsee

Krakas Krog **9**
Katthammarsvik

Ljugarn **8**

Närsholmen **7**

Stockholm
Nynashamn
50 Meilen
100 Kilometer
Ostsee

**SCHWEDEN**
Detail

LETTLAND

10 Meilen
15 Kilometer

# Lund & schwedische Riviera

*Mit seinen gepflasterten Sträßchen, dem regen Geistesleben und der entspannten Atmosphäre ist Lund im ansonsten ländlich geprägten südschwedischen Schonen der Inbegriff einer Studentenstadt. Außerdem liegt es nur wenige Kilometer hinter jenem Küstenabschnitt, der auch als schwedische Riviera bekannt ist, wobei man in einem Land, das bis über den Polarkreis reicht, nicht unbedingt kilometerlange weiße Sandstrände in der Sonne erwartet. Doch während der langen Tage des skandinavischen Sommers bietet die Küste Schonens genau dies. Einst gehörte die Region zu Dänemark, und Kopenhagen ist dank der relativ neuen Brücke über den Öresund in weniger als 40 Minuten mit dem Zug oder Auto zu erreichen. Wenn Sie sich Lund angesehen haben, sind die hübschen schwedischen Küstenstädtchen unbedingt einen Ausflug wert.* – RUSS JUSKALIAN UND ANDREW FERREN

## FREITAG

**1** *Steinerne Riesen* 15 Uhr

Um das bekannteste Gebäude von Lund zu finden, die romanische **Domkyrkan** (+46 46 71 87 00; lundsdomkyrka.se) aus dem 12. Jahrhundert, muss man nur auf seine 55 m hohen Türme zugehen. In der Kirche gibt es eine prächtige astronomische Uhr aus dem späten 14. Jahrhundert, die über 6 m hoch ist und den Stand von Sonne, Mond und anderen Himmelskörpern bestimmt. In der dunklen mittelalterlichen Krypta befindet sich eine Säule, die von einer steinernen Figur umarmt wird. Der Legende nach forderte der Riese Finn den Dombaumeister auf, seinen Namen zu erraten, bevor der Dom zu Ende gebaut sei, ansonsten fordere Finn die Augen des Meisters. Allerdings bekam der Baumeister eines Tages mit, wie die Frau des Riesen Finn beim Namen rief. Der Riese war so erzürnt darüber, dass er den Dom zum Einsturz bringen wollte. Doch als er eine Säule umgriff, erstarrte er augenblicklich selbst zu Stein.

**2** *Nach oben* 16 Uhr

Studenten sind in Lund allgegenwärtig: 30 000 studieren an der 1666 gegründeten Universität. Die Gebäude des Campus sind aus Backstein errichtet, etwa die prächtige Universitätsbibliothek in einer parkartigen Anlage mit prächtigen Kastanien. Nehmen Sie sich auch etwas Zeit für einen Besuch des **Kungshu-**

set, einem Backsteingebäude mit rundem Turm und fantastischer Wendeltreppe aus Eichenholz mitten im Lundagårdpark. Der Dänenkönig Friedrich II. ließ das Bauwerk im 16. Jahrhundert für den Bischof von Lund errichten. Heute ist die Philosophische Fakultät der Universität darin untergebracht. Außerdem gibt es noch zwei interessante Museen: das **Skizzenmuseum** (Finngatan 2; +46 46 222 72 83; skissernasmuseum.se) und die **Konsthall** (Mårtenstorget 3; +46 46 35 95 25; lundskonsthall.se).

**3** *Abendliche Kühlung* 18.30 Uhr

Es ist noch lange hell, sodass genug Zeit für einen Besuch des **Botanischen Gartens** bleibt (Östra Vallgatan 20; +46 46 222 73 20; botan.lu.se). Dort winkt ein schattiges Plätzchen unter einem Baum in Gesellschaft junger Familien beim Picknicken. Zudem verfügt hier das Botanische Institut der Universität über Tausende Pflanzen in Hunderten von Gewächshäusern, die in sieben Klimazonen eingeteilt sind.

**4** *Neues Bistro* 20 Uhr

Das **Grand Hotel Lund** öffnete seine Pforten 1899. Das schlossartige Gebäude des berühmten

**GEGENÜBER** Blauer Himmel über Lund.

**UNTEN** Die Altstadt von Lund ist quasi autofreie Zone.

schwedischen Architekten Alfred Hellerström enthält noch einige originale Jugendstilelemente. Im
Bistro **Gambrinus** (Bantorget 1; +46 46 280 61 00;
grandilund.se; €€€) im ersten Stock erhalten Sie
kleine Speisen und Getränke in entspannter Atmosphäre. Im Restaurant gibt es lokale Bioprodukte
in so typischen Gerichten wie eingelegter Hering,
Schinken aus Schonen und Fisch aus den nahen
Küstengewässern.

SAMSTAG

**5** *Gabelbart sei Dank* 10 Uhr
    Erkunden Sie die Gegend um die **Adelgatan** und
**Tomegapsgatan** und die kleineren Straßen im östlichen Teil der Altstadt. Hier sind die Gassen schmal
und quasi autofrei. Rosen und andere Blumen schmücken die Häuserfassaden aus dem 18. Jahrhundert.
Knapp die Hälfte der 83 000 Einwohner ist auf zwei
Rädern unterwegs, es gibt beleuchtete Radwege und
sogar ein mehrgeschossiges Fahrradparkhaus. Wenn
man mit Einheimischen ins Gespräch kommt – und
das werden Sie –, erklärt jeder von der Bäckersfrau
bis zum Philosophiestudenten gern auf Englisch und
manchmal auch auf Deutsch, dass Lund im Jahr 990
von dem Wikinger Sven Gabelbart gegründet wurde,
der angeblich auch für die Gründung Kopenhagens
verantwortlich war.

**6** *Würstchenfraktion* 12 Uhr
    Falls Sie aber mit einem Metzger ins Gespräch
kommen, hören Sie eine andere Version: Lund wurde
gegen 1960 auf Würsten errichtet, und zwar auf der
sogenannten Lundaknake, einer kräftigen, nur hier
hergestellten Knackwurst aus Schweine- und Rindfleisch. Demnach schafften Unternehmer wie Arbeiter
den industriellen Boom Mitte des letzten Jahrhunderts
nur dank dieser Wurst, die ein wildartiges, rauchiges
Aroma hat und beim Hineinbeißen hörbar knackt. Im

**OBEN** Ein Strand auf der Halbinsel Falsterbo.

Lebensmittelmarkt der **Saluhallen** (Mårtenstorget 1;
lundssaluhall.se) können Sie eine warme Lundaknake auf die Hand probieren. Eher kräftig sind auch
die lokalen, mit Roggenknäckebrot gegessenen Käsesorten. Wenn Sie lieber sitzen möchten, versuchen
Sie, einen Tisch im fast immer vollen **Malmstens Fisk**
(+46 46 12 63 54), einem zwischen den Marktständen
platzierten Fischrestaurant, zu bekommen. Probieren Sie die Fischsuppe oder den Fisch des Tages.

**7** *Auenland* 13 Uhr
    Auch wer nicht gern ins Museum geht, wird **Kul-
turen** (Tegnersplatsen; +46 46 35 04 01; kulturen.com)
genießen, das als zweitältestes Freilichtmuseum der
Welt gilt. Nach Verlassen des Hauptgebäudes, wo
bedrohliche Schädelknochen aus Lunds gewaltvoller
Vergangenheit zu sehen sind, gelangt man auf ein
Grüngelände mit über zwei Dutzend Nachbauten.
Sie dokumentieren in chronologischer Abfolge das
traditionelle ländliche Leben in Schweden, und insbesondere die hölzernen, mit Moos und Riedgras be-
deckten Bauernhäuser, die so niedrige Türen haben,
dass man sich bücken muss, wirken wie ein reales
Auenland, nur eben ohne Hobbits.

**8** *Falsterbo* 16 Uhr
    Die Halbinsel **Falsterbo** ist Schwedens südwest-
lichster Zipfel, eine hakenförmige Landspitze mit
kilometerlangen Sandstränden, Golfplatz und Brut-
plätzen für Vögel. Große Flächen der Halbinsel
werden von den beiden Orten Falsterbo und Skanör
eingenommen, die beide Topkandidaten für den Titel
des „schwedischen Kampen" sind. Man kann sich in
Lund ein Auto mieten, muss aber nicht. Eine Fahrt
mit Zug und Bus dauert nur eine gute Stunde.

**9** *Wikingercharme* 18 Uhr
    **Skanör** und Falsterbo sind so ruhig und beschau-
lich, wie man sich Strände und Strandorte wünscht.
Die von Bäumen beschatteten Sträßchen bieten genau
die richtige Mischung aus lebhaften Cafés, Kunstgalerien und Eisdielen. Mit ihren spitzen Dächern und

den Dachgauben wirken die einfachen Häuser aus dem 18. Jahrhundert wie Nachfahren der traditionellen Langhäuser der Wikinger. Die beiden Orte waren früher wichtige Verbindungen zum dänischen Heringsmarkt, heute bieten sie Sommerurlaubern ihren zurückhaltenden schwedischen Charme.

**10** *Wenn die Sonne im Meer versinkt* 20 Uhr

Zum Abendessen kehren Sie in eines der Cafés ein oder in **Skanörs Fiskrögeri** (Skanörs Hamn; +46 40 47 40 50; rogeriet.se; €€€). Hier am Hafen gibt es geräucherten Fisch und andere schonische Spezialitäten. Lassen Sie es sich hier gut gehen. Gehen Sie dann direkt ans Wasser und beobachten Sie, wie ein schwedischer Sommertag langsam in

die Nacht übergeht, die Dunkelheit aber lange auf sich warten lässt.

### SONNTAG

**11** *Sonne satt* 10 Uhr

Zeit für ein Bad in der Ostsee. Die breiten weißen Sandstrände auf Falsterbo sind übersät mit pastellfarbenen Strandhütten, Überresten aus jener Zeit, als das Entkleiden am Strand noch ein öffentliches Ärgernis war. Das Wasser ist hier so seicht, dass man „fast rüber nach Kopenhagen gehen könnte, ohne dass die Haare nass werden", so eine Anwohnerin, die aber den schnellen Sprung von einem der langen Piere in die sanft bewegten Wellen bevorzugt.

### BASICS

Mit dem Zug von Kopenhagen dauert es etwa 45 Minuten nach Lund, und dort bewegt man sich zu Fuß oder mit dem Rad. Um nach Skanör zu gelangen, nimmt man in Lund den Zug nach Malmö und fährt dort mit dem Bus weiter. Einige wenige Fluglinien bieten auch Flüge nach Malmö an.

**Grand Hotel Lund**
Bantorget 1, Lund
+46 46 280 61 00
grandilund.se
€€€
*Ein modernisiertes und schönes klassisches Hotel.*

**Hotell Gässlingen**
Rådhustorget 6, Skanör
+46 40 45 91 00
hotellgasslingen.com
€€€
*Zimmer mit alten Antiquitäten und moderner Technik.*

# Oslo

Erzählt man jemandem, der Oslo kennt, dass man selbst in die norwegische Hauptstadt reisen möchte, ist die erste Reaktion: „Echt teuer." Und zur Bekräftigung: „Im Ernst, richtig teuer." Tatsächlich, Oslo ist ein Preisschock: Eine Flasche Wein zum Essen kann fast so teuer sein wie die monatliche Hypothekenrate aufs Haus. Aber nach einigen Stunden und den ersten Eindrücken dieser aufregenden Stadt akzeptieren Sie – wenn auch zähneknirschend – den Schock durch das Loch in Ihrem Portemonnaie. Das gilt vor allem im Sommer, wenn es selbst um 23 Uhr noch nicht richtig dunkel ist und die Osloer jede Minute im Freien verbringen und in Dauerpartylaune zu sein scheinen.
– STUART EMMRICH

### FREITAG

**1** *Königlich* 16 Uhr

Die Karl Johans Gate, die Hauptachse der Osloer Innenstadt, führt als baumgesäumte Promenade an Restaurants, Cafés und Edelboutiquen vorbei bis zum **königlichen Schloss**, einem gewaltigen Bau in Vanillegelb, in dem die norwegische Königsfamilie wohnt. Eingeschränkte Führungen durch den Palast gibt es nur wenige am Tag (Slottsplassen 1; +47 22 04 87 00; kongehuset.no). Freitags findet im Sommer eine Führung um 16 Uhr in englischer Sprache statt, bei der Sie eine kurze Zusammenfassung der norwegischen Geschichte erhalten und aus den Fenstern zum königlichen Balkon einen tollen Blick auf die Stadt erhaschen können.

**2** *Cocktailstunde* 17.30 Uhr

Erkunden Sie Oslos hippstes Viertel Grünerløkka mit einem Spaziergang durch die Thorvald Meyers Gate, wo vor allem viele junge Leute unterwegs sind. Machen Sie Halt in der **Bar Boca** (Thorvald Meyers Gate 36; visitoslo.com/de/produkt/?TLp=16393), einer kleinen und stets vollen Kneipe, wo die Barkeeper fantasievolle Cocktails kreieren.

**GEGENÜBER** Der Vigeland-Skulpturenpark bietet nicht nur 200 Skulpturen, sondern ist auch ein beliebter Ort zum Spazierengehen und Faulenzen.

**RECHTS** Die Fußgängerpromenade in Aker Brygge, dem lebhaften Hafenviertel.

**3** *Schätze des Meeres* 20.30 Uhr

**Solsiden** (Akershusstranda 13; +47 22 33 36 30; solsiden.no; €€€€), in einem umgebauten Lagerhaus direkt am Wasser gelegen, ist ein toller Platz für ein schönes Abendessen, besonders wenn die Markisen an den riesigen Fenstern hochfahren und die Gäste nun zusehen können, wie die Sonne ganz langsam über dem Oslofjord versinkt. Lokale Fischgerichte sind die Spezialität des Hauses, und das Restaurant macht das Beste aus einer kurzen Saison, denn es hat nur von Mai bis September geöffnet.

**4** *Auf der Oper* 22 Uhr

Als die **Norwegische Oper** (Kirsten Flagstads Plass 1; +47 21 42 21 21; operaen.no) des angesagten norwegischen Architekturbüros Snøhetta 2008 eingeweiht wurde, erhielt die norwegische Hauptstadt mehr als nur ein erstklassiges Aufführungshaus, sie bekam auch einen außergewöhnlichen Spielplatz. Zu fast jeder Tages- und Nachtzeit bewegen sich Hunderte von Besuchern auf der langen, sanft geneigten Rampe aus italienischem Marmor, die nach oben auf das platzartige Operndach führt. Man kann das Gebäude also nicht nur als kulturelle Einrichtung begreifen, sondern auch als Funpark.

### SAMSTAG

**5** *Auf dem Fjord* 10.30 Uhr

Die Sonne scheint bereits seit Stunden. Machen Sie sich also auf und genießen Sie die Wärme bei einer Bootsfahrt auf dem **Oslofjord**, vorbei an verträumten Inseln mit farbenfrohen Sommerhäuschen

der wohlhabenden Osloer. Boote legen von einem Dock gegenüber dem Osloer Rathaus ab (Rådhusbrygge 3; +4723356890; nyc.no).

**6** *Auf dem Tisch* 13 Uhr

Wieder an Land geht es ins nahe **Aker Brygge**, das lebhafte Hafenviertel mit Bars, Restaurants und einem riesigen Einkaufszentrum. Hier ist die Auswahl groß, aber der vermutlich beste Platz für ein

Mittagessen dürfte das **Lofoten Fiskerestaurant** sein (Stranden 75; +4722830808; lofoten-fiskerestaurant. no; €€€). Im Sommer stehen wahrscheinlich Muscheln in Weißwein und gebackener Seehecht auf der Karte. Reservierung ist Pflicht. Nach dem Essen schauen Sie sich noch die Gegend an, gehen ins Nobel-Friedenszentrum, zum Rathaus und vielleicht noch ins Einkaufszentrum, wo unter Dutzenden Boutiquen auch der stylische Küchenladen **Kitch'n** (Bryggegata 8; +4722834520; kitchn.no) wartet. Hier gibt es alles von eleganten Salatschüsseln bis hin zu grellbuntem Toilettenpapier.

**7** *Bei den Ibsens* 16 Uhr

Man sagt ja, dass hinter jedem großen Mann eine Frau steht. Aber wie viele Frauen ketten ihre ältlichen Ehemänner jeden Morgen zweieinhalb Stunden an den Schreibtisch, bis sie ihr Tagespensum geschafft haben? So wird es zumindest von der Frau des großen Dramatikers Henrik Ibsen, Suzannah Thoresen, be-

richtet, wie man bei einer englischsprachigen Führung im **Ibsen-Museum** erfährt (Henrik Ibsens Gate 26; +47 400 23 637; ibsenmuseet.no). Man lernt außerdem, dass Suzannah so geizig war, dass Ibsen den teuren französischen Vorhangstoff, der die Fenster des Salons schmückt, hinter ihrem Rücken bestellen musste. Aber es gibt mehr als nur Berichte über eheliche Querelen beim Gang durch das penibel rekonstruierte Heim Ibsens, das er nach seinem langen freiwilligen Exil im Ausland bezog und wo er seine letzten beiden Stücke *John Gabriel Borkman* und *Wenn wir Toten erwachen* verfasste. Schauen Sie sich auch den kurzen Schwarz-Weiß-Film über Ibsens Leben und Werk an, der einen Wochenschaubeitrag über sein Begräbnis enthält. Der Film wird abwechselnd auf Norwegisch und Englisch gezeigt.

**8** *Rentiertest* 20 Uhr

Für eine Kostprobe aus der traditionellen norwegischen Küche, wie Rentiermedaillons in Portwein-Rosinen-Sauce, ist das **Engebret Café** (Bankplassen 1;

+47 22 82 25 25; engebret-cafe.no; €€€€) zu empfehlen, ein ruhiges, elegantes Restaurant in einem niedrigen Gebäude aus dem 17. Jahrhundert. Bei schönem Wetter kann man draußen sitzen, wo die Unterhaltungen der Gäste vom Rauschen einer Wasserfontäne auf dem angrenzenden Platz übertönt werden.

**9** *Ein letzter Drink oder noch weiter?* 22.30 Uhr

Gehen Sie nach dem Essen hinunter ans Wasser und bis zu dem Park, der die berühmte **Festung Akershus** umgibt, einen kanonenbestückten Wehrbau, der herrliche Blicke auf den Oslofjord bietet. Über einen Weg gelangen Sie an der Mole vorbei zur Hafenpromenade von Aker Brygge mit vielen Bars, darunter das kahnartige **Lekter'n** (Stranden 3; +47 21 52 32 31; lektern.no), wo die Jugend für eine lange Nacht einen Gang nach oben schaltet.

**SONNTAG**

**10** *Der Schrei* 11 Uhr

Man kann nicht in Oslo gewesen sein, ohne Edvard Munchs Meisterwerk *Der Schrei* in der **Nationalgalerie** (Universitetsgata 13; +47 21 98 20 00; nasjonalmuseet.no) gesehen zu haben. Hilfreiche Hinweistafeln führen durchs ganze Museum. Nehmen Sie sich aber auch etwas Zeit, um die Werke weniger bekannter Künstler zu studieren, etwa des Malerduos Adolph Tidemand und Hans Gude,

**GEGENÜBER OBEN** Die Karl Johans Gate, eine der wichtigsten Straßen der norwegischen Hauptstadt.

**GEGENÜBER UNTEN** Das Ibsen-Museum.

**OBEN** Die Norwegische Oper wurde nach Plänen des norwegischen Architekturbüros Snøhetta gebaut.

deren *Brautfahrt im Hardanger* als eines der wichtigsten Werke der norwegischen Kunst beschrieben wird. Wer sich noch intensiver mit Edvard Munch beschäftigen will, sowohl den eigenen Werken als auch der Kunst, die er sammelte, geht ins **Munch-Museum** (Tøyengata 53; +47 23 49 35 00; munchmuseet.no).

**11** *In Stein gemeißelt* 13 Uhr

Der **Vigeland-Skulpturenpark** (vigeland.museum. no) ist das Werk des Bildhauers Gustav Vigeland (1869–1943), der nicht nur den Park entwarf und ge-

staltete, sondern auch mehr als 200 Skulpturen dafür anfertigte, darunter das massive, obeliskenartige Hauptwerk aus sich windenden nackten Körpern, die aus einem einzigen Granitblock geschlagen wurden. Der Park ist schnell mit der Straßenbahnlinie 12 oder bei einem Spaziergang durch ein schönes Wohnviertel zu erreichen und bei den Osloern sehr beliebt. An warmen Nachmittagen findet man hier Picknicker, Sonnenanbeter, Familien und auch Cheerleader-Gruppen beim Training.

**OBEN** Zitate auf der Karl Johans Gate.

**GEGENÜBER** Das königliche Schloss mit seinen 173 Zimmern wird immer noch von der norwegischen Königsfamilie bewohnt.

**BASICS**

Flug zum internationalen Osloer Flughafen Gardermoen. Die Stadt ist aber auch per Zug, Autobahn oder Schiff zu erreichen. In der Stadt empfiehlt sich der Oslo Pass, der zu freien Fahrten im Nahverkehr und kostenlosem Eintritt in den Museen berechtigt.

**First Hotel Grims Grenka**
Kongens Gate 5
+47 23 10 72 00
firsthotels.com/en
€€€
*Kleines modernes Hotel im Stadtzentrum nahe dem Architekturmuseum.*

**Thon Hotel Opera**
Dronning Eufamias Gate 4
+47 24 10 30 00
thonhotels.com
€€
*Gehört zu einer beliebten norwegischen Kette von Mittelklassehotels. Mit Blick aufs Opernhaus.*

NORWEGEN

Bar Boca **2**

**11** Vigeland-Skulpturenpark

FROGNER-PARKEN

BYGDØY-FROGNER

SLOTTS-PARKEN

Oslo

TOYEN-PARKEN

TOYENGATA

Munch-Museum

Oslofjord

Detail

1/2 Meile
1 Kilometer

PARKVEIEN

SLOTTSPARKEN

königliches Schloss **1**

National-galerie **10**

UNIVERSITETSGATA

KARL JOHANS GATE

**7**

Ibsen-Museum

Nobel-Friedenszentrum

Rathaus

Lekter'n

RÅDHUSBRYGGE

KONGENS GATE

Oslo

CHRISTIAN FREDERIKS PLASS

Kitch'n

AKER BRYGGE

**5** Oslofjord-Bootsdock

First Hotel Grims Grenka

Thon Hotel Opera

**6** Lofoten Fiskerestaurant

**3** Solsiden

**8** Engebret Café

Europäisches Nordmeer

NORWEGEN

Bergen

Oslo

FINN.

Bottnischer Meerbusen

SCHWEDEN

DK

Ostsee

LET.

LIT.

AKERSHUSSTRANDA

**9**

Festung Akershus

Oslofjord

Norwegische Oper **4**

DE

PL

# Bergen

Bergen ist Ausgangspunkt für Kreuzfahrten durch dramatische Fjordlandschaften oder Wandertouren durch die bergige Natur an Norwegens Südwestküste. Doch auch eine Erkundung der Stadt selbst, die zweitgrößte in Norwegen, lohnt sich. Touristenattraktionen findet man insbesondere rund um den historischen Hafen, aber die Bergener sind ziemlich aktiv und haben in der Stadt, in der immer mit Regen zu rechnen ist, eine abwechslungsreiche Kulturlandschaft geschaffen, in der Black-Metal-Bands ebenso präsent sind wie die neue nordische Küche und mehrere ausgezeichnete Museen. Packen Sie also einen Regenschirm ein und lassen die Fjorde noch etwas warten – sie laufen Ihnen ja nicht davon. – INGRID K. WILLIAMS

## FREITAG

**1** *Über Stock und Stein* 15 Uhr

Das Stadtzentrum liegt auf Meereshöhe, die Attraktionen reichen aber bis zum 320 m hohen Hausberg Fløyen am Rande der Stadt. Mit der Seilbahn **Fløibanen** (Vetrlidsallmenningen 21; floyen.no) geht es nach oben, wo man einen tollen Blick auf die Stadt hat. Wandern Sie dann fünf Minuten bergab durch den Wald zur **Tubakuba**, eine von Bergener Architekturstudenten entworfene Holzhütte mit spektakulärem Eingang, der an einen riesigen Tubatrichter erinnert. Die Hütte wird an Familien vermietet, aber nichts hält Sie davon ab, sie von außen zu bestaunen.

**2** *Straßenkunst* 18 Uhr

Ablenkung vom oft regengrauen Himmel bietet die beeindruckende Straßenkunst der Stadt. In der Sentralbadet im Stadtzentrum gibt es eine öffentliche Graffitiwand, die sich ständig weiterentwickelt. Interessant ist auch der Neonschriftzug von Svein Moxyold auf der Domkirkegaten mit der Botschaft „There are a lot of good people around". Die meiste Straßenkunst gibt es rund um die Skostredet, wo sich zu Wandmalereien auch akustische Kunst gesellt: In einer Sitzecke erklingen hypnotische Melodien aus den von der benachbarten Soundart-Galerie **Lydgalleriet** (Ostre Skostredet 3; lydgalleriet.no) installierten Lautsprechern.

GEGENÜBER Blick vom Berg Ulriken auf Bergen, die Metropole an Norwegens südwestlicher Fjordküste.

**3** *Nordische Tapas* 19.30 Uhr

Norwegische Tapas mögen sich komisch anhören, aber im **Bare Vestland** (Vagsallmenningen 1; barevestland.no; €€€€), einem Restaurant, das sich auf häppchengroße Portionen aus der kreativen nordischen Küche spezialisiert hat, funktioniert das Konzept der kleinen Teller. Das Lokal mit niedriger Balkendecke und rustikalen Möbeln wirkt urig. Essen kann man hier zum Beispiel gerupftes Sauerteigbrot mit leuchtend grüner Liebstöckelbutter, gefolgt von einem köstlichen Teller Pökelfisch mit Karottenlocken, eingelegten Pastinaken und pikanten Senfkörnern. Das Highlight aber waren Schweinerippchen, die so zart waren, dass sie mit dem Löffel gegessen werden konnten, mit Erbspüree und brauner Butter.

**4** *Musik und Bier* 22 Uhr

Die lokale Musikszene ist klein, aber sehr vielfältig – von Black Metal bis Indie-Folk-Pop. Im **Apollon** (Nygardsgaten 2A; +47 55 315 943; apollon.no), einem Plattenladen mit Bar, ist alles vertreten. Im kleinen angeschlossenen Saal oder zwischen den Schallplattenreihen treten oft lokale Bands auf. Wenn es gerade keine Livemusik gibt, konzentrieren Sie sich auf die Bar mit 35 Zapfhähnen, aus denen auch norwegische Craft-Biere fließen. Oder mischen Sie sich auf einen Cocktail unter das hippe Völkchen im **Ujevnt** (Christies Gate 7; ujevnt.no), einer Bar im Retrostil, wo kreative Drinks mit Aquavit gemischt werden.

## SAMSTAG

**5** *Gang durch die Geschichte* 10 Uhr

Das Postkartenmotiv der Stadt ist **Bryggen** (visitbergen.com), eine Reihe von Giebelhäusern am Hafen, wo sich vom 14. bis 18. Jahrhundert alles um Fischerei und Warenhandel drehte. Um ein anderes Bild des historischen Zentrums zu bekommen, spazieren Sie durch die labyrinthischen Häuserzeilen, in denen sich heute vor allem Souvenirläden befinden, bis zum verborgenen Park von Bryggen an der Ovregaten. Weiter geht es dann zum **Hanseatischen Museum** (Finnegarden 1A; hanseatiskemuseum. museumvest.no). Hier erfahren Sie Interessantes über das Leben der deutschen Kaufleute, die im Mittelalter für die Hanse tätig waren. In einem zugigen Holzhaus aus dem 18. Jahrhundert wird gezeigt, wie

diese frühen „Gastarbeiter" gewohnt und in sonderbar kleinen Betten geschlafen haben.

**6** *Literarischer Lunch* 12 Uhr

Für ein Mittagsessen spazieren Sie zum **Litteraturhuset** (litteraturhuset.no), einem Kulturzentrum, wo sich im ersten Stock das **Colonialen Kafé & Brasserie** (Ostre Skostredet 5–7; colonialen.no; €€€) befindet, das zur Mittagszeit saisonale Menüs bietet. Eine Winterversion kann aus einer Blumenkohlcremesuppe und hausgemachten knackigen Würstchen mit Kartoffelpüree bestehen. Fragen Sie das freundliche Personal nach einem offenen Wein oder wählen Sie aus einem der lokalen Biere, die auf einer Schiefertafel stehen, wie etwa ein Rye IPA der Lervig-Brauerei aus dem nahen Stavanger.

**7** *Schlechtes Wetter, gute Kleidung* 14 Uhr

Skandinavier kennen den Spruch „Es gibt kein schlechtes Wetter, nur schlechte Kleidung" nur allzu gut. Wenn es also regnet (graupelt oder hagelt), wie es in dieser Stadt fast unvermeidlich ist, finden Sie

bei **T-Michael & Norwegian Rain** (Christian Michelsens Gate 1; t-michael.com; norwegianrain.com) die passende Lösung. In diesem tollen Laden gibt es Outdoor-Kleidung von Norwegian Rain – mit Kaschmir gefütterte Regenponchos, elegante Capes mit Schalkragen –, wasserdichte Budapester und Herrenmode des hiesigen Designers T-Michael.

**8** *Reihenweise Kunst* 15 Uhr

Bergens erstklassige Kunstmuseen liegen praktischerweise wie auf einer Perlenschnur nebeneinander. Beginnen Sie im **Kode 4** (Rasmus Meyers Allé 9; kodebergen.no). Die ständige Sammlung umfasst u. a. Gemälde des in Norwegen verehrten Malers Nikolai Astrup aus der Zeit des Naturalismus im frühen 20. Jahrhundert sowie eine Abteilung über die Avantgarde-Bewegung der 1960er-Jahre. Ein Haus weiter zeigt das Kode 3 Werke der Sammlung Rasmus Meyer, darunter viele Arbeiten von Edvard Munch. Zum Schluss gibt es Gegenwartskunst in der **Bergen Kunsthall** (Rasmus Meyers Allé 5; kunsthall.no).

**9** *Neue nordische Kost* 20 Uhr

Als der Koch Christopher Haatuft in seine Heimatstadt Bergen zurückkehrte und ein Restaurant eröffnete, hatte er Referenzen aus internationalen Toprestaurants im Gepäck. In seinem eigenen Restaurant, dem **Lysverket** (Rasmus Meyers Allé 9; lysverket.no; €€€€), serviert er mehrgängige Menüs im Stil der neuen nordischen Küche wie Nordatlan-

OBEN Straßenkunst gibt es vor allem rund um die Skostredet zu entdecken.

LINKS Das Apollon ist Plattenladen, Bar und Bühne für einheimische Bands aller Musikrichtungen.

tikmuscheln mit Kohl und geräucherter Buttermilch. Das großzügige Lokal mit freigelegten Industrie-decken und schlichter, eleganter skandinavischer Einrichtung hat auch einen Barbereich mit flackern-den Teelichtern und pelzbedeckten Bänken.

### SONNTAG

### 10 *Röstfrisch* 10 Uhr

Verglichen mit der namhaften Kaffeeszene in Oslo hat Bergen noch etwas aufzuholen. An der Spitze steht hier die **Bergen Kaffebrenneri Vagen** (Kong Oscars Gate 10; bergenkaffebrenneri.no; €€), das ers-te Café im Stadtzentrum des kultigen Kaffeerösters, der durch sein BKB-Logo bekannt ist. Hier wird auf jedes Detail geachtet, ob es die hausgemachten Back-waren oder die verschiedenen Brühmethoden sind – siehe die glänzende Marzocco-Espressomaschine und die diversen Handbrühoptionen. Halten Sie Ihr Früh-stück einfach; das Walnussbrot mit Brie und pfeffri-gen Kräutern war vom Feinsten.

### 11 *Piano Man* 11 Uhr

Die norwegische Natur war eine ständige Inspi-ration für Edvard Grieg, dem aus Bergen stammen-den Komponisten der Romantik. Bei einem Besuch von Troldhaugen, Griegs Sommerhaus, wird auch schnell klar, warum. Das 1885 erbaute Haus am Was-ser ist heute Teil des **Edvard Grieg Museum** (Trold-haugen, Troldhaugvegen 65; griegmuseum.no) und zeigt viele Erinnerungsstücke wie den Steinway-Flü-gel des Komponisten. Von Mai bis September planen Sie den Museumsbesuch so, dass Sie ein Lunchtime-Konzert im Musiksaal miterleben können, durch des-sen Panoramafenster die Gartenlaube, in der Grieg an seinen Meisterwerken arbeitete, zu sehen ist.

**OBEN** Eine Vorstellung im Troldhaugen, Edvard Griegs Villa.

**BASICS**

Ein gut ausgebautes Netz an Fähr-verbindungen hilft den Norwegern, mobil zu sein. Einen Ausflug in die berühmten Fjorde bucht man am besten bei einem Anbieter in Bergen.

**Hotel Oleana**
Ovre Ole Bulls Plass 5
+47 552 158 73
hoteloleana.com
€€
*An einem baumumsäumten Platz im Stadtzentrum.*

**Scandic Ornen**
Lars Hillesgate 18
+47 553 750 00
scandichotels.com/ornen
€€
*Stylische skandinavische Einrichtung mit Restaurant im zwölften Stock, in praktischer Lage zwischen Bahnhof und Kunstmuseen.*

# Reykjavik

*Eine Frau, die angeregt ihren Screwdriver schwenkt, als wäre er ein Cabernet Sauvignon, ohne zu bemerken, dass der orangefarbene Cocktail über den Rand schwappt. Dann rauscht eine aufregende Lady in einem trägerlosen schwarzen Kleid an mir vorüber und kontrolliert mit einem Blick über die nackte Schulter, ob ihr mit Bier bewaffnetes, anzüglich grinsendes Gefolge noch da ist. Als ich in Richtung Tür gehe, stürzt sich ein angeschickerter Typ auf mich, brabbelt etwas auf Isländisch und will huckepack genommen werden …*
*Es ist Samstagnacht, und Reykjaviks* rúntur *(Kneipentour) ist in vollem Gang. Viele Bars und Kneipen haben am Wochenende bis nach vier Uhr morgens geöffnet, und die Feierwilligen kommen aus ganz Nordeuropa. Die* rúntur *findet selbst im isländischen Winter statt, der überraschend mild ist für ein Land in diesen nördlichen Breitengraden. Es ist ein Spektakel, das Sie nicht verpassen sollten. Es lohnt sich aber auch, tagsüber ein paar Stunden wach zu bleiben, weil es auf Island mehr zu entdecken gibt als nur Getränke.*
– FRANK BRUNI

## FREITAG

**1** *Spaziergang vor der Tour* 15.30 Uhr
Falls es Januar oder Februar ist, bleibt nicht mehr viel Tageslicht für eine Besichtigungstour durch Reykjavik, bevor Sie sich auf die zweite Tour durch die Kneipen machen und das viele Volk in den Straßen, die ausgelassene Stimmung dort oder Ihr eigener Zustand das Navigieren oder gar Besichtigen schwierig machen könnten. Beginnen Sie Ihren Rundgang am **Tjörnin**, dem zentrumsnahen Weiher dieser Stadt, die mit ihren rund 120 000 Einwohnern eher wie ein riesiges Dorf wirkt. Gehen Sie in nordöstliche Richtung an dem hübschen Platz vorbei, an dem auch das Hotel Borg steht, und rechts in die Austurstræti. Nun geht es hangaufwärts, bis die Straße erst zur Bankastræti und schließlich zum Laugavegur wird. Hier hat man zur Linken einen tollen Blick auf den Hafen und die moderne Harpa-Konzerthalle.

**2** *Rentier am Spieß* 21 Uhr
Wer schlau ist, geht spät essen und genehmigt sich vorher noch eine Mütze Schlaf, sodass man dem nächtlichen Treiben nicht Gute Nacht sagen muss, bevor es richtig losgeht. Wer noch schlauer ist, hat einen Tisch im **Fish Market** reserviert (Aðalstræti 12; +354 578 8877; fiskmarkadurinn.is; €€€€), in dem es schnell voll wird. Das Restaurant hat zwei Etagen, und vor allem der Blick auf die Karte zeigt endgültig, dass man in Island ist: Es gibt geräucherten Papageitaucher, der geschmacklich an andere Wildvögel erinnert. Noch interessanter ist gegrilltes Walfleisch, das in Optik, Textur und Konsistenz Rindfleisch ähnelt. Wenn Sie zu Rentier, Gans oder Arktischem Saibling übergehen, gönnen Sie sich auch einen eiskalten Martini, zubereitet mit isländischem Wodka.

**3** *Erste Runde* 23 Uhr
Um diese Zeit fängt die *rúntur* erst an, und wenn Sie durch den unscheinbaren Eingang ins **Boston** (Laugavegur 28b) kommen, ist noch nicht viel los. Der Hauptraum, zu dem man über eine schmale Treppe gelangt, ist halb viktorianisches Bordell, halb Jagdhütte mit Kerzen und ausgestopften Tieren. Schauen Sie sich um, wie schnell eine Runde nach der anderen – vorzugsweise Bier – bestellt wird, und merken Sie sich die Gesichter, weil es gut sein kann, dass man denselben Personen in der angenehm über-

**GEGENÜBER** Dunst über der Blauen Lagune.

**UNTEN** Eine Station auf der *rúntur*, der berühmten isländischen Kneipentour, die bis tief in die Nacht dauert.

schaubaren Innenstadt um zwei Uhr morgens schwankend und ohne Mantel und Mütze wieder begegnet – Aussehen geht hier über jedes Bedürfnis nach Schutz vor den winterlichen Temperaturen.

**4** *Beschwipst in Farbe* 1 Uhr

Die Spirituosenregale hinter der Bar des **B5** (Bankastræti 5; +354 552 9600; B5.is) sind in strahlend gelbes, orange- und pinkfarbenes Licht getaucht. Durch das große Frontfenster hat man einen spannenden Blick auf das nächtliche Treiben auf der Straße, das immer noch nicht seinen Höhepunkt erreicht hat. Autos kreuzen mit heruntergelassenen Fenstern, weil es auch junge Isländer gibt, die ihre *rúntur* auf vier Rädern machen.

**SAMSTAG**

**5** *Kommt ein Reiter* 10.30 Uhr

Falls Ihr Kater es zulässt, sollten Sie nun raus aus Reykjavik, denn Island ist ein topografisches Wunderland: schroff und karg, so wie man sich eine Mondlandschaft vorstellt. Bei Reykjavik Excursions (re.is) kann man Tagestouren zu Fuß oder mit dem Schneemobil buchen. Etwas weniger zeitaufwendig und individueller: Sie fahren mit einem Mietwagen zu den Ställen von **Eldhestar** (Völlum, Hveragerði; +354 480 4800; eldhestar.is) und machen einen kleinen Reitausflug. Islandponys sind bekanntlich klein und umgänglich, und Ihr Reitlehrer wird Ihnen helfen, mit Ihrem Vierbeiner zurechtzukommen.

**6** *Schalentiere* 12.45 Uhr

Ein weiterer Grund für einen spätmorgendlichen Ausritt bei Eldhestar ist, dass Sie Ihr verdientes Mittagessen im **Fjöruborðið** (Eyrarbraut 3a, Stokkseyri;

+354 483 1550; fjorubordid.is; €€€€) einnehmen können. In dem Restaurant an einem windzerzausten Küstenstreifen können Sie eine cremige Langustensuppe und eine Langustenpfanne zum Selberpulen mit Getränken genießen, ohne Ihr gesamtes Reisebudget aufzubrauchen. Die meisterliche Zubereitung dieser Delikatessen zieht auch Prominenz an. Fotos an den Wänden dokumentieren, dass schon Bette Midler und Martha Stewart hier waren.

**7** *Feilschen am Hafen* 16 Uhr

Nach einer 90-minütigen Fahrt – bei gutem Wetter – können Sie zurück in Reykjavik in schönen Boutiquen mit Designerlabels shoppen oder aber auf dem lebhaften **Flohmarkt Kolaportið** (Tryggvagöta 19; +354 562 5030; kolaportid.is) zwischen Bergen von Fisch und Meeresfrüchten in einem skurrilen Sammelsurium aus alten Schallplatten, Wollfäustlingen und vielem mehr stöbern. Dieser tolle, bunte Markt in einem hangarartigen Gebäude direkt am Hafen ist nur am Wochenende von 11 bis 17 Uhr geöffnet.

**8** *Kneipentour* 23 Uhr

Das Nachtleben spielt sich hier nicht in großen Klubs ab, sondern in kleinen Lokalen. Im **Prikid** (Bankastraeti 12; prikid.is), dem ältesten Café von Reykjavik, das an die 1950er-Jahre erinnert, legte in einer Nacht ein DJ mit Dreadlocks LPs auf, während weißes Licht von einer Discokugel durch den

**OBEN** Wer zur richtigen Jahreszeit im hohen Norden ist, kann in Island bei klarem Himmel die Nordlichter tanzen sehen.

**GEGENÜBER** Selbst im Winter ist die traumhafte vulkanische Landschaft vor den Toren Reykjaviks einen Ausflug wert. Es gibt viele Touren, u. a. auf dem Pferderücken.

Raum zuckte. Gäste mit stylishen gestrickten Kapuzenpullovern bewegten sich im Rhythmus eines Saxofons. Im **Ölstofa** (Vegamotastigur 4) treffen sich Intellektuelle und Anwohner, um ein Bierchen zu trinken. Im Laufe des Abends wird es recht voll.

### SONNTAG

**9** *Nicht wie im Film* 10 Uhr

Was Sie unbedingt noch erleben sollten, ist ein Bad im Freien. Das hat Tradition hier, und in der ganzen Stadt finden sich geothermische Quellen und Bäder. Ein in heißes Wasser getauchter Körper, bei dem nur der Kopf in der bitterkalten Luft bleibt, ist einfach ein unglaubliches Erlebnis. Die Mütter aller Bäder ist die **Blaue Lagune** (Grindavík; +354 420 8800; bluelagoon.com; Reservierung empfehlenswert)

etwa 40 Minuten südwestlich von Reykjavik, wo man sich in schwefelhaltigem Wasser treiben lassen kann. Dicker Dunst hängt über dem seltsam geformten See, und einige Strömungen sind so heiß, dass man schnell einen Rückzieher macht. Man gelangt bequem mit einem Bus dorthin.

## BASICS

Reykjavik wird von internationalen Fluglinien angeflogen. In der Stadt liegen fast alle Geschäfte und gastronomischen Betriebe innerhalb von zehn Häuserblocks, sodass man alles zu Fuß bewältigen kann.

**Hotel Borg**
Pósthússtræti 11
+354 551 1440
keahotels.is
€€€
*Die Grande Dame von Reykjavik aus den 1930er-Jahren bietet 99 Zimmer an einem der schönsten Plätze der Stadt.*

**CenterHotel Thingholt**
Thingholtsstræti 3–5
+354 595 8530
centerhotels.is
€€€
*Modernes, designbewusstes Boutiquehotel.*

*Map of Reykjavik with labeled locations: MYARGATA, Hafen, Harpa, GRANDAR, TRYGGVAGATA, GEIRSGATA, Flohmarkt Kolaportið (7), Atlantik, Fish Market (2), B5, Hotel Borg (4), HOFSVALLAGATA, ADALSTRAETI, AUSTURSTRAETI, BANKASTRAETI, SAEBRAUT, Prikid (8), CenterHotel Thingholt, Ölstofa, Boston (3), Tjörnin (1), FRIKIRKJUV, SKOLAVORUSTIGUR, HVERFISGATA, LAUGAVEGUR, AUSTURBAER, NJALSGATA, SNORRABRAUT, SLJOURGATA, NJAROARGATA, MELAR, HRINGBRAUT, SOLEYJARGATA, Reykjavik, HASKOLI, Vatnsmyrar-tjorn, FLUGHAFEN REYKJAVIK, 1/4 Meile, 1/2 Kilometer.*

*Inset map: ISLAND, POLARKREIS, Detail, Europäisches Nordmeer, SCHWEDEN, NORWEGEN, Atlantik, GROSSBRIT., DK.*

*Inset map: 20 Meilen, 30 Kilometer, LANGJOKULL, ISLAND, Reykjavik, Eldhestar (5), FLUGHAFEN KEVLAVIK, Hveragerdi, Grindavík, Fjöruborðið (6), Stokkseyri, Blaue Lagune (9), Atlantik.*

# Kopenhagen

*Kopenhagen begeistert mit seinem maritimen Charme und kupfergedeckten Baudenkmälern, doch hat sich in den geschichtsträchtigen Straßen auch eine junge, kreative Energie entwickelt. Die aktuelle Kunstszene boomt, und junge Talente führen dänisches Möbel- und Wohndesign in der Tradition von Arne Jacobsen und anderen fort. Neue Klubs beleben mit Jazz und Weltmusik eine Musikszene ohne Grenzen, und Nachtschwärmer kommen zu jeder Stunde mit der führerlosen Metro nach Hause. Aber am beeindruckendsten sind vielleicht die jungen Köche, die die traditionell sehr schweinefleisch- und wurstlastige Landesküche auf ein neues Topniveau gehoben haben. So gilt das Noma als das weltweit beste Restaurant, und selbst der 1843 eröffnete Vergnügungspark Tivoli ist mittlerweile eine feine gastronomische Adresse.*
– SETH SHERWOOD

## FREITAG

### 1 *Dänisches Dubai* 17 Uhr

In keinem Viertel zeigt sich Kopenhagens neuer Geist eindrucksvoller als in **Ørestad**. Noch vor wenigen Jahren lag hier Brachland auf dem Weg zum Flughafen. Heute erhebt sich dort eine futuristische, auf dem Reißbrett entworfene Architektur. Auf Stelzen fährt die Metro vorbei an dem spektakulären blauen Turm des Cabinn Metro Hotel von Daniel Libeskind, den Crowne Plaza Copenhagen Towers und dem von Jean Nouvel gestalteten **Konzerthaus** (Emil Holms Kanal 20; +45 35 20 30 40; dr.dk/koncerthuset). In dem leuchtend blauen, würfelartigen Gebäude befinden sich mehrere Konzertsäle, darunter ein Auditorium mit orange gehaltenem Interieur, das aussieht wie aus Wüstenstein herausgemeißelt.

### 2 *Rote Bete zum Dessert* 19 Uhr

Es gibt nicht viele Sternerestaurants, die Moschusochse auf ihrer Karte stehen haben, und keines widmet sich den unbekannten Zutaten der skandinavischen Breiten mit so großer Leidenschaft wie das **Noma** (Refshalevej 96; +45 32 96 32 97, noma.dk; €€€€). Chef-

koch René Redzepi kreiert atemberaubende Kompositionen aus Grönlandgarnelen, Muscheln von den Färöern, isländischen Algen, Rhabarber und Waldsauerampfer. Ein Tisch muss Monate im Voraus reserviert werden. Falls Sie also keinen Platz bekommen, versuchen Sie es im ebenfalls sternedekorierten **A.O.C.** (Dronningens Tværgade 2; +45 33 11 11 45; restaurantaoc.dk; €€€€), wo schwarz gekleidete Pärchen und Anzugträger in ganz in Weiß gehaltenen Gewölben dinieren. Das Rote-Bete-Eis wurde auf einem Bett aus schwarzen Lakritzplättchen serviert.

### 3 *Auferstehung des Coolen* 22 Uhr

In den 1960er- und frühen 1970er-Jahren war das **Jazzhus Montmartre** ein Tempel der europäischen Jazzszene, in dem Legenden wie Miles Davis und Dexter Gordon auftraten. Der Klub schloss 1976, und nach einigen erfolglosen Wiederbelebungsversuchen wurde es in den 1990ern still um ihn. Jetzt aber ist er in den ursprünglichen Räumen auferstanden (Store Regnegade 19A; Ticket-Hotline +45 70 20 20 96; jazzhusmontmartre.dk) und zieht so namhafte Musiker wie den Drummer Jeff (Tain) Watts oder den Pianisten Abdullah Ibrahim an.

## SAMSTAG

### 4 *Reise in die Vergangenheit* 10 Uhr

Zwei Liter Bier zum Frühstück. Dies ist keine Aufforderung, sondern die tägliche Biermenge, die königlich dänische Matrosen schluckten, wie man bei einer einstündigen Bootsfahrt und Geschichtsstunde der **Stromma Tours** (+45 32 96 30 00; stromma.dk) er-

**GEGENÜBER** Ein praktisches Transportmittel für die Familie: das Cargorad.

**RECHTS** Das in leuchtendes Blau getauchte Konzerthaus.

fahren kann. Die Sightseeingtouren beginnen am Nyhavn, Kopenhagens malerischem Hafen aus dem 17. Jahrhundert, und decken sowohl die Highlights der Renaissance wie der modernen Architektur ab.

**5** *Easy Riding* 11.30 Uhr

Neun von zehn Dänen besitzen ein Fahrrad. Die allgegenwärtigen Radwege passen sehr gut zu den Windmühlen am Horizont und zum ökologischen Engagement. Falls Sie nicht gerade auf zwei Rädern nach Kopenhagen gekommen sind, können Sie sich bei **Baisikeli** (Ingerslevsgade 80; +45 26 70 02 29; baisikeli. dk) ein Fahrrad leihen. Im Sommer bieten sich so Touren an den Strand an, aber auch die Kopenhagener Innenstadt lässt sich am besten per Rad erkunden: zum Beispiel die Residenz der Königsfamilie, **Schloss Amalienborg** (Amalienborg Slotsplads; +45 33 15 32 86; kongernessamling.dk/amalienborg), anschließend **Schloss Rosenborg** (Østervoldgade 4A; +45 33 15 32 86; kongernessamling.dk/rosenborg), wo man im Park flanieren und freskengeschmückte Räume besichtigen kann, oder die im Stil der holländischen Renaissance erbaute **Börse** (Børsgade 1). Einen sagenhaften Blick auf die Stadt hat man oben von dem gewundenen Turm der **Vor Frelsers Kirke** (Sankt Annæ Gade 29; vorfrelserskirke.dk/deutsch) im historischen Stadtteil Christianshavn.

**6** *Smørrebrød* 14 Uhr

Der gebratene Hering mag schmecken wie in einem klassischen Kopenhagener Wirtshaus, aber in **Aamanns Etablissement** (Øster Farimagsgade 12; +45 35 55 33 10; aamanns.dk; €€€) wird daraus ein modernes Gericht mit minimalistischer Garnierung, serviert mit hausgebranntem Aquavit und feinem Bier aus Kleinbrauereien. Die wechselnde Karte bietet auch Smørrebrød, traditionelle, mit Fleisch und Gemüse belegte Brote.

**7** *Dänisches Design* 16 Uhr

Die lange Fußgängerzone **Strøget**, auf der sich jahrhundertealte Stadthäuser und schöne Plätze an-

einanderreihen, ist ein Einkaufsparadies für kultivierte Städter mit ausreichendem Budget – und ein Schaufenster für dänisches Design. Bei **Georg Jensen** (Amagertorv 4; +45 33 11 40 80) gibt es Geschirr und diverse Objekte des gleichnamigen Silberschmieds und von anderen legendären dänischen Designern. **Stilleben** (Niels Hemmingsens Gade 3; +45 33 91 11 31; stilleben.dk) bietet Keramik, Porzellan und Glaswaren junger Designer, und die für **Hay** (Pilestræde 29–31; +45 42 82 08 20; hay.dk) entworfenen Möbel sind Neuinterpretationen der schlichten Entwürfe von Arne Jacobsen, Finn Juhl oder Jacob Jensen in leuchtenden Farben und weichen Formen. In Sachen Mode wartet **Baum und Pferdgarten** (Vognmagergade 2; +45 35 30 10 90; baumundpferdgarten.com) mit romantischer, femininer Kleidung auf. Wer Mode als Statement sieht, wird eher fündig bei **Henrik Vibskov** (Krystalgade 6; +45 33 14 61 00; henrikvibskovboutique. com), der für seinen Avantgardestil bekannt ist.

**8** *Kein Jackettzwang* 19 Uhr

Dänische Gastfreundschaft wird im **Madklubben** (Store Kongensgade 66; +45 33 32 32 34; madklubben. dk; €€) großgeschrieben, und so steht es auch auf der Speisekarte: „Unsere Belegschaft wird nicht wegen ihres Fachwissens über die Weine und Käse der Welt ausgesucht, sondern wegen ihrer Freundlichkeit und ihres ansteckenden Lachens." Die Küche ist ähnlich unprätentiös und bietet moderne skandinavische Gerichte zu erschwinglichen Preisen für ein junges Publikum.

**9** *Nørrebro bei Nacht* 22 Uhr

Der ethnisch bunt gemischte Arbeiterbezirk Nørrebro hat sich zu einem Ausgehviertel entwickelt. Das **Underwood Ink** (Ryesgade 30A; +45 35 35 55 53; underwood-ink.dk) wirkt wie das Wohnzimmer eines Intellektuellen und ist vollgestopft mit Bücherregalen mit internationaler Literatur (zum Verkauf), mit Werken unbekannter Künstler (dito) und Tischen voller Flaschen mit dänischem Bier. Einige Straßen weiter liegt das **Alice** (Nørre Alle 7; +45 50 58 08 41; globalcph.dk), auf dessen Bühne so verschiedene

**OBEN** Im malerischen Hafen drängen sich Touristen. Nicht weit entfernt liegt die Einkaufsstraße Strøget.

Künstler wie Bassekou Kouyate aus Mali oder die serbische Trompetenlegende Boban Markovic auftreten.

## SONNTAG

**10** *Der Ruf der Natur* 10 Uhr

Nach zu viel Schweinefleisch und Bier gibt es keine bessere Kur als einen Spaziergang in skandinavisch frischer Luft. Die drei Seen Kopenhagens mit idyllischen Wegen, Schatten spendenden Bäumen und viel Schilf sind beliebt bei Radfahrern, Joggern und Spaziergängern. Ein üppiges Brunchbüfett gibt es bei **Den Franske Café** (Sortedam Dossering 101; +45 35 42 48 45; denfranskecafe.dk; €€). Hier kann man in aller Ruhe den Schwänen und Enten zusehen.

**11** *Meisterlich* 12 Uhr

Das **Statens Museum for Kunst** (Sølvgade 48–50; +45 33 74 84 94; smk.dk) zeigt neben Meisterwerken der europäischen Kunst auch Einblicke in die dänische Moderne, etwa Gemälde von Vilhelm Hammershøi oder die surreale Skulptur eines sitzenden Mannes mit überdimensional langen Beinen von Peter Land.

**OBEN** Eine Bootsfahrt durch den schönen Hafen.

## BASICS

Vom Flughafen fahren ein Shuttlezug und eine Metrolinie in die Innenstadt. In Kopenhagen selbst ist ein Mietfahrrad das beste Fortbewegungsmittel.

**Hotel Skt. Petri**
Krystalgade 22
+45 33 45 91 00
sktpetri.com
€€€€
*Die Art von Nobelherberge mit eigener Chill-out-CD und Kaviarmarke. Die Zimmer hat der dänische Grafiker Per Arnoldi eingerichtet.*

**Wakeup Copenhagen**
Carsten Niebuhrs Gade 11
+45 44 80 00 00
wakeupcopenhagen.com
€
*Geschmackvolles Hotel im schlichten skandinavischen Stil zu bemerkenswert unskandinavischen Preisen.*

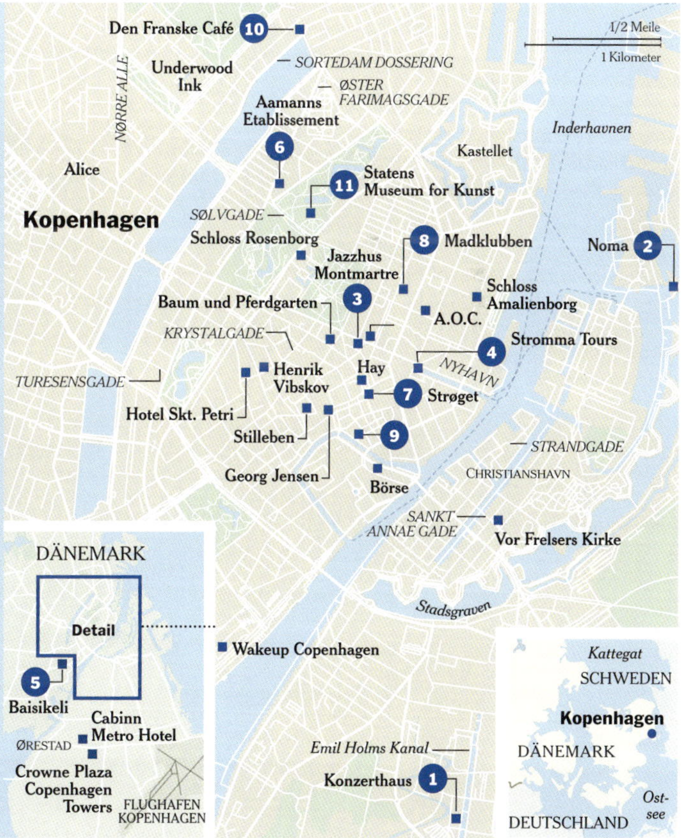

Den Franske Café **10**
1/2 Meile
1 Kilometer
NØRRE ALLE
Underwood Ink
*SORTEDAM DOSSERING*
*ØSTER FARIMAGSGADE*
Aamanns Etablissement
Inderhavnen
**6**
Kastellet
Alice
**11** Statens Museum for Kunst
**Kopenhagen**
SØLVGADE
Schloss Rosenborg
Jazzhus Montmartre
**8** Madklubben
Noma **2**
Baum und Pferdgarten
**3**
Schloss Amalienborg
KRYSTALGADE
A.O.C.
Stromma Tours
TURESENSGADE
Henrik Vibskov
Hay
NYHAVN
**4**
Strøget **7**
Hotel Skt. Petri
Stilleben
**9**
STRANDGADE
Georg Jensen
Börse
CHRISTIANSHAVN
SANKT ANNAE GADE
Vor Frelsers Kirke
Stadsgraven

**DÄNEMARK**
Detail
**5**
Baisikeli
Cabinn Metro Hotel
ØRESTAD
Crowne Plaza Copenhagen Towers
FLUGHAFEN KOPENHAGEN

Wakeup Copenhagen
Kattegat
SCHWEDEN
**Kopenhagen**
DÄNEMARK
Emil Holms Kanal
Konzerthaus **1**
DEUTSCHLAND
Ostsee

# Helsinki

Wenn man durch die Straßen der finnischen Hauptstadt schlendert, fühlt man sich in ein surreales Zwischenreich entführt. Klassizistische Kirchen und futuristische Architektur aus den 1930ern scheinen in mattes skandinavisches Licht getaucht zwischen Russland und Schweden zu schweben. Während die berühmte stoische Haltung der Finnen, sisu genannt, noch von den alten Zeiten unter russischer Herrschaft geprägt scheint, sind der Sinn für schönes, funktionales Design, die neu entstehende regionale Haute Cuisine und der Sinn für Humor durch und durch skandinavisch. Die Stadt am Finnischen Meerbusen wurde unter Zar Alexander I. auf dem Reißbrett neu geplant und aufgebaut. Ihr vorgelagert ist eine reiche Schärenlandschaft, und sie ist an drei Seiten von Wasser und zahllosen Buchten und Stränden umgeben. Vielleicht liegt darin ja die Erklärung für das finnische Gespür für fließendes Design, für die roten Wangen und die Naturverbundenheit der Einheimischen. – FINN-OLAF JONES

### FREITAG

**1** *Heißes Kulturgut* 15 Uhr

Saunieren gehört in Finnland zum festen Bestandteil des Lebens, und Helsinki hat einige der schönsten Plätze, um zu schwitzen. In Finnland geht man nackt in die Sauna, wenngleich Frauen und Männer in der Regel getrennt. Unter den Einheimischen gibt es eine ständige Diskussion darüber, welche nun die beste Sauna der Stadt sei. Liebhaber aber schwören auf die **Kotiharjun-Sauna** (Harjutorinkatu 1; +358 9 753 1535; kotiharjunsauna.fi) aus dem Jahre 1928. Hier findet man schon mal vor der Sauna sitzend Studenten und ihre Professoren von der nahen Universität in hitzigen Debatten, während sie in Handtücher gewickelt ihre Körper abkühlen.

**2** *Sterne des Nordens* 20 Uhr

Noch vor rund 20 Jahren war die finnische Küche nicht viel mehr als gekochter Fisch mit Gemüse. Heute aber hat eine junge Garde international ausgebildeter Köche eine gastronomische Revolution in Gang gesetzt, allen voran Teemu Aura und Tommi Tuominen vom Restaurant **Demo** (Uudenmaankatu 9–11; +358 9 2289 0840; restaurantdemo.fi; €€€€). Mit ihren Kreationen aus einheimischer Saisonware mit französischem Einschlag haben sie sich bereits einen Michelin-Stern erkocht. Ihr Restaurant ist sparsam eingerichtet, aber gemütlich. Wählen Sie ein mehrgängiges Menü zum Fixpreis, das alles enthalten kann, was in der Region erlegt, gefischt oder geerntet wird, vom eingelegten Hering bis zum Beerensoufflé.

**3** *Über der Stadt* 22 Uhr

Über eine schmale Treppe im Hotel Torni gelangt man in die **Ateljée Bar** (Yrjönkatu 26; +358 10 784 2080; raflaamo.fi/fi/helsinki/ateljee-bar), einen der höchsten Punkte der Stadt und Tummelplatz für die Schönen und Reichen. Die Bar zeigt Ausstellungen hiesiger Künstler und kann ziemlich voll werden. Die beiden Terrassen sind zu später Stunde tolle Plätze, um die Seeluft zu genießen und mit etwas Glück auch Nordlicht über dem Finnischen Meerbusen zu entdecken.

### SAMSTAG

**4** *Unterwegs mit Sibelius* 10 Uhr

Gehen Sie im **Sibelius-Park** am westlichen Rand der Innenstadt eine Runde spazieren oder joggen. Eingedenk der epischen, landschaftsinspirierten Kompositionen von Jean Sibelius wird auch der Park in fast natürlichem Zustand belassen. Das **Denkmal** zu Ehren des großen finnischen Komponisten des 19. Jahrhunderts zeigt seine Büste mit ernstem stäh-

**GEGENÜBER** Der Dom von Helsinki am klassizistischen Senatsplatz.

**RECHTS** Ein Porträt des einflussreichen finnischen Architekten Alvar Aalto.

lernem Blick auf eine riesige Ansammlung Orgelpfeifen, die zwischen alten Birken zu schweben scheinen.

**5** *Heldenmahl* 13 Uhr

Das **Bellevue** (Rahapajankatu 3; +358 9 179 560; restaurantbellevue.com; €€€) im Schatten der orthodoxen Uspenski-Kathedrale ist ein gemütliches Restaurant und serviert bei Kerzenlicht Gerichte aus der Zarenzeit, die in Finnland zu Institutionen wurden. Selbst Baron C. G. E. Mannerheim, Finnlands Nationalheld im Unabhängigkeitskampf gegen die Russen, speiste hier, vielleicht weil es eines der wenigen Lokale ist, in denen man Bärenfleisch bekommt.

**6** *Viele Bücher* 15 Uhr

Was aussieht wie ein langweiliges Bürogebäude am Ende der Esplanade, Helsinkis großem Boulevard und Park, erweist sich beim Eintreten als eine geometrisch weiße Explosion aus hellen Lichtschächten, Marmorgalerien und Büchern. Die **Akademische**

**Buchhandlung** (Pohjoisesplanadi 39; +358 20 760 8999; akateeminen.com), im Jahr 1969 nach Plänen des finnischen Architekten Alvar Aalto erbaut, dürfte die größte Buchhandlung Europas sein und führt auch viele fremdsprachige Bücher. Das Stöbern wird hier zum Kunstereignis.

**7** *Designerstraße* 16 Uhr

Die Straßen östlich der Buchhandlung sind Helsinkis wichtigste Einkaufsmeile. Hier liegen die Stores finnischer Topdesigner wie **Marimekko** (Mikonkatu 1; +358 50 572 5632; marimekko.com), dessen bunte

UNTEN  Straßenartistik auf der Esplanade.

GEGENÜBER OBEN  Das Denkmal für den Komponisten Jean Sibelius.

GEGENÜBER UNTEN  Das Museum für zeitgenössische Kunst Kiasma.

Designs auch viele Jahre, nachdem Jackie Kennedy seine Kleider trug, noch angesagt sind. Für aktuelle Glasarbeiten, Keramiken und anderes Wohndesign gibt es **Iittala** (Pohjoisesplanadi 23; +358 20 439 3501; iittala.com). **Artek** (Keskuskatu 1B; +358 10 617 3480; artek.fi), 1935 von Aalto und seiner Frau Aino für den Vertrieb von Möbeln und Wohnaccessoires gegründet, hält heute noch die Vorliebe der Finnen für Möbel mit klaren Linien und natürlichen Materialien hoch.

**8** *Aalto-Tempel* 20 Uhr

Acht Stockwerke über der Esplanade liegt das finnische Design- und Gastro-Walhalla, das **Ravintola Savoy** (Eteläesplanadi 14; +358 9 6128 5300; ravintolasavoy.fi; €€€€). Die elegant-funktionale Einrichtung des Ehepaares Aalto von 1937 ist fast unverändert geblieben. Das Restaurant ist ein Favorit von Helsinkis Elite, um sich an meisterhaft zubereiteten Wild- und Fischgerichten zu delektieren. Das Essen ist teuer, aber was sonst würde man von einem der außergewöhnlichsten sinnlichen Erlebnisse Finnlands erwarten?

### SONNTAG

**9** *Russische Außenstelle* 10 Uhr

Bestellen Sie sich einen Espresso mit Plundergebäck und sehen Sie sich das Treiben auf dem klassizistischen Senatsplatz an – im altehrwürdigen **Café Engel** (Aleksanterinkatu 26; +358 9 652 776; cafeengel. fi; €–€€) in einem der ältesten Gebäude der finnischen Hauptstadt hat man einen Logenplatz. Der Senatsplatz, der im frühen 19. Jahrhundert erbaut wurde, nachdem Finnland an Russland gefallen war, ist seither Mittelpunkt der Stadt. Zar Alexander II. überblickt von seinem Denkmal noch immer die Szenerie und erinnert daran, wer hier einst das Sagen hatte, und tatsächlich diente der Platz schon in mehreren Hollywoodstreifen als St.-Petersburg-Kulisse.

**10** *Trendiger Eisberg* 12 Uhr

Das **Museum für zeitgenössische Kunst Kiasma** (Mannerheiminaukio 2; +358 294 500 501; kiasma.fi), gleicht einem gekrümmten Eisberg. Es wurde nach

Museums ermöglicht einen Blick auf die Rolle Helsinkis als Zentrum für Design und Hightech. Das Café ist mit Stühlen von Vesa Honkonen und Kinderhochstühlen von Stefan Lindfors ausgestattet.

Plänen des amerikanischen Architekten Steven Holl errichtet. Das innovative Ausstellungszentrum für moderne Kunst, Performancestücke und neue Themen ist ein Vorreiter für zukunftsweisende Trends. Die Hauptausstellungen wechseln regelmäßig, aber ein Gang durch die stark verwinkelten Galerien des

**11** *Art déco* 14 Uhr

Inzwischen fühlen Sie sich vielleicht so vertraut mit der Stadt, dass Sie einen Besuch der **Yrjönkatu-Schwimmhalle** wagen (Yrjönkatu 21; +358 9 31087401; hel.fi/helsinki/en), eines Art-déco-Bads von 1928 mit Marmorbögen und Mosaiken. Die getrennten Schwimmzeiten für Männer und Frauen finden Sie auf der Internetseite. Es gibt vermutlich keine bessere Art, ein finnisches Wochenende zu beschließen als in einer der fünf Saunen des Bades.

**OBEN** Die Finlandia-Halle nach Entwürfen von Alvar Aalto.

**GEGENÜBER** Entspannen auf den Rasen der Esplanade.

## BASICS

Vom internationalen Flughafen Helsinki-Vantaa nehmen Sie das Taxi ins Stadtzentrum. Oder Sie kommen ab diversen Ostseestädten per Fähre.

**Hotel Kämp**
Pohjoisesplanadi 29
+358 9 576 111
hotelkamp.com
€€€
*Grandhotel vom Ende des 19. Jahrhunderts. Einige hochpreisige Suiten haben sogar eine eigene Sauna.*

**Klaus K Hotel**
Bulevardi 2–4
+358 20 770 4700
klauskhotel.com
€€€
*Coole, thematisch eingerichtete Zimmer in Helsinkis Designviertel.*

SCHWEDEN
FINNLAND
Helsinki
RUSSLAND
Stockholm
ESTLAND
Ostsee
LETTLAND
LITAUEN

FLUGHAFEN HELSINKI-VANTAA
**1** Kotijarju-Sauna
**4** Sibelius-Park & -Denkmal
Helsinki
Detail
1/2 Meile
1 Kilometer
Finnischer Meerbusen

Museum für zeitgenössische Kunst Kiasma **10**
**Helsinki**
Akademische Buchhandlung
Yrjönkatu-Schwimmhalle **11**
**6**
**7** Marimekko
ALEKSANTERINKATU
Bellevue **5**
YRJÖNKATU
Artek
Hotel Kämp
Iittala
Uspenski-Kathedrale
Café Engel **9**
RAHAPAJANKATU
Ateljée Bar **3**
ETELÄESPLANADI
POHJOISESPLANADI
Klaus K Hotel
**8** Ravintola Savoy
Eteläsatama
UUDENMAANKATU
BULEVARDI
**2** Demo
1/4 Meile
1/2 Kilometer

# Turku

*Die freigeistige, kunstsinnige Stadt mit rund 185 000 Einwohnern hat eine lange Geschichte und ein reges kulturelles Leben vorzuweisen. Einige führende Künstler des Landes kommen von hier, darunter der Performancekünstler Meiju Niskala, der Bildhauer Kim Simonsson oder der Komponist Ulf Långbacka. In Turku steht eine der renommiertesten Kunstakademien, und die vielseitigen Veranstaltungen ziehen ein Publikum aus ganz Skandinavien an. Die entspannte Stadt an der Mündung des Flusses Aurajoki in die Ostsee hat ein vorgelagertes Schärenmeer – einen Flickenteppich aus etwa 20 000 unberührten Inselchen – und war einst die größte Stadt Finnlands. Auch wenn sie heute auf Rang sechs zurückgefallen ist, stellt sie dennoch ein sehr einladendes Reiseziel dar.* – JOSHUA HAMMER

## FREITAG

**1** *Finnische Festung* 14 Uhr

Die strategisch günstig gelegene Stadt war über 500 Jahre das Zentrum des kulturellen, religiösen und wirtschaftlichen Lebens in Finnland. Turkus Niedergang wurde mit dem Russisch-Schwedischen Krieg von 1808/09 eingeläutet, als Schweden das Großfürstentum Finnland an Russland abtreten musste und Helsinki die neue Hauptstadt wurde. Die **Burg von Turku**, Turun linna (Linnankatu 80; +358 2 262 0300; turunlinna.fi), ist ein Symbol dieser jahrhundertealten Vormachtstellung. Die mittelalterliche Festung, die um 1300 datiert, wurde an der Aurajokimündung zum Schutz vor Invasoren von der Ostsee angelegt. Hinter den dicken Mauern zeugen die vielen Gänge und Höfe von den glorreichen Zeiten Mitte des 16. Jahrhunderts, als die Burg Sitz des Herzogs von Finnland war. Heute befinden sich Ausstellungsräume, ein Bankettsaal und ein Museum darin.

## 2 *Held mit Meißel* 16 Uhr

Im **Wäinö-Aaltonen-Kunstmuseum** (Itäinen Rantakatu 38; +358 2 262 0850; wam.fi), einem modernen Kubus am Flussufer, sind moderne und zeitgenössi-sche Kunst mit Schwerpunkt auf den Arbeiten von Wäinö Aaltonen ausgestellt. Der aus Turku stammende Bildhauer und Maler fing mit seinen Monumenten finnischer Helden den neu erwachten Nationalgeist nach der Unabhängigkeitserklärung von Russland 1917 ein, so in einer Marmorbüste des Komponisten Jean Sibelius, einer Bronzestatue des olympischen Langstreckenläufers Paavo Nurmi oder auch in einem Standbild finnischer Auswanderer im Crozer Park in Chester, Pennsylvania, in den USA.

**3** *Bierklasse* 19 Uhr

In Finnland wird seit dem Mittelalter Bier gebraut, und im **Brauhaus Koulu** (Eerikinkatu 18; +358 2 274 5757; panimoravintolakoulu.fi; €€–€€€) in der Innenstadt wird diese Tradition hochgehalten. Hier können Sie die Hausbiere oder in der Weinstube 80 verschiedene Weine probieren und im Untergeschoss einen Blick auf die Sudkessel werfen. Die Abendkarte bietet herzhafte Gerichte wie Rinderfilet oder gebratenen Hecht. Das Gebäude war früher eine Schule, und auch im Restaurant erinnert vieles an ein Klassenzimmer, etwa die Schulbänke als Dekoration oder das „Schulessen" am Mittag.

## SAMSTAG

**4** *Rund um den Platz* 9 Uhr

Der **Marktplatz** wurde vom deutschstämmigen Architekten Carl Ludwig Engel entworfen, nachdem ein Feuer 1827 fast die ganze Stadt vernichtet hatte. Heute ist er der zentrale Treffpunkt der Stadt, hier wird an den Marktständen eingekauft, und hier lassen

**GEGENÜBER** Ein Markt im einladenden, gemütlichen Turku, der einstigen Festungsstadt an der Ostsee.

**RECHTS** Die um 1300 errichtete Burg zeugt von der langen Vormachtstellung Turkus als finnischer Hauptstadt.

sich architektonische Juwelen besichtigen wie die russisch-orthodoxe Kirche oder das klassizistische Schwedische Theater, Finnlands älteste Bühne aus dem Jahr 1839. Das dortige Theaterprogramm richtet sich vor allem an die fünf Prozent der Einwohner Turkus mit schwedischer Muttersprache, ein Erbe jener Tage, als Turku eine strategische Festung des schwedischen Königreichs war. Direkt an den Platz grenzt die **Alte Markthalle** (Eerikinkatu 16; +358 2 262 4126; kauppahalli.fi) an, ein Paradies für Gourmets und ein schöner Ort für ein einfaches Frühstück.

**5** *Altstadt* 11 Uhr

Gehen Sie in Richtung Fluss zum Platz mit der renovierten Alten Bücherei und der **Zentralbibliothek** (Linnankatu 2), einer glänzenden Glaskonstruktion mit luftigen, holzverkleideten Räumen, die sehr einladend wirken. Auf der Brücke überqueren Sie den Aurajoki und gelangen zum Alten Großen Platz. Hier können Sie ein Päuschen im **Turku Literaturcafé** einlegen (Vanha Suurtori 3; +358 2 469 1396; kirjakahvila. org; €), einem charmanten kleinen Café mit Buchladen, in dem vegane Kuchen serviert werden und auch Konzerte, Lesungen und andere kulturelle Veranstaltungen stattfinden. Von hier sind es nur ein paar Schritte zu Finnlands bedeutendster Kirche, dem über 85 m hohen **Dom von Turku** (Tuomiokirkonkatu 1; turuntuomiokirkko.fi), einer beeindruckenden Mischung aus Westminster Abbey und Saint-Germain-des-Prés. Ebenfalls nicht weit: das **Sibelius-Museum** (Piispankatu 17; +358 2 215 4494; sibeliusmuseum.fi), wo neben Memorabilien des Komponisten auch Musikinstrumente ausgestellt sind.

**6** *Noch ältere Stadt* 13 Uhr

Die Reste einer echten mittelalterlichen Siedlung kann man einige Blocks weiter bei **Aboa Vetus & Ars Nova** (Itäinen Rantakatu 4–6; +358 207 181 640; aboavetusarsnova.fi) sehen, dem Doppelmuseum für Archäologie (Aboa Vetus) und Gegenwartskunst (Ars Nova). Die originale Fundstätte der groben Steinmauern ist als archäologische Ausgrabung im Untergeschoss des Museums zu besichtigen.

**7** *Seeroute* 14 Uhr

Machen Sie sich auf zu den Schäreninseln, die der Küste der Ostsee vorgelagert sind. Eine Fahrt nach **Naantali**, einem Erholungsort nördlich von Turku mit einladender Altstadt und einem Vergnügungspark, dauert auf dem Landweg nur 20 Minuten. Viel schöner aber ist die Reise auf dem **Dampfschiff Ukkopekka** (Linnankatu 38; +358 2 515 3300; ukkopekka. fi/en), auf dem Sie einen Eindruck von der Schönheit der finnischen Schärenwelt erhalten. Die Fahrt dauert etwa 90 Minuten; an Bord gibt es ein einfaches Café. Zurück nach Turku geht es ebenfalls per Schiff oder mit Bus oder Taxi.

**8** *Von Süd nach Nord* 17 Uhr

Eine gute Küche bietet das Lokal **Blanko** (Aurakatu 1; +358 2 233 3966; blanko.net; €€–€€€) am Flussufer, das zu den beliebtesten und stylishsten in Turku gehört. Auf der Karte stehen asiatisch und italienisch inspirierte Gerichte mit betont nordischem Einschlag wie etwa finnischer Lachs, Elchfilet oder gegrillte Leber mit roten Zwiebeln und Knoblauchkartoffeln.

**9** *Bühnenplatz* 19 Uhr

Sie befinden sich in einer finnischen Kulturhauptstadt. Da fällt es nicht schwer, eine Veranstaltung zu finden: eine Darbietung im **Konzerthaus** (Aninkaistenkatu 9; tfo.fi/en) von Turku, ein Bühnenstück an einem der Theater oder eine Show im **Logomo** (Köydenpunojankatu 14; +358 29 123 4800; logomo.fi), einem ambitionierten Kultur- und Veranstaltungszentrum. An dieses kühne Projekt in den noch aus

**LINKS** Das Herrenhaus Brinkkala am Großen Alten Platz.

**GEGENÜBER** Der Dom von Turku ist die bedeutendste Kirche Finnlands.

der Zarenzeit stammenden ehemaligen Lager- und Eisenbahnwartungshallen sind viele Erwartungen der Stadt für eine Zukunft als kulturelles Zentrum und Treffpunkt im Ostseeraum geknüpft. Neben einer Konzerthalle und einem großen Restaurant sollen auch Ausstellungsräume und eine Reihe von Künstlerateliers das Ensemble ergänzen.

### SONNTAG

**10** *Wiesen und Linden* 10 Uhr

Am schmalen Fluss **Aurajoki**, der sich durch ganz Turku schlängelt, gibt eine von Linden gesäumte Promenade einen beliebten Treffpunkt ab. Radfahrer fahren gemütlich auf dem Weg entlang der Wasserstraße, auf den Rasenflächen sind Studenten in ihre Bücher vertieft, und verliebte Pärchen schlürfen Cappuccino in den umliegenden Cafés. Etwas rustikaler wird es, wenn man dem Fluss in Richtung Ost-

see folgt. Ein dreimastiger Schoner wurde zu einem Seefahrtsmuseum umgebaut, und die Schiffsrestaurants am Ufer sind populäre Plätze, um sich am Abend bei einem Bier aufs Deck zu setzen, Musik zu hören und den Blick auf die Lichter der Stadt zu genießen, die sich im Wasser spiegeln. Alte Tabakfabriken und Lagerhäuser wurden in den letzten Jahren als Eigentumswohnungen und Kulturzentren umgenutzt.

### BASICS

Mit dem Flugzeug nach Helsinki und weiter mit dem Zug nach Turku. Alternativ mit dem Zug aus St. Petersburg oder auf einer mehrtägigen Reise mit der Fähre aus Stockholm.

**Sokos Hotel Hamburger Börs**
Kauppiaskatu 6
+358 2 337 381
sokoshotels.fi/en/hotels/turku
€€
*Am Marktplatz gelegen, mit ganz modernen oder nostalgischen Zimmern und beeindruckender Saunalandschaft.*

**Centro Hotel**
Yliopistonkatu 12a
+358 2 211 8100
centrohotel.com
€–€€
*Modernes Boutiquehotel in der Innenstadt mit gemütlichen Zimmern.*

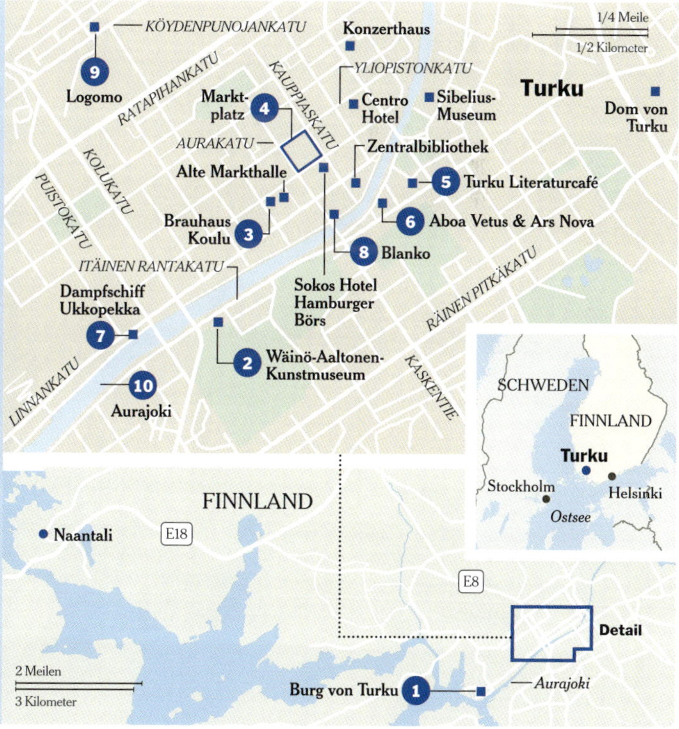

**Karte:**

KÖYDENPUNOJANKATU — Konzerthaus — 1/4 Meile / 1/2 Kilometer

**9** Logomo

RATAPIHANKATU

KAUPPIASKATU

YLIOPISTONKATU — **Turku**

**4** Markt-platz — Centro Hotel — Sibelius-Museum — Dom von Turku

KOLIKATU

AURAKATU — Zentralbibliothek

PUISTOKATU

Alte Markthalle

**5** Turku Literaturcafé

Brauhaus Koulu **3**

**6** Aboa Vetus & Ars Nova

ITÄINEN RANTAKATU

**8** Blanko

Dampfschiff Ukkopekka

**7**

Sokos Hotel Hamburger Börs

RÄINEN PITKÄKATU

LINNANKATU

**10** Aurajoki

**2** Wäinö-Aaltonen-Kunstmuseum

KASKENTIE

SCHWEDEN

FINNLAND

**Turku**

Stockholm — Helsinki

Ostsee

**FINNLAND**

• Naantali — E18

E8

Detail

2 Meilen / 3 Kilometer

Burg von Turku **1** — Aurajoki

# Tallinn

*Estland gehört zu den kleinsten europäischen Staaten, doch in Sachen Kultur nimmt das Land mit 1,3 Millionen Einwohnern eine Vorreiterrolle ein, was nicht zuletzt ein voller Kulturkalender mit vielen Musikfestivals beweist – schließlich hat Estland seine Unabhängigkeit durch die Singende Revolution erreicht. Relikte der Sowjetära gelten heute als Touristenattraktionen, während viele Köche der Stadt emsig an der Entwicklung einer baltischen Küche arbeiten, die auf der kreativen Verwendung regionaler Zutaten wie Roter Bete oder Wildschwein beruht. Die Altstadt kann sich ihrer mittelalterlichen Bausubstanz rühmen, doch zugleich ist in der ganzen Stadt der moderne Geist des 21. Jahrhunderts spürbar.* – STEPHEN WHITLOCK

## FREITAG

**1** *Auf der Mauer* 15 Uhr

Beginnen Sie mit einem Spaziergang auf der mittelalterlichen Mauer rings um die Altstadt. Ein Dänenkönig ließ die Befestigung 1310 errichten, und im 16. Jahrhundert war die Mauer bereits 1,6 km lang mit 46 Wachtürmen, von denen heute noch 26 stehen. Durch das Tor an der **Suur-Kloostri** können Sie einen Mauerabschnitt mit drei Türmen begehen. Über 45 Stufen gelangt man auf die Mauer und von dort weiter zu den Türmen. Aber Achtung: Die Treppen in den dunklen Türmen sind steil und eng.

**2** *Klamotten oder Kamin?* 19 Uhr

Besuchen Sie das coolste Restaurant der Stadt, das **Sfaar** (Mere puiestee 6E; +372 56 992 200; sfaar.ee; €€), zu dem auch ein schicker Kleiderladen gehört. Auf der Karte stehen viele traditionelle, estnische Gerichte wie Wildschwein mit Kartoffeln in Pilz-Thymian-Sauce oder Lammleber als Vorspeise. Eine besondere Delikatesse ist das Dessert: feine Quarktörtchen, die in Estland sehr beliebt sind. Wenn Sie lieber die moderne estische Küche kosten wollen, reservieren Sie im **Stenhus** im Schlössle Hotel (Puha-

vaimu 13/15; +372 699 7780; schloesslehotel.com/restaurant/tallinn; €€€), das in der Altstadt liegt. In einem mittelalterlichen Keller mit Kamin wird hier bei Kerzenlicht an weiß gedeckten Tischen Rustikales wie Ribeye-Steak mit Schwarzwurzeln, Zwiebelflocken und Pilzen oder gefülltes Forellenfilet mit Chicoréesalat in Weißweinsauce serviert.

**3** *Auf einen Drink* 22 Uhr

Wenn Sie Bier im Krug trinken möchten, das von Personal in der Tracht einer mittelalterlichen Magd serviert wird, haben Sie in Tallinn reichlich Auswahl. Ansonsten erhalten Sie in der **Butterfly Lounge** (Vana-Viru 13/Aia 4; +372 569 03703; kokteilibaar.ee) einen gepflegten Martini bei einem Kellner in pinkfarbenem Hemd, während dazu 1980er-Jahre-Elektropop läuft. Cocktails werden hier ernst genommen, was zahlreiche Auszeichnungen bei Mixologen-Wettbewerben in einer Vitrine dokumentieren. Bestellen Sie sich extrem leckere Entenfrühlingsrollen zum Drink.

## SAMSTAG

**4** *Hier ist nichts! Wirklich!* 11 Uhr

Der Aufzug im **Sokos Hotel Viru** (Viru Väljak 4; +372 680 9300; sokoshotels.fi) fährt nicht bis in den obersten Stock, und zwar deshalb, weil der KGB dort über Jahre ein geheimes Büro unterhielt. Inzwischen

**GEGENÜBER** Die Alexander-Newski-Kathedrale, eine estnisch-orthodoxe Kirche aus den 1890er-Jahren, als Estland noch Teil des russischen Zarenreiches war.

**RECHTS** Die rosa Fassade des Riigikogu, des estnischen Parlamentsgebäudes, auf dem Toompea-Berg.

ist dort ein kleines Museum untergebracht, in dem es regelmäßig Führungen auf Englisch gibt. Die Tarnung der Russen wirkt heute recht stümperhaft, so steht auf der Tür auf Russisch und Estnisch: „Hier ist nichts!" Dafür waren ihre Überwachungstechniken ziemlich raffiniert. So gab es Wanzen in den Hotelzimmern, den Telefonen und in der Sauna sowie verwanzte Aschenbecher und Brotkörbe, um Unterhaltungen im Restaurant abzuhören.

**5** *Kirche und Staat* 13 Uhr

Gehen Sie über die Pikk Jalg auf den Toompea, den Domberg, der sich über der Altstadt erhebt. Hier können Sie die estnisch-orthodoxe **Alexander-Newski-Kathedrale** mit ihren Zwiebeltürmen (Pikk 64–4; +372 641 1301; orthodox.ee) und das rosa Parlamentsgebäude, den **Riigikogu** (Lossi plats 1a; +372 631 6331; riigikogu.ee), besichtigen. Zurück geht es über den Garten des dänischen Königs mit einem fantastischen Blick auf die Altstadt.

**6** *Etwas Süßes* 15 Uhr

Der Name des ältesten Cafés von Tallinn, **Maiasmokk** (Pikk 16; +372 646 4079; kohvikmaiasmokk.ee), bedeutet so viel wie „Schleckmaul". Bereits seit 1864 kehrt man hier ein, um die traditionellen Backwaren zu genießen. Direkt daneben unterhält derselbe Besitzer das **Kalev-Marzipanmuseum**, wo man sehen kann, wie aus kalifornischen Mandeln handgefertigte und -bemalte Marzipanfiguren entstehen. Sie sind besonders zu Weihnachten beliebt und bleiben bis zu vier Monate genießbar. Modernere Versuchungen gibt es auf der anderen Straßenseite im **Anneli Viik** (Pikk 30; +372 644 4530; anneliviik.ee), einem gemütlichen Café mit hausgemachten Schokoladentrüffeln und heißer Schokolade, die so dunkel und dick ist, dass fast der Löffel darin stehen bleibt.

**7** *Klang der Musik* 19.30 Uhr

In Anbetracht dessen, dass Tallinn nicht mal 500 000 Einwohner hat, beeindrucken Bandbreite und

Qualität der Musikveranstaltungen, die fast jeden Abend im **Konzerthaus** (+372 614 7705; concert.ee) und der **Nationaloper** (+372 683 1201; opera.ee) stattfinden. Beide Häuser befinden sich im Gebäude Estonia puiestee 4 außerhalb der Altstadt, haben aber getrennte Theaterkassen. Für ein Getränk vor oder nach der Veranstaltung gehen Sie ein paar Straßen weiter in die Bar-Lounge **Wabadus** (Vabaduse Väljak 10; +372 660 4019; wabadus.ee). Der Name bedeutet auf Estnisch „Freiheit", was insofern bemerkenswert ist, als die Bar früher „Moskwa" hieß.

**8** *Himmlisch* 21.30 Uhr

Ein spätes Abendessen können Sie im **Ö** (Mere puiestee 6E; +372 661 6150; restoran-o.ee; €€€€) genießen. Der Name ist das schwedische Wort für „Insel". Mit transparenten Stoffen, die von den Decken hängen, und kleinen Engelsflügeln an den Lampen hat der Speiseraum etwas Ätherisches. In der Küche werden Zutaten aus regionalem Anbau verarbeitet. Die Menüs beginnen etwa mit einer Rote-Bete-Consommé oder pochiertem Aal in Apfelwein. Am besten wählen Sie eines der abends angebotenen Degustationsmenüs.

### SONNTAG

**9** *Souvenirs, Souvenirs* 10.30 Uhr

Wohin man in Tallinn auch geht, überall gibt es Geschäfte und Straßenhändler, die Bernstein und

**GEGENÜBER** Handwerkskunst im Kalev-Marzipanmuseum.

**OBEN** Gut erhaltene Gebäude in der Altstadt.

**UNTEN** In der Alexander-Newski-Kathedrale.

sche Marke Marimekko erinnern. Hier finden Sie alles von der Serviette über Tischwäsche bis hin zu Tagesdecken und Kissen.

Leinen verkaufen. Die Muster sind meist sehr traditionell, doch bei **Zizi** in der Altstadt (Vene 12; +372 644 1222; zizi.ee) gibt es feines Leinen mit bunten, modernen Mustern und Designs, die an die finni-

**OBEN** Das KGB-Museum.

**GEGENÜBER** Ein vermeintlich ruhiger Gang durch die Altstadt. Tallinn ist zwar eine sehr alte Stadt, doch in ganz Europa bekannt als Zentrum für moderne Technologie und Kommunikation am Tage und als Partymetropole am Abend.

**10** *Letzte Mahlzeit* 13 Uhr

Ein schmackhafter Lunch in freundlicher Atmosphäre wartet auf Sie im **Pegasus** (Harju 1; +372 662 3013; restoranpegasus.ee; €€), einem dreistöckigen, luftig-hellen Restaurant in der Altstadt mit coolen Plastikstühlen und anderem modernen Designermobiliar. Die saisonale Karte tendiert zur modernen europäischen Küche und enthält Posten wie Entenleber an Salat mit gegrilltem Käse, Rindertartar und langsam im Ofen gegartes Lammkarree. Versäumen Sie nicht, das köstliche selbst gebackene Brot zu probieren.

## BASICS

In der Altstadt ist man am besten zu Fuß unterwegs. Taxis sind erschwinglich und stehen überall.

**Three Sisters Hotel**
Pikk 71/Tolli 2
+372 630 6300
threesistershotel.com
€€€
*In drei Gebäuden aus dem 14. Jahrhundert. Zu den Gästen zählten u. a. die englische Königin und der japanische Kaiser.*

**Hotel Telegraaf**
Vene 9
+372 600 0600
telegraafhotel.com
€€
*Ehemaliges Postamt mit Suiten, die nach Samuel Morse und Alexander Graham Bell benannt sind.*

**Savoy Boutique Hotel**
Suur-Karja 17/19
+372 680 6688
tallinnhotels.ee
€€
*Hotel im Art-déco-Stil mit handbemalten Wänden.*

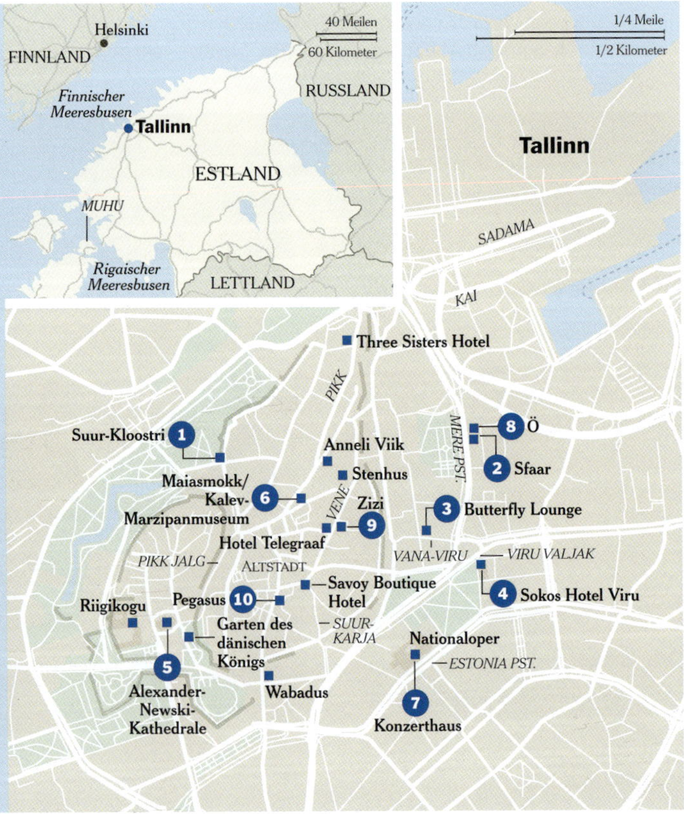

FINNLAND
Helsinki
RUSSLAND
Finnischer Meeresbusen
Tallinn
ESTLAND
MUHU
Rigaischer Meeresbusen
LETTLAND

40 Meilen
60 Kilometer

1/4 Meile
1/2 Kilometer

**Tallinn**

SADAMA
KAI

Three Sisters Hotel

PIKK

Suur-Kloostri ①
Anneli Viik
Maiasmokk/
Kalev- ⑥
Marzipanmuseum
Stenhus
Zizi
⑨
⑧ Ö
MERE PST.
② Sfaar
③ Butterfly Lounge
VENE
VANA-VIRU
VIRU VALJAK
Hotel Telegraaf
PIKK JALG
ALTSTADT
Savoy Boutique
Hotel
④ Sokos Hotel Viru
Riigikogu
Pegasus ⑩
SUUR-
KARJA
Garten des
dänischen
Königs
Nationaloper
ESTONIA PST.
⑤
Alexander-
Newski-
Kathedrale
Wabadus
⑦
Konzerthaus

# Riga

*Riga, lettische Hauptstadt und seit der Gründung im 13. Jahrhundert auch wichtigste Stadt des Landes, hat schon viel erlebt: eine ganze Reihe polnischer, deutscher und schwedischer Herrscher, die deutsche Besatzung und die Zerstörung im Zweiten Weltkrieg, die Sowjetzeit, den Wirtschaftsboom und die Folgen der internationalen Finanzkrise. Doch die baltische Stadt ließ sich durch nichts unterkriegen. Rigas Stadtbild ist vielseitig und reicht von rekonstruierten mittelalterlichen Schätzen bis hin zum größten Jugendstil-Baubestand in Europa. Die neue Gastroszene hat die Landesküche in die Gegenwart geführt; das Nachtleben ist pulsierend. Riga ist eine der aufregendsten Städte Osteuropas, hält aber gleichzeitig an liebenswerten, alten Traditionen fest, etwa dem Pilzesammeln im Herbst oder dem winterlichen Aufwärmen mit Rigaer Schwarzem Balsam, einem hochprozentigen Kräuterlikör.* – JON FASMAN

## FREITAG

**1** *Ein gewaltsames Jahrhundert* 15 Uhr

Durch ein gewisses Verständnis für die jüngere Geschichte Lettlands wird Ihr Aufenthalt in Riga bereichert, und es gibt einen perfekten Ort dafür: Mitte der 1960er-Jahre errichteten die Sowjets im Südwesten der Altstadt ein Revolutionsmuseum; nach der Unabhängigkeit machten die Letten kurzerhand ein **Okkupationsmuseum** daraus (Strelnieku laukums 1; +371 67212715; occupationmuseum.lv). (Prüfen Sie, ob sich das Museum aufgrund von Renovierungen noch am Übergangsstandort Raina Bulvaris 7 befindet.) Mit den informativen Erläuterungen in Lettisch und Englisch gehört es zu den am besten konzipierten und kuratierten historischen Museen in ganz Europa. Die Exponate reichen von Nazi- und Sowjetuniformen bis hin zu Propagandaplakaten, vom Schachspiel aus Knochen und Holz aus einem Gulag bis hin zu bewegenden, hastig gekritzelten Zeilen, die aus den Deportationszügen nach Sibirien geworfen wurden.

**2** *Das Herz des Landes* 18 Uhr

Die Rigaer Altstadt **Vecriga** ist ein wahres Schmuckkästchen. Um sie zu erkunden, lassen Sie sich am besten treiben. Als Ausgangspunkt empfiehlt sich der **Doma laukums** (Domplatz) gegenüber dem Okkupationsmuseum. Der Platz wird beherrscht von dem riesigen mittelalterlichen Dom, begonnen 1211

vom Rigaer Bischof Albert von Buxhoeveden, der aus Bremen aufbrach, um das Baltikum zu missionieren. Interessanter ist das für unverheiratete Kaufleute der Hanse errichtete **Schwarzhäupterhaus** (Ratslaukums 7; melngalvjunams.lv) an der Südseite des Platzes; sein Name leitet sich von dem Schutzpatron Mauritius ab, der traditionell als bewaffneter Mohr dargestellt wird. Dieses prächtige Haus im Stile der holländischen Gotik und Renaissance wurde im Krieg beschädigt und dann endgültig von den Sowjets zerstört. Da es für die Rigaer aber einen sehr hohen Stellenwert hat, gehörte es nach der Unabhängigkeit Estlands zu den ersten, mithilfe von Privatspenden rekonstruierten Gebäuden.

**3** *Kaukasisches Fest* 20 Uhr

Rigas Tage als Teil des Sowjetreichs hatten zumindest einen kulinarischen Nutzen, nämlich den Einfluss der gut gewürzten, aromatischen Speisen der kaukasischen Republiken: Aserbaidschan, Georgien oder im Fall des **Akhtamar** (Matisa Iela 38; +371 6 677777; akhtamar.lv/par-restoranu; €€) Armenien. Die Schaschliks sind superaromatisch und perfekt zubereitet. Besonders gut versteht sich die Küche auch auf köstliche Schmorgerichte.

**4** *Getränk und Konversation* 23 Uhr

Durch die vielen Junggesellenabschiede in Riga gibt es reichlich Bars mit spärlich bekleideten Frauen,

**GEGENÜBER** Riga ist bekannt für seine Jugendstilbauten.

**UNTEN** Das Taka Spa, eine der schönsten Rigaer Saunen.

Musik, bei der sich die Zahnfüllungen lockern, und hektoliterweise Wodka. Machen Sie um solche Kneipen einen Bogen und gehen Sie lieber in die **Galerija Istaba** (Krisjana Barona iela 31; +371 6 728 1141) im Norden des vornehmen Stadtteils Vermanes Park. Auf der ersten Ebene befindet sich eine Kunstgalerie mit Arbeiten hiesiger Künstler. Darüber ist eine entspannte Bar, die nächtens die Rigaer Boheme anzieht. Die Bar ist gut sortiert und der Service freundlich.

### SAMSTAG

**5** *Selbstreinigung* 10 Uhr

Auch in Lettland gibt es eine lange Saunatradition: Die meisten Letten schwitzen lieber im Dampfbad mit anschließendem Sprung ins kalte Wasser als auf dem Stepper, und ein paar Stunden mit Eukalyptusaufgüssen sind ideal, um die kleinen Sünden des Vorabends auszuschwitzen. Rigas Saunalandschaft bietet alles von der leicht schmuddeligen Sowjetschwitzkammer bis hin zum schönen **Taka Spa** (Kronvalda bulvaris 3a; +371 6 732 3150; takaspa.lv). In schickem Ambiente wandeln Sie hier von der Sauna ins Dampfbad und tauchen dann ins kalte Wasser ein.

**6** *Ins Grüne* 13 Uhr

Das 1994 eröffnete **Osiris** (Krisjana Barona iela 31; +371 6 724 3002; cafeosiris.lv; €€) ist eine Rigaer Institution. Es war das erste Restaurant der Stadt,

das die Verbrechen der Sowjets am Salat zu lindern versuchte. Die Salate sind üppig und werden aus allen erdenklichen frischen Gemüsen und Blattsalaten zubereitet. Im Osiris tummelt sich eine Mischung aus jungen Berufstätigen, Künstlern, Journalisten und Politikern. Außerdem war es einer der ersten Treffpunkte in Riga für eine junge homosexuelle Gemeinde. Die häufig wechselnde Karte orientiert sich an aktuellen internationalen Trends. So haben Sie die Wahl zwischen einem traditionellen Hering-Kartoffel-Salat mit Kung-pao-Hühnchen oder leckeren Pelmeni mit Sauerrahm und Essig. Das Hausdessert – Pfannkuchen mit mächtigen Scheiben hausgemachtem Süßkäse – hält tagelang satt.

**7** *Straßenkunst* 15 Uhr

Riga erlebte im späten 19. und frühen 20. Jahrhundert ein enormes Wachstum an Einwohnern und an Reichtum. Dieser Wohlstand lässt sich gut an den 750 erhaltenen Jugendstilgebäuden ablesen. Die beste Straße, um sich diese reich verzierten, prächtigen Baudenkmäler anzusehen, ist die **Alberta iela** nördlich der Esplanade und des Kronvaldaparks. Einige der schönsten Häuser stammen von Michail Eisenstein, dem Vater des berühmten Regisseurs Sergej.

**8** *Juwelen und Antiquitäten* 17 Uhr

Zu einer so geschichtsträchtigen Stadt wie Riga passt kein Edelstein so gut wie Bernstein, der sich vor Jahrmillionen an der baltischen Küste gebildet hat. Praktischerweise gibt es ihn an jedem Souvenirstand oder Schmuckladen zu kaufen. Fürs Lokalkolorit sollten Sie aber die Stände hinter der Petrikirche oder auf der **Valnu iela** hinter dem Hotel Riga aufsuchen. Rigas Antikläden halten alles von altem Kunsthandwerk über sakrale Kunst bis hin zu Sowjetsouvenirs bereit. Kleine Geschäfte gibt es überall in der Stadt. Lassen Sie sich darin vom breiten Angebot und geordneten Chaos überraschen.

**9** *Sternennacht* 20 Uhr

Das **Vincents** (Elizabetes iela 19; +371 6 733 2830; restorans.lv; €€€) gilt als eines der besten Restaurants in Riga. Der langjährige Chefkoch Martins Ritins ist einer der Pioniere der Bio-Regio-Küche in Lettland. Seine Restaurants ermöglichten quasi im Alleingang das Überleben Dutzender kleiner Landwirtschaftsbetriebe. Er ist inzwischen im Ruhestand, doch sein Nachfolger im Vincents hält das

hohe Niveau. Der Stil könnte als französisch-baltisch-skandinavisch beschrieben werden. Stellvertretend dafür ist sein Tatar vom Gelbflossen-Thunfisch auf Eis. Und auch die Unterhaltung kommt nicht zu kurz: Als Gaumenreiniger wird am Tisch binnen Sekunden ein Sorbet aus Rigaer Schwarzem Balsam (ein Kräuterbrand mit starker Karamellnote), Schwarze-Johannisbeeren-Saft, braunem Zucker, Mineralwasser und Flüssigstickstoff zubereitet.

### SONNTAG

**10** *Angebot und Nachfrage* 11 Uhr

Im nicht besonders schönen, aber hochinteressanten Viertel Maskvas Forstate (Moskauer Vorstadt) befindet sich der ausufernde **Zentralmarkt**.

**GEGENÜBER** Das wiederaufgebaute Schwarzhäupterhaus.

**UNTEN** Ungemütliches Wetter in einer Altstadtstraße.

Mehr als 1000 Händler bieten in fünf riesigen Hallen ihre Waren an, und weitere, eher improvisierte Stände schließen sich rings um den eigentlichen Markt an. Die Verkaufsstände sind mehr oder minder nach Warenangebot sortiert, und ein Gang durch die bunten Reihen lohnt sich allemal, auch wenn Sie nichts kaufen wollen – obwohl es schade wäre, ohne einen Laib des berühmten lettischen Rupjmaize-Schwarzbrots nach Hause zu fahren. Hier gibt es alles vom frischen Bauernkäse über Zitronengras bis hin zu Schweineschnauzen. Die Händler vor den Hallen bieten Lederwaren, DVDs dubioser Herkunft und frisch gesammelte Pilze feil.

**OBEN** Riga liegt an der Mündung der Düna und ist seit dem Mittelalter eine bedeutende Stadt des Baltikums.

**GEGENÜBER** Bernstein, das Gold der Ostsee, wird an einem Stand in der Rigaer Altstadt Vecriga als Ketten, Armbänder, Ringe oder anderer Schmuck angeboten.

## BASICS

Vom Flughafen nehmen Sie das Taxi in die Innenstadt. Dort ist alles zu Fuß zu erreichen.

**Hotel Bergs**
Elizabetes iela 83/85
+371 6 777 0900
hotelbergs.lv
€€
*Schickes Boutiquehotel aus dem 19. Jahrhundert in einer Fußgängerzone.*

**Radisson Blu Elizabete Hotel**
Elizabetes iela 55
+371 6 777 2222
radissonblu.com/latvijahotel-riga
€€
*Früher sowjetisches Intourist-Hotel, heute saniert und luxuriös.*

**Europa Royale**
Kr. Barona 12
+371 6 707 9444
groupeuropa.com
€
*Renoviertes ehemaliges Herrenhaus eines Industriellen mit komfortablen Zimmern und freundlichem Service.*

Alberta iela
Vincents · 9
7
ELIZABETES IELA
Riga
KRONVALDA-PARK
KRONVALDA BULVARIS
Taka Spa · 5
ESPLANADE
ELIZABETES IELA
Akhtamar · 3
Galerija Istaba · 4
LACPLESA IELA
RAINA BULVARIS
BASTEJKALNS-PARK
KR. VALDEMARA IELA
Radisson Blu Elizabete Hotel
KRISJANA BARONA IELA
Osiris · 6
VECRIGA (ALTSTADT)
Pilsetas-Kanal
VERMANES-PARK
CENTRA RAJONS
BASTEJA BULVARIS
MERKELA IELA
Hotel Bergs
Doma laukums
SKUNU IELA
Hotel Riga
Europa Royale
Rigaer Dom · 2
RATSLAUKUMS
Petri-kirche
E. BIRZNIEKA UPISA IELA
Okkupations-museum · 1
Schwarzhäupterhaus
8 · Valnu iela
SATEKLES IELA
KUNGU IELA
STRELNIEKU LAUKUMS
AKMENS-BRÜCKE
JANVARI IELA
GOGOLA IELA
LATGALES PRIEKSPILSETA
DZIRNAVU IELA
Düna
10 · Zentral-markt
1/4 Meile
1/2 Kilometer

ESTLAND
Ost-see
RUSS-LAND
Riga
LETTLAND
LITAUEN
WEISS-RUSSLAND

# Vilnius

*Vielleicht sind es die gepflasterten Straßen, die sich durch Vilnius ziehen und eher für Pferde denn für Pferdestärken geeignet scheinen, oder es liegt an der unerwartet historischen Bausubstanz oder den wuchtigen Festungen, die von mittelalterlichen Heldentaten künden. Irgendwie vermittelt die litauische Hauptstadt das Gefühl eines alten, zu neuem Leben erweckten Dioramas, auch wenn die Gegenwart mit dem postkommunistischen Boom und der Finanzkrise 2008 unverkennbar Einzug gehalten hat.* – CLIFFORD J. LEVY

### FREITAG

**1** *Verlaufen* 16 Uhr

Im Labyrinth der **Altstadt** kann man sich leicht verlaufen, was aber gar nicht das Schlechteste ist, gehört die Altstadt von Vilnius mit ihren engen Gassen und prächtigen Fassaden doch zu den schönsten und größten in ganz Europa. Die Stadt bietet einen faszinierenden Architekturmischmasch von gotisch bis klassizistisch und eine der weltgrößten Ansammlungen von Barockbauten. Egal welcher Stil – alles ist schön anzusehen, ob Sie nun mit einem Architekturführer durch die Straßen gehen oder einfach der Nase nach herumschlendern.

**2** *Sauerrahm* 19 Uhr

In Vilnius hat sich eine vielseitige Gastrokultur von der griechischen bis zur chinesischen Küche entwickelt. Aber als Erstes probieren Sie es mit litauisch. Im **Forto Dvaras** (Pilies gatve 16; +370 6 561 36 88; fortodvaras.lt; €) finden Sie so etwas wie einen litauischen kulinarischen Themenpark: rustikale Möbel, Personal in Nationaltracht und eine Speisekarte mit Blini und Riesenklößen namens Zeppelin. Das Essen schmeckt lecker, besonders mit einem zusätzlichen Schlag Sauerrahm, die Portionen sind nicht zu groß, und die Rechnung schont den Geldbeutel.

**3** *Neue Freunde* 21 Uhr

Vilnius hat ein reges Nachtleben. Überall in den Bars und Eckkneipen auf dem Weg ins etwas schickere **Cozy** (Dominikonu gatve 10; +370 5 261 11 37;

cozy.lt), einem beliebten Treffpunkt, wo am Wochenende auch ein DJ auflegt, trinkt man Bier und snackt dazu traditionell Schweineohrstreifen.

### SAMSTAG

**4** *Türme und Spitzen* 10 Uhr

In der Altstadt stehen Dutzende jahrhundertealter Kirchen. Heute zieht es die meisten Pilger zur **Kathedrale**, nicht nur um sonntags zu beten, sondern auch um auf dem gemütlichen, großen Platz davor zu verweilen. Die Kathedrale selbst wurde mehrfach umgebaut und hat eine klassizistische Fassade, nur im Innern sind noch Teile aus dem 15. Jahrhundert erhalten. Direkt daneben steht separat der imposante, 55 m hohe Glockenturm. Ganz anders ist die **St.-Annen-Kirche**, die so ungewöhnlich und aufregend daherkommt, wie ein gotischer Bau sein kann. Werfen Sie einfach einen Blick hinein. Die Fassade besteht aus 33 Backsteinarten, und die filigranen Türme sehen aus, als ob man einen Baumeister mit einem Maurer-Legoset losgelassen hätte. Auf ganz andere Art beeindruckend ist das **Tor der Morgenröte**. Der Wehrturm am Ende einer schmalen Straße diente einst als Teil der Stadtbefestigung und wurde später in eine kleine Kapelle für eine Ikone umfunktioniert, die seit Langem schon das Ziel zahlloser Pilger ist, darunter auch Papst Johannes Paul II.

**GEGENÜBER UND RECHTS** Die dem heiligen Stanislaus geweihte Kathedrale von Vilnius. Die Altstadt bietet ein Panoptikum von Gotik über Barock bis Klassizismus.

**5** *Shoppen* 11 Uhr

Über Kopfsteinpflaster geht es auf der **Pilies gatve** von Boutique zu Boutique. Viele Geschäfte bieten Kunsthandwerk und Folklore. Es gibt Bernsteinschmuck und aus Holz gearbeitete Schüsseln. Nicht weit entfernt liegt der schöne Campus der 1579 gegründeten **Universität von Vilnius** (Universiteto gatve). Teile des Gebäudekomplexes sind mit Fresken und reichem Ornament geschmückt.

**6** *Litauischer Mittagstisch* 13 Uhr

Ein günstiges Mittagessen gibt es bei **Busi Trecias** (Totoriu gatve 18; +370 5 231 2698; busitrecias.lt; €), einer gemütlichen Bierkneipe, die Bratkartoffeln mit Speck, Pilzen und Sauerrahm anbietet. Das schmeckt

nicht nur lecker, sondern ist auch ein perfektes Anti-Kater-Mittel – für den Fall, dass Sie gestern Abend dem herrlichen Dunkelbier zu sehr zugesprochen haben.

**7** *Geschichtliches* 14 Uhr

Wie die mal ruhmreiche, mal tragische Geschichte Litauens in Kultur und Kunst verarbeitet wurde, erfahren Sie im **Nationalmuseum** (Arsenalo gatve 1; +370 5 262 9426; lnm.lt), vor dem ein Standbild des einzigen litauischen Königs zu sehen ist. Das Museum selbst bietet eine gut aufbereitete Dauer- und interessante Wechselausstellungen.

**8** *Gestärkter Blick* 16 Uhr

Folgen Sie dem Weg hinauf zum **Oberen Schlossmuseum** (Arsenalo gatve 5; +370 5 261 7453; lnm.lt). Dort ist der Gediminasturm ebenfalls Teil des Nationalmuseums und der einzige Überrest einer Burganlage aus dem 13. Jahrhundert, wo man von der Aussichtsplattform einen fantastischen Blick über die ganze Stadt hat. In ihm sind mittelalterliche Waffen

**OBEN** Alte und neue Türme: der Fernsehturm hoch über der Stadt und der Glockenturm der Kathedrale von Vilnius.

**LINKS** Auf der Pilies gatve nahe dem Universitätsgelände.

**GEGENÜBER** Das Tor der Morgenröte, das Osttor der einstigen Stadtbefestigung, wurde zu einer Kapelle umfunktioniert.

ausgestellt. Wer den Burgberg nicht zu Fuß erklimmen will, kann die Seilbahn nutzen.

**9** *Gutes Essen* 20 Uhr

Im Restaurant des Grotthuss Hotel (Ligonines 7; +370 5 266 0322; grotthusshotel.com; €€€), **La Pergola**, sitzt man bei feiner Tischwäsche und Kerzenschein sehr schön und speist hervorragend. Die Karte enthält litauische Speisen ebenso wie international inspirierte Gerichte.

### SONNTAG

**10** *Dunkle Vergangenheit* 10 Uhr

In Vilnius sind immer noch Spuren einer leidvollen Geschichte zu sehen. Das **Museum der Opfer des Genozids** (Auku gatve 2A; +370 5 249 8156; genocid.lt) ist in einem ehemaligen Gefängnis des Sowjet-Geheimdienstes untergebracht, wo litauische Nationa-

listen und Dissidenten inhaftiert, gefoltert und getötet wurden. Die Zellen sind noch erhalten und können besichtigt werden. Das **Holocaustmuseum** (Pamenkalnio gatve 12; +370 5 262 0730; jmuseum.lt) zeichnet anhand von Augenzeugenberichten und Originaldokumenten die Geschichte der jüdischen Gemeinde der Stadt nach. Karten und Fotografien der zwei Gettos der Stadt zeigen, wie wenig sich das Stadtbild verändert hat, und so manches idyllische Tor war zu jener Zeit mit Stacheldraht überzogen. Auch in größeren Holocaustmuseen mag es vergleichbare Ausstellungen geben, aber all dies zu erfahren, nachdem man selbst durch die Straßen ging, ist besonders intensiv.

## BASICS

Es gibt internationale Zug- und Flugverbindungen nach Vilnius.

**Mabre Residence Hotel**
Maironio gatve 13
+370 5 212 2087
mabre.lt
€
*Außerhalb der Altstadt in einem umgebauten ehemaligen Kloster.*

**Shakespeare Boutique Hotel**
Bernardinu gatve 8/8
+370 5 266 5885
shakespeare.lt
€€
*Hübsches Hotel in der Altstadt mit Zimmern, deren Einrichtung von berühmten Autoren inspiriert ist.*

Neris

**Vilnius**

**10** Museum der Opfer des Genozids

Nationalmuseum **7**

PAMENKALNIO GAT.

Kathedrale **4**

**8** Oberes Schlossmuseum/ Gediminasturm

Altstadt

Busi Trecias **6**

Forto Dvaras

**1**

Holocaust-museum

TOTORIU GATVE

**2**

Shakespeare Boutique Hotel

St.-Annen-Kirche

Universität von Vilnius

PYLIMO GATVE

Cozy **3**

DOMINIKONU GATVE

Mabre Residence Hotel

**5**

Pilies gatve

MINDAUGO GATVE

LIGONINES GATVE

La Pergola/ Grotthuss Hotel **9**

BAZILIJONU GATVE

1/4 Meile

1/2 Kilometer

Tor der Morgenröte

Ost-see

ESTLAND

RUSS-LAND

LETTLAND

LITAUEN

**Vilnius**

RUSS.

POLEN

WEISS-RUSSLAND

# Moskau

*In den Jahren nach der Perestroika war Moskau außer Rand und Band. Die von der Sowjetherrschaft befreiten Moskowiter stürzten sich kopfüber ins Leben, ohne an morgen zu denken. Doch die 2008 einsetzende globale Wirtschaftskrise bremste auch den russischen Aufschwung und sorgte selbst in Moskau, wo Bescheidenheit bis dahin kaum als Tugend galt, für ein Innehalten, ja sogar Ernüchterung. Freunde hautenger Lederhosen oder getigerter Hotpants müssen diese trotzdem nicht zu Hause lassen, doch wer einen etwas anspruchsvolleren Geschmack hat, kann in Moskau durchaus auch dezenteren Schick erleben – und natürlich die weiterhin große russische Leidenschaft für die Kunst.* – MICHAEL SCHWIRTZ UND STEVEN LEE MYERS

### FREITAG

**1** *Schokoladenfabrik* 16 Uhr

Der rote Ziegelbau aus dem 19. Jahrhundert auf einer Flussinsel gegenüber dem Kreml war einst Heimat der Schokoladenfabrik **Krasnyj Oktjabr**. Heute ist dort ein Szenetreff mit Galerien, Vortragssälen und Cafés. Sehenswert ist vor allem die Galerie **Lumiere Brothers Center of Photography** (Bolotnaja Nabereschnaja 3, Gebäude 1; +7 495 228 9878; lumiere.ru), eine der wenigen Institutionen, die sich dem Erhalt und der Erforschung sowjetischer und russischer Fotografie widmet.

**2** *Das alte Moskau* 18 Uhr

Gehen Sie, wenn es nicht zu kalt ist, über die **Patriarchenbrücke**, von wo man eine schöne Aussicht auf den Kreml hat. Die unzähligen Vorhängeschlösser werden übrigens nach russischem Brauch von Jungvermählten hier angebracht. Die **Christ-Erlöser-Kathedrale** mit den goldenen Zwiebeltürmchen wurde nach ihrer Zerstörung unter Stalin in den 1990ern originalgetreu wieder aufgebaut. Ein Quäntchen vorrevolutionäres Russland gibt's im **Kwartira 44** (Bolschaja Nikitskaja 22/2; +7 495 691 7503; kv44.ru/

**GEGENÜBER** Die im 16. Jahrhundert von Ivan dem Schrecklichen erbaute Basilius-Kathedrale.

**RECHTS** Die Patriarchenbrücke mit der Christ-Erlöser-Kathedrale, einem originalgetreuen Nachbau der unter Stalin niedergerissenen Kirche.

bolshaya-nikitskaya.html), einem Künstlertreff mit moderaten Preisen. In der Pianobar im obersten Stockwerk tobt ab Mitternacht das Leben. Wer keinen Tisch bekommt, wechselt ins **Majak** (Bolschaja Nikitskaja 19/13; +7 495 691 7449; clubmayak.ru) gegenüber, das der gleichen Familie gehört.

**3** *Glamour und Boheme* 21 Uhr

Zurück zur Schokoladenfabrik auf die Insel. Dort, in der **Strelka Bar** (Bersenewskaja Nabereschnaja 14, Gebäude 5A; +7 495 771 7416; strelkainstitute.com; €€€–€€€€), trifft Moskaus Schickeria auf die alternative Kulturszene, die nach einem Filmabend oder einer Lesung auf dem Gelände des Strelka Instituts in die Bar strömt. Auf der vielseitigen Speisekarte stehen Borscht aus Entenbrühe, Heilbutt mit grünem Curry und Edamame und Desserts wie Pavlova mit Beeren.

**4** *Strenge Türsteher* 24 Uhr

Das echte Moskauer Nachtleben beginnt erst deutlich nach Mitternacht, und richtig interessant wird es noch später. Wer sparen will, bleibt im Strelka, wo bis in die Morgenstunden ein DJ auflegt sowie gut gekleidete Partygänger ein- und ausgehen. Strelka hat seiner Umgebung einen neuen Glanz verliehen. In seinem Schatten sind neue Klubs, Bars und erstklassige Restaurants entstanden. Wer es exklusiver mag, geht hinüber zum **Club Icon** (Bolotnaja

rade en vogue ist, gelangweilte Töchter, Ehefrauen und Geliebte mit einer eigenen Galerie bei Laune zu halten. **Garage** (+7 495 645 0520; garageccc.com), ein gemeinnütziges Kulturzentrum im Gorki-Park, umfasst eine der raren Galerien für Gegenwartskunst, und zwar eine der coolsten. Etabliertere Kunst ist im **Puschkin Museum der bildenden Künste** und der **Kunstgalerie europäischer und amerikanischer Malerei** (Uliza Wolchonka 14; +7 495 697 1546; arts-museum. ru) zu sehen, die zum Museum gehört und dessen berühmte (Post-)Impressionisten-Sammlung beherbergt – Monet, Cézanne, Picasso, Matisse und andere weltbekannte Künstler, wohin man nur schaut.

Naberschnaja 9; +7 495 256 4944; iconclub.ru) auf der anderen Seite der Insel und hofft, an den strengen Türstehern vorbeizukommen. (Tipp: Lassen Sie über Ihre Hotelrezeption reservieren.) Nach dem Einlass müssen Sie eine Guthabenkarte erwerben, mit der Sie dann Drinks kaufen können. In verschiedenen Sälen und 36 VIP-Loungen haben bis zu 2500 Besucher Platz, die zu R&B, Techno oder je nach Publikumswunsch von den DJs aufgelegter Musik tanzen.

### SAMSTAG

**5** *Oligarchen und Impressionisten* 11.30 Uhr
Moskauer Kunstfreunde können sich glücklich schätzen, dass es unter Russlands Milliardären ge-

**6** *Eislaufen auf dem Roten Platz* 15 Uhr
Folgen Sie bei warmem Wetter den Stimmen der Sänger, die in der Neuen Oper im **Eremitage-Garten**, einem hübschen Park mit gusseisernen Pavillons und Cafés, proben. Hier trifft man die Moskauer, die nicht auf ihrer Datscha sind. Außerdem finden hier häufig Freiluftkonzerte statt. Im Winter schließen die Caféterrassen, und überall in der Stadt öffnen Eisbahnen.

**GANZ OBEN** Eine kulinarische Karte Georgiens im Café Chatschapuri.

**OBEN** Das Ritz-Carlton gehört in Moskau, der Stadt der teuren Hotels, zum obersten Preissegment. Von dieser Luxus-Suite aus blickt man auf den Roten Platz.

Besonders schön ist die auf dem **Roten Platz** mit Blick auf Russlands berühmtestes Wahrzeichen. Aufwärmen kann man sich bei einem Drink in der **O₂ Lounge** (Twerskaja Uliza 3; +7 495 225 8888; ritzcarlton.com/moscow) hoch oben im Ritz-Carlton mit spektakulärer Aussicht auf den Kreml und den im Dunkeln beleuchteten Roten Platz.

**7** *Georgisch speisen* 18 Uhr

Trotz des Georgien-Kriegs im Jahr 2008 ist die georgische Küche mit ihrem Käsegebäck und den scharfen Grill- und Suppenspezialitäten in Russland sehr beliebt. Perfekte Schaschliks serviert das **DschonDscholi** (Twerskaja Uliza 20/1; +7 495 730 1013; €€€), ein gemütliches Restaurant mit großer Terrasse. Chatschapuri, mit Käse überbackenes Fladenbrot, gibt's im **Chatschapuri** (Bolschoj Gnesdnikowskij Pereulok 10; +7 985 764 3118; hacha.ru; €€€), einem hübschen Café mit überwiegend georgischem Personal und einem Pianospieler. Oder Sie bestellen in einem der beiden Restaurants ein komplettes georgisches Menü mit dem dazu passenden georgischen Wein.

**8** *Neues Bolschoi im alten Gewand* 20 Uhr

Wer Ballett liebt, ist in Moskau richtig. Wer zweifelt, wird das nach einem Ballettabend im **Bolschoi-Theater** (Teatralnaja Ploschad 1; +7 495 455 5555; bolshoi.ru) vermutlich nicht mehr tun. Die Vorstel-

lungen sind einzigartig, die Tänzer unglaublich athletisch, die rot-goldene Ausstattung des vor einigen Jahren renovierten Theaters atemberaubend. Sechs Jahre dauerte es, die Veränderungen aus der kommunistischen Ära rückgängig zu machen und alle Hammer-und-Sichel-Symbole gegen zaristische Adler auszutauschen. Seit 2011 sieht das Bolschoi wieder so aus wie im 19. Jahrhundert, als die Zaren hier ein- und ausgingen. Eintrittskarten unbedingt im Voraus reservieren.

**OBEN** Dieser dampfende Pool ist in den Sandunowskije Banji.

**UNTEN** Antiquitäten aus Russlands bäuerlicher Vergangenheit auf dem Ismailowskij-Markt.

## 9 *Badetherapie* 8 Uhr

Die Russen lieben ihre Badehäuser. Beim Besuch im *banja* pflegen sie nicht nur ihren Körper, sondern auch Sozialkontakte. Erst wird im Dampfbad kräftig geschwitzt, dann verschafft ein kaltes Tauchbad Abkühlung. Moskaus berühmtestes *banja* sind die **Sandunowskije Banji** (Neglinnaja Uliza 14; +7 495 782 1808; sanduny.ru) mit getrennten Bereichen für Männer und Frauen, Ersterer in herrlichem Jugendstildekor mit Säulen, Holzschnitzereien und Messingornamenten.

## 10 *Flohmarktkapitalismus* 10.30 Uhr

Der **Flohmarkt am Ismailowskij-Park** unweit des Anwesens, wo Peter der Große einst als kleiner Junge Krieg spielte, stammt aus der Zeit der ersten Flirts der Sowjetunion mit dem Kapitalismus. Ein Bereich hat sich inzwischen ganz auf Touristen eingestellt – mit Matroschkas, Lackschatullen, Kunst, Antiquitäten, Teppichen und derlei mehr. Der Markt ist an der Ismailowskoje Schosse 73. Ausgeschildert ist hier aber nichts: Folgen Sie von der Metrostation Partisanskaja aus einfach den Massen.

**OBEN** Die berühmten russischen Matroschkas an einem Stand auf dem Ismailowskij-Markt.

**GEGENÜBER** Doubles von Leonid Breschnew, Josef Stalin und Wladimir Putin warten auf Touristen und deren Rubel.

## BASICS

Mit dem dichten und gut funktionierenden Moskauer Metronetz erreichen Sie problemlos alle wichtigen Sehenswürdigkeiten.

**Ritz-Carlton**
Twerskaja Uliza 3
+7 495 225 8888
ritzcarlton.com/moscow
€€€€
*Eines der teuersten Hotels in Moskau, das nur einen Steinwurf vom Kreml entfernt ist.*

**Golden Apple Boutique Hotel**
Malaja Dmitrowka 11
+7 495 980 7000
goldenapple.ru
€€€
*Boutiquehotel in guter Lage.*

**Godzillas Hostel**
Bolschaja Karetnaja Uliza 6
+7 495 699 4223
godzillashostel.com
€
*Eine der wenigen Unterkünfte für weniger zahlungskräftige Reisende.*

MALAJA DMITROWKA
Eremitage-Garten
6
BOLSCHAJA KARETNAJA ULIZA
Godzillas Hostel
GARTENRING
1/2 Meile
1 Kilometer
Golden Apple Boutique Hotel
7 DschonDscholi
9 Sandunowskije Banji
Chatschapuri
TWERSKAJA ULIZA
NEGLINAJA ULIZA
8 Bolschoi-Theater
TEATRALNAJA PLOSCHAD
BOULEVARDRING
Kwartira 44
Majak
O₂ Lounge/Ritz-Carlton
Kursker Bahnhof
BOLSCHAJA NIKITSKAJA
Roter Platz
**Moskau**
Kreml
Jausa
Puschkin-Museum
1 Krasnyj Oktjabr
Christ-Erlöser-Kathedrale
2 Patriarchenbrücke
Strelka Bar
3
BOLOTNAJA NABERESCHNAJA
BERSENEWSKAJA NABERESCHNAJA
4 Club Icon
Lumiere Brothers Center of Photography
Moskwa
5 Garage
**Moskau**
2 Meilen
3 Kilometer
Ismailowskij-Markt 10
Detail
RUSSLAND

# Weiße Nächte in St. Petersburg

*In St. Petersburg, einst Stadt der Zaren, geht die Sonne von Mai bis Ende Juli rund 80 Tage lang fast nicht unter. Diese „Weißen Nächte" feiert man hier schon seit Gründung der Stadt durch Peter den Großen im frühen 18. Jahrhundert, doch im 20. Jahrhundert machten Kriege, Revolution und Sowjetmacht dem vorübergehend ein Ende. Inzwischen jedoch haben die Weißen Nächte sich ihre Spitzenposition in der Petersburger Kultur- und Partyagenda zurückerobert und sind zu einem Markenzeichen der Stadt geworden. Alljährlich machen amüsierfreudige ausländische Besucher, reiche russische Touristen sowie Angehörige der zunehmend mobilen russischen Mittelklasse buchstäblich die Nacht zum Tag.* – JOSHUA HAMMER UND CLIFFORD J. LEVY

## FREITAG

**1** *Wo die Zaren residierten* 15 Uhr

St. Petersburg wurde auf einem ehemaligen Sumpfgebiet mit über 100 Inseln in einem Meer von Flüssen, Bächen und Kanälen, die an der Newa-Mündung in die Ostsee flossen, erbaut. Die Newa teilt die Stadt in zwei Hälften. Die berühmtesten Sehenswürdigkeiten befinden sich im südlichen Teil, das an Venedig oder Amsterdam erinnert. Der nördliche Teil besteht aus diversen Inseln. Es gibt zwar Brücken zu den Inseln, doch für Ihren ersten Inselbesuch sollten Sie die Metro nehmen. Steigen Sie an der Petrogradskaja aus, um die **Peter-und-Paul-Festung** (+7 812 230 64 31; spbmuseum.ru) auf der Sajatschi-Insel, dem ältesten Teil der Stadt, zu besichtigen. Neben vielen Museen ist hier auch die herrliche, ein wenig unheimliche **Peter-und-Paul-Kathedrale**, in der mehrere Zaren begraben wurden. Auch der letzte Zar Nikolaus II. liegt hier.

**2** *Speisen wie Dostojewski* 17.30 Uhr

Nehmen Sie für den Rückweg ins Zentrum die Troizkij-Brücke über die Newa und genießen Sie von dort die Aussicht auf die Stadt. Weiter geht es durch das Marsfeld, einen Park mit ewiger Flamme und Kriegerdenkmal, das Brautpaare häufig am Tag ihrer Hochzeit besuchen. Von hier aus sieht man die bunten Zwiebeltürme der **Auferstehungskirche** (Konjuschennaja Ploschad; +7 812 315 1636; eng.cathedral.ru/spasa_na_krovi). Stärken Sie sich vor dem Theaterbesuch mit einem Mahl nebst Wodka im beliebten Café **The Idiot** (Nabereschnaja Reki Moiki 82; +7 812 946 5173; €€), das als Hommage an Dostojewski nach seinem gleichnamigen Roman (einem seiner düstersten) benannt und im Stile einer Wohnung seiner Zeit eingerichtet ist. Exzellente russische und vegetarische Küche.

**3** *Mariinski-Manie* 19 Uhr

Häufig strömen zu den Opern- und Ballettvorstellungen im **Mariinski-Theater** (Teatralnaja Ploschad 1; +7 812 326 4141; mariinsky.ru), dem ehemaligen Kirow-Theater, so viele junge Menschen wie zu einem Rockkonzert – mit der entsprechenden Begeisterung: In den Pausen ist nur die Aufführung Thema, und alle drängeln sich um die Verkaufsstände, um eine Autogrammkarte oder ein Foto ihres Lieblingsstars zu erstehen. Das Niveau der Vorstellungen ist Weltklasse, und beim Kulturfestival „Weiße Nächte" von Mai bis Juli spielt das Theater eine Hauptrolle. Eintrittskarten also unbedingt vorher kaufen.

**GEGENÜBER** Blick auf den Gribojedow-Kanal. Die Brückenseile werden von Statuen gehalten.

**UNTEN** Landwirtschaftliche Erzeugnisse, Gewürze und Honig gibt es auf dem Kusnetschnyj-Markt im Überfluss. In diesen Behältern sind Trockenfrüchte.

#### 4 *Romantische Flussfahrt* 24 Uhr

Es ist Mitternacht und noch immer hell. Zeit für einen Ausflug auf dem Wasser. Mischen Sie sich unter die Nachtschwärmer auf dem prachtvollen Newskij Prospekt, um am **Fontanka-** oder **Moika-Kanal** ein Ausflugsboot zu entern. Unter den niedrigen Kanalbrücken hindurch geht es hinaus auf die Newa, und St. Petersburg breitet sich im Schein der orange-, rosa- und lilafarbenen Wolken am Horizont

**OBEN** Das Hochklappen der Newa-Brücken um 2 Uhr nachts lockt während der Weißen Nächte viele Zuschauer an.

**UNTEN** Nächtlicher Ausritt über den Newskij Prospekt, wo am Tage das Leben pulsiert.

vor Ihnen aus. Die goldenen Kirchturmspitzen der Peter-und-Paul-Kathedrale funkeln im Sonnenuntergang, und die Meeresluft weht Ihnen mit einer kräftigen Diesel-Note um die Nase.

**SAMSTAG**

#### 5 *Bootsfahrt zu den Wasserspielen* 11 Uhr

Heute Morgen stehen Glanz oder Dekadenz (je nachdem, wie man es sieht) der Zaren auf dem Programm. Die französischen Könige vergnügten sich einst auf dem Lande in Versailles, die russischen Herrscher hatten **Peterhof** (Raswodnaja 2; +7 812 450 5652; peterhofmuseum.ru), einen Palastkomplex aus dem 18. Jahrhundert im Westen der Stadt. Peterhof ist berühmt für seine Wasserspiele. Am angenehmsten und schönsten ist die Anfahrt mit dem Tragflügelboot. Im Sommer legen regelmäßig Boote an der Eremitage, am Universitätsufer und am Senatsplatz ab.

### 6 *Bilderflut* 15 Uhr

Um die ganze **Eremitage** (Dworzowaja Ploschad 2 oder Palastplatz; +7 812 571 3465; hermitagemuseum.org) zu erkunden, reicht auch ein Wochenende nicht, aber schon ein nachmittäglicher Besuch garantiert exquisiten Kunstgenuss. Alles fing an mit der riesigen Kunstsammlung von Katharina der Großen, die fortan beständig erweitert wurde – im Zweiten Weltkrieg etwa durch die Beutekunst, die die Rote Armee (als Ausgleich für die umfangreichen Kunstraubzüge der Nazis) mit nach Hause brachte. Die Sammlung reicht von Werken aus dem alten Ägypten bis zur Kunst des 20. Jahrhunderts. In diesem Meer der Meisterwerke erfreuen sich die Impressionisten besonderer Beliebtheit.

### 7 *Russisches Italien* 21 Uhr

Die Sonne scheint noch immer, also stärken Sie sich mit einem zwanglosen Dinner im **Probka/Il Grappolo** (Dobroljubowa Prospekt 6; +7 812 918 6910; probka.org; €€), einem Restaurant mit moderner Weinbar, für einen langen Abend. Auf der Weinkarte stehen rote und weiße Spitzenweine aus über einem Dutzend Ländern, gekocht wird italienisch und europäisch. Empfehlenswert sind die Pizzen und Pastagerichte wie Tagliatelle mit Hase oder schwarze Taglioline mit rotem Kaviar.

**OBEN** Probe im Mariinski-Theater.

### 8 *Bad in der Menge* 23 Uhr

Flanieren Sie am **Moika-Kanal** entlang durch die „Weiße Nacht" und lassen Sie sich mit der Menge vorbei an Krimskramsläden, Theatern und Ethnorestaurants über den Newskij Prospekt treiben. Dann geht es über den Palastplatz zur Plaza an der Newa gegenüber der Wassilij-Insel. Dort und entlang des Ufers wimmelt es von Menschen, dazwischen finden Sie Eis- und Hotdog-Stände, Straßentheater und Jam-Sessions. Wenn die Sonne verschwindet (an den längsten Tagen um Mittsommer gehen Sonnenunter- und -aufgang ineinander über), wird überall in der Stadt weitergefeiert. Die Nacht- und privaten Beachklubs sind bis mindestens 6 Uhr geöffnet.

### 9 *Brückenparty* 2 Uhr

Nachts um 2 Uhr werden die vier großen, allesamt beleuchteten Zugbrücken über der Newa hochgeklappt, um Lastkähne und andere große Schiffe passieren zu lassen – und das natürlich nicht nur zu den „Weißen Nächten". Doch das warme Wetter und das besondere Licht in dieser Zeit machen das Ganze zu einem beliebten Spektakel. An den beiden Ufern versammeln sich erwartungsfrohe Menschenmassen, um zu beobachten, wie sich die Brücken nacheinander im 15-Minuten-Takt öffnen. Die elegante Aufwärtsbewegung, die perfekt anmutende Synchronität, die herrliche Beleuchtung und die Lichtreflexe auf dem Wasser wirken beinahe magisch.

Der Verkehr hält kurz inne, die Zuschauer an den Ufern verfolgen gebannt das Schauspiel, und die vom Finnischen Meerbusen einfahrenden Schiffe kommen langsam in Sicht.

### SONNTAG

**10** *Honig und Gewürze* 12 Uhr

Russland war einst ein Großreich, was auf dem **Kusnetschnyj-Markt** (Kusnetschnyj Pereulok 3), wo sich Obst, Gemüse und Gewürze aus den früheren Sowjetrepubliken in Zentralasien und dem Kaukasus türmen, immer noch zu sehen ist. Hier kann man sich mit eigenen Augen davon überzeugen, dass Lebensmittelknappheit im heutigen Russland kein Thema mehr ist. Und wer einmal den hier angebotenen frischen Honig probiert hat, wird vermutlich nie mehr Freude an der Einheitsware aus dem Supermarkt haben.

**OBEN** Entschädigung für den langen russischen Winter: „Weiße Nächte" am Newa-Ufer.

**GEGENÜBER** Die Peter-und-Paul-Kathedrale in der Peter-und-Paul-Festung.

---

### BASICS

Ankunft am Flughafen Pulkowo oder vierstündige Anreise mit dem Hochgeschwindigkeitszug aus Moskau.

**Grand Hotel Europe**
Newskij Prospekt 1/7
Michailowskaja
+7 812 329 6000
grandhoteleurope.com
€€€€
*Hier waren schon diverse europäische Monarchen, Tschaikowski und Luciano Pavarotti zu Gast.*

**Renaissance St. Petersburg Baltic Hotel**
Potschtamtskaja 4
+7 812 380 4011
marriott.com
€€€€
*Liegt neben der Isaakskathedrale.*

**Petro Palace**
Malaja Morskaja 14
+7 812 571 3006
petropalacehotel.com
€€
*Gutes Hotel der mittleren Preisklasse.*

**St. Petersburg**

1/2 Meile
1 Kilometer

Peter-und-Paul-Kathedrale
SAJATSCHI-INSEL
Kleine Newa
PROSPEKT DOBROLYUBOVA
Probka/Il Grappolo **7**
WASSILIJ-INSEL
TROIZKIJ-BRÜCKE
**9** Newa
**1** Peter-und-Paul-Festung
Eremitage **6**
MARS-FELD
PALAST-PLATZ
**2** Auferstehungskirche
Renaissance St. Petersburg Baltic Hotel
Petro Palace
Grand Hotel Europe
NEWSKIJ PROSPEKT
The Idiot
Fontanka-Kanal **4**
**8** Moika-Kanal
**3** Mariinski-Theater
TEATRALNAJA PLOSCHAD
**10** Kusnetschnyj-Markt

FIN.
Ostsee
EST.
LET.
LIT.
WEISS.
**St. Petersburg**
RUSSLAND
Moskau

KRESTOWSKIJ-INSEL
WASSILIJ-INSEL
**Detail**
Newa

**5** Peterhof
Finnischer Meerbusen
RUSSLAND
2 Meilen
3 Kilometer
FLUGHAFEN PULKOWO

# St. Petersburg im Winter

*Am kalten russischen Winter ist schon so mancher Kriegsherr gescheitert – allen voran Napoleon und Hitler –, doch den Reisenden sollte er nicht schrecken. Wer sich im Winter, insbesondere um die Weihnachtszeit, nach St. Petersburg wagt, erlebt eine Stadt im Lichterglanz: die breiten Prachtstraßen, eleganten Brücken und gewundenen Kanäle sind ebenso wie die schneebedeckten Parks die ganze Nacht beleuchtet. Und in ihrem kulturellen Reichtum steht sie Paris, Wien, London und Rom in nichts nach. Am faszinierendsten aber ist wohl zu jeder Jahreszeit die blutige und bewegte Geschichte der Stadt, die so allgegenwärtig ist wie der Nebel, der am Vormittag im Schein der Wintersonne von den eisbedeckten Straßen aufsteigt.*
– STEVE DOUGHERTY

## FREITAG

**1** *Kaviar auf die Hand* 14.30 Uhr

Wer will, kann das ganze Wochenende von Kaviar leben, ohne sein Geld in den teuren Hotelrestaurants der Stadt zu lassen – und zwar als Belag auf den berühmten russischen Blinis. Die dünnen Pfannkuchen sind in St. Petersburg ein beliebter Imbiss. Die Blinis werden mit saurer Sahne und einem Klecks rotem Kaviar bestrichen und zu mundgerechten Päckchen gefaltet. Die bekannte russische Kette **Teremok** (€) hat diverse Filialen in St. Petersburg, u. a. auf dem Newskij Prospekt 93. Dort gibt's die Blinis nicht nur mit Kaviar, sondern auch mit Zutaten wie Pilzen, Käse und Lachs.

**2** *Zaristischer Lifestyle* 15 Uhr

Es ist Winter, also auf in den riesigen **Winterpalast** (+7 812 710 9079; hermitagemuseum.org), der am Palastplatz einen ganzen Häuserblock einnimmt. Faszinierend sind nicht nur die Sammlungen der Eremitage, sondern auch die pompösen Interieurs: Räume mit Thronen und vergoldeten Schnitzereien,

**GEGENÜBER** Der Katharinenpalast ist etwa 20 km vom Stadtzentrum entfernt.

**RECHTS** Touristen, die den Winter nicht scheuen, erleben St. Petersburg, wie seine Bewohner es kennen: als prächtige, lebenswerte Stadt mit einem gewaltigen kulturellen und historischen Erbe.

eindrucksvolle Treppenaufgänge zu marmornen Säulengängen, Ballsäle und Empfangshallen. Pflichtprogramm für Geschichtsbegeisterte und Tolstoi-Fans ist die Galerie zum Krieg von 1812 mit Porträts von den Helden des Sieges über Napoleon.

**3** *Armenische Spezialitäten* 20 Uhr

Es ist längst dunkel und kalt außerdem. Zeit für das gemütliche Restaurant **Kilikia** (Gorochowaja Uliza 26/40; +7 812 327 2208; €), wo kaukasisch-mediterrane Küche mit einem starken armenischen Einfluss serviert wird. (Kilikien war einst ein armenisches Königreich.) Geheizt wird mithilfe gemauerter Öfen, auf der Speisekarte stehen Fleischspieße, ein köstliches Kartoffelgericht namens Chauma und würziger Tawa-Eintopf.

**4** *Bands und Bunny-Outfit* 22 Uhr

Silvesterstimmung gibt's das ganze Jahr über im **Purga** (Fontanka 11; purga-club.ru), einem lauten Kellerklub, dessen Name „Schneesturm" bedeutet. Rechnen Sie mit Kellnern im Bunny-Outfit, Partygästen im Väterchen-Frost-Kostüm, Barkeepern mit freiem Oberkörper und Gästen, die beim Tanzen Trinklieder grölen. Wer's etwas gesitteter mag, geht in den **Gribojedow Club** (Woroneschskaja 2A; +7 812 764 4355; griboedovclub.ru), wo bekannte DJs und Alternativ-Bands auftreten. Ganz entspannt ist

die Atmosphäre im **JFC Jazz Club** (Schpalernaja 33; +7 812 272 9850; jfc-club.spb.ru), der als beste Adresse für Livejazz in St. Petersburg gilt.

### SAMSTAG

**5** *Blut und Dichtung* 10.15 Uhr

Um diese Zeit warten auf dem Palastplatz Scharen von Schulkindern auf die Öffnung der Eremitage. Beim Petersburger Blutsonntag 1905 allerdings kamen hier Hunderte Bürger, die demokratische Reformen forderten, im Kugelhagel der Palastwache Nikolaus' II. ums Leben. Die anschließenden öffentlichen Unruhen bereiteten den Boden für die Revolution von 1917. Von hier bis zum **Puschkin-Museum** (Nabereschnaja Reki Moiki 12; +7 812 571 3531; museumpushkin.ru) sind es nur fünf Minuten. Der Dichter wird in Russland verehrt wie ein Nationalheld. Sein Bild ziert öffentliche Plätze, Museen und Poster. In diesem Museum kann man die Wohnung besichtigen, in der er lebte und nach einem Duell 1837 im Alter von 37 Jahren starb.

**6** *Nordverbindung* 11.30 Uhr

Die Sibirienausstellung im **Russischen Völkerkundemuseum** (Inschenernaja 4/1; +7 812 570 5421; ethnomuseum.ru) kreist um die Ursprünge der über eine Landbrücke von Russland nach Nordamerika eingewanderten Indianer. Sie illustriert das Leben indigener Völker im äußersten russischen Osten, die noch vor nicht allzu langer Zeit in Zelten lebten, mit Perlen verzierte Tierhäute trugen, mit Pfeil und Bogen jagten, Kanus bauten und auf Rentieren ritten. Nebenan im **Russischen Museum** (+7 812 595 4248; rusmuseum.ru) gibt es russische Kunst von mittelalterlichen Ikonen bis zu Kandinsky. In dem vorgelagerten kleinen Park steht eine Puschkin-Statue.

**7** *Hauptstraße* 13 Uhr

Schlendern Sie über den **Newskij Prospekt**, einen Prachtboulevard mit Geschäften, Bürogebäuden und Palästen. Nach dem Mittagessen geht es weiter in Richtung Newa. Am Gribojedow-Kanal, der sich durch das durch Dostojewski berühmt gewordene Heumarkt-Viertel schlängelt, stoßen Sie auf die **Kasaner Kathedrale**, die dem Petersdom nachempfunden ist. In diesem bedeutenden Gotteshaus war während der Sowjetära das Museum für die Geschichte der Religion und des Atheismus untergebracht. Vor der Kathedrale steht eine überlebensgroße Statue des russischen General Michail Kutusow, der einst Napoleon bezwungen hatte. Tolstoi beschreibt ihn in seinem Roman *Krieg und Frieden* als schläfrigen und einäugigen schlauen Fuchs, der von Freund und Feind unterschätzt wird. Hier allerdings sieht er aus wie ein römischer Kaiser in Heldenpose.

**OBEN** Das herrliche Interieur des im Rokokostil erbauten Katharinenpalasts in Puschkin.

**8** *Erinnerungen an Nabokov* 16 Uhr

Spazieren Sie am Ufer entlang bis zum **Ehernen Reiter**. So nannte einst Puschkin das berühmte Standbild Peters des Großen, und so heißt es bis heute. Von hier aus ist es nicht weit bis zum **Nabokov-Museum** (Bolschaja Morskaja 47; nabokov.museums.spbu.ru), wo Vladimir Nabokov von seiner Geburt im Jahr 1899 bis zur Flucht seiner Familie vor der Oktoberrevolution 1917 lebte. In seiner Autobiografie *Erinnerung, sprich* beschreibt Nabokov dieses Haus. Zu sehen sind von Verwandten aufbewahrte Erinnerungsstücke, darunter Bücher und Teile seiner Schmetterlingssammlung. Nabokov war nicht nur als Schriftsteller berühmt, sondern auch für seine englische Übersetzung von Puschkins Hauptwerk, dem Versepos *Eugen Onegin*.

**9** *Kulturzeit* 19 Uhr

Die Kultursaison ist in vollem Gange, und Sie sind in einer für ihre klassischen Konzerte, Opern und Ballette weltberühmten Stadt. Hören Sie ein Konzert im **Schostakowitsch-Saal der Philharmonie** (Michailowskaja 2; +7 812 312 9871; philharmonia. spb.ru), wo während der deutschen Belagerung im Zweiten Weltkrieg Schostakowitschs Symphonie Nr. 7 uraufgeführt wurde, die im Bombenhagel der Fliegerangriffe entstand. Alternativ können Sie sich auch ein Theaterstück oder ein Ballett in einem der vielen Theater ansehen, etwa im **Mariinski-Theater**,

dem ehemaligen Kirow, im **Michailowski-Theater**, einst das Mussorgski, oder im **Eremitage-Theater**. Wer Russisch kann, sollte ins **Puschkin-Theater** gehen, wo Tschechows *Möwe* bei der Premiere 1896 Furore machte.

**10** *Nach dem Theater* 22 Uhr

**1913** (Vosnesenskij Prospekt 13/2; +7 812 315 5148; en.restaurant-1913.spb.ru; €€–€€€) ist ein gediegenes Restaurant der gehobenen Klasse. Serviert werden

**OBEN** Die weltberühmte Eremitage.

**UNTEN** Der zum Russischen Museum gehörende Michailowski-Palast.

internationale Speisen und russische Spezialitäten wie Stör, Bœuf Stroganoff oder Pelmeni, eine sibirische Ravioli-Variante. Die Weinkarte ist umfangreich und vielseitig.

**SONNTAG**

**11** *Schlittenfahrt* 11 Uhr

Das ultimative russische Wintermärchen kann man rund 20 km südlich der Stadt in der Nähe des

berühmten Katharinenpalasts bei einer Schlittenfahrt (entweder im traditionellen Dreispänner oder im Einspänner) durch den für Katharina die Große angelegten englischen Garten und den **Pawlowsker Park** erleben. Wenn man eingemummelt in eine Decke in dem bunt bemalten Schlitten sitzt und der Fahrer die Peitsche schwingt, wähnt man sich wahrhaft im Tolstoi-Himmel.

**OBEN** Orthodoxe Weihnacht im Russischen Völkerkundemuseum, das den Lebensweisen und Traditionen der zahlreichen indigenen russischen Völker gewidmet ist.

**GEGENÜBER** Der Engel auf der Alexandersäule blickt hinunter auf den Palastplatz.

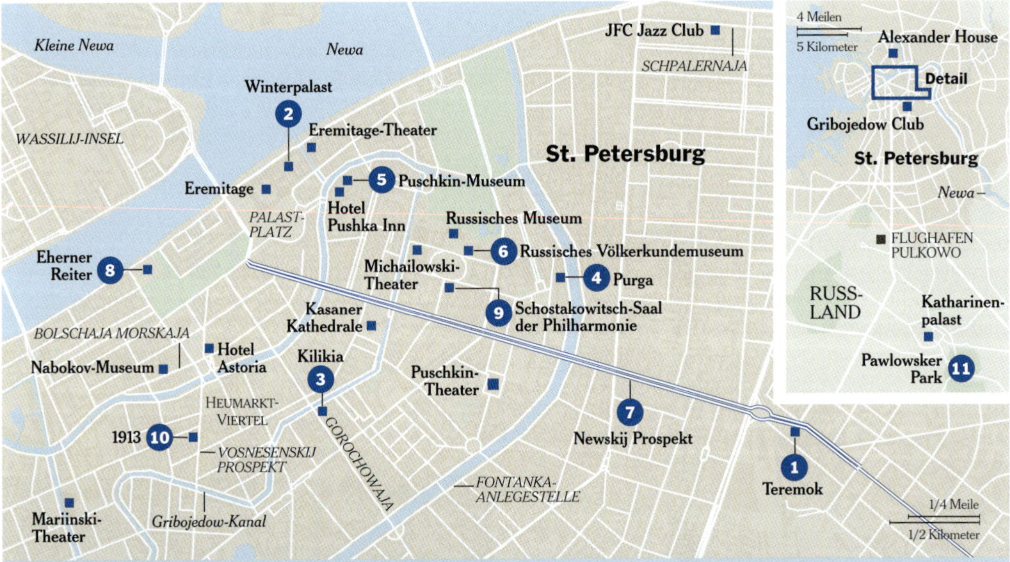

---

Kleine Newa
Newa
WASSILIJ-INSEL
Winterpalast
2
Eremitage-Theater
Eremitage
PALAST-PLATZ
5 Puschkin-Museum
Hotel Pushka Inn
Russisches Museum
Eherner Reiter 8
Michailowski-Theater
6 Russisches Völkerkundemuseum
4 Purga
Kasaner Kathedrale
9 Schostakowitsch-Saal der Philharmonie
BOLSCHAJA MORSKAJA
Hotel Astoria
Kilikia
Nabokov-Museum
3
Puschkin-Theater
HEUMARKT-VIERTEL
1913 10
VOSNESENSKIJ PROSPEKT
GOROCHOWAJA
7
Newskij Prospekt
FONTANKA-ANLEGESTELLE
1
Teremok
Mariinski-Theater
Gribojedow-Kanal

JFC Jazz Club
SCHPALERNAJA
St. Petersburg

4 Meilen
5 Kilometer
Alexander House
Detail
Gribojedew Club
St. Petersburg
Newa
FLUGHAFEN PULKOWO
RUSS-LAND
Katharinen-palast
Pawlowsker Park 11
1/4 Meile
1/2 Kilometer

---

**BASICS**

Bestes Fortbewegungsmittel ist das gut funktionierende U-Bahn-Netz, allerdings braucht man etwas Übung, um sich zurechtzufinden.

**Hotel Astoria**
Bolschaja Morskaja 39
+7 812 494 5757

roccofortehotels.com/hotels-and-resorts/hotel-astoria
€€€€
*Luxushotel, das im Zarenreich erstmals seine Pforten öffnete.*

**Hotel Pushka Inn**
Nabereschnaja Reki Moiki 14
+7 812 644 7120
pushkainn.ru

€€€
*Moderne Zimmer in einem Gebäude aus dem 18. Jahrhundert.*

**Alexander House**
Nabereschnaja Krjukowa Kanala 27
+7 812 334 3540
a-house.ru
€€€
*Gästehaus am Kanalufer.*

# Register

**OUTDOORAKTIVITÄTEN**

# Autoren und Bildnachweis

Yoder, Dave 322, 475 unten, 495, 502, 504, 532, 534, 535

Für alle in diesem Band publizierten Bilder und Texte gilt © *The New York Times*, wenn nicht anders vermerkt. Sollte ein Rechteinhaber nicht berücksichtigt worden sein, wird dies in zukünftigen Ausgaben nachgeholt, wenn der Rechteinhaber den Herausgeber darüber informiert.

## WEITERE BILDNACHWEISE

## KARTEN

# Danksagung

Unser Dank gilt allen Mitarbeitern bei der *New York Times* und bei TASCHEN, die zur Entstehung dieses Buches beigetragen haben.

Besondere Anerkennung haben folgende Mitwirkende verdient: Nazire Ergün sowie von TASCHEN Nina Wiener und Hanna Kirsch; von der *New York Times* Natasha Perkel und Barbara Berasi, deren übersichtlich gezeichnete Karten die Reiserouten verständlich machen; Phyllis Collazo und Evan Sklar, die Bildredakteure bei der *New York Times*, und Olimpia Zagnoli, deren Zeichnungen die einzelnen Artikel und die Kapitelanfänge illustrieren.

Die Umwandlung der Zeitungsartikel in Buchform gewährleisteten bei TASCHEN: die Artdirektoren Josh Baker und Marco Zivny sowie Philipp Sendner, Herstellung, und Doug Adrianson, Craig B. Gaines, Rick Landers, Jennifer Patrick, Eric Schwartau, Anne Sauvadet, Susan Tudor und Sarah Wrigley. Florence Stickney und John Stickney lektorierten und aktualisierten die Texte. Die Überprüfung der Fakten für die aktuelle Ausgabe wurde von Evelyn Hartmann, Vasanthi Kuppuswamy, Geert Lemmens, Locteam of Barcelona, Halina Risse, Aija Soininen, Manolis Tsipos, Somnur Vardar und Ekaterina Werzeiser übernommen. Bei der *New York Times* kümmerte sich Heidi Giovine in kritischen Momenten um die Produktion. Anerkennung gebührt aber auch all jenen, die bereits viel früher an diesen Artikeln gearbeitet haben. Dieses Buch verdankt seine Entstehung vielen Autoren, Redakteuren, Fotografen und Mitarbeitern bei der *New York Times*. Ihre Unterstützung und Beiträge für die wöchentliche Kolumne *36 Hours* ließen über die Jahre ein umfangreiches Archiv anwachsen.

Wir danken den Autoren und Fotografen, deren Arbeiten in diesem Buch erscheinen, sowohl jenen von der *New York Times* wie auch freiberuflichen Mitarbeitern.

Überdies wirkt seit jeher ein Heer von Redakteuren bei der *New York Times* im Hintergrund mit. Hier ist vor allem Stuart Emmrich zu erwähnen, der die Kolumnen 2002 ins Leben rief und das Konzept erst als *Times*-Escapes Editor und dann als Travel Editor weiterentwickelte. Ohne seine Visionen gäbe es die Kolumne nicht. Seine Nachfolgerinnen als Travel Editor, Danielle Mattoon und Monica Draken, führten diese Aufgabe mit großer Umsicht in den folgenden Jahren weiter. In gleicher Weise unterstützten sie auch die Entstehung dieses Buches.

Suzanne MacNeille, die aktuelle Redakteurin der Kolumne, und ihr Vorgänger Denny Lee haben *36 Hours* bestens durch Europa geführt. Sie haben Autoren akquiriert, Ziele ausgewählt und sichergestellt, dass die wöchentlichen Artikel die Leser nicht nur unterhalten und informieren, sondern auch den Standards der *New York Times* gerecht werden.

Zu den Bildredakteuren der *New York Times*, die das Fotomaterial gesichtet und die Fotografen für die Kolumne über die europäischen Ziele gebrieft haben, gehören Phaedra Brown, Lindsay Blatt, Lonnie Schlein, Jessica De Witt und Gina Privitere.

Unter den vielen Redakteuren der *Times*-Rubrik Travel and Escapes, die für die hohe Qualität von *36 Hours* sorgten, sind vor allem drei besonders hervorzuheben: Florence Stickney, Steve Bailey und Carl Sommers. Die Überprüfung der Fakten in der wöchentlichen Kolumne wurde von John Dorman, Emily Brennan und Rachel Lee Harris übernommen.

Unser besonderer Dank gilt Benedikt Taschen, dessen jahrelange Lektüre und Interesse an der Kolumne *36 Hours* zu der Partnerschaft zwischen den beiden Verlagen und zur Entstehung dieses Buches geführt haben.

—BARBARA IRELAND UND ALEX WARD

**Herausgeberin** Barbara Ireland
**Projektmanagement** Alex Ward
**Bildredaktion** Phyllis Collazo und Evan Sklar
**Karten** Natasha Perkel und Barbara Berasi
**Illustrationen** Olimpia Zagnoli
**Redaktion** Nazire Ergün, Nina Wiener und Hanna Kirsch
**Artdirektoren** Marco Zivny und Josh Baker
**Design und Layout** Marco Zivny und Rick Landers
**Herstellung** Philipp Sendner
**Produktion der deutschen Ausgabe** Nazire Ergün
**Übersetzung** Heinrich Degen, Ronit Jariv, Wiebke Krabbe, Ulrike Lowis, Martin Rometsch und Lisa Voges

**TASCHEN ARBEITET KLIMANEUTRAL.**
Unseren jährlichen Ausstoß an Kohlenstoffdioxid kompensieren wir mit Emissionszertifikaten des Instituto Terra, einem Regenwaldaufforstungsprogramm im brasilianischen Minas Gerais, gegründet von Lélia und Sebastião Salgado. Das macht uns klimaneutral. Mehr über diese ökologische Partnerschaft erfahren Sie unter: www.taschen.com/zerocarbon
**Inspiration: grenzenlos. CO$_2$-Bilanz: null.**

© 2019 TASCHEN GmbH
Hohenzollernring 53, D–50672 Köln
**www.taschen.com**

**ISBN** 978-3-8365-7565-2   Printed in Bosnia-Herzegovina

# HIER FINDEN SIE TASCHEN-STORES

**Berlin**
Schlüterstr. 39

**Beverly Hills**
354 N. Beverly Drive

**Brüssel**
Place du Grand Sablon /
Grote Zavel 35

**Hollywood**
Farmers Market,
6333 W. 3rd Street, CT-10

**Hongkong**
Shop 01-G02 Tai Kwun
10 Hollywood Road
Hong Kong, Central

**Köln**
Neumarkt 3

**London**
12 Duke of York Square

**Madrid**
Calle del Barquillo, 30

**Mailand**
Via Meravigli 17

**Miami**
1111 Lincoln Rd.

**Paris**
2 rue de Buci

„Wenn Schmökern eine
Kunstform ist, dann
ist der TASCHEN-Store
ihr Meisterwerk."
— *Dwell*

# AUF UND DAVON
## 100 Traumreisen der New York Times

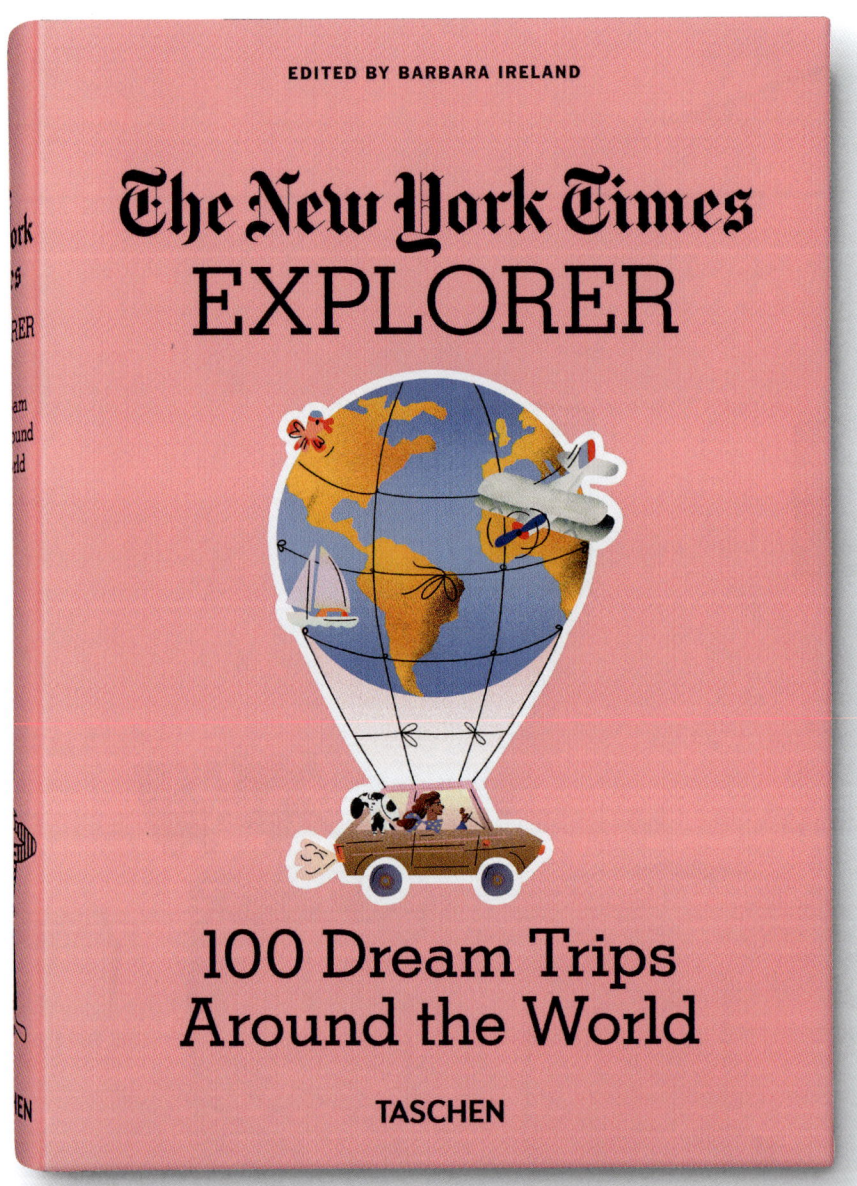

EDITED BY BARBARA IRELAND

𝕿𝖍𝖊 𝕹𝖊𝖜 𝖄𝖔𝖗𝖐 𝕿𝖎𝖒𝖊𝖘
EXPLORER

100 Dream Trips
Around the World

TASCHEN

*„So viel Schönheit wird Sie überwältigen. Jede Reise ist reich illustriert, voll mit praktischen Details und jeweils in der ersten Person erzählt."*
— LE MONDE

WEITERE INFORMATIONEN ZU NEUEN TITELN DIESER REIHE UNTER TASCHEN.COM/36HOURS

REYKJAVIK

NORDWEST-/
WESTEUROPA

LONDON

AMSTERDAM

PARIS

SÜDWEST-
EUROPA

MADRID